地图会说话

地缘看三国

地理如何影响历史选择

温骏轩·著

中信出版集团 | 北京

图书在版编目（CIP）数据

地缘看三国：地理如何影响历史选择 / 温骏轩著 . -- 北京：中信出版社，2023.9（2024.9 重印）
ISBN 978-7-5217-4478-1

Ⅰ．①地… Ⅱ．①温… Ⅲ．①中国历史－三国时代－通俗读物 Ⅳ．① K236.09

中国版本图书馆 CIP 数据核字（2022）第 241949 号

地缘看三国：地理如何影响历史选择

著　　者：温骏轩
策划推广：北京地理全景知识产权管理有限责任公司
出版发行：中信出版集团股份有限公司
（北京市朝阳区东三环北路27号嘉铭中心　邮编　100020）
承 印 者：北京华联印刷有限公司
制　　版：北京宝蕾元科技发展有限责任公司

开　　本：710mm×1000mm　1/16　　印　张：34.5　　字　数：448千字
版　　次：2023年9月第1版　　印　次：2024年9月第3次印刷
书　　号：ISBN 978-7-5217-4478-1　审图号：GS（2022）5418号
定　　价：98.00元

作为一个战略视角，

以“地理为经，历史为纬”

是我一直在使用的地缘研究方法，

而就这个方法而言，

三国时代是一个很好的展示平台。

目 录

前　言

滚滚长江东逝水，浪花淘尽英雄。是非成败转头空。青山依旧在，几度夕阳红。

白发渔樵江渚上，惯看秋月春风。一壶浊酒喜相逢。古今多少事，都付笑谈中。

明代文学家杨慎的这阕《临江仙》，因被用作央视版《三国演义》的片头曲歌词而广为流传。善于修史是华夏文明的一大特征。“家国天下”式的组织结构，与意识形态上的“祖先崇拜”相结合，让中国人更愿意了解祖先的经历，并从中总结经验。《三国演义》虽然不是史书，但这类小说家言在很大程度上承担了向普通民众普及历史知识的任务。

不论在官家正史还是民间演义里，这首词开头两句包含的几个元素——“英雄”“是非”“成败”等，都是关注的重心：历史走向被认定受到精英人物的德行影响，同时每一个精英人物在史书中又有着脸谱式的定性。以这一取向来说，如果一定要在中国几千年的信史中选取一个片段，来满足人们对上述元素的好奇心，三国时代无疑是最好的载体。这也是为什么《三国演义》在中国如此脍炙人口，几乎每一个中国人，都能够随口说出几个性格鲜明的三国英雄和他们的事迹来。

英雄史或人文史的视角，固然容易引发观者的共鸣，但也容易出现非此即彼的现象。比如曹操的形象在历史上就摇摆不定，最起码在南宋前，在三国中代表北方政权的曹操，形象要正面得多。更大的困惑在于：中国人能够感知到这个国家的历史陷入了一种“其兴也勃焉，其亡也忽焉”的周期率状态，却不知道问题出在哪里。再往深处探究，一个生活在18世纪的中国农民，如果穿越回1000年前的唐朝，几乎不会有任何的不适感。这意味着，过往我们审视历史的角度，最起码很难带来技术上的进步。如果没有西方“大航海时代”引发的一系列冲击，也许今天的中央之国还在重复这种周期率，更遑论用键盘指点江山了。

从尽量剥离主观因素，以相对恒定、有迹可循之要素来解构历史的角度来说，“地缘”这个探究人与环境相处之道的视角，应该还是能够带来点新意的。事实上，以我个人的心路历程来说，地缘视角最初就是为了帮助自己解惑的方法论。只不过地缘概念过往几乎等同于地缘政治。作为《地缘看三国》系列的开篇，以地缘政治视角推出诸如“新世界岛论”这样跟现实政治有关的理论，然后再扩张地缘概念的内涵，也算一种审时度势吧。（如果一种方法论连指导自己都做不到，又有什么价值呢？）

作为一种战略视角，以“地理为经，历史为纬”是我一直在使用的地缘研究方法，而就这个方法而言，三国时代是一个好的研究对象。浅层次理解地缘，你可能会认为三国争霸中涉及的“天时，地利，人和”三要素中，唯有地利属于地缘要素；而深层次理解地缘的话，你会发现三者其实都属于地缘要素的一部分。

另一个私心是为了父亲。父亲很喜欢三国，我依稀记得自己儿时的第一套书，就是父亲送我的《三国演义》连环画。正是这套连环画，启发了我对历史的兴趣。今天能够用自己的方法解构这段历史，成一家之言，若他泉下有知，应该会感到欣慰的。

温骏轩

2019年5月7日

绪　论

《三国演义》的故事在中国可以说是家喻户晓。《三国演义》塑造的一个个英雄豪杰、描绘的各种权谋，千百年来一直为国人所津津乐道。看完那些亦真亦假的故事之后，很多三国迷会想进一步探究故事中出现的那些地点到底在中国的什么地方，又是什么样的地缘特点让它们出现在历史中。

我撰写此书最初的动机，是想通过对东汉末年行政区划的分析，为大家还原一幅更加真实的三国地图。不过考虑到从秦始皇统一中国时起，中国核心区的范围就没什么大的变化，且与周边马上民族的博弈持续了两千多年，所以本书的内容以及特地绘制的地图，针对的其实不只是三国迷，更包括全体中国历史的爱好者。

换句话说，这本书希望借“三国”这个大家都熟悉的大IP，全方位解读一下中国的基本地缘结构。基于这个目的，相关章节的篇幅并不会完全按照该区域在三国历史中的权重，尤其是《三国演义》中的权重来分配。

比如说历史上归属凉州管辖的河西走廊，在三国时代的故事并不多，但对于中原地区向新疆方向延伸其影响力以及开辟丝绸之路，又扮演着至关重要的角色。尤其是在全力推动“一带一路”建设的当下，“丝绸之路”再次成为全世界瞩目的焦点，所以在本书中，凉州的篇幅会显得更多一些。

之所以选择三国时代作为切入点，除了三国故事家喻户晓以外，还有一个原因就是“九州”的概念是在汉代首次被付诸实践。

我们都知道，“九州”是中国的代称。《尚书·禹贡》《尔雅·释地》《周礼·职方氏》和《吕氏春秋·有始览》等先秦古籍中，都提到天下分为九州，只是到底是哪九州，每本书的论述会略有差异。先秦时代的“九州”只是学者们设想的行政规划。既然只是一种设想，那自然可以按自己的理解来设计了。本书中所述主要以《禹贡》中对九州及山川河流的描述为参照。

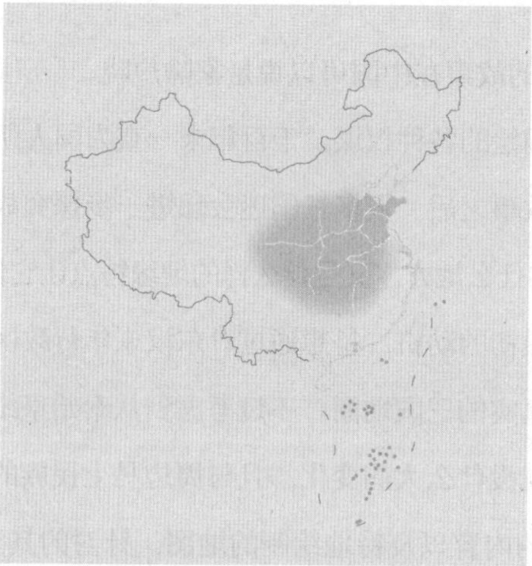

“九州”这一概念最初涵盖的范围

不过真正把九州的概念落地，还要耗费不少心血。秦朝的国祚太短，而汉朝最初的几十年间都在应付各种内忧外患，直到雄才大略的汉武帝出现，“九州”的设想才终于以“刺史部”的形式落地。只不过汉帝国的疆土实在太过辽阔，只划分为九个州显然不够。好在中国传统文化中，“九”只是个概数，代表很多、无数的意思，所以不用较真。于是乎便有了以九州为蓝本的西汉“十三刺史部”。由于它源于九州的概念，所以这十三个刺史部也被称为“州”或者“州部”。

十三刺史部最初被设计出来的时候，并不是一级行政单位。因此更准确地说，汉武帝其实是把汉帝国划分为十三个监察区，并在每年8月向各监察区派出刺史一名，监察当地官员和地方豪强，至年末回京师向御史中丞禀报。此时的刺史只是监察官员，俸禄不过600石，地位远低于2000石的郡守，也没有固定的办公地点。汉成帝时，改刺史为州牧。汉哀帝初，改归旧制，但不久又复称为州牧。

王莽建立新朝后，撤销了十三刺史部，并严格按照儒家经典的记载把天下划分为九州，每州设一名州牧。当各地爆发起义后，“莽见四方盗贼多，复欲压之，赐诸州牧号为大将军”。

全盛时期东汉的疆域

东汉建立后，刺史部得以恢复，也恢复了刺史的旧称。这一时期各刺史部虽有调整变化——比如朔方刺史部便被并入了并州——但更大的变化是刺史权力的不断加强：刺史每年岁末已不必回京师奏事，可由属下代劳，其职权也不限于监察，还有黜陟之权，甚至可以带兵镇压叛乱。刺史于是逐渐成了郡守的顶头上司，并有了自己的治所。

东汉末年，为了镇压黄巾起义，东汉朝廷拔擢部分刺史为州牧，总揽一州的军政大权。“州”由此正式成为一级行政单位。后来由于董卓专权，各地握有兵权的地方大员起兵造反，更让州牧成为一方诸侯的代名词，比如冀州牧袁绍、荆州牧刘表、兖州牧曹操以及豫州牧刘备。值得一提的是，当年曹操也曾重划九州（公元213年），只不过此举宣传意义大于实际意义，在其死后便被废止。

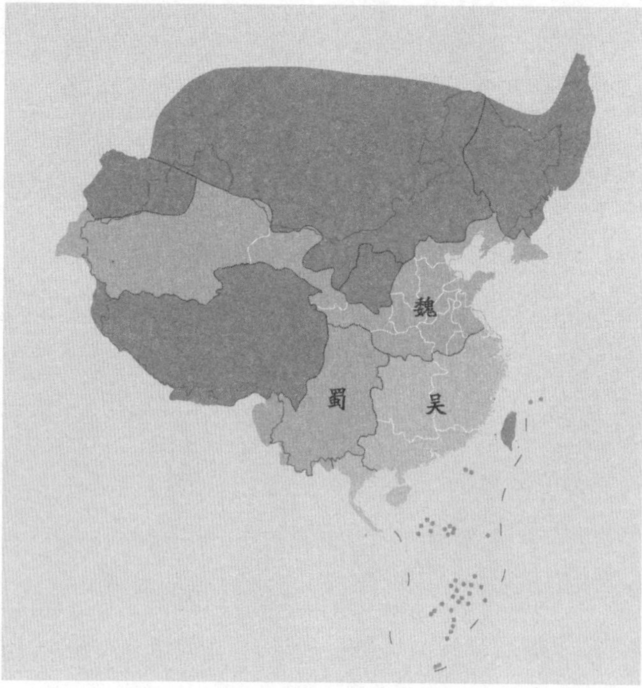

天下三分

然而天下不论被划分为九州还是十三州，所遵循的基本原则都是“山川形便”。所谓“山川形便”是指根据山脉、河流等自然地理特征划分行政区。不管古人还是现代人，在划定边界时很少会真的去边境之地修墙画线，而是以天然的山川河流做边界，毕竟这么做再省事不过。

十三刺史部在历史上有过些许调整，但在东晋前数目并没有太大的变化。按东汉末年的行政区划，十三州分别是：幽州、冀州、并州、兖州、豫州、徐州、荆州、青州、扬州、凉州、益州、交州，以及长安、洛阳两京所在的司隶校尉部。为了方便大家理解后面的内容，我先简单描述一下东汉十三州的地理特点，以及与当下行政区划的对应关系。

一、幽州。地理范围西起太行山、东至渤海。燕山山脉横亘其间，将幽州分为了南、北两部分。燕山以北部分包括现在的辽宁省以及朝鲜北部地区（汉四郡）；燕山以南部分包括现在的河北省北部（保定及其以北地区），以及北京和天津这两个被河北包围的直辖市。幽州整体继承了战国时期燕国的疆域。

二、冀州。地理范围同样西起太行山脉、东至渤海，南至西汉时的黄河故道，对应的主要是河北省南部地区，即先秦时赵国的疆域。其与幽州的分界线是当年荆轲曾经走过的易水河。

三、并州。地理范围东起太行山脉、西至河套地区。分割山西、陕西两省的那段南北走向的黄河，是其中轴线，而其核心区为山西中北部地区。

四、兖州。地理上的原始设定是黄河与济水之间，向东扩展至山东省中部，以泰山为核心的丘陵地带为界。主体位于山东省西部，并向西延伸至河南省开封市一带。

五、豫州。地理上大体对应的是淮河以北、泗水以西的淮河流域。其范围包括河南省东南部，以及安徽省北部。

六、徐州。地理上北至山东中部的丘陵地带、南至长江。南北走向的泗水与东西走向的淮河下游，再加上连通长江、淮河的“中渎水”运河，构成了徐州的水系骨架。

七、荆州。地理上对应以湖南、湖北两省为主体的两湖平原，再加上以河南省南阳市、湖北省襄阳市为中心的南襄盆地。水系上，长江贯穿其间。长江以北主要为汉水、涢水流域所覆盖，南部则为洞庭湖流域。

八、青州。地理上对应的是泰山以东的山东东部地区，继承了战国时期齐国的疆域。

九、扬州。安徽省中南部（淮河以南部分）、江苏省南部（长江以南部分）、上海市、浙江省、福建省和江西省，都属于扬州的辖地。鄱阳湖及其以东的长江下游河段，是整个扬州的地理轴线，也是扬州的天然屏障。

十、凉州。包含现在的甘肃省、宁夏回族自治区全境。地理上主要包括陕西以西的那部分黄土高原、河西走廊，以及宁夏首府银川所在的西套平原。

十一、益州。地理主体为包括四川、重庆在内的整个四川盆地，北部还包括陕西南部、以汉中盆地为核心的汉水流域，南部则包含云南、贵州所在的云贵高原。

十二、交州。地理上对应现在的两广地区（广东、广西），以及越南北部地区。中国境内部分的核心河流为珠江主源——西江，越南部分的核心河流为红河。

十三、司隶校尉部。由于汉朝有长安、洛阳两京，因此两都所在的关中盆地和洛阳盆地，成了中央直辖的司隶校尉部。行政上对应现在的陕西中部与河南西部。横贯关中平原的渭水及连接关中、洛阳的黄河，成为其轴线。

第一章

大河之北

——冀州、并州与幽州

从技术上看，由九州演化成十三州部的方法不外乎两种：一是将原本设计九州概念时未能涵盖的土地另设为一州，比如位于岭南的交州就是这样产生的；另一种是对原始设计中过大的州进行分拆，这样做的典型便是冀州。《禹贡》九州中的古冀州，大体相当于现在的河北省、山西省、北京市和天津市。用当下的地缘板块对应，其实就是华北的概念。

在意识到冀州范围过大的问题之后，将之拆分的想法便应运而生。事实上，在规划落地之时，古冀州的部分区域还被划入了中央直辖的司隶。这一系列调整又对后来华北地区的行政区划造成了深远影响。在这种情况下，以冀州最初的设计为基础，并结合幽州、并州和部分司隶来解读，能够帮助大家更深刻地理解这片土地。

第一节　|　冀州的分割与幽、并二州的形成

"冀"在中国几乎专指河北地区。河北的"河"指的是黄河。由于历史上对黄土高原的过度开发导致严重的水土流失，以至在西汉时期开始出现"黄河"之名，"河"也成为一个通用名。在《禹贡》的设计中，冀州要大上许多。地理上不仅涵盖河北平原，还包含山西省所在的黄土高原东部（这部分可单独称为"山西高原"）。

蜿蜒纵横于中国地形第二级阶梯之上的黄河，在这片高地上几经转折，呈现为一个"几"字形结构。这个"几"字形结构的东北角，也是黄河上游与中游的分界点。向东流淌的黄河在此遇到山西高原的阻隔后，转而向南流入陕西、山西、河南三省交界之处，直至受阻于东西走向的秦岭，再向东奔流注入华北平原。这段充当了山西、陕西两省天然分界线的南北走向的黄河，在先秦及秦汉时期又被单独称为"西河"。相应地，在华北平原流淌的黄河下游，在当时则被称为"东河"。

九州概念的最初设计者，试图将西河以东、东河以北的区域都归入冀州。这样做，相当于将高原属性的山西与平原属性的河北划入同一个行政单位。分隔两个地理单元的太行山，则成了冀州板块的中轴线。这一构思

的现实地缘政治基础，是春秋时期的晋国。兴起于黄土高原的晋国，春秋时期不断向东扩张，在华北平原上占据了大片土地，并最终成为横跨太行山的春秋霸主。

然而在“三家分晋”后，将山西高原与河北平原整合在一起的努力事实上都失败了，原因在于山西高原在地缘上太过独立。作为黄土高原的一部分，太行山脉与吕梁山脉是其东西地理屏障。更为重要的是，在这两大山脉之间，分布着一系列高平原属性的低地，由北向南依次为大同盆地、忻定盆地、太原盆地、临汾盆地以及运城盆地。以现在的数据来说，受益于这些高平原的存在，山西承载了相当于河北一半的人口（约3500万）。

将两片地理属性完全不同的地理单元划入一个行政单位，并非没有可操作性。今天的河北省，也有将近一半面积是山地。只是要想保持地缘结构的稳定，作为核心区的一方在经济、人口等方面必须具备绝对的优势。而相对边缘的一方地理结构越封闭，对核心区的需求也就越大。如果山西高原是一片人口承载力很低的高地，那么它的确可以接受冀州边缘地区的定位。但以现实情况而论，将二者归并着实是有些勉强。

最初将九州设想落实在地缘政治层面的汉武帝，已经意识到了这个问题。在十三刺史部的设计中，山西高原部分被单独建置为并州。公元213年，也就是被汉献帝册封为“魏公”的那一年，曹操曾经做过一次行政区划上的调整，以为后来的代汉热身。在那次调整中，并州一度按照《禹贡》的设计，被归并入了冀州。不过当7年后曹丕称帝时，还是尊重了两大板块的独立性，让并州重新出现在魏国的版图上。

去掉地理上明显具备独立性的山西高原后，河北平原成了冀州唯一的主体。结合天然边界原则，其地理范围应该为燕山山脉以南、太行山脉以东及黄河下游以北的地区。然而整合这样一块南北纵横千里的大平原同样绝非易事：太行山脉本质上是中央之国的一条轴线，而燕山山脉则直接为中原政权承受着来自北方的压力。

来自北方的压力一直是农耕民族及中原王朝挥之不去的阴影。即便一个北方游牧民族能够有幸入主中原，最终也还是要面对这样的压力。总的来说，中原王朝承受的来自北方的压力分为两类：一类是来自东北森林地带的“森林渔猎民族”，其代表有高句丽、女真等；一类是来自蒙古高原的“草原游牧民族”，匈奴、突厥、蒙古就是其中的佼佼者。南接燕山山脉、北接黑龙江的大兴安岭，则是这两种势力的地理分界线。

华北平原的地理位置，使得它的北方必须同时承受这两股来自北方的压力。北承东北平原、南连太行山脉、西接蒙古高原、东抵渤海湾的燕山山脉，是华北平原在北方的地理门户。从蒙古高原的游牧民族的角度来说，除了直接找寻道路跨越燕山山脉以外，最受青睐的入侵路线是燕山山脉与太行山脉之间的连接部。著名的八达岭长城和居庸关长城，便修建在这个连接部。

早在商周时代，来自黄土高原的周人就已经意识到燕山南麓的重要性，并在燕山南麓的平原地带分封了姬姓的燕国。周朝在公元前256年就已灭亡，但偏居一隅的燕国则延续到公元前222年，可以说见证了整个周朝的兴衰。公元前300 年，燕国跨越燕山山脉，击败“东胡”等马上民族，将属于东北板块的下辽河平原（辽河下游平原）及辽东半岛收入囊中。为护卫北疆而修建的燕长城，甚至还延伸到朝鲜半岛北部。

这段历史不仅让河北有了“燕赵之地”这样的代称，更从地缘政治层面验证了华北平原北部的独立性。汉朝在践行“天下九州”的理念时，亦没有将燕地归入冀州，而是单独建置了以燕国故地为基础的幽州。及至今日，大河以北的行政区划格局依然与当年一脉相承。京津与今日河北北部各市，取代了当年的燕国和幽州，与代表冀州的河北省中南部共存于河北平原之上。当北京的压力不再局限于北方，还来自海洋之后，天津这个原本在历史上默默无闻的幽州临海之地，历史性地获得了一级行政区的地位，也使得河北地区的地缘结构进一步碎片化。

燕国也在穿越燕山山脉与太行山脉的接合部向西北方向扩张。在这个位置上，燕国建立了上谷郡。及至秦汉两朝，这一建置仍然被延续了下来。从地理角度看，上谷郡位于燕山山脉与太行山脉之间，覆盖了一系列通过洋河－永定河连接起来的盆地。如果以行政区划为这些小型盆地命名的话，由西向东依次为张家口盆地、宣化盆地、涿鹿盆地、怀来盆地以及延庆盆地。

张家口盆地是这一系列盆地的起点，也是最重要的一个盆地。其东北部是大马群山，西南部则是阴山延伸至此的阴南丘陵地带。之所以说它重要，不仅因为张家口盆地与作为游牧优势区的阴南丘陵接壤，更因为其北部的分水岭，与400毫米年等降水量线几乎重合。今天，在这条分水岭以北建置有张北县，隶属河北省张家口市。而这个位于燕山分水岭以北的县，还有一个颇具旅游价值的别称——“张北草原”。

历史上，来自汉地的农民有将草原游牧区称为“口外”的习惯。河北人所说的“口外”，指的就是张家口以北地区了。换句话说，在燕山与太行山脉之间，张家口盆地已是位置最北的农耕区。如果游牧民族入侵的话，张家口盆地不可避免地会成为前线。更为重要的是，在洋河－永定河水系的冲刷之下，沿河分布的一系列盆地的封闭性都不算太好，彼此间存在较为开阔的通道。

在太行山脉与燕山山脉相接的这个位置，真正称得上天然屏障的，只有最东端的军都山。这意味着，如果任由游牧民族进入洋河上游，他们下一步必定会沿着洋河、永定河而下，横扫富庶的华北平原。除非你把抵御游牧民族入侵的希望都寄托在军都山之上，否则无论你要保卫的是燕国、幽州还是北京，最好的办法都是在军都山以西、洋河－永定河流域，建立一个边疆行政单位。即便不考虑这一点，整个区域适宜农耕的特性，对以农为本的中原王朝来说，也有着足够的吸引力。

在地缘环境没有发生大变化的情况下，行政区划往往具有惊人的延续性。两千年前，就有一个边郡被命名为“上谷郡”，并演变为今天的地级市——河北省张家口市。当然随着历史的变迁，相隔两千年的行政区划之间并不能完全画等号：今天张家口市的辖区，较当年燕国的上谷郡，更向西扩张了些，得到了原为赵国代郡所辖的怀安、阳原、蔚县三县之地。

追根溯源，这一变化的源头应是被东汉重新规划过的十三刺史部。在西汉初设十三刺史部时，代郡原本与同属赵地的雁门郡一起，成为并州的重要组成部分。等到拆分朔方刺史部，将前、后套平原并入并州的东汉时期，为了缓解并州的压力，位于并州东北的代郡被划入了幽州。应该说此举在地理上也不无道理：毕竟代郡的辖地包括洋河上游及桑干河中游，一旦有失，游牧民族就可以沿河而下直扑幽州。将代郡与上谷郡置于幽州治下，最起码可以保证作为前线的洋河流域处于统一指挥下，从而在抵御游牧民族入侵时拥有更高的效率。

从燕国开始在两辽地区扩张，一直到东汉后期，东亚大陆的温度都处在上升阶段。这几百年间的平均气温要比现在高出0.5摄氏度左右，而东汉末年则迎来了一个新的寒冷周期，这使得三国时代最寒冷的年份，气温要比现在低0.3摄氏度左右。温暖的气候是燕国与后来的汉朝开拓燕山以北地区的催化剂。由此也引发了另一个问题：本来就具备地理独立性的燕北地区，在经济上也有了脱离华北平原控制的基础。在王朝统治稳固的时期，将燕山南北划入同一个行政单位，有助于应对来自北方的压力。然而在各自为政的大分裂期，具备地缘、经济独立性的两辽地区，很容易脱离幽州本部的控制，或自成一体，或为游牧民族建立的政权提供农业基础。

于是在三国时代，燕山南北自然也出现了割据政权——控制幽州本部的公孙瓒以及苦心经营辽东的公孙度。至于辽西地区，则为内迁的游牧部族乌桓所控制。关于他们的故事，相信熟读《三国演义》的人都不会陌生，尤其是身为赵云旧主的公孙瓒，出镜率颇高。顺便说一下，公孙瓒和公孙度虽然同姓，但并没有证据表明两人之间有亲属关系。两人分据幽州两端，只能说是一种历史的巧合吧。

第二节 ｜ 幽冀与燕赵之地

在一片平原上，最好依河流分隔两个行政单位。幽、冀两州也需要这样一条河流，来帮助二者做一个了断。这条河大家应该非常熟悉，那就是“风萧萧兮易水寒，壮士一去兮不复还”这一千古名句中提到的易水。公元前227 年，荆轲在易水边告别了燕太子丹和高渐离，踏上了一条不归之路。之所以在此告别，是因为这条不起眼的河流也是当时的燕赵边界。为了防御来自南方的威胁，燕人甚至沿易水一线修筑了一道长城。

易水源出太行山脉东侧，分北易水、中易水、南易水三个源流。今天，你还能在河北境内找到北易水、中易水，而南易水则已经更名为“瀑河”。两千多年前分隔燕赵之地的正是南易水。南易水的发源地在中国更为知名，那便是狼牙山。

狼牙山当下属于河北易县管辖。瀑河进入平原地带之后，从原来的徐水县城（2015 年后撤销徐水县，改设徐水区）穿城而过，向东注入当下河北平原最大的湖泊——白洋淀。由此看来，这个今天位于雄安新区的湖泊，在两千多年前应该是燕、赵的分界点了。然而情况并非如此。在战国时期，南易水并非注入白洋淀，而是从它的北部向东注入黄河，再从今天津市的位置入海。

如果你想在今天的地图上找到东汉时期幽州、冀州大致的分界线，有两个简单的方法：要么从保定市北部的徐水区，向东画一条至天津港的线，要么找到瀑河与海河的河道，然后自白洋淀之北画一条连接二者的线。用第二种方法，你得到的分界线更为精确些。需要注意的是，在战国乃至两汉时期，渤海湾的海岸线要比现在更偏西，天津市区至天津港这段宽约40千米的陆地和狭义的海河河道当时是不存在的。那时真正承担黄河入海口功能的，是海河上游的子牙河。此外，你千万不要以为黄河在进入东汉以后，就会老老实实地待在现在的位置上。在兖州部分我们会详细讲述这条喜怒无常的母亲河在华北平原的频繁改道，以及对这片土地的历史造成的深远影响。

东汉时期的幽、冀两州直接继承了战国时期燕、赵两国的地缘政治遗产，只不过两州在河北平原的分界线在延伸至平原地带时做了一点调整，向南形成了一个突出部：现在的保定市区被划入了幽州。当时，从这条分界线一直到北京西南的房山区，在行政上都归属于幽州治下的涿郡，而三国英雄刘备和张飞都是涿郡人。

知晓了涿郡属于幽州，而幽州又是燕国故地，你就应该明白，为什么《三国演义》中，张飞要自称“燕人张翼德”（虽然历史上他很可能没这样自称过）。那么自称“中山靖王之后”的刘备，也算是燕人吗？这个就说来话长了。

刘备用来抬高身份的这位先祖——中山靖王，是汉武帝的异母兄。从封号可以看出，他的封地应该被称为“中山国”。那么作为中山靖王之后的刘备，又是怎么成为涿郡人的呢？答案并不复杂，因为涿郡以南就是中山国。中山国在战国时期也有一号。建立这个诸侯国的是白狄的一支——鲜虞氏。因其最初的国都中人城城中有山，故称“中山国”。而为了与汉之中山国区别，也可称之为“鲜虞中山国”。

当年晋国向山西高原扩张时，不断压迫当地各种以“狄”为后缀的部族，让原本在山西高原北部半农半牧的白狄被迫向太行山地迁徙（更早则在陕北高原）。作为白狄的一支，鲜虞人一直与周边的华夏势力冲突不断，并最终选择在太行山东麓立国。立国后，中山国仍与晋国不断相互攻伐，甚至一度消失于历史记载中。“三家分晋”之后，中山国沿易水之南的另一条黄河支流——唐河而下，在平原上建立了新都（今河北定州市）。沿唐河向河北平原渗透的鲜虞中山国一度亡于新建立的魏国之手。然而经过20余年的卧薪尝胆后，中山国得以复国，还在站稳脚跟之后持续向南扩张，将其势力扩张至黄河左岸支流——滹沱河。也就是说，鲜虞中山国曾占据以唐河、滹沱河流域为核心，北至保定、南至邢台北部的大片河北平原。鲜虞氏之所以能够脱颖而出，成为一方诸侯，在于他们效法华夏诸国制度的同时没有抛弃其山民本色。一旦受到致命打击，其残余势力便会退入太行山地休养生息，然后卷土重来。

如果鲜虞中山国能够撑到秦国横扫六合之时，历史上也许就会有“战国八雄”的说法了。然而将河北平原视为经略重点的燕、赵两国，显然不愿意看到中山国夹在中间。公元前296年，通过“胡服骑射”实力大增的赵国，不仅扩张至河套地区，更一举消灭了中山国这个心头大患，将自己的疆土扩张至南易水一线。

在三国时代，鲜虞中山国故地同样出现了一股不那么正统的割据势力。这股势力就是“黑山军”。他们依托太行山地，重演了中山国的历史。黑山军起自“黄巾之乱”，是黄巾军中实力最强者，还曾经作为重要的第三方势力，参与了袁绍与公孙瓒争夺河北的战争。公元205年，在曹操消灭袁绍军事集团在大河之北的余部后，这支最后的黄巾军，在首领张燕的率领下加入了曹操阵营。更为巧合的是，黑山军最初由两股力量结合而成，包括在唐河流域起事的张牛角，以及在滹沱河流域举兵的张燕（原名褚燕，张牛角死后为统合两股力量，改名张燕）。但需要注意的是，鲜虞中山国故地在汉代并没有全部分封给刘备那位先祖。汉之中山国只占据了中山国最初的核心之地——唐河流域。至于其西南部的滹沱河中上游地区，则另行建置了常山国（其间曾两次废常山国为常山郡）。也就是说，从汉朝的行政区划来说，张燕及其所代表的力量源出常山国，而张牛角则属于中山国。

广义的黑山军可以包括活动于整个冀州境内太行山地的各股黄巾军势力（依历史记载，至少包含25股）。以常山、中山这两块鲜虞中山国故地为根据地的张燕，则相当于一个盟主，也是狭义的黑山军。至于帮助黑山军躲避官军围剿的黑山，则位于滹沱河北岸的太行山地之中，今归属河北省平山县，距黑山军首领张燕的故乡、位于滹沱河平原的正定，仅数十千米。目前在这片山地之上，还有黑山关、黑山关村、黑山大峡谷等以“黑山”为标识的地名。

以实力来说，拥有精兵数万的张燕，也算得上三国初年的一方诸侯，后来归顺曹操亦封侯拜相洗白了身份（并得到了善终）。从这点看，如果毗邻的正定县和平山县想拉个历史名人打旅游牌，张燕和他的黑山军倒也是个选择。只是对于正定县来说，应该不屑于这样做。因为如果要打名人牌、三国牌的话，正定人有一张王牌——赵云。

在《三国演义》中，通常自报名号为“常山赵子龙”的赵云，与张燕一样，都是常山国真定县人。再往上追溯的话，秦末汉初，在岭南之地建立南越国的赵佗，也是真定人。这里所说的“真定”就是现在的正定，在汉代以前称“东垣”，清雍正帝胤禛即位后，为了避讳，更名为正定。更值得注意的是，真定不仅名字发生了变化，其城址也发生了重大变化。其原址本在滹沱河南岸（今河北省石家庄市东北郊的东古城村）。赵云身后又过了三百多年（南北朝时期的北齐），真定城被迁至滹沱河北岸现在的位置。

在滹沱河之南时，真定城一直是常山郡的政治中心，迁至北岸之后，更是进一步坐实了自己滹沱河流域地缘中心的地位。只是风水轮流转，20世纪的一场交通技术革命，让滹沱河的中心再次回到南岸。

1904年，正太铁路（后改名“石太铁路”）开始修建。所谓正太铁路，意指从正定通往太原的铁路，在地理层面上，相当于一条穿越太行山脉、连通山西高原与华北平原的交通大动脉。如果能成为正太铁路与先一步开工的京汉铁路（北京—汉口）的交会处，将使得已经更名为正定的真定城，在铁路时代升级为中央之国的交通枢纽。然而经过勘测之后，工程师们发现经由滹沱河南岸修建正太铁路的方案施工难度要更低。在这种情况下，最好的选择是将这个两线交会的枢纽放在河的南岸（否则还得建一座滹沱河大桥）。正太铁路的起点最终定在正定县所辖的一片与城市隔河相望的农地之上。这片农地分属两个村庄——石家庄和休门村。这座因铁路而兴起的城市于是被命名为“石门市”。1947 年，石门市更名为石家庄市。石门市的历史现在只留存于上海“石门一路”“石门二路”之类的路名中。

至于“常山”这个名字，在浙江已有常山县的情况下，这份荣耀恐怕很难重归河北平原了。常山之名其实源出于北岳恒山。但北岳恒山位于山西高原北部，与太行山东麓的古常山国相隔数百里，二者之间怎么会发生联系？这是因为尽管周代就已出现“五岳”和北岳恒山的说法，但现在我们熟知的位于山西省浑源县境内的北岳恒山，是明末清初才被“任命”的，原名“天峰岭”。此前北岳恒山都被定位在今河北省阜平县东北的太行山脉上（今名“大茂山”）。在地形图上找到古恒山的位置，很容易发现这座承担唐河与滹沱河分水岭任务的历史名山，曾是鲜虞中山国的一部分。至于说3000年前就已出现的北岳恒山，为什么要移至现在的位置，原因其实也很好理解。毕竟随着中央之国疆域的不断扩展，太行山脉上的这座古恒山，无论从地理还是地缘位置来看，都已有些偏向东南方向。

现在问题又来了：就算古恒山位于鲜虞中山国境内，又是汉代常山国（郡）名字的由来，那么这个行政单位也应该叫“恒山郡”才对。汉初的确在此建置了恒山郡，只不过后来为避汉文帝刘恒的名讳，不得不更名为常山。如果不是这一变化，我们在《三国演义》里看到的就是“恒山赵子龙”了。顺便说一下，同受影响的，还有一位神话人物——恒娥。恒娥这个名字看起来颇为陌生，不过说起她后来的名字“嫦娥”，在中国可能比赵云还要有名。

第三节 ｜ 先天不足的邺城与邯郸

当年身处河北平原的战国群雄中实力排行较后的燕国，应该没有想到自己的都城日后会成为几朝古都和中华人民共和国的心脏。同样，战国后期唯一能和强秦分庭抗礼的赵国，也不会想到自己的都城邯郸，日后会与燕都的政治地位相差如此悬殊。

3000年前，周人在幽州地界上封建燕国时，燕国的都城位于今北京房山区琉璃河镇一带。今天的北京市区，当时则由殷商时期就已存在的蓟国控制。春秋中期，燕国在吞并蓟国之后，旋即将都城迁至了这个更接近太行山脉与燕山山脉接合部的位置。

大部分城市的诞生都与一条河流有关，北京也不例外。能够被称为北京母亲河的河流是永定河。这条发源于山西高原北部（上游主源为桑干河）的河流，是河北平原北部最大的河流。因其体量较大，且河水浑浊，亦同样经常改道，永定河在历史上有“小黄河”之称。在三国时代之前，永定河不断在今北京市区范围内改道，三国时代之后则开始转向南郊的卢沟桥一带，直到17世纪末的康熙年间，其河道才通过水利工程被固定下来，并取名“永定河”。在此之前，这条河道变化无常的河流被称为“无定河”。

如果说北京的崛起，与燕山两侧复杂的地缘结构有关，那么邯郸的式微以及石家庄的崛起，则与太行山脉西侧的山西高原有莫大的关系。山西高原内部最精华的部分，是由东北向西南延伸的一系列盆地。从地缘位置上看，最核心的便是居于中间的太原盆地。赵国的起家之地晋阳，即现在的山西省会太原，便位于这个盆地的西北部。从太原向东有一条近乎笔直的古道——井陉，连接位于滹沱河南岸的古真定城。沿这条古道修建的正太铁路（石太铁路），后来帮助石家庄这个小村庄发展为河北省的政治中心。

公元前386年，赵国将都城从晋阳迁至邯郸，其王城的具体位置在今邯郸市的西南角（目前有赵王城遗址）。此时的滹沱河两岸，正被鲜虞中山国占据。这意味着如果中山之地一开始就为赵国所有，当时名为“东垣”的真定/石家庄，也许一开始就可以成为赵国的新都。反观邯郸的位置，因为受到上党高地的阻隔，与山西高原那些核心盆地的交流并不容易。从地缘政治角度看，上党高地之于邯郸来说，更多是一个缓冲带的角色，特别是压力来自西边的秦国之时（先秦最惨烈的秦赵长平之战即发生于这片高地之上）。只不过天下太平时，这片高地的存在，就成为邯郸提升地缘价值的拦路虎。

从地理位置上看，邯郸最起码在充当山西、河北两地的交通枢纽时不及赵云的故乡方便，但邯郸的优势主要体现在离兵家必争的中原之地更近，或者说更靠近华北平原的中心。然而邯郸的位置又稍微偏北了点，最起码地缘价值不及南边的邺城。在三国故事中，作为曹操的大本营，邺城的地位可以说相当高。2009年，曹操墓（高陵）的发现，更是将古邺城推到了世人面前。那么邺城的地缘位置又有什么独到之处呢？这一切都要从一条河流——漳河说起。

漳河古称“漳水”，其上游分为两支：北部的清漳水及南部的浊漳水。这两条支流的源头，都不在太行山脉的东坡，而是位于上党高地的腹地。范围更大的集水区，使得流入河北平原的漳水，在径流量上会更具优势。

事实上，比较一下河北平原上的河流，你会发现北部的永定河、中部的滹沱河和南部的漳河，它们的地缘位置最为重要，历史上都属于所谓“兵家必争之地”。这三条河流之所以能够脱颖而出，都是因为它们不仅仅属于河北，也不仅仅属于太行山。其延伸入山西高原腹地的上游水系，不仅能提高下游的径流量，更加强了山西、河北两地的地缘联系。流经邯郸的滏阳河，属于漳河左岸的一条支流。但赵国没有选择在漳水北岸建都，是因为这条黄河的重要支流是赵国防御南部压力的天然防线。无论从哪个角度来说，将自己的都城放在边境线上都不算一个好想法。即便如此，赵都邯郸与漳水之间的直线距离也仅有“七十里”。为了巩固自己的南境，也为了保证都城的安全，赵国人同样在河流的北岸修筑了一道长城，就像燕国在南易水北岸所做的那样。

既然漳水成了赵国在南部的天然边界，那么漳水之南在战国时期又属于哪个国家呢？答案是魏国。魏国在山西高原的根据地，是位于高原西南部的运城盆地，国都为盆地东北部的安邑（今山西夏县）。魏国把华北平原的经营重心放在黄河以南，并把都城东迁至大梁（今河南开封）。然而对于魏国来说，在河北平原占据一席之地同样是一种客观需要，否则就很难把山西高原的领土，与新控制的黄河以南地区连成一片。在中国历史上，这块承接魏国东、西领土的地缘政治板块，有一个专属名词——“河内”。

南北走向的太行山脉在进入河南、山西两省交界之地后，开始向西南方向有个明显的转折。这段位于山西高原东南部的太行山脉，与黄河之间的平原地带，就是古人所称的河内地区。如果再往前探究的话，漳水与黄河之间的这片河内之地，还曾经是商朝的根据地：商纣王的都城朝歌，以及甲骨文的发现地安阳殷墟都位于此地。

靠近天下中心的位置，使得河内之地在划分地缘政治板块之时，往往不会被归入“河北”，而是被归入中原板块。尤其是当一个王朝定都于黄河南岸的洛阳—开封一线时，它需要将黄河以北的这块土地定义为近畿之地，以保卫政治中心的安全。正因为如此，今天代表中原的河南省，与河北省之间的分界线，并非黄河（也不是某一条黄河故道），而是靠近漳河一线。之所以说靠近，是因为现在的河北、河南两省在河北平原的分界线，绝大部分并不是漳河，而是沿着漳河与安阳河的分水岭延伸。

顾名思义，安阳河是流经河南省安阳市的一条河流，在三国及之前的时代，名为“洹（huán）水”。在秦统一天下之后，位于漳水南岸的邺城被归入以邯郸为中心的邯郸郡。洹水流域及其以南的河内地区则设置了河内郡。就像秦、汉两代在分割燕赵之地时，也都把南易水流域整体划给北边的行政单位。以此来说，无论是秦统一六国之后还是当下，将漳水归入河北之地的做法，都有其合理性。

由于缺乏足够明显的分水岭，以及河道变迁，大平原地区的行政单位间的分界线历来存在变数。具体到三国时代，漳水流域的行政归属可不是一个小问题。因为这一变化，直接影响到了三国格局的形成。

进入汉代之后，秦朝设置的邯郸郡变成了郡国性质的赵国。如果漳水和邺城一如前朝那样，与邯郸归属同一行政单位，那么选定邺城作为大本营的曹操建立的政权就不会被称为“魏国”，而是“赵国”了。之所以三国中的最强者以“魏”而不是“赵”为国号，是因为进入汉代之后，邯郸与安阳之间的漳水流域，建置了以邺城为中心的魏郡。正是基于这一背景，公元213 年，汉献帝在将邺城封给曹操之时，册封的爵位是魏公（3年后晋为魏王）。此后继承这一爵位的曹丕建立的新政权（公元220年），自然被称为“魏”。

魏郡之所以会出现在汉朝的行政版图之上，与汉朝行政区划的碎片化有关。以郡一级的行政区来说，秦朝素有“三十六郡”之说。而无论西汉还是东汉，郡、国相加的数量都超过了100个。因此汉武帝一定要在中央与地方之间，设置十三刺史部来加强中央对地方的控制。就具体的行政区划来说，郡国并行的汉朝呈现出两个特点：一是“犬牙交错”，郡、国相杂，使得这些行政区在客观上互相牵制；二是中央直辖地区（司隶*）的外围，设置一系列由中央直接委派官员管理的郡，以封堵那些在法理上有资格争夺帝位的封国。在河内被划入中央直辖的司隶后，邯郸及其周边地区又被封建为赵国的情况下，将邯郸以南的漳水流域独立出来，并以之为核心建置魏郡，便是基于上述战略考虑。叫魏郡的原因也很简单：作为郡治的邺城，在战国时期属于魏国。

邺城成为魏郡的政治中心，并不让人感到意外。基于其位置的重要性，当年的魏国甚至将之定为陪都。在“三家归晋”之后，为避讳西晋最后一位皇帝、晋愍帝司马邺的名讳，邺城被更名为“临漳”，并沿用至今（即今河北省最南端的临漳县）。只不过现在的临漳县城并非当年邺城的所在地，其遗址位于县城西南的邺镇，可分为邺北城与邺南城两部分。其中曹魏所据的是北半部的邺北城（邺南城为南北朝时期的东魏国都所在地）。

最大的问题在于邺城的位置似乎与刚才的分析有所矛盾。因为无论邺北城、邺南城，还是现在的临漳县城，都位于漳河以北。既然漳水是赵魏两国国界，而邺城又是魏国的北方重镇，这意味着古邺城应该位于漳水之南才对。说起来也很简单，因为漳水改道了。以上党高地为集水区的漳水，固然因此增加了自己在河北平原的存在感，但上游来水的增多，也增加了水

---

* 《中国历史地图集：三国·西晋时期》使用了“司州”这一名称。

患的风险。因此早在战国时期，魏国就在此兴建了名为“引漳十二渠”的水利工程，大规模开发漳水以南的土地。主持这项工程的便是西门豹。

曹操在经营邺城之时，同样非常重视水利工程建设。在将邺城选定为自己的大本营后，曹操就开始着手进行一系列基础建设，以提高邺城的地缘竞争力。最先启动的是一项连通漳水与黄河的运河工程——白沟运河，以打通邺城与黄河乃至济水与淮河之间的水上通道。在公元前7世纪齐桓公建造邺城之时，这本来完全不是问题，因为漳水只要向东再流淌50千米左右就可以汇入黄河。到了黄河向东南改道的西汉时期，漳水与黄河的汇流处虽然北移到沧州的西部，使得漳水与黄河之间的交通距离骤然增加了差不多300千米，但此时二者之间还是可以通过水道相连的。

然而到了黄河河道进一步南移的东汉时期，情况就发生了质的变化。随着黄河的离去，漳水开始开拓自己的河道，独立北流，并在汇入滹沱河之后利用黄河故道的入海口形成了一个完全独立的水系。这意味着选定邺城作为大本营的曹操（尽管邺城南距黄河仅六七十千米），没有办法将漳水与黄河连在一起，更别说利用鸿沟、邗沟等前人留下的运河工程，打通邺城与济水、淮水乃至长江之间的漕运网了。

解决这一问题的唯一办法，仍然是开挖新的运河。和漳水强势向北形成自己的河道不同，与之近在咫尺的洹水（安阳河）仍然沿着最初的河道，向东老老实实地注入《禹贡》黄河的南段。这段后来被命名为“白沟”的黄河故道（现在为卫河所用），与黄河新道的距离最近处仅有10千米（即今河南浚县一带）。有鉴于此，曹操先是向南就近挖通了漳水与洹水之间的运河，再打通白沟与黄河之间的水道，使得邺城能够成为整个中央之国内河交通网上的一个节点。然而漳水及华北平原水系的不稳定性，使得依托漳水存在的邺城始终先天不足：与其选择要开挖两条运河才能与黄河连接的邺城，倒不如直接选择不受黄河改道影响，又有水道与黄河相连的洛阳作为政治中心。在曹丕代汉之后，自认天下之主的曹魏也的确这样做了。

况且漳河两岸并不总是处在和平状态。一旦进入战乱，那些缺乏维护的水利工程将很难抵御水患的冲击。隋朝末年，受战乱影响，原本从邺城北部流过的漳水，改道从城南穿城而过。这一变故不仅造成了邺城的衰落，更让古邺城由漳水之南“移动”到了漳水之北。原本位于邺城西南郊的曹操墓，仍留在漳河以南，却成了河南安阳的一部分。

如果仔细观察河北、河南两省在太行山东麓的分界线，就会发现这一切是多么富有戏剧性。穿出太行山脉的这部分漳河之水，绝大部分都流入河北境内，只有曹操墓所在的西高穴村以北，有一段约12千米的河道为两省所共有。这其实也是曹操墓的位置这么隐秘的原因。你即使能够想到曹操墓可能因为漳水改道而被留在了漳水的南岸，也很难想到它就如此凑巧被划入了河南。

河北地区受到黄河水系变迁影响的，还有一个著名的上古大湖——大陆泽。大陆泽又名“巨鹿泽”，故址在今河北省邢台市东北部。在《禹贡》黄河时代，自大陆泽以西而下的太行山之水，会在穿越山前平原后，先汇入这个大湖，然后成为黄河之水。秦统一天下之后，在原为赵国故地的巨鹿泽周边地区建置了巨鹿郡（项羽破釜沉舟、战胜秦军之地，便是在巨鹿）。这一建置在两汉时期得到了延续，并依地缘关系被划入了冀州板块。隋朝的那次漳水改道，不仅将古邺城一分为二，还让原本从大陆泽东流过的漳水，转移到了湖泊的西侧。这一改变帮助漳水截流了那些原本注入大陆泽的太行山之水，也使得大陆泽这个黄河下游最大的湖泊因缺水而面积迅速缩小，至唐代时仅余东西“二十里”、南北“三十里”。从划分十三刺史部的层面来说，邺城、邯郸、巨鹿和真定，及它们所继承的魏、赵、中山等春秋战国时期的地缘政治遗产，都属于冀州范畴。在这一系列解读的背后，你一定发现了一个问题：虽然冀州大致依托太行山麓不断向东延伸，但邯郸—巨鹿—真定一线以东直至海岸的大片平原并非全归冀州或现在的河北省，而是被兖州或现在的山东省分走了相当部分。这个问题我会留到兖州部分一并分析。

第四节　|　并州与山西高原

如果按照《禹贡》的划分原则，从冀州中分拆出来的并州板块，应该与现在的山西省大体重合，即西隔黄河与雍州相望、东以太行山分水岭为界，俯视幽、冀二州。但东汉的行政区划并非如此。在群雄并起的三国年代，并州的范围已然向西跨越黄河，延伸到了陕西北部及内蒙古南部；与此同时，山西高原的南部却并没有成为并州的一部分，而是被划入了中央直属的司隶。这一调整导致关羽与张辽并非所谓的山西老乡。作为雁门马邑人氏（今山西朔州）的张辽与出身司隶的关羽，籍贯一南一北相隔千里不说，东汉时期还不属于同一个州，所以两人之间的友情纯粹是“英雄惜英雄”，而非他们同为山西人。真正与张辽有同州之谊的，是籍贯地已被归入内蒙古的“包头吕布”。由此你就明白了张辽为什么最早是吕布的得力干将，而二人为什么同为并州刺史丁原的部下。

无论是山西还是并州，在地理上都属于高原。不过高原跟高原的差异还是很大的。在整体降水、温度能够满足农业要求的情况下，一片高原的地缘潜力大小，取决于内部冲积平原面积的大小。从这个角度来说，山西高原算得上是得天独厚了。前面已经提到过，这片高原从北向南，依次分布着五个大型盆地，分别是大同盆地、忻定盆地、太原盆地、临汾盆地以及运城盆地。每一个盆地都得名自中心城市（忻定盆地取自“忻州”“定襄”两城）。这五个盆地并非由一条河流串联起来。北部的大同盆地归桑干河流域。桑干河向东穿越太行山脉与燕山山脉的接合部，流入河北北部后成为幽州的永定河。中北部的忻定盆地则是滹沱河的发源地。滹沱河在穿越太行山脉之后，成了河北平原的中轴线。从流域角度来说，当黄河还在天津一带入海之时，上述两大盆地都归属黄河下游。在黄河从山东北部入海的东汉、三国时期（包括当下），包含永定河、滹沱河在内，摆脱黄河影响的华北北部河流，被统称为“海河水系”。

相比之下，太原、临汾、运城三大盆地，与黄河的水系关系就要稳定得多。发源于吕梁山脉北端的汾河，先是向南流淌，串联起太原盆地和临汾盆地，然后向西南方向流淌，注入当时被称为“西河”的黄河中游河段。而与临汾盆地关系紧密的运城盆地，同样依靠一条东西走向的河流——涑水河（向西注入西河）。这意味着单从水系角度来看，大河向东流的山西高原北部与大河向西流的南部地区，看起来并不像地势那样浑然一体。

实际上，从地形角度来看，你会发现山西高原西南部的临汾、运城两大盆地，跟一河之隔的关中盆地更像是一个整体。如果不是黄河的分隔，再加上分属秦晋两省，你会很容易把这三个地理单元的“盆底”当作一整块大平原。由于黄河西侧的渭河、东侧的汾河在这块平原的形成中起到了核心作用，这块大平原在地理学上又被合称为“汾渭平原”。这块弦月形平原在地理环境上存在共性，但黄河的分隔使得历史上秦、晋两地的地缘关系一直处于非常微妙的境地。你既能看到春秋时期的“秦晋之好”，又能看到战国时期的相互攻伐（最后的胜利者当然是秦国了）。

按照《禹贡》的划分，包括关中平原在内的西河以西部分，也就是秦岭以北的陕西省，都应该归入雍州的范畴。然而问题在于，西汉的政治中心长安城就位于关中地区。这意味着关中地区的政治地位要高于其他各州，还要有专属的缓冲区。在这种情况下，临汾、运城两大盆地并没有因黄河之隔被划入并州，而是基于汾渭平原的共性，以河东郡之名成为中央直属的司隶的一部分。

汉代的并州，是从九州中的冀州分拆出来的，其地理范围对应现在的山西省。但南部的两个盆地划归司隶之后，山西剩下的地理单元，还能不能支撑起并州呢？答案是肯定的。去掉这两块南部盆地，山西高原还剩下太原、忻定、大同三个盆地，如果再加上土地略显贫瘠，但核心区同样是小型盆地（长治盆地）的上党高地，山西剩余的部分依然具备维持一个州的体量。

但在雍州方向，情况就不那么乐观了。关中平原是秦岭以北唯一的大型冲积平原。在关中盆地的北部，是两片河谷纵横的高原，分别是西侧为泾水流域所覆盖的陇东高原，以及东侧以北洛河流域为骨干的陕北高原。前者今天归属甘肃省，后者则为陕西省所有。上述两条渭河的一级支流虽然在这两片高原上切割出了上百条河谷，但没有形成盆地属性的冲积平原。这意味着仅凭这两个高原是无法支撑起一个州的。

当然，将关中平原之北的这两片高原划入司隶也是一个选项。这种做法相当于将雍州更名为“司隶”，并赋予它更重要的政治使命。不过考虑到两片高原的北方就是草原游牧民族占优势的地带（秦长城即是沿陕北、陇东两大高原的边缘修筑的），这种设计等于让中央来承担边境防御任务，显然是不会被接受的。有鉴于此，在为汾渭盆地留下部分提供缓冲的高地之后，陕北、陇东两个高原还是被并入了其他州部。在东汉时期，陕北高原便被划入并州，而陇东高原被划入凉州。

现在我们可以看到，基于为都城提供多重保护的需要，原本以西河为界的纵向切割原则在东汉时期被彻底放弃。无论作为中央直辖地区的司隶，还是作为北境守护者的并州，都成了跨越黄河的存在。

追根溯源的话，并州版图的确立，始于战国时期赵国的扩张。尽管一提到赵国，大家首先联想到的是河北，但这个号称“四战之国”的战国诸侯，其根据地位于山西太原。可以这样说，在东汉时期被划入并州的诸地理单元中，除了前面说到的陕北高原属于秦国以外，余者在战国时期几乎都属于赵国版图。

对赵国，乃至之前以晋国名义向北扩张的赵氏而言，恒山山脉是一条非常重要的地理分界线。所谓恒山山脉，指的是恒山所在的一条西连吕梁山脉、东接太行山脉的东西走向山脉。这里说的恒山就是现在大家熟知的北岳恒山，而不是位于太行山东麓的古恒山。如果仔细观察，会发现如珍珠项链般被串联在一起的山西五大盆地中，位于恒山山脉以南的四个盆地，都有相对宽阔的谷地相连。这使得由南向北扩张的华夏文明，可以沿着河谷低地一路向北开垦，直至在忻定盆地北部遇到恒山山脉的阻隔。

恒山山脉很完整，无法在这条分隔大同、忻定两大盆地的山脉中找到一个相对宽阔的裂隙。这样的地形，固然在赵国向北扩张之时是一种阻碍，但也为后世中原王朝在应对来自北方的压力时提供了一道天然屏障。比如同样兴起于太原的唐朝，就在恒山山脉西段的交通要道上修筑了著名的“雁门关”；后来的明朝，更是在恒山山脉之上打造了一条被称为“内长城”的防线，以便在山西、内蒙古交界处的“外长城”失守时，阻止蒙古人长驱直入。

恒山防线固然重要，但它始终还是一条退而求其次的候补防线。赵国之于中央之国的巨大贡献，是早在秦统一六国之前就已跨越恒山山脉，将其势力扩展到黄土高原与蒙古高原间的分界线——阴山山脉一线，并用长城标定了中央之国核心区的北部边界。只不过在历史上，这条长城边界并不总是稳定的。

事实上一个地区的降水量并不是一成不变的。一定幅度的降水量变化对于降水过多或者过少的地区来说，并不会在地缘结构层面产生质的变化。但对于阴南丘陵这类地处季风气候与大陆性气候的过渡地带来说，影响就比较显著了。以20世纪岱海的降水数据来看，其平均年降水量非常不稳定。降水多的年份能够达到650毫米左右，低的年份则只有200毫米。这也使得历史上400毫米年等降水量线与长城的位置一直在阴山丘陵一带摆动。

就总体情况来说，中央之国几千年来降水量一直呈现周期性的波动。以中国历史上最后一个修筑长城的朝代——明朝来说，其存续期内全国范围内的平均年降水量，较汉代就下降了不少。与此同时，温度亦呈现相似的周期性变化。在偏冷的历史时期，降水量会呈现南北差异，导致“北干南湿”，而在偏暖的时期，降水量表现为东西差异，导致“东湿西干”。直到20世纪，中央之国的降水量和温度这两项指标才出现明显的总体回升趋势。在了解这一气候背景后，当发现明长城的位置较汉长城要更为偏南时，你就不会感到奇怪了。

现在我们知道，在战国时期和汉代，中原政权会更有机会将势力向北推进。以长城在阴南丘陵的位置来说，大体上位于黄旗海与岱海之间。2300年前，赵国翻越恒山山脉，控制这片原本为游牧民族所占据的土地之后，在此设立了雁门郡与代郡。其中，洋河上游与相邻的桑干河下游都属于代郡，大同市及其以西地区则归属雁门郡。两个行政区在恒山山脉上的地理分界点便是北岳恒山。及至汉代，大体上仍然继承了赵国当年在此的行政设置，只是将雁门郡西部不属于桑干河流域的浑河流域（今天山西右玉县及内蒙古清水河县）拆分出来，建置了定襄郡。

第五节 | 河套之地

在三国英雄中，一直被认为是战力最强的吕布，其出生地应该是今内蒙古包头市九原区，以至网络上会有“包头吕布”的戏称。不过素有“米脂婆姨绥德汉”之说的陕北地区，可能不会认可吕布是内蒙古人的说法。“米脂婆姨绥德汉”，意指陕北的米脂县盛产美女，与之相邻的绥德县则好汉辈出。而佐证这种说法的最重要证据，就是《三国演义》中的貂蝉是米脂人，而吕布是绥德人。考虑到貂蝉这个人物本是小说虚构的角色，且史书中明确记载吕布是九原人氏，所以上述说法并无根据。然而有一点倒是可以肯定，南北相隔将近千里的包头和绥德，在东汉末年都属于并州的范畴。这一行政建置的形成，到底有什么样的地缘背景呢？一切的一切都要从河套说起。

说起河套，大家首先想到的是一片富庶的平原，正所谓“黄河百害，唯富一套”。这里说的“百害”主要指的是黄河河道在下游变化无常，造成华北平原水患频频。但在上中游地区，被周边高地束缚的黄河，看起来要温驯得多，受其滋润的河套平原便成为各方争夺的焦点。只不过河套平原并非一整块平原。能够被纳入这个概念的总计有三个地理单元：前套平原、后套平原以及西套平原。这三处平原的形成，又与两座山脉——阴山山脉和贺兰山脉有关。其中前套平原和后套平原都位于阴山山脉之南，今天都归属内蒙古；贺兰山则成就了西套平原与宁夏这个中国面积最小的自治区。

我们很容易在地形图上找到阴山山脉与贺兰山脉的位置，并感受到黄河与二者之间的紧密联系。发源于青藏高原的黄河，先是沿黄土高原的边缘，东北向切入贺兰山脉东麓，然后北流，受阻于阴山山脉后转而向东，直至遇到吕梁山脉再次南流。受到这几处山地的阻滞，黄河水的流速开始变慢，并将山麓地带漫灌成了河泽之地。也可以说，如果没有山脉的阻滞，黄河在这片高原之地切割出的只会是一条河谷。

阴山山脉与贺兰山脉同时也是黄土高原与内蒙古高原的地理分界线。这意味着，河套平原及整个黄河“几”字弯所圈定的这片腹地，应该都属于黄土高原的范畴。如果简单以内蒙古高原对应草原游牧经济、黄土高原对应种植经济的话，河套地区应该天然属于华夏文明核心区的范畴。但地理环境对人类生产生活的影响不止于地形地貌，还要结合气候条件来看。对于农牧两种生产方式来说，最主要的分界线依然是400毫米年等降水量线。遗憾的是，这条农牧分界线并没有把整个黄河“几”字弯置于身后，而是以近乎对角线的形式，分割了这片“几”字弯腹地。位于对角线西北一侧包括三个河套平原在内的区域，整体被贴上了“干旱”的标签。地形能够帮助我们更精确地找到这条分界线。事实上，400毫米等降水量线就是沿着陕北和陇东两个高原的西北边界在延伸。这两个位于第二级阶梯的高原地形起伏较大，让来自东南方向的季风更容易形成降水，因此被那些黄河的支流所覆盖。

但在400毫米等降水量线的西北一侧，地势要平缓得多。由于这块介于黄河与陕北高原、陇东高原之间的高地，大部分为今内蒙古鄂尔多斯市所辖，因此被称为“鄂尔多斯高原”。从“河套”一词的本意和历史沿革来说，鄂尔多斯高原亦被归入河套地区的范畴。需要注意的是，今天的鄂尔多斯市与地理上的鄂尔多斯高原并不能完全画等号。你会看到鄂尔多斯市的东北部涵盖了陕北高原的东北角，而鄂尔多斯市区则正好位于陕北高原的边缘。这一位置让鄂尔多斯市区成为一个降水量的分界点。鄂尔多斯市区以东，平均年降水量能够稳定高于400毫米，越往西则降水越少。此外，鄂尔多斯高原的西南部也没有被划入鄂尔多斯市，而是成了宁夏的一部分。至于为什么会出现这种情况，我在凉州部分会进行分析。

河流的属性同样能够帮助我们理解鄂尔多斯高原的干旱状况。在这片高原上的低洼之处，散布着很多内流湖性质的小型湖泊，以及一些常年干涸，只有夏季才有机会蓄水的季节河。尽管降水达不到农耕的需求，但100～400毫米的降水量还是适宜牧草的生长。有鉴于此，我们从地缘角度更应该把鄂尔多斯高原称为“鄂尔多斯草原”。只不过由于生态环境过于脆弱，鄂尔多斯草原很容易因人类活动出现沙化现象。大约在战国时期，靠近后套平原的高原西北部开始沙化，形成了库布齐沙漠。唐朝后期，高原南部的情况也开始恶化，开始形成毛乌素沙漠。值得欣慰的是，经过多年的治理，目前降水条件相对较好的毛乌素沙漠重新变得绿意盎然。

需要注意的是，虽然鄂尔多斯高原与陕北、陇东两块高原之间的分界线与400毫米年等降水量线高度重合，但并不代表在这条年等降水量线以西完全不存在降水丰沛的地点。在前套平原，由于这段阴山山脉呈西北—东南走向，并且位置更加偏东，所以在靠近山麓的部分地区受益于地形雨，平均年降水量会超过400毫米。虽然如此，整个河套平原的农业本质上还是仰赖黄河水。归根结底，河套平原能够有机会一展其农耕潜力，还是得归功于阴山及贺兰山脉的存在。这两条山脉不仅和黄河一起打造出了三块不缺水的平原，更帮助河套平原阻挡了部分来自西北方向的干燥季风，使得河套平原的积温亦较周边地区有所提高。

如果不进行人工干预的话，河套平原的自然条件将使之成为一片水草丰美的草原，但不会像大家熟知的《敕勒歌》中描述的那样“风吹草低见牛羊”。毕竟在没有山脉和黄河加持的鄂尔多斯高原，牧草的高度最多不过二三十厘米。这样的高度甚至连牛羊的小腿也覆盖不了。但如果对河套平原的天然水网加以引导和利用，打造出一个人工灌溉系统的话，这些水草丰美的草原将很有机会变成一片片良田。

河套平原及鄂尔多斯高原在地理上都属于黄土高原板块，但由于处在400毫米年等降水量线以外，这一地区整体为游牧优势区。所以今天河套平原的三个地理单元及鄂尔多斯高原，都被划入民族自治地方，某种意义上便是这种自然属性的映射。然而河套平原的确具备农业开发基础条件。这意味着中原政权如果能够控制这三个平原，将有机会把整个河套地区纳入自己的版图，进而实现对黄土高原及黄河上中游地区的控制。构筑于阴山之上的战国和秦汉时期的长城，似乎也向世人证明了这一点。在中原王朝与北方游牧民族的地缘政治博弈中，河套地区一直被视作双方的胜负手。所以检验一个中原王朝是否强大，能否控制河套地区是最关键的指标。尽管今天整个河套地区被划入内蒙古自治区，但在民国时则属于绥远省，也就是“山西王”阎锡山的势力范围，显然并非巧合。

从地理位置上看，以大同盆地为核心的恒北地区，与受到阴山山脉庇护的前、后套平原处于同一海拔。吕梁山脉向北延伸的部分——管涔山，负责将两大地理单元分隔开来。沿着东西方向横贯管涔山注入黄河的浑河，能够开辟一条跨越山脊的天然通道。今天你在电子地图上搜索从山西境内的右玉县通往内蒙古境内的和林格尔县的路线，就能够感受到这条通道的存在了。

显然，在这样一条重要的道路上，军事家们不可能不依托山势构筑关口。这个关口就是著名的杀虎口，最初叫作“杀胡口”。不过，即便河套平原与大同盆地分属不同民族，也并不代表杀虎口只能充当一处战场。承平时期，往来于杀虎口的，更多是来自山西高原的商人。杀虎口于是有了一个更加耳熟能详的名字——“西口”。西口以西的那片游牧之地，亦因此被称为“口外”。中国近代史上著名的大规模人口迁徙——“走西口”，便是由此得名。如果吕布真的是九原人氏，那么他当年也应该是从杀虎口进入山西，继而登上人生巅峰的。

最先代表中央之国跨越杀虎口的，依然是在北方锐意进取的赵国。当时占据河套平原的，正是后来汉朝的最大对手——匈奴人。在击败匈奴人之后，赵国一方面在阴山山脉之上构筑长城（后来成为秦长城的一部分），另一方面在这块新征服的土地上建置了云中郡。汉朝在得到河套地区之后，依照山川形便原则，把云中郡的中西部进一步拆分为五原、朔方二郡。

说到这里，你可能会有一个疑惑。既然地理上，阴山之南的河套平原被分为前套、后套两部分，那么汉朝为什么要在此设立三个郡？这其实跟阴山山脉的走势有关。“阴山”只是统称，其山体可分为三部分：西段的狼山、东段的大青山，以及位于中间的狭义的阴山。其中，狼山是一段走向与黄河近乎平行的弧状山体，与黄河共同造就弯管形的后套平原；大青山则与体量较小的阴山一起，与黄河围就了三角形的前套平原。

简单地说，狼山脚下的后套平原建置有朔方郡，大致相当于现在的巴彦淖尔市；大青山庇护的前套平原主体，则继承了云中郡的名称，大致对应今内蒙古首府呼和浩特市；位居其间的阴山对应的则是五原郡，即今天的包头市。吕布的出生地九原县，便是五原郡的郡治所在。历史上，即使没有诞生吕布这位猛将，五原郡也颇为引人注目。不仅因为五原郡被夹在前后套平原中间，更因为阴山、大青山的西端以及黄河河道在此形成一处背山临水的三角形区域。无论从小气候还是防御角度，都很适合作为河套地区的中心。历史上，包括匈奴在内的游牧民族，曾经多次将王庭设于此地。

实际上，赵国对河套平原的控制仅仅持续了几十年时间。由于在长平之战中损失了大批有生力量，赵国不得不将李牧率领的北地边军主力调回，导致匈奴人重新控制了河套地区。及至秦统一六国之后，名将蒙恬率30万秦军重新夺回了河套地区。然而秦军同样没能在河套平原待太久。秦末的乱世，不仅让秦朝在河套平原的防线土崩瓦解，更使得那些被强制迁徙到这片土地实边的人口很快逃离。以至在汉朝建立之初，重新控制河套平原的匈奴人成了这个新生王朝的最大威胁。

根据我们刚才所做的地缘分析，你很容易想象得到，匈奴人在控制河套平原后，将会经常通过杀虎口袭扰相邻的雁门郡。关于匈奴入侵雁门或者说大同盆地的最著名事件，便是差点让汉高祖刘邦丧命的“白登之围”（公元前200年），以及汉武帝部署的“马邑之围”（公元前133年）。（顺便一提，“马邑之围”中，马邑富商聂壹其实是整个计划的提出者，更是张辽的先祖，其后人为避祸而改姓。）“白登”是一座山名，位于平城（今大同市）东北；马邑即现在的山西朔州，位于大同盆地的西南角。平城与马邑一南一北，互为犄角，拱卫沿桑干河谷延伸的大同盆地。直到公元前127年卫青率大军击败匈奴人，夺回了河套平原的控制权，才算解除了来自侧翼的对大同盆地和山西高原的威胁。

从上述历史还可以看出，中原政权对于河套平原的控制一直处于不稳定状态。每当内部陷入战乱，这片可农可牧的土地便会在第一时间被放弃。造成这种局面的根本原因，在于河套平原虽然可事农稼，但在战略态势上是一个危险的突出部。抛开位置上更加孤立的西套平原暂且不论，即使中原政权能够控制前后套平原，也会发现，在鄂尔多斯高原的自然降水不足以支撑大规模农业开发的情况下，云中、五原和朔方三郡实际上处于腹背受敌的危险境地。游牧民族不仅会在阴山长城以北的草原上不断游弋，寻找机会，还会从狼山与贺兰山之间的缺口处渡过黄河进入鄂尔多斯草原，从后方发起攻击。正因为如此，汉朝也在杀虎口两侧分拆出定襄郡，以便在河套有失的情况下，为雁门郡和大同盆地的安全增加一层保障。

第六节 | 无法根除的北方威胁

在赵人代表中央之国进入河套平原之时，他们用颇具浪漫色彩的“云中”二字为这片土地命名。而在汉朝重新控制河套地区之后，“朔方”开始取代云中，成为整个河套地区的名称。狭义的朔方，指的是公元前127年汉武帝夺取河套之地后，在后套平原设立的朔方郡；广义的朔方，则是公元前106年汉武帝创制十三刺史部时，在朔方郡的基础上建置的朔方刺史部。

“朔方”意指被朔气覆盖的北方。朔气在古汉语中指的是北方的寒气。气候是中央政府统治这片土地最大的障碍。这一名称的出现，表明汉朝对当地的气候已经有了深刻感受。但整个河套地区的气候，又与季风有关。所谓季风，指的是以一年为周期，风向在冬季和夏季发生季节性变化的现象。受来自太平洋的暖湿气流影响，每年夏季，东亚大陆都会迎来由东南方向吹来的夹杂着大量降水及热量的夏季风；而到了夏季风消退的冬天，控制东亚大陆的则是由大陆冷高压形成的冬季风。这种受季风影响显著的地区被称为季风区。在地球上，东亚、东南亚以及南亚三个板块都属于季风区。其中东亚季风区是唯一处在温带的季风区。

对于中原王朝来说，无论采取何种手段控制河套平原，都必须要面对鄂尔多斯高原横亘其间的问题。虽然中原王朝同样可以利用这片高原放牧，将之变成自己的畜牧基地，尤其是培育马匹，但没有办法进行大规模农业开发以增加当地人口。为了解决这个问题，秦、西汉和东汉尝试了三种方案。其中，西汉的解决办法是将河套平原、鄂尔多斯高原以及大部分陇东高原和陕北高原合并为朔方刺史部。

从技术上看，这一方案相当于把关中平原从雍州剥离后，补充了河套平原。但问题在于，关中平原作为整个雍州板块的核心，拥有足够的人口和资源向其他板块辐射其地缘影响力。河套平原则无力承担这个任务，更因为地处边陲，尚需要从其他地区调配资源。为此，西汉在设立朔方刺史部时做了两个补救措施。一是将西河两岸的高地，包括部分陕北高原和吕梁山地，设为西河郡，划归并州刺史部。这样设计的好处在于让山西高原更多地参与到对前、后套平原的战略支援上来。二是延续秦朝时的做法，将西套平原与陇东高原东部组合成北地郡，从而让孤悬于西陲的贺兰山麓得到更多来自关中方向的支撑。

容易被人忽视的，是二世而亡的秦朝在这个问题上所做的前瞻性设计。笃信中央强大控制力的秦朝，并没有在中央与诸郡之间再建置一级行政单位作为承上启下的中介。在河套平原，除了保留云中郡的建置以外，汉朝后来分拆出的朔方、五原二郡，在秦朝都属于九原郡。换句话说，整个前后套平原的行政建置，从春秋时期的赵国到秦朝，再到汉朝，经历了一拆二、二拆三的变化。吕布的出生地——今名“包头”的九原县，在成为汉五原郡郡治之前，则是秦九原郡郡治所在。

在支援河套平原的问题上，崛起于关中平原的秦朝，更多将担子压在了陕西部分。以陇东高原为核心的北地郡囊括西套平原以及鄂尔多斯高原中西部的大部分地区，其北境直接与九原郡相连接。以陕北高原为核心的上郡，则北与云中郡接壤。然而不论怎么调整，都无法克服鄂尔多斯高原的阻隔。尤其是上郡、北地郡的地缘潜力有限，秦朝更多期望在得到预警后，利用关中平原的力量直接驰援阴山防线。

想要做到此点，秦朝首先要在陕北或者陇东高原上修建通畅的道路。沿河谷修建道路是最常见的方式。纵横于陇东高原的是泾河水系。但覆盖陕北高原的水系则稍显复杂。陕北高原与陇东高原接壤的南部，为北洛河水系所覆盖。而自延安往北的延伸部分，则渐次分布着很多独流向东、注入西河的河流，如滋养了红色圣地延安的延河，“可怜无定河边骨，犹是春闺梦里人”这一千古绝句中的无定河（米脂和绥德及榆林属于无定河流域），和以煤矿资源丰富而闻名的窟野河（诞生了鄂尔多斯和神木两座黑金之城）。整个陕北高原位置最北的河流，是鄂尔多斯市准格尔旗人民政府所在的塔哈拉川。这条横穿县城注入黄河的河流，长度还不到20千米，与河套平原的直线距离只有30千米。理论上，如果能够打通一条纵贯陕北高原的道路，秦军就可以避开鄂尔多斯高原，从关中一路向北直扑前套平原。遗憾的是，陕北高原并没有一条纵贯整个高原的河流。而在沟壑纵横的陕北高原上修筑一条横切诸多河谷的道路，其技术难度可想而知。

陕北高原东侧这段被称为“西河”的黄河，看起来倒是可以承担这个任务。由于身处晋陕两省之间，西河河谷又被称为“晋陕大峡谷”，其近乎直线的走向，使之成为一条天然通道。2017年8月，沿晋陕大峡谷修建的公路开通。这条南起华山，北至陕西最北端的府谷县，全长800多千米的沿黄公路，一经开通便因途经诸多自然、人文景观而引发世人的关注。

如果秦人当年也能够沿晋陕大峡谷修建一条道路，那么关中平原与河套平原之间的交通问题将得到圆满解决。更重要的是，这是一条完全从农业区通过的道路。然而沿黄公路的开通时间也已经告诉我们，这在两千多年前是一项不可能完成的任务。即使不考虑峡谷沿途有很多断崖式的地形，秦人也很难在每一个支流河口都修筑一座桥梁。就算秦人能够做到，对于一条纵贯千里的道路来说，任何一座桥梁的受损（尤其是在容易暴发山洪的夏季），都可能让整个军事行动陷于停滞。当然，如果不考虑快速机动问题，在诸河谷间不断切换，还是足以帮助秦人打通一条连接关中与河套的交通线的。问题只在于秦朝需要让中央直接对河套平原的安全负责。那么，这项任务以当时的技术水平而言真的完全无解吗？

最起码对于自认为“德兼三皇，功盖五帝”的秦始皇来说，没有什么是不可能的。公元前212年，距秦朝走向崩溃还有两年时间（公元前210年，秦始皇在东巡期间驾崩），秦朝开始着手修建一条始无前例的古代高速公路——秦直道。

秦直道在设计上的巧妙之处在于，它选择了一个能够避免切割河谷的筑路方案。两片相连的土地之所以会被区分为两个地理单元，在于它们各自的地势能够自成体系，而水系结构就是这种体系的直接映射。在陇东高原及陕北高原南部，泾河与北洛水会通过各自的水系，将降落在各自覆盖范围内的降水汇集起来输往关中平原。找到这两大水系的分水岭，不仅意味着找到了两大高原的分界线，更意味着找到了一条不会被河谷切割的天然路基。

并不是所有的分水岭都可以承担这项任务。可以承担这项任务的分水岭，海拔不能够太高。帮助秦军由关中进入河套地区的分水岭，名为“子午岭”，大体沿着今甘肃庆阳与陕西延安两地区的分界线延伸。从“岭”这个后缀上，你应该也能感觉到它的海拔并不算太高。1300～1800米的高度，能够保证秦直道这项伟大工程得以实现。

在秦汉之际，子午岭又名“桥山”，被认为是黄帝部落的起源之地。至于说当年的黄帝部落有没有沿着子午岭南下，已经无从考证了。可以推断的是，最初利用这条快速通道的，应该是南下侵扰关中的游牧民族。只不过在中央之国的力量第一次被整合在一起之后，这条天然通道反过来成为中央之国插入草原地带的利剑。在子午岭上修筑的直道并不是秦直道的全部，进入鄂尔多斯高原之后，道路开始向东北方向延伸，以贴合陕北高原西麓，直至抵达九原。这样做的好处是既能避免跨越河道，又能让道路接近水源以利于沿途补给。

长安与九原之间的直线距离超过700千米，秦直道的交通距离则超过了1000 千米。能够在2200年前做到这点，不得不说是一个奇迹。然而在后来的历史中，这条构筑于山脊之上的古代高速公路，虽然一直到清朝都还有使用的痕迹，但再没有发挥过直通河套的快速通道作用。究其根源，在于以当时的机动条件来说，横跨1000 千米调动军队和补给的想法还是太过超前，更何况秦直道的后半段位于鄂尔多斯草原的边缘。那些远离农业区的补给点在为过往人员提供保障的同时，也会吸引游牧民族。这意味着即使河套平原处在中原王朝的控制之下，也很难保证这条穿越游牧优势区的交通线不被驰骋于此的游牧民族切断。

如果连秦直道这样的史诗级工程都不能完成连接关中与阴山防线的战略任务，那么汉武帝将河套地区与子午岭两侧的高原组合在一起建置朔方刺史部的做法，实际作用也就不大了。真正能够在中原王朝控制前套平原、后套平原问题上发挥关键作用的，还是山西高原。从技术上看，东汉将陕北高原的北部与黄河以东的吕梁山地组合在一起，建置了西河郡，并与陕北高原的剩余部分（上郡）一起划入并州的做法，不仅能够扩大山西高原与河套地区的交界地，将大同高原的防御压力分散到高原的中南部，更为关中地区又增加了一道屏障。

必须正视的是，不管是秦直道的修筑还是两汉在河套地区的行政调整，本质都只是在优化内部资源以增强对这片农牧交错地带的控制。这些做法虽能起到作用，但治标不治本。从地缘角度来说，最根本的解决之道，是将鄂尔多斯高原变成一片农耕之地。若来自中央之国的农民能够将整个河套地区都开垦为农田，即便内地陷入动荡，农业区的属性也会把这片土地留在中央之国。然而鄂尔多斯高原因为地势无法通过灌溉工程引黄河之水进行开发。

真的就没有办法缓解鄂尔多斯草原的游牧民族威胁吗？暂时不用太悲观。在没有办法改变地缘环境的情况下，还可以在鄂尔多斯草原引入一支愿意接受中原政权领导的游牧势力作为折中方案。在汉朝，被用来落实这一方案的游牧势力是著名的南匈奴。

崛起于战国末期的匈奴，是第一个统一蒙古草原的游牧民族。只是没有哪个政权能够长盛不衰。面对西汉的持续进攻，被驱赶至漠北草原的匈奴人，内部矛盾逐渐激化。及至公元前1世纪中叶，这个以“匈奴”为名的北亚游牧联盟开始出现“五单于争位”的局面。在这场争斗中落败的匈奴部落，跨越蒙古高原中部的大漠戈壁，向汉朝控制下的漠南地区迁徙，并试图得到汉朝的保护。这使得南匈奴第一次出现在历史舞台上。对于西汉来说，没有理由拒绝这样一支前来归附的游牧部落。在得到汉朝的支援之后，南匈奴得以击败北匈奴，成为漠北的统治者（中国历史上最著名的和亲事件——昭君出塞，对象即南匈奴单于）。进入公元1世纪中叶，相似的一幕再次出现：匈奴内部又一次以大漠戈壁为界分裂为南、北两部分。新生的南匈奴政权仍然希望通过向汉朝称臣，来换取汉朝的支援。然而这一次，东汉的创建者、汉光武帝刘秀的想法有些不同。具体来说，游牧于阴山北麓的南匈奴并没有像100年前的南匈奴一样在汉朝的支援下打回漠北，而是基于分而治之的原则，被安置到了河套地区。

最开始，南匈奴的王庭被允许驻扎于长城之南的阴山山脉中（今内蒙古固阳县），属五原郡，与汉朝在河套地区的地缘枢纽九原相隔仅“八十里”。对于游牧民族来说，这应该是一个非常好的安置点，因为五原郡一带向来是游牧政权在漠南地区活动的中心。但这并不能让汉朝感到安心，毕竟这种做法相当于把河套平原变成了一片胡汉混居的农牧交错地带。即便不考虑南匈奴的忠诚问题，这种局面也不利于管理。

很快，南匈奴以及随之一并内迁的游牧部落被进一步安置在了鄂尔多斯草原之上，其王庭则设在降水条件相对较好的陕北高原最北端的西河郡美稷县（今内蒙古准格尔旗暖水乡，西距鄂尔多斯约90千米）。在这里，南匈奴的核心部落可以沿一条名叫“滴水”的黄河支流放牧。而在滴水下游，今陕西府谷县古城镇，汉朝当时还设置了一个县——富昌县。1999 年之前，准格尔旗的旗政府亦同样在滴水中游设有沙圪堵镇（后北迁至今址）。由此可见，汉朝是有意识地将一块有农业开发潜力的土地交付给南匈奴设立王庭的——既可显示对南匈奴贵族的优待，又便于就近管理。回想之前对鄂尔多斯市地理结构的解读，你会发现它几乎就是当年安置内迁南匈奴之地的翻版。

没有人生来就是劫掠者。游牧民族对农耕区的侵扰，初衷是在恶劣的生存环境下度过困难时期。农耕民族可以储存粮食以备不时之需，而游牧民族的财富和食物来源很大程度上依赖畜群。一旦因天灾造成牲畜大量死亡，劫掠便成为一种自救手段。只不过当游牧民族发现将分散的力量集合起来，就能够轻易从农业区获取资源之后，他们也很乐意在秋高马肥之时南下劫掠，权当另一种形式的围猎活动了。

对东汉和南匈奴来说，这看起来是一个双赢的局面。获准进入长城以南的南匈奴部落，能够从东汉王朝那里得到粮食，而在东汉王朝抵御其他游牧民族入侵的战争中，则可用接受汉朝调度的南匈奴部落来抵消对方的马上优势。不过这种平衡的前提，是汉朝能够稳固控制河套平原的三个地理单元。一旦中央之国因为内乱而无力控制这三处战略要地，那么无论是内附的南匈奴人，还是那些在长城以北虎视眈眈的游牧部落，都有可能主动出击打破这一平衡。

公元1世纪末，蒙古草原的地缘政治格局发生了巨大变化：受到东汉军队的连续打击，北匈奴被迫远遁中亚。然而已经归附汉朝的南匈奴没能填补北匈奴留下的权力真空，而是继续留在河套之地。填补这一权力真空的，是从大兴安岭中走出来的鲜卑人。慑于鲜卑人的强悍，许多原本隶属匈奴的游牧部落也转而自称鲜卑，让这个原本臣服于匈奴的部族得以迅速壮大。

关于匈奴人与鲜卑人之间的恩怨，以及蒙古草原的基本地缘结构，日后我会结合曹魏北征乌桓、鲜卑进行详尽分析。现在我们要了解的一个历史事实是，在三国时代即将开启之际，鲜卑就已经取代匈奴，成为中央之国在长城一线的对手。需要注意的是，尽管公元1世纪末鲜卑就开始填补北匈奴西迁之后留下的权力真空，但这并不代表一个强大而统一的草原帝国就此诞生。在草原上，以血缘为纽带的氏族并不一定就是天然的政治盟友。像大家熟悉的成吉思汗，他在崛起后所做的第一件事，就是用外交和军事手段统一蒙古诸部。

公元2世纪中叶，鲜卑首领檀石槐第一次以部落联盟的形式，将分散于草原各地的鲜卑诸部整合在一起。从经济角度看，各游牧民族之所以愿意结成同盟，除了可以减少彼此的消耗以外，更强烈的动机是可以集中力量，向富庶且人口众多的农业区发起进攻。在亚洲的北部，一个草原首领要想赢得尊重，就意味着他必须有能力带领大家向中原王朝发起挑战。

公元156年，檀石槐率领数千铁骑对云中郡发起攻击，拉开了鲜卑与中央之国长达数百年的地缘博弈的序幕。当然，鲜卑与中央之国之间的关系，不能仅用“博弈”二字来形容。虽然在公元5世纪末北魏孝文帝曾经主导过一场汉化改革，并被视为民族融合的典范。但在此之前的大部分时间里，包括整个三国时代，鲜卑仍需被视为草原文化的代表，而不是华夏文明的一分子。

对云中郡的攻击只是一个开始。此后东起辽东、西至河西的整个长城沿线，都成为鲜卑诸部的攻击目标。为此，檀石槐做了两个重大决定。首先，他将王庭从漠北迁至紧贴长城的弹汗山（现名大青山）。一般提到这个名字，大家往往想到的是位于内蒙古自治区首府呼和浩特北部的大青山——作为阴山主脉的重要组成部分，大青山同时也是前套平原的屏障。不过，鲜卑人看中的大青山却并不位于阴山主脉，而是位于阴南丘陵地带——今河北省尚义县与内蒙古自治区兴和县交界处，并与张家口盆地紧密相连。从地理位置上看，这是一个非常明智的选择，尤其弹汗山也是洋河上游之一的东洋河的发源地。以此为根据地，鲜卑人既可向东，沿洋河而下劫掠隶属幽州的代郡和上谷郡，又可向南攻击并州的门户雁门郡，还可以向西觊觎河套平原。

檀石槐做出的第二项重大决定，是依汉朝边地的行政区划，将整条战线划分为三个战区，分别设立首领（称“大人”），统辖各自战区的军事行动。其中两辽地区为东部战区。在这一地区行动的鲜卑部落，面对的主要是汉朝设立的辽东、辽西两郡；辽西郡以西、上谷郡以东的燕山主脉地区则为中部战区，针对的是汉朝设立的渔阳、右北平两郡；上谷郡及其以西的地区，则为西部战区，与王庭一起向汉朝设置在第二级阶梯的州郡发起攻击。

鲜卑人的全线进攻，给东汉造成了巨大压力。在内部还存在巨大矛盾需要化解的情况下，东汉朝廷曾尝试通过外交手段来消除鲜卑崛起带来的威胁——包括以封王的形式承认檀石槐草原之主的地位，以及用和亲缔结同盟。历史上，这些策略一直屡试不爽。然而势头正盛的鲜卑人并不认为有什么必要与汉朝媾和。每年秋高马肥之时，那些生活在汉朝边地的军民依然不得不面对鲜卑铁骑的入侵。

既然外交手段无效，一直忙着四处救火的东汉王朝不得不下决心主动出击，试图以一场决战来解决这一战略威胁。公元177年，汉朝集结了数万军力（包括南匈奴提供的骑兵），由云中、雁门、代郡三路出击，试图一战拔除鲜卑人的王庭。而为了抵御汉军的攻击，檀石槐也集结左、中、右三个战区的全部兵力迎战。这场战役最后以汉军的惨败而告终。出关决战的汉军生还者只有十分之一。此时距导致东汉权力结构瓦解的“黄巾之乱”不过7年时间。要是照这个形势发展下去，东汉末年的地缘政治格局，也许就不仅仅是三足鼎立这么简单了。

客观上讲，比起已经拥有一套成熟管理体制的中原王朝，居无定所的游牧民族在内部整合问题上面临的困难要更大一些，彼此间的竞争更多取决于氏族力量的大小。公元181年，鲜卑力量的初代整合者檀石槐离世。他的名字没有能够出现在三国时代。在继任者能力不足的情况下，原本已初具雏形的游牧帝国瞬间瓦解。那些沿长城分布的鲜卑部落，又重新开始各自为战。

虽然檀石槐整合鲜卑诸部的努力付诸东流，但鲜卑的力量还是在一定程度上被聚合了起来。檀石槐死后，其设立的大人一职，也成了鲜卑各部角逐的权力象征。如果把檀石槐之前的鲜卑历史比作春秋时期的话，那么他之后的鲜卑历史算是进入了战国时期。这样的局面对于即将开启的三国时代来说，是万幸也是不幸。万幸的是，那些专注于逐鹿中原的三国豪杰们，还不用面对最强大的游牧联合体，甚至可以从中吸纳部分力量来增强自身的实力；不幸的是，在豪杰们专注于争夺中央之国的控制权时，以鲜卑为代表的华夏边缘势力，也在内部博弈中完成了进一步的整合，并为之后的“五胡十六国”时代做好了准备。

顺便说一下，吕布的出生并没有明确的历史记载。不过从他与刘备相会时称后者为“弟”来看，应该比刘备要年长几岁。刘备出生于公元161

年，而鲜卑对河套之地的进攻始于公元156年。这意味着吕布自出生之日起，他的家乡就时刻处在战争状态，而他的整个青少年时代都处在鲜卑人兵锋最盛的时期。吕布能存活下来的确不易。换言之，在如此恶劣的环境中摸爬滚打的吕布，肯定会比那些在平叛或与其他边缘势力的战争中成长起来的将领拥有更丰富的战斗经验。正是这一点，使得吕布成为北方边地军事力量的代表，继而能够在三国群雄中脱颖而出，并获得同样崛起于边地的董卓的青睐。

第二章

大河之南
——兖州、青州

冀州的原始设定是在黄河之北，而黄河之南则很容易让人联想到河南省和它的前身豫州。其实两汉时的豫州与后来的河南还是有很大区别的。真正与冀州隔黄河相望的是兖州与青州。对照现在的行政区划，青州基本对应的是山东省的东部；兖州则大部位于山东省的西部，并延伸至河南省境内的开封一带。济水与泰山所在的山东丘陵，将是我们解读兖、青两州的密码。

第一节 | 济水之谜

在三国故事中，兖州被曹操的谋士荀彧称为“天下之要地”，更是曹操的龙兴之地。正是凭借在兖州击败黑山军的功绩，曹操才有资格作为一股势力，出现在中央之国的政治舞台上。而吕布在诛杀董卓之后，同样选择兖州作为自己的根据地。只不过被迎立为兖州牧的吕布，很快在与曹操的对抗中落败，不得不向南遁入刘备占据的徐州。

在天下九州的版图中，兖州的范围被设定为“河济之间”。“河”指的是黄河，“济（jǐ）”指的是济水。黄河大家都很熟悉了，但济水又在哪里呢？按照变水为河的惯例，古时的济水现在应该叫济河，但中国现在并无一条自然河流被称作济河。换句话说，这是一条已经消失的河流。济水作为中国古代最神圣的四条河流——“四渎”之一，可不是一条普通的河流。它的消失令人感到奇怪。

所谓“四渎”，指的是“江、河、淮、济”这四条由西向东、独流入海的河流。其中，“江”指长江，“河”指黄河，“淮”指淮河，当下都还在中国的版图内发挥着重要作用。唯有“济”所指的济水，不见了踪迹。这并不是济水留下的唯一谜团。事实上，从华夏先民发现这条河流时，它的身上就笼罩着一层迷雾。

济水被认为发源于太行山脉最南端的王屋山。整体呈南北向延伸的太行山脉，在它的最南端开始向西北方向偏移。这段连接河东与河内两大地缘板块，横向延伸的太行山脉就是王屋山。在愚公移山的故事中，太行、王屋两山原本横亘于黄河之北，阻挡着冀州通往江汉平原的通道。两山被搬离之后，腾挪出来的空间就是漳河以南的河内之地。

在王屋山东麓、河内地区的西端有一座隶属河南省、被称为“济源”的城市，能够帮助我们找到济水的发源地。按照古人的理解，自王屋山而下的济水，先朝东南方向流经现在的济源、温县两地之后，进入荥阳境内，在荥阳市北部形成荥泽。不过与济水一样，作为济水重要组成部分的荥泽也已消失在沧海桑田式的变迁中。在古荥泽的位置上，当下还有一个名叫“唐岗水库”的当代水利工程，可以帮助我们一探古荥泽的大致位置。

经停荥泽之后，济水开始向正东方向流淌，并横贯整个河南省。进入山东境内的济水，在今菏泽市定陶区东北再次因地势低洼而蓄积成一个名叫“菏泽”的湖泊（菏泽便由此得名）。从菏泽流出的济水，开始向东北方向偏移。在这个方向，它将遇到一片横亘于华北平原和山东半岛之间的山地——山东丘陵。这片山地的存在，使得济水有机会与从丘陵腹地西流的河水，共同蓄积成一个当时华北平原最大的湖泊——大野泽。

大野泽又名“巨野泽”，位于今山东巨野县、郓城县、梁山县、汶上县和嘉祥县五县相接之地。这个上古大湖在宋朝时曾经有一个大家更熟悉的名称——梁山泊。对，就是在《水浒传》中有“八百里水泊”之称的梁山泊。至于梁山，则只是现在梁山县城中的一处很小的丘陵。此地之所以成为那108条好汉的聚义之所，只因为当时的大野泽又向北扩张了一点，恰好将现在的梁山县城和这座小丘陵纳入了怀抱。好汉们要是想在这片低洼之处寻个制高点安身立命，梁山是唯一的选择。只可惜现在梁山周边已经看不到任何湖泊了。

从大野泽流出之后，济水继续向东北方向流淌。身处泰山北麓的山东省会之所以被命名为“济南”，便是因为当年济水从它的北边流过。如果再顺着济水向东北方向前行30千米，你还会发现另一个因济水而得名的地方——济阳。在中国古代的方位观中，素有“山南水北谓之阳，山北水南谓之阴”之说。遵循这一规律，你可以解开很多城市的地理密码，如江阴、汉阳、华阴、淮阳等。

与泰山擦肩而过之后，济水继续向东北方向延伸，最终从今山东省东营市境内注入渤海。如今你仍然能够在济南与济阳之间，看到一条沿相似路径流淌的大河。只不过这条河并不是济水而是黄河。现在贴近山东丘陵的这段河道，实际上是黄河通过侵夺济水下游河道而形成的。需要注意的是，这条中国人的母亲河实在是太没定性了。它在大野泽北侵夺了济水的下游河道之后，并没有完全利用济水的河道，而是在济南以东重新规划了最后的入海路线。

今天的黄河入海口，较当年被黄河侵夺的济水入海口，向北偏移了约50千米。而位于济南以东的这段济水下游故道，在摆脱黄河的控制后，成为一条名为“小清河”的独立河流，被侵夺的河道则被称为“大清河”。考虑到古代的济水向以水质清澈而闻名，清河之称实至名归。

济水并不是唯一受到黄河影响的河流。在低平的华北平原之上，上游得青藏高原之水、中游受黄土高原补给的黄河，每每在下游河道被泥沙淤塞之后，便漫流而出任意侵夺其他河流的河道和入海口。在四渎当中，唯有与黄河一样，都是发源于第一级阶梯的长江能够不受其影响。而被认为发源于太行山麓的济水，以及发源于桐柏山脉的淮河，本质都只是一条纵横于第三级阶梯的河流。同处一片大平原，使得二者旧有的水系结构在历史上经常被黄河破坏。

然而济水与黄河之间的纠葛，并不仅仅限于黄河改道或侵夺河道。因为济水从诞生起，就与黄河之间存在一个结构性问题。接下来，我们再将视线拉回到济水的发源地王屋山，从地理上看看这一切是怎么发生的。王屋山西南，有一条与之相接的山脉——中条山脉。奔腾的黄河之水遇到秦岭阻挡后转而向东，即沿中条山脉与秦岭间的缝隙自西向东注入华北平原。

摆脱山地的束缚之后，黄河开始放纵自己。最后一段能够影响黄河走向的山地，是一座大家耳熟能详的名山——嵩山。从地理结构上看，这座被定位为天下之中，并以少林寺闻名天下的名山，是秦岭东延的终点。黄河从它的北方流过之后，便进入了开阔的华北平原腹地，从此开始任意改道。而变与不变的关键节点，正是在荥泽的东北部。

荥泽之所以形成，是因为它位于嵩山北麓的台地之上。这片台地也是县级市荥阳的区域范围。因此，我们可以将之命名为“荥阳台地”。请务必在地图上找到荥阳的位置，并且从地形角度感受一下荥阳台地的存在。你会发现，这片台地不仅是黄河改变流向的重要节点，还是西入洛阳的门户。《三国演义》中大肆渲染的“三英战吕布”，便是发生于台地西缘的虎牢关前。尽管这场恶战是虚构的，但虎牢关和荥阳的战略枢纽地位可是货真价实的。

荥阳台地并非完全向北逐渐走低。它的最北端有一条东西长约20千米，南北宽约5千米，海拔200米的山梁。这条被当地人称为“三皇山”（又名广武山）的山梁，宛如一条天然大坝，不仅与嵩山主脉一起将身后的台地围成了盆地，更将之与汹涌的黄河之水隔开。由于整个台地内部呈西高东低的走势，嵩山东北坡的降水，在台地之北蓄积成古荥泽，且没有就近汇入黄河，而是转而向东流入现在的郑州境内。

在整个华夏文明史中，黄河曾经多次在荥阳台地的东北部改变流向，时而从东北方向入渤海，时而从东南方向入黄海。但无论九州概念形成的战国时期，还是三国时代，黄河都是从三皇山之北流过，再向东北方向注入大海的。这意味着，如果济水的源头真的是在王屋山，势必会与黄河交汇。实际上，即便黄河变道南流，仍会与由山东北部入海的济水交汇，只不过这个交汇点不在荥泽一带罢了。

那么发源于王屋山、横贯整个河内地区的济水，是如何跨越黄河的阻拦抵达荥阳台地的呢？古人对此的解释是“潜行”，即清澈的济水在与浑浊的黄河交汇之时，没有与之相融，而是从黄河的下面穿行而过，最后在荥泽重新露出地面。这种说法看起来十分神奇。虽然云贵高原的喀斯特地貌区的确有地表河流借助溶洞潜行的情况发生，但很难想象这种现象会发生在一片被疏松黄土覆盖的平原之上。顺便一提，在南水北调工程中，借助现代工程技术在黄河河床之下铺设管隧，人类已经实现让另一条河流从黄河底下潜行而过的设想。

然而在古代，潜行的思路只能算是脑洞大开。为西汉打通丝绸之路的张骞就把纵横于塔里木盆地的塔里木河认定为黄河的上游。塔里木河南源指向的山脉，就是上古名山昆仑山。这一观点固然在地缘政治上有着积极意义，能够让属于中亚板块的塔里木盆地，与身处东亚的华夏文明通过同一条母亲河联系起来，昆仑山也因此成为塔里木盆地南缘巨大山脉的名称，然而这是一个错误的认知。

2000年前塔里木河与黄河的误会告诉我们，古人在地理认知上存在着很大缺陷。受限于当时的认知水平，这是一件再正常不过的事。只是在崇古心理严重的中央之国，由于既难以证实，又难以证伪，很多人宁愿相信已经消失的济水真的有过这样一段神奇的经历。古人形成这一错误认知的原因有两个。首先，从王屋山上流下的济水与黄河的交汇处，与出口朝东的荥泽正好隔黄河相望。这种现象并不常见。因为一条大河即使在同一位置恰好有两条河流分别从左右两岸汇入干流，由于流向相对，不会让人产生它们是同一条河流的错觉。但荥阳台地特殊的地势，使得与黄河一山之隔的荥泽之水未能注入黄河，流向则与黄河对岸的济水恰好一致。加之黄河水浊，济水与荥泽水清，如果站在荥阳台地的边缘山地上，很容易产生一种错觉：清澈的济水与同样清澈的荥泽是一体的，即使黄河从它们之间穿过，却并没有影响二者。

其次，济水穿黄河而过却仍能保持清澈的想象，符合中国传统士大夫阶层激浊扬清的精神追求。事实上为了让济水变得更神奇，古人还在王屋山上为济水寻找到一个与之没发生过地表联系的水潭作为源头，甚至将济水（原阳—定陶段）因干旱而断流也视为潜行。这使得济水不仅拥有潜行于黄河之下的神秘能力，更成为一条三隐三现的神秘河流。济水因此成为当时被祭祀最多的河流。

现在我们已经清楚，古人认定的济水，实际上是三段受益于不同山地的河流：一段是发源于王屋山、止于黄河北岸的西段；一段是发源于嵩山，向东横贯中原腹地的中段；最后一段是发源于山东丘陵腹地，经大野泽转而由丘陵外围注入渤海的东段。其中，中段和东段济水大部分时候是相连的，西段与中段的连接则完全出自古人的想象。

不管古人对于各段济水的想象是否合理，它们都曾真实存在于历史当中。在需要济水来界定兖州南部边界的两汉时期，济水也并没有湮灭。尽管在《禹贡》中，兖州被设定为“河济之间”，但西汉在具体规划兖州时并没有完全遵循这一原则。兖州在西汉时期，北界的确大致以黄河为界，南界则延伸到了淮河流域北部。这使得济水在兖州的地理定位，更像是一条中轴线而不是边界。及至东汉时期，兖州的地理范围就更让人捉摸不透了。如果出身并州的吕布，在入主兖州后才开始研究这个行政区的山川地势，他会发现此时黄河已不再是兖州的天然边界，而是同济水一样成为一条横贯兖州腹地的河流。

引发这一系列混乱的是黄河而不是济水。虽然黄河从黄土高原上带来的泥沙，为华北平原的形成做出了重大贡献，但这条阴晴不定的母亲河实在太喜欢改道了。这一现象的产生同样源自它的高含沙量。每当黄河带来的泥沙将河床垫高至一定程度后，满溢而出的河水就会冲破堤岸的束缚另寻出路。这时候，济水、淮水这样原本自成体系的河流，就很容易成为牺牲品，被侵夺部分河道及出海口。至于说下一次到底轮到哪条河流，在人类没有力量干预黄河走向的时代，实在很难判断。

第二节　|　河间与黄泛区

《禹贡》对九州的设计中，黄河承担着冀州与兖州分野的任务。然而黄河是一条不受束缚的河流。它的频繁改道注定会让冀州与兖州的分割问题变得异常复杂，由此也产生了一个地缘概念——河间。河间之地还有个大家更熟悉的名字——黄泛区。

黄河改道并非一蹴而就，往往先经历一个漫流期。河水在故道与新道之间冲刷出连接线后再慢慢归于平静，受此影响的区域就是黄泛区。中国历史上最后一次出现黄泛区是在抗日战争中期。1938年6月9日，为了迟滞日军进攻，当时的国民政府下令在郑州以北的花园口炸开大堤。汹涌的黄河水倾泻而下，在河南东部、安徽北部形成了大面积的黄泛区，造成了巨大的生命财产损失。这一历史背景下出现的黄泛区，可以被视为狭义的黄泛区。而在历史上受到黄河改道影响的区域，则是广义的黄泛区。

广义的黄泛区是一个以荥阳台地为起点，向东北和东南方向延伸的扇形地区。在西南方向，黄泛区的边界穿过河南中部和淮河干流，直抵安徽西南部的大别山北麓，覆盖整个淮河中下游流域。在东北方向，黄河在历史上最北端的出海口位于天津市的东部。这意味着之前提到的北京—保定—石家庄—邯郸—安阳这条太行山麓城市带以东的地区，历史上都受过黄河的直接影响。

在这样一个面积巨大的扇形区域里，并非没有不受黄河波及者。这个幸运儿就是与济水擦肩而过的山东丘陵。在华夏文明的历史上，山东丘陵的地位独特且重要。围绕这片高地，诞生了对华夏文明的形成影响至深的东夷文化。尽管在争夺中央之国主导权的博弈中，最终的胜利者是来自西部黄土高原的华夏部落，并且让带着黄土气息的华夏一词，成了整个文明的代名词，但这并没有削弱山东丘陵地缘上的重要性。位于整个丘陵地带最西端的泰山，不仅在中央之国得到了东岳的尊贵身份，到泰山封禅更成为历代帝王标榜个人文治武功的必选动作。

山东丘陵之所以能够成为华夏文明的发源地之一，在于较高的地势能够使其免受黄河的困扰。人类对于水的感情是复杂的。开阔、肥沃的温带平原地区，固然在农业和人口潜力上比高地有明显优势，但河流众多有可能在平原地区酿成灭顶之灾。在人类的力量还很渺小的时候，出于趋利避害的考虑，人类会倾向于在高地上生活；而在掌握自然规律或人工干预的手段后，会进入平原地区发展壮大。

4000年前的大禹治水，是人类第一次对以黄河为核心的华北平原水系进行治理。去掉当中的传说、演绎成分，整个治理工程的地理脉络还是十分清晰的。具体来说，以大禹为代表的华夏先民，对黄河在山东丘陵以西、以北的河道做了疏导，设立起一个范围可控的泄洪区。这个黄泛区的西界是《禹贡》黄河，南界则控制在山东半岛的北缘，今黄河河道之北。

在这样一个喇叭形的区域里，黄河拥有多条可供选择的入海河道（比如滹沱河下游），这些黄河下游支流被统称为“九河”。实际上，正是因为这些黄河下游支流的存在，令“河”这个原本指代黄河的词，开始作为后缀（比如徒骇河）被用在每一条黄河支流的名字中，进而取代“水”成为一个通用名。需要注意的是，“九”只是泛指，并不是说一定只有九条河道。在“水”还是河流通用名时，在这一区域以“河”为后缀的水道多达十余条。这样一个最终以渤海为出口的黄泛区，我们可以称之为“北黄泛区”，而向南受黄河影响的区域，则可称之为“南黄泛区”。

从地缘结构上看，大禹治水的主要目标是保障中原的安全。在《禹贡》对九州的设计中，豫州因其居于九州之中的位置，又被称为中州，其在地理上的设定为“大河之南”。这也是为什么后来中原的概念虽然已经扩展到部分黄河以北地区，但仍然会以“河南”为标签。将黄河泛滥的区域，通过疏导，固定到北黄泛区，最大的好处就是让居于天下之中的中州，不再遭受灭顶之灾。控制这个枢纽板块的族群，亦可以此为基地向河北、山东、江淮地区辐射其影响力。有鉴于此，大禹在完成治水后，他的儿子启建立了中国历史上第一个王朝——夏朝的说法，起码在地缘政治角度是符合逻辑的。

在大禹疏导的“九河”中，以今天津为出海口且最西侧的一条属于干流，被后世标定为黄河。这也是为什么民间一直有“九河下梢天津卫”之说；最南端的一条则是位于今天黄河下游河道之北的徒骇河。这样一片黄河以东、徒骇河以北的北黄泛区，有一个很简单明了的指代这片区域的地理名词——河间。

“河间”一名，当下仍然在中央之国的行政序列中，是河北省沧州市下属的一个县级市。在汉代，归属冀州的河间，在行政级别上则要更高，在河间国与河间郡之间来回转换，东汉末年则建置有河间国。其境大致相当于现在沧州市的西半部，以黄河为界，与隶属幽州板块的涿州相邻。在三国时代，原本为袁绍手下，后来归顺曹操的大将张郃，便是河间国人。不过行政意义上的汉代河间国，只是九河支撑的河间板块的一部分。在归属于冀州的这部分古河间地区，东汉时起码还封建有4个封国——渤海国、安平国、清河国和赵国。

探究古河间地区的地理属性，也可以帮助我们理解兖州板块的形成，以及今日河北、山东两省的分野问题。利用一块低地作为泄洪区，是当代防汛预案中很常见的一种手段。一旦用来固定河流流向的堤坝，在大洪水来临之时无力抵御，那么洪水就会被有目的地导入之前设定好的泄洪区。在开闸泄洪之前，原本居住于这片土地上的居民会按照预案撤离到安全地区，等到洪水退却之后再回来重建家园。4000年前的华夏先民，当然不具备这样的预警和组织能力。因此从本质上来说，大禹的方案牺牲了河间地区。

应该说，在当时的生产力条件下，大禹的方案是最可行的。此后3000年间，黄河都是在河间地区入海。其间虽有几次小规模的向南分流事件，但都很快被拨乱反正。然而到了南宋初期的公元1128年，黄泛区开始出现历史性的南移。被金军攻破东京汴梁并失去两位皇帝的宋朝，决定弃守中原，退入长江流域。为了阻滞金军南下，南宋守将将黄河南岸的堤坝扒开，这条大河的流向随之发生重大改变，开启了长达700余年的“夺淮入海”。直到公元1855年，黄河因在河南兰考境内向北决口，改道现在的路线重回渤海。

这次以水当兵之举，很容易让人联想到800多年后在花园口发生的那一幕。事实上，这一幕在历史上曾经多次上演，并对整个南黄泛区的地缘稳定性造成了极其深远的影响。不过在我们所处的年代，遭受这一影响的还是北黄泛区。作为一个天然泄洪区，尽管会有多条水道帮助导流，但黄河的高含沙量以及整个九河地区低平的地势，注定了这些河流的河道不会保持稳定。

稳定是文明发展的基础。河流的这种不稳定性，令古河间地区一直到春秋时期都没有得到开发。直至战国时期，这种情况才有所改观。从地缘政治结构上看，战国时期与春秋时期相比，一个突出的变化在于独立的诸侯国数量，由140余个锐减为10余个。而其中最大的7个，就是大家熟知的战国七雄了。这一变化，使得各主要诸侯国在客观上具备了改造自然的基础和动机。其中，占据中原之地的魏国最具代表性。

有关魏国兴修水利的典故主要有三：一是之前在解读邺城时，提到的“西门豹治邺”。这位被载入小学课本的魏国人，通过在漳水南岸修建十二道引水渠灌溉农田，夯实了魏国在邺城的统治基础；二是开挖连通黄河水系与淮河水系的鸿沟，第一次通过人工运河而不是河流泛滥打通两大水系，让中央之国的南北方在地缘上结合得更加紧密；三是为境内的河流，尤其是黄河加高堤坝，以降低洪水威胁并从泛滥区获得更多土地。

改造自然注定会打破原有的生态平衡，因此不是所有人都认可魏国的这些治水措施，尤其是加高境内河堤的做法。客观上，魏国加高本国河堤的做法，并不能减少丰水期的水量。换句话说，那些固定在河道中的黄河之水，如果不能在魏国境内泄洪的话，自然就会更加猛烈地倾泻在下游国家境内。这就是“以邻为壑”这句成语的由来。在孟子看来，当年大禹制定的疏导策略，才是顺势而为治理水患的根本之道。问题在于，从魏国的角度来说，加高河堤似乎也没有错。毕竟随着生产力的提高、人口的增长，国家需要开发更多土地（尤其在面临国家间竞争时）。保留泛滥区的做法，虽然看起来更顺应自然，但难免被认为脱离实际。

以邻为壑绝非魏国的专利。在魏国开始通过兴修水利扩展土地时，其他诸侯国也在做着同样的努力。就黄河下游的情况而言，在河道被逐渐固定之后，河间地区的开发便成为可能，并使得这片土地成了周边的燕、赵、齐三国瓜分的对象。其中燕、赵两国主要在今河北省境内展开争夺。前者越过黄河的最后一段，将燕长城向沧州方向延伸；后者则向东将衡水地区纳入自己的版图。至于山东境内则主要为齐国所觊觎，并与燕、赵两国在河间地区呈鼎足之势。这也是在战国时期，身处北方的燕国会与身处东方的齐国发生战争，并引发乐毅合纵伐齐的原因。

在《禹贡》中，兖州的范围是黄河与济水之间的这片区域。我们可以称之为“河济平原”。换句话说，我们之前释读的古河间地区，被包含在兖州板块，并占据核心地位。以今天的行政规划来说，山东省的滨州、德州、聊城加起来大抵就是兖州的范围了。

从以天然边界确定行政边界的角度来看，兖州的设计有其合理性，但前提是黄河和济水真的能够充当一条天然边界。问题恰恰在于，黄河并不是一条稳定的河流，勉强拼凑而成的济水也不是一条稳定存在的河流。以黄河干流的走向来说，在九州理念得以践行的西汉时期，其位置就已经向南偏移到了现在的沧州、德州、濮阳一线，并从河北黄骅市入海。为和最早的《禹贡》黄河做区别，这条成形于战国后期，在西汉成为主干河道的黄河下游河道，被后世称为“《汉志》河”（又称“西汉故道”）。

在黄河的下游形成稳定的《汉志》河的情况下，再以《禹贡》黄河作为兖州北界已不现实。最终，《汉志》河的部分河道成为兖州刺史部确认北方边界的依据，而《汉志》河以北至《禹贡》黄河之间的地区，则依《禹贡》九州的设计原则，成了冀州的一部分。汉代的河间国之所以能够得到河间之名，盖因为它正位于这两条黄河河道之间。然而事情并没有就此告一段落：在王莽终结西汉建立新朝后（公元11年），黄河在邺城一带决口，再一次向南改道，让兖州的存在又一次面临尴尬。

对于兖州和济水来说，幸运的是这次改道所形成的下游河道，虽然离现在的黄河河道及济水很近，但没有侵夺济水的河道，而是改由山东利津一带入海。仅仅12年后（公元23年），王莽建立的新朝政权便被怀念汉朝的力量颠覆。不管政治上是拨乱反正还是改朝换代，黄河改道都已成定局。

如果一定要遵循兖州“河济之间”的设定，那么平原属性的兖州将变成一条东西长约700千米、南北仅宽数十千米的蛇形行政区。这种设计在地理、地缘层面显然都不具备合理性。既然古冀州可以被分拆为冀、并、幽三州，那么在地理环境出现大变化时，兖州也没必要一定要遵循其原始设计。实际上，即便在河济平原的范围没有那么怪异的西汉时期，兖州的设计也已脱离“河济之间”。换句话说，我们在理解兖州的地缘位置时，并不能按照它的原始设计来理解。

第三节 ｜ 何处是兖州

黄河的向南改道，以及燕、赵、齐三国在战国时期对河济平原北部的瓜分，使得古河济平原的地缘完整性遭受了破坏。在西汉首创十三刺史部概念时，幽、冀、青三州在古河济平原的存在，基本就是对战国格局的继承。代表燕国地缘政治遗产的幽州，得到了沧州及其以东部分，西汉在此设立了勃海郡。代表赵国地缘政治遗产的冀州，东汉在《禹贡》故道与《汉志》河之间，设立了安平国、河间国两个行政区。及至东汉时期，《汉志》河之南，泰山之北，则与代表齐国地缘政治遗产的青州融为一体，在山水之间建置了平原郡、济南国及乐安国三个行政区。之后所做的调整主要是将勃海国并入冀州，以让幽州退回到燕山之南。今天山东、河北两省在泰山以北地区的分界线，仍大致遵循这一分割原则。上述调整，相当于把西汉地理背景下的河间地区及河济平原东半部，彻底从兖州概念中剥离出去了。那么，兖州又在哪里呢？

如果从现在的行政区划来说，它的西部在河南境内，包括濮阳、开封两市的辖区，以及新乡市的东部（延津县、封丘县、长垣市）；中东部则在山东境内，主要覆盖泰安、莱芜、济宁三地（归属济宁管辖的曲阜、泗水为豫州板块）。这只是一个粗略对应，具体有哪些县市在东汉后期被归入兖州板块，感兴趣的朋友可以结合地图去识别。在这里，我们更关注的是大的板块划分。

依地势来看，兖州板块同样可以分为两个部分：一是大野泽以东的丘陵地带，二是大野泽以西的华北平原地带。上述设定使得摆脱河济之间束缚的兖州，最终演变成了一个不与边地相接的内地板块。要知道，在十三刺史部中，只有司隶以及荆州有这样的设计。从内部竞争的角度来说，这种区位意味着此类板块不可避免地成为各方争夺的焦点。

如果说荆州板块是争夺长江流域控制权的关键，那么司隶与兖州板块则是北方的枢纽板块。将它们连在一起，你会发现两大板块覆盖的是一条横贯中央之国的中轴线。洛阳、郑州、开封这些拥有古都光环的城市，都位于这两个州部之中。所谓“入主中原”一说，在地缘政治上的象征就是控制这条中轴线。这也是为什么荀彧认定兖州为“天下之要地”，并希望曹操加以重视。

把视线拉回到兖州的地理面。尽管摆脱了“河济之间”的设计，但济水仍然是兖州板块设定的重要依据。其在山东丘陵部分的辖区，很大程度上是靠济水最大的支流——汶水来延伸的。这条济水的最大支流西出山东丘陵之后，在大野泽的北部注入济水。大野泽以西的济水河道被黄河切断之后，汶水曾经与济水下游一起成为一条完全依附于山东丘陵而存在的河流——大清河。以至在1855年黄河夺大清河部分水道入海之前，很多世代居住于此的人只知大清河之名，却并不知道他们身边的这条河流，在很久很久以前曾经是一条能够与黄河、长江、淮河齐名的重要河流。

当下还能够被称为“大清河”的河段，只剩下济水下游那段长约百千米的河道。水系归属屡屡变化的古汶水，最终在泰山西南部汇入一个被认定为古大野泽遗存的湖泊——东平湖（目前归属山东省东平县）之后，再向北注入黄河。不过需要说明的是，最起码在三国时代乃至后来的北宋时期，梁山之北的东平湖还不是这个上古大湖的一部分。它的形成是因为后来屡次向南决口的黄河，将大量泥沙带入大野泽并淤平其湖盆。此后河水不得不转而向地势更为低洼的北部地区蓄积，于是形成了现在的东平湖。在这沧海桑田式的变化中，古汶水的河口亦发生了北移。

既然兖州和济水的生成都与山东丘陵这个地理概念有关。那么接下来就需要具体了解一下这片重要山地的地理、地缘结构了。整体来说，山东丘陵可以再细分为两个独立部分。一是位于山东中南部的鲁中南山地丘陵。这部分丘陵整体呈现一个开口向西的半圆形，依次分布着泰山、鲁山、沂山、蒙山、尼山等著名山地。二是位于广义的山东半岛东部的胶东半岛，被称为“胶东丘陵”的山地。蓬莱、威海、烟台、青岛等著名的山东滨海城市，都是胶东丘陵的产物。

先来解释下什么是广义的山东半岛。通常情况下，一提到山东大家就会想到山东半岛一词。不过你仔细观察的话，会发现山东半岛与山东省并不重合。如果一定要这样扩张山东半岛的概念的话，我们只能将山东省所辖的地区称为广义的山东半岛。至于地理上的山东半岛，你可以先找到山东在渤海湾的海岸线北点，以及在黄海的海岸线南点，然后在二者之间画一条直线。这条线以东就是狭义的，也就是地理层面的山东半岛了。其与胶东半岛之间的差别，在于是否包含山东丘陵东、西两部分之间的胶莱平原地带。

从地理层面的联系来看，腹地朝东的鲁中南山地丘陵，阻挡了黄河向山东半岛腹地渗透，其分水岭也是一道地缘分界线。而胶东丘陵的作用则是阻止海洋侵蚀，以维持山东的半岛特性。地理属性上的差异，使得山东在地缘结构上最起码可以被分为两部分，映射到中央之国地缘结构初步成形的东周时期，就是齐国与鲁国。需要注意的是，齐、鲁之间的势力分界线，并不是狭义的山东半岛的陆地边界。在这个问题上，鲁中南山地会更适合作为一条天然边界。

基于上述特征，鲁中南山地丘陵分水岭以西的鲁文化区，在地缘上与黄河流域及与之相接的中原地区关系紧密；以东的齐文化区则拥有更多海洋气质。就二者在先秦时代的实力对比来说，能够在春秋称霸，在战国与秦国并称东西二帝的齐国，无疑更强大。越过山脉分水岭的齐国，最终将兖州板块中山东的部分，并入自己的势力范围。与此同时，板块中的河南部分则成为另一个大国——魏国的扩张方向。原本在这个区域内享国已久的小国，比如以濮阳为中心的卫国、几度尝试称霸中原的宋国，则成了大国竞争的牺牲品。

在未能跻身七雄之列的战国诸侯中，鲁国算是支撑时间最久的。以周公旦当年的设计来说，在秦岭山脉最东端的洛阳盆地修建王城洛邑，再把自己的封地放在山东丘陵最西端的台地之上，可以在战略上保障周人对中原腹地的控制。从结果来看，这一设计似乎也的确帮助了周这个朝代，能够在名义上享有800年的国祚。然而鲁国能够留存到最后，倒不是因为它有多强大，更不是因为地缘政治上的设计，而是因为它作为周公旦的封地，是周礼的直接继承者和最忠诚的维护者，也与洛阳的周天子一样，成为周朝存在的象征。这种捆绑意味着，除非你完全拿掉周天子这个虚设已久的神主牌，否则尝试吞并鲁国将会承担非常大的外交风险（会被竞争对手以不义之名围攻）。

在竞争进入白热化的战国末期，周天子渐渐丧失了其存在的最后一点价值。公元前256年，末代周天子周赧王崩，宣告了周朝的终结。7年之后，强大的秦国将天子后裔在洛阳的最后一点土地并入秦国。同样在这一年，鲁国亦为北上争霸的楚国所灭。就鲁国的地理定位来说，它的政治中心曲阜并非位于济水流域，而是位于淮河支流性质的泗水上游。这一地理定位，加之鲁国特殊的历史价值，使得两汉封建以曲阜为中心的刘氏鲁国后，没有将之纳入兖州板块而是归入了豫州。也可以这样说，除了当下包含曲阜、泗水、滕州和平邑四地的汉代封国鲁国以外，其他鲁中南山地丘陵腹地的土地，都被划入了兖州。

鲁国因文化而得到了特殊的地缘地位，甚至在当代仍有迹可循。你会发现，山东的简称并不是更强大的“齐”，而是“鲁”。对于山东来说，作为孔子故乡的鲁国，要比实力强大的齐国更令人引以为傲。这件事告诉我们，在地缘竞争的问题上不能单纯比较硬实力，文化软实力也不容小觑。

现在，我们大致知道了兖州的位置和范围了。这个与初始设计有较大出入的板块，实际上与世人理解的中原在范围上有很大重叠。反观原本被设定为“中州”的豫州板块，则被向南挤压，成了一个完全位于淮河流域的板块。当然，豫州板块在汉代退出黄河流域，并不完全是兖州南侵造成的。原本也应该被划入豫州范围的洛阳—郑州—开封这条中原轴线的西半部（开封以西部分），因洛阳的政治中心地位被剥离出豫州，划归中央直属的司隶板块。

如果不考虑司隶板块的政治地位，单从地缘位置来说，兖州在区位上的重要性并不亚于前者，着实当得起“天下要冲”的名号。无论是河北地区与江淮地区的沟通，还是黄土高原通往山东丘陵的通道，都必须经过兖州。战国时期曾以“午道”来指代这些四通八达的道路，概因“午”字有纵横相交的形态。虽然随着历史的变迁，我们已经无从知晓2000多年前这些道路如何延伸，但还可以从水系的角度去探究兖州的交通地位。

如果从水系角度定义中原的话，其天下之中的定位很大程度上体现在其囊括了黄河、济水、淮河三大水系。而这些特点，在兖州身上都有完整的体现。基于古代社会的生产力水平，能够承载大宗货物运输的只有水路，因此在战略上较陆路交通要更为重要。在粮食和人口作为最基础性战略资源的自然经济时代，水路交通的价值则主要体现在粮食运输上。可以这样说，一座需要额外养活大量非农业人口的城市，如果没有通畅的水路帮助它从外地调拨粮食，是没有机会被选定为地区政治中心的。

然而上述三大水系虽然在中原地区毗邻，特别是兖州板块，却并没有交汇。从物流的角度来说，这是一个很大的遗憾。那些经水路运输的人员和物资，将不得不在三大水系间进行转运，严重影响效率。幸运的是，这三大水系的距离都很近。像济水与黄河的距离，在荥阳台地一带甚至近到只有一山之隔。从大禹治水时起，华夏先民已经初步掌握了水利技术，并有通过技术改善地缘结构的经验。在这一大背景下，战国时期控制兖州西部的魏国，开启了一项对后世影响深远的运河工程——鸿沟。关于鸿沟及其相关工程对三国时代乃至整个中央之国的影响，将是我们下一节的解读方向。

第四节 | “官渡”与运河

“鸿沟”一词在中央之国的知名度，是在楚汉相争时被打响的。当时西楚霸王项羽与后来的汉高祖刘邦约定以鸿沟为界瓜分天下（鸿沟以西为汉地，以东为楚地）。这条实际上没有发挥作用的政治分界线，被后世用来形容事物间明显的界线，甚至成为不可逾越的界线的代名词。对开挖这条运河的魏国来说，初衷可不是为了打造一条“鸿沟”。恰恰相反，魏国是希望这条打通三大水系的运河，能够加强自己领土间的联结，从而增加自己在中原地区的话语权。

公元前360年，鸿沟工程开始修建。魏国并不是第一个有类似想法的国家。早在春秋末年（公元前486年），北上中原争霸的吴王夫差就利用邗沟和深沟，将长江、淮河以及济水连接起来。其中连通淮济的深沟正位于兖州的中南部。大家应该还记得，横穿中原地区的济水在向东北方向转折时，曾经蓄积为一个湖泊——菏泽。其实在菏泽的东南方不远处，还有一条名叫“菏水”的河流，是淮河下游最重要的支流——泗水的南源。

在用深沟将菏泽与菏水连接起来后，由长江经邗沟进入淮河，再溯泗水而上的吴军，便能够通过济水进入中原争霸。问题在于，尽管吴人留下的运河工程打通了江、淮、济三渎，但对魏国用处不大。由于位置原因，这条在中原东部沟通南北的水道，主要是齐、楚两国争霸的战场。对于在山西高原和中原腹地都拥有领土的魏国来说，更急迫的是打通一条连通河、济，兼顾淮水的漕运通道。

基于这一要求，魏国与当年的吴国一样，最起码要选择在两个地点挖通运河。相对而言，黄、济交汇点比较容易选择。虽然济水在荥泽一带通过"潜行"穿黄河而过只是古人一个美丽的误会，但黄河与济水在这一带无限接近却是客观事实。这意味着，魏人只要在三皇山北的黄河南岸寻找一个点，用很小的工程量就能够真正打通连通河济的水道（这段运河大致对应现在荥阳北—郑州北的这段黄河河道）。做到这一步之后，接下来要做的就是再修建一条连通济水与淮河的运河。从位置上看，这样一个连接点已经深入中原腹地。考虑到中原争霸的需求，魏国最起码需要在这样一个枢纽位置上修建一座城邑提供掩护。

公元前364年，处在鼎盛时期的魏国将都城从位于山西高原的安邑(今山西省夏县北)，迁至今河南开封西北部的大梁。正因为如此，此后的魏国经常会被记录为"梁国"，而做出这项决定的魏惠王亦被称为"梁惠王"。大梁城就是沟通淮、济的枢纽。从荥泽北的黄河南岸一直到大梁城西，直线距离大约80千米，大部分借助一条叫作"汴水"的（"汴"最早写作同音的"汳"字）古河道。因此，这段西接黄河、东连大梁的鸿沟运河，也被单独称为"汴渠"。知道了这一点，你应该会突然明白，为什么把都城定在开封的北宋王朝，会将自己的都城称为"汴梁"。

如果要在当时中央之国所有的河流中评选一条最重要的，连通司隶、兖州的汴渠无疑是最有力的竞争者。那么，这样一条在战国时期由魏人开挖的运河，在三国时代还存不存在呢？答案是肯定的。而且它在当时还有一个令人恍然大悟的名字——官渡水。历史就是这么吊诡。500多年前魏国开挖的运河，后来成为另一个魏国的崛起之地。再从地缘政治角度来看待当年的“官渡之战”，你会发现这就是一场大河南北势力在中原地区的决战。谁是最终的胜利者，谁就将手握统一天下的钥匙。

回到鸿沟的问题上来。东西向的汴渠只是整个鸿沟工程的一部分。大梁城在位置上的重要性，并非体现在它接近济水或黄河，而在于它的东、南方向，有许多淮河左岸水系的上源。其中与大梁城位置最近的，是两条淮河的二级支流——获水与睢（suī）水。两条河流斜穿现在的河南省东南部后，汇入了源出山东的淮河一级支流——泗水。前者在当时的战略要地彭城，即现在的江苏徐州市接入泗水中游；后者则在更南一点的安徽睢宁县东，接入泗水下游。这意味着，魏国不用经过深沟，也有机会将势力范围延伸至泗水，进而觊觎江淮下游地区。

不过从战国格局来看，魏国更现实的想法还是将扩张方向指向河南省的西部。因此自大梁南下的鸿沟工程，并没有在对接获水和睢水之后止步，而是继续南下，利用淮河水系纵横交错的河道，又连接了涡水的上游，并在河南省沈丘县汇入了颍水的中游。上述两条河流是淮河左岸的一级支流，最终都在安徽境内汇入了淮河中游。这意味着，这段自开封而起，经通许、淮阳，直至项城的南北向鸿沟，与四条淮河一二级支流一道，编织了一张覆盖中原地区的水上交通网。

然而这些造就了大梁城的人工运河，固然为魏国开拓中原做出了巨大贡献，但也带来了安全隐患。公元前225年，秦军在攻灭魏国之时便以水代兵，挖开了这些运河，让整个城市毁于一旦。以至在汉代，重建的大梁城暂时丧失了地区中心的地位，被重新命名为“浚仪”，成为兖州西端的一个县。

魏国开挖运河，却在决战中反受其害的事例告诉我们：凡事都是有一利必有一弊。人类固然可以通过自己的力量，一定程度地改变地形地貌，但也要对这种改变产生的负面影响有充分的考量和心理准备。客观上，水利工程多少有些违背自然规律，即便不考虑生态平衡的问题，也需要不断疏浚和维护。比如让成都平原享有天府之国美誉的都江堰工程，如果不每年整修的话，设计得再巧妙也不可能维持运转2000多年。

让人无奈的是，一旦进入战乱时期，这种必要的维护工作几乎必然会被迫中断。在鸿沟工程开通近400年后，受西汉末年至东汉初年这段动荡时期的影响，整个黄河下游及对接黄河的汴渠工程，便遭遇了一次重大威胁：不仅黄河河堤岌岌可危，汴渠也经常因黄河漫灌导致无法使用。公元69年，东汉政府启动了一项针对黄河和汴渠的整治工程。由于主持工程的官员名叫王景，因此后世将此项治河工程称为“王景治河”。

在整治汴河的工程中，除了疏浚河道之外，还使用了秦朝修建灵渠的一项技术创新。灵渠是秦朝在征服南越过程中，于湖南与广西交界之地兴修的打通长江、珠江水系的运河工程。对于灵渠和邗沟的具体解读，会在相关章节中展开。灵渠修筑过程中使用的新技术被称为“陡门”，又称“斗门”，即用砖石构筑的活动船闸调节运河的水量。这一技术在现代水利工程中同样被广泛使用，区别在于现代人用机械闸门取代了以人力或畜力升降的石门。

汴渠的十几道陡门，不仅便于调节被引入的黄河水量，更为定期的清淤工作提供了便利。每当进入农闲季节之后，官府便可封闭石门，组织人力对河道进行疏浚。需要说明的是，“王景治河”并不意味着鸿沟工程的全面恢复。从技术角度看，以鸿沟打通四条淮河支流的工程有些过于复杂。如果一定要选一条连通淮济的水道重点维护的话，那么获水将是最好的选择。它的源头不仅距汴渠最近，并且末端对接的彭城就是徐州的政治中心。在东南地区开始成为中央之国的经济重心之后，获水也是洛阳、长安等政治中心与东南地区之间最接近直线的路线。

有鉴于此，打通黄河、济水和淮河的运河工程，在“王景治河”之后，逐渐简化成一条由汴渠与获水相连，西起黄河、东至泗水，西北—东南向斜穿中原腹地的交通大动脉。这一变化还使得受黄河水影响较大的古获水上游（商丘至开封段），在东汉时期被更名为“汴水”。及至隋朝，这条经过重新疏浚的大动脉，被重新命名为“通济河”，与贯穿河北地区的广济渠一道，开启了中央之国的大运河时代。直到13世纪之后的元、明、清三代，由于北京取代西安、洛阳、开封这些位于中西部的故都，成为中央之国新的政治中心，沟通中国南北方的大运河，才东移到贴近山东丘陵的位置，并向华北平原北部延伸，鸿沟亦渐渐湮没于历史中。

现在我们知道了鸿沟工程的前世今生，以及大家耳熟能详的“官渡”，原来是这样一条无比重要的运河，还运用了陡门这样精妙的技术。然而这种技术无法用来治理绵延千里的黄河。以当时的技术水平而言，既不可能在宽阔的黄河中构筑陡门，也没有力量彻底清理黄河河床。加高堤坝几乎是阻止黄河决堤的唯一手段。逐渐成为地上悬河的黄河，迟早会突破堤坝的束缚另寻出口。乱世必然导致堤坝疏于维护，更会让这一天提早到来。

既然对堤坝的修补，无法从根本上解决黄河河床高出地面的问题，那么还有没有办法来稳定黄河呢？答案是有。具体的做法就是主动引黄河改道，进入一条河床较低的河道。这种疏导方法其实就是当年大禹治水之法的延续。只不过随着堤坝技术的成熟，此时已经不再需要一个宽阔的“九河”泄洪区就能将黄河固定在新的河道之上。

在“王景治河”之后，通过疏导之法，黄河开始从兖州与冀州分界处的《汉志》河河道，南移到了靠近今黄河河道的位置。虽然从更长的历史跨度来看，这种做法还是治标不治本，迟早有一天那些来自黄土高原的泥沙还会在河道中淤积，但新河道仍然为华北平原带来了800多年的安宁。直到北宋初年，因泥沙的累积及五代十国的动荡，黄河才再次出现大范围的改道现象。

虽然东汉初年的“王景治河”为黄河带来了长达800余年的稳定期，但请记住，这里说的稳定只是相对而言，并不代表黄河就不再出现小范围的泛滥，也不代表黄河下游的某些河段不会出现小范围的改道。根据历史记录统计，从公元前602年至1938年间，黄河下游决口的次数达到了1590次，较大的改道26次，以至有黄河“三年一决口，百年一改道”之说。具体到三国时代，虽然距黄河上一次改道不久，河床的高度还不至于造成黄河下游全面改道的现象，但包括黄河堤坝在内的很多水利工程的日常维护还是受到了很大的干扰，尤为让人忧心的，就是与黄河血脉相连的汴渠运河。

作为一项水利工程，鸿沟需要较多的精力加以维护，尤其是与黄河直接相连的汴渠。一旦那些用来调节黄河水量的陡门因年久失修而无法发挥作用，那么自汴渠而下直至颍河中下游都会受影响。更重要的是，修建这些水利设施并不仅仅是为了获得一条通畅的水路。在打通漕运的同时，汴渠还会与周边的农田水利工程相配套。也就是说，如果这些运河得不到及时维护，原本受益于此的农田也将受到影响。东汉末年的动荡，再一次让整个鸿沟工程陷入缺乏维护的窘境。泛滥的黄河水经常让通过鸿沟串联起来的兖、豫两州遭受额外的压力。

在这种情况下，统一北方的曹魏曾经对汴渠进行过一次大规模的维护。而这一工程的实施，又与一位在三国后期登上历史舞台的英雄——邓艾有关。熟悉三国故事的人都知道邓艾征服蜀汉时的功绩，却很少有人知道他还写过一篇《济河论》。在邓艾的建议之下，魏国重新修复了汴渠上那些充当水闸的石门，清理了河道，恢复了整个运河系统的漕运功能，并且在颍河以东至泗水的淮北地区广开河渠、屯田积谷，为后来西晋对东吴的征服打下了坚实的基础。

兴修运河并不简单，不但需要非常巨大的人力物力投入，还有可能顾此失彼，影响其他战略决策，尤其是正面战场上的投入。历史上甚至出现韩国为了让秦国无暇东顾而主动送上水利专家帮助秦国修筑郑国渠的故事。然而任何一个有远见的政治家都会权衡利弊。就像战国时期的秦国，纵然识破了韩国人的诡计，却依然修完了郑国渠。因为秦国人知道，这项规模浩大的水利工程虽然会拖延自己的东征计划，但能够帮助关中平原的农田大量增产，进而增强秦国的国力。事实也的确如此：公元前230年，在郑国渠完工后的第六年，自以为得计的韩国成为关东六国中第一个被灭的国家。

通过上述解读我们可以了解到，河流及运河是兖州板块的灵魂。济水及淮河水系，通过其境内的鸿沟和深沟，组成了一张四通八达的水路交通网。因此在东汉的行政格局下，后世所谓"得中原者得天下"，很大程度上就成了"得兖州者得天下"。至于这当中的关键——大梁城，则可以被认定为是一个因运河而兴的城市，与2000多年后郑州因铁路修建而取代开封成为河南的政治中心一脉相承。

第五节　|　海岱之间

相比兖州复杂的地理结构，青州无论从地理还是地缘政治的角度来看都简单得多。按《禹贡》的设计，青州的范围是“海岱惟青州”。“海”自然指的是大海，“岱”则是大家都非常熟悉的东岳泰山。地理上看，青州是鲁中南山地丘陵区以东的地区。不同于冀州因范围太广而被分拆为冀、幽、并三州，或兖州的范围因河、济两水的不稳定出现较大变化，青州的范围可以说是相当忠实于它的初始设定。其范围由西至东大致对应着现在的德州、济南（不包括2019年并入济南的莱芜）、滨州、淄博、潍坊、青岛、烟台、威海等地级市。

在春秋时期率先称霸并在战国时期一度与秦国并称东西二帝的齐国，是青州板块的地缘政治源头。公元前11世纪，崛起于关中地区的周朝，取代从河北平原方向入主中原的商朝，成为中央之国的主人。总的来说，以封建为基本制度的周朝，其分封的诸侯国依据血缘关系的远近可以分为两类。一类是与周天子源出同一氏族的“姬姓国”，如晋国、燕国、鲁国、郑国这几个著名的诸侯国。在西周初年，这一类诸侯国约占诸侯国总数的四分之三。这些与王室亲缘关系最近的诸侯国，从黄土高原一直向东延伸至秦岭以东、太行山以东的平原地区，占据了最易耕种的黄土地带及最重要的交通要冲。另一类是异姓诸侯国。这些诸侯国是旧地缘政治遗产的延续，如为夏、商两朝君主延续祭祀的杞国和宋国；也有在灭商之战中建立功勋的其他氏族，最典型的代表就是齐国。

在中国应该很少有人不知道齐国之祖——姜子牙。虽然《封神演义》是虚构的神话小说，但这位姜太公在灭商之战中发挥的作用并没有被夸大。周朝之所以把这位最重要的军事家封建于山东丘陵地带，很大程度上是基于其地理、地缘结构上呈现的复杂性。地形复杂对沟通交流的阻碍是显而易见的。这种阻碍可以表现为语言，比如中国南方一些丘陵地带呈现出的“十里不同音，百里不同语”现象；也可以表现在民族认同上，比如位于欧亚相交的高加索山区，3000万人口就分为50多个民族。

在周人入主中原成为天下共主之后，整个山东丘陵地带还存在着大量原属东夷体系的小国。齐国的都城临淄，现在是山东省淄博市的一个区，地理上处于鲁中南山地丘陵中的鲁山北部。以周王朝封建的初衷来说，是希望齐国能够背靠鲁中南山地丘陵，向东辖制整个青州地区（以西面向中原的地区，则由鲁国负责）。从结果来说，齐国的确做到了。只是随着历史的发展，事情的演化已经超出了当初的设想。进入东周乱世之后，齐、鲁两国作为独立的诸侯国，不可避免地成了地缘政治对手。战国之时更出现了由田齐取代姜齐的“田氏代齐”事件。

抛开谁主导齐国这点不说，青州作为一个地缘政治单元，与兖州主导的鲁中南山地丘陵以西地区比，还是显得更为强势。这种强势，甚至在当代地缘政治中亦有体现。虽然在文化上更胜一筹的鲁成了整个山东的标签，但省会还是落在齐地和青州属性的济南身上。此外，2019年1月，原本处于兖州范围的莱芜，由地级市变为济南的两个区（莱芜区和钢城区）。虽说现代交通能够很大程度拉近距离感，但当你在地形图上看到，直线距离不过70千米的两座城市中间还隔着泰山，难免会觉得这种合并多少有些牵强。毕竟地缘差异和心理距离并不仅仅取决于地理距离或者交通距离。

鲁中南山地丘陵之于青州来说，更多是一道将之与黄、淮流域隔开的屏障。青州大致可分为两部分：一部分是胶东丘陵覆盖的胶州半岛；另一部分则是鲁中南山地丘陵与胶东丘陵之间的平原地带。后者也是当年齐国的核心之地。依托这块大平原，齐国得以向东西两大丘陵地带扩张。除了西部被归入河济平原的部分，这块平原的主体可以被标注为“胶莱平原”。

胶莱平原位于莱州湾与胶州湾之间。前者属于渤海的一部分，后者则与黄海相接。河流是平原内部的大动脉。胶莱平原的河流大都发源于鲁中南山地丘陵北坡，北向注入莱州湾，如流经临淄的淄水，从潍坊穿城而过的白浪河等河流。南向注入胶州湾的河流，则主要是发源于胶东丘陵的大沽河。

对于当年的齐人来说，这样一片为山、海包夹的大平原，算得上是得天独厚了，不仅能够让平原上的农田免于成为黄泛区的一部分，还能够依托山海，增强防御力。当然这种防御力的增强，主要源于华夏文明重陆轻海的地缘属性以及长久以来缺少海上威胁。齐国和后来的青州只需沿鲁中南山地丘陵的分水岭修筑一道长城，而不需要为漫长的海岸线倾注太多的资源。

不仅如此，山海共存的地理结构，还让齐国平添了一分优势。海洋带来的并不只有“面朝大海，春暖花开”的浪漫诗意，还有实实在在的经济利益。海洋不仅拥有丰富的渔业资源，还能够出产每个人都离不开的盐。此外，那些看起来无法拓展为耕地的山地丘陵，同样有着重要的经济价值。铜、铁等自然经济时代最倚重的矿产总是蕴藏于山地之中。同时拥有平原、丘陵及海岸线，意味着齐国和青州不必为粮食、矿产和盐发愁。在自然经济时代，这三项优势叠加足以让齐国和青州在地缘政治竞争中占据明显的优势。

山海并存的地理环境，还让青州之地做出了一项重要的制度贡献，那就是盐铁专卖。在中国历史上，中央政府推动中央集权管理的一个核心手段就是实施盐铁专卖。盐是人类生存的必需品，且消费量较小，专营可以较为方便地将税收隐藏于盐的价格当中，既减少了强行课税引发的社会矛盾，又可以最大限度地扩大税基。对铁的专营，除了利益驱动以外，更重要的是控制提高生产力和军力的基础资源。这一制度的起源之地正是春秋时期的齐国（具体来说始于管仲）。

需要注意的是，盐并非只产于沿海。内陆地区同样可以利用地表盐湖或者抽取地下的卤水来制盐。另外，并不是所有沿海地区都能够生产海盐。在古代真正被大规模开发成盐场的，是那些平原与海洋相接的滩涂。具体到当年的齐国，适合大规模开辟盐田的地点是潍河、白浪河、大沽河等河流在胶、莱两湾的河口地带。

对于齐国来说，只需控制胶莱平原及两侧的山地，并不需要深入胶东半岛，就可以获取盐、铁和粮食。海岸线在当时的作用，并不像今天那么重要。秦国征服齐国之后，也没有想过利用齐国的海洋属性进行海上扩张。齐国人拥有的些许海洋气质，更多通过神秘的方士们表现出来。其中的代表性人物，便是为秦始皇求长生不老药而出海的徐福。

徐福能够出海，显然是因为齐境之内的海港已经得到了初步开发，并且开拓了海上贸易路线。从发展海洋经济的角度来说，背山向海的地势有助于获得天然良港，因为沿海山地造就的海岸线蜿蜒曲折，那些深入陆地且有山地保护的海湾，有助于靠港的船舶躲避恶劣的海上气候，而缓缓延伸入海洋的平原，会在海岸线上造就大片滩涂。这些滩涂地可被开发为盐田，却无法停泊大型船只。今天分布于胶东海岸线上的青岛、威海、烟台等中国北方著名港口城市，无不显现出上述特点。

以胶东半岛的地缘位置来说，如果开展海上交流，辽东半岛、朝鲜半岛及日本列岛，应该是当时的三个主要目的地。历史亦有记载，曹魏在征服辽东之时，大连一带的居民为躲避战乱渡海移居山东。在人口还不足以填满所有土地的情况下，两汉及三国时代，青州的核心之地仍然是更容易进行农业开发的胶莱平原及河、济两岸的平原。就像这批从辽东来的移民，后来被安置于现在的淄博市淄川区境内。

在三国时代，海洋在地缘政治博弈中并非完全没有一席之地。公元233年，为了共同应对来自曹魏的压力，孙权曾经派遣使者领军一万前往辽东，与当时占据辽东的公孙渊结盟。在中央之国的历史上，合纵连横之举虽然非常常见，但像这样跨越海洋的结盟仍然是极具想象力的。如果结盟成功的话，那么曹魏打破这一联盟的最好办法，就是以胶东半岛为基地打造一支水师，阻断二者之间的人员、物资往来。其实早在春秋时期，类似的一幕就已经上演过了。公元前485年，志得意满的吴王夫差为了北上中原争霸，曾经派遣舟师沿海岸线北上，进攻齐国，而齐国则派遣水师于海面拦截。双方在黄海海域进行的这场海战，也被认定为中国历史上第一场海战。

2500多年前的这场南北海战，以山东半岛的胜利而告终。1700多年前，类似的一幕却没有发生。因为辽东方面对能否维持这条海上交通线有很大的疑虑，导致这次结盟胎死腹中（具体细节以后会有解读）。纵观整个三国时代，尽管青州具备许多天然海港，又有齐吴海战的先例，但在三国时代的表现与其他内陆板块并无二致。被曹操视为私兵的青州兵军团，遵循的仍然是传统的耕战模式。曹魏没有充分利用青州的海洋属性，打造一支海上奇兵南下进攻东吴。

基于当时的技术条件，这种选择并不算错。毕竟掌握大规模海上运输能力的东吴，也没再像700多年前的吴国那样尝试跨海攻击。究其原因，与孕育西方文明的地中海不同，中国近海的海况要复杂得多。在后来的历史中，历代王朝并非没有想过利用海路发动军事行动或运输物资。只是海洋的不确定性让这些尝试的成本太高，只能偶尔为之。

时光荏苒，当西方通过地理大发现，让世界进入全球化时代之后，不管古老的中央之国愿不愿意，都必须正视海洋的存在。正是基于这一历史大背景，不仅青州的那些天然海港在新的时代焕发出勃勃生机，就连陆地属性的胶莱平原也开始尝试通过海洋提高自己的地缘潜力。这一尝试就是开挖胶莱运河。

顾名思义，胶莱运河是一条连接胶州湾与莱州湾的运河。最初有此动作的是元朝。元朝与同样定都北京的明、清两代，都面临一个问题：如何把粮食从江南调运到北方。与山东丘陵西侧擦肩而过的京杭大运河成了最后的解决方案。在此之前，已经拥有海洋视野的蒙古人，曾经设想通过海运而不是漕运解决南粮北调的问题。

海运方案中风险最大的一种，是绕过山东半岛东端进入渤海的海路。由于位置关系，这一海域遭遇恶劣海况的概率要比其他海区大得多。有鉴于此，元朝希望在胶莱平原腹地选两条分别注入胶州湾与莱州湾的河流，将两者连接起来，就能形成沟通黄海和渤海的水上通道。勘测人员选定的两条河流，分别是向北流淌的胶河与向南流淌的大沽河下游部分河道。前者被称为北胶莱河，后者被称为南胶莱河。

让人颇感无奈的是，胶莱运河于1280年开工、1282年完工，仅仅运转数年便被放弃了。1538年，明朝政府再次疏通这条运河，也仅运行了几年。其中最大的问题在于，山东丘陵并不能为这条运河提供足够的水量，其地势也不像黄淮海平原那么平整。要知道，黄河之所以能够像一把大刷子一样，在黄淮海地区任意改道，在于这几大水系之间并没有明显的分水岭。相比之下，虽然胶莱平原也算平整，但运河在翻越南胶莱河和北胶莱河的分水岭时，仍然会遇到高程略高影响通航能力的问题。

另一个问题在于海上航线的不安全性。这一不安全性不仅仅体现在海况的影响，还在于海上地缘威胁的逐渐显现。以明朝来说，倭寇对中国沿海地区的侵扰，是海运被放弃的一个重要原因。有鉴于此，大陆文明属性的中国人还是更愿意将安全系于脚下的土地。京杭大运河遂成为联结中国南北的水路交通干线，并对运河两岸的地缘生态造成了深远影响。

当下，民间仍然不时出现重开胶莱运河的声音。这么做的目的已经不再局限于打通一条南北运输线，而在于打通胶莱平原的海上窗口，使之更好地通过海洋融入全球经济。这并非异想天开，很多半岛结构的国家和地区都有过类似设想，如韩国曾经设想过横贯朝鲜半岛的大运河项目。

上述分析只是为了帮助大家进一步了解青州的地缘特点。总而言之，由于既无外患之忧，又不是内部枢纽板块，整个青州地区在三国时代的表现有点不温不火。

第三章

泗淮之地

——徐州

在《禹贡》的设计中，徐州的范围被总结为“海、岱及淮惟徐州”。地势低平及拥有漫长海岸线，是徐州在地形图上给人的直观印象，而连通南北则是徐州的区位特点。在这样一片平原之地上，充当地理主轴的是淮河及其最重要的支流——泗水。这也是为什么我们会将徐州的特点总结为“泗淮之地”。

第一节　|　徐州的基本地理结构

东汉时徐州的范围，大体对应苏南以外的江苏及山东东南部的日照、临沂两地和枣庄南部。之所以要特别强调东汉时的徐州，是因为这个名字已经被江苏北部的中心城市、地级市属性的徐州市继承了。而在先秦及两汉时期，这座历史名城的名字并不是徐州，而是彭城。根据传说，那位活了八百岁的彭祖曾在四千年前受封于此，建立“大彭氏国”，后世遂以“彭”命名这座城市。可以肯定的是，彭祖并没活八百岁。这个始于唐尧时代，公元前12世纪被商王武丁灭掉的国家，存续时间约为八百年。所谓八百年指的应是大彭氏国的国祚。

作为兵家必争之地，彭城历史上发生过许多故事，也与许多历史人物发生过联系。其中最让人唏嘘不已的，当数以此为都并建立一番霸业的“西楚霸王”项羽。在西汉时期，以彭城为中心建置了彭城郡（东汉时则转建为彭城国），并划入徐州刺史部。作为一个监察区，刺史部在行政上原来只是虚设，受命于皇帝的刺史也没有常驻的治所。进入东汉之后，出于管理的需要始设立治所，并在东汉末年演化为诸侯割据的行政基础。

很容易想到，彭城因作为徐州的治所而独占了这笔地缘政治遗产。不过徐州刺史部最初的治所其实并不在江苏境内的彭城，而是在今山东境内的临沂市郯城县，是曹操将徐州刺史部的治所迁至了彭城。于是徐州之名方得以取代彭城之名。为避免混淆，之后行文中所指的徐州皆为徐州刺史部。

与青州的地理范围相比，徐州除了海、岱之外还多了一个“淮”，约等于北至鲁中南山地丘陵地带、东至东海、南至淮河的这样一个区域。观察地势你会发现，发源于鲁中南山地丘陵南部、向南注入淮河下游的泗水，是《禹贡》徐州的地理轴线。其境之所以能够向北延伸入山东，亦是因为泗水上游在山东境内。

虽然基于地势和气候的原因，并不是把同一流域划入同一行政区就更合理，但作为一条地缘连接线，泗水的存在至少为这种划分提供了地理上的依据。纵观淮河的诸多支流，泗水应该是最大、最重要的一条，其主源被认定为发源于蒙山西麓。在向西流经鲁国的都城曲阜之后，泗水向南拐至彭城，再向东南方向于今天的洪泽湖位置注入淮河下游。

在这样一条路线上，你很容易注意到，紧贴着鲁中南山地丘陵西南麓有一个南北长约120千米、总面积不亚于古大野泽的湖泊——微山湖。由山东丘陵腹地西流的泗水，经过微山湖，便进入了江苏境内。然而必须指出的是，在东汉末年，微山湖尚未形成，泗水在这个位置上的河道整体也比现在的微山湖要略微偏西一点。

由于黄河自南宋时起一直南向泛滥，造成了很多原本通畅的河道、湖泊淤塞，多余的河水另寻低洼之地冲刷出新的河道或者蓄积成新湖。像之前分析过的东平湖，就是在古大野泽被淤平之后，由黄河水帮助生成的新湖。微山湖亦是如此。明朝万历年间的一次黄河决口，让这片靠近山麓的低洼之地变成了一个大湖，也成为泗水南流路线上的中继湖。可以想见的是，无论泗水的流向有没有改变，抑或没有微山湖中继，其走向都使之足以成为一条联结南北的大动脉。战国末期，向东扩张至江淮下游，融合吴越地缘政治遗产的楚国，最终便是顺着这样一条路径攻灭了鲁国。后来的京杭大运河，亦充分利用了泗水河道及微山湖。

仅仅成为一条沟通南北的天然水道，还不足以彰显泗水的重要性。之前的兖州部分提到，泗水干流之西还有一条名为菏水的支流，能够深入华北平原，并通过吴国开挖的深沟运河连接起济水。身处中原腹地的开封，其东面更是有获水、睢水这两条泗水支流，帮助魏国打通连通河、济的鸿沟。也就是说，泗水几乎凭借一己之力，便为中央之国打通了三条南北交通线。要知道从地理位置上看，淮河左岸的支流除了泗水以外，还包括涡水、颍水和汝水，都发源于秦岭山脉的东端。单看天然流域范围，泗水几乎是以一己之力撑起了淮北的半边天。

以东汉的行政区划来说，即使不考虑那些运河，上述泗水支流也可以打通兖州、豫州、徐州三州的水上交通。如果再把视线向东偏转，你会发现泗水在这个方向上还有两条发源于鲁南丘陵的重要支流——沂水和沭水，能够帮助徐州将范围延伸至青州南境。在这里，需要解释一下什么是鲁南丘陵。总的来说，反“C”状排列的鲁中南山地丘陵内部还可以分为鲁中丘陵和鲁南丘陵。其中，鲁中丘陵包括东西向排列的泰山、鲁山山地；鲁南丘陵则包括南北向排列的沂山、蒙山，以及与曲阜相接、地势稍低的尼山。

这两条帮助徐州顽强向北延伸势力范围的河流，并非只是鲁南丘陵的产物。细分的话，山东丘陵内部实际上还可分出第三个成员——鲁东丘陵。山东半岛东南边缘还有一条与海岸线平行的山地，既不与东北部的胶东丘陵相接，又不与西部的鲁中南山地丘陵连片。整个山地及其对应的海岸线，当下大部为山东省日照市所辖。这片山地就是鲁东丘陵。与鲁中丘陵和鲁南丘陵相比，鲁东丘陵体量过小，大体以五莲山为核心。

为了壮大鲁东丘陵的概念，鲁东丘陵的范围往往还会沿海岸线扩大到胶州湾北部的青岛。青岛的崂山与胶东丘陵的主体也是若即若离。说起来，连云港作为苏北地区唯一的天然海港，依托的也就是鲁东丘陵的延伸部分——云台山。云台山与崂山类似，因其位置被划入了江苏。

鲁东丘陵的范围到底应该怎么定义，并不是我们所关心的。如果说崂山、云台山的存在，造就了青岛、连云港两个海港城市，那么五莲山的存在造成的影响则要更大些。不仅在山海之间造就了日照这座海滨城市，更阻挡从沂蒙山东流而下的沂水和沭水，使之受山势阻挡不能直接入海，而必须在接受五莲山西坡之水后，向西南方向在邳州与宿迁之间注入泗水。基于沂、沭两水的存在，这片东西宽约30千米，受鲁南、鲁东丘陵包夹而成的低地，我们可以命名为“沂沭河谷”。

从山形的角度来看，沂沭河谷更应该成为山东的一部分，但从水势的角度来说，与泗水下游一起被并入徐州，也并无不可。其中根本的原因，在于沂水和沂沭河谷在地理上具备独立性。关于沂水在古代的地位，可以从“四渎八流”的概念窥探一二。前文中提到，所谓“八流”，是指除江、河、淮、济这四条独流入海的河流之外，还有八条重要支流，包括黄河的支流渭水、洛水，长江的支流汉水（今西汉水）、沔水（今汉水），以及淮河的支流汝水、颍水、泗水和沂水。

在地图上找寻“八流”的位置，你会发现它们的地理地位并不平等，有些是四渎的一级支流，有些则只是汇入一级支流的二级支流。比如泗水支流属性的沂水，就是这样一条淮河的二级支流。这些二级支流能够与一级支流并列，本质在于它们所属的流域，在地缘上较少受到所对应的一级支流的影响。具体到沂沭河谷上，你会发现依托鲁南、鲁东丘陵，以及沂沭河谷与胶莱平原之间的分水岭，整个沂沭河谷在地理上颇具独立性。在天下大乱时，这种独立性使之有机会诞生一个能反映这一地理特点的政治体。

沂沭河谷在春秋战国时期的归属，可以帮助我们理解这一推论。之前提到，整个山东丘陵地带原本存在许多东夷体系的部族。在将这些部族纳入封建序列的同时，周朝还在此封建了齐、鲁两个重要国家，以监控这些在文化上存在一定差异性的诸侯国。在这些旧地缘政治残余中，最强大的国家叫作莒国。今天，你依然能够在五莲山西麓的沭河河谷中找到一个名叫莒县的县级行政区，足以勾起人们对这个逝去2400多年的诸侯国的记忆。

西周初年，莒人的聚落并不在沭水河谷，而是位于胶州湾西侧的胶州市一带。胶莱平原的地理属性，使得这一时期的莒国无力抵御齐人东扩的压力。春秋初年，莒国迁徙至沂沭河谷，依托有利地形，逐渐融合周边的东夷系部落发展壮大，成为整个山东地区仅次于齐、鲁两国的第三势力。这种格局颇有些三足鼎立的味道，而鲁中南山地丘陵则是三国势力范围的天然边界。只不过三国的实力亦有强弱之分。一定要做类比的话，独占青州地区的齐国无疑就相当于曹魏，其实力远超另外两国。

与三国时代相比，这场发生在先秦时代山东境内的三国博弈只是整个中央之国内部地缘博弈的一部分。以莒国的位置来说，不仅要应对来自齐鲁两国的压力，还要提防来自泗水下游的攻击。在春秋后期的兼并浪潮中，莒国先是沦为齐国的附庸，后为溯泗水而上的楚国所灭。只是发端于长江中游汉水流域的楚国，将势力范围扩张到淮河流域的泗水上游，已是能力的极限。进入战国时期之后，沂沭河谷最终还是成了齐国的领地。公元前284年，燕将乐毅率领五国联军伐齐。节节败退的齐国在失去70余座重要城邑之后，仅余下即墨、莒两座城邑。前者位于胶莱平原东北部的大沽河畔（今天平度市古岘镇境内），后者即沂沭河谷之中的莒国故都。

在三国时代，同样有让人印象深刻的历史事件帮助我们理解沂沭河谷之于徐州的地缘位置。公元192年，曹操在兖州击败由青州方向来犯的黄巾军。大胜之后的曹操，不仅将归降的黄巾军精锐收编为私兵性质的青州军，还取得了兖州的控制权。在曹操开始建立霸业时，曹操的父亲曹嵩携家眷在琅琊国躲避战乱（公元216年，被曹操改为琅琊郡），在听闻曹操控制兖州后，很自然地决定前往兖州投奔儿子。

投奔曹操的曹嵩，在徐、兖两州的交界之地，为徐州刺史陶谦的部下劫杀。在曹操发动的报复性军事行动中，除当时作为郡治的郯城没有被攻破外，包括彭城在内的五个周边城邑都落入了曹军之手，并惨遭屠戮。史载“凡杀男女数十万人，鸡犬无余，泗水为之不流”。

这一事件中，曹嵩及其家族的出发地琅琊国对应的核心地理单元就是沂沭河谷。琅琊国向东延伸到五莲山以东、以日照市为中心的沿海地区，向南则止于今山东省临沂市南。经过刚才的分析，大家应该知道琅琊国在当时属于徐州，与曹操控制的兖州隔鲁南丘陵相望。在与琅琊国相对的位置上，兖州设置了一个囊括鲁中南山地丘陵腹地大部的行政区——泰山郡。也就是说，曹嵩从琅琊国西入泰山郡时，在两州交界处被陶谦部下劫杀，导致了日后徐州的惨祸。

在这里，我们可顺着这一历史事件，分析一下沂沭河谷与鲁南丘陵地带的地缘政治关系。事实上，曹嵩事件并不是这一地区第一次与重要历史人物发生关联。很多人都知道，出身于鲁国的孔子曾经想在母国施展他的政治抱负，而他遇到的最大对手，就是架空鲁国公室的三大家族：孟氏、叔孙氏、季氏。由于这三大家族均为鲁桓公之后，遂时称“三桓”。三桓之中最强大，也最让孔子不满的是季氏，还留下了一篇千古传诵的《季氏将伐颛臾》。

在分封体制之下，每一个有力量参与地缘政治博弈的角色，都拥有自己的封地，季氏亦不例外，其核心封地“费”，处在尼山与蒙山之间。两山之间流淌着一条发源于蒙山西南，贯穿整个谷地的沂河支流——浚水。在整个鲁中山地丘陵中，尼、蒙两山之间是最开阔的（低地带宽约10千米）。这意味着浚水河谷不仅是连通鲁南、鲁东地区的交通要道，人们更有机会在此进行大规模农业开发，使之成为独立的政治单元。

可以这样说，浚水河谷之于鲁中山地丘陵，一如沂沭河谷之于整个山东丘陵。后者帮助莒国一度与齐、鲁两国相抗衡；前者则帮助控制它的季氏，成为鲁国贵族中的最强者。在三桓势力式微，季氏无法取鲁国公室而代之时，便依托浚河河谷的独立性，在此建立了一个独立小国——费国。今天，你可以在相应位置找到临沂市管辖的费县。

当天下归一，整个中央之国开始按九州模式划分行政大区时，类似沂沭河谷、浚水河谷这样的小型地理单元，肯定没有机会进入一级行政区的序列。不过对这些历史渊源及相关地理结构的解读，可以帮助我们更深入地理解那些将要展开的历史事件，到底是在什么样的地缘背景下发生的。

第二节　|　泗淮水系与长江口的变迁

《禹贡》对徐州的设计是“海、岱及淮惟徐州”。“岱”显然不能单指泰山，而是指整个鲁中南山地丘陵。从这个角度说，无论是将徐州的范围向北延伸至沂沭河谷及鲁东丘陵，还是像今天的江苏省这样，止步于鲁东、鲁南丘陵的边缘，都算是符合了这个初始设计。然而在汉代徐州的南境，情况却发生了改变，因为两汉所设之徐州并没有止步于淮河，而是一路延伸到了长江口。

徐州之南是扬州。这一调整使得原本用来分割徐、扬两州的天然边界，由淮河变成了长江。以至身处长江北岸，后来继承扬州之名的扬州市，无奈成为徐州的一部分。在汉代，现在的扬州市还被称作广陵。以之为中心建置的广陵郡，囊括了徐州所辖江淮之地的大部。当然，既然在《禹贡》的九州设计中，徐、扬二州的分界线就是淮河，广陵在隋唐之际更名为扬州，也算是一种恢复古制吧。

沧海桑田，时移世易。根据地缘政治需要和环境的变化，对行政区划做一些调整，本来很正常。需要正视的是，崇古思想浓厚的华夏文明，常把古人的一些做法理想化，推动复古还是很有市场的。至于古制到底合不合时宜，抑或只是古人的突发奇想，反倒不重要。在两汉更迭之际，就出现了一位崇古的政治家——王莽，把西汉修正过的十三刺史部按照《禹贡》九州的设计建置了九州。

后面的故事相信大家都知道了。王莽这种不切实际的改制，让他建立的新朝成了中国历史上的一个笑话。重新恢复汉室江山的东汉王朝，则重新采用了十三刺史部的设计，并做出了一定调整。其中最大的调整，便是撤销了无力自我维持的朔方刺史部。至于现在正在讲述的徐州，则沿用了之前的设计。从这个角度说，徐州的范围能够跨越淮河、延伸到长江，必定得到了地理上的有力支撑。

连接长江、淮河两水的运河邗沟，是造成徐州南延的重要原因。吴王夫差的北上争霸之举，让汉朝在设立徐州刺史部的时候，能够顺着水运交通线，将徐州的范围由淮河一路向南延伸至长江北岸。只是说到这里，你可能又会有一个疑问，为什么不能是更南边的扬州顺着同一条路径向北扩张？最起码当年挖通邗沟的吴国所期冀的就是这样一种结果。有句话叫作“存在即合理”。这句话更准确的表述应该是“每件事物存在的背后，都有其存在的道理”。除了邗沟这一工程的助力以外，今人之所以难以理解这一变迁，更多是因为地理环境的变迁。在山形水势中，山地的存在是最稳定的，类似愚公移山的故事，只存在于人类的想象之中。相比之下，水势的变化则要复杂得多。以汉之徐州境内的变化来说，两千年的时光最起码改变了三点。

首先是海岸线的变迁。徐州北起山东半岛南缘、南至长江口的这部分海岸地区，属于黄海的一部分。在两汉时期，整个黄海海岸线的江苏部分，比当下要更为偏西，大体位于连云港、盐城、南通三市的连线上。由于黄河、淮河、长江三大河流带来了大量泥沙，江苏的海岸线在两千年间向东推进了约40千米；至于山东部分，在丘陵阻挡和庇护之下，海岸线的位置倒没有发生太大的变化。

其次是淮河的变迁。在两汉三国时期，淮河两岸还能够享受大禹治水带来的福泽，免受黄河夺淮入海之苦。800年后，人为开启了黄河南流的时代，淮河两岸的好日子算是到头了。事实上，仅仅在南宋时期，黄河水就三次被当成了武器。除了宋朝彻底放弃中原南撤那次（公元1128年），南下的蒙古军队在进攻金朝和南宋之时，两次让黄河决堤，从而令黄河彻底变成了一条南流之河。

黄河南侵的历史，对淮河水系结构造成了巨大的影响，几乎所有左岸的一级支流都曾经被迫接受过黄河水。最终黄河选择的入淮口，是泗水与淮河相接之地（与西汉时相比，泗水河口的位置有些许东移）。在这个位置上，你能看到一个面积仅次于鄱阳湖、洞庭湖和太湖的中国第四大淡水湖——洪泽湖。不过洪泽湖在三国时代并不存在。由于黄河后来夺取了淮河下游河道，令原本分布于淮河中下游的一些小型湖泊在黄、淮两水的共同作用下形成洪泽湖。

中国有五大淡水湖之说。从水系划分角度来说，排名前三的三个淡水湖，以及排名第五的巢湖都属于长江水系，只有位于江苏中西部的洪泽湖属于淮河水系。然而洪泽湖的水系归属还真有值得商榷之处。在黄河夺淮入海时，洪泽湖和淮河成了黄河水系的一部分。在黄河结束南流，重新在山东丘陵以北入海（1855年）后，淮河水系却没能恢复自由身。

鉴于黄河下游的高含沙量，但凡被黄河长时间占用过的河道，都逃脱不了河床被抬高的命运。黄河之所以在南流700余年后，再次通过决口的方式改道北流，归根结底是因为把能利用的淮河水道都淤塞得差不多了。黄河倒是可以另寻出路，留下来的淮河却无力打通被黄河淤高的下游河道。失去了出海口的淮河，只能将洪泽湖当成最后的归宿。

这并不意味着洪泽湖收集的淮河之水必须就地消化。事实上，这种情况在多雨的季风气候区也不可能发生。但凡一个地区的平均年降水量超过400毫米，雨水总是会找到路径奔向大海。那么被黄河废掉入海通道的淮河之水又该从哪里入海呢？答案是长江。不要忘了，2500年前的吴王夫差，曾经打通了连通江淮的邗沟，这段运河后来又变成了京杭大运河的一部分。在淮河之水没有办法东向入海之后，理论上可以通过这段运河将淮河之水导入长江。假使这种情况得以发生，原本被迫委身于黄河的淮河，等于又变成了长江的一条支流。

一个半世纪以前这种情况的确发生过。无法东流入海的淮河水，被迫经由洪泽湖向南倾注。一如洪泽湖的生成一样，泛滥的淮河之水将运河周边散布的数十个小型湖泊合并成为一个新的湖泊——高邮湖，然后再打通水道在扬州东南方向注入长江。如果不是一定要符合“五湖四海”之数的话，面积略小于巢湖的高邮湖（巢湖为780平方千米，高邮湖为760平方千米）完全可以因为跻身中国六大淡水湖之列而更具知名度。

实际上，即使没有运河的存在，在淮河之水必须寻找出路的情况下，大概率也会发生向南汇入长江的情况。运河的存在，更多是验证了这一地区的地形足够低平，能够成为淮河的泄洪通道。淮河之水虽然可以借助长江口入海，但作为中国流量最大的河流，长江在多雨季节的泄洪压力也很大。在洪峰到来之际，南流的淮河之水很难在不影响两岸安全的情况下汇入长江。与此同时，原淮河下游地区又会因失去上游来水而陷入缺水的境地。

要想从根本上解决这一问题，最好的做法是重新为淮河打造一条入海通道，而这需要强大的组织力及人力、物力的支持。黄河改道北流的1855年，正值清朝历史上最混乱的太平天国运动时期（1851—1864年）。此后近百年，内外交困的中央之国都没有能力建设新的水利工程。1951年10月至1952年5月，当秩序重新回到这片土地之后，战天斗地的中国人再次以运河的形式，挖通了全长168千米的淮河入海通道——“苏北灌溉总渠”；2006年，一条新的“淮河入海水道”建成，以进一步疏导淮河之水。尽管如此，目前仍有大约三分之二的淮河之水由长江入海。

在人力的干预下，变化的不仅仅是淮河水系的归属。同一时期，作为淮河下游最重要支流的泗水，其流域的归属亦发生了微妙的变化。淮河下游河道并不是黄河夺淮入海的唯一牺牲品。黄河水还需要借用一些淮河支流的河道。自江苏宿迁以下的泗水下游河道便是这样的牺牲品。黄河之水及其带来的泥沙，不仅淤塞了淮河下游河道，造就了洪泽湖，还在侵入泗水河道的地方蓄积出一个新湖泊——骆马湖。

在下游河道为黄河所侵占，并在中下游的节点上蓄积出骆马湖后，泗水剩余的部分和沂水、沭水一样，成为三条独立注入骆马湖的河流。为了进一步缓解淮河的泄洪压力，当洪泽湖水通过苏北灌溉总渠入海的同时，承接了泗、沂、沭三水的骆马湖，也拥有了被称为“新沂河”的东向入海通道。这等于让那些发源自山东丘陵的河流脱离了淮河水系，成为被称为“新沂河”的独立水系。

对于一条河流来说，独流入海其实是一件幸事。唯一对此感到失落的可能是原本在整个水系中发挥主导作用的泗水。如今，除了没能成为新水系的代言人以外，泗水还失去了它的大部分河道：宿迁至淮安的泗水下游故道现在被人们称为“废黄河”；骆马湖至微山湖之间的泗水中游河道则是京杭大运河的一部分；只有微山湖以东，流经泗水县、曲阜市和兖州区的泗水上游部分，还在以泗河之名讲述着过往的历史。

新沂河的开通，以及淮河之水的重新入海，并不意味着连通沂、淮的废黄河及洪泽湖的入江通道就此被放弃。在现代水利技术的控制下，这些水道的存在可以为人类调配水资源提供更多解决方案。往上追溯的话，从吴王夫差开通邗沟起，淮河及其支流的命运就已经与长江交织在了一起。

如果不是黄河，江淮两水之间的关系要和谐稳定得多。

好了，现在我们知道了，在黄河的作用下，淮河水系不仅出现了包括微山湖、骆马湖、洪泽湖、高邮湖在内的一系列湖泊，还迫使人类为淮河修建了新的入海通道，把古泗水流域从淮河水系中剥离了出去。只不过淮河水系在公元12世纪之后的变化以及海岸线的变迁，都不足以解释为什么是徐州借助邗沟向南延伸，而不是扬州向北扩张。对比古今地理结构，你会发现长江口的形态看起来也有很大的不同。而这跨越两千年历史的变迁，才是解开这一谜题的钥匙。

黄河并不是唯一将泥沙带入下游的河流，毕竟理论上每一条河流都会将中上游的泥沙带入下游地区，只不过不会多到每隔一段时间就能淤平一段河道罢了。大多数情况下，这些泥沙会在江河入海口处遇到水质和密度都不同的海水，沉积为沙洲，然后渐渐扩大并与大陆连成一片。“沧海桑田”这句用来形容世事变化的成语，原指的就是江河造陆现象。这意味着，两千多年前的长江口，势必要比现在的位置更为偏西。

今天长江的河口湾位于上海与江苏省南通市之间，中间还夹着一个即将与北岸连成一片的崇明岛。在吴王夫差打通邗沟的春秋时期，南通地区及上海市区都还在海平面之下，长江口则位于现在的扬州与镇江之间。一直到两汉、三国时代，长江口的位置都没有发生明显的东移。扬州或镇江以东这段整体呈东西走向的长江下游河道，当时都是宽阔的喇叭形河口湾。

受古长江河口湾的阻隔，镇江以北直至淮河下游的这部分江淮平原，与河口湾以南的苏南地区的地缘联系较现在要弱得多。尽管吴王夫差在当时的长江口，也就是现在的扬州市，修筑了一条邗沟以连通长江南北的水路交通。但仅凭这样一条水上通道，长江南北的地缘联系并没有得到太大的加强。更大的问题是，作为运河，邗沟并不总具备通航能力。它的南段需要在喇叭形的河口湾涨潮时，借助潮水倒灌抬高水位之后，才能用来行船。一直到东晋时期，邗沟才通过堰坝和水闸实现对水位的控制。即便如此，如果不定时疏浚，脆弱的运河仍然会面临淤塞、断航的问题。

与之形成鲜明对比的是，淮河的地缘分野效应却要弱得多。在这种情况下，将以广陵为代表的这部分江淮平原划入徐州，而不是遵循《禹贡》九州的设计初衷留在扬州，要更为合理。而随着时间的推移，长江口的位置也在逐渐向东移动。在两汉先秦时被视为天堑的古长江河口湾，后来慢慢萎缩成了能够正常横渡的河道。同时随着江南地区的深度开发，整个中央之国的经济中心开始向长江以南地区转移。在此基础上，情况开始发生逆转。苏南、苏北开始结合成一个以苏南为地缘重心的行政区。

顺便说一下，黄河较长江在造陆方面的贡献更大，一是因为黄河的含沙量大，二是由于黄河下游河道变迁频繁。今天的渤海湾及其海岸线，都曾经是黄河输送泥沙的对象。其中山东省东营市境内那个明显向渤海突出的黄河三角洲，便是近代黄河的手笔。

第四章

通江达海

——扬州

按照《禹贡》的设计，“淮海惟扬州”，淮河以南一直到海的区域应该都属于扬州。要是严格按照这个设定来规划，扬州会囊括江苏、安徽、上海、浙江、江西、福建、广东七省市。

以两汉时的扬州来说，除了江淮地区东部被划给徐州，以及《禹贡》成书时还未纳入中央之国范畴的岭南地区另行建置了交州刺史部外，基本算是遵循了最初的蓝图。对应现在的行政区划，扬州刺史部的范围包含安徽的淮河以南部分、江苏的长江以南部分，以及上海、浙江、江西、福建全境，涉及江淮、江东、江西、八闽等板块。上述板块或与长江相邻，或与东海相接，通江达海是整个扬州最大的地理特点。

第一节 | “江东”与“江南”的变迁

在农业就是生产力的自然经济背景下，每一个地缘板块的核心区通常是板块内部的大平原。扬州刺史部的核心区是长江下游与南部丘陵之间，以太湖为核心的一片平原。在三国时代，这片两面环江、一面临海、背靠山地，行政上对应今苏南、浙北、上海的大平原，被称为“江东”。遵循这一历史名词，我们可以将之命名为“江东平原”。作为东吴的根基，“江东”二字在三国故事中的出镜率不可谓不高。只是你很容易发现，三国时代的江东为什么与1500多年后乾隆眼中的江南如此重合？这是因为所谓的江东其实就是江南。之所以用不同的方位命名，概因地理环境的变化引发的主观认知差异。

长江虽然不像黄河那样因“九曲十八弯”闻名，但也绝非一条笔直东流的河流。地理上，长江上、中、下游的划分节点，分别为重庆与湖北交界处的湖北宜昌市，以及江西、安徽、湖北三省交界处的江西湖口县。其中湖口之名，得自其鄱阳湖口的地理位置。每一个节点，长江的流向都会发生重大改变。在鄱阳湖口以东，这种改变尤为明显。受江南丘陵地带的山势影响，长江下游开始向东北方向流淌。尤其是芜湖以北至南京段，长江的流向几成南北向。

今天，湖口至南京的这段西南—东北流向的长江，大部分位于安徽境内。有鉴于此，这段长江现在还有一个名称——皖江。至于南京以东这段东流的长江，则拥有一个更古老的名称——扬子江。在近代，中央之国的国门被迫打开之后，扬子江畔因其地理位置，成为整个长江流域对外贸易的窗口，并在近代中国的工业化进程中占据了核心位置。于是在英语中，长江便被称为“扬子江”（Yangtze River）。然而在两汉三国时代，发育初期的扬子江更多还只是作为难以逾越的天堑出现在地缘政治舞台上。皖江才是整个长江下游的关键及划分地缘板块的主参照物。以之来做参照物的话，所谓的江东应该是皖江之东，而后来的江南，则是扬子江之南。

尽管江东与江南的地理指向一致，但二者的地缘气质不尽相同，甚至可以说是完全相反。一提到江南，大家脑海中会浮现出一幅富有诗意的水乡画面，以及天堂胜景、鱼米之乡、吴侬软语之类略带阴柔气息的描述。不过提到江东，画风就为之一变了。无论是春秋时的吴越两国，还是三国时的东吴政权，都自带一股任侠之气。若以宋词的流派来比拟，“皖江之东”时代就好比气象恢宏、视野广阔的“豪放派”；进入“扬子江之南”阶段后，则似婉转含蓄、儿女情长的“婉约派”。

江东子弟中最具代表性的，当数在楚汉相争中落败的项羽。公元前209年，陈胜、吴广在大泽乡举事。项羽和他的叔父项梁随后在江东响应，并率八千子弟兵渡江向西。七年之后，孑然一身的西楚霸王留下“纵江东父兄怜而王我，我何面目见之”的遗言，自刎于乌江。此乌江并非长江支流，而是长江西岸的乌江浦，故址在今苏皖两省交界的安徽省和县乌江镇。

任侠之气的江东转变为诗意的江南，大抵是在隋唐时期完成的。在隋炀帝不惜民力开挖大运河之际，当时的江都（今扬州市）之南已经出现了一个重要渡口——扬子津，一般认为扬子江之名便源出于此。不过这段江面当时还稍显宽阔。中唐时，原本横亘在扬州市与镇江市之间的沙洲——瓜洲，开始与北岸连片成陆。依托瓜洲开发的渡口，大大降低了横渡扬子江的难度。至于长江口，则由两汉时期的扬州一带，进一步东移至今天的江阴市一带。当人们开始更习惯于从扬子江渡江之时，再来表述这片土地的地理方位时，江东就不如江南准确了。

东西向的扬子江开始成为南北水上交通的主干道，并不意味着这片土地的气质就一定会发生改变。而这种气质的改变，更多是因为随着时间的推移，江南地区得到了更深度的开发。这要归功于铁器的大规模运用（相比北方疏松透气的黄土，长江流域的土壤黏性太大），亦有中原长期战乱，北方人口和人才“衣冠南渡”的因素。当一片有天险庇护的土地开始变得富足之时，人的思维也会发生一些微妙变化。最起码对于用武力改变命运这件事，江南之民已不像当年的江东之民那么热衷。

说起江东和江南，还有一个地理标签不得不提，那就是“江左”。与东南西北相比，左、右似乎有些含糊。中国人对左右的划分并非顺着水势，而是有着固定的方位对应。在中国文化中，最尊贵的朝向是坐北朝南。反之，朝北的象征看起来就没那么美好了。在古汉语中，“北”与背后的“背”相通，失败后转身逃跑即“败北”一词的本意。这一认知的地理背景，在于中央之国身处北半球，朝南可以享受更多阳光。假定中央之国处于南半球，基于同样的理由，“坐南朝北”将会成为最好的选择。当一个人背向北方，面朝南方，他的左手和右手分别对应的自然是东和西。于是乎，江左就是江东。地名中以左、右替代东、西的情况还有很多，比如称山东为山左、江西为江右、陇西为陇右等。按这种对应之法，与江左地区隔皖江相望的是江右地区，也可以被称为“江西”。

显然，这样一个区位上属于安徽中部的“江西”，与大家熟悉的江西省并不是一个概念。今天的江西省，其名源出于唐代在此设立的江南西道（与之相对应的，则是在江东地区建置江南东道），即在江东向江南概念转换之后出现的。而在江东时代的人看来，广义地说，江西可以代指长江以北的所有地区；狭义地讲，则可指向长江下游至淮河之间的区域。需要注意的是，扬子江彼时大部还是江口湾状态，而这里所说的江西位于江淮之间，并不包括汉朝时被划入徐州的部分。

对于不熟悉这一变迁的人来说，两个“江西”极易产生混淆。好在这片处于江淮之间的土地，在包括三国时代在内的大多数历史时期，是以淮河而不是长江为参照物命名的。广义地讲，整个淮河以南至长江之间，包括扬子江以北的区域，都可以被称为“淮南”；狭义地讲，淮南可以用来指代皖江之西的这片江淮之地。在两汉时期，皖江之西被归入扬州刺史部并设置了两个郡，包括西侧的庐江郡及东侧的九江郡；扬子江之北的这片淮南之地，之前已经解读过，建置的是归属徐州的广陵郡。

在扬子江助力江东向江南转变的隋唐时期，整个淮河以南地区基于江淮之间的共同地理背景，被整合为淮南道。北宋时，根据二者的地缘差异，又被进一步划分为淮南西道和淮南东道两部分。时至今日，淮西是安徽的一部分，淮东则成了江苏的中部。

从成就割据政权的角度来说，淮南远不如拥有巨大防御优势的江东。提到淮南，熟悉三国历史的人脑海中很快会浮现出一个悲剧式人物——淮南袁术。作为一手好牌打得稀烂的典型代表，称帝是袁术败亡的根源。只不过称帝失败与淮南板块自身的潜力和位置无关。在汉室民心未失的情况下，不管是袁术还是其他人，也不管在何处称帝，都难免成为众矢之的。相比之下，千年之后同样以淮南为根据地的朱元璋，通过“高筑墙，广积粮，缓称王”的策略，得以开创明朝。

假如袁术没有同意孙权独自前往江东发展，而是自己进驻江东，他应该不会那么早从三国的历史舞台上消失。当然，对于一个自认为能成为天下之主的人来说，江东的确偏了点，不似淮南那样直接与中原之地对接。但对于苦心经营江东的东吴政权来说，淮南之地的得失同样重要。

第二节 ｜ “守江必守淮”背后

当下江淮地区的行政格局更多成形于明清。公元1368年，发迹于江淮的朱元璋定都南京。为了拱卫京师，南京周边地区被升格为直隶省，相当于今天的江苏省、安徽省和上海市。明成祖朱棣虽然将都城迁往北京，并将河北划为新的直隶，但之前的建置并没有改变。为了区分，二者依地理方位被分别称为南直隶和北直隶。明亡清兴之后，依旧定都北京的清朝，最初只是将南直隶更名为江南省。顺治十八年（1661），富庶的江南省被南北向一分为二，建置了两个布政司，并最终演变为现在的安徽省和江苏省。

相较东西向的切割，这种划分看起来颇有些别扭。从地理角度看，长江和淮河两条大河自两省腹地横穿而过，使得二者在地理上都包含淮北、淮南和江南三个地理单元。从地缘角度看，两省同样呈现出三种地缘文化形态。方言最能反映其纷乱的文化属性：两省的方言都含有属于北方范畴的中原官话、江南色彩的吴语，以及二者间的过渡形态——江淮官话成分。

如果让行政区划尽量贴合地缘文化背景的话，横向切割江南省的方案更适合。然而不要忘了，地缘因素还包含地缘政治成分。对于一个政治中心在北方，而经济中心在南方的王朝来说，一个一头在北方，另一头在南方的省份，能够让王朝内部黏合得更紧密。即便从政治传承的角度来说，这种纵向切割的方式也并非无迹可寻。最起码在两汉三国时代，徐州的西部边界，看起来与苏皖两省的分界线有很大的重合之处。

以清朝分拆江南省时的现实需求来说，这样划分还有一个显而易见的优点，那就是使得京杭大运河的南段都处在江苏省境内。汉朝在设计徐州时，没有遵循以淮河为南界的初始设定，而是沿邗沟将之扩展至长江口的做法，显然遵循了同样的地缘逻辑。如果说长江、淮河客观上是区分中国南北方的天然边界，那么大运河则起到了打破边界的作用。

中央之国不是一天形成的，在这个过程中不仅有融合，还有矛盾和冲突，尤其体现在南北关系上。之所以在解读三国时，将1000多年后江南省的行政变迁拿出来做参照，是因为这个行政区的变迁包含了淮南地区的分分合合。简单地说，就是身处江淮之间的淮西与淮东地区，到底是合在一起好，还是因循地缘属性的明显差异划入不同的行政区更有道理呢？

先来看看整个江淮之地的地理位置。整个地区的西侧，是在革命史中占据重要地位的大别山脉。淮河的源头，亦位于大别山脉的西北延伸部分——桐柏山脉之上。整个大别山区，南北向最宽处约200千米，东西长约380千米，主脉海拔约为1500米。类似这样体量和海拔的山地，在地缘关系中更多是以天然屏障而不是战略要地的面目出现的。同时这一地理特点，亦使之极易成为行政板块的天然边界。你很容易在地形图上发现，大别山脉在分隔江、淮两水的同时，还充当着鄂、豫、皖三省的分界线。

真正在南北博弈中被反复争夺的，是大别山以东、黄海以西、淮河以南、长江以北的区域。这片可以称为“淮南”，也可以叫作“江淮”的土地，在地理学上的名称是“江淮平原”。然而江淮平原并非标准意义上的平原。所谓平原，狭义地说应该是一片没有可视起伏的平整之地，比如有“天府之国”之称的成都平原；广义地说，这一概念也会包含散布于平原之中的低矮丘陵。江淮平原就属于后一种情况：你会发现在它的西部，也就是淮西部分，由于大别山脉的延伸，散布着大量海拔在200米上下的丘陵，其整体覆盖面积约2万平方千米。

这片位于淮西的大别山丘陵，地理学上的名称是“江淮丘陵”，向东一直延伸到洪泽湖与南京之西，恰好对应着皖江之西的地理方位。而远离大别山脉的淮东部分，则是一片标准的平原。换句话说，扬子江北的淮东地区与皖江之西的这两片江淮之地，除了与长江的位置关系存在差异以外，另一个重要的差异就是地形上的差异。

淮东的平原地形，使之在水系结构上呈现出极端不稳定的状态。洪泽湖的出现，淮河入海水道的变迁，以及运河的修建，本质都是这种特征的体现，以至很难在淮东地区分辨出哪片土地属于淮河流域，哪片土地属于长江流域。显然，上述地理差异，一定会在地缘上体现出来。在地缘政治层面，除了扬州市这个运河与长江的交汇点能够2000多年来一直维持其战略枢纽地位以外，淮东地区的其他城市在中国历史上地位都不算重要。

长达500千米的海岸线是淮东地区的另一个特点。然而这些海岸线更像是一道海上长城，而不能让其拥有海上交通优势。究其原因仍在于淮东的低平地势。这种地势使得淮东的海岸线呈现为滩涂状态。这在青州部分我们已经分析过了。滩涂在古代最具经济价值的一点，是可以用来晾晒海盐。早在两汉时期，淮东就因其海岸线遍布盐场而单独设立了盐渎县（也就是今天盐城市的前身）。

与淮东相比，淮西地区则呈现出差异化的地理属性。江淮丘陵在充当江、淮两水分水岭的同时，也让淮西地区的地理和水系结构变得更加稳定。

今天归属于安徽省的淮西地区建置有六安市、淮南市、蚌埠市、合肥市和滁州市。这5个地级市中，六安、淮南和蚌埠三市属于淮河流域，合肥与滁州则属于长江流域。这些淮西城市都有个共同点，那就是“依山傍水”。虽然这些所谓的“山”其实只能算小丘陵，但对一座城市的存续起着非常重要的作用。纵观历史，那些有山可依的城市无论在位置还是历史上，总体都要比无山可依的城市发展得更加稳定。

在江东时代，淮西因其位置和地形原因，往往在南北博弈中被视为决胜的关键：对于北方政权来说，如果能控制地形复杂的淮西地区，接下来势必能够拿下无山可依的淮东地区；而对于南方政权来说，能否拿下淮西地区，同样是能不能将防线推至淮河的关键所在。由此诞生了一个战略术语——“守江必守淮”。对于一个偏安政权来说，能够将防线稳定在淮河一线的话，进可保留北伐中原的希望，退可让长江中下游的核心区拥有更多战略缓冲区。如果只能以长江为界，那么南方被统一的结局将指日可待。

最典型的例子，便是东晋以及宋、齐、梁三个南方政权。从公元317年晋朝弃守中原起，到公元557年南梁被南陈取代，这四个相继而起的南方政权，在守住淮河防线的情况下存续了整整240年时间，其间甚至有能力进至黄河一线。而退守长江防线的南陈政权仅仅存续了32年，便为代表北方的隋朝所灭。中央之国自此重新归于一统。

基于上述分析，我们可以得出一条结论：在南北地缘博弈中，江淮地区的得失至关重要；而江淮地区的博弈重心，又在于地形更为复杂的淮西丘陵地区，尤其是在扬子江尚未成形的江东时代。就三国时代而言，淮西之于魏吴博弈的地缘政治价值，与魏蜀之间的汉中地区相当。蜀汉政权建立之后，诸葛亮曾经数次以汉中为目标或跳板北伐。在《三国演义》中，这段历史被极尽渲染为“六出祁山”的故事。与之相对应的，东吴也在淮西进行了五次北伐。

那么在江东时代，就淮西板块的争夺来说，有没有一个所谓博弈的中心呢？答案是有的。这个中心就是今天安徽的省会——合肥。历史上，合肥一带曾经多次爆发决定南北政权命运的战争。东吴政权在淮西地区发动的五次大型战役，也都是以合肥为目标，史称“合肥之战”。

提到合肥之名，很多人脑海中会浮出两个胖子的形象，甚至被好事者编成了谜语。然而追根溯源的话，合肥的“肥”字还应加上三点水。所谓“合肥”，指的是两条名为“淝水”的河流在此交汇。这两条淝水一为东淝水，一为南淝水。说它们交汇其实并不准确。更准确的说法是它们共同起源于合肥市西北的将军岭。东淝水向北流淌，在今安徽省寿县境内注入淮河。

说到这里，一定要重点关注一下这个名叫“寿县”的地方。虽然现在寿县为其东部的淮南市所辖，但淮南市其实是1949年之后因煤矿而兴起的一座新城。历史上真正在这个区位上发挥战略节点作用的，正是东淝水河口的寿县。只不过在隋朝之后，它的名字叫作“寿州”，此前则是“寿春”。寿春是不是有点耳熟？在淮南称帝的袁术便定都于此。如果再往前追溯的话，战国后期的楚国，在秦国攻占两湖之地后，亦曾迁都寿春（公元前241年），将之作为最后的楚都。

另一段与寿春和东淝水相关的历史，是中国历史上以少胜多的著名战例——淝水之战（战场位于寿县东）。在这场争夺淮西地区的战争中，处于弱势的东晋政权，在淮河一线抵挡住北方前秦政权的进攻，为南朝的延续奠定了坚实的基础。从地理位置上看，寿春城之所以受到重视，是因为一旦将它控制，便可沿着东淝水进攻合肥。

与东淝水不同的是，同样发端于合肥的南淝水，注入了位于合肥东南方的巢湖。这意味着，拿下合肥相当于打开了通往长江的大门。这对于江东政权的压力可想而知。

通过上述分析，我们了解到合肥作为淮西战略中心的价值：无论是试图建立淮河防线的南方政权，还是希望进抵长江的北方政权，都可以借助淝水进行运输。如果在两条淝水的源头之间再挖通一条运河的话，淮西的水路交通将会更加畅通。在两河的源头如此接近，而所谓的将军岭基本看不到山岭存在的情况下（可在地图通过寻找"将军岭村"寻找相应位置），开挖运河的工程量其实并不算大。当地传说，曹操在占据合肥之后，的确在此开挖了一条被后人称为"曹操河"的运河。若果真如此，那曹魏及后来代魏的司马氏能够在合肥顶住东吴的五次进攻，这条水上生命线必然功不可没。

现在问题来了，以江淮丘陵的分布来说，寻找两条源头相近且分别汇入淮河与长江的河流并非难事，那为什么合肥会最终成为枢纽呢？这是因为，除了源头相近、分水岭地势低平之外，东、南两条淝水还有一个区域内其他江、淮支流都没有的优势，那就是与一个大湖相连。南淝水在向南流出合肥城之后，会先注入面积在中国天然淡水湖中排名第五的巢湖，然后再向东注入长江。

之所以要强调巢湖的天然淡水湖的身份，是因为在唐代以前，东淝水的西侧还存在一个与之相连，且面积与巢湖相仿的巨大人工湖——芍陂。这座人工湖是公元前6世纪初，由当时控制淮西的楚国所挖（主持工程的是楚国名相孙叔敖）。楚国在这片低洼之地构筑堤坝、打造人工湖，既可以在雨季时蓄洪，也可以在旱季时灌溉周边农田，其功能与现代水库无异。只是沧海桑田，这个曾经在历史上发挥重要作用的人工湖在唐代之后已逐渐被淤平，取而代之的是在东淝河下游河道基础上扩展而成的瓦埠湖。

除了蓄洪和灌溉，政治家和军事家还会关注芍陂和巢湖的军事价值。

在河道纵横的江淮地区，河流成为左右战局的关键因素。三国时期，魏、吴两国曾多次将芍陂和巢湖作为战场。东吴每每进攻合肥，亦都是先凭借水上优势攻入巢湖，再溯南淝水而上进攻合肥。

单从交通角度来说，淮西境内的这条淝水走廊并不比淮东境内的邗沟更通畅。即使曹操河真的存在，在历史上使用的时间也很短。然而正是地理上的复杂性，使得淮西地区的地缘环境呈现出更复杂的态势。淮西不仅成为南北博弈的焦点，其内部亦经常动荡不安。

第三节 | 吴地与太湖

几乎每一条大河的下游地区都是潜力股。一方面，上游带来的泥沙会在河流入海处沉积出大片平坦而又肥沃的土地；另一方面，沟通海陆的河海交接之处，也是天然的贸易枢纽。无论是海外商品想溯江而上输入内地，还是内陆产品出口，都必须经过这个中转站。只是这两种地缘潜质并不一定会同时展现出来。本节讲到的这片江海之间的土地，在历史上赢得的美誉，更多是基于其第一种潜质。以至大家一提到江南，便会联想到农耕属性的“鱼米之乡”一词。当古老的中央之国被迫打开门，并跌跌撞撞走上现代化之路时，以区位为基础的第二种潜质才开始显现威力。通江达海的优势，使得古老的长江下游地区在近现代依然延续了其经济重心的地位。

每一个时代，江海之间的这片低地的地缘标签都会有一些微妙的改变。无论是用“江东”还是“江南”来指代，长江都是核心参照物。这一地理定位，也从侧面印证了这两个时代的大陆属性。在中国开始通过海洋与世界相连之后，“江南”一词实际上渐成了过去时，取而代之的是更具开放气息的“上海”。虽然从行政角度看，作为直辖市的上海并不是江东平原的全部，不过一旦引入“上海大都市圈”或者“大上海”的概念，上述三个标签便会在地理范围上高度重合，彼此间的继承与变化关系也就一目了然了。

从江东到江南再到上海，相比江南时代的繁花似锦和大上海时代的摩登时尚，很多人反而对于江东时代的意气风发更加向往。如果说唐人杜牧笔下的“江东子弟多才俊，卷土重来未可知”还是在缅怀逝去的江东时代，那么宋人王安石的“江东子弟今虽在，肯与君王卷土来？”则是在表达对江东转变为江南的无奈了。每一片土地在每一个时代承载的使命都不尽相同。对于我们来说，更应该探索这背后的规律。就影响地缘环境变化的诸多因素来说，地缘这个基本面是最客观和有章可循的。对于喜好记录历史的中国人来说，更有足够的史料帮助我们厘清这一切的前因后果。

事实上，“江东”一词并非这片土地最早的地缘标签。这个标签出现在秦朝统一中央之国之后。“江东”一词最早因为项羽而被载入史册。而在列国争霸的先秦时代，整个地区的代表就是控制江东的吴越两国，甚至今人还会使用“吴越之地”来指代这片土地。

在中央之国的地缘版图上，类似吴越的板块还有很多，比如今天同属山东的齐鲁，以及分家仅20多年的巴蜀（重庆、四川）。至于江东板块所涉之吴、越两地，其地缘上的差异，在大部分历史时期的行政区划中都有体现。今天，江苏、浙江两省可以被视为吴、越文化的继承者。而在两汉时期，二者的核心地区则分别设立了吴郡和会稽郡。

当然，单从管辖范围来说，先秦的吴越两国，两汉的吴郡、会稽郡，以及今天的苏浙两省并不完全重合。找出这两个板块的地缘核心，才能够找到二者并存的理由。那么从地理角度看，吴地和越地最初又指向哪里呢？遵循地缘原则，我们应该先看看区域内有哪些“水”最引人关注。纵观皖江以东，除了充当板块北部边界的长江口以外，最引人注目的水域有两个：一个是在中国淡水湖中排名第三的太湖，一个是对接钱塘江的杭州湾。总的来说，以太湖为核心的太湖平原，对应的是吴地；而位于钱塘江—杭州湾之南，以宁波和绍兴两城为核心的狭长平原带——宁绍平原，则是越地的核心。

先来看看太湖的情况。你很容易发现，长江口与杭州湾之间包夹了一片以太湖为核心的平原。这片三角形的平原，以及扬州以东直至南通的长江北岸地区，都是由长江的泥沙沉积而成的，被称为“长江三角洲”。其中，以太湖为中心、皖江以东的平原部分成陆较早（距今7500～6000年前即已成陆）。经过数千年的开发，江东地区的水系都已与太湖连成一片，以至我们可以将这部分平原称为“太湖平原”。只不过相比太湖，用长江定义这片平原就要霸气得多，所以今天对这一地区进行战略规划时，通常会用到“长三角”而不是“环太湖”的概念。

观察太湖，最让人印象深刻的是它的形状。在周边丘陵的支撑下，太湖的西半部轮廓呈现为完美的半圆。更让人感叹的是，数千年来，太湖的形状并没有发生太大变化。相比之下，长江中游的另两大淡水湖——鄱阳湖和洞庭湖，其面积甚至位置的变化就要大得多。就洞庭湖来说，长江在先秦时还更多是在江北蓄水，因此形成了著名的大湖——云梦泽。至于古名彭蠡泽的鄱阳湖，直至两汉时期核心部分都还位于江北。直到三国时期，彭蠡泽的江北部分才开始与之分离，并逐渐将赣江下游扩展为现在的鄱阳湖。

对于依附太湖发展的吴人来说，太湖的稳定弥足珍贵。2000多年前的海昏侯墓，因与其封地一起没入鄱阳湖才得以幸存。而吴国在2500年前营造的姑苏城，依然在新时代展现着重要的经济价值。至于太湖为什么稳定，究其根源，是自然因素与人类影响共同作用的结果。太湖并不是一条大河的中继湖或者终端湖。进入文明期之后，太湖周边已然淤平出大片陆地，使得湖体得以远离长江（今天太湖与皖江或扬子江的直线距离，与三国时期没有什么改变），从而可以保证太湖水域既不为长江水倒灌，又不至于受上游来水的洪峰的影响。

而人类对于湖泽之地的开发，本质上是在进行一场旷日持久的水利改造工程。围湖造田和筑渠引水是两种基本手段。就太湖的情况而言，先民们主要通过兴修如蛛网般密布于平原之上的水网，将太湖与皖江（扬子江）、杭州湾乃至东海相连，并且随着长江三角洲的扩大而不断向东延伸。成就上海的苏州河，便是在先秦时开挖，并经后世不断疏浚、延伸的太湖出海通道。时至今日，这一以太湖为中心、通江达海的水网依然在建设中。打开太湖流域图，太湖平原的流域结构是如城市街道般的棋盘状布局。甚至可以这样说，在经过数千年的人力干预后，整个太湖平原上已经见不到天然河流。

然而并不是所有皖江以东、山地以北的低地都能被纳入太湖平原。以当下的行政区划来说，属于太湖平原的地区，除了东端较晚成陆的上海以外，还包括太湖东部和北部，江苏境内的苏州、无锡、常州（包括为镇江所辖的丹阳市），以及太湖南部归属浙江的杭州（钱塘江以北部分）、嘉兴、湖州三地。这也是为什么，大家很多时候会看到“苏锡常”和“杭嘉湖”这样的地缘板块概念。

将上述行政概念地理化的话，可以进一步将之命名为“苏锡常平原”和“杭嘉湖平原”。抛开处于太湖平原边缘，在近现代依托江海之利崛起的上海不说，无论在江东还是江南时代，真正展现太湖平原潜力的，是苏锡常平原和杭嘉湖平原。你同样很容易发现，如果我们把江东定位为皖江以东，并且认定山地以北的低地区才算江东的话，太湖平原也并不是江东的全部。

一如江淮之间的淮南地区内部依地形和位置可以分为淮西、淮东两部分，杭州湾以北、以太湖为地理中心的低地，同样可以分为东、西两部分。

与江北的情况相对应，皖江与太湖平原之间，同样呈现出平原与丘陵相间的地形结构。基于其区位，我们可以称之为江东丘陵，囊括南京、镇江两个江苏城市，以及安徽境内的芜湖、马鞍山、宣城、铜陵和池州等皖南城市。上述城市都位于长江以东的低地区，属于江东丘陵范围。

与江淮丘陵一样，江东丘陵地区依然是以平原地形为主。丘陵所起的作用，主要是地理分野及为地区安全增加一层保障。区别在于，江淮丘陵在地理上算是大别山脉的延伸，而江东丘陵则是覆盖长江中下游的江南丘陵在江东低地带的延伸。狭义地讲，丘陵指的是地表起伏和缓、海拔在500米以内、相对高度不超过200米的低矮山丘。不管是江淮丘陵还是江东丘陵，都符合这一定义。

淮西与淮东两个江淮地区之间的地理差异，使它们在行政上有了不同的归属。在东汉末年，这一差异体现为淮西划入了扬州、淮东划入了徐州。前者设置了九江、庐江两郡，后者则主要为广陵郡。在皖江以东，中央同样大体依丘陵、平原之不同，建置了丹阳郡和吴郡。单就扬州的情况而言，覆盖太湖平原的吴郡无疑是核心区，这一地位早在吴越争霸时期就已经奠定。

以吴国或者太湖平原的地缘位置来说，如果想走出江东逐鹿中原，有两条路线可供选择：一条是向西横穿江东丘陵、长江，然后进入淮西的江淮丘陵，再向北渡黄河进入中原；另一条是向北，渡过正在形成的扬子江，穿越淮东的平原地带，最终溯泗水而上挺进中原。对于后一条路线，我们在徐州部分已经分析过了。由邗沟、泗水和深沟组成的南北水上大动脉，是春秋时期吴越两国北上争霸的主通道。这样一条在2500多年间持续发挥作用的战略通道，也成为后来建置江苏省的地缘大背景。

北上路线更多是一条进攻通道，而真正为吴越及东吴政权提供安全保障的，还是连接江淮、江东两块丘陵的西向通道。无论是春秋战国，还是三国时代，江东之地最直接的对手，都是长江中游的两湖地区。在先秦时代，这一地区的代表是“楚”，而在三国时代则是“荆州”。对于立足于荆楚之地的政权来说，沿江淮而下控制江淮丘陵后，既可北图中原，亦可向东觊觎江东。

春秋时期的吴楚两国曾经对淮西地区展开激烈的争夺。出身楚国，为报家仇投奔吴国的著名将领——伍子胥，曾经是江淮地缘政治舞台上的关键角色 。伍子胥的故事这里就不多谈了。这里着重讲讲他对江东地理结构的改造。公元前6世纪末，主政吴国的伍子胥在太湖与皖江之间，挖通了一条东起宜兴、西至芜湖的人工运河——胥溪，同时通过另一条名为“胥江”的运河，把吴都姑苏与太湖联结在一起。

这一运河工程，使得精于水战的吴军，可以从姑苏城出发，通过太湖、胥溪直达长江，并在巢湖与渗透至此的楚军展开争夺。及至邗沟进一步连通江淮之后，来自太湖的军事力量可从长江、淮河两线对江淮地区施压。然而类似的水利工程一定要定期维护才堪大用。历史上，胥溪曾因时局和补水问题几度被放弃。明朝迁都北京后，北向的京杭大运河成为主线，胥溪被彻底放弃，以至今天很难找到其准确位置。

胥溪的开通，很大程度上是因为当年吴国的都城位于苏州。其实无论从防御还是进攻的角度来说，身处皖江、扬子江交汇处，且背山临江的南京，都更适合做江东政权的都城。于是自东吴政权起，南京先后成为中国历史上十个政权的首都。至于富庶的苏州，则淡出了权力舞台。

不过在三国时代，东吴政权对都城的选择，并不会动摇太湖平原之于江东的核心作用。无论出于争夺江淮还是荆州的目的，东吴政权都需要将太湖平原产出的粮草和兵员，通过胥溪运河源源不断输送至前线。在这种情况下，太湖平原之于东吴来说，起到的是大后方的作用。如果不是因为背后还有越国为患，春秋时期的吴国很可能就会定都南京。

第四节 | 越人与吴语

在江东占据核心地位的太湖平原并不是江东平原的全部。无论从位置还是彼此间的地缘关系来说，杭州湾以南的宁绍平原都算得上是江东平原的另一个核心。如果说春秋时期太湖平原支撑吴国成为一方霸主，那么宁绍平原则帮助越国卧薪尝胆。两汉时期，吴、越的地缘分野依然得到了体现：整个宁绍平原及其背后的浙闽丘陵，被建置为会稽郡。越文化是这片土地被整合在一起的核心原因。这个“越”，可以是文化的，也可以是政治的，总之与当年越王勾践复兴的越国有着密切的关系。

想要了解这一切是怎么发生的，就得回到一切的起点——宁绍平原。从山形角度来说，宁绍平原的背后是东南丘陵中的浙闽丘陵，而太湖平原背后的山地则是东南丘陵中的另一个成员——江南丘陵。每年农历八月十六日至十八日都会因大潮而上新闻的钱塘江，则是两片丘陵的地理分界线。不过钱塘江并非长江的支流。从江南丘陵和浙闽丘陵收集到足够的雨水之后，钱塘江水最终汇入的是杭州之东那个巨大的喇叭状海湾——杭州湾。这意味着，位于钱塘江之东的宁绍平原乃至整个浙闽丘陵，都不属于长江流域。

如同长江口一直在向东南方向移动，钱塘江也在努力向东延伸。也许某一天杭州湾会在两江的共同努力下，淤塞成一片平原，让钱塘江成为长江入海前的最后一条支流。不过在可以预见的未来，这种情况还不会发生。毕竟杭州湾两侧的陆地并不只是在增长。在引潮力、季风以及地转偏向力的作用下，杭州湾的北岸一直受到海浪的侵蚀。与东汉末年的海岸线对比，在杭州湾南岸的宁绍平原大幅向海洋淤涨的情况下，北岸却因为受到海浪侵蚀而不断后退。

杭州湾两岸这种此消彼长的变化，对两岸的地缘环境造成了深刻影响。相比北岸，依托南岸宁绍平原发展的族群和政权显然会更稳定。更为有利的是，宁绍平原背靠浙闽丘陵。在亚热带季风气候的影响下，无论太湖平原还是宁绍平原，都存在很大的洪涝风险。对于人类的祖先来说，最稳妥的生存之道就是立足高地，然后由山麓向平原地区渗透，并在这个过程中逐步摸索治理水患、改造湿地的技术。

整个宁绍平原背后由西向东排列着四条南北向的山体：龙门山、会稽山、四明山和天台山。这些山体在为浙闽丘陵明晰北部地理边界的同时，也庇护着开发宁绍平原的吴越先民们。与山地关系更为紧密的宁绍平原，要比地域广阔的太湖平原更容易开发。如果要在宁绍平原上找一个吴越文化的起点，距今约7000～5000年的河姆渡文化应该是有资格承担这一重任的。

宁绍平原东西宽约170千米，南北平均纵深为20余千米。西部的绍兴与东部的宁波，是宁绍平原上的两个中心。鉴于山海之间的距离如此之近，绍兴与宁波之间，并没有一条东西向的河流将它们连接起来。整个地区最大的两条河流，是分别流经绍兴和宁波并向北注入杭州湾的曹娥江和甬江。其中流域面积最大的甬江，是由两条上游河流——南边的奉化江和西侧的余姚江，在宁波市区交汇而成的。

在宁绍平原的开发史上，曹娥江、甬江都留下了重要一笔。春秋时期的越国最初兴起于曹娥江畔、会稽山脚下的绍兴（时名“会稽”），而余姚江河谷则是河姆渡文化的中心区。从抵御水患、开拓生存空间的角度来说，余姚江河谷较宁绍平原的其他地区要更有优势。除了背靠四明山，余姚江河谷与杭州湾之间还有一条东西宽40千米、海拔约400米的丘陵。这条丘陵能够帮助余姚河谷抵御海侵的风险。正是在两山夹一谷的余姚江河谷积累了足够的农耕经验之后，以水稻为主要作物的吴越先民才逐渐遍布整个宁绍平原，直至跨越钱塘江进入太湖平原流域。

在吴越先民跨越钱塘江进入太湖平原的过程中，出现了起到承上启下作用的良渚文化。良渚文化形成于距今5300～4500年之间。如果说河姆渡文化只是处在渔猎经济向农耕经济过渡阶段的初级文化体，那么已经开始筑城并出现阶级分化的良渚文化无疑已经具备了文明体的特征。

天目山可以解释为什么良渚遗址能够被认定为吴越转换的临界点。从地理位置来看，天目山是整个江南丘陵地带的最东点，它延伸出的那些单体丘陵帮助围就了太湖。位于天目山西南麓、行政上归属杭州市余杭区的良渚遗址，正好位于太湖水系与钱塘江水系的相接之处。也就是说，吴越先民们在这里经营一段时间后，可以沿着天目山麓向北扩张至太湖之滨，通过兴建排水工程，将太湖周边的湿地开发为肥沃的农田。

在后来的历史中，吴越分界的临界点向东南方向发生了一点位移。同样位于钱塘江与天目山之间的杭州，成为联结太湖平原与宁绍平原的新枢纽，并将这一优势延续至今。对于历史上那些以江东为核心的南方政权来说，有进取心一点的，可以选择定都于长江之滨的南京，而想偏安的话，能够联结两大平原的杭州则更有优势（杭州曾成为五代十国时期的吴越国及南宋政权的都城）。

良渚文化兴盛时，除了在太湖平原繁衍生息以外，这一来自江东的上古文化还曾经跨越长江进入江淮地区。不过在江东文化向外传播的同时，来自中原和其他地区的文化也必定会向江东地区输入。基于位置原因，太湖平原更容易受到外来文化、外来文明的冲击。在外来文明更为先进的情况下，这种冲击将让太湖平原能够领先于宁绍平原，从而在技术和政治上获得优势。这一特点在历史中的体现，就是兴起于太湖之滨的吴国，要比越国更早具备逐鹿中原的实力。

无论从地理还是血缘、文化角度来说，吴越之间都有着千丝万缕的亲缘关系。太湖平原与宁绍平原所处流域的不同，虽然令二者之间始终存在一定的地缘差异，但历史上宁绍平原与太湖平原之间的交流，要远比江东地区与江淮地区容易。如果吴人的先民可以从宁绍平原进入太湖平原，并通过与中原文明交流而升级的话，那么那些还生活在宁绍平原和背后山地上的越人，同样可以复制这一路径。只不过当他们打出“越”的旗号来做这一切时，势必会与那些以“吴”为政治标签的远亲们发生冲突与博弈。

关于春秋时吴越两国之间的恩怨，即使不熟悉历史的人也能通过西施的传说或“卧薪尝胆”的典故了解一二。越国先是向位于太湖平原南部、杭州湾以北的杭嘉湖平原渗透，并与吴国发生冲突，后一度沦为吴国的附庸。但在未能彻底解决来自宁绍平原威胁的情况下，急于北上争霸的吴王夫差，最终被卧薪尝胆的越王勾践成功逆袭。此后“越”成为整个江东地区的政治标签，并且完全继承了吴国的地缘政治战略，在江淮地区与楚国、齐国展开博弈。

从大历史的角度看，吴越两国在春秋时期的这段博弈，让吴、越两地终成一体。此后的历史中，吴越之地开始以江东或江南之名，共同出现在中央之国的地缘政治舞台上。“上有天堂，下有苏杭”的说法就为太湖和钱塘江之于吴越之地的地理核心作用做了注解。

除此之外，我们还可以从语言角度来印证二者间紧密的地缘关系。

由于中国历史上北方长期在政治方面占据优势，所以被视为标准语的“官话”都属于北方方言。比如当下在全国范围内推广的普通话，就是以“北方官话”为基础。在漫长的历史中，秦岭—淮河以北的北方地区，以及地理上归属南方的江淮、西南地区，语言逐渐融合，形成了在语言上大同小异的官话区。其下又基于不同地理背景可进一步分为中原官话、东北官话、江淮官话、西南官话等二级方言类型。

如果将官话区从中国的版图上剔除，你会发现剩下的其他方言区，几乎与江南丘陵及其辐射的平原区重叠。那些纵横的丘陵不仅帮助这些地区保留了一些地域性的语言元素，也造成了更复杂的局面。仅仅用吴语、赣语、闽语、粤语、湘语等一级方言标签，完全不足以阐释这片丘陵内部语言的繁杂状况。以吴越之地的方言来说，当下其一级方言标签为“吴语”或“吴越语”。受地理位置和地形的影响，其内部又可分为数个二级方言片区，乃至可以进一步细分出三级方言小片。其中覆盖太湖平原、宁绍平原的这部分吴语类型，被归类为二级方言属性的“太湖片”。考虑到其范围并不仅仅覆盖太湖周边地区，亦有将之命名为“浙太片”的说法。

通行于江东平原的吴语方言，虽然仍会因区位不同而细分为几个三级方言小片，但彼此间基本不存在交流障碍。相比之下，那些在山地流行的吴越语更自成一体，以至于你会怀疑二者应不应该被归入同一类型。这种现象的产生显然与地势有关。在地势低平的江东平原，社群之间的交流及融合要容易得多，以至拥有共同的语言基础。而在山地密集的浙闽丘陵地区，“十里不同音，百里不同语”是很多地区语言形态的真实写照。

关于中国的方言应该如何分类、命名（比如“官话”这个名称是否合时宜），一直以来并没有定论。除了技术标准以外，最大的问题还是在于，无论按民族还是语言划分，都不可避免地受到主观因素的影响。基于江东平原在历史上的政治、经济地位，有时候通行于这一地区的吴语方言会被认定为狭义的吴语，并成为江南身份的核心象征。顺便说一下，假如将《上海市城市总体规划（2017—2035年）》的“上海大都市圈”标记在地图上，你会发现这个都市圈与江东平原以及狭义的吴语区几乎是重叠的。

如果将广义的吴语命名为“吴越语”的话，覆盖江东平原的这支吴语方言，因其强势地位而垄断“吴语”一名倒也不至于引发混乱。不过在命名上，将其与地势结合起来倒也不错。事实上，系出同源的语言因覆盖地区的地势不同而产生分化是非常常见的事。比如德语就可以大致分为高地德语和低地德语两种类型，苏格兰的盖尔语同样可分为高地、低地两种类型。至于哪种类型更有可能成为标准语或更强势，倒是不一定的。以此来说，我们可以依地势将狭义的吴语称为“低地吴语”，这种划分方法最起码能够显示出它的地缘背景。

从地缘关系来说，除太湖平原之外，低地吴语最有可能覆盖的应该是江东丘陵地区。然而在历史上，从中原败退的政权往往会以江东地区作为偏安政权的核心之地。基于长江和江东丘陵在保障江东安全上发挥的重大作用，从镇江、南京，一直到安徽境内的整个长江东岸和南岸地区，在历史上多次有大量北方人口迁入，且以军政人员为主。由此带来的一个地缘后果是，扬州、南京、芜湖等位于江东的沿江城市，在语言上被“江淮官话”所覆盖。

所谓“江淮官话”，本质上是吸收了一定吴语成分的北方官话。江淮地区作为南北方过渡区的地缘定位，是江淮官话形成的根本原因。有趣的是，江淮官话在淮西、淮东地区的分布呈现明显的差异：在淮西地区，江淮官话大体就是以淮河为界，淮河以北地区统统归属于中原官话区，但在淮东地区，江淮官话区则跨越淮河，向北延伸至连云港，只有洪泽湖西北，也就是古泗水流域的宿迁、徐州两地属于中原官话覆盖区。这一分布特点体现了在南北博弈中，直接面对中原的淮西地区实际上承受了更多压力。这种压力最终通过皖江渗透到了江东丘陵。

第五节 | 山越、浙水和徽州

将北起淮河、南至五岭、东及大海、西止罗霄山脉的汉代扬州，在地形图上勾勒出来，你会发现这片土地大部分为山地丘陵所覆盖。将视线聚焦于大平原地区，有助于迅速找到板块的核心所在。问题只在于，那片看起来除了山还是山的土地，是否真的一无是处。要知道，汉代的扬州包含了整个福建省。这个在地形图上几乎为山地覆盖的省份，能够称得上平原的面积仅有10%，且大都散布于沿海诸河的河口地带，能够勉强为人类所利用的丘陵占比亦只有15%，山地的面积则高达75%，“八山一水一分田”的形容很贴切。

需要注意的是，即便是那些整体被定性为山地的地缘板块，真正聚集大量人口的依旧是板块中的低平之地。这意味着，我们仍然能够通过寻找平原的方式，在一个山地属性的板块中找寻其核心。这些小型平原如果散布于山地中间，会表现为被山体包夹而成的河谷平原，如果位于沿海的话，则主要表现为背山面海的三角洲平原。以吴、越这两个江东地缘标签的原始属性来说，“吴”的气质里包含更多河流和平原的气息，而“越”则因为位置原因，带有更多山地和海洋元素。

上述地缘差异，在三国时代亦有很明显的体现。立足江东的东吴政权开始以“吴”为国号并参与到三分天下的事业中以后，遇到了一个与春秋时吴国类似的问题，就是在北伐或西进时需要考虑背后越人带来的威胁。难道说宁绍平原还存在一个越国？并非如此。春秋时期越国取代吴国，统一整个江东之后，中间并无山体阻隔的太湖、宁绍两大平原在地缘文化上已深度融合，不再具备成就两个割据政权的基础。为患东吴的“越”并不是一个政权，而是指分布于整个江南、浙闽丘陵，不愿接受官府管束的山民。

这些自给自足并依托山险以武力对抗东吴政权的山民，当时被笼统地称为“山越”。尽管没有聚合成一股强大的力量，控制的也只是山地，但这些山越武装对东吴政权的威胁还是很大的。比如孙策在渡江收服江东之时，就曾经在丹阳郡境内遭遇山越武装的袭击，差点丢掉性命。事实上，纵观三国时代，任何一个割据政权都会在内部整合时遇到相似的问题。山越之于东吴政权，恰如以孟获为代表的西南山地部落之于蜀汉政权。

这些被称为山越的武装集团，有多大成分是当年的越人遗民并不确定。但这一命名的存在，最起码显示“越”这个标签与山地的关联。也可以这样认为，以当时中央之国的开发程度来说，江东平原已经被视为核心板块的一部分，相应地，“吴”在当时也成了开化的象征，而“越”则仍带有一定的边缘色彩。不过就像我们刚才所说的，即便看起来各方争夺的是崎岖不平的山地，但其实争夺的还是那些山间的河谷盆地。接下来，我们可以从地理基本面入手，看看在这些山地中，有哪些山间低地会成为东吴与山越之民博弈的焦点。

前面已经说过，整个江东平原背靠的山地，可以被分为两部分——江南丘陵及浙闽丘陵，而将两片丘陵地带连接起来的是钱塘江。钱塘之名始于秦始皇统一天下之后。秦朝在杭州湾口，也就是今杭州市的位置设置了钱唐县。及至唐朝，为避讳国号，改“钱唐”为“钱塘”。事实上，钱塘江在此前还有一个更著名的名称——浙江。今天浙江省之名正是源自浙江。之所以这样命名，是因为古人在杭州湾看到大潮由海及江，折返倒涌的现象。为与浙江省区别，我们可以将浙江称为“浙水”。

以流域面积来说，浙水是浙江境内最大的河流，其流域覆盖了西起天目山、东至天台山的浙北山地。如果将杭州湾视为钱塘江的延伸，那么宁绍平原及为曹娥江、甬江集水的山地，亦可被认为是浙水流域的一部分。实际上，随着钱塘江的延伸，哺育了绍兴地区的曹娥江流域，已经在地理上成为钱塘江流域的一部分。顺着钱塘江水系上溯，你会发现这条大河在浙北山地中造就了很多小型河谷盆地。而几乎每一个河谷盆地，都成就了一个或数个县市。

在位于浙水上游的河谷盆地中，最大的有两个，分别是位于新安江上游的徽州盆地，以及由衢江、金华江滋养的金衢盆地。分析至此，局面看起来越发复杂，刚刚厘清了钱塘江与浙江的关系便又冒出两条新的河流来。其实也并没有那么复杂，因为新安江和兰江还是钱塘江水系的一部分。在浙北山地中蜿蜒纵横的浙水，每一部分都有自己的名称。狭义的钱塘江，指代的只是流经杭州所在下游平原的河段。分布于山地之间、长约110千米的中游部分则被称为“富春江”。

富春江是不是有点耳熟？在中国的传世名画中，极具传奇色彩且当下又为海峡两岸各拥一部分的《富春山居图》，绝对可以位列前十。对于游客来说，将黄公望的画作与富春江的景色相对照，相信会别有一番感受。但如果你在观赏过富春江美景之后仍意犹未尽，想溯江而上继续游览的话，接下来就要面临一个选择了。因为在面前会出现两条上游大河：由西向东注入富春江的新安江，以及由南至北接入富春江的兰江。显然你必须做出选择，到底要欣赏哪条上游河流的美景。

大多数抱着旅游目的的游客可能会选择新安江。这条河流的下游河谷在20世纪50年代末被蓄积为新安江水库，用以防洪、发电和增加航道的通行能力。这个水库之所以成为著名的旅游目的地，是因为它还有一个富有诗意的名称——千岛湖。被拦蓄的河水淹没了山间的低平之地后，那些露出水面的丘陵便成了散布于湖中的岛屿。

但是也要看到，千岛湖成为知名景观背后，是被牺牲掉的人文历史。在蓄积成水库之前，新安江下游的河谷中存在过两座始建于秦汉时期的古城：淳安城与遂安城。为配合新安江水电工程的实施，两县被合并为淳安县，并在搬迁后安享千岛湖带来的旅游红利。只是代表这一地区人文历史的两座古城，却只能静静地躺在千岛湖的水底，无声地诉说着逝去的历史（《中国国家地理》2011年2月刊曾刊发了一组水下淳安古城的照片，使之一度成为关注热点）。

与下游的千岛湖地区相比，新安江上游的徽州盆地还是要幸运许多，至今仍然为世人所关注。在中国历史上，如果论及人文地标，徽州绝对名列前茅。鲜为人知的是，这个如今大部归属安徽的地缘概念，在流域上属于浙水的一部分。“新安”最早也是徽州的曾用名（除此之外，整个钱塘江水系都为浙江所有）。

先来看看徽州和徽州盆地的地理位置。从大的分类来说，被归入江南丘陵范畴的山地主要有两部分：一部分以南北方向，横亘于湖南、江西、湖北三省的交界之地，依整体方位可命名为“西江南丘陵”，其主体包含北段的幕连九山脉（幕阜山脉、连云山脉、九岭山脉的统称）和南段的罗霄山脉，而庐山与井冈山是上述两大山脉派生出来的知名山体；另一部分便是当下正在解读的，遍及苏皖浙赣四省的这部分山体，可将之概括为“东江南丘陵”。

每一片山地都是周边低地的集水区，东江南丘陵亦不例外。其西南方向与赣江水系相接，东北方向与太湖相邻，西北麓及东南麓则分别和皖江与浙水相依。其间存在许多海拔较低且地势相对开阔的河谷低地，徽州盆地就是其中最大的一个，其海拔最低处还不到200米。在周边那些海拔超过千米的山脉衬托之下，徽州盆地天然具备成为世外桃源的潜质。

徽州并不是一直叫徽州，也并非一开始就呈现出我们现在所熟悉的气质。其名始于宋徽宗时期，此前是隋代设立的歙州，再往前追溯，则是秦代设立的歙县。改名的导火索是方腊在千岛湖一带起事。作为歙州籍人士的方腊，在攻陷钱塘江上游诸府县之后，还曾一度顺富春江而下，攻入杭州建立政权。这一成就，帮助他与宋江成为北宋时期最著名的两位“反贼”（不过历史上宋江肯定没征方腊）。“徽”字的本意是三股黄麻编织成的绳索，引申为捆绑囚徒之意，被先后用在造反者的故乡和亡国之君的庙号中，意图不言而喻。

发生于北宋时期的这次民变，再次验证了这片山地骨子里的强悍。不过在宋朝将歙州改名为徽州之后，这个二级行政区的气质逐渐发生了变化。文化和商业属性开始成为徽州的显性基因。与之相呼应的，徽州的行政区划在700余年间都没有发生过改变，直到20世纪这种地缘稳定性才受到人为破坏。

作为东江南丘陵地带的核心，古徽州治下有歙县、休宁、黟县、祁门、绩溪和婺源六县，其中位于徽州盆地的有休宁、歙县两县（府治则位于歙县境内），而黟县、绩溪两县则分布于更上游的河谷盆地中。比较特殊的是婺源、祁门的归属。从水系的角度来说，婺源、祁门并不属于新安江流域，而是与之隔分水岭相望的赣江水系，具体来说属于赣江右岸支流昌江的上游地区。这一差异，使得婺源在1934年和1949年两度被划给了江西。

将婺源划归江西，一度在徽州和婺源引发非常大的反响。要知道安徽的省名，便是由徽州及皖江之侧的安庆两地各取一字组合而成的。离开安徽，不仅意味着婺源再使用徽州这张名片时将变得有些尴尬，更意味着徽州的地缘完整性受到了破坏。20世纪80年代末，为了拉动旅游经济，徽州之名也被抛弃，代之以“黄山市”。

在江南丘陵内部，最知名的山体当为北部的黄山及东北部的天目山。前者直面江东丘陵，并因明代旅行家徐霞客的一句“黄山归来不看岳”而名动天下；后者则凭借与太湖和钱塘江相依的位置，成为对江东平原影响最大的山脉。从位置上看，黄山山脉既是钱塘江流域与皖江的分水岭，也帮助围就了南麓的徽州盆地。

更名为黄山市的徽州，只辖有古徽州治下的四县之地：除婺源被划归江西以外，位于黄山山脉东端的绩溪亦被划给了地处江东丘陵的宣城市。这一不尊重历史及地缘背景的做法，无疑为徽州文化的复兴平添了新的障碍。在可以预见的未来，也许徽州之名仍然有机会重回这片土地，毕竟更换地名要容易得多，当然也会付出不菲的成本。尤其对那些渴求政绩和经济利益的人来说，人文和历史这类群体心理性质的地缘要素在当下的作用日趋重要，且同样有利可图。但即便如此，如何恢复古徽州仍然是一个难以解决的棘手问题。

客观地说，如果徽州之名是拜三国时代的山越或者宋代的方腊所赐，它的存废并不会引发那么大的关注。文化和商业上的成就才是徽州为世人所怀念的原因所在。这些成就的取得，与徽州的区位优势和地理环境有直接关联。如再把视野放广一点，你会发现徽州盆地正处在东江南丘陵地区的中心位置。利用好这个区位优势，徽州之民可以向以富庶著称的苏浙皖赣四地辐射其影响。而封闭的地缘背景，又使得徽州人拥有与被辐射地区不尽相同的独特地缘色彩，更容易在商业和文化上自成一体。

徽州独特的地缘色彩在很多方面都有所体现，比如依山就势、布局精巧的徽派建筑，和独特的汉语方言类型——徽语。以徽语来说，这一以徽州盆地为中心，覆盖大部分东江南丘陵地带的方言，兼具吴语和赣语的特色。只不过与通行于江东平原上的低地吴语相比，徽语因山地阻隔，彼此间的差异要更大一些。这些特点显然是这一地区地缘结构和区位的直接体现。

此外，徽州之人之所以利用区位优势走出山地经商，归根结底是因为当地的生存空间有限。当人口繁衍到一定规模，向外发展就成了不得已的选择。与此同时，中央之国的经济重心在唐宋以降向东南方向的转移，让这些流出的人口有了从商的契机。当这种不得已而为之的举动获得成功后，商业财富又会反哺徽州所处的这片山地，由此造就了徽商色彩浓厚的徽州文化。

反观三国时代，徽州及其所处的这片山地，暂时还不具备后世那种走出去的动机。对于那些当时被视为山越的山民来说，利用山势远离中央之国内部地缘政治博弈的旋涡，才是最大的渴求。这种心理并不仅仅存在于内陆属性的江南丘陵地区，同样存在于拥有漫长海岸线的浙闽丘陵地区。

第六节 ｜ 瓯越与闽越

地处东江南丘陵地带核心的徽州盆地，因其处在四大地缘板块相接处，其行政归属曾多次发生变化。在两汉时期，包括徽州盆地、千岛湖库区在内的新安江流域都属于丹阳郡的一部分，也凸显了这一地区与皖江的地缘联系。东吴曾在新安江流域建置了名为“新都郡”的行政区。这一变动也让人们意识到了这片山地的地缘独立性。唐朝以江南西道、江南东道分割长江中下游地区时，徽州又因其流域属性成为江南东道的一部分。宋朝通过两浙路的设计，将整个江东平原从江南东道中分离出来时，于是本应为浙江一部分的徽州盆地，却留在了以皖东丘陵地带为地理标志的江南东路，而徽州也最终成为皖南的一部分。

与徽州盆地在地缘归属上的不确定性相比，浙水上游的另一个大型盆地——金衢盆地的地缘归属就要确定得多。以地缘属性和政治论，金衢盆地一直与宁绍平原紧密结合在一起（两汉三国时共同归属会稽郡）。金衢盆地之名源自两条江与两座城。这个狭长盆地的西部是受衢江滋养的衢州，东部则是由金华江水系冲积而成的金华地区。衢江和金华江在盆地中心汇合之后，称为兰江，并在北出盆地后与新安江汇合成富春江，流经杭州湾时，被称为钱塘江。

单从平原的面积来说，金衢盆地大体与宁绍平原相当，都为4000余平方千米。考虑到宁绍平原的面积在持续增加，其在春秋、两汉时期实际上比金衢盆地要小许多。不过衡量一个板块的重要性并不单看面积。比起周边皆为山地的金衢平原，既拥有海岸线又可北谋太湖的宁绍平原，区位优势要大得多，从而一直在区域内占据着主导地位。

金衢盆地并非钱塘江—杭州湾流域生成的唯一盆地。整个浙闽丘陵的地势呈现出北疏南密的结构。处在宁绍平原与金衢盆地之间的龙门、会稽、四明等小型山脉，都大致呈南北向走势。山体间的结合亦不是十分紧密。这使得两大平原之间还存在着十余个小型盆地（如诸暨盆地和嵊州盆地）。沿着山脉之间的缝隙，这些盆地内的河流不仅都向北流入钱塘江或者杭州湾，还为浙水以东诸盆地的沟通提供了天然路径。

就地缘政治层面的功用来说，金衢盆地及其左近其他山间小型盆地是宁绍平原的大后方。不过以宁绍平原与海洋相接的位置，虽然有了更多可能，同时也意味着海侵的风险加大。在进入中央之国的地缘政治舞台之前，为了规避海侵带来的危险，越国的都城一直在宁绍平原背后的山间盆地中迁徙。直到公元前5世纪，越国在勾践的带领下开始与吴国争夺江东平原的控制权时，才正式定都于宁绍平原上的会稽（今绍兴）。

让越人真正能够在宁绍平原立足的原因，是他们掌握了相关的治水技术。提到治水，就不得不提一下大禹与会稽山的故事。在大禹治水的故事中，会稽占有相当重要的地位。传说中，大禹是在巡视会稽时身死并葬于会稽山上。越国的统治者亦自认为是大禹的后代，并以夏人的王族之姓“姒”为姓。按这个说法，越人的治水技术应该是大禹的真传了。然而考虑到大禹及其代表的政治势力，其活动范围不可能超出黄淮流域，即便传说确有其事，杭州湾南的会稽山也不会是大禹曾经去过的那一座。

类似名人争夺战在中央之国的很多地方都在上演，比如炎帝陵就最少有三处。与今人拉动旅游经济的动机不同，古人这么做更多是基于地缘政治需求。基于中央之国的“夷夏观”，当一个边缘族群试图成为华夏体系的一部分时，将自己与一位人文始祖联系在一起，有利于摆脱原本的蛮夷身份。至于开发宁绍平原的水利技术，是当地人千百年来实践经验的积累。具体的做法是在湿地的边缘筑起堤坝，然后将水排干。这种围堰筑塘工程并非一蹴而就，而是一个漫长的过程。在征服吴国之后，大批吴人曾被征发至会稽从事这项工程。

在吴越争霸中，越国之所以能够笑到最后，背后有山可依是一个非常重要的原因。这令越人即使国都沦陷，也有机会东山再起。换句话说，就算无法在太湖平原甚至宁绍平原立足，越人大可退入背后的山地，在那些河谷盆地中繁衍生息。公元前333年，越国在与楚国的博弈中落败，使得整个太湖及钱塘江—杭州湾流域成了楚国的一部分。此后，包括江东、淮东在内的吴越故地，被打上了“东楚”的标签。这也是为什么一个世纪后出生的项羽会自认为楚人。

然而，与吴国的故事以吴王夫差的自杀告一段落不同，越国的故事并没有就此结束。历史上一提到越，往往会在前面加一个“百”字，将之称为“百越”。在当时的华夏诸国看来，从浙闽丘陵一直到两广丘陵的东南沿海山地中，分布着各种互不统属、族源相近的部族。春秋战国时期的越国只是这些越人部族中成就最大的一支。这部分一度跻身先秦地缘政治舞台的越人在族属上被称为“于越”。

被挤出中央之国地缘政治博弈后，已经在长江下游学习了一个半世纪的于越人，理论上还可以把身后那片广阔的山地作为退路。从战略层面看，这种做法颇似清军入关时将东北老家封禁起来作为退路的谋划。不确定的是，当时的越国有没有制订过类似的计划。实际情况很可能是没有，因为对于越来说，向北发展的诱惑实在是太大了。即使不考虑争霸中原的雄心，仅就整个江东平原展现的农业和人口潜力，也足以让越国垂涎三尺。

败于楚国之后，无论事前有没有过计划，越国都必须把延续国祚的希望放在身后这片山地之上。然而顺着浙水、曹娥江、甬江这三大河流的河谷，向身后的金衢盆地等山间盆地转移，并不是最安全的选择。身处长江中游的楚国同样具备驾驭内河的能力。如果越国只是将上述三条河流的上游河谷盆地作为退路，那么无论是越国兴盛时在这些地区修建的城邑，还是败退之时新建的据点，都无法免于楚人的进攻。在有过越王勾践卧薪尝胆的先例之后，楚人显然不会放任宁绍平原的后方还存在越国的残余势力。此时又引出一对新概念：内越与外越。

历史上，上述已经与华夏文明接触、融合，地理上属于宁绍平原及其辐射范围内的区域，因其更为开化而被称为“内越”。与之相对应的“外越”，是指那些不能通过天然河道与宁绍平原相连，位于浙江东南部的丘陵之地，具体来说包括浙江省的温州和台州地区。外越的地理结构特点主要有二：一是整体为山地所覆盖，缺乏大面积平原；二是并没有一条大河将整片山地串联起来，而是由北向南分布有多条东西向独流入海的河流。

在放弃内越之地后，越国王族可以率领部分不愿意接受楚国统治的民众，带上世代累积的财富东出杭州湾，然后自舟山群岛转向南，沿海岸线而下，在外越地区选择一片较大的河口三角洲登陆。在控制河口之后，这些拥有制度和技术优势的于越人，可以逐步融合或征服河流上游的百越部落。至于海上运输能力则完全不存在问题。当时控制长江口的吴国已经具备了从海上进攻山东半岛的能力。基于地势原因，后来取而代之的越国，驾驭海洋的能力较吴人更强。对于南迁的于越之民来说，最重要的问题是哪些地点适合登陆。

在地理环境没有发生大变迁的情况下，古人和今人的选择并不会有太大差异。换句话说，那些在2000多年前能够支撑越人异地建国的地点，今天仍然很有可能是一座重要城市。依照这个思路，首先可以在浙江境内找到两座沿海城市——台州和温州。这两座20世纪末以民营制造业而闻名世界的浙江沿海城市，正是当年越国遗民的选择。其中，成就台州的河流叫作“椒江”（又名“灵江”），成就温州的河流叫作“瓯江”，而两河入海口则分别被命名为“台州湾”与“温州湾”。

椒江、瓯江两条河流的名气并不算大。相较之下，两河所依附的括苍山和雁荡山，知名度则要高得多。前者不时以配角的身份出现在武侠小说中（不是什么大门派）；后者则以其风景奇秀闻名，让众多文人墨客为之留下了诗文。整个以椒江、瓯江为核心的浙东南水系，与钱塘江—杭州湾水系之间的分水岭，被统称为仙霞岭，其东北方向起自舟山群岛，延伸至西南方向的浙、闽、赣三省交界处（东段和中段，又单独称为天台山、大盘山）。

事实上，在统治江东时期，越国就已经将外越之地作为自己的间接统治区。那些来自外越的沿海之民成了越国海上力量的有力补充。这片位于仙霞岭与海岸线之间的外越之地，还有一个更广为人知的名称——“瓯越”。2300年前，向外越地区迁徙的于越之民，在其中一支越国王族的率领下，在瓯越地区建国。考虑到这片山海相接之地在地缘结构上的破碎性，瓯越国内部结构的松散可想而知，其地缘潜力亦十分有限。好在沿长江而下攻占江东之地的楚人并没有乘风破浪的经验，还要应对来自秦国的巨大压力。这些退入外越之地的越国遗民同样没有能力对楚国在江东的统治构成威胁。这一切，都让这种平衡能够维持至战国时期结束。

除了瓯越以外，越国王族还继续沿海岸线向南，在福建沿海登陆，建立了以“闽越”为名的新越国。与瓯越地区的情况一样，闽越地区同样没有连成片的大型冲积平原，并且拥有多条独流入海的河流。北接仙霞岭、南接五岭的武夷山脉，将福建地区与江南丘陵地区隔绝开来。这片身处武夷山脉与海洋之间的山地，其地缘结构是如此稳定，以至自东吴在此单独建置建安郡起，整个行政区的边界几乎没有发生任何变化。

很多时候，人们会用“八闽”一词代指福建地区。一般认为，这个名称源于宋元明时期将福建地区分拆为八个行政区的设计。比八闽概念更早出现的，是汉代史料中的“七闽”之说，意指福建地区存在七支不同的部族。1683年清朝收复台湾后，一度将台湾及其附属岛屿作为一府，隶属福建省，八闽因此也一度变成了九闽。只是随着台湾建省，九闽很快便成为历史。今天的福建省，下辖福州、厦门、泉州、漳州、莆田、龙岩、三明、南平、宁德等9个地级市，要是按照上述命名逻辑，倒是还可以再次被称为“九闽”。

不管叫几闽，这个名称背后反映的都是福建复杂的地缘结构。在这片几乎看不到平原的土地上，由北向南分布着交溪、闽江、晋江、九龙江、汀江等多条独立河流。除了最南端的汀江是从广东潮汕地区入海（下游部分被称为韩江）以外，其余各大水系全境都处于福建境内。在上述河流中，最大的一条是居于其中的闽江，其流域面积约占福建全省的一半。这使得占据闽江河口的福州平原，自越国后裔在此建立闽越国以后，一直占据着八闽之地政治中心的地位。

整个闽越地区最具农业潜力的区域，是各条河流入海口处的三角洲平原，即福州平原、莆田平原、泉州平原、漳州平原等四大平原。只是当你了解到，这四大平原中面积最大的漳州平原亦不过566平方千米，不及宁绍平原的八分之一时，就会明白用来描述福建地形的“八山一水一分田”

的说法绝无夸张之意。

由于地形、地理位置相近，瓯越和闽越地区又合称为“东越”，以与两广丘陵地带的南越相区别。秦军南下征服南越之后，已经呈现孤岛之势的东越之地也顺势为秦军所征服。秦人在整个东越之地建置了闽中郡，而闽越和瓯越的王城（分别位于福州和温州）则变成了秦人的东冶和东瓯两城。及至秦末天下大乱，东越地区很自然地脱离了中原王朝的统治，直至汉武帝时期再次被征服。

征服东越之地在技术上说难也难，说易也易。说难是因为跨越崇山峻岭，从陆路征服这片土地是非常困难的事情。说易是因为，只要控制整个地区的关键点，就是以温州湾、福州平原为代表的几处河口地区，再加上足够的海上运输能力及充分的后勤保障，很快就能迫使上述地区的越人归附。但问题在于，对于征服者来说这片浙闽丘陵到底价值几何。当地复杂的地理环境、过于偏僻的位置以及有限的地缘潜力，都会增大长期统治的风险。

为了降低统治成本，汉朝在重新征服东越之地后，一度将当地的越人大规模迁往江淮地区。在人是最大生产力的自然经济时代，这种取其民而弃其地的做法实是常规操作，甚至在17世纪清朝收复台湾后，仍打算放弃这个与大陆相隔并不遥远的岛屿。问题是无论如何，也不可能将一片山地迁空。在沿海地区被迁空之后，那些原本生活在山地中的居民很快便会顺流而下，填补这些对他们来说已是上上之选的沿海平原。

长期统治东越成本高昂，所得又有限。有鉴于此，秦汉两朝对百越之地的征服，重心都放在岭南地区。因为南越的中心地带是面积较大的珠三角平原。开发这片土地可以减轻中央政府在这一地区的统治成本。一旦南越之地被纳入中央之国的范畴，被包夹在当中的东越之地自然再无独立的可能。直到专心经营东南一隅的东吴政权时期，情况才发生了微妙变化。为了充分挖掘有限的地缘潜力，东吴政权的统治触角开始溯瓯江、闽江而上，深入其腹地，比如在福建地区建置的建安郡，其政治中心就是位于闽江上游的建安（今福建省建瓯市），并与闽江河口的传统政治中心侯官（现在的福州，东汉时名为“东冶”），连成了一条八闽地区的统治轴线。

第七节 | 豫章故郡

凭借强大的水上实力，三国时代的东吴政权最起码在名义上将整个百越之地纳入了自己的版图。不过从三国博弈的角度来说，无论上一节分析的东越，还是后面会具体分析的南越，都游离于地缘政治中心之外。以对三国地缘政治格局的影响而论，同样隶属扬州的武夷山以西地区的作用要远大于武夷山以东的这片山地。

这片土地在东汉末年被称为“豫章郡”，唐之后以“江南西道”或“江西”为名。在中央之国的地名中，以某一地标辅以方位是很常见的命名方法，如山东、山西，河南、河北，广东、广西（这当中的“广”，指的是汉之交州首府广信）。既然前面已经着重分析了扬州和东吴政权的核心之地江东，“江西”肯定也不能被忽视。无论如何，江西都属于汉代扬州的一部分。与江东甚至江南之名已经成为历史概念不同，江西仍然是中国行政版图上的重要一员。虽然江东、江西中的“江”，指向的都是长江，但这两个地缘标签并非对应关系，出现亦有早晚之分。

“豫章故郡，洪都新府。星分翼轸，地接衡庐。襟三江而带五湖，控蛮荆而引瓯越。”想要对江西的地缘特点做个总结的话，没有比《滕王阁序》

开篇这段话更准确的了。两汉时期，中央在扬州西部建置了豫章郡，其行政区划大体与现在的江西省相当。在东吴政权统治这片土地后，汉之豫章郡被进一步拆分为豫章、鄱阳、临川和庐陵四郡。其中位于赣江下游之西，以南昌为政治中心的赣西北部分，继承了“豫章”一名，并在唐朝时被更名为“洪州”。这也是为什么王勃会有“豫章故郡，洪都新府”一说（“洪都”本意为洪州都督府，今为南昌的别称）。

在中国古代，地上的行政区划会与天上的星宿相对应，谓之曰“分野”。《滕王阁序》中所言“星分翼轸”，“翼轸”二字指的是两个星宿名，对应荆州地区。至于“衡庐”二字，则分别指向湖南境内的衡山与江西境内的庐山。由此看来，在唐人王勃的眼中，豫章之地应该是楚地的一部分。然而熟悉这一千古名篇的人应该都知道，王勃接下来还有一句“物华天宝，龙光射牛斗之墟”。这当中的“牛斗”二字指向的也是两个星宿，对应的便是扬州。

王勃同时用“翼轸”和“牛斗”来描述江西区位的做法，让很多研究者产生了困惑，以至认为他在分野问题上含糊不清。事实上，这种描述恰恰准确地反映了江西“吴头楚尾”的地缘定位。用《滕王阁序》中的词句来概括，则是“襟三江而带五湖，控蛮荆而引瓯越”。文中的“三江五湖”，泛指长江中下游地区的主要支流和湖泊。一定要具体对应的话，最有资格成为“三江”者，应该是湖北境内的汉江、湖南境内的湘江和江西境内的赣江这三条长江中游的一级支流；“五湖”则泛指位于长江三角洲平原上以太湖为核心的诸多湖泊。至于蛮荆与瓯越，则分别指代楚地与吴越之地。

在地缘政治结构中，类似江西这种位于两个重要地缘政治板块之间，以至自身的地缘定位有些模糊的情况还有很多。比较典型的案例是欧洲的波兰。种族上被归类为斯拉夫人的波兰，地理主体则属于中欧平原的一部分，而这片位于欧洲中部的平原又名“波德平原”，其西部一直为日耳曼民族所占据。于是在日耳曼人强势崛起，东欧平原上的亲戚俄罗斯人又同样咄咄逼人的情况下，波兰不幸成为两大势力之间的缓冲区。在德、波、俄三者之间没有山脉充当地理屏障而只能以大河为界的情况下，波兰的边界几经变迁。

波兰的悲剧性地缘政治地位，并没有在江西身上再现。尽管历史上江西曾几度成为长江中游与下游两大强势地区的相争之地，但在长江作为主战场的情况下，各方争夺的焦点主要是在鄱阳湖口及其周边地区。控制鄱阳湖口的意义，并不在于它是长江中、下游的地理分界点，而是因为它是整个鄱阳湖水系的出口。无论是荆楚政权顺流而下，还是江东政权溯江而上，只要拿下鄱阳湖口，就能溯鄱阳湖水系的各条支流顺势拿下江西这个中间之地，并在长江争夺战中占据主动。

在赤壁之战前，鄱阳湖口及整个豫章郡已经为孙权所控制。周瑜作为孙权最倚重的军事将领，便领军驻守鄱阳湖口之西的柴桑（今江西九江）。在整个三国时代，围绕着江西还发生过很多历史故事。只是无论历史如何变迁，江西都呈现出一种超然的地缘稳定性，从其行政区划上便能够看出这一点。

一个板块的行政边界并不总是与其自然边界相吻合。历朝历代的中央政府，除依据“山川形便”原则之外，常常还会刻意加入“犬牙交错”的设计，以避免地方过于彰显地缘独立性。相较之下，无论是汉朝建置的豫章郡还是当下的江西省，在这一问题上的表现都堪称完美。事隔两千多年的两个行政区，其行政边界都与鄱阳湖水系的天然边界高度重合。以当下的地理、行政区结构来说，整个鄱阳湖水系的流域面积为162225平方千米，其位于江西省的部分就占96.6%（江西省面积为166946平方千米）。

如果没有鄱阳湖的存在，纵贯江西的水系更应该被称为“赣江水系”。值得关注的是，与太湖恒久不变的形状相比，鄱阳湖的形状一直在变化。

不仅历史形态与当下有很大区别，每年丰水季与枯水季的湖域面积亦有很大的差异。近年来，在三峡大坝对长江中下游水量影响日深的背景下，这一变化越发明显。每逢枯水季，总有湖泊化为“鄱阳湖草原”的新闻见诸报端。

无论是历史变迁还是季节性变迁，影响鄱阳湖面积的根本原因有两个：一是赣江的流域面积超过16万平方千米，作为其终端湖的鄱阳湖，注定要比不用承担此功能的太湖有着更多变化；另一个更重要的原因是地势。当我们把视野放大，会发现身处长江之南的鄱阳湖地区，并非这个枢纽位置上的唯一湖盆：在长江北岸，同样存在一个行政上归于湖北、安徽两省的湖盆。在这个带状湖盆中，当下还存在龙感湖、龙湖、大官湖、黄湖、泊湖等湖泊（主要位于安徽境内）。

大别山以及东、西江南丘陵的存在，是造成这一地理结构的根本原因。作为江淮地区的地理西界，大别山在长江水道的形成上同样做出了重大贡献。其与东、西江南丘陵一起，在长江中下游相接之地摆出了一个“品”字形结构。其中大别山与西江南丘陵之间的缝隙成就了一段西北—东南流向的长江河道，并成为湖北与江西的行政边界；而在大别山与东江南丘陵之间的缝隙，长江则转而向东北方向流淌。这段长江并因大部分位于安徽境内而被冠以“皖江”之名。

相比大别山与江南丘陵，尤其是与东江南丘陵间的距离，长江南岸的东、西江南丘陵之间的距离要近得多。你会观察到，鄱阳湖最北边的这部分湖体，较南边的部分要狭窄得多，轮廓上更像一段被扩张的宽阔河道。基于位置，我们可以将这部分鄱阳湖命名为“北鄱阳湖”。有一个非常著名的地标，能够帮助大家理解北鄱阳湖的地理定位，那就是属于西江南丘陵延伸部分的庐山。事实上，正是由于南北长约25千米的庐山横亘于此，才让北鄱阳湖地区可供江水扩张的湖盆变得狭长。

由于地势原因，位于大别山南的这两段长江都是贴着江南丘陵的山麓在流淌，并在长江两岸，尤其是与大别山之间地势更加开阔的地域蓄积成湖。将时间回溯至东汉末年，江北的上述湖泊还作为一个整体，被称为“彭蠡泽”。其范围通过东、西江南丘陵的相接之处，一直向南延伸至赣江下游。若将彭蠡泽视为鄱阳湖的古称并不十分恰当，因为这个古老湖泽的主体位于长江北岸的安徽与湖北境内，其在江西或者说长江南岸的蓄水范围，仅限于庐山东侧的北鄱阳湖。

对于一条江河来说，在途经的低洼之处蓄积出类似彭蠡泽这样的中继湖，是十分正常的地理现象。从功能上说，这些中继湖可以对河流的水量进行一定程度的调节。不过它们的位置并不是一成不变的。以彭蠡泽为例，随着江北湖盆的逐渐淤高，彭蠡泽的北部主体在三国时代就开始与长江分离。相应地，处于赣江下游的湖体，特别是位于南鄱阳湖地区的部分，则被迫扩张。在地质运动（比如地震下沉）及江水的共同作用下，最终形成了现在的鄱阳湖。

要是再探讨深层次原因的话，上古的彭蠡泽之所以在三国时代转变为后来的鄱阳湖，本质是因为在庐山以南存在足够大的低地。当赣江之水无法顺利排出，或长江之水倒灌之时，这块低地很容易扩张成为新的湖泽。如果东、西江南丘陵连为一体的话，即使彭蠡泽面积缩小，长江以南也是无法蓄积出新湖的。这片成就鄱阳湖的低地，被称为“鄱阳湖平原”。

在流域上，鄱阳湖平原对应的是鄱阳湖下游地区。其范围南起江西省新干县，北至长江南岸的湖口县，总面积约39000平方千米，无论在江西省还是鄱阳湖水系中，其面积占比都接近四分之一。这样一个大平原，注定会成为整个区域的核心，并优先得到开发。及至两汉时期，鄱阳湖平原上已经建置有历陵、海昏、鄱阳、余汗、建城、临汝、鄡（qiāo）阳等县。

只是鄱阳湖的这种扩张，势必会对当地原始的地缘结构进行重塑。比如位于南鄱阳湖地区的古鄡阳县，在鄱阳湖成湖之后便从行政版图上消失了。公元4世纪初，落葬400余年的海昏侯，其墓亦因此一度沉入湖底。

河流与山脉都是重要的天然边界。然而海昏侯墓和古鄡阳县的遭遇告诉我们，无论是河流还是湖泊，在承担这一任务时都没有山脉靠谱。当然反过来也说明，通过水利工程可以对基础地缘要素做一定的改造。从地理角度看，鄱阳湖平原属于一个面积更大的盆地的腹地。以其地缘政治中心为之命名的话，这个盆地可被称为“南昌盆地”。无论是南昌盆地，还是整个鄱阳湖水系内部，能够产生多少低地，实际上取决于这些山地间的距离。从这个角度看，我们需要更宏观地了解一下，成就江西的那些山地与丘陵彼此间的关系。

除了间接成为江西和汉之豫章郡北方边界的大别山，直接为鄱阳湖水系的形成做出贡献的山体分别为武夷山脉、东江南丘陵、西江南丘陵以及南岭，其中武夷山脉的脉络最为清晰和连续。狭义的武夷山，处于福建西北与江西的交界处（具体为福建武夷山市与江西省铅山县所有）。鄱阳湖平原亦与之相接。广义的武夷山脉，则指向位于闽赣边界上为赣、闽两水充当分水岭的山体。这意味着，无论从哪个角度来说，武夷山其实为江西、福建两省所共有。只不过在当下，这个地标更多因福建而进入大众视线。

如果说武夷山的地缘影响力更多体现在福建方向，那么身处武夷山北面的东江南丘陵地带对江西的贡献就要大得多了。这片山地的地理地缘结构在前面的章节中已经分析过，且无论在地缘上还是行政上，都呈现三足鼎立的格局（地理上为皖江、鄱阳湖/赣江、钱塘江水系的分水岭，行政上则为浙、皖、赣三省所共有）。内部多河谷、盆地的地理结构，使东江南丘陵地带在每一个方向都留下了广为人知的地缘印记。其中，黄山和徽州这两个声名显赫的地标，彰显了安徽在这片丘陵中的存在，而富春江、千岛湖和天目山则为浙江增色不少。东江南丘陵对江西的贡献，更多体现在资源上。铜矿和高岭土是东江南丘陵对江西的两项重要馈赠。这两项资源，令身处山麓的德兴与景德镇两地分别赢得了“铜都”与“瓷都”的美誉。尤其是景德镇对高岭土的开发和利用，更是使其影响力上升到文明的高度。所谓“高岭”，是景德镇东北约40千米的一道山岭，同时也是一个村名。狭义的高岭土，指的是这道山岭出产的一种洁白细腻，具备良好可塑性和耐火性的黏土。这种黏土最为人熟知的用处就是烧制瓷器，几乎成为瓷土的代名词（瓷土的英文kaolin即为高岭的音译）。

不过在三国时代，东江南丘陵出产的铜矿和高岭土还没有机会为整个鄱阳湖流域的地缘权重加分，其发现和利用要等到唐宋时期。那些有机会开垦为农田的河谷低地才是整个地区的地缘重心。

第八节　|　吴头楚尾

尽管江西省与福建省之间的边界线最长，但受武夷山脉的分隔以及福建的重心位于沿海的地缘格局，赣闽二地在地缘上的交流与融合程度并不算高。相比之下，东江南丘陵地带较为松散的地理结构，则让鄱阳湖流域与浙水流域有更多地缘融合。这也是为什么覆盖江南丘陵地带的徽语，在语言特征上兼具赣语与吴语的特色。而从江东地区与鄱阳湖平原的战略沟通来说，除了利用皖江这条天然水上通道之外，还可以利用浙闽丘陵与江南丘陵之间的缝隙。

但凡两片被独立命名的山地，其间必定存在一定的断裂。就浙闽丘陵与江南丘陵的情况来说，二者在中部、东部的断裂带，成就了向东北方向流淌的浙水。尤其身处浙水上游的金衢盆地，更让人意识到这是两片独立的山地。而在金衢盆地以西的江西境内，两片山地的断裂现象依旧明显。区别在于，在这处断裂带中收集雨水的信江，并不是浙水水系的组成部分。信江最终向西注入鄱阳湖，是长江水系的一部分。

上述与金衢盆地相接且面积相当的断裂带，可以称为“信江河谷”。在当下江西省的行政区划中，信江河谷建置有上饶、鹰潭两个地级市。武夷山、三清山和龙虎山这些位于河谷中的名山，则能够帮助大家加深对这一地理单元的认识。由于衢江和信江作为整个断裂带的核心，金衢盆地与信江河谷便成为联结浙、赣两省的战略通道，可称之为“衢信走廊”。利用衢信走廊，来自吴越地区的势力便能够控制这片“吴头楚尾”之地。

衢信走廊的地缘联结作用，同样可以从语言中找到痕迹。上饶地区作为江西位置最东的行政区，居于信江上游，但当地的方言并非在整个南昌盆地占主导地位的赣语，而是被归入吴语，分类上与金衢盆地最西端的浙江常山县、江山市类同（因此有“吴语上山小片”的命名）。单从赣语、吴语两种方言在这个地缘相接之地的分布来看，能够看出吴越之地的地缘渗透力更强。顺便一提，这里提到的浙江省常山县，其名始于唐代。

既然在“吴头楚尾”的概念中，代表吴越板块的江东政权至少可以通过皖江和衢信走廊染指鄱阳湖平原，那么来自楚地的势力是不是也可以通过同样的通道还以颜色呢？答案是肯定的，否则这片土地也不会有“吴头楚尾”之称了。但需要明晰的是到底哪里才是“楚地”。历史上由于楚国在战国后期吞并了统治江东的越国，致使楚地一度扩张到整个长江中下游及淮河流域，也因此有了“三楚”之说。

所谓“三楚”即西楚、南楚和东楚。之前已经说过，东楚指向吴越故地，与“包邮区”的范围相当；西楚的范围则覆盖现在的湖北省，以及淮河以北、泗水和沂水以西的淮北地区。正是因为这一划分法，位于泗水之滨的古彭城（徐州）现在虽然是江苏的一部分，但在当时却是西楚的一部分，于是令项羽成为“西楚霸王”而非“东楚霸王”。至于淮河以南的淮西地区，长江以南的鄱阳湖、洞庭湖流域，则属于南楚板块（对应江西、湖南两省全境，以及江淮之间的安徽中部地区）。

由于“三楚”的概念过于宽泛，实际上只适用于战国后期至秦汉之际。西汉时，“三楚”的概念便已消失。西汉开国面临的最大一场危机，是公元前154年爆发的“七国之乱”。单从名称你也能看出，江东及其地缘辐射区已经从“楚”的概念中分离出来。及至十三刺史部概念的出现，荆州与扬州作为大一统王朝设计的地缘政治名词取代了楚与吴，并在三国的地缘政治舞台上大放异彩。

以荆州的范围来确定楚的范围，则包含现在的湖北、湖南两省，以及同属长江流域，却因地处南北分界线以北而与中原地缘关系更近的南阳盆地（当下为河南的一部分）。作为各方势力争夺的焦点，荆州的地缘结构将会在荆州部分中详解。当下的任务还是解读江西地区与两湖地区的地缘关系。如果说长江把江西与两湖地区联结起来，那么横亘于两者之间的西江南丘陵地带，其作用就更多体现在维持各自的独立性上。

西江南丘陵的主体位于湘赣两省交界处，北端则为湘、赣、鄂三省所共有。整个丘陵地带呈现为上宽下窄的锥状，可分为北部的幕连九山脉及南部的罗霄山脉两部分。然而这种粗略的划分方法还不足以解释两地的地缘关系。每一处山地都是独特的。西江南丘陵的结构，与东侧的武夷山脉乃至东江南丘陵呈现的地理特点并不相同。武夷山脉的特点是连续性。这使得它更多是充当地理屏障。而拥有核心盆地的东江南丘陵，造就了徽州这样一个具备独特气质的地缘板块。西江南丘陵的地理结构可以用断裂来概括。尽管整体来看，西江南丘陵是一条南北向延展的山地，却是由多条东西走向的山地排列而成。幕连九山脉之名，便源自幕阜山、连云山和九岭山这三座山体。罗霄山脉亦可分为武功山、万洋山、八面山和诸广山等山体（其中庐山属于幕阜山的东部延伸，井冈山则是万洋山的一部分）。上述这些山体的间隙，不仅能够同时为西侧的洞庭湖水系和东侧的鄱阳湖水系集水，更使它们成为兼具定居及交通功能的战略通道。

参照衢信走廊的命名方式，湘赣两省之间的这些战略通道同样可以拥有自己的名称。比如幕阜山与连云山、九岭山之间的裂隙，可依汨罗江与修水，命名为“汨修走廊”；九岭山与武功山之间的裂隙，则可依渌水与袁水，命名为“袁渌走廊”。通常情况下，这种具备战略通道性质的山谷走廊都有条件建置县级行政区，并依流域属性划入相应的地缘政治板块。如果江西、湖南两省处于不同政权的控制下，这些战略走廊也势必成为两大板块的争夺目标。

以汨修走廊为例，其在三国时代就一度成为孙策与刘表两方势力的博弈焦点。当时刘表的侄子刘磐跟随黄忠镇守长沙。骁勇善战的刘磐经常领军进入汨修走廊，攻击孙权控制的修水河谷（这里建置有艾县和西安县，分别对应现在的江西省修水和武宁两县），试图打开通往鄱阳湖平原的大门。为了应对这一压力，孙策被迫设置了一个仅辖6县的特别军政机构——建昌都尉，并任命更为骁勇的太史慈担任都尉一职。在太史慈的努力下，刘磐及荆州军很快便放弃了这一战略意图（太史慈死后，建昌都尉被撤销，辖地重新归豫章郡）。

然而纵观历史，发生于西江南丘陵地带的战事并不算多，长江依然是主战场。上述走廊地带在西江南丘陵中的存在，除了为湘赣两省之民增加可开发的土地之外，更多是拉近了两地的地缘关系。两地在2000多年前曾共同被归入南楚概念，便是这种联系性使然。从地缘政治的角度来说，属于楚地核心部分的湖南，看起来要比“吴头楚尾”的江西更强势些。

只是在人口流动和语言分布上，整个湘赣相接之地却没有呈现出衢信走廊那种强势地区向弱势地区渗透的特点。相反，来自江西方向的赣语和客家话对整个西江南丘陵地带完成了全覆盖。甚至在袁渌走廊上，为江西镇守西大门的萍乡实际上位于隶属洞庭湖水系的渌水上游，而非鄱阳湖水系的袁水上游。这又是怎么一回事呢？

造成这种现象的地缘因素有二。一是江西相对封闭、自成一体的地理格局，使之在历史上较少经历战乱。一如前面分析的那样，整个长江中下游的地缘重心是在两头。而对于这片中间之地的争夺，焦点则在鄱阳湖。换句话说，谁能够控制鄱阳湖，谁就能够得到整个江西。不过，对于江西来说，这并非一件坏事。缺少地缘政治上的存在感，反而使得江西有机会成为小农经济的典范，并庇护更多人口挺过乱世。

二是两湖地区作为地缘博弈的焦点，历史上发生的战事要远多于江西地区。无论是南北对峙还是东西博弈，两湖地区都首当其冲。这一点在三国时代亦有充分的展现。两湖地区因战争丧失大量人口后，相邻的江西地区就成了最好的人口补充地。至少自唐代起，来自江西的移民就开始不断进入两湖地区（特别是湖南地区）。明朝初年，当两湖地区再次因为改朝换代而损失大量人口后，一场由政府主导，史称“江西填湖广”的强制移民行动，令这种延续千年的单向人口流动在规模上达到了顶峰：仅湖南地区就有四分之一左右的人口来自江西。

从江西迁往两湖地区的人口主要来自两处平原，除了位于水系下游的南昌盆地以外，还有位于赣江中游的吉泰盆地（今为吉安市）。这个盆地面积约1.87万平方千米，并孕育出江西省的第二大平原。其名取自盆地腹地的吉安、泰和两个行政区。如果以水系来标注的话，则可将位于盆地腹地的平原命名为“赣江中游平原”。孙权阵营控制这片土地时，把整个吉泰盆地及其以南的地区建置为庐陵郡（公元200年）。

庐陵郡的建立，意味着吉泰平原在三国时代开始得到更深入的开发。由于两大平原之间并无高大山脉阻隔，二者在地缘上会更容易融为一体，体现在语言上就是共同为赣语所覆盖。既然从地理结构的角度看，被鄱阳湖水系覆盖的江西已自成一体，再强调这一点似乎有点多余，难道江西境内还有其他类型的方言存在？事实的确如此，在语言类型上，江西南部的方言主体被归入客家话。

上述差异的产生，首先与地形有关。围就江西的山体呈现出北疏南密的趋势。在南昌盆地，东、西江南丘陵间的距离可达200千米左右。中部的吉泰平原两侧的山地相距50千米。及至统称赣南的江西南部地区，山地的占比则要高得多。章水、贡水和桃江等赣江上游河流在赣南山区冲积成的河谷平原，面积都十分狭小。以居于核心地位的赣康平原（建置有赣州市和南康区）来说，其平原面积只有1000平方千米左右。更大的问题在于，身处赣江上游的赣南地区与中下游两大平原之间是绵延的山地。这一切导致整个赣南地区融入中央之国的速度较北部的大平原地区要慢许多。

由于山势阻隔，以吉泰盆地为核心控制赣江地区是十分困难的，尤其山区中还有很多不愿意服从低地政权的原住民，就像东江南丘陵地带的山越之民一样。为了应对这一挑战，公元236年，孙权在赣南地区建置了庐陵南部都尉。东吴为西晋所灭后，南部都尉才正式升格为南康郡（对应现在的赣州市）。不过开发整个赣南地区的真正契机，却出现在西晋灭亡之后。晋室衣冠南渡，为整个江淮地区带来了大量北方的人口。此后每一次中原政权偏安南方，都会为南方带来人口。

在原有的平原地区已经得到开发的情况下，南迁的人口大多只能在赣南、闽西、粤东这些山区中的小块河谷平原谋求发展（军政人员多入驻重要城市）。这种周期性的移民，造就了汉民族中最具特色的一个民系——客家人。如果没有中原王朝周期性的大规模南渡现象，依正常的地缘渗透规律，整个江西地区在语言上的确应该由赣语一统天下。正是受中原战乱、局势动荡的影响，上述三省交界之地，才形成了有别于本地方言的客家方言。需要指出的是，个人或者社群操持的方言能够被笼统归入客家话，并不意味着在民系上就会被认定为客家人。就好像吴语的归类，也只揭示了其覆盖区域内的强地缘联系。无论民族还是民系的划分，需要的是群体性心理认同。

除此之外，这种经由历史沉淀演化成的方言区，还会存在某些“方言岛”。为了控制这些略显边缘，但地缘上又非常重要的区域，中央往往会调配军政人员在关键节点驻屯，最终形成独特的方言岛。比如赣南地区的地缘中心赣州，对于控制赣南地区及前往岭南的道路十分重要，就形成了能够被归入西南官话范畴的赣州话。基于华夏文明由北向南扩张渗透的特点，类似的语言孤岛很多都可被归入官话的范畴。

第五章

荆楚之地
——荆州

以十三刺史部的概念来划分天下的话，在整个三国时代最具知名度的当数荆州。这片在三足鼎立格局中占据着棋眼位置的土地，为中国人贡献了太多耳熟能详的故事，也留下了很多待解之谜。以军事层面来说，三国三大战役中，除了官渡之战以外，赤壁之战和夷陵之战都发生在荆州的土地上，并且对整个三国时代的走势造成了决定性影响。

汉之荆州的范围，主要包括三部分，大致对应现在的湖北、湖南两省，以及河南省的南阳地区。从地缘关系来说，将两湖地区划入同一个行政区属于常规选项。之所以这样说，是因为湖南湖北两省的核心平原紧密相连，地理上都位于一个总面积达13万平方千米的盆地——两湖盆地之中。围就整个盆地的山体包括东北方向的大别山脉及其西北部的延伸段——桐柏山，东南方向的西江南丘陵，以及西侧的大巴山脉、武陵山脉和雪峰山脉。关于这些山脉与荆州的地理关系，后面都会逐步展开介绍。

第一节 | 云梦泽与江汉平原

每一个盆地的腹地都会有一片低地。位于两湖盆地腹地的平原，自然会被称为两湖平原。这片总面积5万余平方千米的平原，又可分为南、北两部分：位于长江以北的江汉平原和位于长江以南的洞庭湖平原。其中，面积更大、地缘价值也更高的是江汉平原——“江”指长江，“汉”指汉水。作为“四渎八流”的一员，由北向南注入长江的汉水，有着非常重要的地缘意义。需要厘清的是，“四渎八流”一说中的汉水，实际上是指嘉陵江上游的西汉水，而我们现在所说的汉水，在汉朝时则以“沔水”之名跻身于八流之列。本文中述及的汉水，指代的都是汉时的沔水。

汉水对江汉平原的形成做出了重要贡献，但这片平原并非完全被汉水水系覆盖。在汉水东西两侧最起码还有两条长江一级支流——涢水（今名“府河”）和沮漳河（由沮水和南漳水在当阳两河口汇合而成），同样为这片平原的形成贡献力量。其中，后者从现在的荆州市（三国时为荆州的政治中心江陵）之西注入长江，前者则在武汉西北部与长江合流。与之形成对比的，是位于长江以南的洞庭湖平原，倒是基本处在洞庭湖水系的范围之内。

从面积上来说，江汉平原约为4.6万平方千米，洞庭湖平原约为1万多平方千米。然而在先秦乃至三国时代，两大平原间面积的差距却并没有那么大，因为当时江汉平原也曾经为大湖所覆盖。这个湖泊就是历史上著名的云梦泽，其面积最广时曾达4万平方千米，是彭蠡泽面积的十倍。李白曾感叹："楚国不过千里，梦泽居其大半。"

关于云梦泽和江汉平原的位置，可以结合长江的走势来定位。如果你观察长江在两湖平原的走势，会发现长江在此出现了两次转向。其中宜昌至洞庭湖口（岳阳）段，是由西北向东南方向流淌。这段长约400千米、作为江汉平原与洞庭湖平原分界线的长江，又被单独称为"荆江"。向东南方向流淌的荆江，在当下湖南省岳阳市的位置上，遭遇幕阜山脉的阻拦，转而向东北方向流淌，在遇到大别山脉的阻挡后再次转向东南，沿幕阜山脉东北麓向江西方向奔流，直至在江西东部遇到东江南丘陵再次转向东北方向，形成长江皖江段。

如果将荆江至皖江段连在一起，你会发现长江呈现出标准的"W"形走势。当然，你也可以将之视为两个并排相连的"V"形。而造就这一走势的，就是呈"品"字形排列的东、西江南丘陵，以及大别山脉。双"V"走势的长江，不仅在第二个"V"字的底部形成了古彭蠡泽，更在第一个"V"字底形成了面积更广的云梦泽。周边地势的差异，是两个古泽面积差异巨大的根本原因。彭蠡泽所处的"V"字底，其北面是大别山脉，而长江与大别山之间的最近处不过40千米。

反观在云梦泽所处的长江"V"字底，其北面只是一处名为"大洪山"的丘陵。这片丘陵距长江180千米。仅此一点，就足以让云梦泽有更广阔的蓄水空间，并在泽底淤高后形成现在的江汉平原。说到这里，就必须先分析一下大洪山。这座不起眼的丘陵，在两汉时期还有一个更家喻户晓的名字——“绿林山”。

汉朝分为西汉、东汉两个时期，是因为中间有王莽建立的新朝。率先起事反抗这个短命王朝的，是一支以绿林山为根据地的武装——绿林军。后世称啸聚山林者为“绿林好汉”，便是源出于此。只是当绿林成为“好汉们”的代称后，绿林山这个名字显然变得有点尴尬。以新名取代绿林，至少可以让地方官心安。

这段故事可以加深对大洪山的印象，但还不足以解释其地缘重要性。就地理位置来说，大洪山是两湖盆地与北部的南襄盆地的地理分界线。这个位于江汉平原之北的盆地，大致对应现在的河南省南阳地区，因此也被称为“南阳盆地”，由秦岭及其延伸出的伏牛山脉、大巴山脉、桐柏山脉围就而成，总面积达3.6万平方千米。南襄盆地这个名称，得自分列于盆地南北的襄阳、南阳两市。在两汉时期，包括当时被称为“宛城”的南阳市，以及今湖北省襄阳市北部（汉水以北的部分，两汉时为南阳郡邓县辖区），都属于荆州治下的南阳郡。

从地理位置上来说，大洪山正好位于大巴山脉与大别山脉的延伸段——桐柏山脉之间，其北端充当了南襄盆地的南部基点，南端则充当了江汉平原和两湖盆地的北部顶点。更为重要的是，大洪山是一片独立的丘陵，与西侧的大巴山脉、东侧的桐柏山脉之间都有一段距离。汉水和涢水两条南向注入长江的支流，则分别从这两条战略走廊中穿过，将江汉平原与南襄盆地连接起来。

大洪山与大巴山脉之间以汉水为主轴的这条战略走廊，可称为“汉江走廊”（汉水现在的名称是“汉江”）。位于走廊之北的襄阳城，在定义南襄盆地的同时，也守护着整条走廊及江汉平原的地缘安全。历史上围绕着这座城市发生过众多与战争有关的故事。

在走廊的南端，当下最重要的城市则是荆门市。为此，我们也可以把汉江走廊称为“荆襄走廊”。顺便一提，在三国故事中，荆门的名气其实并不输于诸葛亮的躬耕之地——襄阳。如果你知道荆门的旧称“当阳”（汉代故城位于今荆门市南郊）便会明白其中的原委了。考虑到受行政区划变迁的影响，无论卧龙先生的茅庐还是当阳长坂坡的位置，都会引发口水战。这类悬案还是得置于历史情境下进行分析。

汉江走廊并不是唯一连接南襄盆地与江汉平原的战略通道。在大洪山东侧与桐柏山脉之间，还有一条体量相当的战略通道——随枣走廊。贯穿整条通道的，是发源于桐柏山脉西麓的涢水。通道的地理、地缘中心是涢水河畔的地级市——随州市。通道北端则为县级市枣阳。

历史上，发生于随枣走廊的故事同样很多。1939年，攻占武汉地区的日军与仍然控制湖北北部、河南西南部的中国军队，在随枣走廊展开会战，史称“随枣会战”。另一段与随枣走廊战略地位相关的重要历史，则随着曾侯乙墓的发现而为世人所知晓。一般认为，墓主曾侯乙所统治的曾国，即西周初年分封于“随”地，以防御楚国为目的而建立的姬姓诸侯国——随国。只不过进入公元前6世纪后，在楚国日益强大的情况下，控制随枣走廊的随国不得已成为楚国的附庸，以至今人会在曾侯乙墓中发现楚惠王赠予的镈钟。

虽然从山形和地理位置来看，汉江走廊与随枣走廊应该拥有同等重要的战略地位，但纵观历史，汉江走廊发挥的作用要更大些。在军事史中，襄阳亦比位置相当的枣阳更为有名。从水系结构切入，会很容易理解这种情况的出现。既然汉水能够成为“四渎八流”的一员，那么起码在体量和位置上要比周边那些默默无闻者更为重要。你会发现覆盖整个南襄盆地的河流，其实都是汉水流域的一部分。

不仅如此，就连位于随枣走廊入口处的枣阳，也属于汉水流域而不是涢水流域（所以枣阳行政上属于襄阳市而不是随州市）。盆地中这些呈扇状分布的河流，最终都会在襄阳汇入汉水干流，再沿汉江走廊南下进入江汉平原，直至汇入长江。在严重依赖水路运输的古代，这一水系结构意味着任何进占南阳的北方势力，如果想进入江汉平原，最优的选择就是借助河流向襄阳前线输送人员和物资。反之，江汉平原的守卫者如果不想门户大开的话，就必须通过汉水下游河道，将来自江汉平原的补给源源不断地输往襄阳。

通过上述分析，整个荆州地区的地缘结构开始明晰起来。总结下来，整个荆州地区可以被分为南襄盆地、两湖盆地两部分，两者之间则以大洪山及其两侧的汉江走廊和随枣走廊为界。从流域角度看，南襄盆地与两湖盆地中的江汉平原同属汉江下游水系；长江之南的部分多归属于洞庭湖水系。如此看来，将这些地理单元划入同一行政区并非没有道理。

现在，让我们重新聚焦于江汉平原和云梦泽，毕竟无论从荆州还是两湖盆地的角度来说，这片江北之地都属于核心。在三国时代，云梦泽的存在甚至对战局的走向造成了直接影响。要更好地理解那些经典战役发生的根由，就必须先了解一下古云梦泽的位置和范围。

总的来说，先秦时的古云梦泽位于长江北岸的湖北境内，西起长江北岸的荆州市东，北抵随枣走廊之南的孝感市，向东则止于现在的武汉市。我们可以尝试在荆州与孝感、孝感与武汉间分别连线，这两条线与长江之间围成的梯形区域大致就是古云梦泽在先秦时的范围了。在更早的时代，云梦泽与长江之南的洞庭湖还是连成一片的。有一种说法，云梦泽由云泽和梦泽两部分组成：其中江北的部分为云泽，江南的部分则为梦泽，即后来的洞庭湖。

为什么长江在此地会有一个大弯呢？如果说彭蠡泽所处的位置还有大别山，那么流经江汉平原的长江似乎应该更有机会截弯取直。毕竟在这片低平之地上，看起来并没有山地阻碍长江。实际情况也的确如此。直到云梦泽面积有所缩减的三国时代，长江都还有一条穿云梦泽而过的捷径：其起点为荆州市东南35千米处的江陵县，穿越云梦泽南部后，河道流经洪湖时从东北转向北方，最终在今仙桃市汇入汉水。这条江汉平原上的长江支流，在先秦时名为“沧浪水”。

“沧浪之水清兮，可以濯吾缨；沧浪之水浊兮，可以濯吾足。”这两句曾被屈原、孔子、孟子先后吟诵的楚地民歌，正是描述沧浪水的。沧浪之水不会是地质史上唯一穿江汉平原而过的长江古河道。正是在这些长江古道的漫流之下，古云梦泽方得以形成。一个区域有多条河道并存且无序漫流的现象并不鲜见。上古时期黄河下游的“九河”就是典型案例。这种现象的消失，很大程度上与人类文明的发展有关。为了开发更多土地和防御水患，人类开发出围湖造田、兴修堤坝等技术，加速了一个地区地貌的改变。及至今日，如果不是意识到湖泊之于生态环境的巨大作用，将江汉平原上的湖泊尽数变成良田亦非难事。

在三国时期，沧浪水依然存在，并发挥着捷径的作用，只是名称变成了“夏水”。由于夏水具备长江水的性质，因此仙桃—武汉段的这部分汉水，在当时被视为夏水下游。这也是为什么武汉在三国故事中的名称是夏口。夏水的存在还揭示出一个事实——无论是楚人还是三国时代之民，他们观察到的云梦泽都已经不是一个真正的湖泊，而应该是一片湖泊与沼泽相间的湿地。

换句话说，云梦泽固然因水草丰美，可以成为一片渔猎之地，并在客观上成为一道天然屏障，但自身并不具备通航条件。它的价值更多是充当长江的泄洪区，在丰水季节帮助中下游地区消化上游来水，在枯水季节则显露出更多陆地。说起来，这一特点之于三国时代倒不是坏事。曹操在赤壁落败后所走的华容道，就是从云梦泽穿过。当时的云梦泽如果是一个大湖，或者正处于夏季的话，可能也就没有后面的故事了。

在地缘政治层面，夏水的存在可以拉近江汉平原的东、西两端。从先秦一直到三国时代，当下的荆州市都是地区的政治中心。在这种情况下，一条以最短距离横穿云梦泽的水上通道就变得尤为重要。就此而言，夏水并不是最优的选择。

从位置上看，汉水在流过汉江走廊后，如果一路向南的话，应该是在今洞庭湖口的位置与长江汇合。不过汉水的最后一段并没有这样流，而是在湖北省潜江市之北转而向东，从武汉境内汇入长江。汉水最后这段长约200千米的河道，很可能是古长江的一段。如果觉得夏水缩短的里程还不够的话，在今荆州市与潜江市之间挖一条运河，与夏口的水道直接相连将是最好的选择。

那么历史上究竟有没有人这样做呢？答案是肯定的。楚国就挖过这样一条运河，史称“云梦通渠”。其开挖的时间甚至比伍子胥在吴国修建的胥溪，以及后来吴王夫差开挖邗沟还要早。考虑到伍子胥本为楚国人，并且长江中游地区比下游地区更早国家化，楚国率先通过开挖运河改善地缘结构并不会让人感到意外。

不过一如前文分析过的多条运河一样，水利工程并不如天然河道那样稳定。一旦不能定期进行维护，人工开挖的河道很容易被水流和泥沙破坏。由于江汉平原在战国后期为秦国吞并，东迁的楚国不可能再继续维护这样一条江汉运河，加之其后中央之国长期处于战乱之中，所以云梦通渠一度湮灭于历史中，在两汉及三国时期亦没有获得新生。直到“三家归晋”之后，才以“杨夏水道”之名一度重新出现在江汉平原上（后又因战乱被彻底放弃）。

第二节　|　南郡与江夏

就像分析扬州就一定要了解吴越一样，分析荆州也一定绕不开楚国。在古荆州及湖北境内，可以找到很多以“荆”开头的地名，如荆州、荆门、荆江、荆山等。但作为楚国故地，带“楚”字的地名却很少见。其实，“荆”就是“楚”。荆、楚的本意都是一种灌木（具体品种为牡荆），其花、叶可以入药，枝条柔软可以用来编筐篓，以及制作被称为“荆杖”的刑杖。先秦时荆、楚二字通用，楚国既被称为“荆”也被称为“楚”，还可以用“荆楚”之名代指。

在以山形水势规划天下的《禹贡》一书中，荆州的地理特点被概括为“荆及衡阳惟荆州”。这里的“荆”“衡”二字，分别指代荆山和衡山。整句话的意思是说，荆山和衡山的南面都是荆州的范围。这样看来，找到荆、衡两山的位置，对于厘清荆州楚地的范围至关重要。问题只在于：山固然是不会移动的，但山名会变来变去。在冀州部分提到的古恒山就是典型案例。

先来看看当下的荆山位于哪里。南北长约150千米、东西宽20～30千米的荆山，地理上属于大巴山脉的最东端，与大洪山相对。换句话说，前文论及的汉江走廊便是由荆山与大洪山包夹而成的。作为与楚国地缘密切相关的重要地标，荆山目前全境位于湖北省境内。你可以在地形图上先找到位于湖北省的襄阳市和荆门市，两市以西的南北向山体便是荆山。其山体与大巴山脉的分野，在北面是一条发源于湖北省房县、向东注入汉水的支流——南河，在西面则是南向注入江汉平原，与沮河一起汇合成沮漳河的漳河。

尽管荆山之于楚国来说无疑是极为重要的，但楚人最初的活动中心很可能不在荆山地区，甚至说最初的荆山也不一定处于现在的位置。在周人最初接触到楚人时，被视为蛮夷的楚人主要活动于丹阳地区。依山南水北为阳的定位，丹阳指的是丹水之北。不过楚之丹阳虽然的确位于古荆州的范围内，却不在今湖北省境内。

在周朝崛起，并向中原及江淮地区扩张后，原本居于丹阳地区的楚人，被迫向南进入汉江走廊，沿荆山东麓南下进入江汉平原西部，并在此发展成为足以和北方诸侯相抗衡的南方大国。需要说明的是，关于楚人的起源之地“丹阳”在哪儿，历来有不同的说法。

当下仍以“丹”为名且与楚地相关的河流，有起源于南襄盆地西侧山地，位于河南省淅川县境内的丹江（古称“丹水”）。在与淅川境内的另一条河流淅水汇合之后，继续以“丹水”之名沿南襄盆地西缘而下，在今湖北省丹江口市注入汉水。这片丹淅之地，一般被认为是楚人源起的丹阳（丹江与汉水交汇之地，因南水北调工程的需要，建有著名的丹江口水库）。

除了丹淅之说以外，还有观点认为楚人最初源起于江汉平原之西、秭归—宜昌一线的三峡地区，或位于荆州与宜昌之间的枝江地区。不过无论楚人来自丹淅之地还是三峡或枝江地区，抑或就是从荆山中走出，最终成就楚国大国地位的，还是江汉平原。

由于汉水与云梦泽的存在，使得整个江汉平原在地理上被分割为东、西两部分。汉水以西可称“西江汉平原”，以东则对应“东江汉平原”。在这两部分江汉平原中，真正帮助楚国完成华丽转身的，是西江汉平原。从地理上看，西江汉平原以荆江、汉水、荆山和云梦泽为界，以沮漳河为地理轴心。这一地理单元与楚国的地缘关系，用《左传》中的文字来总结就是：“江汉沮漳，楚之望也。”

公元前7世纪初，楚国在今荆州市北5千米处建筑都城郢都（汉以后称“纪南城”），并开始向周朝分封的那些北方诸侯发起进攻。两汉设置荆州时，在整个荆州板块中居于核心地位的，依然是以西江汉平原为核心的南郡。而当年楚国的郢都，也变成了南郡的治所江陵。除西江汉平原以外，南郡所辖的低地板块还包括汉江走廊，以及位于荆江南岸的宜都—洞庭湖口的沿江平原地带。

襄阳及汉江走廊被划入南郡，是因为它是西江汉平原的门户。而南郡及至现在的湖北省延伸到长江以南，更多是因为荆江的不稳定性。所谓“万里长江险在荆江”，由于荆江段的河道非常曲折，加之江水刚从三峡的束缚中奔涌而出，导致每逢汛期荆江周边地区极易酿成水患。洪水除了在长江北岸蓄积出用来分洪的云梦泽以外，在南岸地区同样冲刷出了类似夏水的分洪水道。只不过此类水道在不同历史时期的位置和名称都不尽相同。

在三国时期，位于长江之南的荆江分洪水道被称为“油江”。而当下承担这一功能的，则是19世纪后期由长江洪峰造就的松滋河。由于松滋河的东端连通了洞庭湖，因此这部分行政上隶属湖北，却位于荆江之南的沿江平原（具体包括松滋市、公安县和石首市），在水系上被归入了洞庭湖流域。不过从其地缘属性来看，松滋河的命运更多与荆江及湖北联系在一起。

由于受荆江的不稳定性的影响，南郡位于江南的平原部分，在两汉时期并没有设置县一级的行政区。不过在三国时代，此地却有过一次出彩的表现。公元209年，因赤壁之战夺得荆南四郡并自领荆州牧的刘备，在油江注入长江的油江口，取“左公安营扎寨”之意建置了公安县（刘备正式受汉献帝册封的官职为左将军），并作为荆州牧的临时驻地，以图江北的南郡之地。尽管从孙权手中“借”得南郡后，刘备在荆州的政治中心转移到了江北的江陵，但公安县的建置却得以延续下来。

虽然刘备一度让南郡位于江南的部分出现在三国的地缘政治舞台上，不过总体而言，南郡的故事都还是发生在长江以北。在地图上分别标记出襄阳、荆门、荆州和宜昌四个归属湖北的地级市，有助于帮助我们找到解锁南郡的钥匙。从地缘政治角度说，襄阳—荆门一线控制的是汉江走廊；古称“夷陵”的宜昌则是江汉平原的西大门。四者与荆江一起成为荆州的守护者。

在三国时代，上述四个城市都发生过大家耳熟能详的故事。其中襄阳是刘表成为荆州牧后的治所，也就是赤壁之战前的荆州城。当刘备从孙权手中“借”得荆州，而襄阳仍在曹操控制下时，江陵于是成为新的荆州城，并且这个地名沿用到了现在。至于荆门和宜昌，古称则分别是“当阳”和“夷陵”。

既然西江汉平原在两汉时期成了南郡的一部分，那么东江汉平原又归属哪个郡呢？答案是江夏郡。从名称很容易看出，江夏二字取自长江与夏水。如果说沮漳河是整个西江汉平原的地理轴心，那么从随枣走廊而下的涢水，就是东江汉平原的地理轴心了。不过地理轴心并不一定就是地缘政治核心。如果以河流的贡献来说，汉江和长江在整个江夏郡发挥的作用要大于涢水。

除了涢水下游以外，本来充当东、西江汉平原分界线的汉水下游在行政上同样归属江夏郡。基于行政管理的需要，将一条具备运输功能的河流整体划入一个行政单位而不是作为行政分界线是一种常规操作。如把江南省拆分为安徽、江苏两省时，将京杭大运河整体置于一个行政单位下的考量就起到了关键作用。问题只在于，为什么江汉平原上的这段汉水被划入了江夏郡，而不是南郡。

答案隐藏在汉水的走向中。汉水自湖北省钟祥市流出汉江走廊，进入江汉平原之后，并没有一路向南在江陵附近汇入长江，而是在今湖北省潜江市一带转而向东，于今武汉市也就是三国时代的夏口汇入长江。这意味着钟祥以南的汉水河道，无法承担襄阳、江陵之间的交通任务。或者说，荆州与襄阳之间并不存在合适的水路交通线。在汉水入江汉平原再转而向东的情况下，将这段汉水整体划入江夏郡，有利于汉水这条重要水道的管理。

换句话说，从方便接受来自江汉平原的补给，以抵御北方威胁的角度来说，江陵代表的西江汉平原主要依托的是陆路交通。具体来说，就是今襄阳、宜城、荆门、荆州连成的那条近乎直线的道路。上述特点，在刘备自新野向南逃亡时展现得淋漓尽致。刘备本希望依托这条交通线前往江陵。只是刚进入江汉平原，就在当阳一带受到曹军精锐“虎豹骑”的突袭，被迫转向东南进入江夏郡，与率领水军沿汉江南撤的关羽会合，一同前往夏口避难。

当然，如果当年楚国建造的云梦通渠在两汉时期还能使用，那么情况将为之一变。通过这样一条运河，荆州与襄阳间的水路将比云梦泽东北部的那些城市更近。那么有没有可能通过在三国时代依然存在的夏水，打通荆州与襄阳之间的水上通道呢？前面已经分析过，夏水是一条起自现在的江陵县（与荆州市直线距离仅35千米），在仙桃市与汉水汇合的天然水道。由于其长江支流的属性，仙桃—武汉段的汉水在两汉时也被视为夏水的一部分。从距离上看，由夏水接入汉水虽然要比云梦通渠更长，但还是要比由长江绕至夏口再接入汉水要短得多。

然而问题在于，夏水并不是一条稳定的航道，它的作用更多是在丰水期为长江荆江段分洪。在整个云梦泽地区因泽底淤积抬高而面积开始缩减，且长江水更多向其他地区分洪的两汉时期，楚人吟诵的沧浪水在一定程度上变成了一条季节河。简单说，受长江上游来水的影响，夏水在夏季是可以全线通航的；一旦到了冬季，仙桃以西的夏水河段则不堪大用。这条河流的名称也因此由沧浪水变成了夏水。在赤壁之战中，急于在冬季发起进攻的曹操，之所以没选择通过夏水直取夏口，就是基于上述原因。当然，即便没有夏水的存在，凭借江、汉相交的优势，夏口的区位优势依然不会被动摇：这样一个两水相交的位置，既可以通过汉水连通汉江走廊，又有机会在丰水期通过夏水横穿整个云梦泽，抵达江陵之南，且与涢水入江口相距仅20千米。

不过和平时期的政治中心，并不总是设置在那些重要的枢纽。一旦进入战争状态，那些在位置上更为关键的枢纽便有机会脱颖而出。比如在群雄并起前，战略地位显赫的彭城并非徐州刺史部的治所，直到曹操控制徐州之后，彭城才迅速成为新的军政中心，并最终继承了“徐州”这个显赫的地名。两汉时期，江夏郡的郡治曾在江汉平原边缘的安陆（今云梦县）和西陵（今武汉市新洲区）之间变来变去。战争帮助夏口迅速崛起为地区中心：在黄祖为刘表镇守江夏、对抗孙权之时，他就已经将军政中心迁到了江汉相接之地，并构筑了最初的夏口城。其后的刘琦、孙权无不将夏口视为控制江夏郡的军事重镇。

由于江、汉两水呈“T”字相交的格局，准备在江夏据险自守的将军们，在为夏口城选址时要颇费一番脑筋。历史上，黄祖所筑的夏口城与孙权所筑的夏口城，城址就有区别。及至这个地方有机会成为整个湖北的政治中心时，事情却意外得到了完美解决。今天，坐落在古夏口位置上，充当湖北政治中心的，是素有“九省通衢”之称的武汉市。稍有地理常识的人应该都知道“武汉三镇”的说法，即武汉由武昌、汉阳和汉口三大部分组成。这三个地区对应的，正是江、汉两水分割而成的三片陆地。其中汉阳、汉口地区分别位于汉水南北，而武昌地区则位于长江之东。单纯从控制江汉的角度来说，身处江汉平原上的汉口和汉阳两地，天然更具备合二为一的条件。两地最初也的确被合称为“汉阳”，归属同一行政单位（汉阳之名始于公元7世纪初的隋代）。直到1898年，汉口地区才第一次以“夏口厅”之名，成为独立的行政单位。

行政区划的变更，源起于汉水在15世纪下半叶的一次改道。汉水原本在汉阳城南侧流淌，而“汉阳”之名即依照“山南水北谓之阳”来命名的。向北改道后的汉水，将汉阳一分为二。其主城区虽然已位于汉水之南，但作为行政机构驻地，继承了“汉阳”之名。反过来，被分割在汉水之阳的部分，则独立发展为工商业发达的汉口地区。

与绝大部分历史时期都归属同一行政区的汉阳、汉口两地不同，位于长江东岸的武昌城历史上一直自成一体，直到1927年才以“武汉”之名与汉阳、汉口整合在一起，但行政上还是相互独立。直到1949年，武汉三镇才算真正完成行政上的融合。武昌的地缘独立性，一方面是因为横亘于武昌与汉阳、汉口之间的长江江面宽达1000米。在没有大桥相连时，长江造成的地缘割裂感很难依靠渡船弥合。相比之下，汉水下游江面的平均宽度只有150米。因此汉阳、汉口之间的割裂感就要弱得多。

再者，武昌背靠一个独立于江汉平原的地理单元。这一特点使得武昌及其所处的地理单元具备了自成一体的地缘基础。在下一节，将会解读这样一个在三国时代曾经发挥过重要作用，但作为一个板块经常被忽视的地理单元。

第三节　|　鄂东南三角区与赤壁

在三国时代能够被定义为“吴头楚尾”的板块，并不是被鄱阳湖流域覆盖的江西，而是鄂东南。顾名思义，这个板块位于湖北省的东南部，包括黄石、鄂州、咸宁三市，以及以武昌为核心，武汉市在长江以东的部分。能够成为一个独立板块，必定在地理上有一定辨识度。从地理结构和轮廓上看，鄂东南板块与江东板块颇有些类似。长江在这两个地理单元都呈现倒“V”字结构，并与南部的山地一起，共同围就出一大一小两片三角形的低地区。其中为江东这个大三角形低地区兜底的山地，是以庐山为代表的东江南丘陵；与长江一道在湖北省东南部造就小三角形低地的，则是位于西江南丘陵最北端的幕阜山脉。基于这片低地的位置及轮廓特点，我们可以将之命名为“鄂东南三角区”。

尽管有诸多相似之处，这两片三角地区还是存在诸多差异。单从面临的压力来说，由于扬子江段在三国时代还未完全成形，加之东海的存在，使得江东板块只需要应付来自板块之西的压力。反观身处长江中游的鄂东南地区，其区域内的长江早已成形，无论是来自江汉平原，还是来自长江下游的势力，都可以觊觎这片土地。

从地缘位置上看，鄂东南三角区与江汉平原的关系无疑更近。正因为如此，早在2000年前它便成为荆州及江夏郡的组成部分，而今天则为湖北所辖。然而在荆楚与江东两大板块对抗的时代，如果江东政权在吴头楚尾的争夺中占得先机，控制鄱阳湖流域，那么地理上自成一体的鄂东南三角区将成为其入侵江汉平原的跳板。由于鄱阳湖流域在两汉时期被划入了扬州并且在东汉末年为东吴政权所控制，所以鄂东南三角区在三国时代客观上取代了鄱阳湖地区成了新的“吴头楚尾”。著名的赤壁之战，以及“宁饮建业水，不食武昌鱼”的典故，都发生在这片土地及其区域内的长江之上。

既然鄂东南三角区具备如此重要的地缘政治价值，那我们就要好好研究一下它的地形特点。观察鄂东南三角区的地理结构，就会发现其湖泊众多的特点。今湖北省境内大约三分之二的湖泊，包括梁子湖、牛山湖、保安湖、斧头湖、西凉湖、鲁湖、三山湖等诸多湖泊，都位于这个三角区之中。造就这一现象的地理原因有二：一是长江在这一带曲折蜿蜒，使得江水极易在洪水期漫入这片三角区；二是整个鄂东南三角区的地形并非一马平川，受幕阜山脉的影响，整体呈现出丘陵地貌，更容易蓄水成湖。这片丘陵甚至延伸到长江对岸，直到汉水之南。在古云梦泽已经消失的今天，还能够在汉阳及其以西地区（古云梦泽东部）看到大量散布于江汉之间的湖泊，正是拜这片丘陵所赐。

无论湖水更多源于上游山地，还是来自江水的倒灌，有一点是可以肯定的，鄂东南的这些湖泊必定存在与长江相连的长期水道。在河道纵横的长江中下游地区，取得军事优势的关键在于对水系的控制，尤其是对长江水道的控制力。与海军需要有深入陆地、能躲避风浪的港口一样，内河水军虽然常常以大江大河为战场，但平时屯驻、训练之处往往位于环境更为稳定的支流及湖泊中。

对于试图横渡长江，争夺鄂东南三角区的政治势力来说，散布于鄂东南的这些水道和湖泊，不仅能够帮助他们深入板块的各个角落，还能够助力他们夺取相关的长江水道。不过在丘陵的切割之下，鄂东南地区的湖泊并没有如云梦泽那样连成一个稳定的整体。这意味着整个低地区的湖泊拥有多条连通长江的水道，而这些水道和河口就是我们解析鄂东南地缘结构的钥匙。参考地理位置和辐射范围，整个鄂东南三角区可分为四大部分，大体上对应今黄石市、鄂州市、武汉市（江东部分）和咸宁市。

先来看看位于东南角的黄石地区。就地理结构来说，黄石地区很大程度上处于幕阜山地的包围之中。不仅作为地区中心的黄石市处在山地与长江之间，其所辖的大冶、阳新等市县在地理上也呈现为盆地地貌。如果把视野扩大，长江在这一地区正处于大别山脉与幕阜山脉的包夹中。基于其位置，我们可以将黄石一带命名为“鄂东沿江走廊”。

作为连接两湖平原与鄱阳湖平原的长江通道，鄂东沿江走廊并没有形成大面积的沿江冲积平原。而位于鄱阳湖湖口以东，同样承担两大板块连接功能的另一条沿江走廊，地势就要开阔、平坦得多，以至诞生过彭蠡泽这样的大型湖泊以及曾经的安徽省会——安庆。有鉴于此，这样一条以安庆为中心，西起江西九江、东至安徽铜陵的沿江走廊，被命名为“安庆谷地”。顺便说一下，进入东晋之后，面积迅速缩小且彻底与鄱阳湖分离的古彭蠡泽，获得了一个新的名字——“雷池”。“不敢越雷池一步”的历史典故，便是出自于此。

让我们重新聚焦鄂东沿江走廊。两岸险峻的地势，使得鄂东沿江走廊主要充当一条战略通道而非核心区。在三国时代，黄石市东南方向的沿江山体被命名为“西塞山”。在扬州与荆州的战争中，西塞山一带曾经多次成为战场。单从名字也可以看出，西塞指的是东吴政权的西部要塞。也可以这样说，东吴政权希望把西塞山及其附近的长江，作为抵御荆州威胁的第一道防线。

当然，把西塞山作为防线的想法，是基于东吴政权没有控制荆州的情况。在荆州的刘表势力崩溃后，孙权势必要将视线越过黄石和西塞山，投向更为广阔的鄂东南三角区腹地。从西塞山出发，溯江而上三四十千米，地势开始变得开阔。不仅如此，长江南北两岸还会出现两个地区中心——位于长江南岸的鄂州以及北岸的黄冈。对于前者，鄂州的“鄂”也是湖北的简称；后者近年来因为位列四大高考工厂的黄冈中学日益家喻户晓。

回到三国时代，这段长江的两岸出现了两个相关联的地名：“赤壁”和“樊口”。关于赤壁之战发生在哪里，历来争论不休。唯一可以肯定的是，战场位于鄂东南三角区的长江沿岸。由于有苏轼的《赤壁赋》背书，“黄州赤壁”成了知名度最高的选项（黄冈唐宋时称“黄州”）。从地理位置上看，黄冈位于江汉平原的最东端，如果当年赤壁之战真的发生于此，则意味着曹操已经控制了整个江汉平原。

关于赤壁之战前曹操已经占据了哪些地区，抑或哪里才是真正的赤壁，并不是我们现在要关心的问题。当下这些对地理的解读，更多是帮大家在脑海中建立一个地理框架。相比赤壁的不确定性，樊口的位置倒是没什么争议。刘备败走江夏之后，曾在鲁肃的建议下驻扎于樊口。在与孙权结盟之后，刘备又在此与周瑜率领的江东水军会合。今天，你仍然能够在鄂州城西的西山脚下见到樊口的遗迹。

然而樊口的故事并没有止于赤壁之战。公元221年，在东吴政权打败关羽取得荆州后，为了巩固这片战略要地，孙权将与樊口相依的鄂县更名为“武昌”，并将都城从江东的建业（南京）迁至此地。8年之后，孙权在武昌城称帝，让历史正式迈入三国时代。

樊口先后受到刘备和孙权的青睐，看来其位置非同一般。当我们顺着与樊口相连的水道，向这片三角区腹地进发，答案便会呼之欲出。与樊口相连的，是以梁子湖为中心的鄂东南最大的几处湖泊。除面积仅次于洪湖的湖北省第二大湖梁子湖以外，与这条水道相连的湖泊还包括牛山湖、保安湖、三山湖等湖泊。整个湖泊群则可被统称为“梁林湖水系”。历史上，这些湖泊的融合程度比今天更高。整个湖区还有一个更容易让大家联系到樊口的名称——“樊湖”。

传说中，樊湖地区的历史可以追溯到帝尧时期的樊国。只是如此久远的“历史”只能被归类为传说。这一地区真正被载入史册，始于西周中期在此建国的鄂国。鄂国的历史可以追溯到殷商时期建置于山西境内的鄂国。传说鄂侯与西伯侯姬昌一同位列三公，因向纣王进谏而被杀。西周初年，鄂国迁徙至南襄盆地北部，西周中期又沿随枣走廊一路南迁，最终横渡长江至樊湖地区重新立国。至于说这个“鄂”字，是否与鳄鱼有关，那就见仁见智了。

在楚国崛起于江汉平原之后，近在咫尺的鄂国自然被楚国吞并。对于楚国来说，吞并鄂国的意义在于将边界推进到两湖盆地的东缘，并通过鄂东走廊渗透长江下游。而对于试图反向操作的孙权来说，在荆州新定，曹、刘两家虎视眈眈时，将都城迁至荆州地界则有利于加强对荆州的统治。然而由于南郡及江夏郡的北部地区，包括襄阳和曾经作为江夏郡治所的安陆，都在曹操的控制之下，东吴对能否守住荆州显然没有经营江东时那么有信心，而将政治中心迁往江汉平原更存在安全上的隐忧。

对于依仗地利立国的江东政权来说，江汉平原最大的问题是缺乏天险。刘备当日被虎豹骑“一日一夜行三百余里”追击至长坂坡的经历，更是让孙权认定，长江才是最有力的屏障。从更广的视角来看，你会发现鄂东南三角区也是两湖盆地的一部分，而鄂州扼守着整个盆地的东大门，也是由东向西进入两湖地区的桥头堡。在这种情况下，将同样受长江天险庇护的鄂东南三角区变成控制荆州的“小江东”，同时把与西塞山防线近在咫尺的鄂县设为新都，无论在战略上还是安全上都不失为良策。

然而历史上，孙权的良苦用心并没有得到江东士族的广泛支持。公元229年，孙权在“武昌”称帝之后，旋即还都建业。公元265年，东吴末代皇帝孙皓一度再次迁都“武昌”，但同样遭到江东势力的强烈反对并酿成内乱，甚至民间也产生了“宁饮建业水，不食武昌鱼；宁还建业死，不止武昌居”的民谣。东吴政权再一次将都城迁回建业。

现在大家明白了，最早的武昌原来是现在的鄂州。那么新的问题来了。从地理位置上看，当下这个扼守着汉水河口的“武昌”，位置同样看起来很有优势，又怎会被东吴政权放弃呢？与江东的情况类似，鄂东南三角区的防御压力实际上也是来自西面。以此来说，此“武昌”的位置与江东的建业（南京）相当。更何况其附近的夏口还能够通过汉水，横穿整个江汉平原并直达南襄盆地。

对于有入主中原之心的东吴政权来说，这样一个位置是不可能不重点经营的。实际上孙权并没有放弃夏口，而只是放弃了黄祖在汉阳地区所筑的夏口城，转而在现在的武昌重筑了夏口城。在孙权有意将鄂东南打造成“小江东”的情况下，把夏口城迁到长江东岸，有助于整个鄂东南地区的开发。由于其位置过于接近前线，新夏口城没有成为东吴的新都，但还是成了吴属江夏郡的郡治。

身兼区域政治中心和开发职责的新夏口城，同样背靠鄂东南三角区腹地。如果说，樊湖覆盖的是鄂东南的中东部，那么新夏口城辐射的就是这个三角区的北部了。今天，这一区域的代表性湖泊是位于武昌东部并因此得名的“东湖”。至于三国时代这一地区的湖泊分布状况如何，当下已很难考证。可以肯定的是，把守新夏口防线的吴国水军，在这个区位上并不缺少与长江相通的湖泊可供屯驻。

那么，“武昌”这个地名到底是怎么从樊口换到了夏口呢？历史上，“武昌”和“鄂”这两个名称，曾多次在上述两个战略要地间换来换去。比如南宋时期，现在的武昌叫“鄂州”，而现在的鄂州叫“武昌”（武昌县）。夏口得到武昌之名始于元朝设置统属两地的武昌路，并将治所放在了夏口。其后，在明清两代，只是将武昌路改为“武昌府”，夏口仍是其治所。及至武昌起义后，夏口彻底独占武昌之名。在武昌府的存续过程中，虽然当年孙权在樊口边上设立的武昌尚能以武昌县之名存在于行政版图中，但为了避免与已经升格为湖北省会的武昌发生混淆，樊口最终还是不得不让出武昌之名，恢复其旧称——鄂州。

当年孙权在规划武昌和夏口两城时，大概没有想到日后两城的名称会变得如此的混乱。好在地名只是一个代号，关键是要理解其背后的地理信息。以此角度来说，用夏口和樊口这两个地理标签来对应新旧武昌，要更容易理解它们的地理位置以及地缘政治地位的变迁。两相对比，从背靠扬州、控扼荆州的角度来说，樊口固然是不错的选择，但从辐射面积及经略湖北的角度来说，两江相交的夏口则自有其优势。

现在我们了解了夏口、樊口这两个河流交汇之地的前世今生。那么鄂东南板块还有没有类似的战略要点，能够引发政治家和军事家的关注呢？答案是肯定的。不考虑幕阜山区包夹而成的那些临江山间盆地，单就幕阜山北这片丘陵来说，最起码还有四个位于区域西南的河口值得一提。

首先是北距夏口约30千米的金口。金口背后是一条叫作金水河的河流，其当下的上源是发源于幕阜山北麓的淦水。淦水在穿越山麓之下的咸宁市之后，沿途串起斧头湖、鲁湖等湖泊。金水河在今武汉市江夏区境内注入长江。基于其位置及在辐射范围上的优势，两汉时期曾在此建置沙羡县。

从防御江东势力来袭的角度来看，夏口的位置显然要比金口重要。一旦夏口有失，江东水军将长驱直入江汉平原腹地。正因为如此，为了增强夏口的防御力量，黄祖镇守江夏时曾将沙羡的治所和人口由金口迁至夏口。不过当威胁来自南郡方向时，成为前线的就是金口了。至于敌人顺江而下的危机在什么时候发生过，只要你知道金口南侧有一座临江丘陵叫作“赤矶山”，相信已经能猜到这里所说的危机就是著名的赤壁之战。只是在史籍中没有明确记载赤壁之战战场位置的情况下，我们只能将金口作为一个备选项。

单从在夏口之西驻军抵御曹军的角度来说，金口并不是唯一的选择。自金口沿长江水道向西南方向前行约120千米，至鄂东南三角洲西南角，最起码还有一个河口可以成为战场，那就是陆口。陆口是因一条叫“陆水”的河流而得名。其当下位于同属湖北省咸宁市的嘉鱼县与赤壁市的交界处。不过在三国时代之前，同样发源于幕阜山脉的陆水被称作“隽水”，而其入江的河口亦因此得名“隽口”。

隽水下游地区经常受洪水侵扰，而幕阜山中的上游地区反倒有开阔的山间盆地。所以两汉时并没有尝试在隽水下游建置行政区，而是在上游建置了下隽县（今为咸宁市所辖的通城、崇阳两县）。然而没有进行开发不代表没有军事价值。公元219年秋，陆逊率军驻扎于陆口，并趁年底关羽北上进攻樊城之际袭取了江陵，帮助孙权从刘备手中夺取了荆州。正因为陆逊的功绩，隽水后被改名为“陆水”，隽口也变成了“陆口”（此外还有“陆溪”和“陆溪口”的名称）。

无论陆口及其周边地区是否真的是赤壁之战的战场，在陆逊从此地夺取江陵后，其战略价值已在那个时代得到了证明。为了更好地经营鄂东南三角区的西南部，拿下荆州的孙权很快在此建置了蒲圻县，其境不仅包括在1998年之前还名为蒲圻的赤壁市，还覆盖嘉鱼县与咸宁市区（咸安区），地理上相当于整个咸宁市的低地部分。

陆水并不是三国时期蒲圻县的地缘核心，真正充当这个行政区核心的是一个湖泊——蒲圻湖。如果说在鄂东南三角区的中西部，以梁子湖为核心的古樊湖成就了当年的吴都“武昌”，那么帮助孙权划定蒲圻县的就是蒲圻湖。在本地众多湖泊中，最有可能继承这个古名的，是当下由嘉鱼、赤壁、咸宁（咸安区）共享的西凉湖。只不过正如古樊湖不能简单对应当下的梁子湖一样，古蒲圻湖也不能简单对应西凉湖。事实上，古蒲圻湖代表的是以其为中心，南起陆水之东、北至金口的一系列相通的河流与湖泊。

仔细观察，你会发现长江在这一地区的走势非常曲折，尤其在嘉鱼县与金口之间形成了一个向江汉平原延伸的“几”字弯——簰洲湾。以簰洲湾为代表的江湾存在，不由得让人产生一个疑问，汹涌而来的长江水既然经常在荆江段截弯取直、衍生支流，这段河道难道就没有出现类似的景象吗？如果你将视线从金口开始缓慢下移至嘉鱼县西，观察与其地理相接的后石湖、鲁湖、团墩湖、斧头湖、西凉湖、蜀茶湖等湖泊，便会发现它们组成了一条湖链。湖链与长江之间则是平坦的沿江平原。

这一结构容易引出一个假设：这片沿江平原的边缘，当年是否存在一条水道，将这些湖泊串联起来。事实也的确如此：至少在宋代以前，上述湖泊都有较为宽阔的水道相连，水道的两头则与长江相接。整个水系一头在嘉鱼县西吸纳长江来水，另一头则与金水河相接，将分流的长江水送还主河道。在这个过程中，漫流的洪水于辅道之侧遗留下了一系列湖泊。刚才提到的金水河及那些位于陆水与金口之间的湖泊，都曾是这个长江支流性质的水系的一部分。整个水系则可命名为“蒲圻湖水系”。

古蒲圻湖水系的起点并不是陆口，而是位于嘉鱼县西的鲍口，终点则是金口。此外，处在鲍口和金口这一头一尾间的簰洲湾的东南角，水系还与长江有过一次亲密接触，并形成了名为“竞江口”的河口（位置在今嘉鱼县潘家湾镇）。如此归纳下来，我们最起码已经在鄂东南三角区的长江南岸，找到了西塞山、樊口、夏口、金口、竞江口、鲍口、陆口等七个拥有地理优势的战略要点，而这些战略要点都有可能是赤壁之战的战场。

赤壁之战到底发生在哪里？也许永远不会有答案，但东吴为了管理这些战略要点进行的行政规划是很明确的。综上所述，为了经营这片吴头楚尾之地，东吴政权分别在东、北、西三个方位设置了武昌、夏口、蒲圻三个行政区。其中由武昌城负责西塞山、樊口；夏口城对应夏口和金口；竞江口、鲍口以及陆口则由蒲圻县所辖。将这些战略要点及彼此间的水系关系搞清，最起码可以让大家了解，为什么当年赤壁之战会发生在这一带，而严重依赖长江和水军的东吴政权又为什么会如此重视这个“小江东”。

归根结底，鄂东南三角区在三国时代的地缘政治地位，是拜长江中下游之争，以及东吴政权统治荆、扬两州所赐。不过，在历史上，南北博弈才是中央之国内部博弈的主流。以三国时代的情况来说，孙权自夷陵之战后，更多需要应对的也是来自北方曹魏政权的压力。

第四节 | 武陵山区与湘西

“江南可采莲，莲叶何田田，鱼戏莲叶间。鱼戏莲叶东，鱼戏莲叶西。鱼戏莲叶南，鱼戏莲叶北。”在所有描绘江南的作品中，这首被汉乐府收录的民歌几乎可以算得上是鼻祖。时隔2000多年，诗歌中描绘的芳晨丽景，与后世的江南景象依然高度重合。不过现在分析的是荆州板块，为何又扯到了江南？

此时提到江南，是因为江南的概念源出荆楚，最初指代的只是荆江之南的洞庭湖流域。后世熟知的江南，在秦汉之际的地缘标签则是“江东”。至于“江东”如何变成了“江南”，在扬州部分已经解释过。公元前3世纪初，屈原曾经两度被楚王流放至楚之江南，并最终在苦闷和绝望中投汨罗江身亡。不过就楚之江南来说，其位置也并不是一成不变的。随着楚国向长江下游地区扩张，鄱阳湖流域也成了楚之江南的一部分。

在荆州成为楚国故地标签的两汉三国时代，“江南”一词再次回归其本来的含义——洞庭湖流域。在东汉时期，这片江南之地被划分为四个隶属荆州的郡级行政区，分别为武陵郡、长沙郡、零陵郡以及桂阳郡。其中长沙郡在西汉时期为长沙国（著名的马王堆汉墓就是当时的长沙国相利苍及其妻、子的墓葬)。此四郡位于荆州南部及长江之南，一般被称为“荆南四郡”或“江南四郡”。为了避免与今之江南相混淆，接下来将使用“荆南四郡”这一术语。

赤壁之战后，刘备曾借曹军败北之机迅速占领荆南四郡，第一次获得稳固的地盘。在罗贯中笔下，刘备、诸葛亮先是攻占了零陵，再分兵拿下了剩余三郡。其中，关羽攻取长沙，收降黄忠、魏延；赵云兵不血刃得了桂阳，并拒绝了太守赵范的寡嫂樊氏；张飞则得了武陵。不过罗贯中显然并不了解四郡的方位及荆南地区的山形水势，这个顺序实际是有问题的。

如果说汉之豫章郡对应的是今江西省，那么所谓荆南四郡大体对应的就是湖南了。需要注意的是，荆南四郡的实际范围还延伸到了广东、广西、湖北、重庆、贵州等省市。至于为什么会这样，后面会一一解答。首先是两个与江汉平原相连的郡——武陵郡与长沙郡。与南郡和江夏郡分处江汉平原两侧相对应，武陵郡和长沙郡同样瓜分了洞庭湖平原。至于零陵郡、桂阳郡，则处于此二郡之南。赤壁之战时，刘备驻军于鄂东南地区，如欲取荆南四郡的话，显然应该先取长沙郡，再向西、向南推进。

通过对江汉二郡的解读，一个地缘现象引发了我们的关注，那就是长江虽然在两湖平原境内长达800千米，并且是上述两大平原的地理分界线，但它没有成为一条天然的行政分界线。南郡和江夏郡分处洞庭湖以西及幕阜山脉以北，将辖区延伸到长江的南岸。时至今日，真正充当湖南、湖北两省分界线的，只有洞庭湖对应的一段长约180千米的长江。以此来说，以洞庭湖而不是长江为参照物来命名湖南、湖北两省的确十分妥当。这同时喻示着长江在两湖平原充当的地缘角色并非一道天堑。

解读荆南四郡或者说湖南地区的地理密码，关键并不在于其与长江的关系，而在于其内部的山形水势。水势是顺着山形发展的。山地在帮助相关地区获得更多降水的同时，也决定着河流的流向。整体而言，湖南不似江西那么封闭。造成这种差异的原因，在于其北部不受大别山脉的影响，东西两侧山地距长江沿岸足够远。如果说江西的地形更像是一个盆地，那么湖南就是一个北部开口的簸箕形。在东、西、南三个方向为这个簸箕围边的，分别是西江南丘陵、武陵山区以及南岭。

西江南丘陵在江西部分已经做过分析。当下的焦点是洞庭湖平原之西的武陵山区，以及管辖这片山地的武陵郡。与大多数行政区一样，当年的武陵郡也包括平原和山地两部分。其东部的平原部分为西洞庭平原，西部的山地则被称为武陵山区。当年崛起于西江汉平原的楚人，最先向南征服的便是武陵山区。只不过当时的楚国将之命名为“黔中郡”。后来统一天下的秦国沿用了这个名称，并进一步扩展了黔中郡的范围，直至西汉开国之后，方改名为“武陵郡”。

顺便说一下，“黔中”在唐朝时曾经以“黔中道”的名义被重新启用。不管是黔中道还是武陵郡，行政区划上都地跨湖南、湖北、重庆和贵州四省市。虽然贵州最终继承了“黔”这个名称，但考虑到柳宗元当年被贬至湖南南部的永州，他笔下的“黔之驴”应该还是在湖南境内被放生并被老虎吃掉的。

唐朝时，武陵山区有没有驴还很难说（华南虎倒肯定有），但无论对最先征服这一地区的楚人，还是对建立武陵郡的汉朝来说，武陵山区实是一片开发价值不大的蛮荒之地。分布于这片山地的原住民泛称“武陵蛮”。不过东晋之后，武陵山区却因陶渊明的《桃花源记》成了世外桃源的所在地。无论被视为蛮荒之地还是世外桃源，背后的原因都是武陵山区的边缘性。

尽管武陵山区的农业开发价值不大，但位置非常重要。地理上，这是一片位于四川盆地、两湖盆地、云贵高原和两广丘陵之间绵延不断的山区，在两湖盆地被纳入中央之国的版图后，如果想进一步向西南方向扩张，这片面积相当于一个中等省份的山地是怎么也绕不开的。对于湖南来说，武陵山区同样有着重要意义。很多省份都有一个体现自身特点的代称，比如山西是“三晋之地”，河北是“燕赵之地”，而湖南则是“三湘四水”。“四水”意指哺育了湖南的四条河流。这四条从不同方向注入洞庭湖的河流，除湘江以外，资江、沅江、澧水都与武陵有关。可以说不了解武陵和武陵山区就无法分析湖南。

由于历史、地理原因，厘清武陵山区的范围并不是一件易事。从地理层面来说，武陵山区应该被定义为武陵山脉及其延伸山地。问题在于，哪里才是武陵山脉。狭义的武陵山发源于贵州东北部的铜仁，朝东北方向湖南境内延伸约300千米，直至消失在洞庭湖平原。这片大部位于湖南境内的山地，西半部为沅江上游的辰水和酉水所覆盖，东部则为澧水和沅江的分水岭。如今武陵山区最知名的城市——张家界市，正位于武陵山北麓。

成就澧水与沅江的这段武陵山并不是武陵山地的全部。与其西北部被统称为“武陵山区”的山地相比，这段武陵山甚至可以说是体量最小的一段。然而对于力量渺小的人类来说，那些高大山脉的延伸部分反而更容易开发。与江汉平原一样，洞庭湖平原也极易遭遇水灾。这使得无论是武陵郡还是长沙郡，绝大多数城邑都建在背靠山地、丘陵的河谷中，而非洞庭湖平原腹地。位置最靠近江汉平原的澧水、沅江，尤其是靠近山地的部分，自然成了地缘中心（大部分县级行政区都设置于此）。与它们交织在一起的这条山体，也因此而成为狭义的武陵山。

回归地理层面，这段武陵山实际上显得非常弱势。武陵山区整体上可以被视为云贵高原的延伸，其主脉自乌江下游开始，沿长江东南岸向东北方向一路延伸至长江三峡。这部分高地之所以没有被定义为高原，是因为其具备明显的山脉特征。你很容易在地形图上感受到，整个山区是由一系列西南—东北向走势的山地纠合在一起形成的。相比之下，云贵高原核心部分的地势要平缓得多，即使也被河流切割出许多深谷，仍保留着相对平整的高原面。

遵循着中间高、两侧低的地理规律，武陵山脉在两侧亦衍生出了大片密度和高度较低的山体。在山脉的西侧，那些衍生的山地分布异常有规律。如果说武陵山主脉的结构，就像是一把缠在一起的湿面条，那么这些分布在四川盆地东部总计有30多条的山体，就好像把一根根面条平行摆在盆地腹地。基于这一形态，这片山地被命名为“川东平行岭谷”。当下这片岭谷除西北部为四川所有以外，大部分归属重庆市（重庆的主城区位于岭谷南端）。

由于长江的分割以及地势差异明显，川东平行岭谷在地理、地缘上都没有被归入武陵山区。不过在武陵山脉的东部，也就是湖南的方向，情况就有所不同了。武陵山脉在这个方向上，并没有出现像在四川盆地方向那样的海拔骤降现象，而呈缓慢下降趋势。这种走势的地理影响，就是武陵山区收集到的雨水，大部分都向东注入了两湖盆地的江南地区。除了刚才提到的澧水、沅江、资江这三条为洞庭湖平原和湖南做出贡献的河流以外，在整个山地的北部还有一条发源于湖北恩施，从宜昌之南汇入长江的河流——清江。

由于一出山地就接入长江，清江辐射的山地并不属于洞庭湖流域的一部分。基于湖北地区在两湖平原的强势地位，以及控制长江三峡的需要（三峡是通往四川盆地的主要通道），无论是在两汉三国时期还是现在，清江流域在行政上都与江汉平原捆绑在一起。当下，这一地区在行政上为宜昌和恩施两地所辖，在湖北被称为鄂西南。而在三国时代，清江流域则是南郡的组成部分。

流域属性使得武陵山区的命运更多与两湖地区，尤其是与湖南捆绑在一起。当然并非所有与武陵山区有关的河流都向东流淌。在武陵山脉的南端，源出贵州高原西部的乌江，在横穿整个高原腹地之后在贵州东部遇到一座海拔2572米的山峰——梵净山（位于铜仁境内），于是转而向北切割武陵山地，最终从位于重庆主城区东北部的涪陵区汇入长江。

乌江的下游地区与四川盆地东部在地缘上的结合更为紧密，并导致重庆在建市之时，能够基于这层地缘关系，向武陵山脉延伸。仔细观察重庆市的轮廓，会发现重庆有如一个变形的“人”字。而这个“人”字的一捺就是以乌江下游为核心的武陵山区（一撇则主要为川东平行岭谷部分）。基于同样的原因，这部分隶属重庆的武陵山地，在当年亦没有成为武陵郡和荆州的一部分，而是归属益州治下的巴郡。

如果没有梵净山的阻挡，乌江很有可能会与沅江上游的辰水相连，变成洞庭湖水系的一部分。那样的话，今天重庆就很难介入武陵山区了。值得注意的是，梵净山不仅是乌江与沅江的分水岭，还可以被视为武陵山地的起点，以及其与云贵高原的分界点。这一佛教圣地以东、以北的地区，山脉走势开始变得险峻。

综上所述，我们可以对武陵山区的结构做一个概括：整个山区是由一系列起于梵净山、止于三峡，西以长江为界，东至洞庭湖平原的东北走向的山体集合而成的，整体呈现出西高东低的走势。其西侧是山体最密集、海拔最高的主脉部分，成为湖北、重庆、贵州三省市所辖武陵山区的主体，反观湖南部分不仅海拔更低，而且山体间的河谷也更为开阔。

换句话说，之前说到的狭义的武陵山及其周边山地，在地理层面上其实只是武陵山脉的延伸部分，甚至可以说是武陵山脉最边缘、体量最小的山体。尽管如此，基于历史、地缘的原因，湖南武陵山及其周边地区，反倒最有资格承袭武陵之名。不过这并不代表武陵山区的其他地区，就不会“觊觎”与武陵相关的地缘遗产了。比如，重庆就在乌江下游开发了名为“武陵山大峡谷”的旅游景区，而最具经济价值的“桃花源”，则在湖南、重庆、贵州境内的武陵山地中都有“发现”。

21世纪初，中国政府将武陵山区列入了14个“集中连片特困地区”，并进行重点帮扶。这令整个武陵山区第一次拥有了自己的行政边界。这个以地缘关系为基础，并带有行政色彩的规划包括隶属湖北省宜昌市、恩施土家族苗族自治州的11个县市，隶属湖南省邵阳市、常德市、张家界市、湘西州、怀化市、娄底市和益阳市的37个县市，隶属重庆市的7个区县，以及隶属贵州省遵义市、铜仁市的16个区县。为了将之与地理上的武陵山区区别开来，我们可以将之称为“武陵山片区”。

整体来说，武陵山片区的划分还是比较尊重地缘背景的。其与汉之武陵郡指向的武陵山地部分的区别主要有二：一是让汉代未划入武陵郡的乌江下游部分，即当下基本为重庆所辖的山地，回归了武陵的范畴；二是在东南方向，武陵山和沅江之南的雪峰山地区，也被纳入了武陵山片区。后者在地缘上造成的争议要更大。

雪峰山是位于武陵山之南，并与之平行的山体。从其走势和位置来说，的确也是云贵高原在东北方向的延伸。这一点与武陵山地的情况类似。然而雪峰山的海拔比沅江北岸的武陵山要更高。在这种情况下，雪峰山往往被当成一条独立的山脉。不管雪峰山在地理层面应不应该算作武陵山区的一部分，上述共性都使得整个湖南西部的山地，在地缘上被视为一个整体。而雪峰山被列入扶贫性质的武陵山片区，正是这一地缘共性的体现。

这片位于湖南西部，以武陵山、雪峰山为核心的山地，还有一个广为人知的地缘标签——湘西。与被视为鱼米之乡的洞庭湖地区不同的是，湘西给人的印象往往是神秘与浪漫，甚至带有一丝杀气。神秘感源自这一带的奇山秀水和多民族杂居的社会结构，乃至坊间流传的湘西“赶尸人”传说；浪漫气息很大程度上源于沈从文的《边城》；至于杀气，则是来自湘军和土匪。

湘军在近代史上的地位毋庸多言，以至有“无湘不成军”之说。不太为人所知的，则是“无筸不成湘”的说法。所谓“筸”意指“筸军”，即湘西凤凰古城一带的民军（凤凰古称“镇筸城”）。凤凰古城位于武陵山的西南麓，沅江的支流沱江河畔。《边城》的作者沈从文便是凤凰人。

由于地理、地缘结构复杂，以凤凰为图腾的湘西地区自古以来民风剽悍，但整个地区的地缘位置又非常重要。这种重要性，很大程度上又是通过沅江展现出来的。从长度看，这条古称“沅水”的河流，是三湘四水中唯一一条总长度超过1000千米的河流。更为重要的是，沅江上游的清水江、舞水两源，能够从南面绕过梵净山，深入贵州高原腹地。这意味着，沿沅江水系形成的水、陆通道，能够连接两湖盆地与云贵高原。

公元前280年，已经占据四川盆地的秦军，由巴蜀顺江而下进攻楚国。楚国在拼死抵抗的同时，派遣将领庄蹻率军穿越武陵山区远征云贵高原，试图在四川盆地之南开辟一个新的战场。只是当庄蹻领军攻入云南境内的滇国并遣使回楚复命时，秦军已经占领了两湖盆地。他于是滞留云南境内并自立为王。这就是历史上著名的“庄蹻入滇”。以楚国当时的地理位置来说，庄蹻很有可能就是沿沅江进入贵州，再进入云南境内的。

在秦汉之际，横贯整个武陵山区的沅江河谷，成了武陵郡的南部地区。这意味着，武陵郡的战略任务之一就是沟通云贵。为了完成这一战略任务，汉朝在整个沅江流域设置了汉寿、临沅、沅南、沅陵、酉阳、迁陵、辰阳7个县。其中位于沅江下游的汉寿，在天下大乱前一度还是整个荆州的治所。东汉时期，整个武陵郡下辖的县不过12个，仅沅江上下游就占据了近四分之三，可见沅江在地理和地缘政治层面都是武陵郡的核心。

从地理上看，沅江在湘西境内从武陵山、雪峰山之间穿过，进入洞庭湖平原。需要说明的是，雪峰山在它的西北部还延伸出一段海拔略低，但看起来有一定独立性的山体。这段山体因被传说曾有“圣人”隐居（至于是哪个圣人则有不同的说法），而被当地人称为“圣人山”。沅江在武陵山地中的最后一段，便是位于圣人山与武陵山之间。而圣人山与雪峰山主脉之间的裂隙，则帮助三湘四水中的另一个成员——资江——走完了其最后一段山路。

汉之武陵郡在将沅江流域纳入其治下后，并没有继续向南扩张。这意味着雪峰山（包括圣人山）北麓成了武陵郡的南部边界。就这一点而言，当下被划入武陵山片区的雪峰山，最初的确没有被视为武陵地区的一部分。江南丘陵在地理上一般被认为起自雪峰山以东。要是雪峰山以既不被定义为武陵山区的一部分，又独立于江南丘陵的姿态，成为两大板块的地理分界线，倒也是一件值得骄傲的事。

当然，不论把这片山地归入哪个地理单元，对其自身都不会有什么影响，也不值得去钻牛角尖。雪峰山对湖南地区做出的最大贡献，就是孕育了资江。这条河流并不是发源于武陵山地，而是源起于南岭。在向北穿越雪峰山北部后，资江向东从其主脉与圣人山之间穿过，最终在洞庭湖平原南端注入湖区。

资江还有一项独特的优势，那就是完全属于湖南。其余三水中，澧水流域有小部分位于湖北境内；沅江的上源可以说位于贵州境内；即便作为湖南代言人的湘江，其源头其实也是在广西境内。不过这样一条完全属于湖南的河流，资江在两汉时并没有如沅江、澧水那样，全流域被划入一个行政区，而是分属长沙、零陵两郡。当时未被整合入一郡之地的还有湘江。湘江上游分别为零陵、桂阳两郡所有。

在资江和湘江的上游独立建置行政区，地理上的原因是二者均源起于南岭。南岭并不是一道有明显特征的山脉，而是长江中游的右岸支流（直接点说就是资江、湘江和赣江）与珠江流域间的多条分水岭的统称。这一属性使得北方政权有机会经资江和湘江跨越南岭，进入岭南地区。关于这些走廊具体是怎么分布的，在分析零陵郡和桂阳郡时会详细介绍。

第五节 | 长沙、湘江以及衡山

无论是分析湘江还是长沙郡，长沙都是当仁不让的主角。在两汉时期，长沙市被称作“临湘”。从这个地名也可以看出它的湘江属性。之所以由临湘变成了长沙，理由和后来江陵变为荆州、彭城变为徐州相同，都是因为它成了某级行政单位的治所。日后即便这个行政单位成为历史，其治所往往也会成为其地缘遗产的继承者。

在以自然经济为主的古代社会，地缘潜力往往是以农业和人口为指标。单从这个角度来说，统辖资、湘两江下游的长沙郡，在荆南四郡中的地位也不会低。虽然境内有资、湘两江，但和武陵郡的情况类似，两水在长沙郡境内亦有主次之分。湘江在三湘四水中的流域面积最大，近9.5万平方千米，占湖南国土面积的44.9%。正是依托这一背景，脱胎于临湘的长沙城才有机会成为整个湖南的政治中心。

问题在于，就算湘江在荆南地区占据核心地位，使得其流域内的城市更有机会成为地区政治中心，也并不意味着这个机会就一定属于长沙。在这个问题上，可以对比一下与湖南地缘关系密切的江西。前面我们说了，除了北部更为开放以外，整个湖南的地理结构与江西有很大相似之处，而长沙与南昌作为地区中心的时间都非常长。南昌最起码在汉朝设置豫章郡时，就已经是整个鄱阳湖流域的中心了。汉初以临湘为政治中心设置的长沙国，亦包含湖南全境（后因削藩渐变为四郡）。然而观察两座古城的位置就会发现，二者所处的板块位置似乎有所区别。

简单说，南昌位于鄱阳湖平原西侧，而长沙却位于洞庭湖平原之南的丘陵地带。后者的选址看起来出乎意料，但又在情理之中。要知道，冲积平原的前身都是湖泽或湿地。紧邻长江这样一条径流量能在全球范围内排名前四的大河，无论两湖平原还是鄱阳湖平原，都随时面临着水患的威胁。在这种情况下，想要长治久安的话，让城市背靠丘陵、台地将是最好的选择。

比如前面曾经分析过，看起来地处江汉平原之上的武汉，其实位于鄂东南丘陵的延伸部分（武汉最有名的丘陵为汉阳境内的龟山，以及武昌境内的蛇山）；至于南昌，你会发现其西侧有一座形态与庐山颇有些类似的山体——西山（有“小庐山”之称）。这些与主城相伴的丘陵虽然之于农业生产意义不大，却抬高了相邻平原地区的海拔，使得这些地区中心能够抵抗水患，让城市的历史得以延续。

洞庭湖地区在三国时代面临的变数比现在还要更大些。在长江北岸的云梦泽因湖底淤高而水域面积不断缩小时，为长江分洪的任务更多压在了长江南岸的洞庭湖平原。对比古今，你会发现源出湘西山地的澧水、沅江、资江等三条河流，其位于洞庭湖平原的河道都发生了大范围的位移。比如在东汉时期，澧水与沅江从洞庭湖平原的北部注入洞庭湖，今天则在南部汇流成湖。在一片大平原之上，河道受洪水和地势变化影响发生位移，是一件很正常的事。那些低洼之地也正是在这种变化中逐渐成陆。奇怪的是，与另外三水相比，湘江的位置却没有发生太大变化，这又是为什么？

湘江的稳定性，与幕连九山脉的存在有关。上述三条河流的下游大体都是由西向东流淌，只有湘江是沿着幕连九山脉西麓北流。由于这条山脉的存在，与之平行的湘江干流在北流时，其东侧几乎没有改道的空间。与此同时，幕连九山脉在与武陵山地的博弈中却又处于下风，使得洞庭湖平原呈现出西高东低的走势，又压缩了湘江向西改道的空间。在这两大高地的共同作用之下，湘江下游河床的地势要略高于洞庭湖，并能够稳定地沿幕连九山脉西麓一路北行。

基于上述特征，湘江很大程度上可以被视为洞庭湖地区的一条地理分界线，其西面为极易蓄积成湖的低洼地势，东面则是地势略高于洞庭湖面的丘陵地貌。如果洞庭湖水域面积扩大，那么湘江河道将与之融为一体。一旦湖面缩小，湘江河道则会分离出来单独入江。二者只在接近长江之时有一个稳定的连接点。

这样一个能够稳定连接洞庭湖与湘江，并且无限接近长江的交汇处，显然不可能为政治家和军事家所忽视。只需在长江、洞庭湖、湘江三水交汇之处，选址建立一个城邑，便可控制通向整个湖南地区的大门。那么，哪座城市称得上“江湖要冲，三湘锁钥”呢？按照刚才的分析，大家应该很容易在地图上找到，它就是因范仲淹的《岳阳楼记》而闻名天下的湖南省岳阳市。

岳阳成为军事重镇并开始筑城，正始于三国时代。赤壁之战后，周瑜受命将驻地从鄱阳湖侧的柴桑移至洞庭湖地区，与曹、刘两家争夺荆州。岳阳这个区位优势显著的三水交汇之地，成了周瑜完成这一战略使命的支点。只不过岳阳在三国时代的名字是“巴丘”。在孙刘两家就荆州暂时达成妥协后，巴丘和湘江一度成为两家势力的分界线。周瑜本人亦病逝于巴丘。顺便一提，若是从地缘政治的角度来回顾周瑜的一生，其最大的功绩莫过于辅佐孙权，将东吴的势力从鄱阳湖口扩展至洞庭湖口。

从巴丘之名亦可看出，这个重要的战略据点并不位于洞庭湖平原，而是位于湘江东岸的丘陵之间。这样的地势让800多年后范仲淹在登临岳阳楼时发出“先天下之忧而忧，后天下之乐而乐”的感叹，亦让岳阳承担起东洞庭湖平原中心城市的职责。而在巴丘崛起前的两汉时期，帮助长沙郡经营洞庭湖平原的是另两座城邑：罗县和益阳。前者位于汨罗江下游，对应今汨罗市；后者位于资江下游，对应今益阳市。

由于洞庭湖区的不稳定，汉之长沙郡虽然囊括了半个洞庭湖平原，但其城邑均坐落于边缘的丘陵之上，罗县与益阳也不例外。仔细观察会发现，二者其实都位于边缘的丘陵山地中。益阳可向西南方向辐射资江下游，罗县则可通过汨罗江及汨修走廊穿越幕连九山脉，与时称“豫章”的江西相通。

之前提到，刘表之侄刘磐曾多次领军沿汨修走廊进攻孙权治下的豫章。在正史中，刘磐“初与南阳人黄忠共守长沙、攸县”。这里所说的长沙（临湘）和攸县仍然存在于当下湖南的行政版图中，但都不在洞庭湖盆地。若从上述历史来看，刘磐最起码在攻略豫章时，便已经驻军于汨罗江下游的罗县了。只不过无论正史还是演义，都没有交代此人的最终结局。好在他的命运并非我们最关心的。

演义中，刘备得荆南四郡后，在黄忠的推荐下曾以刘磐为长沙太守。果真如此的话，这位刘氏家族成员接下来应该在顶着长沙之名的临湘城延续其政治生命。然而我们更关注的是长沙的区位。作为一座拥有2400年建城史的湖南中心城市，长沙并不处于洞庭湖平原上。“环城皆山”是长沙的地形特点。基于这样的地形，长沙所处的地理单元被称为“长沙盆地”。不过这并不是长沙独有的现象，而是洞庭湖平原以南地区的整体地理特点。顺着湘江和资江南下，接下来我们将步入一片山地、平原相间的盆地。

这片大部分被湘江和资江流域覆盖的盆地，在地理上被称为“湘中盆地”，为其围边的是雪峰山、南岭、幕连九山脉及罗霄山脉。不过这四大山体并非各守一边，而是向盆地的腹地延伸出许多丘陵。这使得整个盆地的腹地被分割成一个个小型盆地。从这个角度说，湘中盆地更准确的名称应该是“湘中盆地群”。需要注意的是，这个以“湘中”为名的地理概念，并非指湖南中部，而是指湖南的中南部地区。

确定了湘中盆地之后，湖南内部其他大板块也就明晰了。总的来说，整个湖南可以依地理特点分割为三大区块：武陵山区、洞庭湖区以及湘中盆地区。与“四水”相比，“三湘”到底如何划分一直以来众说纷纭。若是以此三大区块来对应三湘，倒是很贴合湖南的地理基本面。当然，古人最初在划分三湘时，还没有如此完备的地理知识。纠结于“三湘”的原意其实并没有太大意义。就像王勃在《滕王阁序》中所说的“三江五湖”，其实只是虚指。借由这些耳熟能详的概念，加深对相关地理、地缘结构的理解才是最重要的（为避免争议，可将上述三大地理单元合称为“地理三湘”）。

当下湖南总计被分为14个地级行政区。其中属于洞庭湖区的有常德市、岳阳市和益阳市。处在武陵山区的同样有3个：张家界市、怀化市和湘西土家族苗族自治州。长沙、湘潭、株洲、娄底、邵阳、衡阳、永州和郴州这8个市都位于湘中盆地，加之政治中心及作为主轴存在的湘江，更让人意识到，湘中盆地才是湖南的核心所在。

基于湘中盆地群的地理结构，可以说板块内每个地区的中心城市，都代表着一个四面环山、内有冲积平原的小型盆地。由于分割盆地的并非高大且连续的山脉，而多是些低山、丘陵，因此这些盆地在地缘交流和融合方面遇到的困难，要小于湘西的武陵山区。在整个湘中盆地群中，长沙盆地处在最北端。这样的位置无疑是一种优势：如果你既想北控江（长江）湖（洞庭湖），又想向中南部辐射影响力，长沙盆地将是最好的选择。

穿城而过的湘江，无疑是长沙最重要的河流。无论是秦朝时的名称

"湘县"，还是汉朝时的"临湘"，无不在强调这座城市的湘江属性。不过比起这两个湘味十足的名字，还是长沙更有辨识度。鉴于当下临湘已经成为岳阳治下一个并不与湘江相依的县级市，所以在后文中将仍以"长沙城"指代汉时长沙郡的治所临湘。如果说荆州作为一个地名，会因荆州刺史部治所的几度改易而引发争议，那么无论在长沙国还是长沙郡时代都稳坐地区政治中心的长沙城，倒是完全不会有此烦恼。

一个城市要想成为地理枢纽，仅仅依附一条干流是不够的，还需要有次一级的支流帮助其辐射影响力。大多数时候，坐落于河畔的城市，会选择一个干流与支流交汇之地作为起点。从长沙城与湘江的位置来看，最起码还应该有一条湘江支流，与之一起决定最初的城址。以长沙城现在的城区范围来看，备选项一共有四个，包括从西侧武陵山地延伸丘陵流出的龙王港河和靳江河，从东侧幕连九山脉流出的捞刀河与浏阳河。那么要选择哪一条湘江支流呢？

首先要考虑的问题是到底选东岸还是西岸。最终的答案是湘江东岸。选址于湘江之东，是因为以长沙盆地的结构来说，湘江东岸要开阔得多，西岸则散布着丘陵。当然，这些丘陵也自有用处。除了依托它们构筑护卫长沙的戍城以外，还可以兴建王陵（汉长沙国诸王均葬于湘江西岸）。北宋以降，湘江西岸的岳麓书院则跻身中国四大书院之列。

现在，只剩下浏阳河和捞刀河两个选项了。在上述四条河流中，体量和名气最大的当数因同名歌曲而广为人知的浏阳河。不过浏阳河的重要性并不是在革命时代才开始凸显的。因为最初的长沙城乃至现在的长沙老城区，都选址于浏阳河以南、湘江以东的三角地带。鉴于浏阳河的这一地位，长沙盆地还被叫作"湘浏盆地"。

河流除了在下游地区形成易于开发的冲积平原，还承担着交通功能。以浏阳河的位置来说，它应该能够帮助长沙打通一条前往江西的通道。沿着浏阳河上溯，你会发现它是由幕连九山脉中的连云山、九岭山共同造就的。而在江西方面，修水的南源同样位于两山间的裂隙（位于江西省铜鼓县境内）。这意味着如果沿浏阳河上溯，进入鄱阳湖平原的话，最大可能还是回到幕阜山南的汨修走廊。事实上，如果说要借助这条宽阔的战略走廊连通湘赣，那么浏阳河北岸的捞刀河河谷会更有机会发挥作用。

捞刀河之名与三国传说有关。传说，关羽在进攻长沙时，曾经不慎将他的青龙偃月刀掉入此河中。这显然是一个附会而来的故事。不过，如果当年关羽真的从陆路攻打长沙的话，他应该到过捞刀河谷。之前提到过，虽然赤壁战场的具体所在不明，但最起码位于鄂东南三角区的西侧。在这种情况下，脱离主战场的关羽可以选择溯隽水（后更名为陆水）而上，进入隽水上游的山间盆地。

在幕阜山间包夹而成的河谷盆地中，隽水上游的河谷盆地是最大的一个。由于今天在盆地南北分别建置有隶属湖北的通城县和崇阳县，我们可以称之为“通崇盆地”。之前曾经说过，容易受长江水患影响的隽水下游，陆逊夺取荆州之后才建置了蒲圻县。而受山地保护的通崇盆地，在两汉时就已建置了下隽县。不过下隽或通崇盆地其实并不属于江夏郡，而是长沙郡的一部分。从这个行政建置也可以看出，隽水上游在当时与长沙的地缘联系更为紧密，并且有顺畅的交通。

与隽水南北相对的，是汨罗江的右岸支流。这意味着一支从下隽出发的军队，在南出通崇盆地之后，将很快转入汨修走廊。汨修走廊位于幕阜山与连云山、九岭山间的间隙，其西端指向的正是长沙盆地。然而整条战略通道的最西段其实并不为汨罗江所有，而是成就了捞刀河。原本西南流向的汨罗江，则在今湖南省平江县东南三十里处的安定镇，转向西北注入洞庭湖平原。这意味着，假如关羽当年真的从赤壁战场出发直取长沙的话，他可以借隽水进入汨罗江河谷，然后再通过捞刀河谷兵临长沙城下。

这条路线今天仍然在发挥着作用。如果你能在地图上标出106国道的位置，就能够理解当年的长沙城是如何管理身处幕阜山中的下隽的。只不过夺取长沙的刘备实际上没有办法对下隽指手画脚。因为在诸葛亮引军攻取荆南四郡的同时，早已控制江西的孙权也通过长江和诸多山间走廊，越过幕连九—罗霄山脉的分水岭，向湘江流域进军了。换句话说，刘备得到的荆南四郡是不完整的。最起码荆、扬二州的天然边界在一开始就已是孙权的囊中之物。

为了稳固这一成果，孙权在湘江与湘赣分水岭之间进行了一系列军事和行政布局。而在三水交汇之地建造巴丘城，便是最重要的一步。在汨修走廊的西侧，汨罗江与捞刀河源头的相接地，也就是汨罗江在平江县东南的拐弯处，孙权设汉昌县（称帝后改称“吴昌”），对刘备控制下的长沙城虎视眈眈。在浏阳河上游，孙权则步步为营。这条长沙第一大内河，原名“刘河”。由于孙权在刘河上游兴建的城邑位于刘河之北，并依水北为阳的通例命名为“刘阳”（今浏阳市）。这条河才逐渐以地为名变成了浏阳河。

另一个被历史记录下来的细节，亦能证明上述三处据点的战略价值。赤壁之战后，孙权在拜周瑜为偏将军、领南郡太守屯军江陵的同时，将下隽、汉昌、刘阳三个具有桥头堡性质的新行政区，与位于长江北岸、与赤壁之战有着密切关系的州陵县（具体关联在后续的历史部分会详细解读），赐给周瑜作为奉邑（奉邑指以收取的赋税作为俸禄的封地）。这一做法显然是为了将周瑜的个人利益与主公紧密绑定在一起。

尽管第二年周瑜就病故于巴丘，但孙权在湘江以东设置的这些郡县的地缘政治作用没有受到影响。这些打入长沙郡境内的钉子，使得刘备方面无法依照原有的地缘政治格局，将来自扬州的北方势力阻挡于分水岭以东。只不过由于双方还没有撕破脸，用军事手段恢复荆、扬两州原有的地缘平衡亦不可取。在这种情况下，一定要再选一条天然边界维持平衡的话，湘江成为唯一的选择。公元215年，也就是赤壁之战结束后的第7年，孙刘两家达成以湘江为界，分割荆州的协议，史称“湘水划界”。

再回到长沙。了解了长沙盆地的结构，只能算是略微了解了一些湘中盆地。一般情况下，了解一个地理单元的结构，总是要找到其中心。既然长沙盆地已经承担了门户的职责，显然就不再会成为整个湘中盆地的板块中心。在此充当地理中心的是一座你肯定听说过的山体——南岳衡山。

衡山的意义不仅在于它代表着中央之国的南方，还在于它被直接用来定位荆州的方位。《禹贡》中概括荆州地理方位时，提到“荆及衡阳惟荆州”，其中的“荆”和“衡”指的分别是荆山和衡山。问题在于，以荆山和衡山的位置，参考“山南为阳”的通例，荆州的范围看起来都不会包括南阳盆地。更让人疑惑的是，衡山已然位于湖南的南部。以《禹贡》成书的年代推断，即使要用衡山来定位荆州，也应该是将它作为南部的参照物，认定荆州处在“荆”“衡”之间才对。

事实上，衡山并不止一处。比如秦统一六国时，曾在后来汉之江夏郡的东部建置有衡山郡（汉时为衡山国）。该郡治下的衡山，曾在公元前106年接待过雄才大略的汉武帝。只是这座地理上归属于大别山脉的衡山，其具体所在仍有争议：一说是位于大别山山脉南麓、安徽省潜山市境内的天柱山（又名“潜山”或“皖山”）；一说是位于大别山腹地、安徽霍山县境内的霍山。两地都认定自己才是最初的南岳。直到后来隋文帝时诏定湖南境内的衡山为南岳，方算决定了南岳的归属。

如果认定《禹贡》所指的衡山位于大别山脉的话，那么吴头楚尾属性的江西就成了荆州的一部分。其实最初的衡山不一定位于上述两地。衡山最初的位置可能更靠北。五岳之于地缘政治，在于标定“天下”的范围。随着中央之国核心区向南、北两个方向扩张，作为地标的五岳出现变动实属正常：北岳恒山便从河北中部移到山西北部。就南岳而言，衡山位于湖南境内倒是比位于安徽境内更合适，最起码可以把中央之国的概念扩张到更遥远的南方。

虽然与湘江相邻的衡山作为最初的南岳尚存疑，但它在湘中盆地的中心位置是肉眼可见的。与周边方圆百里那些海拔数百米的丘陵相比，主峰海拔1300米的衡山，很难被经略这片土地的人所忽视。前面说过，湘中盆地实际包括湖南的中部和南部地区。如果进一步细分的话，衡山将是一条很好的地理分界线，其南部为衡阳、邵阳、永州、郴州四市；其北部除作为省会的长沙以外，还分有湘潭、株洲、娄底三个市。

当长沙、株洲、湘潭三个地名摆在一起时，对中国城市化进程有所了解的朋友们脑海中大概已经浮现出了“长株潭经济一体化”的概念。在地区竞争日趋激烈的今天，每一个自认为有潜力的城市，都在尽力做大做强。为了达到这一目标，与周边城市合作发展是一条捷径。类似的概念还有陕西的“西咸一体化”（融合西安与咸阳）、广东的“广佛同城”（广州与佛山融合）、河南的“郑汴一体化”（郑州与开封融合）等。不论何种形式的融合，相近的地理位置、共同的地缘背景都是其基础。

第六节　|　湘赣通道

蜿蜒曲折是河流的常态，湘江自然不会例外。在湘江所有的曲折中，造就湘潭和株洲的这个弯最具特色。从浏阳河口溯湘江而上40千米，你就能领略到其真容。怎么来形容河道的走向呢？如果把英文字母“S”逆时针旋转90度，大概就是其形状了。湘江从湘潭、株洲两城穿城而过，其中西面的河道成就了湘潭这片河湾地，我们可称之为“湘潭湾”，东面的河道就以株洲命名，成了“株洲湾”。

湘江在这个点位上的“S”形走势，让株、潭两城既可以将湘江当成内河，又同时隔江相望。两座城市基于如此密切的地缘关系，即使没有“长株潭一体化”的愿景，通过建设多座湘江大桥也可自然融合。只是这河湾双城与长沙的距离稍微有点远，以至长株潭城市群的推进并不算十分顺利。相比之下，围着“T”形河口而兴的武汉三镇，算是一个水到渠成的经典案例。在各大省会都还在考虑如何通过一体化跻身特大城市之列时，武汉的市区面积早已遥遥领先国内其他城市，在20世纪初就享有“大武汉”的美名（只是一度被戏称为中国最大县城）。

在交通手段发达的今天，数十千米的距离并非一体化不可逾越的障碍，而城市圈也不是不能线性扩张。不过在两汉及先秦时期，湘江旁这片看起来极具枢纽价值的河湾地，并没有成就一个重要城邑。直到公元214年，为向刘备施压，孙权才在株洲湾东岸建置建宁县，让这片河湾地正式登上了地缘政治舞台（次年双方达成“湘水划界”协议）。

有水患之忧，且地形、水文情况复杂的大江大河之侧并非筑城的最优之选。古人很多时候更愿意开发与之相通但流量较小的河流。基于各自的位置，湘潭湾对接的是来自雪峰山的河流。从湘潭湾注入湘江的涟水是其中最重要的一条。在湘江东岸，株洲湾承接的则是来自西江南丘陵的河流。发源于幕连九山脉与罗霄山脉之间的渌水，最终在株洲湾之南与湘江相会。

先来看看湘潭方向的情况。说起涟水来很多人可能会感到陌生，这条湘江支流当下成就的最大城市，是位于上游山前盆地的娄底市。不过提到韶山冲估计就很少有中国人不知道了。“韶山”本是山名，更准确地说，是一处由雪峰山向湘江方向延伸的小丘陵，而“冲”指的是山前平地。以此类推，发源自韶山的小河自然就叫韶河了。由于众所周知的原因，身处韶河源头的韶山，得以在20世纪升格为县级市。

相比历史机遇姗姗来迟的韶河上游，韶河下游登上地缘政治舞台的时间要早上两千年。西汉初年，在韶河汇入涟水之处，就已设立属于长沙郡的湘南县。公元3世纪中叶，东吴曾将治下的荆州由七郡进一步拆分为十一郡。其中，湘水以西的原长沙郡绝大部分被建置为新的衡阳郡。这个以衡山之南为名的郡，郡治却不在衡阳而在湘南。

除湘南以外，两汉还沿涟水设置了湘乡、连道等县。其中前者今天还叫湘乡（县级市），当时属零陵郡。后者则位于今娄底市与涟源市之间，当时属于长沙郡的一部分。上述行政单位的设置，足可见连接湘江与雪峰山的涟水流域已获开发，使得中央之国的实控线得以进一步向南推进。

无论是零陵还是桂阳郡的设立，都与中央之国对岭南的征服有关，而长沙郡又是联结两湖盆地与这些征南通道的枢纽。换句话说，如果云贵高原成为焦点的话，那么控制武陵山区的武陵郡的地缘政治地位将会更重要；反之，如果今称“两广”的岭南地区对中央之国更有价值的话，那么长沙郡的区位优势便会显露出来。

以当时的地缘政治格局而言，在秦末汉初成就过南越国的岭南地区显然对中央之国更为重要，以至汉朝在天下九州之外，为岭南地区单独建置了交州。相比之下，云贵地区就要更边缘化一些。以至在金庸以北宋为背景的武侠小说《天龙八部》中，你还能看到大理国这样的独立政治体存在。

即使没有征南通道的存在，长沙郡与那两个“吴头楚尾”地区，尤其是与江西紧密的地缘联系，也能够为其加分不少。前面已分析过多条连接江西的通道，而在长沙郡的行政区划内，其实还有多条这样的通道。位于株洲湾之南的渌水，就是其中一条通道的组成部分。

罗霄山脉与幕连九山脉被我们合称为西江南丘陵。既然被认定为两条山脉，彼此之间总会有较大的裂隙。渌水就是这条裂隙的西段所成就的，而东段则滋养了赣江支流属性的袁水。这片具备战略走廊性质的谷地，可称之为“袁渌走廊”。能够彰显其湘赣通道地位的，是两座使用了两千多年前地名的城市——渌水河畔的醴陵与袁水河畔的宜春。

19世纪末、20世纪初，中国的民族工业还在蹒跚学步，煤炭是当时最重要的工业燃料。处在袁渌走廊中部的萍水（渌水上游）流域发现了大量煤炭资源，并因此成就了又被称为萍乡煤矿的安源煤矿。为了将这些煤炭资源更便捷地输送到长江之北的工业中心汉阳，在中国当时最杰出的铁路工程师詹天佑的主持下，由株洲通往萍乡煤矿的株萍铁路开始修建（1899年开工，1905年通车）。

此后，连通北京与汉口的京汉铁路（1906年通车）、连通武昌与广州的粤汉铁路（1936年通车）以及连通杭州与萍乡的浙赣铁路（1937年通车，旋即因战争而遭到破坏，直至1948年全线修复）相继通车，使得穿越袁渌走廊的株萍铁路成为中国早期铁路干线网的重要组成部分。处在这一纵一横（京广、浙赣）两条干线交汇点的株洲，也如有类似机遇的哈尔滨、石家庄和郑州等城市，迅速成长为新兴的枢纽城市。

一般情况下，以湘潭和株洲的距离来说，是很难同时诞生两个同级别城市的。换句话说，这个位置一般只需要一个中心。事实也的确如此。尽管孙权在一千八百年前就已经在株洲湾建县，而湘潭则迟至隋唐才建城，但此后的大部分岁月里，区域的中心一直是湘潭湾（株洲因铁路兴起前，是湘潭县下属的一个乡镇）。

在浙赣铁路向东西两端延伸变为沪昆铁路之后，株洲的交通枢纽地位变得更加重要。可以这样说，如果不是袁渌走廊和株萍铁路，长沙在为自己争取特大城市的地位时，未必要拉上南边的湘潭与株洲。当然与那些因铁路而升格为省会的城市相比，株洲也许会有些许遗憾。

在大兴高铁、扩容干支网的今天，“长株潭”代表的这段湘江走廊，内部并非只有融合，还会有博弈。只不过这已经不是我们所要讨论的问题了。探讨株洲的前世今生，是为了加深对这个枢纽的了解。就地理位置而言，袁渌走廊连接了鄱阳湖平原与湘中盆地。但就长沙郡而言，最起码还有一条战略通道可以帮助孙权把势力扩展至湘赣交界处，那就是由西面的洣水及东面的禾泸水组成的战略通道，其一头指向南岳衡山，另一头则接入江西境内第二大平原——吉泰盆地。

湖南部分的洣水及其北源茶水沿岸，在两汉时期已经建置阴山县、茶陵县。稍显复杂的是江西方面。禾泸水实际是由两条单独穿出罗霄山脉的河流组成，即北面的泸水及南面的禾水。二者在山脉东麓才汇合，于今吉安市注入赣江。故而孙权所用的这条连接江西、湖南中部的通道，是由茶泸走廊与茶禾走廊两部分组成的。

能够帮助我们认识到这一点的，是两汉沿泸水（时名“庐水”）建置的安城、平都两县，以及在禾水下游建置的庐陵县。在“湘水划界”时，孙权又在禾水中游建置永新县，以进一步巩固对这条战略通道的控制。赤壁之战后，孙权以江西为基地，在湘江东岸做了那么多布局，表明他对刘备方面守住荆州不抱太大希望。以刘备当时的实力来说，能够控制荆南四郡的中心城市已是撞了大运。刘备之后接受“湘水划界”，乃至最终彻底失去荆州，其实是大概率事件。

上述贯穿西江南丘陵的湘赣走廊在三国时代发挥的作用，并没有被《三国演义》夸大。只不过在20世纪二三十年代，这些通道及其依附的山地，才首次作为独立地理单元被载入历史：1927年9月，作为南昌起义的后续，围绕着这片山地爆发了著名的秋收起义。关于这次起义的历史地位已毋庸多言。如果考察起义者的进军路线，就会发现诸如修水、浏阳、萍乡、永新等地名都已经在前文中出现过，且井冈山根据地就位于洣禾走廊南侧的山间盆地中（当时隶属永新县，现建置为井冈山市）。

让我们再回到那个群雄并起的年代。为了更多地汲取民力，三足鼎立的格局形成后，魏蜀吴都对两汉时代的行政区划进行了进一步的拆分。前面提到，东吴把荆州原来的七郡划分为十一郡。这当中，南郡及江夏郡各自被一分为二，荆南地区则增设三个郡。变化最大的是被一分为三的长沙郡：除了湘江以西被建置为衡阳郡外，湘江之东还以洣水河谷为核心建置了湘东郡。由此可见原长沙郡的人口潜力及战略地位之重要。

既然衡阳郡是从长沙郡中划出的，那么作为湘中地理中点的衡山，在赤壁之战前后应是长沙郡的一部分。不过，造就衡山郡的并非衡山，而是其周边的诸多河流。其中能够连通湘赣的洣水，正是在衡山东侧注入湘水。当东吴于湘江西岸增设衡阳郡时，在衡山与洣水河口之间亦建置了衡阳县，只不过东吴的衡阳郡郡治位于湘南。换句话说，这个与郡同名的县并没有获得与这个名字相匹配的政治地位。另一个容易让人产生误会的地方，是衡阳县的位置并不在衡山之阳（南），而在衡山的东部。对于在命名上一贯严谨的中国人来说，这多少有些尴尬。在历史进入“三家归晋”阶段后，衡阳县名不副实的问题才通过变更地名得到了圆满解决。这片位于衡山之东的土地被重新命名为衡山县（今天仍为衡山县）。考虑到时下很多地方的领导都认为一个响亮的地名能让当地名利双收，相信这个宣告南岳所有权的地名仍然会留在行政版图上。

那么，在衡阳县更名为衡山县之后，其所代表的地缘政治遗产就消失了吗？当然不会。在湘中盆地群的八个中心城市中，衡阳之名赫然在列。如果对抗战史有所了解的话，就应该对1944年爆发的“衡阳保卫战”不陌生。这是抗日战争史上日军伤亡最为惨重的战役之一。既然能够成为日军志在必得的目标，衡阳的位置想来是十分重要的。

从位置上看，现在作为地级市的衡阳市，的确位于衡山之南。而它在两汉三国时期的名字要生僻得多，叫作“酃（líng）县”；直到隋朝，才依据山南为阳的通例，成为实至名归的衡阳。再往前追溯历史的话，早在春秋战国时期，楚国就已经在衡山之阳建置了与长沙同为江南重镇的庞邑。

但成就衡阳地缘政治地位的依然不是衡山，而是湘水及其右岸最大的支流——耒水。在水系结构上，耒水河口所在的位置被认为是湘江中下游的分界点。这个分界点之于地缘政治的最大意义在于，其南部包括耒水在内的多条湘江源流、支流，都源出于南岭。这意味着无论是当年的楚国还是后来的中原王朝，如果想从荆州方向进入岭南，都要沿着湘江，一路从长沙进至衡阳。而在衡阳以南，就必须在众多水路间做出选择了。如果你仔细研究日军在衡阳保卫战前后的进军方向，会发现他们依然遵循着这一地缘选择。

很多时候，水系都遵循着对称原则。干流东岸有支流汇入，往往其西岸也能找到与之相对的支流。衡阳也是如此。除东岸的耒水以外，湘水西岸在此还有一条名为“蒸水”的河流，帮助衡阳地区沟通身处雪峰山麓的邵阳地区。事实上，从历史文化的角度来说，被认定为湘水中下游分界点的并不是耒水河口，而是蒸水河口。因此常有一种说法，把湘水上游的潇水段称为“潇湘”，把潇水至蒸水的中游段称为“蒸湘”，把蒸水至与沅江合流后的下游段称为“沅湘”，并把潇湘、蒸湘和沅湘合称为“三湘”。

当然，以蒸水、耒水的相对位置来说，谁的河口作为地理节点都不会有实际影响。基于蒸耒河口的重要性，作为荆南核心的长沙郡，亦将管辖范围延伸至酃县，以掌握这个能够连通多条战略通道的节点。由于两汉时期的酃县位于河东的耒水河口，所以孙刘两家隔湘江对峙之时（实际时间还要早于“湘水划界”），酃县自然为孙权一方所占据。此后当东吴从长沙郡分拆出衡山、湘东两郡之时，位于耒水河口的酃县成为湘东郡的一部分。

以蒸耒河口的战略位置来说，正处在长沙、零陵和桂阳三郡的交界处。也可以说，衡阳地区正好是插入南部两郡之间的突出部。如果你想用一支军队同时支援三郡，没有比衡阳更合适的驻扎地点了。对于同样希望控制荆州的刘备一方来说，显然不可能放弃这样一处战略要地。在孙权从湘江东岸步步进逼之时，代刘备治理上述三郡的诸葛亮，在入蜀之前就驻军于蒸水河口，当时被称作“临烝（蒸）”。东吴控制荆州后，则顺势在此地建置了临烝县，使之成为衡阳郡的最南端。

当下衡阳市倒没有株洲、湘潭两市的烦忧，因为它已然成为一座横跨湘江、覆盖两个河口的地区中心城市。至于这座在湘中盆地承上启下的城市今后到底向南还是向北发展，就要等我们分析过零陵、桂阳两郡后，由大家自行判断了。

第七节 | 零陵与桂阳

如果说在三国时代，时名巴丘的岳阳是长沙郡的北方门户，长沙是整个板块的地缘中心，那么衡阳所控的蒸耒河口就是南大门了。不过这道南大门，只能说是长沙郡的南大门，而非荆州的南大门，更非中央之国的南大门。要论荆州的南大门，这个称号应该授予接下来将要分析的桂阳郡与零陵郡：后者主要包括湖南省的永州市及邵阳市的南部（邵阳市当时归属零陵郡）；前者则以湖南省郴州市为核心，向南延伸至广东省的韶关市及清远市北部。

先来了解一下桂阳郡的情况。帮助衡阳提高其地缘重要性的耒水，无疑是整个地区的地缘轴线。与衡阳以南的其他湘江支流相比，耒水从走势上看更像是湘江的正源。鉴于耒水发源于南岭北麓，并直接注入湘江，如果想从洞庭湖平原前往南岭，溯湘江—耒水而上的距离最短。

通过秦汉几次征伐南越，上述地理特点已为中央之国的管理者们所知晓。为此，汉朝在桂阳郡境内的耒水沿岸分别设置了郴县、汉宁、便县和耒阳等县，与耒阳河口的酃县一道，守卫着这条通往南岭的战略通道。其中，位于南岭北麓的郴县更成为桂阳郡的郡治，并最终演化为现在的郴州市。

除耒水以外，在耒水的西南方向还有一条南北走向的河流，与之具备相似的优势，那就是又名“钟水”的舂陵水。两条相距仅30千米左右的河流都源出南岭，然后向北汇入湘江。如果说汉朝对耒水源头的标定是通过设置郴县，那么对舂陵水河源的重视，则体现在设置南平县上（今为湖南省永州市蓝山县）。

找到两条能够从北面接近南岭的河流之后，接下来需要找到二者与珠江水系的分水岭。前面提到，南岭只是分隔长江与珠江水系的一系列山岭的统称。这些山岭并没有形成连续性的山脉，而是呈独立、半独立状态。具体来说，舂陵水指向九嶷山（又名苍梧山）东部，耒水指向的则是骑田岭。

在统称南岭的山岭当中，有五道山岭最为知名，合称“五岭”，由西向东分别为越城岭、都庞岭、萌渚岭、骑田岭和大庾岭。五岭之所以著名，并不是因为海拔和体量特别突出，而是因为它们均对应着跨越南岭的重要通道。五岭虽然经常被用来代指南岭，但并非南岭的全部。作为长江与珠江水系的分水岭，最严谨的地理名称还是“南岭”。

五岭当中的大庾岭，位于江西省与广东省的交界处；越城岭、都庞岭和萌渚岭，分隔了湖南与广西；骑田岭，则是湖南与广东的分水岭。此外，东西走向的九嶷山正处于湘、桂、粤三省交界处，其西部位于湘桂边界、东部位于湘粤边界。这意味着，耒水和舂陵水打通的都是一条从湖南通往广东的战略走廊。套用“吴头楚尾”的说法，现在的湖南省永州市，可以被称为“湘头粤尾”。

不过真要用“湘头粤尾”一词来概括一个行政单位的地缘特点，当年的桂阳郡可比现在的永州市更名副其实。这是因为，骑田岭当年并非桂阳郡的南部天然边界，而是位于整个郡的中部。换句话说，桂阳郡的行政范围不仅包括分水岭以北的湖南部分，还包含分水岭以南的广东部分。

将湖南和广东乃至两湖与两广的部分地区置于同一个行政单位管辖，历史上不止发生过一次。不要忘了，除了“山川形便”这一划界原则以外，还有“犬牙交错”的制衡机制掺杂其中。跨越天然分界线设置行政单位，把远离政治中心的板块，与更具核心属性的板块捆绑在一起，有助于淡化那种“天高皇帝远”的心态，加速边缘板块融入核心区。一旦边缘地区开始具备核心区的属性，天然边界的作用和“山川形便”原则往往又会凸显，令行政区划与地理格局更加切合。

提到两湖地区与两广地区的渊源，最容易让人想到“湖广”一词。在中国近代史上，湖广总督一职可谓权倾一时。晚清名臣林则徐、李鸿章和张之洞都曾经出任这一职务。明初和清初为补充四川人口而产生的人口迁徙现象，亦被称为“湖广填四川”。明清之际，更是有“湖广熟，天下足”的民谚，来证明这一地区的农业发达程度。

湖广一词中的“湖”，指是两湖地区；“广”字则主要指向广西地区。然而无论明朝设立的一级行政区湖广承宣布政使司，还是清初的湖广省（康熙年间分为湖北、湖南两省，以湖广总督督辖两省），其辖区都确指两湖地区，而不涉及两广地区。之所以仍以湖广为名，其实是沿袭自元朝设立的湖广行省（全称“湖广等处行中书省”）。

元朝之于中央之国在行政区划上的最大贡献，是引入了行省，并将之制度化。上述制度的确立，对于后来明清两代的中央集权起到了强化作用。然而作为一个带有游牧色彩的政权，元朝在行政单位的具体规划上十分混乱。或者说，出于防范其治下汉人造反的需要，其规划更多遵循“犬牙交错”而非“山川形便”原则。体现在南岭南北，就是元朝设置的湖广行省，其范围与大家熟知的湖广存在很大区别。

元朝的湖广剥离了长江以北大部分地区，同时向南延伸至广西和今隶属广东的雷州半岛，以及海南岛。正因如此，才有了湖广行省（此外还将广东大部划入江西行省）。明清两代，虽然重新以两湖地区为基础建置了行政区，但沿用了湖广一名。

回到桂阳郡。如果说两个地区划入不同的行政单位，是因为地理分隔，那么为了打通人流、物流通道，也可以将之并入同一行政单位。以桂阳郡为例，就需要在骑田岭和九嶷山之南找到属于珠江流域的水道。说到这里，我们必须先了解一下珠江水系的基本结构。

珠江水系总体上分为西江、北江及东江三大部分。这三条江分别指向广东省的三个方向，并在珠江三角洲合流为珠江。就长度和流域面积来说，西江是整个珠江水系的干流，其源头指向云贵高原腹地（云贵两省交界处），其水系遍布云南、贵州、湖南、广西、广东等省。北江和东江相对简单，前者指向广东与湖南、江西两省的交界处，后者源出广东、福建和江西三省交界处。

桂阳郡对应的这部分珠江水系，属于古称“溱水”的北江水系。北江上游共分为两源：西源武江，指向骑田岭南坡，与耒水相接；东源浈江，指向大庾岭，与赣江源流贡水相望。这样的水系结构，意味着北江最少能够打通两条连通南北的通道。事实上，这样的通道并不是只有两条，而是有三条。之所以说是三条，是因为除了武江、浈江两条北江源流以外，还有一条从中游处注入北江的右岸支流——连江（古称“洭水”），可以承担连通湖南的重任。而连江注入北江的河口——连江口（今广东省清远市英德市连江口镇），也因此成为桂阳郡的最南端。

连江发源于九嶷山的东南端。它连接的是郴州境内的春陵水。这意味着，耒水与武江在骑田岭西段、春陵水与连江则在九嶷山的东端，分别组成了两条跨越南岭的走廊，亦成为整个桂阳郡的骨架。在这条两条湘粤走廊中，东汉的桂阳郡一共设置了11个县。除了耒水、春陵水流域的5个县以外，还包括连水上下游的桂阳、含洭，武江上游的临武，武江、浈江交汇处的曲江，浈江下游的浈阳，以及洣水下游的阴山。

需要说明的是，汉代记载中所说的浈水，并不是在今韶关与武江合流的浈江，而是在下游英德汇入北江的滃江。正因为如此，此地才被命名为“浈阳”。现在我们所见到的这条北江东源性质的浈江，原名“保水”，在唐朝时方易名为浈水。同样发生位移的，还有郡县同名的“桂阳”。汉时的桂阳县为今广东连州市，而今桂阳县为湖南郴州所辖。

类似的地名易位，在历史上可谓司空见惯。地名只是一个代号。抛开这些受人为因素影响一直在改变的标签，从地理学角度会更容易认清一个地区的地缘结构。读者如果觉得前面那些地名的沿革太过繁杂，大可略过，把注意力都放在山形水势之上。

从军事地理的角度来说，上述河流、水系相接之地，都可以成为战略要地，成就一夫当关万夫莫开的雄关。以最早向岭南扩张的秦朝为例，在攻入岭南之后便在北江流域选择了三个地点构筑关城，包括大庾岭上的横浦关（后称梅关），骑田岭南、连江之侧的阳山关（今广东阳山县境内）和连江口的湟溪关（秦代连江名为“湟水”）。

上述三座关城，合称为“岭南三关”。除横浦关为豫章郡所辖以外，其余两关均位于桂阳郡境内。汉朝征讨南越国的战争中，岭南三关扼守的两条从湖南、江西进入广东地区的战略走廊，再次发挥了重要作用。汉朝的五路大军中，就有两路通过岭南三关攻入南越国。此后，汉朝将能够控制这两条南北通道的连江口并入桂阳郡，足见对中央之国来说，桂阳郡的得失关乎对岭南，尤其是对广东地区的控制。

接下来我们再了解一下零陵郡的情况。与桂阳郡一样，零陵郡同样控制着两条通往岭南的通道，同样向珠江水系有所延伸。不同之处则在于：一是零陵郡控制的是通往广西的通道，打通的是西江水系，似乎可以将零陵郡描述为“湘头桂尾”；二是地理特性决定了从零陵郡通往岭南的通道是水路与陆路的结合。从零陵郡出发，最经济的方法是先从水路行至分水岭处，然后经由陆路翻越分水岭，再继续乘船赶路。

既然零陵郡与桂阳郡一样，都控制着跨越南岭的通道，那么接下来同样要将之切割为南、北两部分，分别进行分析。先来看看湖南境内都有哪些河流接近南岭，且尽可能接近分水岭以南的珠江水系。在分水岭以北，符合上述条件的河流总共有三条，包括资江东源的夫夷江、湘江正源以及湘江东源的潇水。

先来看看资江的情况。与湘江相比，位置更偏西的资江与雪峰山的结合更为紧密。整个资江流域中最大的一个地理单元，是资江上游在雪峰山东麓滋养的一片山前盆地——邵阳盆地。邵阳盆地得名于盆地北部的邵阳市，并与邵阳市的行政区划高度重合。而在东汉末年，邵阳市以南的大部分地区都归属于零陵郡。

湘中盆地群中，邵阳盆地的面积算是最大的，只不过因为与山脉过于接近，地表不够平坦，在一定程度上限制了其农业潜力。不过决定一个区域地缘政治地位的，不仅仅是地形和农业潜力，还在于有没有地理位置优势，最典型的便是有“山城”之称的重庆。以资江和邵阳盆地的位置来说，能否成为零陵郡的核心，取决于它能不能担起连通湘桂的重任。至于到底做到没有，下一节会接着解读。

第八节 | 湘桂走廊

资江位于雪峰山东麓，其源头分为两支：一支为发源自雪峰山南部的赧水，一支为发源于雪峰山与越城岭之间的夫夷江。相比前者，后者的位置要更偏南一些，并与珠江水系的漓江隔分水岭相望，且相距不远。这意味着，越城岭与雪峰山之间有成就战略走廊的潜质。

然而作为南岭起点的越城岭与雪峰山的结合过于紧密，使得两山之间的夫夷江水道难以为人类所利用，其沿岸的开发亦颇有难度。如果真没有其他选择的话，夫夷江并非没有办法利用。就算是秦岭、大巴山那些完全没办法形成天然沿河通道的河谷，都可以在崖壁上开凿栈道来打通道路。问题只在于有没有更好的选择。

对于生活在资江沿岸，希望借助湘桂走廊提高地缘潜力的人来说，“不幸”之处在于，湘江在越城岭之东形成了两条技术上更易通行的通道。一条借助的是湘江西源，其最上游部分被称为海洋河（广西兴安县境内），位于越城岭与东汉时被称为“阳海山”的海洋山之间。另一条为湘江东源性质的潇水（汉时名为“深水”），源起都庞岭与萌渚岭。这两条从南岭流出的河流，最终在今永州市零陵区合流，再东流至衡阳。

就名声来说，潇水显然要更大些。“潇湘”与“三湘”一样，是湖南的代称。不过在历史上，指向海洋河的西源才被认定为湘江正源。在地图上，兴安以北至潇湘合流处的150千米河段，被标注为湘江。值得一提的是，有水利数据表明，东源的长度和流量实际上是超过西源的。湖南省水利厅也认定湘江源位于湖南省永州市蓝山县境内。

以古人的地理知识而论，自然很难断定某一条大河的源头究竟在哪里。从人文角度认定的源头，与“河长为源”的地理标准相悖的情况比比皆是。最典型的是关于长江源头的认定。历史上一度认定滋养了成都平原的岷江为长江源头，直到徐霞客实地考察之后，方确认金沙江是长江地理意义上的正源。

古人认定岷江为长江正源，是因为开发成都平原令中国人很早就掌握了岷江的走向。相比之下，金沙江在青藏高原和云贵高原上蜿蜒3000多千米，直到四川盆地边缘才与岷江相汇，古人自然鲜有机会揭开其神秘面纱。以此类推，海洋河指向的湘江西源，历史上能够被认定为湘江正源，应该也是因为其在地缘政治层面更重要。

事实的确如此，海洋河指向的湘桂走廊，曾经发挥过无可替代的作用。其价值通过沟通珠江与长江水系的灵渠得以展现。类似的工程大家并不陌生，典型的如在兖州部分介绍过的连通河、济、淮三水的鸿沟工程，以及连通江、淮两水的邗沟工程。

这些沟通南北的运河工程，最早都源自春秋战国时期。鉴于先秦时期地缘政治博弈的舞台主要限于长江、黄河流域，而岭南还属于化外之地，连通长江与珠江水系的运河工程自然没有任何意义。一直到秦统一中国后，这一工程的重要性才通过一场战争凸显出来。

公元前219年，秦始皇征召数十万人，征伐越系民族占据的东南丘陵地带。瓯越和闽越很快被平定，但秦军在岭南地区遇到了大麻烦。对于秦军来说，最大的挑战在于岭南的气候已经属于亚热带，导致北方人因无法适应当地气候而疫病横行。同时，当地丛林密布，难以攻取，秦军即便凭借军力优势攻占了重要城邑，不愿意臣服的越人部落仍然可以依托丛林不断袭扰秦军，尤其是切断秦军的补给线。

凭借兵力和资源优势，占据河谷地区的秦军当然不会惧怕越人部落，但秦军的补给几乎都要从长江流域输入，而维持漫长的补给线需要消耗大量的人力、物力与时间，更何况沿途还有越人的袭扰。在这种情况下，如果能够修建一条运河把北流的长江支流和南流的珠江支流连接起来，将极大地提高后勤运输的效率。

正是在这一背景下，运河的选址工作开始沿南岭一线展开。从技术上看，修建这样一条运河要比鸿沟、邗沟的难度更高。这是因为黄河、济水、淮河、长江的存在，令华北及江淮地区的平原实际上已经连为一体。尽管平坦的地形令四渎水系在历史上频繁改道（尤其是受黄河影响的区域），但也让运河的开挖变得相对容易，最起码不用考虑翻越分水岭的问题。

背靠山地的小型河谷平原令分水岭问题更易凸显。此前分析过的胶莱运河就遇到了这个问题。尽管胶莱平原的南北纵深看起来已经足够摆脱山地的影响，但这样一条贯穿山东半岛的运河，在实际挖通后仍会遇到分水岭附近河段水位过低的困扰。当然以今天的技术水平来说，克服这一障碍已非难事。是否修建类似的运河工程更多要算生态账和经济账。

以南岭的地理结构来说，挖运河的难度肯定要高于在山东半岛上进行相同的作业，毕竟山东两大丘陵之间的距离算是宽的。但由于南岭也非连续性山脉，内部各部分相对独立，连通两大水系的想法具备了可行性。至于能不能变成现实，说到底要看地质运动有没有抹平南岭中的一条分水岭。幸运的是，越城岭与海洋山的相接处，具备了开挖运河的地形条件。海洋河指向的湘江支流之所以一度被认定为湘江正源，正是因为它处于这条走廊的北端。

与海洋河隔分水岭相望的，是西江支流漓江。所谓“桂林山水甲天下”，成就桂林山水盛名的便是漓江以及海洋山。向南流淌的漓江，下游部分被称为“桂江”，在今广西梧州市汇入西江。灵渠的具体施工方案，是在海洋山与越城岭之间挖一条连通海洋河与漓江的运河。由于自宋朝开始，灵渠一直位于兴安县境内，所以这条具备重要战略意义的运河又被称为“兴安运河”。

兴安运河的成功，不仅得益于大自然的鬼斧神工，让地势不至于高到无法蓄水，还在于创造性地使用了水闸。这些当时被称为“陡门”的水闸，在功能上与现代船闸无异。分布于灵渠上下的36处陡门，能够调蓄水量，保证船只顺利通过。前面还提到，汉朝在改造汴渠时，就借鉴了灵渠的陡门技术，使得这条原本受黄河影响的运河，在维护和运营上变得更加方便。

公元前214年灵渠修通。已经苦战5年的秦军也在这一年完成了对南越的征服。为了巩固这一胜利果实，秦朝向岭南大量移民，沿交通干线构筑城邑。秦朝覆灭后赵佗在南越自立为王，直至汉武帝再次征伐南越，才将此地重新纳入中央之国的版图，也使得包括灵渠在内的地区进一步得到了开发。

为了有效管理灵渠，汉朝并没有沿分水岭划分荆、交两州，而是将整条运河以及漓江上游（桂林—阳朔段）划入了荆州治下的零陵郡。沿水路交通线，汉朝在今桂林市的位置设置了始安县，在灵渠之北设置了零陵县。后者最初被认定为整个零陵郡的政治中心。其所背靠的海洋山，在三国时期亦被称为“零陵山”。事实上，灵渠之名得自零陵县，一度名为“零渠”（最初的名称为“秦凿渠”）。后来，汉朝将零陵郡的治所迁往潇湘河口的泉陵，隋朝正式将泉陵更名为“零陵”。因零陵而得名的零渠，也逐渐在口口相传中变成了现在的灵渠。

变化的不仅仅是灵渠之名。在汉朝以“九州”为基础划分天下时，岭南之地还属于化外之地。这使得零陵郡、桂阳郡和豫章郡在内的长江中下游郡县，其辖区都跨越分水岭向珠江流域有所延伸，以便将那些重要的交通枢纽掌控在更核心的行政单位手中。及至岭南彻底成为中央之国核心区的一部分后，又重新沿分水岭为各行政单位划界。但兴安运河的归属成了例外。

公元265年，距离三国时代结束还有15年，东吴将灵渠两岸地区从零陵郡划出，并入以今桂林为郡治的始安郡。身处珠江水系的桂林，于是从身处湘江的零陵（永州）手中接过了灵渠及其周边地区的管辖权。后来桂林凭借这一优势，一度成为广西的政治中心，并进一步强化了其对湘江上游地区的管辖权。这也是为什么现在的广西或者说桂林市会管辖湘江上游的兴安、全州两县。

在所有翻越南岭的通道中，能够经水路直通岭南的灵渠无疑是最重要的一条，但并非零陵郡境内唯一的南下通道。零陵郡东侧的潇水也是南下通道的一部分。潇水的源头位于西侧的都庞岭与东南侧的萌渚岭之间。这两条声名显赫的分水岭，并非只孕育了潇水，还孕育了属于珠江水系的贺江。

更准确地讲，贺江是西江左岸支流，当下其大部分河道位于广西贺州境内，下游则位于广东境内。贺江注入西江的贺江口，与西侧的桂江口相距仅20千米。作为桂江上游的漓江具备交通干道地位，令桂江口成为整个岭南的地缘中心，并以之为中心建立了隶属交州的苍梧郡。

值得一提的是，当时东吴在桂江口设立了广信县。所谓的“广东”“广西”，实际就是“广信之东”和“广信之西”。只不过在后来的历史中，作为郡治的广信顺理成章地继承了“苍梧”之名，并演化为现在的梧州。桂江口固然可以算作是两广的分界点，但依地理位置来看，贺水更适合成为两广的地缘分界线（虽然不是沿河道进行划分）。

尽管贺水没有成为岭南的一条中轴线，但潇水与贺水共同组成的潇贺古道在两汉时期就已成为沟通南北的要道。通过东汉在潇水、贺水沿岸的行政区划，也可以看出这条通道的重要性。在潇水流域，除了在潇湘河口设置作为郡治的泉陵县以外，还在潇水上游设立了营浦（今湖南道县）、泠道、营道等县。贺江沿线亦设置了谢沐、冯乘、富川、临贺（今广西贺州）和封阳等县。

参照其他古道的行政归属，为了加强对当时更具边缘属性的珠江流域的控制，都庞岭、萌渚岭以及贺江的大部应该并入零陵郡。但汉朝并没有这么做，而是大体依照分水岭原则进行了划分，即绝大部分处于潇水流域的县都划入荆州治下的零陵郡，处于贺江流域的县则并入了交州（甚至包括位于潇水源头处的冯乘县）。

零陵郡在唐代更名为“永州”。柳宗元那篇流传千古的《捕蛇者说》，让人误以为永州直到唐朝还是一片毒蛇猛兽出没的蛮荒之地。事实上，永州，或者说零陵的山中固然产“异蛇”，但依托区位优势，当地在两汉时期就已进行了深度开发，而最直接的证据便是关于当地人口的历史记载。

人口是衡量地缘实力的重要指标，尤其是在严重依靠人力资源的自然经济时代。东汉后期（公元140年），荆南四郡中有两个郡的人口能够超过百万：具备江南中心地位的长沙郡毫无意外地占据了一个名额，另一个便是零陵郡，而武陵、桂阳两郡人口相加还不到80万，整个交州被计入户籍的人口亦不过百万。要知道，在当时中央之国的100多个郡国中，人口能达到百万的屈指可数。灵渠和潇贺古道的作用可见一斑。

第九节　|　南襄之地与“淮源”

立足于两湖之地的荆州，除了为控制南下的通道而向两广之地有所延伸之外，还包括今属河南省的两个板块——南阳与信阳。前者是南阳郡的主体，后者则属于江夏郡的一部分。

先来说说南阳的问题。如果说荆州是三国故事中最知名的州部，那么南阳郡应该是荆州最引人注目的郡了。南阳郡为人所关注，很大程度是因为诸葛亮《出师表》里那句引发无尽争议的“臣本布衣，躬耕于南阳”。南阳郡是东汉所有郡国中人口最多的郡。以公元140年的数据来说，南阳郡的人口高达243万。这意味着什么呢？这一年东汉的在籍总人口为4900万出头，而南阳一郡就占了近5%，与十三刺史部中人口排名第十的幽州刺史部相当。荆州亦因为南阳郡的存在而成为天下第一大州（人口总数为628万）。

农业和区位是人口增长的催化剂。先来看看南阳郡在区位上都有哪些得天独厚之处。以板块来说，这个人口大郡可分为两个部分——南襄盆地（南阳盆地）与随枣走廊。行政区划大致对应现在的河南南阳、湖北随州以及襄阳市的北部。尤其需要注意的是，位于汉水之南的襄阳市并不是南阳郡的南大门，而是南阳郡的北大门。

水系是行政区划的重要依据。那些地理相邻、地形相似，又可以通过水路连接的板块，地缘属性往往趋同。南襄盆地能够被认定为荆州的一部分，其中的地理因素在前面已经分析过：其整体为汉水及其支流所覆盖。源出秦岭与大别山脉之间的汉水，在盆地西南侧的丹江口市境内流出山地，然后转向东南，流经襄阳市，再从荆山与绿林山之间的汉水走廊注入江汉平原和长江。而整个南襄盆地收集的雨水，又通过丹水、淅水、湍河、白河、唐河和滚河等河流，在襄阳汇入汉水。

上述这些河流的存在，将整个南襄盆地连成一片，并且强化了其与两湖平原的地缘联系。不过光看河流，还不足以解释南襄盆地的区位优势。作为盆地，其周边必定围绕着山地。只有穿越这些山地中的通道连接到重要板块，盆地才算得上拥有区位优势。

对于一个板块来说，周边存在山地有利有弊。山地的存在，可以增强板块的独立性，但周边的山地过于险峻又会影响对外交流。如果将南襄盆地视为一个独立行政区，它正处在陕西、河南、湖北三省的交会处。这意味着理论上南襄盆地可以融入上述三个省份中的任意一个。然而就像刚才说的那样，边缘山地的形态会影响交流，进而影响融合。以围就南襄盆地的山地形态来说，总体呈现出西北密、东南疏的特点。秦岭和大巴山脉的存在，极大地阻碍了南阳盆地与陕西的融合。

相比之下，在南襄盆地的东北方和东南方，情况就要微妙许多。在南襄盆地的南面，是用了相当篇幅介绍的两湖盆地。独立丘陵属性的绿林山自然不是难以逾越的天险，依托它而形成的两条河谷（汉水通道和随枣走廊），帮助南阳盆地和江汉平原建立起极其密切的地缘联系。楚人当年能够将南阳盆地变成楚国核心区，以及汉朝将南阳郡并入荆州，都是这种地缘联系的体现。

如果说哪个板块有机会与江汉平原争夺南襄盆地的话，那肯定是南襄盆地东北方的中原板块了。至于结果，相信大家已经看到了：虽然南襄盆地在两千年前是荆州的一部分，但现在绝大部分都属于河南。一如之前提到的，气候在这场历时两千多年的竞争中起到了决定性作用。尽管南襄盆地在水系上与江汉平原同属汉水流域，但正好处在南北气候分界线的北部，从而使得当地的生产生活习惯更多与其东北方的中原地区趋同。

南襄盆地融入河南的另一个重要原因，在于它与中原之间的阻隔同样很弱。就地理而言，中原指代的是秦岭以东、山东丘陵以西、黄河以南和淮河以北的这片居于天下之中的大平原。南阳盆地在东边与淮北地区接壤，而在两汉时，此地所建置的正是可以被视作中原代名词的“豫州”。

淮北地区与南襄盆地之间的地理分界线，是桐柏山脉与伏牛山脉之间的一连串丘陵。桐柏山脉是大别山脉在东北方向的延伸，伏牛山脉则是秦岭在东部的延伸，因此不会过于险峻。而它们向外延伸出的丘陵，虽然可以充当汉水与淮河的分水岭，但注定不会具备“一夫当关，万夫莫开”的地形。关于这条分水岭，有一个看起来不那么地理的名称——“方城夏路”。

“夏路”又名“夏道”，指的是“诸夏”进入南襄盆地的道路。所谓诸夏，意指先秦时源出周王室的同姓诸侯国。周人入主中原之后，把与关中平原隔秦岭相望，又能直通中原的南襄盆地作为扩张的重点，并在江汉流域分封了一批以姬姓为主的诸侯国。当时楚人的活动范围是南阳盆地西侧、汉江走廊及西江汉平原，而经由夏路进入江汉流域的诸侯国主要分布于汉水东北、随枣走廊一带，史称“汉阳诸姬”。其中最知名的当数建造了曾侯乙墓的随国。

除了在战略上压制楚人以外，周人如此重视汉阳地区的经营，还有更直接的原因，那就是铜。自殷商时代起，鄂东南丘陵东部的大冶就是重要的铜矿产地。铜在当时的重要性不言而喻。为了获取这种重要的战略资源，无论是殷人还是后来的周人，都有很大的动力维持一条从中原通往鄂东南地区的战略通道。

正是因为铜矿的存在，先秦时才形成了汉阳诸姬的地缘政治格局。而兴起之地缺少铜矿，当时也不那么强大的楚国，自然没有成为周人必须征服的对象。但前面介绍过的鄂国境内有铜矿。公元前9世纪，攻灭鄂国的楚国开始成为周朝嫡系诸侯的强劲对手。至公元前7世纪，出现了“汉阳诸姬，楚实尽之”的记载。

再来说说什么是“方城”。如果说夏道指的是穿越这条分水岭的诸多道路，那么方城则是指楚国在控制南襄盆地后，沿淮水、汉水的分水岭修建的一系列城池。这样一个依托山势构筑的防御体系，通俗点说就是楚长城。此后，曾经帮助周人进入江汉之地的“夏路”，演变为楚国的“方城”，成为楚国争霸中原的坚强后盾。

研究汉阳诸姬的分布，会发现与南阳郡一样，都包括随枣走廊与南襄盆地两个地理单元。可以说，南阳郡的源头便在于周人对这一地区数百年的经营。如果当时周朝也以九州划分天下的话，这片土地大概率会和中原地区划在一起。这个战国后期形成的地缘政治格局，对汉朝的行政区划造成了深远的影响。楚人的地缘政治遗产，不仅让荆楚之地得到淮源属性的信阳地区，更将同属汉水流域的南阳地区也纳入其范畴。

同样基于这段历史，南阳地区成为最早被中原王朝开发的长江流域板块。相近的气候类型，不仅让南襄盆地成为华夏文明进入长江流域的桥头堡，也使得南襄盆地相比于长江流域其他地区更容易消化从北方引入的农业技术。东汉末年，南阳郡成为人口第一大郡。当然，后来随着铁器的普遍使用以及衣冠南渡的影响，长江乃至珠江流域的地缘潜力得到释放。南阳地区在人口方面的优势也不复存在。

如此之长的开发史，使得南阳郡在东汉时期能够领有36个县，仅次于与之隔方城夏路相望的豫州汝南郡（37个）。汝南郡人口共计210万，在诸郡中排名仅次于南阳郡。可以说，汉水和淯水以及它们的每一条支流边上都分布有城邑。那么南阳郡的政治中心要选在哪里呢？以南襄盆地的结构来说，百川归一的襄阳看起来很有机会。然而襄阳并没有成为南阳郡的政治中心，原因在于南阳郡与南郡以汉水为界，使得位于汉水之南的襄阳成了南郡的北方门户。今天襄阳归湖北，而大部分南襄盆地归河南南阳，显然遵循着同样的逻辑。

如果在水系结构上占据优势的襄阳不能成为南阳郡的中心，那么谁又能担当此任呢？答案是《三国演义》中提到的宛城，后来还继承南阳之名成为河南省南阳市。实际上，“南阳”在中国历史上不止一处。现在大家看到的南阳市，源起于秦国占据此地后设置的南阳郡。由于此地位于伏牛山脉以南、汉水以北，故此得名。在此之前，“南阳”更多指的是春秋时晋国的南阳，位于太行山以南、黄河以北，后来为韩国所继承。

最终得到南阳之名的宛城，位于汉水支流白河的西岸。这条源出伏牛山南的河流，在南襄盆地中部接纳了一条由西北方向汇入的支流湍河，其后在接近汉水之时，又与东北方向汇入的唐河合流，形成唐白河，最终在襄阳北部注入汉水。如果仔细观察，会发现白河口正位于南阳城与襄阳城的中间。之所以要提到这个地方，是因为建置于当地的行政单位你一定不会感到陌生：它就是当年刘备代刘表镇守北境时待了七年的新野县。

现在大家应该明白了，如果中原政权想染指荆州，最佳的进军路线是先攻取南阳市的前身——宛城，然后顺白河而下进攻襄阳。位于南、襄两城之间的新野，便成了兵家必争之地。只不过这样一条进军路线还是缺了一段，那就是方城夏路与宛城之间的道路。以方城夏路所处的这条丘陵链来说，不乏可供穿越的天然通道。问题在于，防御者并不需要控制所有通道，毕竟那么干只会徒增成本。

最先将南襄盆地作为一个整体来经营的是楚国。楚人选定了一个出入南襄盆地和中原的隘口，名为“缯关”，又称“大关口”。这片连接桐柏山脉与伏牛山脉的丘陵，在排布上呈现出多层结构。也就是说，这片山地总体上可分为内外两层，其中，充当淮、汉两水的分水岭的，是西南走向的内层丘陵。而出于增加防御纵深目的，当年的楚长城主要依托的是东北走向的外层丘陵。这使得后来荆州在此向分水岭以东延伸了一点。

扼守主干道的缯关则位于内层丘陵之间。从地理上看，这个位置可以被认定为是桐柏山脉与伏牛山脉的分界点。在诸多穿行于丘陵之间的夏路中，缯关指向的通道不仅较宽，而且位置最靠近北方。无论是从洛阳盆地还是以郑州、开封为代表的中原腹地出发，通过缯关的路线都是最便捷的：既可沿着平顶山、汝州所处的汝颍河谷直通洛阳，也可从曹操的大本营许昌中转。

缯关所处的位置，在汉朝时建置有堵阳县。基于其位置，当年楚人在缯关修筑的方城无疑最具代表性，以至北魏时期，当地直接被更名为“方城县”，其后几经废置，演变成现在的河南省方城县。可以这样说，狭义的“方城夏路”指向的就是这处枢纽。

在缯关与宛城之间，还有一个大家熟知的三国地名——博望坡。在《三国演义》中，博望坡之战成为诸葛亮初出茅庐的第一战。不过历史上的博望坡之战发生于公元202年，而诸葛亮公元207年才出山，所以此战其实与诸葛亮无关。

今方城县是淮河水系与汉水水系的交汇点，东接淮河水系的澧河，西连汉水水系的潘河。而在2000年前，潘河很可能在博望坡之南与白河相连，形成以白河沿岸的缯关、宛城、新野、襄阳为依托，贯穿整个南襄盆地的水路通道。当下从丹江口取水的南水北调工程，其南阳—方城段的走向能够帮助我们还原这条战略走廊当年的风采。

另一个能够让大家理解缯关历史地位的，是定义荆州的衡山。如果以衡阳来定义荆州的方位，地处湘中的衡山显然没办法自圆其说（如果用此衡山定位，应该称之为“衡阴”）。这意味着，在设计九州时，衡山并非后来被认定为南岳的湖南衡山，而更可能位于南阳盆地北部的伏牛山脉中。那么衡山最早位于哪里呢？

这样一座与荆州有着密切关系的山脉，位于当下的河南省南召县与方城县交界处，是澧河与白河的分水岭。由于行政上为白河上游的南阳郡雉县所辖，此山在当时又被称为“雉衡山”。地理上看，雉衡山位于伏牛山脉的最东端，它的东南方便是缯关扼守的方城夏路。古人在认定名山之时，山势是否险峻、风景是否壮丽并非衡量标准，而是考虑一座山能否成为地缘政治坐标。所以被古人认定为名山的山体，无一不是俯瞰着某条重要的战略走廊。从这个角度来说，雉衡山为当年南下的周人认定为南岳，是符合地缘政治逻辑的。

再来说说信阳的问题。与江汉平原地理相连、水系相通的随枣走廊，没有与东江汉平原一起被划入江夏郡，而是成为南阳郡的一部分。位于两湖盆地之外，且水系不相通的河南省信阳地区，却颇为意外地成了江夏郡的一部分。具体来说，被并入荆州和江夏郡的这部分中原之地，包括今河南省信阳市市区以及其治下的罗山、光山两县。东汉时则建置有隶属江夏郡的平春、鄳县和轪县三县。

用天然边界理论来审视信阳在两汉时期的归属，着实有些不可思议。要知道，当下同样归属河南的南阳地区，当年虽然也是荆州的一部分，但考虑到覆盖整个南襄盆地的是汉水水系，就会明白这种划分自有其地理依据可言。然而信阳地区位于淮河源头，与江汉平原以及两湖盆地之间有大别山和桐柏山脉阻隔。

问题的答案隐藏在气候之中。气候发挥的影响实际要比水系归属更为重要。气候的不同，会在生产生活的方方面面引发一系列的差异。中国最著名的气候分界线，是由秦岭—淮河组成的南北方分界线。只不过二者并不相连。如果在秦岭山脊与淮河上源之间连一条线，断开的部分大体与现在湖北襄阳地区与河南南阳地区的行政边界线重合。这意味着将南阳定义为一个北方板块并划归河南，其实是合理的。

回头再看信阳或者说淮源地区。以其位置来说，当地的确很有南方气息。位于河南省最南端的信阳，是这个北方省份中唯一一个大部分辖区都处在南北分界线之南的地级市，整个地区所处的纬度，大体与隔壁湖北省的随州、襄阳地区等同。饮食习惯能够更直观地展现地域差异："南稻北麦"成为大众区分南北方的重要依据（东北地区除外）。一个很容易让人感受到淮源板块南方气息的特征，便是信阳人的主食。想必你已经猜到，与河南其他地区不同，信阳地区能够种植水稻，且更多以大米为主食。

现在的问题是，就算信阳地区与两湖地区在气候上有更多相似之处，且地理相邻，但如果有高大山脉阻隔，双方的交流还是不容易，更不用说作为同一个行政单位了。不过位于江汉平原北部的桐柏山脉是大别山脉的延伸，山脉的海拔和山体密集程度都不高，存在大量鞍状裂隙，从而方便山脉两侧的居民交流。

理论上山区中可以有很多通道，但能被使用的不一定很多。这是因为山谷之中的道路必须频繁使用和进行维护，正所谓"路是人走出来的"。如果一条山间通道被放弃，很快就会因植被覆盖而无法通行。对于山区的控制者来说，这其实是一件好事，只需维护和把守条件相对较好的一条或者几条通道，便可做到高枕无忧。

这种由政府规划的道路，通称为"官道"。除此之外，那些具备通行条件，却被官方放弃的通道，也不是没有机会出现在地缘政治舞台上。出于走私、打猎、采药等原因，山区中还会存在一些真正由人走出来的小道。这样的小道固然无法通行大部队和辎重，但在奇袭中往往能发挥奇效（比如邓艾袭蜀时走的阴平小道）。

虽说小道在历史上屡建奇功，不过地缘层面的交流与融合还要依靠那些官道。历史上，经桐柏山脉与大别山脉相接处，连接南北两地的官道主要有三条，分别通过武胜关、九里关和平靖关（其名称在不同历史时期会有所变化）。从淮源方向来命名的话，此三关可合称为“义阳三关”（信阳古称义阳）；从江汉平原方向来命名的话，也可被称为“鄂北三关”。

上述三条官道的位置非常接近，都处在信阳与武汉之间的连线两侧。这些连接淮源（信阳）与夏口（武汉）的通道，今天依然在发挥着重要作用。比如将信阳与武汉连接起来的京港澳高速公路（G4），就是从九里关下通过（修建了九里关隧道）；107国道与京广铁路，则借由武胜关跨越山脊。三关的历史，可以追溯到春秋战国时期。楚国在江汉平原坐大并开始对外扩张之时，地理相连、气候相近的淮源地区就成了楚国经略的重点。一旦占据此地，楚国既可沿淮河而下控制整个江淮地区，又能沿淮河左岸支流而上争霸中原。

楚国能够在战国后期几乎将整个淮河流域变为楚地，淮源这个地理跳板功不可没。毕竟受江淮地区地理特点的影响，水路运输能力决定了能走多远。控制淮源的楚国，可以此为基地打造水军并顺流而下。反之，如果楚国只是将边界依常例推进到易守难攻的山脊，那么它对淮河流域的战略控制力将大受影响。在春秋后期，从淮河下游溯河而上的吴国，就曾经一举控制淮源、跨越三关攻入楚都。

以信阳的位置来说，将之视为“吴头楚尾”并不准确，但将之称为“淮头楚尾”，还是能体现其地缘特点的。事实上，这并不只是一块两方会聚之地，而是三方，即中原、江汉和江淮三大板块。这种三方会聚不仅使得信阳方言同时受中原官话、江淮官话、西南官话三大官话区的影响，经济上也可以选择与河南、安徽和湖北进行融合。

至于在两千年前，以江汉为核心的荆州地区，之所以能够将其辖区延伸到信阳，是因为两汉的行政区划深受先秦地缘政治遗产的影响。楚国当年经营淮源之地的历史，使得西汉在划定十三刺史部时，将之顺理成章地并入荆州的江夏郡。

好了，关于南阳郡和整个荆州的分析至此告一段落。由于除扬州以外，对荆州周边的豫州、司隶、梁州、交州的分析还未展开，连接荆州与上述地区的战略走廊（尤其是西、北两个方向）并没有在这部分详细解读。随着对其他州部分析的展开，我会在相应的章节为您一一道来。

第六章

天下之中
——豫州

在《禹贡》的描述中，豫州被定义为“荆河惟豫州”。这个描述是比较含糊的：秦岭以东、山东丘陵以西、黄河以南、淮河以北，包括洛阳盆地在内的平原地区，乃至黄河以北的河内地区，实际都被包含在了豫州的范畴内。由于东汉定都洛阳，并向东扩大了中央直辖的司隶，加之司隶所处的位置，令兖州向南发生了位移，所以汉之豫州统辖的只有西起方城夏路、东至山东丘陵、南抵淮河、北临嵩山的半个中原。

第一节　|　汝水、颍水与汝南袁氏

如果说“扬州”一名总会让人联想到江南，那么一提到豫州，大家首先会联想到河南，毕竟现在河南省的简称就是“豫”。然而按刚才的分析，安徽的淮北、亳州、宿州、阜阳四地，以及蚌埠、淮南两地在淮河以北的部分也被并入豫州。另一片位于河南以外的豫州，是以曲阜为中心的鲁国故地。这片位于山东丘陵腹地、泗水上游的土地（包括今曲阜、泗水、平邑和滕州四县市），在西汉时是徐州的一部分，在东汉时则被划归豫州，尽管这片鲁地无论划归徐州还是豫州，都像插入兖州的一个突出部。不过考虑到无论豫州还是徐州，大部分都属于淮河水系，而泗水又是淮河的重要支流，这种划分并非没有地理上的依据。

从水系角度入手就会发现，与其说汉之豫州是天下之中，倒不如说是淮河之阳。整个区域基本都为淮河左岸支流所覆盖。在淮河以北，除了当时被划入徐州、现在属于江苏的部分以外，淮河流域中安徽、河南的部分大体都归属豫州。与之接壤的淮南地区，则建置有隶属扬州的庐江、九江两郡（属于淮南板块的淮西部分）。

以水系来标定行政区划时，需要注意的是，在实际操作中，汉朝很多时候并不以河流主航道为界，而是将一部分河道划入同一行政单位，以便于管理，淮河就是一个非常典型的例子。以豫州、扬州的情况而言，真正充当分界线的只是淮河中游的一小段。在分界线以西，豫州的辖区延伸到了淮河南岸，扬州则同样在分界线以东的淮河北岸建置有县。

熟悉三国故事的人都不会对豫州感到陌生。刘备曾几临豫州，先被陶谦表为豫州刺史、后由曹操举荐为豫州牧（后一次算是得到了正式任命），因此也被称为“刘豫州”。然而曹操的大本营许昌（今河南省许昌市东），以及他的老家谯县（今安徽省亳州市）都位于豫州境内，说明刘备实际上并没有统治过豫州。

如果要总结豫州的地理特点的话，那就是平。除了西北部和东北部的部分地区属于伏牛山余脉和山东丘陵以外，整个豫州都是平原。在这样一个地势低平的区域中，河流成为绝对的地理核心，所以将泗水以西的那些淮北支流梳理清楚，整个豫州的地缘脉络也就明晰了。

依照由西至东的顺序，先来看看最西边的汝水和颍水。汝水和颍水在中国古代的地缘格局中占据着重要位置，都跻身“四渎八流”中的八流之列。当年东出“方城夏路”的楚人，最先遇到的河流就是汝水，继续向东扩张的话则进入了颍水流域。对于争霸中原者来说，汝水和颍水最大的优势在于二者都源于洛阳盆地东部的山地。

在中原板块中，有山地和黄河保护的洛阳盆地，一直拥有独一无二的地缘政治地位。汝水、颍水成为这个核心板块与淮河间的通道，是二者能够跻身“八流”之列的根本原因。汝水、颍水的地缘地位，使得它们也成为郡县的名称。在豫州的西侧，由北向南依次排列着颍川、汝南二郡。汝南郡并非只包括汝水下游，还包括颍水下游乃至更东面的涡水中游。颍川郡同样不单包括地理上的颍水上游，亦包括汝水上游地区。

另一个能够证明汝水、颍水地缘政治地位的，是这两个流域内的行政单位。在豫州所辖的6个郡级行政单位中，只有颍川郡和汝南郡是郡，其余四个都是封国——陈国、沛国、梁国以及鲁国。秦统一天下之后，在政治上做出的最大改变便是以郡县制取代分封制。从技术上说，两种体制的区别在于前者的最高管理者是由中央政府派驻，并可以随时更换，而后者的权力则可以世袭。显然，郡县制服务于中央集权体系，更有利于中央加强对地方的管理。后来明清二朝在西南地区推动“改土归流”，就是把世袭的土司改为政府委派的官员（所谓“流官”），本质上与当年秦国所做的变革是一样的。

其实郡县制并非秦朝首创，这一制度在春秋战国时期就已经在各诸侯国中有所实践。为了应对战争规模不断扩大和国家间兼并愈演愈烈的现实，各诸侯国普遍出现了不再将新吞并的土地依旧例分封给各级贵族，而是作为王室直属领地的做法。这样做的最大好处是王室能够集中更多的资源应对内部矛盾和外部危机。在这种趋势之下，那些新征服的土地于是变成了中央直属的郡、县。

在实际操作中，郡、县之间并没有形成上下级关系，亦不是所有诸侯国都把王室直属领地划分为郡县。直至秦统一天下之后，才正式确定了两级行政区性质的郡县制。及至汉朝，总结秦朝覆灭的经验教训，认为分封子弟对于巩固皇权还是有积极作用的，所以在郡县中又夹杂着封国。

回顾郡县制的历史后，大家应该对汝水和颍水流域的地缘政治地位有了更深一步的理解。接下来，先来看看颍川郡的情况。对应现在的行政区划，两汉的颍川郡完全位于现在的河南省境内，其范围大略对应许昌、平顶山和漯河三市。在豫州的六个郡国中，除去归属变来变去的鲁国，直接与洛阳盆地接壤的颍川郡几乎可以算是唯一拥有山地的郡国。以中岳和少林寺闻名天下的嵩山，是颍川郡与洛阳所属的司隶河南尹之间的地理分界线。

嵩山及其南部丘陵，地理上被统称为嵩山山脉。除颍水直接发源于嵩山之外，汝水的北源亦位于嵩山山脉南部的箕山。对于一座城市和一个地区来说，有山有水可是一个重要的地缘加分项。颍水在东出嵩山山脉之后，流经的第一座城市，是两汉时期颍川郡的郡治——阳翟，对应现在的禹州市。这座位于颍水上游的古老城市之所以有幸以“禹”为名，是因为根据历史记载和考古发现，大禹的儿子启很可能在此建立了夏朝。考虑到此地的地理位置，大禹曾涉足这里的可能性要远高于宁绍平原背后的会稽山。

即使没有大禹的光环，背山临河，联结洛阳盆地与淮河流域的地理位置，也足以使得阳翟成为一处战略要地。然而颍川郡在三国时代最为人所熟知的地方并不是阳翟，而是阳翟东南方50千米处的许昌。许昌原为许县，公元196年，曹操以洛阳遭受破坏为由，“帮助”汉朝迁都至此。许县遂一步登天，升格为许都。

曹丕代汉之后，虽然将都城迁至更具王气的洛阳，但仍然没有放弃这块见证了汉朝衰亡、曹魏崛起的龙兴之地。除了将之定为陪都外，还以许都见证了曹魏兴起为由将之更名为许昌。需要说明的是，当下许昌市的中心城区魏都区，在东汉时期的地望是颍水之北的颍阴县。在2016年以前许昌市治下还一直有许昌县，好在随着撤县建区，许昌县成了许昌市的建安区，许昌才算实现了古今合一。

关于曹操为什么选择许昌作为大本营，历来有颇多猜测。毕竟在此之前或者之后，许昌都不是政治中心。回顾奠定中央之国基本地缘格局的春秋战国时期，许昌及颍川地区所成就的也只是一个被夹在郑国和楚国之间的小国——许国。另一个不太有利的因素是，历史上固然有“得中原者得天下”的说法，但中原之地同样是一块四战之地，如果只控制中原，必定会四面受敌。

幸运的是，在迁都许昌后的第5年（公元200年），曹操便击败了他在北方的最大对手袁绍，解除了后顾之忧。而从许昌及颍川郡的具体位置来看，最起码还有一个原因使得曹操愿意把大本营设在此地，那就是南阳郡和汝南郡的资源。前面说过，在东汉上百个郡国当中，人口最多的就是这两个郡。前者的人口在公元140年为243万，后者为210万，是当时中央之国仅有的两个人口超200万的郡。以许昌和天子为后盾，控制这两个郡不仅可以获得更多人口和资源，还可进一步染指江汉、江淮两大板块。

南阳郡的情况在荆州部分有过介绍。接下来要关注的是与南阳、颍川呈品字形排列的汝南郡。熟悉三国者，一定不会对汝南感到陌生。在那个群雄并起的年代，汝南袁氏原本是最有实力逐鹿中原的一股势力。如果说庶子出身但能力更强的袁绍，只能在大河以北施展抱负，那么留在家乡守护祖业的，就是后来在寿春称帝、以嫡子身份自傲的袁术了。

汝南郡对应今河南省的驻马店市和周口市西南（不包括周口市区），以及安徽省的阜阳市和亳州市大部（除亳州市区）。而以水系归属来说，汝南郡西半部的汝水下游地区基本属于河南省，东半部的颍水下游及涡水中游地区则属于安徽省。那么“四世三公”的袁氏家族，到底是算河南人还是安徽人呢？答案是河南人。

在两汉时期，汝南郡的郡治是位于汝水流域的平舆（今河南省平舆县北）。今天，平舆以西的汝南县同样归属驻马店市及汝水流域。以至在网络段子中，“驻马店袁绍”成为与“包头吕布”“石家庄赵子龙”“保定张翼德”齐名的三国四大名将。然而事实上，袁绍不是驻马店人，而是周口人。

现在的汝南县并非袁绍家族的故里，因为“汝南”成为县名是晚至民国的事情。当年袁氏家族真正的世居之地是汝阳县，位于周口市北20千米处的商水县袁老乡，与今天的汝南县相距约60千米。更容易引发误会的是，三国时代的汝阳和汝阴（今安徽省阜阳市）都不在汝水之侧，而是位于颍河之侧。这又是为什么呢？

究其根源，是因为这两条地理位置相近且径流量巨大的淮河支流，历史上流域结构极其混乱。以至每个时代在定义汝水、颍水的位置时都有所偏差。如果夏朝真的定都于禹州，那么这个选址很可能与治理汝水、颍水有关。另一个可以佐证汝水、颍水剪不断理还乱关系的证据，是14世纪中叶时，为了缓解汝水下游水患，当时的元朝政府在今漯河市一带截断古汝水，将其上游之水引入周口市西边的颍水。

这一工程使得古汝水的上游事实上成了颍水上游的一部分。由于改道的汝河上游被命名为“沙河”，改造后的颍水也被称为“沙颍河”。古人在进行类似水利工程时，一般都会利用旧有的河道，实际的工程量不大。换句话说，时下沙颍河很有可能更接近上古时这一地区的水系结构和最早的汝水。同时早期的颍水则仅指向周口以北的颍水上游。这也是为什么汝水、颍水在汉代已经独流入淮，但位于颍水中下游的商水、阜阳的古称分别为“汝阳”和“汝阴”。

在厘清汝水、颍水的地理渊源，并为汝南袁氏找到真正的地望后，有一个鲜为人知的历史巧合倒是可以提一下。汝南袁氏虽然没能在三国时代抓住机会成为天下之主，但在1800年后，汝南袁氏还是出了一个比袁术和袁绍更接近龙椅的人物——袁世凯。一般人只知道袁世凯的籍贯是周口市的项城，却鲜有人知道他是汝南袁氏的后裔。后来袁世凯并没有将家族墓地选在世居的项城，而是在当年的汝阳境内（后来的商水县境内），根本原因便在于此（具体在商水县平店乡白塔寺）。只不过细究起来，袁世凯应该不是袁绍和袁术兄弟的直系后裔。

第二节 | 涡水与曹魏

在了解过汝水、颍水的前世今生后，接下来登场的，是另一条豫州境内的淮河支流——涡（guō）水。整个淮河北岸最重要的几条一级支流，由西至东依次为汝水、颍水、涡水、睢水、泗水。其中，汝水、颍水、泗水，乃至泗水支流属性的沂水，都位列“八流”。这些河流能够得到仅次于“四渎”的地位，在于它们都指向一片重要的山地。其中汝水和颍水是洛阳盆地与淮河的通道，而泗水和沂水的上游，则分别指向山东丘陵东西两侧，或者说齐地与鲁地。

反观位于中间的涡、睢两水，几乎完全在平原上奔流。两相比较的话，由于泗水下游能够通过邗沟连通长江，使得能一端通过汴渠连接河、济，一端注入泗水下游的睢水更有机会成为南北运河的一部分，并因此提高其地缘政治地位（隋朝的大运河便利用了部分睢水河道）。相比上述几条兄弟河流，涡水在历史上算是淮河左岸支流中最低调的一条，然而在三国时代涡水可是着实风光了一回。

曹操的祖地是时称谯县今为地级城市的亳州。从其北缘流过的涡水，正是这座古老城市的母亲河。谯县在三国时代的政治地位有多高呢？答案是都城，更准确地说是陪都。鉴于中央之国地域辽阔，在都城之外另设陪都的情况在历史上并不鲜见。这种政治体制被称为“复都制”，一般以“两京”或“五京”（都）为多。比如汉唐以长安、洛阳为二京，辽、金在中国北方设立五京。曹丕代汉之后设立的则是五都，除了将都城定在洛阳，还同时确定了四个陪都，包括见证汉室衰亡、曹魏兴起的许昌，曹操晋封为魏公时受封的邺城，地缘政治地位无可动摇的长安，以及涡水河畔的谯县。

以涡水的位置来说，可以算得上是豫州的一条地理中轴线。在东汉的行政区划中，涡水贯穿了豫州治下的陈国、沛国和汝南郡，最终在扬州的九江郡境内入淮。其中谯县属于沛国，与袁氏家族所在的汝南郡相邻。从这个角度来说，曹、袁之争也可以算得上是沛国和汝南郡之间的博弈。要是袁绍和袁术笑到了最后，一步登天的便是汝阳城和汝南郡了。

然而就曹氏家族所处的沛国来说，其实早在400年前就已经有了帝王之气，也得到了丰厚的政治红利。提到沛，很多人马上会联想到刘邦的故乡沛县。历史记载，刘邦是泗水郡沛县丰邑人氏，后任沛县泗水亭亭长。刘邦建立汉朝之后，把原本秦朝时隶属沛县的丰邑升格为县，在原泗水郡中部设立了沛国，汉景帝时改为沛郡，而丰、沛二县的名字则沿用至今。至于说刘邦到底是丰县人还是沛县人，就要看怎么算了。

相比名人之争，城市的地缘位置更为重要。丰县与沛县之地南距彭城约60千米，同样属于泗水流域。就其地缘位置来说，两县既与山东丘陵相接，又处在中原板块的边缘；以水系论则是淮河水系的一部分。依据两汉十三刺史部，丰、沛两县正处于兖州、徐州和豫州三个州部的交界处；以当下的行政区划来说，两地划给山东、河南、安徽或江苏任意一省，看起来都不违和。这种地缘位置，使得丰沛之地在两汉之时被划入豫州，宋元之时又划归山东，今天则位于江苏省的西北角。

丰沛之地划入江苏，源于其处在彭城的辐射范围内。彭城自三国时代升格为徐州城之后，就牢牢地将城市的命运与泗水、大运河以及江淮地区绑在了一起。说到这里，就得再提一下徐州的地缘优势。理论上，山东丘陵是中原板块的地理东界，这片丘陵在淮河流域最远延伸至徐州的南北两侧。仔细观察你会发现，山东丘陵自枣庄而下，向南延伸了一个长约120千米的细长丘陵带。其中睢水从丘陵带的南麓擦肩而过，而泗水则是从丘陵带中部的缝隙穿过。正是这样一个山河相交的枢纽位置，造就了徐州的政治、军事地位，并最终得以将周边地区纳入自己的地缘辐射区。

在三国时代，丰沛之地的多重属性同样帮助其在地缘政治舞台展示过存在感。刘备在投奔徐州牧陶谦后，驻军的小沛就是沛县。换句话说，陶谦并没有把刘备安置在徐州境内，而是把他安置在这个行政上隶属豫州，却又能为徐州抵御北方压力的前沿。这种安排看起来与刘表让刘备屯兵新野有着相似的动机。

客观地说，陶谦在自知无力独自抵御曹操的情况下，更希望扶植刘备成为豫州牧，从而形成犄角之势。吕布占据徐州之后，遵循同样的逻辑再度将刘备安排在小沛。在袁术遣纪灵攻打刘备之时，原本一直忌惮刘备的吕布没有听从部下借刀杀人的建议，而是通过极具传奇色彩的“辕门射戟”施以援手，除了认为刘备能够分担其压力之外，更因为丰沛之地的位置极其重要。如果让袁术得到了这块战略要地，就可以打通经泗水进入山东丘陵的战略通道。而一旦袁术控制了山东之地，吕布纵然作为徐州之主，也会陷入袁术的战略包围。

回到谯县和涡水的话题上来。既然刘邦当了皇帝之后可以将自己的故乡升格，那么代汉的曹魏自然也可以这样做。将谯县升格为陪都只是第一步。任何一座都城，都需要有大片直辖之地，具体来说，就是以谯县为中心建置新的谯郡。鉴于汉魏易代名义上是通过禅让，所以在魏国建立之初，具备象征意义的沛郡并没有被简单易名为谯郡，而是将其辖区缩小至丰、沛两县周边地区。

由于谯县原本位于沛郡的西边，在获得沛国大部分土地的同时，新建置的谯郡还从相邻的陈郡（东汉的陈国）、汝南郡中拿走了部分涡水流域的县。也就是说，谯郡在地理上是以涡水为中心组建的，其地缘遗产亦为当下的安徽省亳州市所继承。不过被划入谯郡或者说亳州的并非涡水的全部，其上游部分在两汉三国时期，为豫州治下的陈国（郡）所有，大致对应今河南省周口市。陈国在东南方向与汝南郡隔颍水相望，东北方向则与领有睢水中游地区的梁国相邻。

上述三个地处中原，控制汝、颍、涡、睢四条重要淮河支流的郡国，其地缘政治史都可追溯到周朝开国分封诸侯之时。其中位于汝南郡的主要是蔡国，始封之君为周武王之弟叔度。今天地图上的新蔡县和上蔡县，仍能够帮助大家追忆这段历史。陈国之名源出先秦时代的陈国，区域政治中心为陈县（今河南省淮阳县）。陈侯并非姬氏，却被认定为舜的直系后裔。将之分封于此，便是为了奉祀舜帝。至于以商丘为中心的梁国，对应的则是更为知名的宋国。在周朝取代商朝成为天下之主后，部分臣服的商朝遗民，在纣王长兄微子的率领下，在商朝旧都商丘一带建立了后来一度有机会称霸的宋国。

这些历史背景不仅影响到了汉之豫州的行政区划，还展现了华夏文明从黄河流域向淮河流域扩张的路径。正是在这些淮河左岸支流的帮助下，黄河文明和周朝得以向淮河流域不断扩张。而周朝三千年前的封建之举，甚至对淮北地区当下的行政区划依然有着深远影响。上一节提到，豫州之地中具备淮北属性的部分，主要分布于河南、安徽两省，还要加上东汉时并入的鲁国，以及刚才分析的丰、沛两县，因此也涉及山东、安徽两省。

那么，最终取代豫州成为“天下之中”的河南，与几个相邻省份（尤其是安徽）在淮北地区的分界线又体现了怎样的地缘因素？

事实上，后来河南省在淮北地区的行政区划，很大程度上就是对周朝势力范围的一种继承。或者说，周朝在东南方向征服的土地，基本位于现在的河南省境内。这一规律，同样适用于当下归属河南的南阳和信阳地区：一旦进入安徽和江苏境内，就很难找到直接受封于周天子的诸侯国了。这些地区的族群及政治势力，难免会被那些来自北黄河流域的诸夏打上蛮夷的标签。这也是为什么在春秋战国时期，北方诸侯虽然已不再听从周天子的号令，但也只敢以“公”自称，而楚、吴、越三国诸侯则自称为“王”的地缘背景。

先秦时代的往事，对于我们了解整个地区的地缘历史有着很重要的意义，但对于当年占据此地的曹魏政权来说，更重要的还是利用豫州对孙权占据的荆、扬两州施压。有鉴于此，将谯县升格为陪都，并以涡水为核心建置谯郡，还具有更重要的战略考量。如果没有这层意义，即便是勉强进行政治升级也很快会被放弃。典型的案例便是朱元璋把淮西的凤阳升格为中都。但这样一座对朱明皇室有特殊意义的城市，其实没有那么重要，自然很快便被放弃。

在一片大平原上，河流的作用显得更为重要。曹魏经营豫州和涡水的具体措施是兴修水利和开挖运河。本书的兖州部分已经分析过鸿沟。这一工程以现在的开封为枢纽，向西通过汴渠（又名官渡水）连接河水、济水，向南则通过鸿沟连接汴水、睢水、涡水、颍水等淮河一二级支流，在淮北打造出一张沟通南北的水上交通网。

鸿沟的南端位于地处汝南郡与陈国交界处的项县，也就是今河南省项城市（当时属汝南郡）。对这一工程的修复，使得曹魏能够将北方的资源，通过颍水和涡水运过淮河，再沿东淝河等淮河右岸支流输往淮西前线。如公元213年，曹操就循这一路线南征东吴，并于战后返回谯县休整。在祭祀过曹氏祖先之后，曹丕还写下了《临涡赋》（曹丕继位后，亦沿涡水南下征伐）。

除了修复鸿沟主线以外，曹操还疏通了开封至商丘的睢水上游部分，以便让这条淮北大河与运河相连（由于商丘时名“睢阳”，因此被命名为“睢阳渠”）。这张纵横于豫州的水网，固然为豫州的发展及曹魏的扩张做出了重要贡献，但还缺少一条把汝水与整个水网相连的运河。

当时的曹魏政权肯定也想到了这个问题。尤其是许昌看起来与汝水近在咫尺。公元225年，曹丕下令修通了连接汝水与颍水的讨虏渠，为从许昌出发征讨东吴增加了一条可用的水运通道。这条带着杀伐之气的运河，起自今漯河市郾城区（时名“召陵”），终于袁绍故里汝阳（今为商水县）。与1100年后元朝截断汝水上游，以“沙河”之名引入颍水的工程如出一辙。

之后我会结合具体的战例帮助大家理解这些运河的作用，也会为大家讲述更多过往被忽视但实则有重大意义的运河的故事。下一章，我们将前往地缘政治意义上的“天下之中”，也就是汉朝的司隶板块，去看看它又能带给我们什么新的认知。

第七章

京畿之地

——司隶

严格来说，“东汉十三州”的说法并不严谨。这是因为东汉实际只划定了十二个州，外加一个拱卫中央的司隶校尉部。尽管负责监察司隶地区的司隶校尉在职级上与各州刺史相当，但终究因为管理着“首善之区”，其官名和权力都在各州刺史之上。司隶一度被曹操撤并，曹丕代汉后又被重建。西晋建立后，司隶正式易名为“司州”，并根据新的地缘政治需求进行了调整。正因为如此，将汉家天下称为“十三州部”会更为严谨些。

第一节　|　司隶的范围与两京的设定

在都城之外打造一个能直接听命于中央政府的环首都地带，有其现实意义。这样一片靠近国都的土地，在古汉语中被称为“畿”，与都城合称为“京畿”。京畿板块的出现，一定程度上意味着对旧有地缘政治格局的冲击。

总的来说，在两汉时期因京畿之地的出现而被迫做出牺牲的有雍、并、冀、豫四州，对应现在的陕西、山西、河北、河南四省。这当中受到影响最大的是雍州。司隶把关中平原完全纳入其治下，直接导致雍州从行政版图上消失。除划归司隶的部分以外，雍州大部分地区被整合成了凉州。另一个遭遇重创的便是豫州。这个原本应该以洛阳盆地为起点，向东拥有大片河淮之地的中州，最终只能成为带淮北属性的监察区或行政单位。并州丢掉了西南方向的临汾盆地和运城盆地。位于黄河之北的河内地区则是冀州的损失。

建置一片京畿之地，之所以会造成行政区划如此之大的变动，是因为汉朝实施的是两京制，每一座都城都代表着一个地缘地位极其重要的地理单元，其中长安代表的是面积3.4万平方千米的关中平原，而洛阳则代表着平原面积仅为1000平方千米的洛阳盆地。仔细观察司隶的轮廓，会发现其形状很像热带鱼中的代表鱼种——神仙鱼。简要概括的话，就是一个代表头部和身体的大三角形，加上一个充当尾巴的小三角形。而关中平原及其周边地区对应着西侧的大三角形，洛阳盆地及其周边地区则对应着东侧的小三角形。

再往深层次探源的话，这种将东、西两个重要地理单元同时视作京畿之地的做法，又与华夏文明的扩张路径以及中央之国的地理结构有关。汉朝并非首个在关中平原及洛阳盆地建都的王朝。以洛阳盆地为例，即便夏朝的存在有疑问，但商、周二代在此建都无论从史料还是考古发现都是没有异议的。至于地处关中平原的长安，最早则是周朝所建的丰京和镐京（合称“丰镐”）。当然，不管是两京还是五京，总归还是要有个主从关系的。如果要在名分上争个短长，那就是谁是首都、谁是陪都。

巧合的是，长安、洛阳两京在周、汉两朝的地缘政治地位遵循着相似的衍化路径。在王朝的前半段，无论是周朝的丰镐还是汉朝的长安，都更多充当着首都的职责，而洛阳只算陪衬。在经历剧烈的动荡后（周朝为“犬戎之祸”，汉朝为“王莽篡汉”），二者都选择在洛阳重建王朝。由于关中平原在西，洛阳盆地在东，政治中心放在前者的历史时期，被后世称为西周和西汉；后者成为国都的时期，自然就是东周和东汉了。

从上述历史可以看出，无论对于周朝还是汉朝来说，关中平原和洛阳盆地都具备同等的价值。换句话说，失去对任何一个板块的控制，都意味着王朝的衰落。从周、汉两朝的历史对比中，依然能够体会到这点。公元前770年，迁都洛阳的周天子，将抗击游牧民族的责任转嫁给秦人，也交出了关中平原。对于秦人来说，这是机遇也是挑战。苦心经营数百年后，秦人得以复制周人当年的崛起路径，成为天下之主，并在丰镐之地打造了自己的都城。反观涅槃重生的东汉，并没有放弃对长安和关中的控制权，仅仅是根据王朝重建的需要让洛阳更多地担负起首都的职能。然而东周与东汉似乎殊途同归：东周时代的周天子很快就退化为一个仅具吉祥物性质的政治符号，以至后世更愿意把这一历史时期称为春秋战国；东汉的天子最终也沦落到相同的境遇，不得不把“天命”禅让给曹魏。

这段周、汉两朝的对比，让我们意识到长安与洛阳并非“瑜亮之争”，而是相辅相成的。政治意义上的中央之国源起于黄土高原，先往东向华北平原扩张，其后逐步扩张至山东丘陵、江淮等地区。在整个扩张过程中不断吸收各地区的文明、文化因子，终于成就了今天的模样。从经营黄土高原的角度来说，平原面积最大且土地肥沃的关中平原条件得天独厚，使得它不仅成为周人的兴起之地，也是后世秦、汉、唐等王朝的核心板块。

然而身处第二阶梯上的关中平原，面对以华北平原为核心的第三级阶梯还是有鞭长莫及之感。最现实的问题是，以三门峡为中心的从洛阳至长安的300余千米黄河水道，正处于中条山脉与秦岭之间，河床比降大，水流湍急，通航条件非常差，尤以三门峡段最为凶险。在这种情况下，除了想办法用技术手段整修航道以外，在三门峡以东选择一个有山河之险的地理单元作为统御东部的基地是最好的选择。

正是在这一战略的指导下，周朝在代商之后，旋即在洛阳盆地营建新都，以确保自己天下之主的地位。此后承袭周朝两京格局的汉朝，以司隶校尉部之名，围绕长安、洛阳一共建置了七个直属中央的郡级行政区——地处关中，合称“三辅”的京兆尹、左冯翊和右扶风；位于西河以东，合称“三河”的河东郡、河内郡和河南尹；以及处在洛阳、长安之间，战略上负责控制两京间战略通道的弘农郡。

尽管关中盆地和洛阳盆地看起来是两个独立的地理单元，分别位于中国地形的第二、第三级阶梯之上，但并不代表二者就没有共同的地缘属性。纵观两大平原乃至整个司隶地区，除了以黄河为地理联系纽带以外，背靠秦岭亦是这一地缘政治板块最大的共同点。所谓秦岭，顾名思义是秦地之岭，且与淮河一起充当中国的南北气候分界线。而现在我们要关注的是秦岭在地缘政治和文化上发挥的作用。

公元前207年，项羽在率军攻入咸阳族灭嬴氏之后，将关中盆地划为三部分，分封给三个秦国降将（章邯、董翳和司马欣）。这片土地因此又被称为“三秦”。这种三分关中的做法，成了汉朝在关中盆地设立“三辅”的依据。从这个角度说，秦岭也可以被解释为“三秦之岭”。不管秦岭的“秦”字源出于秦国还是三秦，都是关中盆地的坚强后盾。在三国时代，围绕着秦岭中的那些古老栈道，更是发生了一系列三国迷们耳熟能详的故事。可以说，如果没有秦岭的阻隔，诸葛亮很可能就不会有“出师未捷身先死”的遗憾了。

秦岭的主峰为陕西省宝鸡市境内的太白山，海拔3771.2米。在中央之国核心区内，太白山可以算得上是第一高峰。就此而言，将整个山脉称为岭着实也有些委屈。幸好对应关中盆地的这部分秦岭还有一个颇具灵性且大气的名字——终南山。

在中国文化中，终南山始终笼罩着一层神秘面纱，被视为隐居修道的绝佳场所。由此引申出“寿比南山”等寄托着长生不老愿景的成语。险峻的山势加上延续了两千多年的神秘感，甚至使得当下的终南山中仍然隐居着数以千计的现代隐士。然而简单地将终南山等同于地理意义上的秦岭并不准确。广义的秦岭，更应该被称为“秦岭山脉”。

山脉性质的秦岭，西接青藏高原，东入中原腹地，其北面是整个黄土高原。秦岭可分为西、中、东三段，依序可命名为“西秦岭山脉”“中秦岭山脉”以及“东秦岭山脉”。其中，西秦岭山脉之北，是黄土高原最西端的部分——陇西高原；中秦岭山脉，即直面关中平原的终南山；东秦岭山脉则由一系列呈手掌状延伸的支脉组成，包括崤山、熊耳山、外方山、伏牛山和嶓岭等。

在关中平原的东、西两端，有两段秦岭向北伸展的突出部，能够帮助大家确定关中平原的东、西边界，并以之为参照物，将秦岭山脉分割为三部分。其中位于关中平原之西的这段支脉整体较为细长，山体由陕西省宝鸡市一路向北延伸至宁夏南部的固原。这当中，位于宁夏境内的北段主峰为六盘山，而位于陕西和甘肃两省相接之地的南段，名字为“陇山”。

受限于认识水平，古人为一条山脉或者大河的不同段分别命名实属常态。当需要从地理层面为之选定一个统称时，一个通行的原则是，为河流命名时往往会选择其最下游河段的名称，比如珠江就是这种情况。狭义的珠江其实还不到100千米，但因其位置得以为整个水系冠名。命名山脉的话，一般会选择整条山脉中最著名的那段山体的名称。秦岭的概念得以向东、西两端延伸，正是遵循着这一原则。

以陇山和六盘山在史书中的出镜率来说，直面关中平原的陇山要高得多。陇山又被古人称为“陇坂”或“陇坻”。当初为周王室牧马的秦人，其牧马之地便位于陇山之中。历史文献及诗词中，关于陇山的文字不胜枚举。与之相依的两块黄土高原，亦因之被命名为“陇西高原”及“陇东高原”。值得一提的是，根据古人“坐北朝南，左东右西”的命名原则，陇山以西地区往往不称“陇西”，而是“陇右”。

反观六盘山，作为宁夏固原市原州区境内的一座山峰，在史书中的出镜率就要低得多了。非常幸运的是，六盘山在1935年成为红军长征中的一个重要节点，并得到毛泽东的《清平乐·六盘山》背书。原本声名不彰的六盘山因此压倒声名显赫的陇山，在地图上成为整条山脉的代言人。只是就三国时期而论，以陇山为整条山脉命名显然更为适合。

在东汉十三州部的划分中，陇山成了司隶与凉州的地理分界线。西秦岭山脉、陇西高原以及陇东高原大部，都被划入了凉州。真正成为司隶靠山的是秦岭山脉的中段和东段。即将出场的另一个秦岭突出部，可以作为这两段秦岭的分界线。与陇山延伸成支脉状不同的是，这个位于关中平原东部的山体，在地图上的轮廓更像是一个馒头。

这个馒头状的秦岭突出部，其主峰的名气并不比秦岭小。它就是享有西岳地位的华山。提到华山，人们就会联想到“自古华山一条道”之类感叹华山之险的评价。不过山势是否高大险峻，从来不是评定名山的唯一标准，甚至也不算必要条件，何况华山2000米出头的海拔，也算不上特别高大。

华山能够成为西岳，在于它直面黄河，并与之形成一条进出关中平原的隘道。黄河自流过前套平原之后，就开始转为南北向，直至遇到华山之后才开始继续向东奔流入海。这一地理结构，使得这段被称为西河的南北向黄河，与华山一起成为关中平原的东部边界。

从军事上看，如果在华山与黄河之间的隘道上构筑一道关城，便可成为扼守关中东大门的锁钥。依照这一思路，你可以在相应位置上找到一个以关为名的县——潼关县。没错，历史上坐落于此的关城，就是著名的潼关。在历史记载中，你会无数次看到疑似潼关的描述。比如东汉末年为征讨董卓而集结的各方势力被统称为“关东诸侯”。

然而在那个时代，这个频繁出现的“关”字，指向的并不是潼关。虽然地理层面的关中平原的确以潼关为参照物，但先秦两汉所说的“关东”“关内”和“关中”是以关中平原与洛阳盆地之间的函谷关为参照物。由于先秦的函谷关背靠崤山（秦晋于此发生过著名的“崤之战”），连接关中平原与洛阳盆地的古道被称为“崤函通道”。相比先秦时代就已闻名天下的函谷关，潼关的历史要短得多：公元196年，曹操将汉献帝迎往许都的同时，决定把扼守崤函通道的关口，从靠近洛阳盆地一侧的函谷关向西移至关中平原一侧的潼关，以便第一时间阻止关中平原的乱军出关。

这座日后声名远扬的关口，在历史上的第一次亮相也非常引人注目。公元212年，攻入关中的马超在潼关一带与曹操交战。这场史称“潼关之战”或“渭南之战”的战役，在《三国演义》中被极尽渲染，马超甚至一度杀得曹操“割须弃袍”。不过这一情节纯属杜撰。但曹操的确在此战中点赞马超：“马儿不死，吾无葬地也！”

第二节 | 秦岭与渭水

在中国中东部的山脉中，秦岭几乎是最“厚”的一条山脉。这样的山势，使得秦岭很适合成为一道屏障，同时还可以阻止北方冷空气南下。对比秦岭和淮河的纬度，你会发现中国的南北气候分界线，在秦岭一带其实向北偏移了不少，而这就是秦岭之功。

然而有一利必有一弊。秦岭的厚实也为南北交通平添了障碍，尤其是作为核心部分的终南山。想从其北麓的关中平原进入南麓的汉中平原，至少要在终南山的峡谷中穿行100千米，并且没有办法在河流两岸修筑道路（只能在崖壁上修筑栈道）。诸葛丞相北伐之时，这些让后世的李白发出“蜀道之难，难于上青天”感叹的道路，将逐一展示在大家面前。

相比之下，余脉属性的东秦岭山脉条件较好。秦岭在这一地区的走势可以用“开枝散叶”来形容。通过这些余脉之间的谷地来连接关中平原与第三级阶梯要容易得多。更为重要的是，这些呈放射状向东辐射的山地，还塑造了洛阳盆地这个自华夏文明伊始就占据极其重要地位的板块。

围就洛阳盆地的山体，由西向东依次为崤山、熊耳山、外方山以及嵩山这四条规模较大的秦岭支脉。可以说，每座山的背后都有深厚的历史积淀。除了这四条支脉以外，秦岭还在东南方向延伸出蟒岭、流岭、伏牛山等支脉，与大巴山脉、桐柏山脉一起形成南襄盆地。这样的地理格局意味着关中地区至少能够通过东秦岭山脉之间的谷地，分别打造通往洛阳盆地与南襄盆地的战略通道。

连接关中平原与洛阳盆地的战略通道，就是前面提到的崤函通道；而关中平原通往南襄盆地的主通道，则是依托丹江水系形成的丹江通道。鉴于洛阳盆地是通往中原的门户，而南襄盆地联结了两湖之地，这两条战略通道必然会在历史舞台上崭露头角，只不过在此之前，我们需要先解决一个问题：为什么历史会选择长安和洛阳？以前者来说，整个关中盆地内的平原加上边缘的台塬，总面积达到5万平方千米。想从这片沃野上脱颖而出，长安在地理位置上必得有过人之处。

周人最初定都之处并非后来长安所处的位置，而是位于盆地的西端，即今陕西省凤翔、扶风一带的周原。周原即周人聚落所在的黄土塬。“塬”特指一种桌状高地，主要分布于黄土高原地区山地和平原间的过渡地带。之所以说它是桌状，是因为它呈现出顶面平坦、四周沟谷纵横的形态。

在原始农业阶段，这种既有利于农业开发，又可规避水患的黄土塬，能够帮助人类积累深入大平原地区开发所需的人口和农业技术。即便在大平原地区成为农业和人口重心时，这些黄土塬也并没有被放弃，甚至成为黄土高原的形象代言人。在当代，通过小说《白鹿原》我们可以了解这一地貌以及世世代代在此繁衍生息的先民。

直到周文王时期，熟悉了关中平原整体地形的周人，才在后来的长安一带营建了名为“丰京”的都城。其后，周武王又在丰京之侧营建了镐京，并以丰镐为大本营完成了代商大业。顺便说下，在西周的历史中，丰、镐两城有着不同的分工，具体来说，丰京主要用来祭祀祖先，镐京则是天子居住和理政的地方。因此镐京才算是西周真正的首都。

当然，这并非说丰京可有可无。正所谓“国之大事，在祀与戎”，意思是说，对于一个国家而言，最大的事就是祭祀与战争。用现代语言来解释的话，祭祀之事对应的就是意识形态工作。一个国家或者社群如果想要形成凝聚力，需要具备广泛认同的意识形态基础。于华夏文明来说，一以贯之的祖先崇拜，是区别于其他主要文明的重要标志。因此丰京在现实政治中发挥的作用并不比镐京小。

不管周朝在关中平原的都城是镐京还是丰京，它们的位置都指向一个区位。实际上，历代长安城的城址都不尽相同，各个历史时期的洛阳城也并非完全在原址上重建。在一片平原之上，这样的小范围的变动再正常不过。尤其对于好大喜功的天子来说，并不乐意直接住进前朝的宫室之中。重点不在于找到这些都城在历史上的具体位置，而在于搞清什么样的地理因素决定了整个区域的地缘政治地位。

既然众多王朝都把都城的城址选定在今西安市境内，那么我们实在有必要探究一番西安的区位优势。居中的地理位置，看起来是成就西安城三千年建城史的根本原因。从西安驱车前往关中平原最西端的城市宝鸡，车程为150千米；前往最东端的潼关，车程为140千米。因此西安几乎可以算得上处于整个关中的地理中心。即使中国人对于对称感的追求近乎痴迷，且礼制上也希望都城处于地理中心，但具体选址时肯定不会那么不知变通。如果真要精确地确定关中平原地理中心的话，位于西安西北方向的咸阳更有资格成为中心。

历史上，咸阳只是在公元前350年成为秦国首都后的130年间，才算得上关中平原的政治中心，而它真正作为中央之国政治中心的历史，只有秦朝存续的近15年（公元前221年—前207年）。有人可能会认为，如果秦朝不是那么短命，咸阳的地位必定大不相同，成为后世在关中平原定都的王朝的首选。

然而事实是，即便秦始皇真的能长生不老，抑或秦人在统一天下之后能够平稳度过第一个地缘量变期，秦朝的选择也不会与之前或之后的王朝有什么不同。辨别一座城市是否具备首都地位，最重要的标志就是它是否作为行政中心，也就是天子是否在此居住和办公。如果你知道秦始皇征召70万人修建的阿房宫位于现在的西安市境内，就应该能够明白为什么这样说了。

那么西安与咸阳，地理位置上的本质差异究竟在哪里呢？要知道，当下这两座城市之间的距离，可以用近在咫尺来形容。从西安城的西三环前往咸阳的距离，甚至比前往东三环还近些。在各地区中心城市纷纷通过兼并重组的方式增加自身体量的情况下，“西咸一体化”成了西安保住中西部中心城市地位的重要手段。

由于阿房宫位于西安市境内，近年来西安在宣传自己的历史时，有时也会将秦朝列入。当年秦朝的国祚如果能延续到阿房宫完工，并正式入住一个皇帝的话，这种宣传会更加名正言顺。如果历史真出现了这一幕的话，旧都咸阳有可能会成为类似丰京的存在，即成为宗庙的所在地。虽然将地级市属性的咸阳划入西安，看起来巧妙地解决了秦都之争，但这种打破旧有地缘政治格局的重组并不妨碍我们将咸阳与西安作为两个独立城市进行对比。

“咸阳”之名，很容易让人去猜测其南面是否为咸水。但关中平原并没有叫作“咸水”的河流，定义咸阳城与西安城原始位置的都是渭水。虽然受益于工程技术的发展和城市化的推进，包括西安、咸阳在内的许多城市，都已经将城区扩展至河流的对岸，而西安和咸阳以后说不定也会融合，但这些变化都不会改变咸阳的原始位置在渭水之北，而历史上在西安建立的那些古都都位于渭水之南的事实。

至于这座渭水之北的城市为什么叫咸阳而不是渭阳？最流行的解释

是，“咸”的本意为“皆是、都是”，而咸阳因同时具备山南水北的特质，所以得名“咸阳”。只是位于关中平原中心的咸阳，周边并没有山地存在，甚至可以说是关中诸城中离山最远的一个。一定要满足山南的条件，就只好拉上咸阳以北40千米处的九嵕山了。九嵕山曾被唐太宗选定营造昭陵，看起来风水颇为不错，但用它来为数十千米外的咸阳命名，着实有些牵强。

不管咸阳到底是不是依据“山南水北”的规则来命名，渭水都肯定是城市选址的重要依据。正因为渭水的存在，咸阳在进入西汉之后被更名为“渭城”（当下的咸阳市建置有渭城区），以淡化秦朝的政治遗产。相比政治意味满满的“咸阳”二字，“渭城”显得更为浪漫。虽然渭城在唐代已恢复了咸阳之名，但唐代诗人王维的《送元二使安西》还是用渭城代指咸阳。

从“渭城朝雨浥轻尘，客舍青青柳色新。劝君更尽一杯酒，西出阳关无故人”的诗句中，除了能感受到渭城春色和浓浓的友情之外，还能体会到咸阳与长安之间的地理关系。对于从长安出发前往西域的旅客来说，渭水之北的咸阳将是他们旅途的第一站。

尽管将咸阳城与山联系起来非常勉强，但那些兴建于咸阳对岸的古都，在选址方面的确受到了一座山的影响。这座山在中国历史上同样非常知名。它就是骊山。与华山一样，骊山也是终南山在关中平原延伸的部分，只是规模要小一些，也没有那么的险峻。然而骊山在地缘政治舞台上的表现，却比俯瞰关中平原东大门的华山更加亮眼。从周幽王的烽火台、秦始皇的陵寝、杨贵妃的华清池，再到西安事变中的兵谏亭，骊山见证了太多历史大事件。

骊山之所以具备这种幸运，是因为这座突兀于关中平原中南部的山体，与渭水一起定义了关中平原的地缘政治中心。在关中平原周围所有的山地突出部中，骊山可以说是最耀眼的一个。它的存在，在一定程度上使得原本东流的渭水开始向东北方向偏移，并与秦岭一道成就了一块背山面水的三角形平原带。

你会发现，无论周的丰镐两京，还是汉唐的长安，再到现在的西安，其城址都位于这个三角形平原上。鉴于渭水和骊山是这片平原的重要参照物，我们可将之命名为“骊渭平原”。即使不从地缘的角度来分析，任何人都很容易发现骊渭平原的地理优势。从山形水势的角度，你会发现骊渭平原与洛阳盆地在地理上的共同点：二者都位于秦岭山脉的凹陷处。区别只在于，帮助洛阳汇聚王气的是黄河，长安则是渭水。

无论对于骊渭平原还是整个关中平原来说，渭水都发挥着地理核心的作用。这条由西向东流淌的河流，在横穿整个关中平原之后于华山脚下注入黄河，使得关中平原有了一个更具地理属性的名称——渭河平原。不过滋养关中平原的这段渭水，并不是渭水的全部，只是渭水的中下游，而咸阳是其中、下游的分界点。至于上游部分，则向西穿越陇山与秦岭之间的缝隙，一路回溯至青藏高原的边缘。换句话说，整条渭水其实就是沿着西秦岭山脉和中秦岭山脉北麓在流淌。

在东秦岭山脉，渭水其实还在沿山麓一路向东流淌。只是从青藏高原奔流而下的黄河，在兜了几个大弯之后，穿越南北向的晋陕大峡谷，在华山脚下与渭水相会。鉴于双方的体量差距，渭水失去了对华山以东河流的命名权。此后沿着东秦岭山脉北麓奔流的河水，开始以黄河之名一路向东，直至在嵩山向外延伸的丘陵——三皇山以东，彻底摆脱了秦岭的约束，走上了一条左右摆动、变化无常的不归路。正因为如此，作为秦岭最东端的三皇山会被认定为黄河中、下游的分界点（山上有桃花峪风景区，故此分界点也会被称为“桃花峪”）。

华山—嵩山北麓的这段东西向黄河，可以称为黄河的“华嵩段”。在渭水与华嵩段，黄河不仅与秦岭一起打造出了一条贯穿第二级阶梯的东西向地理中线，更形成了一条沿秦岭北麓东行，将整个黄土高原与华北平原连接在一起的文明走廊。不过渭水虽然是关中平原的主轴，但仅靠其干流也是撑不起整个关中平原的。那些分布于渭水两岸的支流，不仅与之共同哺育了关中平原，还能够将关中平原的地缘影响力辐射向周边乃至更远的板块。

第三节 | 八水绕长安

没有一座城市的存在离得开水，而对于一座都城来说，对于水的要求则更高些。历史上一直有“八水绕长安”之说，这八条河流分别是渭、泾、沣、涝、潏、滈（镐）、浐、灞。这些能够帮助大家更精确定位长安的河流中，有六条位于骊渭平原上，由西向东依次为涝水、沣水、滈水、潏水、浐水以及灞水。我们可将之统称为“骊渭六水”。

骊渭六水中位于最西侧的是现名“涝峪河”的涝水。如果说骊山定义的是整个古都区的东界，那么在咸阳西南方向汇入渭水的涝水，定义的就是古都区或者说骊渭平原的西界。一般情况下，能够形成肥沃冲积平原的河流下游总是更受关注，只是受地形和人为因素干扰，河流的下游往往处在不稳定状态。比如涝水下游就曾经在北魏时期断流，从而沦为其他入渭支流的二级支流。

相比平原地区的下游河道，河流在峡谷中的流向则要稳定得多，除非发生重大的地质灾害，否则当下的流向与几千年前不会有什么不同。对于生活在盆地中的人来说，上游河道的农业和人口潜力固然有限，却是穿越盆地时必须依赖的天然通道。基于开发和维护成本，只有极少数峡谷有机会成为交通干线。从这个角度说，涝峪河是幸运的。当下从北京到昆明的京昆高速（G5），在穿越秦岭时就是先穿越涝峪河谷，然后再沿着汉水左岸支流汶水河及隧道，进入秦岭南麓的汉中盆地。

但借助现代桥隧技术，横跨了多条河流的京昆高速，其路线在历史上从未成为穿越秦岭的可选项。而涝水东侧的沣水，不仅在下游地区成就过作为骊渭平原国都史开端的丰京，其上游峡谷即著名的子午道的北段。熟读《三国演义》的人都知道，魏延曾向诸葛亮献计，走子午道奔袭长安。虽然这一建议并未被采纳，却让这条古道为众人所熟知。如今作为210国道的组成部分，沣水上游峡谷及大部分子午道依然在发挥着重要作用。至于子午道的具体走向，以及子午道奇谋的可行性，只能留待以后再分析了。

离开沣水继续向东，便是与之相邻的滈水。顾名思义，滈水下游的历史，是由镐京开启的。从位置上来说，滈水北出秦岭的峪口，正对着西安市的中轴线。只是在进入骊渭平原之后，其流向开始向西，转向沣水的方向。这也是为什么丰镐两城如此接近。然而与涝水一样，滈水下游河道亦在历史上发生过变化。不同之处在于，涝水现在尚能独流入渭，滈水则变成了沣水的支流。

与滈水同样命运的，还有在其东侧流淌的潏水。这条从汉长安城穿城而过，曾为长乐、未央等汉代宫阙供水的河流，当下也在西安城南绕城而过，然后向西流淌并成为沣水的一条支流。上述两水都是在隋唐时期失去了独流入渭的资格。可以这样说，长安城的发展，是造成这一现象的重要原因，而始作俑者就是汉武帝。

公元前120年，为了将云贵高原和南越之地纳入中央之国的范畴，汉武帝下令在长安城西引沣、滈、潏三水，兴建名为“昆明池”的人工湖，以训练水军。之所以取这个名字，是因为此前出使古滇国的使者见到了又名“昆明湖”的滇池，并汇报给了汉武帝。这一工程的修建虽然对中央之国的版图扩张起到了推动作用，却也打乱了沣、滈、潏三水的水系结构。及至唐代昆明池干涸后，三水彻底变成了一水。当下滈水上游的河谷也成了一条高等级公路——G65高速公路（包头—茂名）的组成部分，而潏水暂时还没有受到命运的垂青。

骊渭六水中的最后两个成员，是发源于骊山之南的浐水和灞水。其中更靠近骊山的灞水，由于集水区面积更大而拥有更大的径流量，下游还有浐水汇入。骊山的存在，也令浐、灞两水的中游出现了更多黄土塬。通过小说而名扬天下的白鹿原，便是位于浐、灞两水之间。对于当年生活在这片京畿之地的富贵人家来说，浐、灞两河最吸引人之处是依山傍水、风景秀丽。如果想在城外建处别院修身养性的话，没有比浐、灞河畔更好的选择了。

然而对于要负担大量人口的都城来说，诗情画意只是河流的一个副产品。除了为居民提供生活用水以外，将外地调集的物资，通过水路输往都城各个角落，是河流的另一项功用。汉朝政府为此在骊渭平原上修筑了西起昆明池、东至灞河河口的昆明渠以及数条支渠。只不过随着历史的变迁，这些古代工程都已废弃，已经鲜有人知道它们的存在。

无论是天然河流，还是人工运河，如果有机会被写入诗词歌赋或者引申出典故来，那么更有可能被后人所铭记。比如，灞水水深且广、水色浑厚，浐水水清且浅，河床缓而水流慢，西晋的潘岳便用“玄灞素浐”来概括这两条河流的特点。离灞水和浐水不远，存在原理相似，却更具视觉冲击力的地理现象——“泾渭分明”。泾渭分明的本意，是指泾水在注入渭水时互不相融的现象。对于古代文人来说，这种现象代表着一种明辨是非的品质。只不过在不同历史时期，泾渭分明有时表现为泾清渭浊，有时又会变成泾浊渭清。

清朝末年，谭嗣同在实地考察后认为，两河的水质在丰水期都很混浊，在枯水期则都很清澈。由于两河上游流经的区域不同，丰水期会有时间差，于是就会呈现出泾渭分明的景象。渭水上游流经的是陇右高原，而泾水上游覆盖的则是陇东高原。至于孰清孰浊，就要看陇东、陇右两大高原谁先迎来雨季了（先迎来更多降水的河流会先变混浊）。

位于陇山之东、子午岭之西的陇东高原，与相邻的陕北高原及终南山一起，共同围就关中平原。泾水一头覆盖陇东高原、一头连接骊渭平原的地理位置，使得定都于西安的王朝更容易控制这片作为首都屏障的高原。回到春秋战国时期，征服那些在关中平原周边高地上活动的部族，则是决定秦国能否集中力量对付关东六国的前提。

按照"华夷五方"，生活在中央之国西部的游牧部族被统称为"戎"。历史上，对秦国造成过最大威胁的戎族，就是控制了陇东高原的义渠戎（后为秦国的宣太后所灭），由此可见泾水和陇东高原的地缘重要性。

既然已经说到了泾水，就不能不提关中地区另一条具备同等地缘地位的渭水支流——北洛水。之所以这条河被称为"北洛水"，是因为在洛阳盆地之中还有一条名为"洛水"的河流。与泾水不同，北洛水覆盖的只是陕北高原的南部。这个顽强向前套平原延伸的高原，在延安及其以北地区，由包括延河、清涧河、无定河、窟野河在内的一系列独立河流所覆盖。这些河流的共同特点是没有成为渭水支流，而是在晋陕大峡谷直接注入黄河。

由于只覆盖陕北高原的一部分，北洛水无论流域面积还是径流量都要远逊于泾水。以多年平均年径流量来说，泾水要超过北洛水一倍有余。更大的径流量及流域面积意味着更大的影响力。但这种影响力可以是正面的，也可以是负面的。巨大的径流量一方面让泾水为关中平原的农业做出了巨大贡献，另一方面也让丰水期的泾水成了关中平原最大的水患威胁。

值得一提的是，那些让泾水变得混浊的泥沙，也并非一无是处。早在先秦时期，生活在关中平原的华夏先民就已经发现，在洪水漫灌土地之后，泾水带来的大量黄土会沉淀于河岸的农田之上，客观上为农田定期补充肥力。换句话说，只要因势利导，泾水可以同时发挥灌溉和增加土壤肥力的作用。这与万里之外的古埃及人利用尼罗河洪水的做法如出一辙。

另一个利用泾水的案例，是秦国修筑的郑国渠。公元前246年，秦国的实力已然超越关东各国。横亘在崤函通道上的韩国，必将是秦国统一天下要清除的第一个障碍。为了拖延秦国的战略进攻，韩国主动向秦国提议，修筑沟通泾水与北洛水的灌溉工程，还派出了水利专家郑国前往秦国主持修建。这一水利工程亦因此得名“郑国渠”。

陕北高原与陇东高原南缘那部分围就关中盆地的山体，被统称为“北山”。郑国渠即位于泾水与北洛水之间的北山南麓。由于关中平原整体呈现西高东低的地势，泾水河谷的海拔较北洛水更高。这使得郑国渠能够将部分泾水引入北洛水下游。如此设计的一大作用，在于可以帮助径流量巨大的泾水，在丰水期将部分洪水分流至北洛水下游。由于北洛水注入渭水的河口，与渭水注入黄河的河口无限接近，相当于将泾河之水直接接入黄河，能够大大降低渭河两岸的汛期压力。

位于渭水之北、泾洛之间的这部分关中平原，我们可以称之为“泾洛平原”。除分洪之外，沿北山南麓东西向延伸“三百里”的郑国渠，还相当于为泾水以东、北洛水以西、渭水以北的泾洛平原设置了一个“水塔”。利用天然落差以及郑国渠向南延伸的众多支渠以及水门，关中之民能够精准调节汇入泾洛平原的水量，从而打造出一张帮助泾洛平原增产的农业灌溉网。不难想象泾洛平原农业潜力的提升对秦国的影响。

公元前236年，经过十年的修筑，郑国渠终于投入使用。以郑国渠的完工为起点，秦国正式开启统一天下的进程。顺便一提，秦国在修筑过程中就已经发现了韩国的险恶用心，只不过这的确是一项对秦国有利的战略工程，所以秦国并没有中止工程，而是让郑国完成了整个工程。至于韩国，则在郑国渠完工后的第六年，成为关东六国中第一个为秦国所灭的诸侯。

进入汉代之后，郑国渠依然发挥着重要作用。为了完善整个灌溉网，汉武帝时期，在郑国渠之南又修筑了一条东西走向，名为“白渠”的辅线，与郑国渠合称为“郑白渠”。及至唐朝，地势最高的郑国渠逐渐被放弃，白渠则演化出太白渠、中白渠和南白渠，并称“三白渠”。不过泾河含沙量高，容易淤塞渠道。以三白渠为例，每二十年就需要全面疏浚一次。郑国渠和白渠在东汉将政治重心迁往洛阳后，曾因疏于管理一度几近荒废。

通过对骊渭平原和泾洛平原的分析，关中平原大部的地理、地缘结构已然浮现在我们眼前。之所以把这两个地理单元拿出来单独分析，还在于明晰“三辅”的地位。三辅或者说三秦中的京兆尹，指以骊山为地理中心，从骊渭平原至渭河以南的地区。泾洛平原直至黄河的部分，则属于左冯翊。除了拱卫京畿，前者还包括部分北山地区，后者的辖区亦相应向秦岭有所延伸。如果以现在的行政区划来大致对应的话，京兆尹和左冯翊对应的主要是西安、商洛、铜川、渭南四地，二者以渭水为界。

在三辅中两个成员的地缘脉络逐渐清晰后，接下来进入视野的自然是右扶风了。今天的宝鸡、咸阳两地便对应右扶风。需要再次强调的是，无论以地理单元还是当代区划来复原古人的行政区划，都只是大致对应。受限于篇幅，笔者一般情况下并不会去考证每条行政边界的具体位置。通过地缘板块的对应关系摸清背后的规律才是最重要的。

第四节 | 周原与关中四塞

以方位来说，三辅中的京兆尹、左冯翊对应的是关中平原的东南部和东北部，右扶风则对应关中平原的西半段。这看起来与三国鼎立的格局颇有些相似，但区别在于，独占北方的曹魏政权，同时也控制着中央之国的政治中心，而三辅当中充当政治中心的则是面积最小的京兆尹。

虽然京兆尹凭借骊渭平原的地理优势成了整个关中平原的地缘政治中心，但右扶风地区是关中地区进入中华文明序列的起点。无论是周人还是秦人入主关中平原的第一站，都是在右扶风地区，具体来说是位于宝鸡北部的那片黄土塬之上。这片如今沟壑纵横的黄土塬，就是广义的周原。周原北依陇东高原边缘的岐山，南至渭水，西起陇山脚下的汧（qiān）水（也称千水，今千河），东达岐山东部的漆水流域。以当下的行政区划来说，涉及隶属宝鸡的凤翔区、岐山县、扶风县，以及被划归咸阳的武功县。

作为一块黄土塬，周原并不算严格意义上的平原。其形成与这一地区的地理结构有关。在关中平原的最西端，围就关中平原的三大山地——北山、终南山、陇山之间的联系显得异常紧密，使得当地的南北纵深平均只有20千米。反观作为关中地理中心的咸阳，其南北纵深平均有75千米。与此同时，由于没有骊山的影响，渭水在这一区域内更多是贴着秦岭在流淌。受这两大地理因素的影响，一方面，渭水之北的周原成了关中平原西端最大的低地板块；另一方面，周原地区的海拔高于关中平原腹地，并被周边河流切割成桌状台地。

注入周原的河流既滋养了这片土地，也破坏了整个台地的完整性。由于水土流失严重，当下的周原沟壑纵横，被分割得支离破碎。但在周人和秦人崛起的年代，周原地区的水土流失现象还没有现在这么严重，相对平整的桌状台地顶部让周人能够在此繁衍生息，并跨入文明的门槛。之后入主关中平原的秦人同样循着周人的足迹。区别在于，秦人在进入关中平原之前并不在陇东高原定居。出身东夷的秦人，在殷商和西周前期一直在陇西高原活动。

从水系上看，覆盖周原地区的河流虽然源出于陇东高原，但不属于泾水水系，而是独立注入渭河。水网密布的下游地区，存在少数独立的小型河流属于常态。这些小型河流通常不会引发特别关注，甚至在划分流域时被直接纳入左近大河的范围，除非这条河流在地缘上有什么特别的贡献。

帮助定义周原东西地理边界的漆水和汧水，就是这样两条有贡献的河流。如果说两河之间的岐山，是当年周人进入关中平原的地标，而华夏民族的人文始祖黄帝则极大提高了漆水的地位。传说中黄帝部落最初在姬水流域繁衍生息。漆水则被很多研究者认定为姬水。考虑到周人源起自岐山一带是可以确定的，而周人又视黄帝部落为父系来源，这种推断还是符合地缘逻辑的。

位于周原最西端的汧水也是关中平原上首条汇入渭水的支流。从地理位置上看，汧水干流位于陇山与陇东高原之间的夹缝中。这条发源于陇山东坡，在宝鸡市境内入渭的河流，其河口地区是秦人先祖进入周朝封建序列时的始封之地。公元前9世纪初，善于养马的秦人获准跨越陇山分水岭，在汧水上游地区专事为天子养马。对于秦人来说，陇山并不是障碍。他们在关中平原最西端获得立足点的同时，并没有放弃对陇右高原的经营。

事实上，陇山自身就拥有优质的草原。这片位于汧水源头、陇山之上的草原，现在的名称是关山草原。自秦国的始封之祖秦非子在此为周朝牧马之后，历代中原王朝都将这片草原作为重要的马匹产地。从周王朝的角度来说，将秦人引入陇山之东，并不仅是为关中平原提供马匹，还在于可以利用这些勇猛的牧马人抵御戎的侵扰。其动机与后世的中原王朝在农牧交界之地招揽一些游牧部族戍边并无二致。

这种做法是一把双刃剑。一旦双方间的平衡被打破，王朝的守卫者也有可能成为掘墓人。好在2000多年前的秦人还是忠实地履行了他们的职责，并成为华夏体系的重要组成部分。在汧水上游为西周牧马一个多世纪后，秦人再次迎来了历史机遇。公元前771年，周幽王为犬戎部落所杀，继任的周平王被迫东迁洛阳。护送周平王东迁有功的秦人正式进入诸侯之列，受封于"汧渭之会"，即汧水与渭水交汇之处。

随后，秦人在汧渭之会兴建都城，正式踏足关中平原。这座都城便是宝鸡历史的开端。此后一路向东的秦人，又花了5个半世纪时间成为天下之主。这里介绍汧河与关山草原，并不仅仅是为了追忆秦人的历史，而是因为它们还代表着一条进出关中平原的重要通道。无论是当年的秦人，还是后来经营这片土地的王朝，如果想从陇右进入关中地区，使用最多的路线就是沿着渭水上游支流翻越陇山分水岭，再沿汧水而下进入周原地区。这条位于今日甘肃省张家川回族自治县与陕西省陇县境内的道路，被称为"陇关道"。后世王朝为扼守这条通道而构筑于分水岭之上的关口，亦因此被统称为"陇关"。

然而当我们沿着汧河及陇山西麓的对应河谷，在地图上画出一条沟通关中、陇右的通道后，就会发现这条路线相当于跑到陇山中部绕了一个大圈子。之前提到，沿秦岭北麓流淌的渭水能够联结起陇右高原和关中平原，而其位于陇山与秦岭之间的部分被称为“渭河峡谷”。以距离来说，直接穿过渭河峡谷才应该是最优的选择。

那么渭河峡谷有没有可能成为这样一条交通干线呢？答案是肯定的。利用现代工程技术，沿渭河峡谷已经建成的310国道和G30高速两条交通干线，将陇山之西的甘肃省天水市与陇山之东的陕西省宝鸡市连接起来。只是在古代，山高水急的渭河峡谷不仅难以行船，也难以开辟沿河道路。虽然历史上曾在渭河峡谷的崖壁上开凿栈道，但建造、维护成本过高，并没有成为最终的选择。

渭河峡谷之所以被放弃，是因为陇山之上存在着成本更低的替代路线。作为秦岭支脉的陇山，其最宽处也就是与秦岭主脉分离的位置，之后越往北山体越窄。秦人于陇山中发现的这条陇关道更易于通行，而陇山分水岭一带的优质天然牧场也能额外加分。除汧水外，泾水也同样发源于陇山山脉的北部。这意味着沿着泾水的源头上溯，同样有可能打通一条连通陇山东西两侧的道路。

历史上，上述路线被称为“萧关道”。扼守萧关道的关口是萧关，位于今宁夏回族自治区固原市南约40千米处，在水系上东接泾水源头，西接时称“瓦亭水”的渭水左岸支流葫芦河。由于扼守陇山，唐朝时的萧关被称为“陇山关”。当然，如果一定将整条山脉依南北分割为陇山和六盘山的话，那么萧关和萧关道指向的应是六盘山部分。

从位置上看，汧河源头指向的陇关，主要扼守关中平原与陇右高原之间的通道，而萧关扼守着连通陇山东西两大高原腹地的道路。丝绸之路打通后，这两处关口都成了进出长安的关键。现在问题来了，既然陇关道和萧关道都是陇山山脉的孔道，那么哪条通道的地缘政治价值更大些呢？或者说，哪条通道才更有资格被认定为关中地区的大门？

历史上向有“关中四塞”之说。在陇关和萧关当中，能够跻身其列的是与关中平原距离更远的萧关。萧关之所以能够挤掉有秦人背书的陇关，是因为除了扼守连接陇山两侧的道路以外，还必须面对来自西套平原的压力。在西套平原屡屡成为中原王朝与游牧民族争夺焦点的情况下，守住萧关的意义显然要更大。也正因为如此，萧关在“关中四塞”中的定位并不是西大门，而是北大门。萧关及其直面的陇右高原、西套平原，以及北山以北的陇东高原，都属于凉州。等读完本书凉州部分时，相信大家对陇关道和萧关道的地缘政治价值都会有更深刻的理解。

既然位于陇山之上的萧关成了关中地区的北大门，而在方位上看起来更有资格做西大门的陇关又没被列入关中四塞，那么到底谁得到了这个称号呢？答案是大散关。大散关扼守的战略通道被称为“陈仓道”。楚汉相争时，汉军在韩信的率领下攻入陈仓（今陕西省宝鸡市），走的就是陈仓道。这条从陈仓出发，向西南方向穿越秦岭的通道，绝大多数时候是沿着嘉陵江源头故道延伸。知道嘉陵江的人，大抵都知道它的下游与长江一起造就了重庆。这意味着沿故道一路南行，最终能够纵贯整个四川盆地。单凭这一点，陈仓道以及古道北端的大散关，便有资格跻身关中平原的门户之列。

另一项能够为陈仓道加分的地理因素，是嘉陵江故道正位于中、西秦岭山脉之间，尽管同样地形崎岖，却胜在不用开凿栈道也能够穿越秦岭。在栈道技术被开发出来之前，陈仓道几乎成为由关中平原入蜀的唯一选择。然而无论是陈仓道的走向，还是四川盆地与关中平原的相对位置，都指向南方，换言之，大散关似乎更应该被称为关中地区的南大门。

之所以如此，是因为在骊渭平原南部有一条进入南襄盆地的通道——武关道，被认定为南出关中的通道。考虑到骊渭平原的中心位置，以之为参照物的话，位于武关道中间的武关的确更有资格成为关中地区的南大门。除了“武关道”之名以外，这条通道在历史上还拥有“商於道”“商山道”“蓝田道”等名称。由于这条重要战略通道的西半段是沿丹水（丹江）延伸的，东半段亦依托丹水的左岸支流，因此从地理角度也可将之命名为“丹江通道”。

武关道的起点是位于今西安市东南方向的蓝田县，然后向东南方向延伸，联结起了陕西省商洛市及其下辖的商南县，以及隶属河南省南阳市的西峡县、内乡县。在秦末战争中，刘邦之所以能够抢在项羽之前攻入咸阳，便是因为取道秦军防御薄弱的武关。

秦军不可能不知道武关道的价值，之所以没有在武关布下重兵，是因为在关中四塞中，防御的重心是地缘位置最重要的函谷关。考虑到在这个方向进攻的是项羽，秦军这种布置并不算失误。但即便如此，秦军还是未能阻止项羽攻入关中。而秦军的顾此失彼造成的最严重后果，是让刘邦抢先一步进入关中，并通过“约法三章”笼络了秦地的民心。

在潼关取代函谷关成为崤函通道的节点后，关中四塞的东大门也变成了潼关。与位置上有些偏差的北萧关、西散关、南武关相比，无论是函谷关，还是潼关，作为关中的东大门都算得上是名副其实。发生过很多三国故事的崤函通道及其各关口将会成为我重点分析的对象，只不过在那之前要先把洛阳盆地的地理结构彻底搞明白。

第五节 | 伊洛盆地与京洛五都

纯粹从地理角度看，洛阳盆地更应该被称为“伊洛盆地”。发源于东秦岭山脉腹地的洛水和伊水，向东侧斜穿盆地之后，在洛阳的偃师区汇聚成为一河，最终于郑州市下辖的巩义市境内注入黄河。伊、洛两水对整个板块的地理贡献实在难分伯仲，以至两河汇流后的下游河段被称为“伊洛河”。

基于伊水、洛水之于整个盆地的核心地位，“伊洛”二字常常被用来代指洛阳及其整个盆地区。此外由于历代定都于此的王朝将都城选在“洛水之阳”，即黄河之南，使得古人亦常以“河洛”（黄河与洛水之间）来代指这片土地。考虑到无论是狭义的洛阳城，还是广义的洛阳地区，都不能覆盖整个洛阳盆地，而黄河之于这片土地固然重要，但位置又过于边缘，“伊洛盆地”这个地理标签看起来更能概括整个板块的地理属性。

尽管伊水与洛水的下游共同成就了伊洛盆地，但一定要基于地缘政治而分个高下的话，还是北边的洛水更重要一些。《史记》中有“昔三代之居，皆在河洛之间”的记载，指夏商周三代都曾经在河洛地区建都。事实上，这只是一个开始。关于洛阳到底做过多少朝代的都城，有不同的说法，公认的包括夏、商、西周、东周、东汉、曹魏、西晋、北魏、隋朝、唐朝(包含武周)、后梁、后唐和后晋等，共13个王朝。

由于洛阳城在东汉及魏晋时期都是首都，对于洛阳及洛阳盆地的分析自然要更详尽一些，也不会仅限于三国时代。好在并不是所有的政权都会营建新都，很多王朝会继续使用前朝留下的都城，尤其是那些尚未一统天下、无暇大拆大建的王朝。以城址来说，伊洛盆地总计分布有二里头遗址、偃师商城遗址、东周王城遗址、汉魏故城遗址和隋唐洛阳城遗址等五大都城遗址。这些都城遗址的共同特点是依洛水而建。正因为如此，不管用河洛、伊洛还是洛阳指代这片土地，“洛”肯定是不能缺席的。

历史上，“京洛”一度是洛阳的代名词。据此我们可将伊洛盆地的五处都城遗址合称为“京洛五都”。作为京洛五都的1.0版本，二里头遗址很有可能是夏朝营造的都城，被商朝沿用了一段时间后废弃。之所以说很可能，是因为部分研究者认为，位于洛阳市偃师区西南的二里头遗址虽然在时间上横跨夏、商两代，但还缺乏类似殷墟甲骨文那样能直接证明夏朝存在的证据。

即便不能被正式确定为夏都，但丰富的考古发现至少证明二里头遗址曾是一座国都级别的城市。然而更加吸引我们目光的是它的选址：这座最早能追溯到3800年前的都城，是否能算作洛阳的起点？二里头遗址主体当下的位置并非“洛水之阳”，而是位于洛水之南、伊水之北。考虑到伊洛盆地中其余四处遗址都符合洛水之阳的定义，二里头遗址的位置看起来的确有些奇怪。

其实最早在二里头定都的不管是夏朝、商朝，还是其他政权，这个选择背后的考量与后世一脉相承，真正引发混乱的是洛水的改道。换句话说，现在洛水的走向与古洛水并不相同。在二里头被选定为都城时，洛水还是在二里头的西边而不是东边与伊水汇流，然后再从二里头的南边流过。这也意味着二里头遗址仍然是位于古洛水的北岸（更准确的说法是伊洛河北岸）。考虑到伊洛两水在整个板块中的核心地位，选择这样一个能够同时控制伊洛两水的位置筑城，的确是有道理的。

那么二里头是不是最佳选择呢？关于都城的选址，先秦的著作《管子》曾提到："凡立国都，非于大山之下，必于广川之上。高毋近旱，而水用足；下毋近水，而沟防省。"意思是说，国都就算不能建在山麓，也要建在河流近旁；如果依山而建的话，地势不能高到干旱无水，要保证有充足的供水，而选择河边的话，也不应选择在低洼之地，免得再修筑沟渠防止水患。

选定二里头作为都城的王朝，便遵循了上述标准，其选址位于古伊洛水北岸的一块地势略高的台地。在历经3000余年的岁月洗礼后，二里头遗址并没有受到河水的侵蚀，证明这一选址的确有道理。后来控制二里头的商朝，也依照上述标准于二里头东北方向约7千米处依山兴建新都。这便是"京洛五都"的2.0版本——偃师商城。之所以用"商城"这个笼统的称呼，是因为商朝是一个很喜欢迁都的王朝。历史学家和考古学家们还不能十分确定这座都城对应的是哪座商都。

偃师商城位于偃师区的西侧，除了南向直面洛水以外，还背靠一座历史名山——邙山。如果说提到骊山，大家就会想到长安，那么与洛阳联系最紧密的山体就是邙山了。骊山俯瞰着长安城内的世间百态，而邙山则成为太多帝王将相的最终归宿。

唐诗有云："北邙山头少闲土，尽是洛阳人旧墓。旧墓人家归葬多，堆着黄金无买处。"邙山的风水到底怎么样，只能让风水大师们去分析了。不过从地缘角度看，邙山的确有其独到之处，甚至可以说它的存在保障了伊洛盆地的安全。

一个标准的盆地四周都有山体存在。在小比例尺的地形图上审视伊洛盆地，很容易认定这是一个三面被山地所包裹，一面与黄河相接的非典型盆地。再仔细观察就会发现，其实沿着黄河还横亘着一条东西长约百里的山岭，这条山岭就是邙山。在地理上，邙山一般被认为是崤山在黄河与伊洛河之间的延伸。

因为位于洛阳之北，邙山又有“北邙山”“北山”“北邙”等不同的名称。不管叫什么名字，围绕伊洛盆地的所有山体中，平均海拔仅有300米的邙山是体量最小、海拔最低的一条。不过换个角度，把邙山视为阻挡黄河南侵的天然堤坝，这就是超级水坝的高度了。较小的体量还带来一个好处：邙山收集的降水不至对位于山麓的城市造成水患威胁。

邙山的另一个作用，是抬高了伊洛盆地西北部的地势，在周边其他山体的配合之下，让伊洛之水能够稳定地从邙山东端与嵩山延伸山地间的裂隙流出，注入黄河。与之形成鲜明对比的是三面环山的江汉平原和洞庭湖平原，一直以来都面临着较大的防洪压力。云梦泽的存续以及荆江的不稳定，都是因为长江之水在这一地区缺乏地势的约束。从这个角度说，洛阳盆地较小的体量，倒也算得上是一个优势。至于让二里头遗址出现在洛水之南的那次大改道，后面我们还会讲到。那次改道其实并非自然现象，而是受到了人力的干扰。

对比伊洛盆地以东、以北那些在历史上同样有机会竞争国都，却没有这道天然大坝保护的板块，邙山的贡献会更加明显。以三国时代而言，曹魏在选择大本营时，起码有洛阳、长安、邺城、许昌和谯五个选择。也就是之前提到的曹魏五都。其中，曹操在获封魏公后定都于邺城，使之成为洛阳首都地位的有力挑战者。

把视线拉回到伊洛盆地和偃师商城上来。对比邺城和大野泽沧海桑田式的变迁，伊洛盆地的地理稳定性显得更加珍贵。在可以选择的情况下，背山面水会更加安全。从二里头遗址与偃师商城的不同命运也可以看出这点：仅仅在河岸边选择了地势略高处的二里头，在古洛水向北改道之后，不仅位置变到了洛水南岸，还有少部分遗址被新洛水分割（包括部分被河流损毁），反观背靠邙山的偃师商城，今天得以完整地留存于洛水之北。

频繁迁都的商朝，并没有将都城一直设在偃师商城。这座都城由兴到废，历时约200年（公元前1600年—前1400年）。在武王伐纣之时，商朝的都城已经迁往黄河北岸的河内地区。周人在伊洛盆地选址兴建都城作为控制中原地区的桥头堡时，并没有像前朝一样选择邙山脚下，而是向西迁至今洛阳市市区。这就是“京洛五都”的3.0版——周王城。

以偃师商城和周王城的位置来说，相当于将伊洛盆地的地缘中心从盆地的东北部，转移至盆地的西南角。帮助周人做出这项决定的是两条河：谷水和瀍（chán）水。在河流之侧择地筑城的话，干流与重要支流的交汇处会是比较好的选择。谷水和瀍水就是洛水最重要的支流。古人在描述长安水系结构之时，有“八水绕长安”之说。若以同样的逻辑来描述洛阳地区的水系结构，除了河、洛、伊三水以外，还可以加入谷、瀍两水，并称为“五水绕洛城”。

当代谷河、瀍河在洛河的河口相距不过8千米。西周初年周公旦在洛水之北督造的王城便位于谷水、瀍水之间，谷水的东岸（原址目前建有王城公园）。根据历史记载，周朝选择在谷水、瀍水之间构筑王城并移入周人，还将商朝遗民安置在瀍水以东以便就近监视。

第六节 | 三门峡与函谷关

3000多年前，周人在伊洛盆地选址筑城时，谷水成为最重要的参照物。以长度而言，谷水在伊洛盆地中要排在洛水和伊水之后。不过对周人而言，这条当下叫作“涧河”的河流的价值甚至要超过伊水。在周王城建成之后，周人还在谷水与洛水之间建造引水渠，来为王城及其周边地区供水。不过提高谷水地缘地位的，并非这一常规操作，而是其上游河道所指示的方向。

从流向上来看，谷水与洛水都是由西向东流淌，然后在今洛阳市西汇流。地理上看，全长约450千米的洛水发源于华山之南、骊山之东，沿着华山和崤山的南麓汇入伊洛盆地。其流经的陕西省洛南县，河南省卢氏县、洛宁县，县城亦都坐落于洛水河谷之中。这一体量优势，使得洛水得以成为干流，并取得了两河相会后河段的命名权。

单就谷、洛两水的地理关系来说，承担两水分水岭功能的是著名的崤山。无论要了解洛阳城还是崤函通道的前世今生，对崤山的分析都不可或缺。从走势上看，崤山与华山这两条秦岭支脉实际是一条山脉。当下豫陕两省在此的行政边界也可以被视作两大山体的分界线。邙山亦被认定为崤山的延伸丘陵。

这条秦岭支脉在伊洛盆地西侧的走势并不连贯，而是呈现断裂状。崤山一般指的是位于这条断裂带西南的主体部分，东北部分则可单独称为“东崤山”。以东崤山的情况来说，实际与隔黄河相望的中条山脉结合得更为紧密，或者说更应该被视为中条山脉的一部分。只是在黄河的阻隔之下，无论在地理还是地缘层面，东崤山一般都被视作崤山和伊洛地区的一分子。

这段位于崤山与中条山之间的山体应该称“东中条山”还是“东崤山”，其实并不重要。它与崤山之间的断裂带，才是我们关注的重点。如果从地形图上不好分辨，可以在行政地图上，从河南省三门峡市画一条经渑池、新安两县直至洛阳的线，便大致清楚断裂带的位置了。在整个断裂带的西端，崤山与东崤山汇集的雨水，形成了一条向西经由三门峡市汇入黄河的青龙涧河，而两山之间的谷地大部分成为谷水的干流河道。

河流除了为两岸居民提供生产、生活用水之外，还承担着交通运输功能。以洛水的位置来说，很容易让人感觉它是一条连接长安与洛阳，或者说骊渭平原与伊洛平原的天然通道。问题在于，华、崤两山之南是同样源出于秦岭的蟒岭、伏牛山、熊耳山等山脉，其结合过于紧密，压缩了洛水河谷的宽度。以至一直到现在，都没有出现一条沿洛水河谷延伸的东西向交通干道。

相比之下，崤山与东崤山之间的谷地就要开阔得多。这使得谷水和青龙涧河在历史上能够成为崤函通道的重要组成部分。如果想从洛阳前往长安的话，路程最短的方式就是溯谷水而上，经青龙涧河下游河谷，然后在三门峡市转而沿黄河南岸西行，最终从华山脚下进入关中平原。技术上看，这样一条由三段河谷组成的路线，最起码存在两处地理难关：一是青龙涧河汇入黄河的河口，二是谷水与青龙涧河的分水岭。

先来说说第一道难关。青龙涧河河口在历史上有两个著名地缘标签——指向黄河水道的三门峡，以及当地一直以“陕”为名。前者得名于这段峡谷中存在分别名为“神岛”“人岛”“鬼岛”“炼丹炉”“梳妆台”“中流砥柱”的岛屿及半岛状礁石，将整条水道切割为“鬼门”“神门”和“人门”三股急流（其中人门水道相对平缓）。上述礁石的存在，极大地削弱了黄河水道的航运能力，尤其是将关东地区的粮食物资逆流而上输往关中平原时，会更为困难。

为了打通三门峡水道，从东汉至北宋的历代王朝，曾经尝试过多种方法，包括破坏礁石，在三门峡两侧的崖壁上开凿栈道，用人力拖拽的方式帮助船只通过，乃至在三门峡之侧开挖运河绕过这段危险的河道。这些辅助手段提高了漕运成本，但收效并不明显。当中央之国的经济重心越发向第三级阶梯转移后，在战略上更具可行性的做法，是将政治中心东移至漕运便利的华北平原。换句话说，三门峡段和整个黄河的水运如果足够通畅的话，长安城失去中央之国政治中心地位的时间点很有可能会被大大延后。最起码单从航运距离上来看，将江南地区的粮食运往长安并不会比运往北京更远。

作为阻碍中央之国东西交通的“肠梗阻”，“三门峡”没有被历代王朝用来命名此地。长期以来，这个位于崤函通道中部，能够被视为中央之国东、西分界点的地方，一直以“陕地”为名（如陕州、陕县、北陕县等）。区别只在于，秦朝在统一天下之后，将“陕地”变成了“陕县”，并在两汉魏晋时代一直沿用。及至南北朝乃至近代，当地仍以“陕州”为名。陕西省得名自位于陕地之西。只是在曹操将扼守崤函通道的核心关隘移至潼关之后，关中平原的门户西移至潼关一线，使得陕地和整条崤函通道最终成了河南省的一部分。

1952年，陕州专员公署与洛阳专员公署合并为洛阳专员公署。1957年，三门峡市设立，三门峡水利枢纽工程也于同年开工。在这里详述三门峡的前世今生，是为了更加立体地展示这个枢纽的地缘位置。事实上，就陕地的位置而言，其作用并不止于扼守两条东西向的水陆通道。如果能够横渡黄河的话，那么黄河以北的山西高原同样有机会使用崤函通道。那么横渡黄河可不可行呢？当然是可行的。相比河道宽广的下游地区，横渡黄河中上游要容易得多。以晋陕大峡谷为例，晋陕两地民众之间的跨河交流非常频繁。西河两岸在两汉时期能够被划入同一州部，正是因为黄河并没有成为一道天堑。

值得一提的是横渡黄河的传统工具——羊皮筏。黄土高原直面游牧之地，加上自身经济中本就带有一定畜牧业成分，羊是相当常见的牲畜。先秦时期，羊皮筏已经为黄河中上游居民所用。制作羊皮筏时，制作者会自羊的颈部环割，而不是从腹部开口。这样剥下来的羊皮更完整，只会在颈部和四肢留下五个开口。在用盐和油对羊皮进行脱毛和鞣化处理之后，五个开口中的四个会先用细绳扎死，只留下一个口子吹气，之后再行扎口。

经过上述程序处理过后就得到一个羊皮气囊。根据需要，可以在木制的框架下方捆绑数个到数十个羊皮气囊，一个筏子便做好了。游牧民族同样是羊皮筏的使用者，甚至有可能是其发明者。不过人马合一的游牧民族，通常只随身携带一个羊皮囊，在渡河之时吹气扎口，然后抱着羊皮囊和马匹一起游至河对岸。

用同样的方法还可以制作更大型的牛皮筏。可以想象的是，把一个个牛皮囊吹起来，需要更大的肺活量。所以在中国西北地区，如果觉得某人说话口气太大，便会调侃他能去黄河边上吹牛皮子。久而久之，这句话就简化为全国人民几乎都熟悉的民间俗语——“吹牛皮”和“吹牛”了。

再回到三门峡的问题上来。历史上，围绕着这个重要的枢纽形成了两个著名的渡口，包括三门峡市西侧的太阳渡以及茅津渡。在黄河的北岸，是横贯山西高原南部的中条山脉。从高原南下伊洛盆地的政治势力，会选择翻越中条山脉，然后从上述两个渡口横渡黄河进入崤函通道。先秦之时，上述位置分布着三个小国，包括三门峡南岸的南虢国，三门峡北岸的北虢国，以及扼守中条山通道的虞国（北虢国与虞国均位于山西省平陆县境内，南虢国位于今三门峡市）。

这些先秦小国的国名虽然生僻，但对多数中国人并不陌生，毕竟它们贡献了“唇亡齿寒”和“假虞伐虢”（又称“假途伐虢”或“假道伐虢”）的历史典故。公元前7世纪中，身为春秋霸主的晋国通过“假虞伐虢”的计谋，先后灭掉了这三个可能阻碍其东进的小国。值得一提的是，在周朝封建天下之时，能够被赐予公爵之位的诸侯屈指可数。出身于姬氏的虢国和虞国，虽然在进入春秋乱世后沦为炮灰，但都拥有堂堂公爵之位。

虢国和虞国的位置才是我们关注的重点。以虢国来说，在先秦时先后存在过五个虢国。其祖先为周文王的两个弟弟——虢仲和虢叔。前者受封于宝鸡地区，以扼守关中平原的西大门，被称为“西虢国”；后者则受封于从洛阳盆地通往华北平原的战略通道上（今荥阳市汜水镇），被称为“东虢国”。至于南虢国和北虢国，则是平王东迁前后，西虢国和东虢国分别迁至三门峡南北分别重建的。（西虢国东迁后，原址还留有一个“小虢国”，后为秦国所灭。）

这些与周王室关系密切、政治地位又高的诸侯国，在分封时都有着地缘政治层面的考虑，关系到周朝的整体稳定性。三门峡周边地区分布着三个高等级诸侯国，侧面验证了此地在地缘政治层面的重要性。历史上，发生于这一地区的重大事件远不止“假虞伐虢”。公元前628年，秦国决定进攻中原的郑国。然而通过征服虢国，此时的陕地及崤函通道已经处于晋国的控制之下（三家分晋后分别由魏国和韩国所继承）。这意味着秦军如果执意要前往中原争霸的话，就必须假道晋国。

尽管秦晋两国为后世留下了“秦晋之好”的佳话，但在地缘政治博弈中，从来就没有永远的朋友和敌人，只有永远的利益。作为霸主的晋国，并不愿意坐视秦国成为新霸主。凯旋的秦军在崤函通道遭到晋军伏击，最终全军覆没。《秦晋殽之战》成为千古名篇，其核心在于当时秦国的重臣蹇叔和百里奚已经从地缘政治角度预料到了这一结果，但他们的反对意见并没有为意气风发的秦穆公所接受。

用羊皮筏打通前往山西高原的道路后，陕地这个崤函通道上的中间点，客观上成为能够左右豫、晋、陕三地地缘政治地位的关键。如果单纯扼守崤函通道，完全可以在三门峡南岸构筑一道关隘，作为关中平原的东大门。然而来自山西高原的压力，让陕地面临的局面趋于复杂。

历史上，秦人为保障关中安全修筑的函谷关并非位于陕地，而是位于今三门峡市西南约30千米处的河南省灵宝市函谷关镇王垛村。鉴于陕地对于从山西高原进入洛阳盆地及整个中原地区同样有重要意义，并且晋国及后来的魏国一直对陕地势在必得（曾与秦国反复争夺），在没有控制山西高原前，秦国只好退而求其次，以减轻来自黄河对岸的压力。

单纯从地形上看，秦函谷关的位置的确“一夫当关，万夫莫开”。崤山的主体虽然是在陕地与黄河相接，但在秦函谷关的位置上却延伸了一条细长山梁直至黄河南岸。穿越这道山梁的谷地便是地理意义上的函谷，而位于谷地东端的关隘也由此得名。这条宽度只有3～6米，长约800米的谷地即狭义的“崤函古道”，成为重要的历史遗迹。广义的“崤函古道”指长安至洛阳之间200千米的通道，而它所承担的历史使命，则由函谷北端的G30高速公路延续。

由于函谷足以承担控扼崤函通道、护卫关中的作用，秦国在战国后期控制陕地之后，并没有把函谷关移至陕地。进入两汉之后，汉朝依函谷关建置了弘农县，并以之为中心，把西起华山、东至洛阳盆地西缘，包含谷水、伊水、洛水中上游大部分地区的区域划为弘农郡。从位置和覆盖范围上看，位于“三辅”与“三河”之间的弘农郡，显然是为了加强对崤函通道的管理。此后的历史中，“弘农”之名逐渐湮没无闻，取而代之的是出现于唐朝的“灵宝”。不过发源于崤山，穿越函谷关的弘农河（今弘农涧河）还是能够帮助我们追忆这段历史。

第七节 | 崤道与洛阳

通过上一节的分析，我们已经确定了三门峡和函谷关这两个崤函通道上的重要节点。如果说整条通道的主体是由黄河、青龙涧河以及谷水串联起来的，那么此前提到的谷水与青龙涧河的分水岭同样是一道难关。“硖石”和“石壕”这两个地名，应该能够帮助大家找到这条分水岭。

“硖石”之名源自唐代的硖石县，宋代不再设县，但仍设置关卡来控制交通。有鉴于此，这个分水岭也可被称为硖石关。与硖石关相对应的古道是石壕道。唐代“诗圣”杜甫的“三吏”中出现的三个地名，正是崤函通道的三个节点，即位于通道西端的关中平原东大门潼关，位于通道东端的洛阳盆地西大门新安，和崤山之北的石壕道。和时人一样为“安史之乱”所苦的杜甫，从洛阳返回关中的路上目睹了战争给人民带来的种种苦难，写下了中国文学史中的不朽名篇。如今，石壕道一带被划归三门峡市，并建置有硖石乡和石壕村。

崤函通道在陕地以东大体上与现在的310国道重叠。在洛阳以西沿谷水一线，共分布有渑池、义马、新安三个县市。两汉时则建置有黾池、新安两县，其中黾池县大体与今渑池县位置相近。变化比较大的是新安县。新安县当年的位置所对应的是今义马市。不过如果新安县想争夺《新安吏》一文带来的旅游红利倒是没有问题，因为唐代的新安县就处于现在的位置。

新安县移至现在的位置，是受到函谷关的影响。说到这里可能会有人觉得奇怪，位于陕地之西的函谷关，为什么会影响到陕地之东的新安？这是由于在汉武帝时期，函谷关被移至了新安县的最东端，成为弘农郡与河南郡的分界点（具体位置在今河南省新安县城东）。为了与秦函谷关相区别，新安函谷关又被称为“汉函谷关”。

关于这次变化，还有一个非常有趣的历史典故。由于长安一直作为西汉的首都，令函谷关以西的关内地区比函谷关以东的关外或关东更受尊崇。西汉时曾为汉武帝征讨南越、朝鲜的楼船将军杨仆，籍贯地为新安。为了抬高自己的身份，上书汉武帝请求将函谷关迁至新安东部并愿意支付一切费用。最神奇的是，汉武帝答应了这个请求。

这个故事听起来颇有些不可思议，然而实际情况并没有那么简单。函谷关向东迁移的地缘政治背景，是弘农郡的设置。西汉之初，整条崤函通道原本属于洛阳所在的河南郡（东汉时因洛阳升级为首都而改称“河南尹”）。从地缘政治角度说，河南郡客观上成了拱卫长安的前线。问题在于，如果觊觎皇位者占据洛阳对抗长安的话，关中平原将门户大开。考虑到汉武帝继位前曾经爆发过“七国之乱”，这种担心并非杞人忧天。

在这种情况下，最合理的选择是在关中平原与洛阳盆地之间，设置一个负责管理崤函通道的独立行政单位，并将之牢牢地控制在长安手中。观察汉函谷关的位置，你会发现它位于洛阳盆地的西缘。从长安的角度来说，将函谷关迁移至此，能够在洛阳生变时最大限度地为身处长安的天子提供保护。至于原本行使关隘作用的秦函谷关则升格为弘农县，并成为弘农郡的政治中心。然而汉函谷关的位置还是存在潜在风险的。这是因为穿越崤山的道路并不止一条。这条沿谷水延伸的道路实际只是穿越崤山的两条道路中的一条，具体来说是北崤道。

既然有北崤道，那肯定就有南崤道了。在陕地以西，沿黄河南岸延伸的崤函通道并没有出现分叉。二者的分叉点出现在溯青龙涧河而上10多千米处。在这个位置上，有一个从名字即能看出其地缘属性的乡——交口乡，可以帮助我们定位这个岔路口。在交口乡之东，青龙涧河的两条上游源流分别指向南、北两条崤道。狭义的崤山所指的正是南、北崤道之间的山体。

南崤道并非直指洛阳盆地，而是指向东距洛阳约70千米的洛宁县一带：向东南进入洛河河谷，然后再沿洛河河谷向东北方向延伸至洛阳城。在这条路线中，两汉在今洛宁县城西建造有名为“蠡城”的军事堡垒。不过整条路线中，最知名的关口当数位于崤山（狭义）南麓，与硖石关隔山相望的雁翎关（当下在此坐落有隶属三门峡市的雁翎关村）。在变为这个貌似与大雁有关的地名之前，此地其实被称作“崤陵关”。

最晚至秦晋的崤之战，南、北崤道就已经出现在历史记载中。不能确定的只是秦军到底是在哪条崤道上被晋军伏击的。由于南崤道的存在，汉函谷关实际只能控制北崤道。当然，我们也经常说，一条穿行于山间的道路需要经常维护才能够通行。如果官方放弃对南崤道的维护，北崤道和汉函谷关的唯一性自然就会凸显。只是一旦进入战争状态，那些已废弃的道路常常会被重新启用。

事实上在修筑潼关的同时，曹操并没有忽视对南崤道的控制。具体做法是在蠡城设立了渑池县。看过廉颇和蔺相如故事的人，应该不会对渑池感到陌生。公元前279年，秦国向楚国发起进攻。为避免两线作战，秦昭襄王决定邀请赵惠文王会盟，而会盟的地点则选在韩国境内的渑池。

这一看似公允的选址其实对赵国十分不利。因为原本为魏国控制的陕地，早已被秦国夺取。这意味着两国国君会盟的地点，就位于秦国的眼皮底下。更让赵国人感到不安的是，此前秦国邀请楚怀王在两国交界的武关会盟时（公元前299年）就背信弃义扣留了楚王，令其客死秦国。可以想象赵惠文王前往渑池时的心情。至于后面发生的故事，相信学习过人教版小学五年级语文教材的同学都已经很熟悉了。曾让和氏璧完璧归赵的蔺相如再次立功，不仅帮助赵惠文王全身而退，还助其免受秦王的羞辱。

通过刚才的介绍，我们已经知道不管是两汉时期的渑池，还是现在的渑池都是位于谷水之侧，也就是说位于北崤道之上，那曹操为什么非要在南崤道上再建个渑池？其决定并不难理解。如果想暂时控制一条道路，修建一道关隘就行；如果想长期经营一个地方，最好的办法则是筑城。在强化南崤道控制权的问题上，曹操选择了后者。

问题在于，新建一座城市需要有相应的管理班子及人口。战乱时期解决这一问题最简单的办法，是将邻近城市的人口迁移过来。也就是说，曹操并非凭空搞出了个渑池县，而是将原本位于北崤道上的渑池县，迁至需要在行政建置上补短板的南崤道。鉴于原渑池县的边上还有个新安县，这一做法并不会削弱对北崤道的控制。历史上，类似的操作并不鲜见。黄祖在经营江夏、刘备在荆江南岸建置公安县时，都用了同样的方法。

后来并州刺史高干起兵叛曹时，曹操的这一战略性调整对保卫洛阳的安全起到了决定性作用（在历史部分会有详细解读）。北魏时期渑池又回到了原始位置。只是当时没有马上撤销曹魏渑池县的建置，而是分别改称“北渑池”和“南渑池”。不过，两个渑池并存的局面很快在北周时期结束了。南渑池县被更名为能够显示其洛水身份的“昌洛县”，并最终成为现在的洛宁县。

然而不管如何强化对南崤道的战略控制，南北崤道并存的事实，始终会弱化汉函谷关在战术层面的价值。在曹操已经控制汉献帝和洛阳，而关中平原和凉州的军阀虎视眈眈的情况下，汉函谷关的不足之处便显露了出来。有鉴于此，曹操和汉武帝做出了同样的选择，那就是将关隘移至整个崤函通道的最边缘处，以获得更大的缓冲空间。区别在于曹操为了拱卫洛阳而非长安，选择在通道的西缘构筑潼关。

尽管崤函通道的主要关卡成了潼关，但汉函谷关作为通道的东部起点并没有被完全放弃。杜甫经过的新安县迁移至现在的位置，亦是因为汉函谷关一带早在汉代时就已不再只是一个军事关隘，而是发展成了一座城市。情况稍显复杂的是，秦函谷关所处的位置在三国时代再度兴建了关隘。

在曹操西征关中之时，曾在函谷之北打通过一条新的运粮通道，而工程具体的指挥者是大家熟悉的许褚。曹操死后第二十年（公元240年），已经定都洛阳的曹魏政权决定在这条新函谷旁复建新关，具体就在秦函谷关北6千米处（现在已为黄河所淹没），史称“魏函谷关”。在蜀汉经年北伐，试图控制关中平原进而图谋中原的大背景下，这种做法能够为洛阳增加一层保护。只是自北宋将中央之国的政治中心东迁之后，这些负责在长安与洛阳的“双城记”中维持微妙平衡的函谷关，最终统统失去了存在的价值。

通过这一阶段的解读，相信大家对崤函通道的结构，以及长安与洛阳的地缘政治关系有了更深的了解。现在让我们回到洛阳城的定位问题上来。西周王城位于今洛阳市区的事实，很容易让人以为在历史上洛阳的位置一直没有变动过，包括我们正在分析的三国时代，但真实情况并非如此。不要忘记，周王城只是“京洛五都”的3.0版。这意味着洛阳城的位置，最起码还经历过两次变动。

“京洛五都”进入4.0版的伏笔，在春秋时期就已经埋下。东迁之后的周天子很快沦为一个影响力仅限于洛水下游的封建小领主，但内讧一直不断。公元前6世纪末，周王室爆发了王位之争，史称“王子朝之乱”。王子朝作为周景王的庶长子，占据了位于谷水东侧的王城并自立为周天子，而周敬王退往与王城相距20千米的另一座城邑。此后历代周天子，曾长期居住于此。为与之前的王城相区别，这座位于邙山脚下的新王城，沿用了

“成周”之名。

这座新王城到底位于哪里，至今没有定论。很多研究者认为，其瀍水之东的位置指向最初安置殷商遗民的城邑。此外，“王城”与“成周”两名的使用也十分混乱。不过在东周存续的最后一百多年中，洛水之北存在过两座经过天子认证的王城却是事实。为明示它们的位置关系，我们可以用“西王城”和“东王城”来代指。

战国末期，秦国在攻灭周室及韩国之后，在其故地建置了三川郡。所谓三川，指的就是黄河、洛水和伊水这三条重要河流。其境由洛阳盆地向东延伸至今开封市西。在三川郡治下，西王城成为河南县，东王城则正式获得洛阳之名，成为洛阳县，也是三川郡的郡治。

刘邦取得天下之时，一度有意定都洛阳。即使汉朝正式定都长安后，洛阳在客观上也还是承担了副都的职责。在这一定位之下，再让邙山之南的洛阳城作为郡治就不太合适了。有鉴于此，源出东周西王城的河南县便成了新郡治，而三川郡也更名为“河南郡”。考虑到伊、洛两水并没有覆盖到伊洛盆地以东地区，整个行政区又都位于黄河之南，河南郡的名称看起来更为贴切。

东汉正式将都城迁至洛阳并大兴土木，让这座承袭于东周东王城的城市进一步确立了政治中心的地位。此后曹魏、西晋、北魏三朝亦皆以此为都。由此而形成的遗址，就是“京洛五都”的4.0版本——汉魏洛阳城。这种厚爱也让后人很难在这座遗址中找到东王城的痕迹。相比之下，被冷落了的西王城，反而能够有遗址存世，并以王城公园的新形象向世人诉说周朝的历史。

然而上述分析还是没能解决以下问题：为什么秦、汉两代都在不断拔高东王城的地位，让它得到了“洛”这个包含无上荣光的名称，而现在的洛阳市又为何回到了最初的原点？关于这些问题，留待下一节再加以解答。

第八节　|　汉魏洛阳城与洛阳八关

东王城在这场“洛阳”之争中胜出的关键因素，在于它更为安全。河流在为城市用水和安全提供便利的同时，往往也会在洪水季威胁城市的安全。由于伊洛盆地诸水在山地中的流程较长，其枯水期与丰水期的径流量最少相差十倍以上，极端情况下，甚至能够达到百倍。这使得与谷、洛两水相伴的西王城，在防洪问题上承担着更大的压力。

相比之下，邙山脚下的东王城要更为安全。其最初的选址与洛水存在一定距离，二者之间通过人工沟渠相连。至于其具体位置，可以通过著名的白马寺来定位。这座中国历史上第一座官办佛教寺院，当年便位于汉魏洛阳城的西墙之外。需要注意的只是，当下白马寺属于洛阳市洛龙区白马寺镇，而白马寺镇又位于洛阳市的最东端，使得汉魏洛阳城遗址被划归洛阳之北的孟津区。

一直到北魏扩建洛阳时，汉魏洛阳城才扩张至洛水之滨，并在洛水南岸营建了少许建筑。与洛水过于亲近的位置，使汉魏洛阳城遗址南端的某些部分为北移的洛水所淹没。尽管如此，直到此时洛阳城的城址还是符合洛水之阳这一定义的。真正让“洛阳”的称谓变得不那么准确的，是著名的隋炀帝。作为“京洛五都”5.0版——隋唐洛阳城的奠基人，隋炀帝对洛阳城的贡献在于两点：一是将伊洛盆地的政治中心迁回谷、瀍两水之侧；二是将洛阳变成了一个跨洛水而建的城市。

隋炀帝应该是中国历史上最热衷于修筑运河的帝王。在他登上帝位之后，开凿了沟通黄河与海河水系的永济渠以及沟通黄河与淮河的通济渠，再加上沟通江淮的邗沟，结合江东平原上的那些运河，从而打造了一张覆盖中国东部的水路交通网。当你知道这些运河最终都是服务于洛阳时，就不会为隋炀帝舍弃地势上更为安全的汉魏洛阳城而重回洛地的西端感到意外了。

当然，谷水对东周王城造成的威胁也是必须考虑的现实问题。为此，隋唐洛阳城选择与规模较小的瀍水相接，而这条发源于邙山西端的河流，也是今洛阳老城区的成就者。换句话说，当年隋炀帝的决定让洛阳的位置从此不再变动。除了跨瀍水而建以外，隋唐洛阳城最大的不同在于城市开始向洛水之南延伸。在隋唐洛阳城，宫城的位置位于洛水以北的城市西北角。瀍水两岸及洛水之南则规划为承担居住功能的里坊。单从面积来说，隋唐洛阳城在洛水之南的面积，甚至比在洛水之北还要更大些，但由于作为政治中心象征的宫殿区仍然位于洛水之北，洛阳之名在隋唐时期还算得上是贴切。

让一条大河穿城而过的利弊都显而易见。这么做的优点是可以方便城市的物流、商业。为了进一步打通洛阳城与黄河的水上交通通道，隋炀帝在洛水之北重新开挖了一条新河道穿城而过，并引来谷、洛两水在今偃师区东南注入伊洛河。这样做的另一个好处，在于可以缓解洛水对洛阳城的威胁。这种双河道并行的结构还造成了一个意想不到的后果：隋唐洛阳城以东的洛水故道逐渐干涸废弃，而原本的运河则成了当下我们看到的洛河河道。看到这里估计已经有人想到了，正是这次人为改道，让二里头遗址由伊洛河之北转移到伊洛之间。为了让长安也能与大运河相连，隋炀帝甚至尝试过移除三门峡中那几块阻碍航道的礁石，只是受制于技术水平无法做到。这使得洛阳城最终成为南北运河的最大受益者。

然而让一条大河穿城而过的缺点也是十分明显的。这种做法一方面会增加防守城市的难度，另一方面会让整个城市更容易遭受洪水的侵害。事实上，无论是汉魏洛阳城还是隋唐洛阳城，靠洛水太近的城区都显得人气不足。那些靠近洛河的城墙同时还必须承担防洪任务。

隋唐洛阳城规划上的先天不足，使得洛阳在失去京洛地位后的历史中，其城区又回缩至了洛水之北。不过就当下的情况而言，受中国城市化进程提速的影响，洛阳也和很多城市一样，将原本一河之隔的郊区开发为新城区。出于“一张白纸好作画”的理由，类似的新区往往在基建上会更受重视。具体到洛阳来说，甚至已经将行政中心迁至伊洛之间。以至对历史不甚了解的人，单看洛阳现在的城区范围，已经很难再体会到洛水之阳的地理定位了。

对于被边缘化了几千年的伊水来说，洛阳城市中心尝试向洛水之南转移是利好。不过伊洛之间的洛阳新区并没有以“伊洛”为名，而是结合更有旅游知名度的龙门，被命名为“洛龙区”。中国人知道“龙门”这个地名，大抵是因为龙门石窟。作为中国三大石窟之一（另两座为莫高窟与云冈石窟），那些始建于北魏时期的佛教造像，每年吸引着无数游客前来参观。不过我们更关心的并不是造像，而是石窟的选址。

龙门还有一个知名度不那么高的名字——“伊阙”，能够定位其位置：“伊”指伊水，而“阙”则是大门的意思。合在一起，这个地名应该指代伊水由周边山地注入盆地之处。除了能够在峡谷石壁上开凿石窟之外，这样的位置显然还具备成为重要关隘的条件。这个关口就是伊阙关。事实上，作为一个群山环绕的盆地，洛阳周边类似的关口远不止于龙门一处。除了伊阙关和已经分析过的汉函谷关之外，最起码还有六处，包括广成、大谷、轘（huán）辕、旋门、小平津、孟津等六个关口，合称为“八关都邑”或者“洛阳八关”。

为了平息延绵不绝的黄巾之乱，汉灵帝做出两项事关帝国存亡的决定：一是将刺史一职改为州牧；二是在洛阳周边诸关口各设置一名都尉，具体负责该方向的防务，合称为“八关都尉”。从刺史到州牧，改变的并不仅仅是官名。刺史的“刺”有刺探之意，意指刺史的职责是代中央政府监视监察区内的地方官员。州牧的“牧”则代表治理之意。这意味着，原始功能为监察区的州部正式转化为一级行政区。

州牧一职的设置，有助于动员地方的人力、物力戡乱。然而这同时也意味着中央集权的极大削弱。借平乱坐大的州牧们很快成了独霸一方的诸侯。可以这样说，正是州牧的出现直接导致了东汉的崩溃。相比之下，为上述八关各设置一个都尉，具体负责洛阳一个方向的安全，以阻止黄巾之乱由东向西波及两京，倒是一个正确的决定。只是在汉家天下已经因州牧擅权而分崩离析时，这样的设置变得毫无意义。后来的事情大家都已经知道了，真正对中央造成致命伤害的力量并非来自洛阳以东，而是关中以西的凉州（董卓）。

尽管八关都尉的设置并没有挽回东汉的颓势，但可以帮助我们全景式地理解洛阳的位置，以及通往周边诸地缘板块的战略通道。值得一提的是，南崤道上并没有关口入选“洛阳八关”，很大程度上是因为从青龙涧河至洛水河谷之间的通道并非沿着一条连续的河谷延伸。在北崤道更接近直线且交通更便利的情况下，汉函谷关成了洛阳的西大门。当然南崤道的存在终究让汉函谷关的防御功能打了折扣，所以才会有曹操新修潼关，以及曹魏政权在秦函谷关之侧修筑魏函谷关之举。

回到伊阙的位置这一话题上来。作为伊水中、下游的相接点，伊阙身后的伊水河谷整体位于熊耳山与外方山之间（熊耳山是伊水与洛水的分水岭）。如果说函谷关是洛阳的西大门，那么伊阙就是洛阳的南大门了。历史上，在这个战略要点上曾发生过很多著名战役。公元前293年，秦军曾经在此大败魏韩联军，打开了东入中原的战略通道。在这场战役中，24万魏韩联军全军覆没，使得“伊阙之战”成为先秦时期仅次于“长平之战”的惨烈战役。这两场战役的指挥者白起因此被称为“人屠”。

伊阙属于典型的“两山夹一谷”结构。在构筑关口时这种选择很是常见，比如汉函谷关就位于峭山和东峭山包夹而成的谷水河谷之上。不过比较下来，两条河谷相接的分水岭处通常会更有唯一性，也更容易成为“一夫当关，万夫莫开”的雄关。之所以没有选择在伊水分水岭处构筑关口，是因为能与伊水河谷相连的河流并非只有一条，而是有两条。这两条河流就是在豫州部分重点分析过的汝水和颍水。其中汝水上游由外方山与箕山山脉之间流出，而颍水则发源于嵩山与箕山之间。沿着这两条河流通往淮北的战略通道，可以命名为“伊汝走廊”和“伊颍走廊”。

考虑到汝水不仅能够帮助伊洛盆地连通淮北之地，更是洛阳通往荆州的主干道，两汉在汝水上游设置了一个外关——广成关（具体位置在今汝州市临汝镇南）。除了一内一外两道扼守伊汝走廊通道的关口以外，龙门以东的嵩山山脉之上还有两个依照分水岭原则设置的关口——大谷关（又名“太谷关”，位于洛阳市伊滨区寇店镇水泉村）和轘辕关（位于偃师区与登封市交界处）。其中位于嵩山余脉上的大谷关交通较便利。在关东诸侯讨伐董卓时，孙坚便是从此关进入洛阳的。

位于嵩山主脉上的是轘辕关，分隔了颍水和伊水水系。如果溯颍水而上的话，取道轘辕关倒是距离最近的。值得一提的是轘辕关的位置。贵为中岳的嵩山主脉中段有两座主峰——太室山和少室山。其中大家熟悉的少林寺便位于少室山，金庸小说《笑傲江湖》中的嵩山派，则以太室山为根据地（当然，历史上并没有嵩山派这个武林门派）。

在太室山和少室山之间流过的一条颍水左岸支流，帮助轘辕关连通了与颍水河谷的通道。基于少林寺的盛名，当下这条河流被命名为少林河。而在轘辕关以西，与之连接的是伊水右岸支流性质的马涧河。由于嵩山山势险峻，再加上进入洛阳还有其他更为便利的通道，轘辕关在历史上露脸的机会并不多。考虑到伊阙的位置过于偏向伊洛盆地的西侧，轘辕关的存在更多是为了加强伊洛盆地东部与颍水河谷间的联系。

在洛阳北部同样有不止一座关口争夺“北大门”之名。在这个方向上，小平津关和孟津关这两座背依邙山、面朝黄河，兼具渡口功能的关口，可以帮助洛阳抵御来自河内地区的威胁。两关之中，小平津关更早出现在中国地缘政治舞台上。从地形图上可以看出，邙山在今洛阳市孟津区境内的走势出现了一个明显的缺口。这个位置，就是当年从洛阳北渡黄河的主通道。

在小平津关故址，当下建置有隶属孟津区的会盟镇老城村。历史上，孟津县城一直坐落于此，只是这样一个背山临河的位置也容易遭受黄河水患的困扰，迫使孟津县城后来搬迁至邙山南麓。至于说当年此地为什么没有取名为“孟津关”，而是叫“小平津关”，是因为当时建置于此的县不叫“孟津”，而叫“平阴”。东汉时的孟津关则位于小平津关以东约12.5千米处（今天孟津区最东端的扣马村）。

孟津一名转自“盟津”二字。三千年前，周武王与八百诸侯正是在孟津一带会盟并渡河攻灭殷商成为天下之主的。当年周军到底从哪个渡口渡过黄河，至今没有定论。从位置上看，小平津关扼守着伊洛盆地西侧通往汉魏洛阳城的通道，而孟津关扼守的则是从偃师进入伊洛盆地东部的通道。二关并存的理由，与伊阙关与轘辕关并立的理由相同。

最后来说说旋门关。现在我们已经知道了，函谷关是洛阳的西大门；伊阙关与轘辕关，以及广成关与大谷关，构成内外两层防线护卫着洛阳的南线安全；小平津关和孟津关则是洛阳的北大门。那么剩下的旋门关，显然就是洛阳的东大门了。洛阳的南、北两线都有不止一个关口争夺洛阳门户的地位，但东大门倒一直只有一个候选地。一定会有人觉得奇怪，既然旋门关位置如此重要，为什么好像从来没听过。那么我们换一个叫法，成皋关有没有听说过？汜水关呢？那“三英战吕布”故事的发生地——虎牢关总听说过吧。

是的，上述几个地名指向的其实都是一个地方，只是时代不同叫法不同而已。由西南向东北方向延伸的嵩山山脉，在伊洛盆地的东侧与黄河几成无缝对接之势。造就济水的荥阳台地，便位于这个山河相接之地的东侧；西侧则是包夹于邙山与嵩山之间的伊洛河谷。台地属性的前者与两山夹一谷属性的后者，分别成就了荥阳与巩义两个当下隶属郑州市的县级市。这意味着，洛阳的东大门既可以选择放在巩义的东侧，也可以放在荥阳的西侧。

由于嵩山西侧的伊洛盆地才是受保护的核心，这道选择题的答案已经没有悬念了。在嵩山东北麓与黄河相接的位置构筑关口，可以让洛阳更多一分安全感。顺着刚才的分析，我们可以在相应位置上找到一个隶属荥阳，名为“汜水镇”的地名，这就是洛阳东大门的所在了。顺便说一下，《三国演义》有很多地理知识方面的错误。误以为汜水关与虎牢关是两座关口就是一例。事实上，历朝历代在此修筑的关城，虽然在具体位置上会出现少许偏差，但基本坐落在相同的位置。

好了，在“洛阳八关”的概念浮出水面之后，伊洛盆地的基本地缘结构也得以厘清。出于对关中平原、洛阳盆地以及崤函通道的保护，与之隔黄河相望、位于河北平原南部的河内地区（河内郡），以及位于山西高原南部的河东地区（河东郡），也被划入了司隶，形成了“三辅”“三河”再加一个弘农郡的行政区划。地缘板块之间的关系，尤其是限于篇幅未能展开分析的，比如河内与河东地区之间的交通，将会结合具体的历史事件加以解读。

第八章

胡马羌笛

——凉州

提到凉州，很多人的脑海中会浮出三个字——“凉州词”。唐诗中以“凉州词”为题的名篇有很多首。最脍炙人口的当数王之涣的“黄河远上白云间，一片孤城万仞山。羌笛何须怨杨柳，春风不度玉门关”，和王翰的“葡萄美酒夜光杯，欲饮琵琶马上催。醉卧沙场君莫笑，古来征战几人回”。之所以都以“凉州词”为名，是因为这些诗句都是为当时流行的曲调《凉州曲》所填的词，而《凉州曲》应该是从凉州传入的。

纵观所有的凉州词，你会发现有两个元素几乎一定会涉及：异域音乐与边塞战事，使得这个位于中央之国核心区最西北的州部，自带一股浪漫和金戈铁马之气。这种混合气质，可以用“胡马羌笛”来概括。尤其在两汉时期，结合了胡、羌两大游牧势力的凉州，成为汉家兴衰的关键。而凉州的两个代表性人物——董卓和马超，让凉州，更让这片西北之地为三国迷们熟知。

凉州的地缘复杂性，首先体现在其地理结构的复杂性上。总体来说，东汉时期的凉州与后来的甘肃省几乎重叠。很多人已经从甘肃省的轮廓感受到了凉州的地理复杂性。这个东西纵横1600多千米，南北最窄处却只有25千米的哑铃状省份，很难不让人为它的稳定性担忧。不过，这里所说的甘肃省，并不是今日的甘肃省，而是清朝时期的甘肃省。从地理结构上来说，无论是东汉时期的凉州，还是清朝时期的甘肃省，都包含了陇东高原、西套平原、陇西（陇右）高原、河西高原、西秦岭山脉、河湟谷地以及河西走廊，共计七大地理单元。

20世纪中叶，西套平原与河湟谷地这两个重要的地理单元被从甘肃划出：前者成为宁夏回族自治区，后者则成为青海省的核心之地。历史上凉州的结构其实比现在的甘肃省更为复杂。

如果按照天下九州的设定，这些归属凉州的地理单元，属于以关中平原为中心的雍州边缘地区。在关中平原成为京畿之地后，上述七大地理单元中并没有一个与之相当的核心板块。除此之外，凉州七大板块之间的地缘属性也有很大的差异。这点从西套、河湟后来的归属也可以看出。相信随着对凉州部分的论述的展开，不仅能够解开三国时代的一些谜团，近两千年后这一行政变迁的地缘背景亦将浮出水面。

第一节 ｜ 陇山左右与祁山的特异性

凉州地区作为古雍州的一部分，其陇西、陇东两个地理单元在先秦时代即已被纳入中央之国的概念中。陇山和祁山这两座与秦国国运密切关联的山，则成为陇西和陇东的地理参照物：陇山分割了陇西、陇东两大高原，而因诸葛亮北伐而广为人知的祁山，则成为陇西乃至黄土高原的南部边界。

先来看看陇东高原的情况。这片与陕北高原一起拱卫关中平原北部的高地，全境被泾水水系覆盖。除少量用来庇护西套和关中平原的边缘山地被划入宁夏和陕西以外，大部由今甘肃省庆阳市与平凉市所辖。水系是划分这两个地区的地理基础。与大多数河流一样，泾水上游同样存在两条难分伯仲的上源。其中南源发源于陇山东北麓，从西南方向流经现在的平凉市；北源发源于陇东高原与鄂尔多斯高原相接之地，向南流淌，成就了现在的庆阳市。两条上源的交汇处则成为当下甘肃与陕西的分界点，而当年凉州与司隶地区间的分野，亦大致遵循此规律。

既然有两条上源，就一定要分出个主次来。早在先秦之时，这场较量就已分出了胜负，夺取泾水正源之名的是平凉境内的南源，而北源在汉代则被称为“泥水”，隋唐时更名为“马莲河”并沿用至今。如果让地理学家来判定的话，长度更占优的北源才应该是泾水的正源。古人更多是从实际价值的角度来认定河流的地位。换句话说，被认定为正源的这条南源，在地缘政治上具有更为重要的意义。

“关中四塞”部分中已经以萧关为例分析过这一点。泾水南源的核心作用，体现在连接了两条通道：一条通往西套平原，另一条通往陇右高原。尤其是前者使得萧关得以压倒陇关，成为关中地区的北大门。不过这并不意味着西套平原比陇右高原更为重要，毕竟后者的安危才直接关系到关中平原乃至整个王朝的存亡。以三国时代来说，诸葛亮的大多数北伐，都试图从陇右攻入关中。

前面说过，比较凉州七大地理单元的潜力，当下并没有鹤立鸡群者。但只从位置上分析，陇右可以算得上是中心板块，因为其余地理单元均环绕在其四周。即使北部的西套平原及西侧的河湟谷地被划出，亦无损陇右的中心地位。陇右高原西端的兰州成为当下甘肃的省会，便是建立在这一基础之上。

与被同一水系所覆盖的陇东高原相比，陇右的情况要复杂许多。作为黄土高原的一部分，整个陇右高原位于青藏高原、内蒙古高原、秦岭以及陇山山脉之间。黄河在它的西侧由青藏高原而下，向东北方向流入河套地区；渭水则由黄土高原的西端，沿秦岭北麓向东流淌，注入关中平原。这使得分布于陇右高原的其他河流要么注入黄河成为其一级支流，要么注入渭水成为黄河的二级支流。

抛开渭水的黄河一级支流的属性，将流经陇西的渭水上游视为一条独立河流的话，依水系归属可以将整个陇西高原分割为两部分，即西北部的黄河流域和东南部的渭水流域。以区位来说，直接拱卫关中平原的是渭水流域。西汉时以之为核心，建置了天水郡，郡治设在平襄县（今通渭县平襄镇）；东汉时则改称为“汉阳郡”，郡治移至冀县（今甘谷县），并在行政区划上做了一定微调。

人口是反映板块潜力的重要指标。作为一个边远州部，凉州的人口根本不能跟东部地区相提并论。凉州被划分为十二个郡国。在天下大乱之前，其人口数量约为50万，其中生活在渭水上游的人口就占三分之一。与之形成鲜明对比的是，陇东（凉州部分）与西套平原的人口相加，亦不过5万左右。需要注意的是，这些人口仅指户籍人口。鉴于凉州的民族成分复杂，肯定会有部分游牧部落未被统计进去。不过在籍人口的比例已经足以证明渭水上游地区之于整个凉州的重要性。

渭水上游之所以如此重要，源于秦人当年对这一地区的开发。秦人的祖先原本生活在山东地区，与殷人同属于东夷体系。因参与了西周初年的“三监之乱”，秦人被迁至陇右的渭水上游地区。从位置上看，这相当于从天下的最东端到了最西端。对于周人来说，这样做的一个好处是，秦人不属于原本在黄土高原威胁关中的西戎体系，只有依附于周人才能够生存。

后来的事情大家也都知道了。尽心帮助周朝抵御西戎的秦人，抓住历史机遇得以进入关中平原，并最终成为关中乃至天下之主。顺便说一下，当年被迫西迁的秦人先祖，并没有全部进入陇右，其中一支落户于山西高原，并趁着“三家分晋”的时机，建立了战国七雄之一的赵国（因此有秦赵同祖一说）。

秦人的龙兴之地被称为“西垂”。这个地名在商周时期，指的是以渭水上游为主体的这部分陇右高原，其核心区大致与现在甘肃省天水市相重合。然而秦人最初的根据地不在渭水流域，而是位于渭水之南的西汉水上游，具体来说是位于现在的甘肃省礼县境内。这片土地在先秦之时被称为“西犬丘”，狭义的西垂亦指向于此。及至秦汉，彰显整个区域地缘属性的“西”字被沿袭下来，建置为西县。

东汉时的汉阳郡相较于西汉时的天水郡，最大的变化便在于渭水之南的上邽（今天水市）与西汉水上游的西县（今礼县）被从西侧的陇西郡划入了汉阳郡范围。天水郡亦因这一调整而更名为汉阳郡。之前提到，现在的汉水在两汉时期被称为沔水，嘉陵江上游的西汉水才是汉朝的汉水。鉴于西县的汉水流域属性，及位于整个郡的最南端，“汉阳”一名可谓名副其实。问题在于，东汉为什么要做这样一个调整。这是否意味着，礼县所在的这条西汉水河谷在地缘政治上有什么特殊的价值呢？

的确如此，只不过不管称这个地区为“西垂”“西犬丘”“西县”，还是“礼县”，都是一片属于长江流域的黄土高原，即使它仍属于陇右高原的一部分。陇右高原可分割为黄河流域和渭水流域的说法在此出现了一个小小的漏洞。在几乎所有人的印象中，黄土高原都是一个纯粹的北方地理概念，且前面也反复强调黄河才是黄土高原的经脉，而充当南北气候分界线的秦岭，有如一道天然长城，将之与长江水系分隔开来。

然而再坚实的城墙也难免有薄弱之处，在西秦岭山脉就存在一个向南凹陷的较大缺口，包含天水市南部与礼县东部一带，其地理学名称为“西秦岭山地间断凹陷地带”。无论从海拔、气候还是土壤性质来说，这个位于西秦岭的凹陷带都与整个陇西高原相一致。换句话说，它是黄土高原的一部分，而不是秦岭的一部分。

问题在于，秦岭在此处向南凹陷，让一直与黄河相安无事的长江有机可乘，得以在这个方向通过西汉水向黄土高原延伸了一个突出部。仔细观察西汉水的走向，你会发现源出当今天水市秦州区南部的西汉水，向西流经礼县县城后开始向南转折。礼县县城所处的这个转折点，可以被视为秦岭与黄土高原地貌的分界点。分界点以西、以南属于秦岭属性的石质山地，并不适合大规模开发；分界点以东，呈现的则是河谷与黄土梁相间的黄土高原地貌，无论生产还是生活条件都比较适宜。

礼县县城以东，这段东西向的西汉水河谷，是这一小片属于长江流域的黄土高原的中轴线。基于其汉水（西汉水）源头的属性，可将之命名为“汉源河谷”。作为秦人的祖地，这一小片三面为秦岭包夹、一面与渭水水系相接的黄土高原，的确很不起眼：汉源河谷的东西长不过30千米。然而它却如一只在亚马孙雨林扇动翅膀的蝴蝶一样，影响了中国历史的进程。

当年秦人被迫迁往西垂之时，原本占据整个陇右黄土地带的是各西戎部落。即使你不知道这些部落的文化特点，也能想象故乡在几千里之外的秦人与他们在各方面都存在明显差异。背井离乡的秦人，选择在黄土高原的边缘地带安顿下来，是为了最大限度地保护自己，最起码遭遇攻击时可以选择遁入秦岭避险。

异族的属性，使得秦人定居汉源河谷后就一直处在与西戎部族的冲突中。秦非子因善于养马，成为周王附庸并带领部分族人迁往陇东之后，留在汉源河谷的秦人还一度被西戎部族驱逐。后在周天子的支援下，秦人得以收复故土，并逐渐成为整个西垂之地的霸主。不过三千年前迁徙到这片边陲之地的秦人，应该没有想到这段汉源河谷的蹉跎岁月，竟然帮助他们在八百年后击败最大的对手楚国，成为天下之主。

无论从土地属性还是气候环境来说，位于秦岭北麓的汉源河谷都属于北方范畴。这使得秦人在扩张时会优先考虑黄土高原方向。不过最初选择定居于此的秦人，应该还不清楚西汉水的最终走向。穿越秦岭之后的西汉水，与从中、西秦岭山脉间流出的故道水汇合，成为纵贯四川盆地东部的嘉陵江，并在重庆境内注入长江。这意味着，汉源河谷与当时被称为“巴蜀之地”的四川盆地之间存在一条天然通道。汉源河谷亦可被视为陇右高原通往四川盆地的走廊。

可以这样说，基于汉源河谷的地理属性，秦人是整个黄土高原，乃至整个北方，地缘上与长江流域最接近的族群。在汉源河谷定居的秦人，无疑会在之后的岁月中，逐渐了解到存在一条能够通往四川盆地的战略通道。

至于秦人到底是什么时候搞清这一点的并不重要，重要的是秦人后来的确利用嘉陵江走廊征服了巴蜀之地。

从地缘政治角度来说，秦楚之争的胜负手是四川盆地。在夺取四川盆地，尤其是以成都平原为核心的蜀地之后，秦军不仅获得了一个巨大的粮仓，更可以顺流而下攻击位于长江中游的楚国。后人对立足于黄土高原的秦人，竟能够抢在楚国的前头占据位于长江上游的蜀地多有困惑。但在了解汉源河谷的长江水系属性，以及秦人在汉源河谷的生存经历后，相信大家定会有许多感慨。如果说当年秦人选择在一片长江流域属性的黄土地上落脚完全出于偶然的话，那么数百年后利用汉源河谷作为进入长江流域的跳板就是无心插柳了。

当历史的车轮驶入三国时代后，汉源河谷及与蜀地相连的嘉陵江走廊，险些再次成为影响天下归属的关键。不同之处在于，这次要利用这条战略通道及汉源河谷的，是来自蜀地的势力。如果你知道汉源河谷代表的这片黄土高原，还有一个更为知名的地标时，就不会为我这样说而惊讶了。对于一条纵横于山区的河流来说，河谷两侧必定存在与之相伴而生的山体。而与汉源河谷相伴而生的这段山体，几乎可以算得上是三国故事中最知名的一座山——祁山（位于河谷的北岸）。

经过《三国演义》的渲染，诸葛亮“六出祁山”的故事可以说家喻户晓。虽然事实上诸葛亮并不是每次北伐都会穿越祁山，但经过前面的分析，大家应该明白祁山或者说汉源河谷的特殊地理属性，足以成为改变蜀汉命运的关键。

第二节　|　河首之地与秦人在陇右的扩张

尽管秦人早在三千年前就已经在陇右立足，但直到秦始皇统一天下前，秦人都未能控制整个陇右高原。这一点可以从秦昭襄王长城的走势看出。历史上秦国两次大规模修筑长城。一次是公元前272年，当时的秦昭襄王攻灭了盘踞陇东高原的义渠戎，消灭了秦国在黄土高原上的最大威胁。整座长城自陇右高原中部，经萧关北入陇东高原北部，并向陕北高原北部延伸，这便是又被称为"战国秦长城"的秦昭襄王长城。另一次就是半个多世纪后（公元前215年）秦始皇派蒙恬所筑的秦长城，主要是将原来的秦、燕、赵长城连起来，构筑成一条完整的西北防线。

秦昭襄王长城的走向可以帮助探究战国时期秦国在陇右的势力范围。纵观秦昭襄王长城在陇右高原的走势，你会发现它大体就是沿着渭水与黄河的分水岭在延伸，将西垂之地及跨越陇山的萧关、陇关置于身后。不过，总的来说，这条西南东北走向的分水岭，防御的方向还是北方。想要将秦国完全置于长城的保护下，还需要有一段能够与秦岭紧密相连的南北向长城，充当秦国的西大门。

一条北向注入黄河的河流——洮河的沿岸，成了秦国西大门的选址。

在黄河的一级支流中，洮河是仅次于渭水的第二大河流。如果说渭水能够在这场比拼中拔得头筹，是因为黄土高原和秦岭的贡献，那么成就洮河的主要是青藏高原。洮河发源于青海省黄南藏族自治州河南蒙古族自治县的西倾山东麓（西倾山为昆仑山脉的最东端山体），向东流淌400余千米，然后在岷山与秦岭相接处的甘肃省岷县转而向北，从青藏高原与秦岭间的裂隙穿出，进入黄土高原，并于今甘肃省永靖县注入黄河。

公元前4世纪初，一直在渭水流域苦心经营的秦国，终于溯渭水而上，扩张至与渭水源头近在咫尺的洮河下游地区。原本生活在洮河河谷的是一支被称为“狄戎”的部落。之所以用这个兼具南北属性的名字，是因为狄戎与秦人一样，并不属于西戎民族，而是周初时从晋陕大峡谷一带迁居来的。这意味着，按照“华夷五方”的定义，其原本属于北狄。

基于这一历史背景，秦人在征服狄戎之后，将在洮河下游建置的行政单位命名为“狄道”，当下为甘肃省临洮县。为了将洮河打造成秦国的西部防线，秦人还在位于洮河中下游的分界点，也就是今岷县，设置了一个行政单位。容易引发混淆的是，秦人在今岷县位置上建置的行政单位，才是最初的临洮，及至三国时代，仍在沿用这一地名。诸如此类地名易位在历史上十分常见，其理由大致都与前面分析过的武昌的沿革类似。

相比之下探究这一地区的沿革，更吸引我们目光的还是秦国对洮河河谷的经营。对于一直担忧西境安全的秦国来说，南北向的洮河是一条不错的天然屏障。为了增强其防御，秦国在修筑战国长城时，将当时的临洮（岷县）定为起点，沿洮河东岸修建长城，并一直向北延伸至狄道北，然后转向东南方向，与沿黄河、渭水分水岭修建，直至渭水源头处的长城相接。

依托洮河河谷及河渭分水岭，秦国打造了一条能够从西方和北方抵御戎狄攻击的坚固防线。但这样的设计也告诉我们，秦国当时并没有控制整个陇右高原。从地理角度来说，如果想将陇山以西那些适合耕种的黄土地尽数纳入版图的话，需要将防线推进至黄河沿岸。以秦国在战国后期的实力来说，并非做不到这点。问题在于，秦国在陇右的一系列军事行动的战略目标，只是为了消除西部游牧部族对关中平原的威胁，然后集中全力与关东诸侯博弈。这一目标在击败义渠戎并修筑陇右长城后就已经达到了。

统一天下之后，秦朝终于可以认真考虑将防线继续向陇右高原边缘推进。要做到这点，首先要做的就是跨越洮河长城，向洮河以西的地区扩张。虽然已经无限接近青藏高原，但狄道所处的洮河下游河谷并非青藏高原与黄土高原的分界线。换句话说，在洮河以西与青藏高原之间，还存在一小块黄土高原性质的土地。汉源河谷的经验告诉我们，越是这种靠近大板块相接之地的小地理单元，越有可能发挥独特的地缘政治作用。

三个位于青藏高原与黄土高原交界处的地点，可以帮助大家定义这个小地理单元的区位特点。洮河流出青藏高原的峡谷口被称为“上峡门”（今属甘肃省渭源县）。在这个地貌分界点西北约100千米处，黄河做出了同样的选择，开始由青藏高原奔流而下，进入黄土高原。这处分界点就是积石峡。在积石峡与上峡门，或者说黄河与洮河中间，还存在一条同样从青藏高原流出，进入黄土高原的河流——大夏河。其河道在两大高原间的分界点被称为“土门关”。

积石峡、土门关、上峡门三个节点，将黄河与洮河之间的青藏高原边缘山体分割为两段。其中，位于积石峡与土门关之间的山体被命名为“积石山”，上峡门与土门关之间的山体则被称为“太子山”。为了行文方便，整段山体可合称为“积石—太子山”。整段山体的特别之处在于，与青藏高原的边缘整体呈现的向外凸起状不同，在积石—太子山处，这条优美的边缘弧线却呈现反转之态，使得黄河、洮河与积石—太子山之间，合围出一块类盆地状的山前凹陷区，鉴于这一区域当下的行政主体为甘肃省临夏回族自治州，这块凹陷区在地理学上被命名为“临夏盆地”。

以盆地来命名这片土地其实是有些勉强的。一方面是因为其与黄土高原相接的东缘和北缘的地势与腹地的高差并不明显；另一方面是因为整个区域内部并没有形成大片的冲积平原，而是呈现出沟壑纵横的景象。不过这并不妨碍我们在地形图上一眼就找到这个略向青藏高原方向凹陷的低地区。当然，这里说的低是相对于青藏高原，若是与陇西高原的其他区域相比，其平均海拔则要高出不少。以整个板块的中心地区临夏市为例，其海拔接近2000米，而渭水流域的天水市，其海拔已降至1100米。

总体上说，临夏盆地属于青藏高原与黄土高原的过渡地带。这种过渡性不仅体现在海拔上，更体现在农业条件上。其农业条件较身后的青藏高原地区要好上许多，但与黄土高原相比又大为逊色。这使得临夏盆地与那些标准农业区相比，会混合更多的畜牧业成分。此外，观察甘肃省的行政区划，你会发现临夏回族自治州并不是这个省份最西南部的地级行政区。在它的南侧，甘肃省还管理着甘南藏族自治州，而当地已属于青藏高原。

积石—太子山在充当青藏高原边缘的同时，也充当着临夏与甘南的行政分界线。基于这一区位，积石—太子山身后这片为甘肃所辖的青藏高原，被称为"甘南高原"。反观在临夏盆地的东北边和北边，是同样隶属甘肃的定西市和兰州市。再结合整个区域的地理环境、相关民族在生产方式上的特点，你会发现青藏高原、黄土高原之间的地理差异，包括临夏盆地的地理过渡性，在当下的地缘政治层面得到了有效映射。

回到2200年前。当时跨过洮河的秦朝，在位于临夏盆地中部的大夏河畔建置了枹（fú）罕县，即今临夏市的前身。此后，在秦朝的版图上，枹罕取代了洮河右岸的狄道，成为中央之国的西北边陲。然而用太过古老的枹罕或如今的临夏来命名这片土地都不是最合适的。想让那个最合适的地名浮出水面，就要先了解一下积石峡和积石山在古人心目中的定位。

积石山之名源自于《禹贡》和《史记》中记载的大禹治水时采用的

“导河积石”之法。本着治水应从源头处治理的思路，古人曾试图通过寻找黄河源头的方式，找到大禹治水的起点。而积石山和积石峡之所以得名，便是因为古人在无法深入青藏高原考察黄河源头的情况下，将两大高原的分界点，笼统地认定为黄河的出处。至于积石山身后的黄河水又是从何而来，用一句浪漫的“黄河之水天上来”或可以解释。

积石山的河源定位，为临夏盆地在两汉时赢得了一个听起来地位极高的地名——河首。“河”为黄河，“首”则是源头之意。三国时代，枹罕县所在的河首地区出现了一个隶属凉州军事集团的军阀宋扬。这个后来被夏侯渊攻灭的小军阀，当时自号为“河首平汉王”。

通过上述解读大家应该清楚了，不管是秦人建置的枹罕县还是现在的临夏市，抑或汉代所称的“河首”，指向的都是以大夏河为中心，由黄河和洮河包夹而成的这一小片黄土高原。有趣的是，处于中央之国核心区边缘的几个枢纽板块，如河套、河湟、河西，名字中都有一个“河”字。单纯从地理位置和地貌上看，河首地区与上述几个枢纽板块有着相似之处：它们都处在农牧交错带，又与一个大的边缘板块紧密相连，比如河套地区连接着蒙古高原，河西则指向西域。

然而历史上河首地区的地位算不上高，并没有成为中原王朝向青藏高原渗透的桥头堡。这是因为有一片与河首地区接壤，但更深入青藏高原腹地的土地承担了这一重任。这片土地就是与河首地区隔黄河与积石峡相望的河湟谷地。好在整个河湟谷地已经在汉武帝时期，伴随着汉朝与匈奴的战争被划归凉州，使得我们能够在本章中看到这个枢纽板块的出场。

秦始皇扩张西部边界时，还没有思考到这一步。积石峡以东的黄河河道，才是新陇右防线的所在。这倒也不能说秦始皇的眼光不够长远。要知道，汉朝也是立国后76年（公元前126年），通过张骞了解西域的地理、地缘情况后，才提出了“断匈奴右臂”的战略计划，并渡过黄河争夺河湟、河西地区的。如果秦王朝不是“二世而亡”的话，原本就视陇右为祖地的秦人或许会比汉朝更早一步向西扩张。

事实上，汉朝在建立之初设立的大多数行政单位都直接沿袭自秦朝，其版图甚至一度收缩了不少。只是鉴于秦朝国祚实在太短，这种继承关系必须有赖新的考古发现才能够坐实，这一点在陇右高原的黄河流域表现得尤为明显，以至在枹罕以东的陇右高原上，目前还暂时无法确定有多少始建于秦朝的行政单位。

河流能够帮我们推断出秦始皇是如何向西扩张的。除去规模较小的河流以外，洮河以东还有一条较大的河流北向汇入黄河，名为“祖厉河”。其右岸支流源出宁夏境内的崛吴山，连接着陇山山脉与祁连山脉；左岸支流则与洮水隔分水岭相望。可以这样说，不考虑大夏河、西汉水源头这些规模较小的水系的话，整个陇右高原的大部被渭水、洮河和祖厉河所覆盖。

“祖厉河”之名，源自西汉在祖厉河下游建置的祖厉县，其位置在今甘肃省会宁县。选择这个位置设县，是因为此处是祖厉河的上源——祖水和厉水的交汇之处。与只贡献了上游的渭水和只有下游在陇右高原的洮水相比，祖厉河虽然流程最短（干流全长只有224千米），但胜在全部位于陇右高原境内，从流域覆盖面积来说，甚至比洮水在陇右的部分还要大。在汉代丝绸之路开通后，如果选择萧关道，那么在穿越陇右高原时主要借助的就是祖厉河水系；要是选择陇关道，这一任务则由渭水和洮河来接力完成。

当秦朝试图向西扩张时，其遵循的路线大体是由狄道而起，沿洮水下游至河口处的永靖县，然后沿黄河南岸经行兰州，至祖厉河口再溯河而上，最终与秦昭襄王长城相接，形成一个外延至黄河的新缓冲区。只是考虑到黄河本身就是一道天然屏障，这条新防线没有以长城的形式呈现出来。

枹罕县的设立，以及将防线扩张至黄河之滨的做法，在行政区划上体现为西起黄河、东至陇山、南至秦岭的陇西郡，在流域上，包括了渭水上游，洮河下游，以及西汉水上游。至于祖厉河流域，则与泾水上游及西套平原一起，建置了横跨六盘山脉的北地郡。问题在于，及至两汉，祖厉河乃至整个陇右高原的行政区划又发生了两次大的变化。频繁调整的背后，是西套、河西、河湟三个原本为游牧民族控制的板块，在汉代相继被纳入中央之国的范畴。

第三节 | 西套平原与宁夏东部瀚海

俗语云“黄河百害，唯富一套”。河套平原无疑是黄河上游最受关注的地理单元，历史上，围绕着这片被黄河水浸润的土地，中原王朝与游牧民族之间爆发了无数次战争。狭义地讲，河套平原仅指后套平原，以巴彦淖尔市为中心，广义上还包括东部的前套平原（也称土默川平原），和南部的银川平原（也称西套平原）。前套平原与后套平原也合称为“东套平原”。

从位置上看，东、西套平原都位于黄河那个著名的“几”字弯之侧；从大的板块来说，处在内蒙古高原与鄂尔多斯高原之间的夹缝处。整个区域远离海洋，来自西太平洋的湿润夏季风吹拂至此已成强弩之末，使得位于河套外围的内蒙古高原平均年降水量少于400毫米，在气候上被归类为干燥少雨的温带大陆性气候。相比之下，位于“几”字弯腹地的鄂尔多斯高原的定位则有些模糊。很多时候它被视为黄土高原和温带季风气候区的一部分，但与周边黄土地貌的山西高原、陕北高原、陇东高原和陇右高原相比，平均海拔要更低，地势也更为平缓。这使得鄂尔多斯高原能聚拢的水汽要少于那些在海陆距离和海拔上都更占优势的邻居们。

相对低平的地势以及更偏向大陆腹地的位置，不仅让鄂尔多斯高原较少受到东南季风的垂青，还和蒙古高原一样更多受到干冷的西北季风的影响。在亚洲东部，季风分为两种：西北季风和东南季风。所谓季风气候与大陆气候的区别，其实就在于更多受哪种季风影响。受东南季风的影响越小，受西北季风的影响越大，气候上越偏向于大陆性。不过寒冷而又猛烈的西北季风也并非一无是处。除了帮助进入工业时代的华北地区吹散冬季的雾霾，它对中央之国更为深远的影响，是将欧亚大陆腹地风化形成的黄土，默默地向东搬运至黄土高原。

从蒙古高原及西域地区吹来的黄土，到达黄土高原地区后因山脉的阻滞降落在地面上，经年累月便形成了厚厚的黄土层，其中较重的沙粒沉积在内蒙古高原西南部那些地势平缓的台地上。位于贺兰山以西的这片蒙古高原便是这些沙粒的重要集中地，这片当下划归内蒙古自治区阿拉善盟的蒙古高原，被称为“阿拉善高原”。作为蒙古高原最南端的板块，阿拉善高原地缘属性的形成与贺兰山有着很大的关联。“贺兰”一名源自突厥语中的异兽“驳马”。这种异兽外形似马，额生独角，凶猛异常。真正值得关注的是“阿拉善”之名，所谓阿拉善其实就是“贺兰山”一词的蒙古语发音再转译回汉语。

在当代中国的范围内，成片的沙漠总共有八处。其中分布在阿拉善高原腹地的就有三处，由西至东依次为巴丹吉林沙漠、腾格里沙漠以及乌兰布和沙漠，由于都位于阿拉善高原，又被合称为“阿拉善沙漠”。整个沙漠地带西起古称“弱水”的黑河，东至“贺兰山”西麓与阴山山脉西南，面积总计约8万平方千米。

贺兰山及阴山山脉最西端的狼山，客观上形成了一道天然的防沙墙，阻止来自西北的沙粒侵入西套平原和鄂尔多斯高原。这些被山地阻隔的沙粒亦因此沉积在阿拉善高原相对低陷的腹地。然而这道防沙墙是不完整的，因为贺兰山并没有向北延伸，与狼山连为一体，这造成了贺兰山与阴山山脉之间出现了一个宽约100千米的缺口。从这个缺口吹入鄂尔多斯高原的强风，对地表土壤的破坏也较其他区位更为严重。当下分别位于鄂尔多斯高原北部和东部的库布齐沙漠和毛乌素沙漠，其形成就与这一地理结构不无关系。

由于鄂尔多斯高原气候干旱、土地沙化且地势平缓，能够在鄂尔多斯高原顽强生长的植被主要是耐旱的草本植物和灌木。就此而言，也可将这片土地称为“鄂尔多斯草原”。大家不要一提到草原就联想到“风吹草低现牛羊”的美景，事实上，这种水草丰美的景象在整个亚洲地区也不多见。亚洲的草原有很大比例是平均年降水量在150～250毫米区间的荒漠草原。鄂尔多斯草原除了东、南部与黄土高原接壤的边缘地区平均年降水量有机会超过250毫米以外，大部分都处于这个区间。不论草场质量如何，在自然经济时代，这样的环境都不适于发展农业，因此能够真正成为鄂尔多斯草原主人的，只是那些能够适应游牧生活的部族。

在一片干旱的土地上，山地能够显现出更多价值。以凉州板块的西套平原为例，贺兰山脉起到的作用不仅仅是阻止来自西北方向的风沙侵蚀，相对平缓的地势还使得黄河的流速降低，得以在贺兰山与鄂尔多斯高原之间成就一片可农可牧之地。因全境处于宁夏境内，这片河套之地又被称为“宁夏平原”。容易被忽视的是，西套平原并不是一个整体，而是被分为两大块——北部的银川平原和西南部的中卫平原。

银川平原位于贺兰山主脉与鄂尔多斯高原的包夹之中，是西套平原的主体，行政上归属银川、石嘴山和吴忠三市。之所以用“银川”命名，不仅因为这座城市位于平原中心，而且还是自治区首府。需要注意的是，很多时候银川平原会与宁夏平原/西套平原画等号，但实际情况是，在宁夏的西南部，贺兰山余脉与黄土高原还包夹出一块面积较小且相对独立的平原。当下在此建置有地级市中卫市，在没有其他城市与之竞争的情况下，我们可将之命名为“中卫平原”或者“中卫盆地”。

相比体量更大且受贺兰山主脉保护的银川平原，中卫平原与阿拉善沙漠的接触要更亲密。正因为如此，将之与阿拉善高原隔开来的贺兰山余脉在历史上被称为“鸣沙山”，而横穿中卫平原的这段黄河则被命名为“鸣沙河”。如果大家在翻阅历史书时看到这两个地理标签，且事件发生地位于这一区域的话，那么就会知道它们所指的是中卫平原。

上述划分意味着，西套平原应该是由银川平原与中卫平原组合而成的。中卫平原与银川平原间存在明显的地理间隔。东流至此的黄河在周边高地的挤压之下，在二者的分隔点开始转向东北方向，通过两块平原的走势也可看出不同：银川平原呈南北走向，中卫平原则呈东西走向。

还有一个方法可以帮助大家定义银川平原和中卫平原的位置，也包括宁夏各板块。很多人应该已经注意到了，宁夏的轮廓有点类似于一个变形的十字架。这个十字架上半部的主体即为银川平原与贺兰山主体，左半部的主体则是中卫平原和陇右高原的边缘。这里将中卫平原和银川平原的概念从西套平原中独立出来，可以帮助我们更详尽地分析西套平原与黄土高原的地缘关系。

单从自然降水来说，西套平原本应该是一片荒漠草原，其平均年降水量只有150～200毫米。但在贺兰山和黄河水的帮助下，西套平原除了不缺少地表水以外，空气湿度也可常年保持在60%～70%左右。由于处在乌兰布和、库布其、腾格里、毛乌素等沙漠的包围中，西套平原比东套平原更具沙漠绿洲的色彩。这样一片孤独的绿洲，既能够成为黄土高原的农业民族或蒙古高原的游牧民族扩张的跳板，也能在特定历史条件下（比如动荡时期）彰显独立性或者自治性。这也能够解释为什么匈奴和西夏这两个有些特别的政治体，能够依托西套平原出现在中国历史中。

居无定所的游牧民族，穿越荒漠、半荒漠地区进入西套平原并不存在特别的障碍。但对习惯步步为营、战略上处于防御姿态的中原王朝来说，想要控制这片绿洲，就要颇费些心思了。从地理格局来看，起码要完全控制陇右、陇东两大高原之后，才有可能打通通往西套平原的战略通道。对陇右高原的控制尤为重要。贺兰山的走势决定了只拥有陇东高原是无法建立对西套平原牢固的控制的。

严格来说，贺兰山并不是南北走向，而是沿黄河西岸向西南方向延伸。这也是为什么贺兰山余脉能够在陇山之西，与黄土高原合围出一块东西走向的中卫平原，同时与陇东高原之间拉开了一定距离。这一地理结构决定了，如果中原王朝能够完全控制陇右高原，就能够获得一条直接通向西套平原的战略通道。若从陇东高原出发的话，则必须穿越游牧民族占据优势的鄂尔多斯高原。没有完全控制陇右的秦昭襄王只能从陇右高原中部开始，沿陇东、陕北高原的边缘修筑长城，而统一天下之后的秦朝则可以将陇右的防线推进至黄河一线的同时，将西套平原纳入帝国的版图。

充当西套平原与陇东高原连接部的，是鄂尔多斯高原的西南角。历史上，这个位于西套平原东南的区域，曾经有一个看起来辽阔湿润的名称——瀚海。不过，游牧民族口中的“瀚海”一词来自突厥语，指的可不是什么水泽之地，而是无边无际的荒漠、半荒漠。最有名的瀚海位于蒙古国南部，将整个蒙古高原分成南、北两部分。这片总面积达130万平方千米的干旱土地，又被称为“大戈壁”。

插入西套平原与陇东高原之间的这片瀚海，面积并没有这么大，当下已成为宁夏与内蒙古的东部边界。如果把当下的行政区划与地理结构对应来看，鄂尔多斯高原唯一没有划归内蒙古鄂尔多斯市的部分，正是这片位于宁夏东部的瀚海。为了与历史上出现的其他瀚海相区别，我们可以依据其现在的行政区划称之为“宁夏东部瀚海”。

从地缘政治上看，宁夏东部瀚海成为宁夏而不是内蒙古的一部分，是中原王朝与北方游牧民族长期博弈的结果。如果不是20世纪中叶建立内蒙古自治区的话，它本应该和陇右、陇东两大高原的主体一样划归甘肃。这一行政沿革在彰显了西套平原中央之国核心区属性之余，也凸显了其地缘上的独立性甚至孤立性。

从位置上看，宁夏东部瀚海所覆盖的区域，位于宁夏十字结构的东部，与西部的中卫平原相对。为了保卫纵横其间的交通线，当年控制了西套平原的明朝，将沿陕北高原边缘修筑的长城在此转向西北方向，由陕西省定边县向银川方向延伸。内蒙古与宁夏在当地的行政分界线便是大致沿明长城线划定的。这两条连线的存在，也帮助我们确定了宁夏东部瀚海的东北边界。

在当下的行政区划中，宁夏东部瀚海大部为宁夏回族自治区吴忠市所辖，小部分为银川的灵武市所辖。整个地区最著名的土特产是荒漠草原出产的宁夏滩羊，也成为对当地自然环境更直观的反映。从位置上看，与宁夏东部瀚海相接的是陇东高原。中原王朝由这个方向开辟一条战略通道的话，可以直通西套平原的核心——银川平原。问题在于，中原王朝固然可以由关中平原北上，沿泾水上游进行农业开发，不断接近宁夏东部瀚海，但要开辟一条连接银川平原的稳定通道则并非易事。

长城除了提供防御功能以外，也可承担交通线的职责。明代从银川至定西的长城沿线修筑的军事城堡也有交通中继站的作用。若要长期控制一片土地，最重要的是能自给自足。而一条修筑在荒漠草原上的长城最缺乏的就是这一点。要想吸引人口和提高控制力，在陇东高原与银川平原之间构筑一条稳定的战略通道，还得寄希望于天然河流。

依宁夏东部瀚海东南高、西北低的地势来说，我们需要寻找的是一条发源于陇东高原边缘，在银川平原东部向北注入黄河的河流。在这样一片干旱的土地上，到底存不存在这样一条河流呢？答案是肯定的。它的名字叫作“苦水河”。西汉曾在苦水河汇入黄河的河口处设立灵州县，并在后来的历史中沿用下来。这条河流还曾被称为“灵州川”（另有“山水河”“安乐川”和“洛浦河”等名）。

值得一提的是，灵州原名“灵洲”，显示其原始地理属性是位于河口的“水中之陆”。在已经解读过的内容中，因相同理由而得名的还有株洲，只不过株洲登上地缘政治舞台的时间实在太晚，还没来得及衍化成带有行政属性的“州”。充沛的水资源在提高灵州地缘潜力的同时，也带来了不稳定性。历史上，灵州的位置曾经因黄河改道而三次迁移。时至今日，古灵州的继承者灵武市，已向东北方向偏移至更靠近鄂尔多斯高原的位置了。

第四节 | 宁夏南部高原与清水河

灵州川的存在能够帮助中原王朝在步出陇东高原后，穿越这片荒漠草原直抵银川平原。在灵州川的南面，有一条与之源头接近但流向相反的河流，帮助整条战略通道纵贯陇东高原。循着这一方向出现在视野中的河流名叫环江，属于马莲河上游。而司隶部分已经解读过，马莲河的地理身份是泾水北源。理顺了这些水系的关系，一条从长安出发沿泾水而上，溯马莲河、环江，下灵州川，纵贯宁夏东部瀚海直抵西套平原的交通线便跃然纸上了。

正是有了灵州川的联结，西套平原与马莲河流域才能够在行政上融为一体。以马莲河—灵州川—黄河为轴线，两汉建置了包括银川平原和半个陇东高原的北地郡。区别在于西汉时期，北地郡与大部分东套平原和鄂尔多斯高原一起，归属于朔方刺史部，而在东汉撤销朔方刺史部后，北地郡成了凉州最东部的行政单位，并成为后来甘肃省在陇东高原存在的开始。

灵州川这个历史地名固然能够帮助我们了解这条河流的地缘政治价值，但它的另一个名字“苦水河”却让人对这条战略走廊的稳定性感到一丝隐忧。在中央之国的范围内，并不只有一条苦水河。以此为名的河流，都因干旱环境导致蒸发量大，河水的矿物质含量偏高（因此口感苦涩）。这意味着穿越宁夏东部瀚海的苦水河，作为西套平原与陇东高原战略走廊着实有些勉强，最起码很难依托这样一条水质偏差、径流量不够大的河流打造出一条农业走廊来。

那么，西套平原与黄土高原之间就不存在稳定的通道吗？当然不是。前面也说了，二者的联结呈现出西密东疏的结构。从位于宁夏同心县、盐池县交界处的苦水河谷，向西驱车约100千米进入同心县城所在的谷地，你会发现一条名字中就充满希望的河流——清水河（汉朝名为“乌水”）。这条发源于六盘山北麓向北注入中卫平原的河流，其干流河谷正处于陇东、陇右两大高原之间的裂隙。依托两大山地，清水河谷的环境较苦水河要好一些。

不过以清水河谷的情况来说，上游固原境内的平均年降水量，还能勉强达到400毫米年等降水量线的要求，而中游的同心县就不到300毫米了。在西北干旱地区，蒸发量总会比降水量高出七八倍，甚至超过10倍。而在中东部地区二者要接近得多，甚至降水量还要高于蒸发量。

这里说的蒸发量，准确地说是“潜在蒸发量”，是将水放在蒸发器里测定的结果。实际蒸发量会大大小于测定出来的数值，除极端沙漠环境外，地表水亦不可能全部被蒸发。蒸发量与降水量的差值，更多是帮助我们从数据上认知一个地区的干旱程度。不幸的是，降水量越稀少的地区，潜在蒸发量越高。

这使得我们在衡量一个地区的干旱程度时，一般只需参考降水量就行了。结合自然植被状态和农业需求总结出来的400毫米年等降水量线，则是一条很有价值的分界线：在这条分界线两端，无论干旱还是湿润环境，呈现的都是加剧状态。越是干旱地区，潜在蒸发量超出降水量的比例越大；越是湿润地区，降水量越是能压倒蒸发量。

这种马太效应的形成原因其实也很简单：降水少是因为缺乏水汽和雨

云，而没有了云层的遮盖，阳光又会加剧地表水的蒸发。当然，阳光同样是农业和植被生长所需的必要条件。只要能解决水的问题，这种日照充足的干旱地区，往往能种出更优质的农产品来。考察清水河口所处的中卫平原，你会发现其平均年降水量比清水河中上游地区更低，只有不到200毫米，潜在蒸发量则高达将近2000毫米。只不过前者有源自青藏高原的黄河水浸润，不用像后者那样靠天吃饭罢了。

因此尝试从外部引水改造一片干旱之地时，如果不考虑输送、灌溉中的蒸发量问题，将会造成极大浪费。从这一角度说，要是人类哪天有能力建立一条空中水汽走廊，将东南部的雨云输向西北，倒真是可以从根本上解决中国西北的干旱问题。只是这么做会不会引发新的环境问题，就无从知晓了。

让我们继续考察清水河谷。源出六盘山北、河口位于中卫平原（具体是中卫市中宁县）的清水河谷，形成了一条关中平原通往西套平原的战略通道。两千多年前，从关中平原起程的汉军，可以沿泾水向西，北出萧关后再沿清水河谷一路向北进，进入中卫平原。围绕着进入中卫平原的战略走廊，东汉建置了同样隶属凉州的安定郡。如果说北地郡的地理结构可以概括为马莲河、苦水河加银川平原，那么安定郡的结构则是泾水南源（正源）、清水河加中卫平原。

对于中原王朝来说，清水河的存在并不仅仅是提供一条战略通道那么简单。整个清水河干流河谷宛如陇山的北延伸线，而整个清水河流域也基本分布在黄土高原上。从这个角度看，陇山和清水河谷似乎可以被认定为陇东、陇右两大高原的分界线，不过基于其地缘位置的独特性，我们更应该将之视为一个独立板块。由于陇山和清水河谷当下大部属宁夏管辖，我们可以称其为“宁夏南部高原”。宁夏十字架结构的前三部分：上半部的银川平原、左半部的中卫平原以及右半部的宁夏东部瀚海都已经悉数出场。这最后一块拼图就是清水河水系覆盖的宁夏南部高原。

以清水河谷为轴线的话，宁夏南部高原呈现出西大东小的结构。也就是说，清水河左岸与陇西高原相接的这部分黄土高原，面积要远大于其右岸与陇东高原相接的部分。在清水河左岸，划分宁夏南部高原与陇右高原的是崛吴山。说起崛吴山，就必须先交代一下两条山脉——陇山和祁连山。陇山山脉的情况前面已经交代过，这是一条从关中平原西端开始向北延伸的秦岭支脉。除此之外，这条山脉也可称为“六盘山脉”。一定要再细分的话，陕西、甘肃境内的南段为陇山，宁夏境内的部分可称为六盘山。

祁连山脉是构成青藏高原东北边缘的重要山脉，也是后面即将展开论述的河西走廊的依靠。从位置上看，陇山山脉位于陇右高原东边缘，祁连山脉止于黄河之西，隔着整个陇右高原的二者看起来不太可能有交集。然而在地质活动的作用下，斜穿黄土高原北部的崛吴山成了两山之间的连接。这片山地还是祖厉河与清水河的分水岭，以及宁夏南部高原与陇右高原的分界线。

宁夏南部高原插入陇东、陇西之间，意味着中原王朝既可以从陇东高原，也可以从陇右高原切入清水河谷，打通前往中卫平原的战略通道，使得宁夏东部瀚海与宁夏南部高原一起，成为中原王朝和游牧民族争夺西套平原的战场。前者的荒漠草原属性，使得游牧民族在宁夏东部瀚海更占优势；后者的黄土高原属性，又使得中原王朝有机会在宁夏南部高原建立直抵中卫平原的农业带。

不过，宁夏高原的气候环境不利于中原王朝的控制。清水河偏西北向的走势告诉我们，高原的迎风面整体朝着西北季风的方向。祖厉河与洮河虽然在崛吴山之南，流向大致相同，但旁边的青藏高原可以帮助阻挡西北季风的部分影响，并在其上空聚拢来自东南方向的水汽。相比之下，宁夏南部高原面临的局面就要严峻许多，要直面从阿拉善高原上吹来的干燥西风。这使得整个高原地区的生态环境十分脆弱，很容易因过度的农业开发而受到破坏。

单从降水来说，宁夏的四大板块都属于干旱环境，自然降水呈现从东南部向西北部逐渐递减的态势。与有黄河水加持的西套平原相比，无论是宁夏南部高原还是宁夏东部瀚海都只能靠天吃饭。不过对于试图割据西套平原与中原王朝对抗的政权来说，这种结构倒未必是坏事，它能够让习惯步步为营的中原王朝在觊觎西套平原之前，必须穿越一片农业潜力不足的土地。

关于作为西套平原缓冲区的干旱土地，还有一个名字可以帮助我们加深认知。1972年，联合国有关机构认定的“不适宜人类居住地区”名单中，曾有一个叫作“西海固”的地方。“西海固”即指宁夏南部的西吉、海原、固原（现为固原市原州区）三个县，20世纪80年代成为国家区域扶贫开发试验区，范围除上述三地外，还包括周边的隆德、彭阳、泾源三县。虽行政隶属屡有调整，但地理区域未变。当你在地图上将它们一一标出后会发现，这片因干旱而被认定不适合人居的土地，指向的就是宁夏南部高原和宁夏东部瀚海。（依靠从黄河引水以及植树造林，如今这里的生态环境已经得到了一定改善。）

中央之国的范围扩张至宁夏地区始于秦朝。继承赵国遗产并将长城防线北移至阴山山脉的秦始皇，没有理由把对关中平原威胁更大的西套平原留给游牧民族。“徙民实边”是历代王朝开发边缘地区的基本手段，尤其是那些有机会进行农业开发的土地。然而由于秦朝存续的时间太短，当时被强制迁往河套地区的移民，在关东发生动乱后很快逃回了内地，使得以匈奴为代表的北方游牧民族重新控制了这片土地。

直到汉武帝时期，中央之国才从游牧民族手中夺回了包括前套平原、后套平原和西套平原在内的河套地区，并重新开始大规模移民。只是这片土地终究是处在农牧交错带，一旦中原发生战乱便极易被放弃。在两汉交替以及东汉末年，这种情况两度发生，使得后来曹魏的版图中已经不包括河套地区。与之前情况有所不同的是，此时在河套填补真空的，并不只有来自北方蒙古草原的游牧民族，还包括来自黄土高原以西的戎族后裔。由于难以厘清他们的来源，这些混居于河套地区的民族被统称为“羌胡”。

东夷、西戎、南蛮、北狄是先秦时华夏族对周边未开化民族的代称。这一称谓在进入秦汉之际开始发生变化。羌开始取代戎成为西部游牧民族的代称，胡也取代狄成为北方游牧民族的代称。羌与戎的含义相当，在商朝时用来代指中原以西的部族。也可以说，在商人的概念中，周人最初也是西羌的成员。也许是因为这个原因，周人开始用戎取代羌，以将自己和这些远亲区别开来。至于胡，则有可能来自匈奴人的自称。鉴于匈奴在历史上第一次统一蒙古草原诸部，这个自称在后来的历史中便成为所有北方民族的代称。

以在中央之国地缘政治舞台上的表现来说，西羌并不如北胡那么亮眼，但东汉和三国时代却是羌系民族活动的高峰。大家熟知的马超、姜维等三国名将，都与之有千丝万缕的联系。董卓也是在进剿凉州羌乱时乘机坐大的。接下来，随着对河湟谷地的论述的展开，我们会进一步了解这些羌系部落的前世今生。

第五节 ｜ 河湟谷地

无论你把中央之国西边的部族叫作“西戎”还是“西羌”，他们最初都是生活在黄土高原之上。经过西周与东周的兼并重组后，黄土高原已逐渐成为“华夏”的一部分。当然，如果追根溯源的话，无论是传说中的黄帝还是周人，其实都脱胎于西羌民族。他们率先进入文明序列后，通过结盟和战争，仍不断从这些远亲当中吸收新鲜血液。

并不是所有的西羌部落都愿意成为华夏的一员。西汉初年，那些仍然自成一体的西羌部落，其活动范围已经被挤压至黄河以西地区。在西羌的活动区域中，尤以位于青海省东北部的河湟谷地最为重要。这个嵌入青藏高原的板块，向东与隶属甘肃的陇右高原接壤，包括如今西宁市所辖的五区二县（城东区、城中区、城西区、城北区和湟中区，以及湟源县和大通回族土族自治县）和海东市所辖的两区四县（乐都区、平安区、互助土族自治县、民和回族土族自治县、化隆回族自治县、循化撒拉族自治县）以及黄南藏族自治州的尖扎县、海南藏族自治州的贵德县和海北藏族自治州的海晏县。

看到这些复杂的行政区名，可能已经有人感到头痛了。接下来还是让我们回归地缘本质，看看河湟谷地呈现出怎样的特点。青海省占据了青藏高原的东北部，所辖的这部分世界屋脊也被称为“青海高原”，占青藏高原将近30%的面积。河湟谷地则是一片由黄河及作为其一级支流的湟水，在青海高原东北部围成的一片三角形地带。

不过，整个河湟谷地在结构上并非类似关中平原的大型冲积平原，而是由湟水水系诸河谷与积石峡以西一段长约200千米的黄河河谷组成的，可分别称为“湟水谷地”与“河水谷地”。需要注意的是，河湟谷地的精华并非只包括干流部分，两段河谷周边地势较低的支流河谷同样属于水草丰美之地，比如大通、互助、湟中、化隆等县，都位于支流河谷中。

尽管与河首地区相邻，但河湟谷地与这个邻居之间的地理差异在于：河首地区在地理上属于黄土高原凸入青藏高原的一个山前盆地，而河湟谷地的核心则是湟水及黄河深切入青藏高原的两段谷地，二者间既可以用积石峡至湟水河口的这段黄河作为地理边界，也可以用青海省海东市与甘肃省临夏回族自治州的行政边界相区分（位于湟水下游与黄河间的南北向边界）。

从地缘政治角度来看，河湟谷地比河首之地要重要得多。毕竟后者位于黄土高原边缘，与板块内的其他地方相比，在农业和人口潜力上并没有任何优势可言。其与青藏高原相接的位置倒是可以成为重要的跳板，就像黄土高原上的长江水系属性的汉源谷地那样，通过成就秦人之功和“六出祁山”的故事留存于人们的记忆中。然而最终承担这一战略任务的，却是河湟谷地。如果中原王朝想在青藏高原有所作为，切入青藏高原内部的河湟谷地，比河首地区所能辐射的范围要广得多。对比青藏高原的其他板块，河湟谷地的地缘优势十分明显。其重要性可以通过一组数据来体现：2017年青海省的常住人口近600万，其中河湟谷地的人口超过390万，占比超65%，而其面积仅有2.6万平方千米，仅占青海省的3.6%（青海省面积为

72.23万平方千米)。要知道西藏2018年时总人口不过约344万。

河湟谷地之于青藏高原的人口优势，以及直面黄土高原的位置，自然成为黄土高原与青藏高原博弈的焦点。对于中原王朝来说，虽然得到河湟谷地还不足以帮助其控制整个青藏高原，但最起码可以阻止青藏高原的势力威胁黄土高原。反之，如果青藏高原的统治者能够控制这块直接对接陇右高原的土地，就获得了进一步染指黄土高原的能力。唐朝时，来自高原的吐蕃人之所以能够攻破长安，先决条件便是占据了河湟谷地。

成就河湟谷地人口优势的是其农业条件。以海拔来说，河湟谷地属于整个青藏高原的最低点。分别位于湟水河谷与黄河河谷的西宁市和贵德县，海拔都只有2200多米，而谷地东端的民和县与循化县，海拔更低至1800米，甚至比身处云贵高原、被誉为“春城”的昆明（海拔1895米）还要低。这些数据最起码能够让我们获得一个初步印象，那就是在河湟谷地生活不用担心高海拔带来的种种不适。

河湟谷地的另一个地理优势在于朝向，两条谷地整体由西北向东南方向延伸，并呈逐渐走低的地势。相比海拔更低，面向西北方向的宁夏南部高原，河湟谷地受东南季风的影响更大。在谷地两侧山体的作用下，来自太平洋的暖湿气流在穿越河谷之时，会更容易抬升形成地形雨。以湟水上游的西宁为例，其市区年均降水量能够达到380毫米，甚至比位置偏东200千米的甘肃省会兰州还要多50多毫米（兰州年均降水量为327毫米)。此外，相对较低的海拔以及东南季风的深入还使得河湟谷地的气候不至于太过寒冷。整个谷地的无霜期基本为120～200天，足以保证农业生产的基本要求。

了解了河湟谷地的区位优势后，再来看看其内部结构。两条位置相近的河流，中间势必存在分水岭。湟水河谷与黄河河谷之间的分水岭是西起青海湖、东至积石峡的拉脊山。其中位于拉脊山以南、分布于黄河河谷的有循化、贵德、尖扎、化隆四县，其余部分都位于湟水河谷。无论从位置还是地缘潜力来看，湟水谷地都要优于黄河谷地。从当下的青海省会是湟水上游的西宁也可以看出这一点。

除整体地势相对更为低缓以外，湟水谷地之于黄河谷地的另一大优势在于区位。顺着湟水一路上溯至它的源头，你会发现映入眼帘的是中国最大的湖泊——青海湖。穿越青海湖盆地再往西，则是中国四大盆地之一的柴达木盆地。待穿越柴达木盆地，便进入了塔里木盆地东端。这意味着，如果从陇右高原向西，可以选择经湟水河谷、青海湖盆地及柴达木盆地北沿穿越青海高原到达西域；往东的话，则可在渡过黄河后经洮河河谷进入渭水河谷，然后再由陇关翻越陇山，顺汧水进入关中平原。

上述路线便是“丝绸之路南线”在西域以东的走向。其中翻越青海高原的部分被称为“青海道”。总的来说，青海道的通行条件并不如沿河西走廊延伸的“河西道”。这一方面是因为青海道的整体海拔较高，沿途自然条件恶劣，另一方面也是由于河西走廊沿线均匀分布有数个绿洲，可以为往来人员提供稳定的补给，而青海道上农业定居点只能延伸至湟水河谷。

湟水河谷与青海湖区的分水岭，是达坂山向北的延伸——日月山。这段山体通常也被认为是青海地区的农牧分界线。这条分界线一侧的青海湖区和柴达木盆地区，只有游牧经济才能适应其环境。以丝绸之路得以维持的基本要求来说，即便在此活动的游牧民族不主动攻击往来商旅，沿途也无法提供稳定的补给。鉴于上述原因，青海道只有在河西道因政治原因断绝之后，才会成为沟通中原王朝与中亚地区的主线。

超过3000米的海拔及东部高大山体的阻隔，使得青海湖区已经不再有机会享受太平洋季风的润泽。尝试开垦这片游牧之地的想法都会遭受现实的迎头痛击。西汉末年，王莽在青海湖区的一次失败尝试可以佐证这一点。志大才疏的王莽，在执政时制订了很多看起来完美却不切实际的施政计划。

这些政策导致的混乱很快令他成为众矢之的，他建立的新朝亦因此不被认定为“正统”，只作为两汉的分野存在于中国历史当中。这些失败的计划中，就包括设立西海郡。

中央之国的整体地理格局可以用“海中地”来形容，这与欧亚大陆西端的“地中海”格局截然相反，并导致了不同的文明走向。今天的中国人已经认识到这种半封闭的地理格局不太利于对外交流，但很长一段时间以来，华夏文明和中央之国其实是自得于唯我独尊的地理位置。唯一的遗憾是，东亚大陆从轮廓上看，只能勉强算是一个凸向太平洋的半岛。依此结构虽可将山东半岛北部的渤海定性成“北海”、山东半岛南部的海区定位成“东海”、两广之南的海区定位为“南海”，但独独缺少了“西海”。

如果一定要在中央之国核心区之西寻找一片水域来充当“西海”，那么没有比青海湖更加合适的了。王莽并非第一个认识到这一点的人。他的问题在于，他非要在“西海”之侧也设置一个西海郡来彰显新朝“四海一统”的盛世景象。于是以青海湖盆地为基础的西海郡出现在当时的行政区划中，其行政中心则位于气候环境稍好、青海湖盆地东北部的海晏县境内。

海晏县所处的地理单元是一个为山地包夹的小型盆地（可称为“海晏盆地”），其东南部就是日月山，湟水源头即位于海晏县境内，海晏县由此被认定为湟水河谷的一部分。不过从周边山体的结构来看，日月山并没有将海晏盆地与青海湖盆地隔绝开来，相反，整个盆地与湟水河谷之间的隔绝程度要更高。这一特点，使得海晏盆地也可被视为青海湖盆地的附属板块。

不管海晏盆地的地理属性更倾向于青海湖盆地还是湟水谷地，它都是在西海郡进行农业开发的唯一依托。当下，从青海湖北部向北延伸至祁连山脉的青海省海北藏族自治州，依然基于同样的原因将首府设在海晏县。当地400毫米的年均降水量似乎也在向世人表明这是一片适合农业开发的土地。为了建设西海郡，王莽向此地迁徙了数以万计的人口。然而即便年均降水量达到400毫米，湟水源头所处的这片土地对于农民仍然缺乏吸引力。当地最大的问题是寒冷：高海拔及面向西北方向的开口，使得海晏盆地甚至没有严格意义上的无霜期。

21世纪的海晏县常住人口仍不到4万，足能佐证当地的开发难度。随着王莽政权的败亡，西海郡很快重新为游牧的羌人部落所控制。一个世纪后，为了加强对青海湖地区的控制，东汉曾再次尝试在日月山下徙民屯垦，但受环境的影响，同样徒劳无功。

日月山下的失败尝试，足以帮助我们在此定义一条农牧分界线。此后绝大部分历史时期，这条分界线都是中央之国在青藏高原的控制力边界。这条边界并非一蹴而就。整个河湟谷地开始进入中央之国的视线，始于汉朝通过汉匈河西之战（公元前121年）征服河西走廊。不过这次战争并没有牵涉河湟谷地。在汉武帝的战略规划中，直面蒙古高原的河西走廊才是汉匈战争的主战场。收降盘踞于河西走廊的匈奴浑邪王、休屠王之后，汉朝旋即在此设立了酒泉郡等行政单位，并将之划入凉州。

当中央之国的西部边界止于黄河之时，羌人控制的河湟谷地并不会对陇右的安全造成致命威胁；而当凉州的范围沿祁连山北麓向西延伸至西域之后，情况就变得有些微妙了。河西走廊位于青藏高原与蒙古高原之间，一旦占据河湟谷地的西羌与匈奴结盟，狭长的河西走廊将很容易被切断。在此后的历史中，河西走廊的确多次脱离了中原王朝的控制。

公元前111年，汉武帝以羌人曾配合匈奴进攻河首之地（枹罕）为由，发动了对羌人的战争。不过，汉朝并没有通过这场战争完成对河湟谷地的征服，只是在战争之后设置了护羌校尉负责对羌事务。30年后，也就是公元前81年，汉朝才在河湟谷地设置了金城郡。然而金城郡的设置并不代表中原王朝已经完全控制了河湟谷地。实际上，无论是护羌校尉的驻地，还是金城郡的治所金城，都不在河湟谷地。

第六节　|　金城与河西高原

无论讨论两汉时的金城郡还是现在的甘肃省，都有一座城市是绕不开的，那就是兰州。作为甘肃省的省会，兰州的位置无疑有其独到之处。从板块属性来看，兰州位于陇右高原的西缘。历史之所以选择了兰州，首先因为它直接受到黄河水的滋润（虽然也会有洪水的威胁）。兰州的周边并没有其他大河存在，是一座几乎完全依赖黄河水养活的城市。考虑到整个地区处在400毫米年等降水量线的边缘，且兰州现在的平均年降水量已经低于400毫米，发源自青藏高原的黄河变得更加重要。

兰州所处的黄河河谷较为宽阔，拥有较大型的冲积平原，这成为历史青睐兰州的另一大原因。借助山地间的裂隙，奔涌而来的黄河水在青藏高原东部及黄土高原西部深切出一系列河谷平原。正是这些呈现出“两山夹一谷”特点的河谷平原的存在，已经深入青藏高原的河水谷地才有机会获得相对较好的小环境。而在积石峡以东、中卫平原以南，黄河水同样生成了一系列狭长的河谷平原。其中最大的两处包括兰州市所处的兰州盆地以及甘肃省靖远县所处的靖远盆地。

在控制河湟谷地问题上发挥关键作用的是兰州盆地。这个狭长盆地的东端被称为“桑园峡”，西端的名字叫作“岸门”（位于今兰州市西固区岸门村）。两端之间的直线距离达35千米，而南北最宽处仅有7千米，最窄处甚至只有1千米。这个位于盆地东部的最窄点，将整个兰州盆地分为西大东小的两部分。依山傍水的兰州城也因此发展为一个带状结构的城市。

公元前86年，汉朝决定在盆地的西端，今兰州市西固区西固城一带建置金城县。之所以叫这个名字，有一种说法是筑城时挖出了黄金，也有说取自“固若金汤”之意。不管当时的动机如何，这的确是一个非常大气的名字。以至现在兰州人仍然愿意把“金城”作为兰州的别称，并认定兰州城始于金城县。不过实际上，兰州的建城史并不始于金城县，而是榆中。

榆中之名始于蒙恬为秦朝沿黄河构筑城塞时期。《史记·秦始皇本纪》记载，“（三十三年）西北斥逐匈奴。自榆中并河以东，属之阴山，以为三十四县，城河上为塞”“（三十六年）迁北河榆中三万家”。这里所说的榆中，并不是现在位于兰州东南的榆中县，而是兰州盆地。由于秦朝的历史实在太短，当时到底是只在兰州盆地构筑了城塞，还是正式建置了名为榆中的行政区，还不得而知。公元前127年，在汉武帝发动对匈奴的战略反攻后，榆中县才正式出现在盆地最东端（今兰州市城关区东岗街道一带），并被载入史册。

榆中、金城两县分别位于兰州盆地两端，有助于汉朝对这个关键板块的控制。在建置之初，两县在行政上都归属以洮河为地理中心的陇西郡。公元前81年，汉朝决定以兰州盆地为起点，建置包含河湟谷地在内的金城郡，金城的政治地位由此进一步提高。相比之下，历史更为久远的榆中就显得有些落寞了，不仅未能在两千多年前升级为郡治，现在指向的位置更与当年大相径庭。

除了没有“金城”二字讨喜之外，榆中在兰州盆地失去存在感的原因，还在于其位置出现了变动。兰州盆地背靠皋兰山，是整个陇右高原的最高点，并沿黄河南岸向东南方向延伸。皋兰山不仅造就了兰州盆地，还在兰州的东南部另行造就了一个略呈南北走向的榆中盆地。现在的榆中县便位于这个盆地之中。

公元4世纪末，一支鲜卑部落曾在榆中盆地立都，建立西秦，成为“五胡十六国”的一员。这也成为榆中盆地地缘政治地位的顶点。然而西秦的国都还是迁往了地缘位置更为重要的兰州盆地。之所以会出现这种情况，是因为整个榆中盆地虽然与黄河无限接近，但与黄河之间还是存在明显的山体间隔，只能通过小型河流苑川河与黄河相连。这使得榆中盆地无法得到黄河赋予的交通之便，使之在地缘政治上更多只能充当兰州盆地行政区的辖地（当下的榆中县亦为兰州的市辖县）。

这一地缘政治关系为“榆中”这一地名的转移埋下了伏笔，尤其是在隋代“兰州”一名出现，并逐渐成为这个黄河枢纽的地名之后。事实上，现在的榆中县在明清时期还被称为“金县”，同样指向当年的金城郡。因为与辽宁省大连市金州区同名，一个世纪前重新选择了同样为兰州所弃用，但更有历史的“榆中”之名。

兰州盆地的优势还在于区位。在这段黄河河谷中筑城设防，不仅能够为半个陇右高原提供保护，还能够作为西入河湟谷地的桥头堡。从流向上看，湟水与兰州所处的这段黄河近乎直线相连，岸门与湟水河口间的水路距离亦只有不到30千米。对于试图征服河湟谷地的汉朝来说，依托兰州盆地，可以很方便地溯河而上，将人员和物资输往前线。不过，两汉对兰州盆地的经营以及金城郡的设置，并不仅仅是为了控制河湟谷地，另一项重要任务是保护通往河西走廊的通道。

对河西走廊的分析将会放在河湟谷地之后。在此之前，先要解决一个问题——陇西高原到底有没有与河西走廊相连。这个问题看起来有些奇怪。

从字面上理解河西走廊，应该是位于黄河以西的一条走廊地带。以此来说，从兰州或者其他地点渡过黄河，应该就算进入河西走廊了。实际情况却有些复杂：河西走廊指向的是祁连山以北的一系列绿洲，这些绿洲与黄河还有些距离。

为青藏高原围边的祁连山脉，在接近黄河之时并没有老老实实地沿着河岸延伸下去，而是向东延伸出支脉乌鞘岭。乌鞘岭受人注目之处在于它被认定为河西走廊的东部起点。考虑到翻越乌鞘岭之后才正式进入祁连山以北的绿洲带，这一认定并没有问题。这一结构使得乌鞘岭、黄河与青藏高原围就出了一块不属于河西走廊，却又与黄河右岸的陇右高原存在明显区隔的过渡地带。基于其位置和地势，我们可以称之为“河西高原”，今天为甘肃所辖。

从地貌来看，河西高原仍然属于黄土高原的延伸，其整体地势要略低于陇右高原。受此影响，河西高原在接收东南季风水汽时处于劣势。加上乌鞘岭并不是一道完美的屏障，不能够为河西高原完全阻挡来自北部阿拉善沙漠恶劣气候的侵袭，使得整个河西高原的干旱情况进一步加剧。整个板块只在西侧贴近青藏高原的位置上，生成了一条名为庄浪河的大型地表径流。其余地区，尤其是东部地区的河流，几乎都呈现季节性河流的特点。

就河西高原的自然条件来说，它并没有可能发展为一个人口稠密之地，但出于连接陇右与河西的需求，河西高原又是必不可少的一环。在这种情况下，庄浪河谷成了最好的战略通道。这条发源于乌鞘岭西端，由西北向东南注入黄河的河流，在汉朝时名为“乌亭逆水”。之所以被称为“逆水”，是因为它与黄河右岸的其他黄河支流的流向截然相反。而作为河西高原唯一大型地表径流，这一印象更是进一步被加深。

当下庄浪河谷全境建置了两个县，分别是上游的天祝藏族自治县和中下游的永登县。从两个县级行政区的性质亦可看出整个庄浪河谷是青藏、黄土两大高原间的过渡地带。庄浪河谷也因此成了丝绸之路上的重要一环。为了扼守这条战略通道，征服河西走廊后不久，汉武帝就分别在河谷的中间及靠近下游河口处分别设置了令居县（公元前115年）和枝阳县（公元前121年）。

正如兰州盆地的开发是为了同时向河西与河湟提供支援一样，对庄浪河谷的经营同样不光是为了丝绸之路。凉州的地缘位置正处于蒙古高原与青藏高原的交界处。汉朝之所以要尽力向河西扩张，一个很重要的理由就是切断西羌与北胡之间的联系，以免在西线腹背受敌。基于这一需要，西汉在设置护羌都尉一职时，将其治所设在令居而非兰州盆地。以庄浪河谷为依托的战略防线又被称为“令居塞”。

在新设金城郡时，整个庄浪河谷与兰州盆地一起被划入。显然，无论在令居设置护羌校尉，还是后来的金城郡，都不是为了保护羌人。而监视这些羌人，使之无法与匈奴结盟，才是这一系列操作的根本目的。既然令居塞还有监控羌人的重要职责，不妨先来探究一下庄浪河谷与河湟谷地的地理关系。

与庄浪河谷隔分水岭相望的并非湟水河谷，而是一条在汉朝被称为“浩亹（mén）水”、当下被称为“大通河”的河流。以流域界定的话，大通河属于湟水左岸支流，而分隔两条河流的是祁连山的支脉大通山。从祁连山主脉与大通山之间穿出后，大通河在民和县城的位置上与湟水相会。民和县全称“民和回族土族自治县”，是青海省最东端的行政区。大通河口的东北方，即为从庄浪河谷延伸至此的甘肃省永登县。民和县城所处的大通河口，可以被视作湟水谷地的东端。

纯粹从地理角度看，大通河才是黄河的一级支流。换句话说，在大通河与湟水的关系中，理论上前者才是干流并可以为整个水系命名。这是因为从青海湖盆地之东流淌而来的湟水，延伸到大通河口不过200余千米，而发源于祁连山脉西端的大通河，全长则有554千米。不过古人对河流主从地位的认定主要看哪条河流更能为我所用。

与湟水几乎全流域都能进行农业开发不同，身处祁连山腹地的大通河谷大部属于高原亚寒带气候，只能为游牧民族提供山地草场。位于大通山东部的一小段南北纵深约30千米的下游河谷不但受到东南季风的润泽，并且有相对宽阔的河谷平原。公元前61年，汉朝曾在大通河下游设立浩亹县，充当河湟谷地的东北门户，以防御来自大通河谷的羌人部落入寇金城郡。虽然当下这段农业条件最好的大通河谷已划归甘肃省永登县，但从地理关系和历史来看，应该属于河湟谷地的范畴。

事实上，在汉朝跨越黄河向河西走廊扩张之前，上述问题并不成为问题。无论是湟水流域、河水谷地还是庄浪河谷，都属于西羌部落的生存之地。祁连山脉与河西高原很好地将这些依附于山地生存的民族与蒙古高原的游牧民族隔绝开来。基于这一结构，以湟水河谷为核心，黄河以北、庄浪河谷以西的这片土地，历史上又被称为“三河间”。

了解了上述历史和地缘关系，再来审视兰州盆地的位置，你会发现，从兰州向西眺望，庄浪河口、湟水河口与兰州盆地的距离是如此近，其中湟水河口距庄浪河口只有10千米，庄浪河口与岸门间的直线距离亦不过13千米。2000多年前，这段包括湟水、庄浪河口的峡谷，得名“四望峡”，有立于峡中四望皆河之意，今名“八盘峡”。

换个角度再从兰州方向看上述河谷的位置关系，会发现整个水系结构有如三叉戟一般延伸开来，而兰州盆地依托的这段黄河，就是这柄三叉戟的戟柄。从四望峡向北、西、南三个方向延展出去的庄浪河、湟水和黄河上游，则是三叉戟的三个齿。从这种“金城锁三河”的地理关系中，你也能感受到兰州盆地的枢纽地位。

三河周边地区的地理、地缘属性，让兰州盆地的枢纽性进一步得到了强化。沿上述三条河流依次分布着庄浪河谷、河湟谷地、河首地区。这些板块的共同之处在于，在地理上呈现青藏高原向黄土高原的过渡性，以及生产方式上的农牧交错。这意味着汉朝以及后世那些以农耕文明为基础的中原王朝，在将这些板块纳入中央集权体系的问题上，存在更多不确定性。即便是在两千多年后的今天，你仍然能够从这三个地缘板块分别包含的民族自治的地方行政结构中，觉察到这种地缘影响力的存在。

厘清兰州盆地与周边板块的地缘关系后，西汉当年所置金城郡的地缘结构也就呼之欲出了。归纳下来，西汉时金城郡包括兰州盆地、庄浪河谷、河湟谷地和河首地区4个地理单元，而东汉时黄河右岸的河首地区复归陇西郡管辖。及至曹操控制北方、平定凉州之后，又拆出河湟谷地，以现在的西宁为郡治，单独设立名为“西平郡”的行政单位，并在后来发展为青海省。

第七节 | 羌人与赵充国

在西汉金城郡所辖的兰州盆地、庄浪河谷、河湟谷地与河首地区中，河湟谷地是最晚建立行政单位的板块。金城郡成立之时，下辖金城盆地的金城县、榆中县，庄浪河谷的令居县、枝阳县，河首之地的枹罕县、白石县，湟水下游的允吾县等。

没有正式置县，并不代表汉朝没有统治河湟地区。在平复一场羌乱后（公元前111年），汉朝开始在河湟地区沿河谷设置小型军事据点——亭驿。为了维持这些亭驿的运转，朝廷在其周边开垦了少量通常以刑徒为劳动力的公田提供补给。比如刚才提到的浩亹、允吾两县，都是由汉武帝时期的亭驿升格而来。后来的青海省省会西宁市的起源亦是当时设置的西平亭。

这当中要重点提一下允吾的位置。在金城郡中承担郡治任务的并不是金城，而是这个新设立于湟水下游的县，即今天青海省民和回族土族自治县与甘肃省永登县的交界处。至于说允吾城到底处于青海还是甘肃境内，目前还没有定论。能够肯定的是，允吾县和金城郡的设置，意味着汉朝对河湟谷地的治理模式发生了微妙的变化。

让人感到一丝奇怪的是，从汉匈河西之战到金城郡的设置整整隔了40年。事实上，此后又过去了20年（公元前61年），汉朝才通过一场战争在河湟建立起直接统治。既然拥有强大武力的汉武帝在河西之战后很快便决定在位置更偏远的河西走廊设郡，为什么没有顺势在同样具备农业潜力且与陇西相连的河湟设置郡县呢？答案是羌人更容易统治。

这里的“容易”，是与匈奴或者说北亚草原民族相比较。很多时候，羌人被笼统地归类为游牧民族范畴。且不论这个论断是否准确，即便都是游牧民族，受生存环境的影响，在地缘特点上也存在很大差距。大家一提到游牧民族，脑海中往往浮现出一望无际的大草原，然而适合游牧的环境并非只有大草原。比如那些纵横于欧亚大陆腹地、骑着蒙古马游牧的蒙古民族，与在北非及阿拉伯半岛活动、以单峰驼为主要骑乘工具的阿拉伯民族就属于不同的类型。

大家脑海中的典型草原景象源自欧亚大草原。在欧亚大陆腹地，从亚洲东部的大兴安岭，到欧洲中部的喀尔巴阡山脉，分布着世界上最大的草原地带。这片横亘6500多千米的草原地带就是欧亚大草原。历史上曾困扰欧亚大陆边缘文明地带的游牧势力，大多来自欧亚大草原。

欧亚大草原地带的年均降水量基本处在200～450毫米这个区间，生长在这一区域内的牧草多属于旱生类型，种类成分则以丛生的多年生禾本科草类为主。其整体环境呈现的干旱性，使之又被称为“欧亚干草原”。地势整体低缓加上草原的连续性，让身处欧亚大陆的游牧民族有机会周期性整合形成强大的草原政权。这当中最典型的代表就是匈奴、突厥、蒙古等民族建立的草原帝国。

反观羌戎部落原本生活的黄土高原，以及在西汉初期生活的河湟谷地，情况就有些不同了。年均降水量低到200毫米的干草原地带会呈现出荒漠与草原的过渡性，称为“荒漠草原”；若年均降水量在400毫米以上，又会呈现出更多森林特征。这种森林、草原相杂的植物群落被称为“森林草原”。至于草原和森林的占比，则随着降水量的变化而变化：降水越多森林的比例越高，反之，则草原的比例越高。

一般来说，年均降水量高于550毫米的温带地区，就已经可以归入森林地带。必须注意的是，叶冠高大和根系繁密的乔木会抢占大多数的阳光和水肥资源，令小草们只能见缝插针地生长，但形成连片草原就难了。人类在温带开垦的行为，本质上也可视为用人工培育的、需要更多水热资源的草原，去抢占原始森林的空间，更具体来说是争夺温带阔叶林的生存空间（针叶林区虽然降水足够，但温度太低）。

如果一片土地的原始状态是阔叶林与草本植物（包括灌木）相杂的森林草原地带，那么有可能同时存在农耕与游牧两种基本生产模式。这意味着在游牧民族和农耕民族的竞争中，理论上存在一个年均降水量在400～550毫米的过渡地带。在黄土高原地带，陕北高原、陇东高原、陇右高原以及山西高原北部的降水量基本处在这个区间内。以原始植物群落结构来归类的话，整个地带可称为“黄土高原森林草原带”。

虽然黄土高原森林草原带适宜耕作，但游牧民族同样有机会找到草场放牧。理解这背后的原因，能够帮助我们解开一个谜题，那就是为什么曾经散布于黄土高原的羌戎部落，会经常被误解为游牧民族。既然有部分土地适合耕种，且农业能够养活更多人口，生活在黄土地带的羌戎民族没有理由不在自己的经济生活中加入部分农业要素。这种混合性同样出现在农耕民族身上。今天，在降水不太充足的黄土高原上，农民们仍会通过放牧来利用那些无法耕种的土地。

此外，农耕文明的边界并不是一开始就确定的。探索农耕文明的地理边界是一个漫长的过程，其间充斥着农耕民族与游牧民族的博弈；如果将华夏文明回溯五千年的话，那么这一过程长达三千年。一直到二千年前，汉朝将农耕区的外沿扩张到极限的400毫米等降水量线，甚至通过灌溉技术的运用，将与核心农业区相连的绿洲农业带，如河西、河套都拿下时，农耕文明在东亚地区的边界才算真正成形。

回到羌人的问题上来。相信很多中国人都能列举出几个北方草原政权的代表性君主来，最起码成吉思汗的知名度不会比秦皇汉武更低。然而说到羌人的政权和知名领袖，能够说出一二的就不会太多了。其中最根本的原因在于羌人的生存环境及社会结构，与欧亚大草原上逐水草而居的游牧民族有很大的差异：羌戎民族更依赖河谷地带，且在生产方式上融入了部分农耕要素。

河湟谷地并没有形成大型冲积平原，沟壑纵横是其地理特点。而在黄土高原，除去以关中平原为代表的几个大型盆地以外，其他部分同样表现为沟壑纵横。生活在这些河谷中的羌戎部落，彼此间既有共同性，又存在一定的独立性。依托原始的森林草原地貌，以及相较蒙古高原更多的降水，羌戎民族很早就开始尝试农耕。而那些掌握了初级农业技术，并率先迁徙到大平原地区的部族，则逐渐融合衍变为华夏的一部分。

典型的羌人部落会依托一条河谷农牧。以游牧经济的要求来说，需要年复一年地在生长期各异的草场间转场。环境越恶劣，转场的次数就越多，范围也越广。由于海拔和地形的原因，山谷中存在不同的气候小环境，使得羌人部落有机会在一条山谷中找寻到适应各个季节的牧场，比如春季时利用山地向阳坡的干旱草原放牧，夏季再转场到海拔更高、气温更低的草场避暑及利用生长期较晚的牧草，而天冷之后再到相对温润的河谷深处躲避严寒。

在温度及水资源都符合农耕需要的河谷平原，羌人也会开辟农田，只不过并非精耕细作，而是采取刀耕火种的方式。正因为如此，羌人更应该被认定为“农牧民族”。

经济上的农牧兼营对羌人来说是好事，也是坏事。说是好事，是因为他们不用像蒙古高原的游牧民族那样过逐水草而居的生活，而河谷平原收获的粮食则能增强他们抵御自然灾害的能力。说是坏事，则是在每条河谷都有可能自成一体的情况下，羌人部落整合的难度要高于北方游牧民族。西汉初期生活在河湟谷地的羌人便分为大大小小不下两百个部落。如果羌人不能结成同盟，自然很容易被中原王朝分而治之或各个击破。

农牧结合的生产方式，还让羌人较典型游牧民族更容易受到土地的束缚。蒙古高原上的草原政权既可以周期性地从漠北出发，跨越千里攻击长城沿线，又可以在漠南遭遇中原王朝反击时，选择穿越戈壁退回漠北。但羌人放弃赖以生存的河谷，进行大规模的迁徙要困难得多，也让他们更容易与强大的对手达成妥协。

从汉朝的角度来说，对河湟的羌人实施间接统治又何尝不是一种妥协呢？除了用政治手段招抚更容易以外，汉朝没有急于直接统治河湟谷地还因为农牧结合的羌人较匈奴人更为富足：在汉军对羌人发动的历次战争中，俘获的牲畜动辄十万计。而北方游牧民族之所以频繁侵扰农耕民族，很大一部分原因是其生产方式决定了游牧民族难以储存物资。一旦遭遇雪灾等恶劣天气，牲畜大量死亡，向农业区寻求补偿几乎是必然的选择。相比之下，在温润的河谷地带生活的羌人不仅能够自给自足，还能有多余的粮食用于出售和交换。

当然，河湟谷地如果让精耕细作的中原移民经营，势必会有更多产出。问题是汉朝的人力有限，尤其在河西绿洲还需要大量徙民实边。只要羌人愿意接受汉朝的节制，河湟的地缘潜力同样可以为汉朝所用。一个晚近的案例，是清朝曾向具备农业开发潜力的伊犁河谷上游迁徙了不少来自南疆绿洲农业带的农民，目的就是为当地驻军提供粮食补给。

羌人过于松散的结构虽然不利于结盟，但并不是不能结盟。汉朝固然可以用外交手段分而治之，但匈奴同样可以拉拢羌人一起攻掠汉朝，尤其是汉朝跨越黄河后的确进一步压缩了羌人的生活空间。公元前63年，匈奴遣使与羌人中最强大的先零羌联络，试图夺回河西走廊，打通羌胡通道。后者随即秘密联络其他羌人部落结盟，并向汉朝提出北出湟水，到汉朝那些不能耕种的土地上放牧的请求。

从方位上来说，先零羌要求的放牧之地，直接指向庄浪河谷。单从经济角度看，这个建议并没有什么问题，毕竟汉朝迁往边塞的移民主事农耕，在这个农牧交错带还有大量草场闲置。但庄浪河谷是隔绝羌胡、连接陇右与河西的关键之地，汉朝在此建立了令居塞并置护羌校尉于此。况且在河西之战前，庄浪河谷原本是先零羌的领地。所以有观点认为，“令居”这一地名便与“先零（令）”有关。从这个角度说，先零羌比其他羌族部落更有意愿从汉朝手中拿回失去的领地。

就算不知道羌人暗通匈奴、秘密结盟的事，先零羌的这一要求也足以引起汉朝对羌乱再起的担忧。早在公元前112年，先零羌就在匈奴的支持下，联合其他羌人部落对汉朝控制下的河首之地及令居塞发动过进攻。汉朝于次年在河湟之地设置亭驿，加强对河湟谷地的控制，正是这场平羌战争所引发的地缘政治后果。

在汉朝明确拒绝先零羌的要求后，后者我行我素地按原计划渗透到汉朝治下的郡县中游牧。公元前61年，在经过一系列摩擦之后，汉朝决定派名将赵充国领军，由金城出四望峡，溯湟水而上彻底平息羌乱，史称“赵充国平西羌之战”。值得一提的是，新疆尼雅遗址（也就是精绝古城）出土过一块绣有“五星出东方利中国”的织锦护臂。这块护臂还有一截，上绣“诛南羌”（鉴于汉朝已经征服了河西走廊，河湟谷地的羌人也被称为南羌）。经复原，这块织有“五星出东方，利中国，诛南羌，四夷服，单于降，与天无极”字样的织锦，大概率就是为赵充国出征河湟而织造的。

汉朝最终在这场战争中取得了全胜。在赵充国的建议下，湟水谷地深处的三个亭驿被升格为县，包括位于今湟源县的临羌县、海东市平安区的安夷县和海东市乐都区东部的破羌县。护羌校尉驻地亦迁至湟水河谷，并在积石峡口设置河关县，控制从河水谷地进入黄土高原的通道。更为重要的举措是，为此役而征召的步卒留驻于湟水河谷，在羌人所遗的耕地及先前已经开垦的公田上屯田戍边。河湟谷地彻底成为汉朝的直接统治区。

在汉朝的实力碾轧之下，原居河湟的羌人部落做出了两种选择，一部分希望维持独立的羌人退至黄河上游及青海湖区游牧，另一部分则在汉朝于河湟建置的金城属国中接受汉朝的管理。所谓属国，是两汉为安置归附的匈奴、羌等部族而设置的特别行政区，一般与郡平级，对上接受汉朝官吏（属国都尉）的管理，内部事务则按本民族习惯处理，相当于民族自治地方。时至今日，正如大家看到的那样，当下河湟地区依然存在不少生产方式上兼具农牧特色的民族自治地方。

第八节 | 鹯阴城与“陇右四塞”

想要从陇右高原进入河西走廊，必须先进入河西高原。历史上有两条路线可以帮助往来于丝绸之路的商旅做到这点。除了由兰州盆地经四望峡进入庄浪河谷的南道以外，还有一条路线的起点在祖厉河与靖远盆地。顾名思义，靖远盆地在行政上由甘肃省靖远县管辖。从兰州盆地东端的桑园峡，沿黄河上溯约80千米，就到了靖远盆地。明朝在此设立了靖虏卫，清初时更名为“靖远”，从名称就可看出该盆地很强的边塞属性。

这个位于陇西高原西北边缘的河谷盆地，比起西南方向的兰州盆地要更为狭长。黄河在整个靖远盆地中蜿蜒50余千米，而陇右三大河流之一的祖厉河，其河口正处于整个盆地的中间。向陇右高原腹地延伸的祖厉河谷，与沿黄河延伸的靖远盆地组成的“T”形结构中，祖厉河谷充当了纵贯陇西高原的通道，而靖远盆地则承担了构筑黄河防线的任务，也包括连接河西高原。

为了实现上述功能，西汉在黄河与祖厉河畔分别建置了鹑阴和祖厉两县，前者在东汉时更名为“鹯（zhān）阴”，并一直沿用至三国时代（为避免混乱，后文中统一使用“鹯阴”）。祖厉县位于祖厉河两条上源——

祖河与厉河相汇处，祖厉河亦因这一行政建置而得名。事实上，鹯阴在当时也是一条河名。只不过鹯阴河指向的并不是黄河的某条支流，而是黄河自身。由于地理分割，大型河流的许多河段都有自己的名字。在“河”还没有成为通用名之前，以河为后缀的河流，通常都代表着一段黄河。

结合祖厉河与黄河组成的“T”形结构，鹯阴河很有可能指的就是靖远盆地中那段50千米的黄河，祖厉河口亦将是鹯阴城的最佳选址。然而当年汉武帝为丝绸之路北线选定的渡口并不在祖厉河口，甚至不在靖远盆地之中，而是在靖远盆地之北。这多少有些出乎意料。要知道当下的靖远县城正位于祖厉河口，其行政史最起码可以追溯到公元6世纪中叶由西魏政权建立的会州。这些历史足以证明祖厉河口及靖远盆地之于陇右安全的重要性。

想要了解汉朝基于什么样的理由做出这样的选择，需要从高空俯瞰一下靖远盆地与周边地理单元的关系。作为陇西高原的西北门户，靖远盆地的位置已经无限接近崛吴山的西端。西望乌鞘岭、东连陇山的崛吴山，此前被我们定义为宁夏南部高原与陇右高原的分界线。以此而论，靖远盆地不只是介于河西高原与陇右高原之间，同时与宁夏南部高原隔山相望。

之前已经提到过，宁夏南部高原在地缘政治上是作为西套平原的附属板块而存在的。中原王朝想要拿下西套平原，必须借助宁夏南部高原的清水河水系。反之，如果游牧民族控制了西套平原，同样会沿清水河挺进至宁夏南部高原，并与中原王朝在此一决雌雄。这意味着，如果崛吴山在黄河东岸不足以作为一道天险的话，那么沿黄河构筑的防线，就必须和萧关一样，不仅要兼顾东西，还须御敌于北方。

仔细观察靖远盆地与北部山地的相接部，你会发现河谷盆地与山脉并非无缝对接。东北方向流淌的黄河在即将流出靖远盆地时，向西北方向做了约90度的转折，流入崛吴山西端的山地之中。此后在这片山地中，黄河又向北、向东做了两次转折，恢复成东北流向进入中卫平原。这使得靖远盆地与中卫平原之间的这段黄河，整体呈“C”形，而其流经的最南端的峡谷被称为“红山峡”。

红山峡以南，直至靖远盆地北部的这段长约20千米的黄河，就是催生出鹯阴城的鹯阴河。鹯阴河与崛吴山同样不是无缝对接，而是拉开了约5千米的距离，使得山水之间得以形成一片宽约5千米、长20余千米，西宽东窄的台地。在黄土高原，山地与盆地之间存在这样的过渡地带实属正常，一如关中平原与山地相接之处存在周原这样的台地一样。只是比起周原，鹯阴河与崛吴山之间这块台地的自然条件要差得多。

由于崛吴山脉阻挡了东南季风，整个台地的年均降水量不足200毫米。正因为如此，这个具有重要战略意义的小型台地被称为“旱平川”。应该说，这个地名非常传神，既表现了其低于山地、高于河谷冲积平原的台地性质，又突显了其干旱的特点。自身及周边高地的降水不足，使得旱平川的地表只存有季节性河流。在黄河两岸，这类季节性河流都有一个能够突显当地干旱特点的后缀——“沙河”。

旱平川上最大的沙河名叫“水泉沙河”。沿水泉沙河与旱平川上的其他沙河上溯，会发现它们能够穿透崛吴山，而源头位于山脉北麓。在山脉与河流的关系中，这种情况很常见。毕竟山脉也会存在很多裂隙。比如太行山脉西侧的很多河流就穿越了太行山间的那些峡谷流入华北平原。这些河谷往往会成为连通两大地理单元的孔道。当下连通北京与拉萨的109国道及G6高速，便是在两条沙河河谷的帮助下，由宁夏南部高原进入旱平川台地。

然而对于历代中原王朝来说，宁夏南部平原与旱平川之间存在孔道未必是好事。那些更适应干旱环境的北方游牧民族，虽然难以从两岸悬崖密布的红山峡南下，却可以借助这些沙河河谷，从宁夏南部高原的西部，跨越崛吴山脉进入旱平川乃至靖远盆地。当然，旱平川也是陇右进入宁夏南部高原乃至西套平原的重要跳板。最终造成的一个地缘政治后果，就是甘肃与宁夏在崛吴山西段的分界线实际上位于山脉之北。换句话说，时下甘肃得以保有宁夏南部高原的西南角，地缘背景正是因为旱平川这个跳板和北上通道的存在。

通过上述解读，旱平川之于陇西与宁夏南部高原的连接作用已然十分明了。不过当年构筑于此的鹯阴城并不仅是为了直面宁夏南部高原。刚才提到的两条高等级公路，在西出旱平川之后也没有溯黄河而上进入靖远盆地，而是经黄河大桥向河西高原延伸。这意味着还需要帮鹯阴城和旱平川选择一个渡口，以显示旱平川之于陇西与河西两大高原间的联结作用。

作为一个渡口，其两岸需要有可供通行的河滩地。这些河滩地通常又会被开发为农田。观察卫星地图，你会发现沿鹯阴河两岸的河滩在向北延伸的同时不断收窄，至红山峡口前完全消失。黄河进入红山峡之前，又形成了一个被当地人称为“黄沙湾”的“S”形小弯，这就是鹯阴古渡的所在。对于防御者来说，更让人头疼的是，在这个位置上，黄河河道不仅狭窄还容易在冬季结冰。历史上，游牧骑兵往往选择在冬季鹯阴渡河面封冻之时踏冰而来，经靖远盆地入寇陇右。

从陇西高原沿黄河东岸向北寻找进入河西高原的渡口，不管是坐羊皮筏还是踏冰而过，鹯阴渡都将是最后的选择。其位置也与萧关是陇右与陇东高原最北部联结点的情况类似。结合防御北方之敌的目标，成就鹯阴与萧关的，皆是三线的交叉点。后者之所以更为知名，一方面是因为它承担着拱卫关中的任务，另一方面是因为它扼守的道路更容易识别。

从地理位置上看，萧关处于泾水源头、渭水上游水系和清水河源头三水相汇之地。需要注意的是，萧关指代的不只是一处关隘，而是构筑于这个三水相汇位置的一系列关隘的总称。其具体位置则随着王朝更迭而出现小范围变动。在明朝经营这个战略节点时，曾经为之设计了一个更能反映其地理特点的名称——三关口。同样，在理解鹯阴城的位置时，也不能局限在两汉选择的城址上。为了控制这个战略要地，历代王朝在此修筑了非常多的军事堡垒。尽管位置不尽相同，但都没有脱离旱平川台地。

尽管旱平川的位置是如此重要，但与相邻的靖远盆地相比，地缘潜力还是要小许多。这是因为较高的地势使得旱平川难以得到黄河的直接浸润（但可以打井取用涌出地表的黄河水），而且其面积要远小于靖远盆地。无论从地理还是地缘政治上看，旱平川都更应该被定义为靖远盆地的附属板块，就好像周原被视为关中平原的一分子一样。就此而言，古会州城修建在祖厉河河口，也算是一种拨乱反正。

地区行政中心向靖远盆地转移，不代表旱平川就失去了价值。农业和人口承载力更高的靖远盆地，将更好地为旱平川的关隘提供战略支撑。这实际也是当年金城和兰州盆地被选中的根本原因。对比后你会发现，既能北渡河西，又能西连河湟的四望峡，与旱平川在陇右西北方向的军事价值无异。只不过，四望峡面对的是羌人的核心区及通过河西走廊的丝绸之路主线。汉朝从一开始就意识到，旱平川所处的小型河谷盆地没有单独承担如此艰巨任务的潜力。

综上所述，我们已经找到陇右与河西高原之间的两条要道。连接两大地理单元的是西起四望峡、东至黄沙湾的这段黄河。兰州与靖远两个体量最大的河谷盆地分别在南北两线肩负着战略枢纽的任务，与二者相邻的四望峡、旱平川承担具体的连接任务。除了沟通河西的任务之外，兰州盆地—四望峡一线还必须面对来自河湟谷地与青藏高原的压力，而靖远盆地—旱平川一线承受的则是来自宁夏南部高原与河套地区的压力。

比照“关中四塞”及“洛阳八关”，我们可以提出“陇右四塞”的概念，包括西大门属性的四望峡、北大门属性的旱平川、东大门属性的三关口（萧关），以及南大门属性的祁山（汉源）。这一概念不仅能够帮助大家了解当年曹魏政权在陇右面临的地缘政治局面，更能让大家在理解陇右历史时有豁然开朗之感。

再回到鹯阴渡。鹯阴渡的位置确定后，丝路北线横穿陇右高原的路线也就明晰了。如果你是当时的执政者，自然是在河西高原东侧再建置一个县，帮助丝路北线接入河西走廊，就像在河西高原西侧建置保卫丝路南线的令居等县一样。一个看似利好的消息，是乌鞘岭伸展至此已是强弩之末。这条祁连山脉的最东部支脉并没有触及黄河。黄河在中卫盆地和靖远盆地间的那个“C”形转折，实际是从崛吴山最西端穿越而过，山体之间亦没有紧密相连，而现在的甘肃省景泰县便建置于两山之间的谷地中，我们可将之命名为“景泰干谷”。

沿景泰干谷北出河西高原后，紧贴乌鞘岭北麓西行，便可进入河西走廊。如果沿崛吴山北麓东行的话，则可进入中卫平原。以地势来说，这条在谷地延伸的丝路北线，要比经由庄浪河谷、翻越乌鞘岭的南线更有优势，但实际情况并非如此。与南线全线有庄浪河谷的补给不同，南北向的景泰干谷直面的是分布于阿拉善高原东部的腾格里沙漠。尽管受两山庇护的干谷还不至于成为沙漠，但风沙走廊的性质还是让防沙治沙成为保护景泰环境的头等大事，更不用说当地的年均降水量很难超过200毫米，地表的河流也都是季节河属性的“沙河”。这也是为什么我们将之命名为“干谷”。

对于试图保障丝绸之路安全的中原王朝来说，在控制河西走廊的情况下，由南线穿越河西高原的路线的确十分安全。反观北线，必须直面来自阿拉善高原的游牧民族。如果后者控制了东侧的中卫平原，其威胁更是会成倍增加。让人无奈的是，景泰干谷虽然地理、地缘条件比较差，但该做的地缘政治布局还是得做，否则让游牧民族直扑河西高原腹地，两条丝绸之路都有可能被切断。

最终补上这个缺口的，是汉武帝在此建置的媪围县（位于景泰县城东南约15千米处的吊沟古城）。河西高原的地缘价值亦就此明晰。对于中央之国来说，并不指望从干旱的河西高原能挖掘出多少农业和人口潜力，它的主要价值是其东西缘可以保卫两条连接陇右高原与河西走廊的通道，至于腹地，反而价值不大。历史上，建置于河西高原上的城市，行政上不是被置于陇右治下，就是被划入河西走廊。

然而20世纪的一次行政变动几乎颠覆了这一地缘政治格局。今天，拥有甘肃省会的兰州盆地仍然是陇右的西南门户，庄浪河谷和四望峡亦都属于兰州。但在西北方向，肩负门户职责的地级市，却成了位于河西高原的白银市。白银市并不位于黄河沿岸，而是位于小型山间盆地间。其与黄河的联系，主要通过两条不到30千米的沙河。这两条沙河从兰州盆地与靖远盆地间注入黄河。从位置来看，成就白银市的并不是丝绸之路。

当下，景泰干谷中的景泰县、靖远盆地中的靖远县和祖厉河谷中的会宁县，都归属白银市。甚至原属靖远的旱平川台地，也变成了白银市的市辖区平川区。虽然后一变化佐证了旱平川与河西高原间紧密的地缘联系，及其与靖远盆地的地理差异，但让一个既缺水又没有区位优势的城市承担与兰州一样的地缘角色，多少有些奇怪。不过名字倒是一个亮点：南金城、北白银的格局，让整个地区散发着富贵之气。

尽管金银组合堪称完美，但两座城市的历史相差了两千多年。前面说了，金城始建于公元前86年，而白银市直到1956年才作为县级市出现，1958年升级为地级市，1963年被撤销，1985年恢复为地级市。如果说金城当年因挖出黄金而得名只是一个传说的话，那么白银市的横空出世的的确确是因为“家里有矿”：20世纪50年代，在白银地区发现了蕴藏量数百万吨的矿产资源，包括有金、银、锡、碲、镉、锗、钴、锑、汞等60多种贵重稀有矿藏。随着矿业的开发，一座城市也拔地而起，并取了这么一个富贵的名字（不过白银市储量最丰富的其实是铜矿）。

特别提一下白银的历史，是想借此说明一下在地缘因素中，矿藏也是影响因子之一，古代也不乏因为某种资源而兴起的城市和地理单元。问题是在历史长河中，资源型城市的生命力始终是一个问题，一旦其蕴藏的资源被替代或者枯竭，就很有可能迅速衰落。相比之下，区位、气候、土地和环境这些地缘要素要稳定和重要得多。当然这并不代表我们在具体研究某段历史时，会忽略对当时地缘格局造成重大影响的某种资源。比如研究当下的世界，就不可能无视中东的石油。至于白银今后的命运，就不是本书要探讨的话题了。

第九节　|　焉支走廊

被纳入中央之国核心区的板块中，河西走廊的存在最为特别。即便对地理、历史无感的人去看地图，也会很容易注意到这个向西北延伸的突出部。可以这样说，如果没有河西走廊的存在，甘肃省的轮廓看起来将要正常得多。而这一切的起点，都指向公元前121年。在这一年，招降了匈奴休屠王和浑邪王的汉武帝，以两部故地为基础，分别设置了武威、酒泉二郡。十年后，汉朝又从上述两郡中拆出了张掖、敦煌二郡。上述四郡合称为“河西四郡”。

两千多年后的今天，甘肃省治下的河西走廊，其管辖范围与当年的河西四郡并没有本质区别，但行政区划上则由四郡变成了五个地级市。其中，武威、张掖和酒泉三城依旧延续着当年的行政地位，变化在于敦煌成了酒泉市下辖的县级市，并从张掖和酒泉分别拆出了金昌和嘉峪关两个地级市。当年汉朝基于何种地缘背景设置了河西四郡，时下的行政区划又有怎样的地缘背景，将是接下来要解读的。

东北直面阿拉善沙漠，西端又与塔克拉玛干沙漠接壤的河西走廊，并不是东亚农耕民族熟悉的传统类型土地。在这片身处欧亚大陆腹地的土地上，即便是最东端的武威，年均降水量也只有200毫米上下，最西端的敦煌甚至锐减至40毫米。若单凭这样的降水量，河西走廊将会是一片荒漠、半荒漠。然而河西走廊是幸运的，因为它有“靠山”：整个河西走廊用一个地理概念来概括的话，那就是“祁连山山麓地带”。

东接黄土高原、西抵塔里木盆地的祁连山脉，是围就青藏高原的边缘山脉之一。整条山脉在外围主脉以南、以西还延伸了多条同向支脉，比如之前提到的位于大通河谷与青海湖之间的大通山。整个山地一直向西南延伸到柴达木盆地的北部，并在青海湖盆地和湟水谷地之南向东南延伸出了青海南山及拉脊山。这个东西延绵近1000千米，南北宽约200～400千米的山区，用“祁连山区”来概括会更为准确。

自西北向东南延伸的走势，使得祁连山脉能够受到些许东南季风的垂青。虽然来自太平洋的季风吹拂至此已是强弩之末，但作为青藏高原的一分子，祁连山主脉的海拔能达到4000～6000米。这一海拔一定程度上让它的外围山脉有机会拦截更多水汽并形成降水。在祁连山区直面黄土高原的东南角，这些降水在地表汇集成就了湟水、大通河及庄浪河三条重要河流；而在直面阿拉善沙漠的祁连山北坡，这个天然水塔同样成就了三大水系——石羊河水系、黑河水系以及疏勒河水系。

隔着作为分水岭的乌鞘岭与庄浪河谷相接的，是一条叫作“古浪河”的河流。如果沿景泰干谷绕行至乌鞘岭北麓的话，最先见到的也是古浪河。古浪河汉时曾名“松陕水”，是石羊河水系的东支。也就是说，石羊河水系及其冲积扇绿洲，将是人们由河西高原进入河西走廊的第一站。

受环境影响，石羊河与大家在东亚地区看到的河流有着本质的不同。这些生成于欧亚大陆腹地的河流，在离开山地的庇护之后，会在荒漠中艰难穿行一段距离，然后在太阳的炙烤下渐渐消失于沙漠之中。这种没有办法完成“百川归海”使命的河流，被统称为“内陆河”。一般来说，大型内陆河都遵循以下结构：多条相邻的上游支流从山地倾泻而下，然后在山麓形成一个或多个冲积扇，然后再汇集成一条干流进入沙漠深处，直至觅得一个低洼处，形成终端湖。围绕着这些高山，会形成人类赖以生存的绿洲，而绿洲的形态亦随着水系结构的变化而变化。

石羊河水系在祁连山麓成就的冲积扇平原，如今建置了两个地级市，分别是西侧的金昌市与东侧的武威市。公元前121年，汉武帝以石羊河水系为核心建置武威郡。当时的武威郡治下包含姑臧、张掖、武威、休屠、揟（xū）次、鸾鸟、扑擐（huàn）、媪围、苍松、宣威十县。不过，把汉之武威郡等同于石羊河水系也不准确。媪围县的入选，显示以景泰干谷为核心的河西高原东部也被纳入了武威郡的范畴。考虑到景泰干谷在位置上直面蒙古高原，自身又潜力有限，将之与石羊河水系划入同一行政区，并在黄河与石羊河之间建立防线，能更好地保障乌鞘岭南北的安全。

然而缺乏地表水的景泰干谷地缘潜力实在有限。为了进一步保卫乌鞘岭的安全，进入东汉之后，武威郡的范围向东扩张至陇右高原，将靖远盆地、祖厉河谷以及旱平川收入囊中（鹯阴县和祖厉县因此从定西郡划入武威郡）。这相当于集两端之力，共同补强景泰干谷这个防线上的薄弱处。只是在进入三国时代后，中央之国的人口因战乱锐减，必须依靠外援的媪围县最终从行政版图上消失了，一直到20世纪才以景泰之名重新建置县级行政区。

当然，放弃在景泰干谷置县，并不代表漠视这一地区的军事价值，历代王朝仍然在此修筑了不少军事设施。从地缘政治角度看，能否守住景泰干谷，关键在于能不能拿下石羊河绿洲。如果不能把势力延伸至乌鞘岭之北，黄河将是一条可靠的防线。但放弃河西高原，又意味着无法切断河湟谷地与河套地区的地缘联系，让陇右陷入危险境地。

从上述分析中可以看出，在河西高原不堪大用的情况下，能否控制石羊河绿洲，不仅事关丝绸之路的畅通，更直接关系到河湟、河套能否被纳入中央之国的核心区，进而决定中原王朝与蒙古高原的草原居民以及青藏高原的高原居民之间的地缘政治平衡问题。可以这样说，如果不是两千多年前沿河西走廊分布的那些绿洲开始融入中央之国，从积石峡至红山峡的这段黄河将很有可能成为后来中国的西部边界。

2000多年前，充当两汉武威郡郡治的是居于冲积扇平原核心的姑臧县。这个当年的武威郡治，便是今武威市的前身，具体来说是武威市凉州区。武威郡所辖的大部分县亦都分布于这片山麓绿洲之中。可能已经有人注意到了，刚才列出的武威郡治下各县中，还有一个以“武威”为名的县。只是这个县并不与姑臧相邻，亦不在石羊河冲积扇上，而是位于下游终端湖的南面。

石羊河水在阿拉善高原腹地汇集而成的终端湖，在先秦时的名字是“潴野泽”。由于整个石羊河流域在汉初曾为匈奴休屠王牧地，潴野泽因此在汉朝时又被称为“休屠泽”。从位置上看，延伸至休屠泽的石羊河及其滋养出来的绿色长廊，将阿拉善高原中东部的沙漠分割成了腾格里沙漠和巴丹吉林沙漠两部分。更为重要的是，沿这条河分布的绿洲带能够拉近河西走廊与蒙古草原的地缘距离，最起码可以为试图接近祁连山脉的旅行者提供一条总计约200千米且沿途有稳定补给的路线。可以想见，如果没有这些祁连山之水顽强地向北流淌，即便是更适应干旱环境的游牧民族，想要安全穿越阿拉善沙漠也并非易事。

出于防御匈奴的需要，两汉除了在休屠泽之南建置武威县以外，还在冲积扇平原与终端湖之间建置了宣威县，以共同承担石羊河下游的防御任务。你很容易在甘肃地图上发现在对应河西走廊的位置上，存在两个面向蒙古高原的凸起。东边这个凸起的轴线便是石羊河下游。当下在西汉宣威、武威两县故地上建置的行政区，是武威市治下的民勤县。有鉴于此，石羊河冲积扇以北的这条下游绿洲带，被称为“民勤绿洲”。

受上游农业开发的影响，民勤绿洲及石羊河终端湖的面积2000多年来一直处于萎缩状态。以终端湖来说，潴野泽时期的水域面积能达到2万平方千米，变成休屠泽并进行农业开发后，面积锐减到4000平方千米。隋唐时期休屠泽又更名为白亭泽，面积也缩小至1300平方千米；明清时期，面积进一步缩小到400平方千米；等到民国时期，就只剩下名为“青土湖”的70平方千米水域；至1959年，完全干涸。随着上游来水的减少，绿洲开始退化成为沙漠，以至防风固沙成了民勤绿洲的头等大事。好消息是，近年来经过持续的生态治理及补水，时下石羊河尾闾之处又开始有湖面出现，虽然面积还远不能和当年相比，但最起码可以让这片绿洲摆脱彻底消失的命运。

离开武威郡沿祁连山北麓继续向西，便会进入张掖郡地界。既然汉朝决定从武威郡中分拆出张掖郡，而时下张掖依然与武威同为地级市，想来张掖在地缘上必有其独立性。只是这种独立性并非由一条完整水系所支撑，而是被一条东西延绵1000多千米的祁连山支脉——走廊北山所分隔。顾名思义，走廊北山位于河西走廊的北沿。其主体为东西走向，长约200千米。东段是与祁连山主脉相距约50千米的龙首山，西段为走势稍弱的合黎山，以及位于龙首山的东端，折向西南方向的焉支山。

在走廊北山与祁连山主脉的配合下，张掖地区的地理结构表现为盆地状（可称为“张掖盆地”）。北部延绵的山体能够帮助山麓冲积平原更多阻挡来自阿拉善高原的风沙，使得张掖的整体环境和降水较武威要更好些。此外，走廊北山还是一道迟滞游牧民族进犯的天然屏障。为了进一步增加河西走廊的防御能力，汉朝在河西设郡之后，曾沿河西走廊修筑西至玉门关、东至乌鞘岭的河西长城。走廊北山正是这条塞外长城的主要依托。

从水系属性来说，张掖盆地的主体属于黑河水系。横贯张掖盆地的是黑河的东源，也是正源。从祁连山北坡倾注而下的黑河，流过焉支山、龙首山之后，从西北方向由合黎山西端流出张掖盆地，与从酒泉方向流出的北大河等支流汇合成干流，再转东北方进入沙漠腹地。时下的张掖市正是以这段黑河上游为核心建置而成。不过，西汉的张掖郡不但包括现在的张掖市，还包括现在的金昌市。

金昌市正位于龙首山与焉支山相接处。在这里，西南—东北走向的焉支山与祁连山主脉之间形成了一条宽约10千米的山间走廊，可称为“焉支走廊”。为控制这条石羊河绿洲进入张掖盆地的通道，汉武帝在其东端建置了番和、骊轩二县，并在拆出张掖郡时将两县划给了张掖郡。及至清朝演变成永昌县。

大家也许会对永昌和金昌有点陌生，但对于焉支山就不该有陌生感了。当年匈奴人在失去河西走廊之后，曾哀叹：“亡我祁连山，使我六畜不蕃息；失我焉支山，令我嫁妇无颜色。”这首包含丰富地缘信息的匈奴民歌，因被收入汉乐府诗而千古流传。更让人印象深刻的，是“焉支”二字与古代女子化妆所用的“胭脂”同音。“焉支”二字为匈奴语翻译，历史上焉支山还被译为“燕支山”或“胭脂山”。结合这两句民歌，一般认为最初制作胭脂的原料即从此山采集，并传入中原。

焉支山长不过百千米，体量上完全无法与气势磅礴的祁连山主脉相比，却能够在匈奴人口中与祁连山并立，足以证明其地缘位置的重要性。这一重要性，一定程度上表现为焉支走廊在地理上的双重属性。首先，焉支山和焉支走廊位于龙首山之南，使之更像是张掖盆地的一个子单元。其次，由焉支山南流出的西大河、东大河、金川河等河流并不是黑河流域的一部分，而是穿越焉支山与龙首山的东端，东北向注入石羊河。

与张掖盆地的嵌入关系，使得焉支走廊在大部分历史时期都为张掖的属地；但基于水系属性，这个地理单元一度是武威的一部分。不过现在的焉支走廊及其周边地区历史性地得以自成一体：1981年，甘肃省以原永昌县为基础，建置了地级市金昌市。之所以没有直接采用“永昌”之名，是因为这座新兴城市并不位于原永昌县城所处的焉支走廊东端入口，而是选在了南距永昌县城约30千米的金川镇，金昌市城区亦因此得名“金川区”。

地理位置上，金昌市处于龙首山东北端，与被焉支山庇护的永昌县城相比，既无位置优势，又需要面临更恶劣的环境。遵循这一地区的传统地缘逻辑来看，即便是一定要将这个潜力有限的走廊带独立出来，这个选址也着实让人有些困惑。如果你能理解白银市为什么能够出现在行政版图之上，且获得了地级市的地位，那就同样能够理解金昌市的出现了。“家里有矿”是金昌成为地级市唯一的原因。成就这座新兴城市的主要是镍矿，金昌因此有“中国镍都”之称。

你很难预料，当这些资源型城市赖以生存的矿产枯竭之后，整个区域的地缘政治结构是否会恢复常态。好在我们讨论的三国时代没有这种烦恼，而焉支走廊的区位价值才是大家应该关注的重点。

第十节 | 焉南盆地与扁都口

走出焉支盆地和石羊河水系后继续向西，便会进入居于河西三大水系之首的黑河水系。黑河是乌鞘岭以西至天山以南仅次于塔里木河的第二大河流。整个水系有两个主要源头：西源属性的北大河，以及正源属性的东源。前者在祁连山北麓的冲积扇成就了酒泉，后者则滋养了张掖。作为北大河冲积扇与黑河冲积扇的核心城市，张掖与酒泉之间的距离约为200千米，比张掖与武威间的240千米短不了多少。事实上，如果不是走廊北山的存在，使得黑河之水在北入张掖之后被迫向西北方向流淌，黑河与北大河势必会成为两条独立河流。而最终的汇流也不妨碍这两条河流在祁连山麓分别形成两片相互独立的绿洲。

广义地说，黑河水系应该包含北大河与黑河，以及二者各自的支流。只是鉴于两条河流的地缘独立性，有必要将之区别一下。如果以下游来命名整个水系的话，我们可以将之统称为“黑河水系”。这是因为两河合流之后的干流最后一部分流入了内蒙古境内，并以蒙古语命名为“黑河”。不过再深究的话，黑河其实正是黑河的蒙古语译名。

好在我们需要的只是一个能够指代整个水系地理范围的名称。所以不妨将北大河暂时抛开，以黑河水系指代二者，有助于大家厘清整个区域的地缘关系。至于为什么在历史上整个水系会以黑河为名，表面看是因为黑河的流程更长，实际上则是因为黑河与张掖盆地的地缘位置更为关键。黑河之于北大河，或者说张掖之于酒泉的地缘优势，在于它扼守着跨越祁连山脉，连通羌人之地的孔道。正因为如此，黑河上游在汉代也被称为“羌谷水”。

一般来说，这种孔道依托的都是能够穿透山脉的上游河谷。以此标准而言，无论是北大河还是黑河都能达到。与张掖和酒泉相接的这段祁连山主脉，又被单独称为“走廊南山”。整个黑河水系之所以有较大的水量，除了能够收集走廊南山北坡的降水外，还在山脉之南的祁连山区拥有大片的集水区。尤其是黑河，它在祁连山区的集水区东西延绵将近300千米。

如此看来，定位黑河的主源将是找到这条战略通道位置的关键。以地理标准来说，黑河之水是从张掖市西南方向的一条峡谷中流出，注入张掖盆地西部。这条贯穿祁连山主脉的峡谷亦因此被命名为“黑河大峡谷”。然而无数案例已经告诉我们，地理源头并不等于地缘源头。对于古人来说，黑河大峡谷指向的上游河道有多长并不重要，重要的是它能不能成就一条通往羌人之地的战略通道。

从这个角度来说，结果是令人泄气的。因为黑河峡谷穿越的这段祁连山脉几乎是整个山脉中最宽、最高的一段。黑河在其中蜿蜒百余千米，方才进入张掖盆地，这使得黑河大峡谷很难成为张掖盆地连通祁连山区的主通道。相比之下，借助黑河左岸的一条名为“大沙河”的支流，反倒更容易进入黑河上游河谷。当下依托大沙河河谷，建置有甘肃省肃南裕固族自治县，并沿河谷修筑了连通张掖盆地与黑河上游河谷的省道。

问题在于，这条同样需要在山区中蜿蜒上百千米的路线，指向的目的地过于偏西，与羌人的核心区相去甚远，无法承担连通羌、胡的战略任务。

作为羌人核心地区的河湟谷地，位于河西走廊的东南方，这意味着如果张掖地区拥有一条通向河湟谷地的道路的话，其起点应该尽可能靠近张掖盆地的东端。顺着这个方向，我们可以在焉支走廊的西边看到一个由焉支山与祁连山主脉合围而成的小型盆地，处于张掖盆地的东南角。基于其位置，我们可将之命名为“焉南盆地”。

焉南盆地与焉支走廊在地理属性上的不同主要有两点。一是形态不同。从焉南盆地之南，向东一直到乌鞘岭的这段祁连山主脉，又被单独称为“冷龙岭”，向西即前面提到的走廊南山。冷龙岭在焉支走廊南部有一个明显的凸起，使之在形态上呈现为狭长谷地状。整个走廊南北纵深不过10千米，东西长上百千米。而焉南盆地的南北最宽处和东西纵深都超过30千米，这一特点，使之在结构上呈现为腹地开阔的盆地状。二是水系归属不同。焉支山西南—东北的走势，促使流入焉支走廊的河流沿着山脉走势东北向注入石羊河。反观焉南盆地，由于盆地北部已经摆脱了焉支山主脉的控制，由此流出的祁连山之水，可以从焉支山与走廊南山之间，北向进入张掖盆地腹地，遇到龙首山的阻挡之后，再西向注入黑河。

覆盖焉南盆地的主要是黑河的东源——山丹河（又名马营河）及其支流的上游。大部分山丹河流域，在行政上为当下隶属张掖的民乐县与山丹县管辖。由于农业开发及水利工程的修筑，这一地区的自然水系结构已经受到很大的破坏。实地考察的话，已很难看到连续的河流存在。事实上，绿洲农业区截流取水造成原有水系结构面目全非的现象非常普遍。复原当地的原始水系结构，能帮助我们看清板块的原始属性。

幸运的是，焉南盆地面对的这段祁连山主脉相对单薄，依托山丹河及其左岸支流的上游河谷，有多条可供穿越祁连山脉的峡谷存在。最具代表性的是民乐县境内的扁都口与山丹县境内的白石崖。此外还有位于盆地东南角、西大河源头处的平羌口（为甘肃省张掖市肃南裕固族自治县的飞地)。后者仅从名字上也能看出它沟通羌地的作用。

2200年前的小月氏南迁事件，帮助中原王朝第一次知晓了上述通道的存在。河西走廊是西汉从匈奴手中夺取的土地，但匈奴人占据此地的时间也不过半个多世纪。此前在当地游牧的是促使张骞出使西域的月氏人。公元前2世纪初，已经统一蒙古高原的匈奴人不仅在长城沿线持续侵扰立国不久的汉朝，也与月氏人爆发了一系列战争。公元前174年，落败的月氏人被迫西迁，并最终在中亚的阿姆河、锡尔河流域定居，衍化出后来称霸中亚的贵霜帝国。然而并非所有月氏人都离开了故土：有一小部分月氏人选择由焉南盆地迁入祁连山区游牧。那些西迁的月氏人遂被称为大月氏部，而退入祁连山区的月氏人则被称为小月氏部。

焉南盆地成为连通羌、胡的枢纽，还在于其环境优势。在龙首山和焉支山的双重保护下，盆地腹地较少受到风沙的侵扰。平坦、宽阔的地势，以及祁连山雪水的补给，更让此地成了一片水草丰美的草原，以至在河西绿洲纷纷被开垦为农田之时，历代统治者仍然会将此地定位为马场，由此也衍生出一个非常能表明其属性的地理名称——“大马营草原”。

大马营草原的重要性，在于它是一片位于农业区之中的草原，能够稳定地为中原王朝提供马匹。类似的草原还有秦非子当年牧马的关陇草原。史料记载，唐代曾在大马营草原养马7万匹。可以想见，无论对于游牧民族还是中原王朝来说，这片草原的诱惑力都是巨大的。直到20世纪，大马营草原依旧是中国乃至亚洲最大的军马场。但相比大马营草原这个名字，“山丹军马场”及其培育的“山丹马”要更为知名。只不过随着军马退出战争舞台，山丹军马场也在21世纪初转为民用，草原大部亦被开垦为农田。

当年小月氏部之所以不愿意随众西迁，很大程度上也是舍不得这片水草丰美之地。这些期待有朝一日能重返河西走廊的游牧民族，退入祁连山区时最有可能选择的路线是扁都口。扁都口之所以能够脱颖而出，在于其海拔较低，河谷较为宽阔，谷中水流亦不甚急。用古人的话来说，就是“盖山口之路宽平，而山中之水草丰茂也”。这一特点，使得这段长约27千米的峡谷能够在历史上一直承担着沟通河湟与河西的使命。时下连通西宁与张掖的国道宁张公路（G227）便从扁都口通过。

从丝绸之路的视角来看，扁都口连接了河西道与青海道，并与河西高原上的庄浪河谷一起，强化了河西走廊与河湟谷地的联系。东接焉支走廊，南连扁都口，又具备优质草场的焉南盆地，则凭借多重优势成为河西走廊的枢纽。由此可见，匈奴人之所以如此重视焉支山，并不仅仅是因为失去它会“令我妇女无颜色”。

冷龙岭和扁都口同时也是甘肃和青海两省的分界线，但穿越扁都口进入青海境内，并不意味着就进入了湟水谷地。在两大板块之间，还横亘着两片首尾相连的高山谷地。其中与扁都口峡谷相接的谷地，流淌着黑河上游支流八宝河。这条向西流淌的河流与向东流淌的黑河正源，都位于青海省祁连县境内，于县城之西北汇流后，继续流向黑河大峡谷。当年进入祁连山区的小月氏人，很有可能就在祁连县境内游牧。

不过从沟通羌地的角度来说，八宝河谷并非终点。南行的旅人在渡过八宝河后，只需再向东南方向翻越分水岭，很快就会进入一段东西长约70千米的月牙形盆地——门源盆地，现由青海省门源回族自治县管辖。成就这个盆地的是“两山一河”。“两山”指的是冷龙岭与大通山，“一河”指的是大通河。总体来说，冷龙岭与大通山虽然结合得非常紧密，限制了整个大通河中游地区的开发潜力，但在门源盆地，两山并不那么亲密，使得这个板块能够拥有较为宽阔平坦的腹地。

大通河水以及相对宽阔的冲积平原，使得门源盆地看起来具备了农业开发的基本条件。然而被纳入河湟谷地并成为农业带部分的，只有大通河谷中接近河口处的最后40千米谷地。换句话说，门源盆地在历史上并未经历过大规模农业开发。

影响门源盆地农业潜力的主要因素并不是降水。由于来自海洋的季风能够溯大通河而上，并在周边高大山脉的作用下形成更多的降水，这个山间盆地的年均降水量能够超过500毫米，甚至比作为河湟地缘中心的西宁还要多出100多毫米。问题出在温度上。受海拔和周边山体的影响，门源盆地基本不存在绝对无霜期，气候类型为高原亚寒带气候。

以古代的农业技术水平而言，门源盆地更适合做高原牧场。当然，人类改造自然的能力是在不断增强的。基于技术进步，类似降水充足但温度偏低的区域（比如东北地区），在古典时期（大河文明）后期，已经能够通过选种合适的作物来发展农耕。以门源目前的情况而言，已经成为农牧交错带。其最主要的农作物是能够适应青藏高原气候的大麦品种——青稞，以及同样生长期较短的油料作物——春油菜。

虽然在大部分历史时期，从张掖盆地前往湟水河谷，都要穿越高原游牧区，但有了八宝河谷与门源盆地这两块低地做中转站，河西与河湟间的交通便利了不少。上文提到的宁张公路，能够帮助大家更直观地感受这条路线的走向。需要注意的是，整条通道毕竟位于青藏高原，如果想安全通行，最好还是避开气候恶劣的冬季。此外，高原山地间的气候变化剧烈。历史记载，当年隋炀帝在征服盘踞河湟的吐谷浑部后，曾率大军循上述路线进入河西走廊西巡。然而在回军之时，即使是温度较高的6月，隋军在时称“大斗拔谷”的扁都口还是遭遇暴风雪并伤亡大半。

将视线拉回张掖盆地。扼守一条通往河湟的通道，只是张掖盆地的一项副业。汉朝之所以重视这个盆地，并将之从武威拆出单独设郡，更多是希望依托它抵御匈奴的进犯。需要注意的是，张掖之名并非出现于张掖郡设立时。在建置武威郡时，石羊河冲积扇上就已经设立过以“张掖”为名的县了。只是这个有“张国臂掖，以通西域”之意的名字实在是太好，以至在设立新郡时被再次采用。

汉朝为张掖选定的郡治叫作“觻（lù）得”，位于当下张掖市的西北，与山丹河汇入黑河的河口相依。基于山丹河及焉南盆地，张掖郡能够控制焉支走廊与扁都口，古人也因此认定这条纵贯张掖盆地的河流才是黑河的源流。由于黑河在汉代还有一个名字叫作“弱水”，所以在一些历史地图上，山丹河有时也会被标注为弱水。应该说，古人对河流的标注十分混乱。除了弱水、羌谷水和黑水这些名称以外，这条成就张掖的河流还被叫作“张掖水”或“合黎水”。前者得名自张掖郡，后者则得名自走廊北山的最西段——合黎山。

第十一节　|　酒泉、居延海与北大河

由张掖郡的郡治觻得出发，沿黑河向西，很快就会进入合黎山。与龙首山相比，合黎山的海拔要低得多。向西北方向延伸的合黎山，最大的作用是迫使黑河继续向西北方向流淌了200千米，并最终与北大河汇流。而进入北大河绿洲后，便属于酒泉的板块了。

世人知道酒泉，大抵因为两件事：一是传说中霍去病追击匈奴至此，将汉武帝赏赐的一坛美酒倒入泉中与将士共饮，遂成“酒泉”之名；二是中国第一个卫星发射中心——酒泉卫星发射中心。一副贵公子做派的霍去病到底有没有与士卒分享美酒不得而知，但酒泉卫星发射场其实建在相邻的内蒙古阿拉善盟境内，且额济纳河下游及其终端湖也归属内蒙古。在更地广人稀的内蒙古境内建立发射场，将保障基地建置于额济纳河上游的酒泉绿洲，算是一个各取所长的方案。

这个问题如果再深究的话，就牵涉为什么河西走廊没有把沿着额济纳河分布的绿洲统统囊括其中。对北大河的解读，将有助于大家理解这一现状。北大河又名“讨赖河”，汉时被称为“呼蚕水”。由于汉时在北大河冲积扇上建置有禄福县，并成为酒泉郡郡治，之后演化为现在的酒泉市，所以这条河流也曾被称为“禄福河”。时下之所以用北大河这个通用名，是因为它是从酒泉之北流过。

与河西走廊的其他河流一样，成就北大河与酒泉的都是祁连山之水。不过比起山脉的其他部分，酒泉应该更有资格争夺祁连山这笔地缘遗产。广义的祁连山脉西接塔里木盆地、东抵黄土高原，狭义的祁连山指的就是酒泉背后的这部分山体。黑河与北大河两河的源头，都发源于祁连山南麓，然后经峡谷北流入河西走廊。区别在于北大河上游及支流均围绕着这段祁连山生成，而黑河上游则在祁连山东南端发源之后，又向东蜿蜒了300千米，因此集水区更大，径流量更大。

黑河在流出祁连山脉之后，会受到龙首山、合黎山等独立山体的影响而改变流向。北大河的北上之路同样不是一路畅通。北出祁连山后，很快它就会受到一座黑色独立山体的影响，向东流经酒泉市的北部，然后转向东北，在金塔县境内与黑河汇流。这座长约30千米、宽约20千米的黑色山冈，古称“洞庭山”。之所以有这个名字，有可能因为在山体的阻挡下，山前曾经蓄积成湖泊。不过结合其自身的地貌来看，还是叫“黑山”比较合适。

在中国境内，有很多以“黑山”为名的山体，比如藏于太行山脉中，在三国时期成就过黑山军的黑山。相比之下，河西走廊的这座黑山虽然声名不彰，但战略位置更为重要。除了让北大河改变流向，黑山在地缘政治层面还有着重要的表现。不过这些姑且按下不表，我们首先要回答的问题是，为什么北大河与黑河汇流后形成的黑河流域大部分成了内蒙古的一部分。

其实从地理属性来说，无论是石羊河、黑河还是北大河，离开走廊北山及其延伸带的保护后，就已经进入了荒漠化的阿拉善高原。只是在祁连山水势的作用下，才在沙漠中延伸出两条绿色长廊。石羊河之水造就的民勤绿洲位于东边，而造就西边那条的，自然就是现在正在展开论述的额济纳河。

前面说了，额济纳河在蒙古语中也是“黑河”之意。追根溯源的话，黑河之名来源于《禹贡》：“黑水、西河惟雍州。”而凉州本质上就是被拿走关中之地的雍州。在汉朝扩张到河西走廊后，为符合雍州之界为黑水的古老记载，便把“黑水”搬到了当地。此外，由于“黑水、西河惟雍州”之后还有一句“弱水既西，泾属渭汭”，这条河西第一大河又有了弱水之名。虽然黑河被认定为中央之国的西界，但河西走廊的最西端其实是疏勒河。只不过考虑到泾水在关中地区的地位及位置，位置更为模糊的弱水更容易成为汉朝向西扩张的借口。

相比这些河流本身的变化，古人基于各种理由的混乱命名倒不是重点。额济纳河显然也应该有个终端湖。更准确地说，是有两个连在一起的终端湖。汉朝时，这两个湖泊合称“居延泽”，至唐朝改称“居延海”。总的来说，由于上游来水较多，居延泽的面积较同时期的休屠泽要更大，只是它仍然无法避免和古休屠泽一样消失于20世纪。直到21世纪，开始重视环保的中央之国才通过上游治理使之恢复了几十平方千米的水面。

压倒居延海的最后一根稻草，是北大河下游水库的修建。这条额济纳河的西源在20世纪中叶先后修建了鸳鸯池水库和解放村水库（现合称“鸳鸯湖”），在帮助其所在的金塔县向北延伸大片绿洲的同时，也让其下游再也无水与黑河汇流。也就是说在人为干预下，北大河终于变成了一条独立河流。在卫星图上，你会发现由于鸳鸯湖的出现，让原本以酒泉绿洲（山麓冲积扇形）为核心的北大河流域，变成了以这个人工湖为中心，由酒泉绿洲、金塔绿洲构成的沙漏状双核心结构。失去了北大河之水后，原本面积就已缩小不少的居延海很快就彻底干涸了。当然，换个角度看，你也可以认为额济纳河绿洲部分转移到了北大河下游。鉴于流经沙漠导致的高蒸发量，这种此消彼长兴许还会让整个流域的绿洲面积有所增加。

额济纳河的延伸，让甘肃治下的河西走廊有了第二个北向凸起。从体量来看，这两个凸起大体相当。这条祁连山之水还滋养了内蒙古阿拉善盟，究其根源，是因为额济纳河的流程实在是太长了。从酒泉绿洲和张掖盆地之北算起，这条汉时的弱水在沙漠中穿行了约400千米才到达居延泽，较石羊河要长出一倍，以至你会发现古居延泽的位置已经抵达中蒙边界。

历史上蒙古草原被分为漠南、漠北两部分，分割二者的是横亘其间的大漠戈壁。内蒙古自治区完整继承了漠南蒙古部分，以及地缘位置上归属漠北的呼伦贝尔草原，而蒙古国则得到了大部分漠北草原和大漠戈壁。从纬度上看，居延泽的位置比东套平原更偏北。如果游牧民族从漠北入侵河西走廊，居延泽将会是第一站。反过来，如果汉朝想直捣漠北，居延泽同样能成为跳板。

为了控制这个战略要地，汉朝在居延泽之南（今内蒙古阿拉善盟额济纳旗）建置了居延县，并以之为依托构筑了能够控制东居延泽及弱水的居延塞长城。之所以没有将西居延泽置于长城之后，是因为东、西两个居延泽的水质有所不同：在蒙古语中被称为“嘎顺诺尔”的西居延泽（苦海之意）是咸水湖，而蒙古语称“苏泊诺尔”（母鹿湖之意）的东居延泽则属于淡水湖。

在大型内陆终端湖中，这种一咸一淡的搭配并不鲜见。内陆河经年累月从上游带来的矿物质总要有个地方沉积，这使得大部分内陆河的终端湖都是咸水湖（比如青海湖）。但只要地理条件允许，内陆河的终端湖也可能成为淡水湖。这需要河流最终找到两个相邻的湖盆，并将矿物质更多沉积在地势较低的湖盆中，让另一个与之相连的湖泊变成一个中继湖。除已经消失的居延泽以外，类似的例子还有伊犁河的终端湖巴尔喀什湖和西藏的班公湖。

显然，内陆河要是能够在终端蓄积出半个淡水湖，对人类的生产生活来说要有利得多，自然也是地缘博弈的重点。历史上，居延泽与黑河之侧发生过无数历史事件，兹举其一：汉飞将军李广之孙李陵，以五千步卒出居延塞北击匈奴，最终在阿尔泰山余脉性质的浚稽山为匈奴所围。且战且退的李陵领军在距居延塞仅百里之处为匈奴所俘，最终老死匈奴。

在两汉的行政区划中，合黎山以西至两河交汇处的黑河下游，归酒泉郡管辖，以补足北大河绿洲的不足；而黑河与居延泽则划归张掖郡。鉴于后者孤悬于沙漠中数百千米，防御的难度实在太大，西汉并没有在此进行大规模移民开发，仅建置了一个居延县。整个黑河及北大河绿洲之北更多被定位为要塞，以驻军来进行防御。这种设计的问题在于，一旦中原王朝开始收缩防线，缺少常住居民的突出部极易被放弃。同样面临这个问题的，还有深入游牧之地的后套平原。明朝便放弃了对这两个地理单元的控制。

地理上远离农耕区，是居延泽乃至整个河套平原当下被划归内蒙古的底层原因。当然，孤悬于沙漠之中的黑河与居延泽无法支撑长期的农业开发，并不代表没有办法成为中央之国的一部分。农耕文明与游牧文明之间，亦非没有办法找到其他相处模式。至于东汉为了控制这些可农可牧的边缘地带采取了哪些措施，这些措施是否合理，以后有机会再详细解读。接下来，让我们把视线拉回到北大河畔的黑山，去看看这座不起眼的山体有什么特别之处。

说黑山不起眼是跟祁连山脉相比，但与其左右一系列东西排列的低山相比，黑山还是挺显眼的。在它的东南方向还有一个体量较小、名为“文殊山”的丘陵，与之一起约束北大河的流向。在黑山的西侧，祁连山之水开始向西北方向偏流，并在天山余脉马鬃山（即“走廊北山”）的作用下，向西汇入疏勒河，然后注入塔里木盆地。

在疏勒河以东的祁连山麓，河流整体都在向北部的蒙古高原流淌。从这个角度说，向西流淌的疏勒河算得上是一个异类。造成这一变化的最大地理因素，是青藏高原的轮廓在黑山附近开始出现重大改变。简单地说，黑山正处在一个转折点上。在它的东侧，作为青藏高原边缘的祁连山脉自西北向东南方延伸。而在黑山以西，青藏高原的边缘山脉呈现的则是东北—西南—北的走势。处在这样一个转折点上，又有青藏高原与祁连山之水滋润，你很难想象黑山这样一个分水岭，在历史上会被政治家和军事家忽视。

这么有特点的一个节点，显然应该有一座关城与之相配。真要构筑关城的话，"两山夹一谷"结构的黑山与文殊山最合适。这段北大河河谷有一个地理名称——"石关峡"，仅从这个名字就能看出它的确如我们推测的那样，成为河西道上的重要关隘。只不过石关峡在两汉时并没有成为门户。这倒不是说它不重要，而是通过不断打击匈奴人，当时的中央之国已经把势力扩展到蒙古高原和天山南北，包括把长城向这两个地区延伸。在这种情况下，石关峡被更西边的玉门关和阳关等名关所掩盖。

是金子总会发光的，石关峡终究还是迎来了自己的高光时刻。如果我指出这个节点的另一个标签——嘉峪关，相信大家马上就能明白我为什么这么说了。自16世纪初，明朝开始战略收缩后。作为明长城的起点，嘉峪关和它所在的石关峡，在长达200年的时间里（至清雍正年间），不仅充当着河西走廊的门户，更成为整个中央之国的西大门。另一个高光时刻，出现在20世纪中叶。原本嘉峪关并非一级行政单位，而是酒泉治下的军事要塞，一如四望峡之于兰州、旱平川之于靖远。1965年嘉峪关正式设市，1971年成为与酒泉平级的地级市。

与嘉峪关的崛起形成鲜明对比的是敦煌的没落。如果将两汉的郡与当下的地级市等同视之，你会发现河西四郡中的武威、张掖和酒泉三郡，与它们各自依托的绿洲一起延续着各自的地缘政治地位，但依托疏勒河兴起的敦煌当下只是一个县级市。考虑到嘉峪关和黑山地处北大河流域边缘，加之500多年前河西走廊的防线曾从敦煌退至嘉峪关一线，似乎很容易让人推测出嘉峪关取代敦煌地缘政治地位的原由。

然而事实并非如此。年轻的嘉峪关市最初由相邻的酒泉、肃南两县划出的部分地区组成，是全国仅有的几个不下辖区县的地级市之一（而且是最早的一个），总面积不到1300平方千米。地处甘肃省最西部，面积超过嘉峪关十倍的敦煌市，却只是酒泉市下辖的一个县级市。换句话说，嘉峪关本质上是插入酒泉市的一个特殊点。

嘉峪关这种体量的地级市出现，并不符合常理。“天下第一雄关”的美誉并不足以让嘉峪关突然崛起，真正助力其升格为地级市的，是中央之国对于工业化的渴望。20世纪50年代，在祁连山中的北大河河谷发现了中国西北首座大型铁矿——镜铁山铁矿。依托铁矿，酒泉钢铁厂成立。为了保障钢铁企业的运转，嘉峪关市才得以出现。换句话说，与同一时期的“铜城”白银、“镍都”金昌一样，成就嘉峪关的并非其地缘位置和绿洲属性，而是其“钢城”属性。

第十二节　|　冥泽与“潜行”的疏勒河

离开嘉峪关市继续西行，接下来将抵达的并不是大家期盼已久的敦煌市，而是同样由酒泉代管的玉门市。不过对于当年往来于丝路上的旅人来说，更关心的是下一条河流在哪里。沿黑山南麓西行，距嘉峪关80千米处有石油河和赤金镇。在明朝退守嘉峪关之前，曾在嘉峪关以西安置了7个蒙古部落作为缓冲区，合称为“关西七卫”。16世纪初明朝退守嘉峪关后，这7个卫所被全数放弃。

赤金镇之名便得自驻扎于此的赤金卫，是距嘉峪关最近的一个卫所。从水系划分的角度来说，其依附的石油河属于疏勒河最东边的支流。“石油河”一名在19世纪末就有了。当时在此生活的居民，发现河畔有黑色石脂冒出，可以作为燃料，遂将此河称为“石油河”（原名“鸦尔河”或“鸭儿河”）。

祁连山麓的石油河谷在20世纪30年代末成就了中国第一座油田——玉门油田。玉门县亦因此升格为玉门市。至于说玉门市的现状，有一个消息可供参考：玉门近年来出现过人民币几千元一套的房子。

石油虽然对于近现代的玉门来说很重要，但玉门并非仅靠矿产资源跻身中国的行政版图。读过唐诗的中国人都不会对玉门感到陌生:“羌笛何须怨杨柳,春风不度玉门关”“青海长云暗雪山,孤城遥望玉门关。黄沙百战穿金甲,不破楼兰终不还”……作为河西走廊的门户,玉门关承载了无数汉唐荣光和诗人的梦想。

汉朝在经营河西走廊时,向有“列四郡,据两关”之说。如果把这六个地标具体定位为关城,由东至西依次为武威(姑臧)、张掖(觻得)、酒泉(禄福)、敦煌、阳关以及玉门关。这意味着,离开黑山和北大河之后,接下来迎接大家的将是神秘的敦煌。然而我们现在说的玉门市位于敦煌以东,与嘉峪关间的直线距离仅120千米,而汉玉门关还要再往西270千米。

虽说现在各地为了彰显其历史,经常附会周边地区的古地名,但嘉峪关之西的玉门市并非如此。早在汉武帝设置酒泉郡时,今玉门市境内就已经建置了玉门县。也就是说,玉门在2000多年前其实有两重含义,既指玉门城,也指作为关隘的玉门关。汉玉门县位于今玉门市的北面,依托的也不是石油河,而是疏勒河干流。2000多年前的玉门县与玉门关,一个位于疏勒河绿洲的最东端,一个位于疏勒河绿洲的最西端,可以帮助我们定位疏勒河绿洲的范围。

河西走廊的第二大河——疏勒河,发源于大通山西北麓,向西于祁连山区中穿行约300千米后,由玉门市昌马乡境内向北注入河西走廊。帮助疏勒河从山地中突围的峡谷,被称为“昌马峡谷”。依照一般规律,疏勒河从昌马峡谷流过时,必定会在山前低地上形成一个绿洲属性的冲积扇。作为疏勒河绿洲门户的玉门城,应该就位于这个冲积扇绿洲的东端。事实也的确如此,但实际情况更复杂。不同于其他内陆河冲积扇,疏勒河冲积扇不同寻常的特质,让整个流域的地缘政治结构显得扑朔迷离。

最起码在亚洲内陆地区,很难再找到疏勒河冲积扇这样标准的大型冲积扇了。整个冲积扇宛如一把巨大折扇,覆盖在祁连山与北部的马鬃山之间，又好像一片秋日落下的银杏叶。套用网络上诸葛亮的那个经典迷因，就是“我从未见过如此完美的冲积扇”。其不同寻常之处并不体现在完美的形态上，而是体现在被泾渭分明地横切为两部分。

怎么来形容这一结构呢？相信大家都见过广场舞大妈们的舞蹈扇。由于这种扇子最早用于中国北方地区的秧歌舞，也因此被称为“秧歌扇”。与一般的折扇相比，秧歌扇除了扇面用绸布制成，颜色更为鲜艳以外，最大的不同是在扇面外缘还装饰了一圈绸布，以增加舞蹈的灵动感。

疏勒河冲积扇就像一把秧歌扇，可分为扇面和外缘两部分。这当中，与上游河谷相连的扇面部分，南北纵深为50千米、东西相距约70千米；外缘部分南北平均宽约10～30千米，东西相距超过100千米。二者的原始面积都在1800平方千米左右，但呈现出截然不同的地貌：扇面多为一望无际、砾石遍地的平缓戈壁，而外缘则为土质平原，呈现出一派绿洲景象，并有许多地表径流纵贯而过，汇入北侧的疏勒河下游河道。

堆积在冲积扇上的砾石来自疏勒河上游，更准确地说是祁连山区。在人类踏足这片土地之前，远古冰川融化所形成的巨大水流就已冲刷下大量的岩石碎屑，并沉积于山麓之前。质量较轻的泥土被搬运至更远处，沉积形成沙漠绿洲。应该说，多数内陆河流或多或少都有这种情况，只是很少有像疏勒河冲积扇这样，让人类如此直观地感受到这一现象的存在。

疏勒河冲积扇能够引发人类关注的，显然不会是扇面上的那些砾石，而是外缘部分的冲积平原。在没有人类干扰的情况下，原始冲积平原往往分布着湖泊或湿地。但随着人类的开发，水体开始逐渐缩小甚至消失，取而代之的是大片农田和更多的人口。最典型的案例就是云梦泽向江汉平原的转换。疏勒河造就的这片扇缘绿洲同样经历过这样的过程。在西汉刚刚征服这片土地之时，整个绿洲大部为水体所覆盖，被称为“冥泽”。鉴于此，我们也可以将这片绿洲命名为“冥泽绿洲”。

“冥”字的本意是幽暗不明，经常被用来代指阴曹地府。之所以把这个东西相距超过100千米的古代大泽命名为“冥泽”，是因为其不走寻常路的上游。基于疏勒河冲积扇的地理结构，由昌马峡谷奔流而出的河水想要汇入冥泽，必须先在戈壁中穿行四五十千米。由此造成了一个非常奇特的现象，那就是“潜行”。

“潜行”的概念在解读济水时也曾经出现过。不过济水并不是像古人想象的那样“三伏三现”，而是由三条分别发源于王屋山、嵩山以及鲁中南山地丘陵的河流组成。但在疏勒河冲积扇，潜行真的存在：疏勒河水流出昌马峡谷之后，先是渗入砾石密布的戈壁滩地下并形成无数条暗流，然后在遇到泥质土壤时涌出，汇集成疏勒河下游河道。

事实上，高山雪水将岩石碎屑搬运至山麓是常态，而潜行现象在亚洲西部并不鲜见，但像疏勒河冲积扇这样，上游之水如水银泻地般从整个扇体的地下潜行而过还是很少见的。想象一下当古人看到本应干涸的戈壁滩边缘，突然冒出那么多条暗流汇聚成泽时的心情，将之命名为“冥泽”也就不足为奇了。当年张骞就认定横贯塔里木盆地的塔里木河在汇入罗布泊之后潜行于地下，至青藏高原东部的积石峡涌出成为黄河。考虑到张骞在西域应该见识或听闻过这种现象，所以做出这种在今人看来颇为荒谬的解释倒还真不是异想天开。

其实疏勒河在山前戈壁中也并不总是在潜行。与季风吹拂下的中东部地区一样，每到夏季，疏勒河与其他内陆河同样会因为冰雪消融而形成山洪。巨大的水量除了为中下游的戈壁滩与绿洲带来更多碎石和泥土之外，还会在冲积扇表面形成一道道如扇骨般分布的泄洪通道。连接昌马河谷与玉门市的这段昌马河其实就是泄洪通道之一，并且是位置最东边的一条。由昌马河向西，扇体东部依次分布着一道沟河、二道沟河、三道沟河……直至十道沟河。实际上泄洪道很多，只是扇体西部的没有再行命名罢了。

正所谓“家有千口，主事一人”，河流也是这样的。纵然有那么多分支，疏勒河中游最少也会有一条常年有水的地表径流。在两汉时期，代表疏勒河中游的地表径流被称为“冥水”或“籍端水”（后者可能来自羌语）。就目前的情况来看，冲积扇最东沿的昌马河无疑承担了这个职责，并滋养了冥泽绿洲东南端的玉门市。

但昌马河并不是2000多年前的疏勒河径流。部分研究者认为，冥水使用的河道应该是位于昌马峡谷正北的四道沟河。结合疏勒河冲积扇的结构及当年的行政区划，冥水更有可能沿冲积扇西沿流淌，并且在卫星图上很容易找到这条痕迹明显且与昌马河东西相对的故道。在故道的一侧，有始建于南北朝时期的东千佛洞遗址，而汉朝设置的冥安县（今甘肃瓜州县锁阳城遗址）则位于外缘绿洲的西南部。当然，历史真相究竟如何还有赖更多的考古发现。

现在大家已经对疏勒河冲积扇的“秧歌扇”状结构有所了解了。站在汉朝的角度，要开发冥泽绿洲，该如何规划呢？考虑到冥泽的水很浅且水面面积受季节影响很大，如果要构筑城邑控制冥泽绿洲的话，其选址应该在绿洲之南靠近戈壁的位置上，以借助更高的地势，防范可能的水患。正是依据这一思路，汉朝除在冥泽绿洲的西南端和东南端建置冥安、玉门两县外，还在二者之间设置了渊泉县和池头县（东汉末年改名“沙头县”）。

冥泽绿洲上这些县名蕴含着丰富的信息：“冥安”显然是祈盼冥水安定之意；“渊泉”指向那些在戈壁地下潜行、在绿洲中涌出的水流；“池头”更名为“沙头”，则反映了环境的变化。

呈扇形排列的冥泽四县，共同帮助汉朝守护这片绿洲。从酒泉郡中分拆出敦煌郡后，西侧的冥安、渊泉两县被划入了敦煌郡，池头、玉门两县则留在了酒泉境内。换句话说，整个冥泽绿洲，或者说疏勒河冲积扇，为酒泉、敦煌两郡瓜分。这一地缘政治格局在当下依然有所延续：今天瓜分冥泽绿洲的成了玉门市和瓜州县。区别在于，后者的县城并不位于冥泽绿洲，而是位于古冥泽以西的疏勒河之侧。从这个角度来说，冥泽绿洲的西部似乎陷入了衰退。

冥泽绿洲的变化，首先体现在水体的变化上。历代王朝对古冥泽绿洲的开发，使得我们今天已经很难看到冥泽的遗迹。水体也缩减为一条沿绿洲北沿向西延伸的疏勒河道。20世纪中叶在绿洲西北端修筑的双塔堡水库还能让大家想象一下这片土地当年烟波浩渺的景象。再仔细观察，你还会发现整个古冥泽绿洲现在呈现出“东绿西黄”的状态：依托昌马河、归属玉门及古酒泉郡的部分，农田密布；反观归属瓜州和古敦煌郡的冥泽绿洲西部，不仅当年汉朝构筑的冥安城（今瓜州县锁阳城镇南岔大坑）已湮没于荒漠地貌之中，农田密度更是无法与东部相比。

引发这一变化的直接原因，是清朝对古冥泽绿洲的开发。17世纪末，盘踞天山南北的蒙古准噶尔部越发强大，甚至已经接近统一蒙古高原。为了应对与准噶尔汗国的战争，18世纪初（康熙末年），清朝决定在古冥泽绿洲大规模屯田驻军，充当西域前线的后勤保障基地。也正是在这个时候，河西走廊的西大门开始由嘉峪关重新向敦煌及疏勒河流域迁移。

基于双方的地缘位置，清朝在屯田疏勒河绿洲时，选择了在昌马峡谷北侧修筑水坝、沟渠，将上游来水更多通过昌马河引入玉门所处的绿洲东部，玉门一带的绿洲亦随之向东北方向有所扩张。来水减少的绿洲西部则逐渐有荒漠化的趋势。那些原本兴盛于此的古代城关也渐渐为人所淡忘。

这些消失的城邑中，最知名的是唐瓜州城。唐瓜州城在地缘政治层面是汉冥安城的继承者，只是城址向西南偏移了5000米（锁阳城遗址）。唐瓜州城一直到明朝退守嘉峪关后才被废弃。在清朝将疏勒河水更多引向昌马河与玉门市境内后，以唐瓜州城为代表的西冥泽绿洲更是失去了复兴的基础。

第十三节 | 玉门关与敦煌

伴随西冥泽绿洲消失的玉门关，并非汉玉门关而是唐玉门关。由于河道变迁，乃至决策者个人喜好等原因（比如不愿意用旧城），一座城市的城址发生小范围变动实在是太正常了。这种城址的变动并不影响城市的沿革，哪怕是名字发生变化，就像上一节提到的汉冥安城与唐瓜州城那样。秦函谷关和昙花一现的魏函谷关也是这种关系。但把函谷关从灵宝（秦函谷关）东迁到130千米之外的新安（汉函谷关），即使名字一样，指代的也不是同一座城关了。

唐玉门关与汉玉门关的直线距离超过200千米，二者依托的显然也是不同的地理单元。这座唐代关城的遗址正位于双塔水库。从水库一路向西，至敦煌市西南，你会看到一条与祁连山脉平行，总长约140千米的外围山梁。这道山梁的西段被命名为“三危山”，位于敦煌市境内，东段则位于瓜州县境内，被称为“截山”。

截山东南的疏勒河之水在祁连山脉与马鬃山之间这片南北相距数十千米的低地，涂画出一把支出众多“扇骨”的秧歌扇。而进入截山之北后，不再有潜流补给的疏勒河水开始老老实实地沿马鬃山南麓向西流淌。这使得截山东端成为疏勒河呈放射线状延伸的下游河道与呈扇状结构的中游水系的一个分界点。背靠截山兴修水库更有利于蓄水和减少工程量。

依山靠水、百川归流的位置，也让唐朝选择将玉门关设于此地。如果说双塔堡水库要控制的是水流，那么唐玉门关要控制的就是人流。不过这里说的控制是相对的，以唐玉门关的地理位置来说，它并不是冥泽绿洲接入疏勒河下游的唯一入口。当然，从控制角度要求往来于丝路上的商旅由此通关就是另外一回事了。

能够帮助旅客绕过唐玉门关的，是位于疏勒河冲积扇西侧的河流——榆林河。榆林河又名“踏实河”，是疏勒河左岸主要支流。其北出祁连山脉的峡谷东距昌马峡谷约70千米。这一距离使得榆林河能够完全避开疏勒河冲积扇的影响，打造属于自己的冲积扇。不过榆林河形成的冲积扇与疏勒河既有共性，也有不同。

二者的共性在于，榆林河出祁连山之后，同样要经过一片纵深数十千米的戈壁滩。事实上，自从进入疏勒河流域后，这种特征就表现得十分突出。只能说当年冰川在消融之时，把太多的岩石碎屑留在了祁连山北，使得沿疏勒河流域分布的绿洲与祁连山脉的距离，较河西其他流域的绿洲都要更远。

不同之处在于，榆林河北出祁连山后面对的低地，结构要更复杂一些。截山与祁连山相距约为60千米。如果二者之间也是一整片向北倾斜的洪积平原，那么只要榆林河水量够大，应该也很有机会形成一把体量媲美疏勒河的“秧歌扇”。只是榆林河的北流之旅并不通畅，在截山与祁连山中间，还横亘着一道东西走向的山梁。榆林河在山梁之南实际上是在低丘峡谷中穿行。越过这道山梁之后，榆林河才有可能形成属于自己的冲积扇和绿洲。这道横切榆林河的山梁本身并不出名，不过山梁南麓的榆林河谷中却散布着从北魏至元代开凿的数十个佛教石窟。这些石窟合称“榆林窟”。

在整个河西走廊乃至天山南北，榆林窟的价值仅次于敦煌莫高窟。你会很容易在地图上锁定它的位置，并看到前面所说的这道山梁。至于在榆林窟之北穿透这道山梁的峡谷，则可被称为“榆林峡”。20世纪在峡谷的北段修建的榆林河水库，能够帮助大家更精准地找到其位置。

在榆林峡的北侧，榆林河终于有机会在峡谷与截山之间形成属于自己的冲积扇。观察榆林河冲积扇，你会发现它几乎就是疏勒河冲积扇的缩小版——戈壁地貌的扇体与同样呈放射状遍布的泄洪道。在榆林河水库的助力下，榆林河的地表径流在出峡谷后，也沿着冲积扇最东侧的河道向东北方流淌，再沿着截山南麓向西流，直至冲积扇西北端，最终从截山与三危山之间的峡谷中穿出注入疏勒河。

参考疏勒河冲积扇的结构，榆林河绿洲应该就位于截山南麓的外缘部分，由此形成的弧状绿洲甚至可能蓄积成湖。两汉曾在这片扇缘绿洲设有广至县（今锁阳城镇破城子遗址），唐朝则设有常乐县。只是在后来的历史中，一如疏勒河之水更多被导向最东部的昌马河一样，榆林河的地表水同样被导向了冲积扇的最东部。榆林河绿洲亦随之集中于冲积扇的东南缘。这种做法客观上让榆林河绿洲能够更多向东南延伸，并与东边的古冥泽绿洲连成一片，从而打通冥泽绿洲经榆林绿洲通往疏勒河下游的交通线。只是在冥泽绿洲同样东移的情况下，我们现在看到的还是两片独立的绿洲。

由于径流量不如疏勒河，榆林河绿洲的面积要比冥泽绿洲小得多，水体缩减的比例也更大。以至在当地人口中，绿洲西北的下游河段已经不是榆林河，而是“芦草河”甚至“芦草沟”了。这种由林到草、由河到沟的变化，透露着一丝凄凉。剩下的榆林河绿洲承载的是瓜州县锁阳城镇。需要注意的是，锁阳城遗址并非位于榆林河绿洲，而是已经有荒漠化趋势的冥泽绿洲西南。这两个冲积扇绿洲皆将水引向东端，使得这片曾经阡陌相交、兴盛一时的绿洲以及众多遗址，只能成为榆林河绿洲的一部分。

因为人类的干预，河西及西域绿洲的面积和位置都发生过重大变化。不过河流的通道价值得以延续。就同样发源于祁连山区的榆林河来说，它的通道价值还体现在为祁连山区打通了一条直接通往疏勒河下游的道路。虽然丝绸之路青海道的主线穿越的是南部的青海湖盆地及柴达木盆地，但并不妨碍游牧于祁连山区的羌人等部落借助这条通道直接进入敦煌地区。榆林河在祁连山区的上游部分被称为“石包城河”。在这条河流边上有名为“塞江关”（今名“石包城遗址”）的古代关隘遗存。而沿石包城河—榆林河进入截山之北的安西县，再穿越马鬃山中的星星峡，就可以进入北疆地区，只不过这条路线相当艰险。

这里说的安西县就是今瓜州县。这片由疏勒河水和榆林河水共同造就的绿洲，可称为“安西绿洲”。疏勒河在进入截山之北后，并非贴着截山北麓流淌，而是继续沿着马鬃山南麓西行。这使得西向流淌的疏勒河、西南—东北走向的截山以及北出峡谷的榆林河，共同围就出一片三角地带。在历代修建的引水工程的帮助下，这个三角地带成了现在颇具规模的安西绿洲。

基于安西绿洲北连疏勒河，南接榆林河的位置，在此设置据点可以同时控制通往冥泽绿洲与经榆林河绿洲通往西域的道路。依照这一思路，汉军沿疏勒河建修了名为“昆仑塞”的长城，并在其北面设立宜禾都尉一职，负责这片三角地带的屯田工作。及至魏晋时期，更一度建置了宜禾县（北周时废止）。清朝重新入主西域，且在西冥泽绿洲环境开始恶化的情况下，这片当年的“宜禾”之地，以“安西直隶州”之名（清亡之后变更为“安西县”）得到重新开发，并成为疏勒河下游的行政中心。

2006年，安西县更名为“瓜州县”。这背后的逻辑是，相比安西之名，瓜州看起来要更有历史感。只是通过前面的分析大家已然知晓，相同的地名指向的并非同一板块，这往往让后人无所适从。为避免混淆，当下瓜州县城所处的这片位于疏勒河与榆林河之间的三角形绿洲，可被称为“安西绿洲”。

途经安西绿洲的丝绸之路，沿着马鬃山南麓的疏勒河谷继续向西延伸。疏勒河的归宿将是位于塔里木盆地东端，由塔里木河之水蓄积而成的终端湖——罗布泊（古称“盐泽”）。不过疏勒河虽然可能在某个水量充足的时期注入过罗布泊，但二者间并没有建立稳定的联系。就两汉的情况来说，疏勒河水在与唐玉门关相距200千米左右的汉玉门关一带蓄积成终端湖。换句话说，玉门关可以被认定为是疏勒河流域的西部终点，而走出玉门关则象征着正式进入西域之地。

通过玉门关之后的丝绸之路开始沿着塔里木盆地的北缘，依托塔里木河沿岸的绿洲横穿整个盆地。正是因为占据着这样一个位置，大家应该不难理解玉门关为什么会那么出名了。然而行文至此，敦煌郡的核心——敦煌城还没有出现，而与玉门关并立且同样经常被唐诗提到的“阳关”（如“西出阳关无故人”）又在哪里呢？不要着急，它们马上就要出场了。

敦煌城的地理位置是在三危山的西北麓。前面说了，当下瓜州县境内的截山与敦煌境内的三危山其实是同一片山地，但无论疏勒河还是榆林河，都与三危山擦肩而过，并没有为敦煌城做出贡献。在如此干旱的土地上，一座历史名城必定依托河流才能存在。这条滋养了敦煌的河流，就是被认定为疏勒河第一大支流的党河。

党河之名始于清朝。它在两汉时期名为“氐置水”。氐族是一个与羌族关系密切的古老民族。难以区别二者的中原王朝，经常以“氐羌”之名统称二者。前者曾经的活动区域主要是青藏高原东部到川西北高原一带。从氐置水之名同样可以看出，早在汉朝控制河西走廊之前，党河就已承担了连通青藏高原与敦煌地区的任务。

党河上游同样位于祁连山区，其源头与疏勒河上游隔分水岭疏勒南山相望。帮助党河流出祁连山区的党河大峡谷，与昌马峡谷的直线距离为170千米。在同样流过一片介于祁连山与三危山间的戈壁地带后，西北向流淌的党河在三危山拐了一个大弯，然后在三危山之北形成一片绿洲，这便是造就了敦煌城的敦煌绿洲。在穿过敦煌绿洲之后，党河之水在敦煌城北约30千米处汇入疏勒河。

顺便说一下，三危山由于表面被沙丘覆盖，所以也被称为“鸣沙山”。著名的月牙泉就位于鸣沙山与敦煌绿洲的相接之地。在与鸣沙山擦肩而过后，党河与敦煌绿洲向东北方向延伸，于是与三危山主体拉开了一段距离。这使得位于三危山北麓的莫高窟与绿洲之间有一片南北宽约13千米的沙漠。这意味着，无论是月牙泉还是敦煌石窟，周边环境其实都不像影视剧里展现得那般恶劣。

那么阳关又在哪里呢？其实答案已经呼之欲出了，汉朝在西域开辟的丝绸之路是沿塔里木盆地的南、北边缘延伸的。既然玉门关对接的是丝路北线，那么就一定要在它的附近再设置一个关口，控制沿塔里木盆地南缘延伸的南线了。以此而言，没有哪个地点比党河在三危山西端所绕的那个弯更合适了。在这个“C”形弯的西侧，当年有一个与党河相连的湖泊——渥洼水（唐时名为“寿昌海”）。阳关即位于渥洼水之北。为了维持其存在，汉朝还在此建置了龙勒县。

阳关与玉门关的直线距离为50千米，一南一北，分别扼守着通往塔里木盆地南北缘的通道。敦煌城则通过党河来掌握这两条路线的交会处。往来的商旅可以经由敦煌城任意在两条路线间切换。以此来说，汉朝在三危山北的党河之侧建立敦煌县，并以之为中心建置敦煌郡，充当的是河西走廊乃至中原王朝进入西域的桥头堡。

然而敦煌和疏勒河水系整体向西的走势，又使之较河西走廊的其他板块更容易脱离中央之国的控制。一旦中原王朝决定战略收缩，比如像明朝中后期那样，那么固守这个位于祁连山以北的桥头堡就意义不大了。也就是说，如果中央之国不能控制西域的话，河西走廊其实也很难再维持当年“河西四郡”的布局。

至于为什么曾经与武威、张掖、酒泉平起平坐的敦煌，如今只是县级市，根本原因还在于敦煌绿洲当下的经济潜力不够。时下不到20万的常住人口自然难当大任。当然，假如敦煌像玉门、金昌、白银那样“家里有矿”，就会是另一番景象了。

第十四节　|　武都郡与氐人

毫无疑问，凉州是一个西北属性的板块。当年汉武帝将之命名为“凉州”，而没有因循《禹贡》将之标注为“雍州”，除了觉得剥离了雍城（今陕西省宝鸡市凤翔区境内）和关中之后的雍州已经名不副实外，还因其“土地寒凉”的特征。从地缘政治角度看，这片与汉朝核心地区接壤的寒凉之地要同时面对来自蒙古高原、青藏高原和西域盆地三大边缘板块的压力，重要性无出其右。

然而，鉴于三国时代本质上是中央之国核心区的内斗，直面西北的三大边缘板块——河西、河湟、河套并没有多少机会在这个舞台上露脸。相反，凉州最南端那个并不属于西北概念且土地也不寒凉的地理单元——西秦岭山脉，反而成了魏蜀博弈的前线。

在两汉三国时代，凉州所辖的这片秦岭整体被建置为武都郡，但其具体归属多有变化。西汉初设武都郡时，它与四川盆地被划归益州并成为其最北端的郡；东汉时归属凉州，成为这个西北大州最南端的郡。公元219年，刘备攻占汉中自封汉中王后，武都郡又成为蜀汉的一部分。当年两汉在武都郡设置的那些县，现在则基本归甘肃省陇南市管辖。

西秦岭山脉的地理属性，让武都郡成了凉州诸郡中海拔最高，且低地比例最小的一个板块。对于这样一个山地板块来说，河流的作用更加突出。不仅作为交通要道，承载人口的重任亦同样落在狭长的河谷肩上。以水系来说，武都郡可以被定义为嘉陵江上游。换个角度说，黄河水系（具体说是渭河水系）在西秦岭山脉的占比是极少的。其实秦岭山脉中分割南北水系的分水岭都偏向北部。尤其是在西秦岭山脉，分水岭向北偏移的现象表现得尤为明显，比如以祁山为代表的汉源谷地，发源于此、属于长江流域的西汉水，其源头实际上位于秦岭的北麓。

武都郡境内主要有三条河流，由西向东依次为白龙江、西汉水以及故道水，后者可以被认定为西秦岭山脉与中秦岭山脉的地理分界线。三条河流中承担交通职责的，是在前文中露过脸的西汉水和故道水。这两条河流先是在西秦岭腹地的陕西省略阳县北交汇，然后一路向南于大巴山脉南麓的广元市南汇入白龙江后，切入四川盆地中部形成嘉陵江干流。结合之前的内容，这一水系结构可以帮助我们找到沿故道水直通关中平原西部的陈仓道，以及沿西汉水延伸至陇右高原东部的祁山道。

这些在西秦岭山脉中蜿蜒的河谷，成为这片山地有机会升格为郡的基础。为了控制这两条通道，西汉曾在西汉水沿线建置了武都道、上禄县、平乐道、修成道四个县级行政单位，又在故道水沿线建置了故道、嘉陵道两个行政单位。至于作为西汉水源头的汉源谷地，考虑到它的黄土高原属性及历史背景，汉朝并没有将之划入武都郡。在蜀汉控制武都郡之后，这个双重属性的跳板遂以祁山之名成为蜀魏两国争夺的焦点。

值得一提的是，部分研究者相信，故道水与西汉水在略阳交汇之后，最初并没有向南进入四川盆地，而是沿着西汉水的流向切入汉中盆地，成为汉水的源头。一场发生于2000多年前的地震堰塞了两条汉水间的水道，使得汇合了故道水之后的西汉水，开始向南汇入嘉陵江。这一推论倒是能够解释为什么嘉陵江的上源会被称为“西汉水”，而位于汉水上游的这个盆地被称为“汉中”。

无论真相如何，有三点是可以肯定的。首先，无论汇入长江上游的支流嘉陵江，还是长江中游的支流汉水，都不会改变西汉水横贯秦岭，连接黄土高原与长江流域的特殊属性。其次，在三国时代，西汉水肯定是以嘉陵江上游的面目出现的。事实上，基于西汉水的特殊价值，它甚至被很多古人认定为嘉陵江的正源。当然故道水同样是个有力的竞争者，毕竟它也形成了一条直通关中平原的道路。西汉在故道水之侧设置嘉陵道也可以佐证这一点。最后一点，即便西汉水没有与汉水相连，二者之间也同样存在顺畅的河谷通道。在略阳县的东南方向，一条名为“东渡水”的支流能够帮助往来于此的旅人无限接近汉水的北源——沮水。你很容易在略阳县与扼守汉中盆地西端的勉县之间，找到循上述路径连接两地的309省道，以及“接官亭”“硖口驿”一类的古地名。为了控制这条重要的战略通道，汉朝在沮水河谷设置了隶属武都郡的沮县（位于今勉县茶店镇）。结合三国故事，你会发现“阳平关”“定军山”等三国著名地标，都与之相距不远。

依托沮水建置的沮县是武都郡位置最南的一个县。但作为汉水的北源，沮水并没有进入汉中盆地的平原地带。这意味着三国迷们熟悉的汉中并不属于武都郡和凉州。在两汉的建置中，这个包夹于魏、蜀之间的重要盆地被划入了益州，今天则成为陕西省的一部分。关于它的问题，我们在益州部分会进行详解。

现在回到武都郡的地缘结构上来。经验告诉我们，低地承载着一个地理单元的农业和人口潜力。西汉水和故道水河谷总体呈现两山夹一谷的结构，那些沿河谷分布的城邑让人对武都郡的人口潜力信心不足。不过山高岭密的西秦岭山脉内部并非没有盆地的存在。在故道水与西汉水之间，原本结构紧密的山脉出现了一个东西长60千米、南北平均宽约15千米的凹陷区。这个面积不到1000平方千米的小型山间盆地，时下由西向东建置有成县、徽县和两当县。取位置更靠中心的成、徽两县之名可将之命名为“成徽盆地”。

成徽盆地腹地并非一片完整的冲积平原，其内部丘陵、河谷交错，数条小型河流在南北向纵贯盆地之后，汇入盆地东侧的故道水。这一结构和位置，使得成徽盆地并不具备重要的通道价值，而更像秦岭腹地的世外桃源。不过这样一片山间低地还是弥足珍贵的。

西汉时期的武都郡，包括武都道、上禄县、平乐道、下辨道、河池县、修成道、嘉陵道、故道和沮县9个县级行政区，其中下辨道、河池两地，分别对应现在的成县与徽县。东汉时则将原属陇西郡的羌道划入武都郡，并归并为7个县级行政单位。及至三家归晋时，武都郡因人口锐减（武都全境仅余3000户）被进一步归并为5个县级行政单位。

无论如何调整，下辨道与河池两县始终都存在于武都郡的行政版图中，且前者自东汉起便承担着郡治之责。从这点可以看出，这个不起眼的山间盆地虽然不在主通道上，但对这个山地板块却起着压舱石的作用。如果能够拿下成徽盆地，不仅能直接威胁两侧的祁山道和陈仓道，更能作为进军汉中的跳板。公元218年，作为曹刘“汉中之战”的一部分，曹洪率军与张飞、马超和吴兰激战于成徽盆地并取胜，史称“下辨之战”。

有足够的三国故事可以帮助读者品味西秦岭山脉的前世今生。接下来我们要看看山脉西端的白龙江。这是一条和洮河一样发源于西倾山东南的河流。不同之处在于，向东南方向流淌的洮河在甘肃岷县一带迫近秦岭时，突然向北转向穿出青藏高原，在陇右高原西部汇入黄河。白龙江则不改初衷，一路向东南方奔流，出青藏高原后从秦岭西端汇入嘉陵江，成为长江水系的一员。

尽管沿途地形险峻，但这一河流布局为白龙江、洮河，乃至长江、黄河两大水系间的交通提供了一种新的可能。从技术上看，可以利用一条洮河右岸支流和一条白龙江左岸支流。如果想发挥最大的作用，两条支流除了源头要接近以外，最好还应位于秦岭山地，而不是海拔更高的青藏高原地带。

结合当下的行政区划，洮河中游的岷县与白龙江中游的舟曲县，可以被认定为是青藏高原与秦岭的两个分界点。依照上述要求，位于岷县东南的迭藏河与舟曲县东北方的岷江（与流入成都平原的岷江同名）最符合上述要求，并以岷江河谷为主。岷江古称“羌水”，曾被黄土高原上的羌人用来沟通长江流域。我们可以将羌水水系及其联结的这部分白龙江河谷称为“羌水河谷”。纵观其在地缘政治上的作用，与西汉水源头的汉源河谷差不多。

这一路线的地缘价值可以通过两个事例得以体现：一是在岷江流域时下建置有隶属陇南市的宕昌县；二是两条沟通南北的重要公路（G75高速和212国道）均沿此路线修建。当然，路是人走出来的。在羌水河谷地，除了上述相对较宽、在历史上充当官道的路线，一定还存在无数小路。宕昌县城以西50千米处有一个在中国近代史上赫赫有名的隘口——1935年9月，长征至此的工农红军由腊子口绕至岷江源头处的哈达铺镇，并从一张报纸上发现了陕北还存在一支工农红军的消息，也自此确定了这支军队的最终去向。

为了控制这个两大流域的连接部，汉朝已在此设置名为“羌道”的县级行政单位。而在三国时代，谙熟羌事的姜维亦曾在这一带屯田驻军（史称“沓中屯田”），以期打通一条北上陇右的新通道。从战略上看，此举意味着诸葛丞相的得意门生姜维打算另辟蹊径翻越秦岭，完成蜀汉的北伐大业。让人扼腕的是，最终利用这条通道建立奇功的却是曹魏大将邓艾。

邓艾由阴平小道奇袭蜀国的故事，相信大家都已经非常熟悉了。所谓阴平道，本质就是从白龙江流域翻越分水岭，横插岷江右岸的另一条支流涪江，然后直扑成都平原。但要了解它们的位置关系，只能等到益州部分了。但起码有两点是可以确定的：一是白龙江在地缘政治上可以帮助四川盆地打通一条经由西秦岭山脉西端的北上通道；二是这条通道并非四川盆地通向黄土高原的干道。

西秦岭山脉在两汉三国时到底是谁的地盘，是我们最后要解决的一个地缘问题。这看起来是个很奇怪的问题：都已经设置了郡县了，难道还不算汉家天下的一部分？然而大家不要忘记羌人在黄土高原及河湟的存在。设置郡县只是代表汉朝的统治延伸至此，并不代表那些原本生活于此的部族就此消失了。考虑到强势者在扩张之时，总是会优先控制那些潜力更大的低地，而像西秦岭山脉这样的山地板块，很有可能直到三国时代还有某些部族在活动。

应该已经有人注意到，在描述武都郡时，用的是“县级行政单位”而不是“县”。这是因为西汉最初在这片山地所设置的大多是“道”。“道”作为一级行政单位，在中国历史上曾长期存在，内涵亦有变化。尤其是唐宋时期，出现了道（路）—州—县三级行政单位，更令“道”为世人熟知。在受中国文化影响的日本、韩国，“道”至今仍然作为一级行政单位而存在。“道”作为一级行政区划起源于秦汉时期，其行政级别与县相当。区别在于，“道”治下之民以各部族为主，用史书上的话来说就是“有蛮夷曰道”。秦国当年扩张至洮河之时，便在今临洮设置狄道。西汉武都郡所辖的9个县级行政单位中，“道”就有6个，而当时作为郡治的武都和东汉时的郡治下辨都在其中，可想而知当时整个武都郡的民族结构。

进入东汉之后，西汉武都郡境内以“道”为名的行政单位还有分处西汉水和故道水的武都、故道两地，而作为郡治的下辨，亦由下辨道转变为下辨县。这些变化既体现了汉朝对西秦岭山地控制力的加强，也表明整个山地仍然有一些部族存在。另一变化在于，以“羌道”为名的羌水河谷在西汉时被划入陇西郡，成为这个以洮河流域为中心的郡最南端的县级行政单位，东汉时期则成为武都郡最西端的县。

在分析过羌水河谷连通南北的地缘位置后，上述转变并不会让人感到奇怪。比较让人感兴趣的是，羌水和羌道是否意味着在西秦岭山地活动的部族就是羌人呢？答案是否定的。当时真正生活在此的是与羌系部族亲缘相近的氐族部落。

关于氐族的族属问题，一直以来众说纷纭。但可以肯定的是，氐族与羌族关系密切，其活动范围从青藏高原东边缘的岷山地区，一直向东北延伸至西秦岭山区。由此可见，原本同源的氐、羌部落之所以分化，是环境差异造成的。简单地说，活动于黄土高原者被称为“羌”，而进入长江流域山地者则被称为“氐”。由于两族地理相接、血缘相近，在形成差异的同时，也会在交会之地相互渗透。

为了控制这些氐族部落，西汉共设置了武都道、氐道、故道、平乐道、嘉陵道、循成道、下辨道、甸氐道、阴平道、刚氐道、湔氐道和略阳道，其中就包括武都郡境内的几个道。生活在武都郡的，是氐人中最强大的部族——白马氐。换句话说，武都郡便是建置于白马氐的土地上。

今天中国的五十六个民族依然包括羌族。四川北部就有阿坝藏族羌族自治州。只不过历史上一直遭受中原王朝挤压的羌人，时下所分布的区域实际上是当年的氐人故地。至于氐人，虽然没有能够成为五十六朵花中的一员，但大多数研究者认为，时下分布于岷山东部及秦岭西端的白马藏族就是氐人的后裔。

生活在这样一个战略枢纽，氐人显然会在三国故事中有露脸的机会。比如贾诩就曾经被氐人抓住并差点丧命。曹操南征张鲁时，亦曾经在西秦岭山地中遭到氐人阻击。三家归晋后的第五年（公元285年），一个叫符洪的氐人出世，而其子在半个多世纪后建立了统治中国北方的前秦。

今后我会找机会来分析这段历史。行文至此，我对凉州的解读算是告一段落了。之所以在这个板块花那么多笔墨，包括解读游离于三国博弈之外的河西走廊，是因为这个板块对于中央之国的形成实在太过重要。对于更关注三国故事的朋友，也不用着急。下一章，我们将分析三国中最重要的一个州——益州，去看看当年帮刘备立国的这片土地到底呈现出怎样的地缘面貌。

第九章

秦岭之南
——益州

益州可以算是三国时代最重要的一个州。这么说是因为刘备在失去荆州之后，其统治范围基本只限于以四川盆地为核心的益州。从这个角度看，益州倒算得上是“三分天下有其一”了。当然要是从东汉十三刺史部在三国时代的归属看，肯定不能这样说。不考虑三方在交界之地的争夺，东吴取得了东汉十三刺史部中的扬州、荆州、交州三州，曹魏独得剩余九州。正因为如此，一直有曹魏“三分天下有其二”的说法。

鉴于北方人口在战乱中损失较大，曹魏相对于另两家的优势其实并没有那么大。无论怎么算，益州以一州之力支撑起蜀汉，足以让我们向这个西南大州致敬。在《禹贡》一书中，益州原本被称为“梁州”，其范围被概括为“华阳黑水惟梁州”。“华阳”的位置没有什么争议，指的是“华山之南”，“黑水”的位置则是众说纷纭。考虑到黑水为南北排列的梁、雍两州的分野，它最有可能位于秦岭之中，且应与华山东西相对。这意味着秦岭及其以南地区，都可以被划入益州的范畴。

第一节　|　汉中与“东三郡”

两汉益州的区划，基本遵循了《禹贡》的设计。整个益州由北向南分为秦巴山区、四川盆地和云贵高原三大板块。依顺序，我们首先分析由秦岭和大巴山脉组成的秦巴山区。若以两汉时的行政区划来说，秦巴山区可以分为两部分：西部的武都郡及中东部的汉中郡。行政区划必然有相匹配的地理特点作为基础。武都郡的地理属性在凉州部分被总结为西秦岭山地，那么汉中郡则可以概括为秦巴谷地。

以“谷地”为名，是因为这段山地的核心是两个位于秦岭与大巴山脉间的盆地——汉中盆地与安康盆地。秦巴山地很宽阔，以秦岭北麓到大巴山脉南麓的距离来说，最宽处可达到300千米，最窄处也超过200千米。可以想见，对于穿行秦巴山地的交通线来说，能有这样两个盆地作为中继是多么的幸运。然而汉中盆地与安康盆地的权重并不相当：整个秦巴谷地或者说汉中郡本质上都系于汉中盆地一身。

汉中盆地的优势首先取决于其自身的潜力。在整个秦巴山区，汉中盆地的体量是最大的，东西长约100千米，南北最宽处为25千米。横亘其间的汉水河谷，除了扩大平原的面积之外，还能让整个板块得以享受水利之便。早在东汉时期，依托汉中平原就已建置有沔阳、褒中、成固、南郑四县，并以南郑为郡治。今天，这一行政格局依然没有太大改变，只是变成了汉中市、勉县、城固县和洋县。

同时承受着来自关中与蜀地的影响，是汉中地缘位置的一大特点。单以气候来说，位于秦岭之南的汉中盆地无疑与蜀地更为接近，甚至有“小江南”的名号。这一特点使之在很长一段时期内都归属四川盆地管辖。问题在于，北方的关中地区始终在政治上更为强势，且更有动机向南扩张影响力。在这种影响力的积累下，自元朝起，汉中地区便进入北属时期，被划归陕西。考虑到元朝曾在四川遭遇激烈抵抗，这种做法并不难理解。

就历史记载来说，汉中盆地与关中地区交往的历史要更长。汉朝曾在汉中盆地设褒中县，此地乃西周褒国故地，东汉时为褒城县。周幽王的王后褒姒就是褒国人。已经灭亡的先秦小国，其国名大多以类似的方式被继承下来。连接汉中、关中两大平原的，是两条纵贯终南山（中秦岭山脉）的谷道：褒斜道与傥骆道。褒斜道贯穿褒水河谷与斜水河谷，褒姒当年或许就是沿此道进入关中的。褒水河谷又名“箕谷”。斜水河谷又名“斜谷”。斜谷之北对应的那片黄土塬就是五丈原。从这些熟悉的地名就知道这条通道产生过多少三国故事。

除上述两条通道以外，终南山中还有两条谷道：子午道与峪谷道。这两条位置更偏东的通道均能直指长安所在的骊渭平原，但其南端出口分列于安康盆地的两侧。如果从关中平原进攻汉中的话，这两条谷道起不到出奇制胜的作用；反过来的话，倒是能够有此效果。这也是为什么千百年来一直有人在为魏延的“子午奇谋”不被采纳而扼腕叹息。

尽管有上述四条通道能够连接秦巴谷地与关中平原，但其通行条件都不理想，必须借助栈道才能成行。相比之下，沿故道水南下的陈仓道倒是不用铺设栈道。更为重要的是，这条从武都郡穿过的道路，看起来并不需要途经秦巴谷地，就能够顺嘉陵江而下直抵四川盆地。

不过陈仓道并没有影响汉中盆地的地缘价值。鉴于汉中盆地在秦巴山区中的优势地位，及其与嘉陵江水系的位置关系，任何想要从武都郡直扑秦地或蜀地的军队，都必须考虑对手会不会从汉中盆地包抄自己的后路。结合蜀汉北伐大业，后面会有足够的历史事件帮助大家理解这层关系，尤其是厘清关中、汉中、武都（西秦岭）与陇右这四个板块的地缘关系。我们现在要将更多注意力投向汉中盆地以东地区。

虽然在两汉时同被划入汉中郡，但以安康盆地为代表的这片秦巴谷地在地理结构上显现出很多不同寻常之处。从地理上看，安康盆地及其以东的秦巴谷地，与汉中盆地的差异是由南侧的大巴山脉造成的，而非秦岭。大巴山脉虽然与秦岭一样呈东西走向，但其走势要更加多变。波浪状的大巴山脉可分为四部分。其中，与秦岭合围出汉中盆地的部分被称为“米仓山”，东段帮助造就安康盆地的部分被称为“大巴山”。后者向东南方延伸进入两湖盆地之后，又向南华丽转身，形成了楚国的地标——荆山。除这三部分之外，大巴山东段与东秦岭山脉之间，还横亘着一段隶属大巴山脉的山体。这段东西长约250千米的山体，就是著名的道教圣地——武当山。

狭长的安康盆地便位于秦岭、大巴山和武当山之间。与汉中盆地相比，其面积要小得多，结构也要更复杂一些。盆地的东西距离虽然也有60余千米，但南北方向受到秦岭和大巴山的压迫，宽度只有2000米。整个盆地归属陕西省安康市管辖，并因此得名。

在两汉三国时代，整个板块只在安康市汉滨区的位置上建置有西城县。造就这一局面的是汉水在当地的走势。狭长的安康盆地让你很容易认定汉水应该像在汉中盆地那样，从当中横贯而过，然而事实却并非如此。

安康与汉中两盆地的交界处现建置有石泉县，在曹魏控制安康盆地及其以东地区后，曾在石泉县南设立安阳县，作为与蜀国对抗的前线。依地势来说，汉水在进入石泉县境内后，本该顺势继续横贯安康盆地。然而这条大河并没有这么做，而是转向东南从大巴山中寻路向东，最终从盆地东端的汉滨区穿出，然后再沿武当山北麓继续东流。换句话说，身为“八流”之一的汉水，几乎绕过了安康盆地。整个盆地只有汉时的西城县，即现在的汉滨区有机会享受汉水的便利及其形成的冲积平原。至于这个狭长盆地的主体则由一条自西向东注入汉水的支流——月河连接起来。正因为如此，安康盆地也被称为“月河谷地”。

在地质时期，汉水原本的确是借由秦巴山间的月河河谷横贯整个安康盆地的。只是在人类进入安康盆地时，改道的汉水已经只润泽盆地的东端了。实际上，在秦巴山区，这种山脉之间已经拉开了距离，但汉水没有从中穿过的情况不止出现在安康盆地。视线东移你会发现，汉水虽然在安康盆地以东由武当山北麓穿出，但武当山南麓与大巴山北麓之间看起来更应该成就一条横贯东西的河道。

这条存在于武当山与大巴山间，且在地形图上如此明显的缝隙，与安康盆地的走势一致，都呈西北—东南走向。两山之间由西向东依次为平利县、竹溪县、竹山县、房县和保康县五县。而流过这道缝隙的主要是汉水的两条右岸支流——堵水和南河（汉时名“筑水”）。前者的干流由竹山县城北流，穿透整个武当山腹地后注入汉水；后者则向东流淌，经房县从武当山东端流入南襄盆地。如果把上述5个县与汉滨区、汉阴县、石泉县以及汉江走廊西北侧的湖北省南漳县用线连起来，会发现这条线足以将汉中盆地与汉江走廊连接起来。

这条西起石泉县、东至南漳县的陆地通道，完美覆盖了新月形的大巴山北麓，因此可以将之称为“巴山北道”。基于巴山北道的存在，早在两汉时期，依托堵水与南河两条地区大河，就已建置有武陵、上庸、房陵等县。时下在中国全面铺开的高速公路网则可帮助大家更直观地认识这条战略通道。

其中，安康市至南漳县境内的通道，为编号G4213的高速公路所覆盖，而安康至石泉的路线，则成为316国道的选址。后者同时还向西延伸，将汉中盆地与安康盆地连在一起。

然而无论在三国时代还是当代，巴山北道没能被一条河流串联起来，始终是其遗憾。不过对于弱小的蜀国来说，这倒未必是件坏事。黄巾之乱后，最先割据汉中郡的是“五斗米道”的首领张鲁。公元215年，曹操击败张鲁。此后，曹操依地理结构将巴山北道途经的地区划为三个郡，合称“东三郡”：分别是以西城为郡治的西城郡，以上庸县为郡治的上庸郡，和以房陵为郡治的房陵郡（其中西城与房陵两郡，在曹丕称帝后改称“魏兴郡”和“新城郡”）。

原东汉的汉中郡东部被分拆为“东三郡”后，虽然受通行条件所限未能成为主要战场，但也发生了许多故事。最著名的当数关羽围攻襄樊之时，曾要求坐镇东三郡的孟达、刘封两部发兵相助。二将由于坐视关羽兵败，一个被迫降魏，一个被刘备赐死。

从东三郡郡治的位置可以看出，三个地区中心分别对应的是流经巴山北道的三条河流：汉水、堵水以及南河。不过，巴山北道并不是汉中通往荆州的唯一通道。不要忘记，汉水在流过安康之后即向武当山北麓流淌。尽管相比大巴山，武当山与东秦岭山脉的结合要更紧密些，但依旧无法阻挡汉水从缝隙间穿过。

事实的确如此，安康的确拥有一条沿汉水直通南襄盆地的通道。三国时代，西城郡的辖区亦因此沿汉水向东，延伸到现在的湖北省十堰市郧阳区。若将这条连通安康盆地与南襄盆地的水陆通道命名为“汉水通道”，无法体现其位置特点。考虑到汉水通道完全是沿武当山北麓延伸，我们可以采取与巴山北道同样的命名规则，将之标记为“武当北道”。

与河谷相依的武当北道，早在先秦时期就已为人所知。为了控制它，秦汉之时便已在郧阳区的位置上构筑过名为“郧关”的关隘。值得一提的是，两汉时还在郧关以东建置有武当县，并将之作为南阳郡对接武当北道的门户。在丹江口水库修筑之后，这个南襄盆地的西大门已经变成了一个巨大的人工湖，其历史亦被新设的丹江口市所继承。

总的来说，受地理条件所限，东三郡下辖的这片山地在历史上并没有太大的作为。早在商周时期，这里曾诞生过一个以“上庸”（今竹山县）为都城的地区大国——庸国。武王伐纣时所作的檄文《牧誓》中，列举了八个愿意一同讨伐殷商的诸侯，史称“牧誓八国”，位列第一的便是庸国。

但平原地区得到开发后，偏安于秦巴山区东部的庸国在东周乱世中自然难有作为。庸国最后的结局，是在春秋时被楚庄王联合秦、巴两国一举攻灭，其国都上庸则成为楚国的城邑。楚国通过这场战争踏上了崛起之路，楚庄王也成为“春秋五霸”之一。

回到三国时代。如果关羽北伐成功，拿下南襄盆地，那么东三郡控制的这两条战略通道将帮助蜀汉打通汉中与南阳这两个前线板块的交通线。但如果不能控制南阳盆地乃至失去荆州，蜀汉想通过汉中盆地控制整个东三郡是非常困难的。考虑到无论从关中还是汉中，都难以完整控制这两条战略通道，曹操在设立东三郡之后将它们划入了荆州。

反过来说，东三郡复杂的地形、较弱的地缘潜力，对来自荆州的势力同样是一种制约。换句话说，无论控制荆州的是曹操还是孙权，都很难通过东三郡袭取汉中。双方在此地形成了对峙，而湖北、陕西两省的行政分界线由北向南纵贯东三郡故地。以刚才列举的巴山北道沿途9个县/区来说，有4个属于陕西，分别是石泉、汉阴、汉滨、平利；5个属于湖北，分别是竹溪、竹山、房县、保康、南漳。当然，如果不是汉中盆地的北属，如今瓜分东三郡故地的，说不定就是四川省和湖北省了。

第二节 | 西出汉中——武兴道与关城道

在中国的版图中，如果想找一个典型的盆地，估计大多数人第一时间会想到四川盆地。这不仅仅是因为四川盆地是中央之国核心区内面积最大、人口最多的盆地，还因为它比其他盆地更接近于一个盆的形状。其腹地东西宽约500千米，南北纵深约430千米，总面积达16万平方千米，三倍于关中平原。

一提到四川，很多人就会联想到"天府之国"。然而这四个字最早是用来形容关中平原的。再考虑到四川盆地明显要比关中平原拥有更丰富的水资源，并且面积也要比关中平原大很多，刘备当年可谓是得到了一块宝地。不过仔细观察就会发现，四川盆地的腹地并非一马平川，真正能和关中平原媲美的是位于盆地西侧以成都为中心的成都平原。整个蜀国的国运，便维系于这片面积近2万平方千米的平原。"天府之国"亦变成成都平原的代称。更具体地说，是受惠于都江堰水利工程的那部分成都平原。

任何想割据四川盆地的政权，都必定以成都平原为中心布设防线。这也意味着，那些在秦巴山区蜿蜒穿行的蜀道，其存在的意义很大程度上就是为了通往成都。然而就当下的行政区划来说，当你沿着那些穿行于秦岭间的河谷通道——包括祁山道、陈仓道、褒斜道、傥骆道、子午道、峪谷道等，乃至姜维念念不忘的羌水道——一路跋涉，会发现自己最终抵达的地方是甘肃或者陕西。

四川人完全有理由认为，只有位于四川境内的道路才有资格被称为“蜀道”，才配得上李白的嗟叹。无论蜀道到底应该怎么定义，有一点是非常确定的，那就是必须想办法穿越四川北部的山地，才能奢望到成都吃火锅、打麻将。从地理结构看，这部分蜀道本质上是穿越或者绕过大巴山脉的道路，而金牛道就是这样一条道路。

金牛道的故事，可以回溯到秦惠文王时期。公元前316年，因商鞅变法而崛起的秦国，派出大将司马错南征古蜀国。想攻灭古蜀国，首先要拿下的自然是汉中盆地。汉中盆地当时虽然属于古蜀国的势力范围，但在此之前秦国已数次攻占过汉中，有明确记载的就有两次：公元前451年，秦国攻入汉中盆地并建南郑城；公元前387年，秦国再次攻占南郑。

南郑是秦国在汉中修筑的第一座城池，普遍认为“桓公死于犬戎，其民南奔，故以南郑为称”。郑国随周王室东迁洛阳时，并不是所有郑人都跟了去，一部分郑人穿越秦岭进入汉中盆地。秦国虽然建立了南郑城，但是汉中的居民并不愿意接受这些来自北方的统治者，每次被征服后都会很快叛离秦国。

秦国对汉中的征伐证明了一件事：黄土高原与汉中盆地之间虽然有秦岭相隔，但汉中并没有办法阻绝来自北方的压力。从据守汉中盆地的角度来说，正北方向的防御压力要小一些。终南山内部的紧密结构，使得无论是褒斜道还是傥骆道，都有路段必须借助栈道通行。对于防御者来说，栈道甚至比“一夫当关，万夫莫开”式的关隘还要让人心安，毕竟只需要一把大火就可以让敌人止步不前。

但问题出在陈仓道和祁山道这两条能够从陇右高原进攻汉中盆地的西

秦岭通道。来自北方的入侵者在这个方向上并不需要借助易于损毁的栈道，这意味着防御者只需要重兵把守汉中盆地的西端，即现在的勉县就可以了。况且秦军就算偷袭汉中得手，想从汉中南下入川还是离不开栈道。

传说中，秦惠文王为了让古蜀国主动打通蜀道，制作了五头石牛并置黄金于其身后，造成石牛粪金的假象，然后告诉古蜀国使者准备将它们送给蜀王。利令智昏的蜀王派遣五个大力士开凿蜀道。蜀道既成，跟着使者入川的可就不只是石牛了。这就是“石牛粪金，五丁开道”的故事。考虑到司马错能如此迅速地拿下古蜀国，秦国的确很有可能以重金诱惑蜀王开放蜀道，并派军队尾随入川。至于这份厚礼到底是不是能“粪金”的石牛，就只能猜测了。至于所谓五丁的真实身份，肯定不会是五个大力士，而是五队整修道路的劳工。

不管这个传说到底有几分真实，由汉中通往成都的这条山路由此得到了一个名称——金牛道（也称“石牛道”）。金牛道的走向看起来应该是一件很明了的事情，西汉水与故道水交汇后，就沿嘉陵江干流河谷南下。这段南北向的河谷通道因此被称为“嘉陵道”，北起陕西省略阳县城西北的西汉水—故道水交汇的河口，止于四川省广元市西南的昭化古城。

在昭化古城的位置上，从岷山而来的白龙江开始与嘉陵江汇流，然后注入四川盆地。四川省广元市，看起来与成都平原相距不远。你很容易在地图上描绘出一条沿嘉陵江河谷而下，至广元市再转向西南，沿盆地边缘到达绵阳后，再进入成都的道路。这样一条通道在历史上的确存在。至今你还能在嘉陵江河谷中找到诸如栈道、驿站之类的历史遗迹。比如位于广元市朝天区、曾被唐代诗人李商隐咏怀过的筹笔驿。

《筹笔驿》是李商隐行经嘉陵道时为缅怀诸葛亮而创作的七言律诗。在诗人的想象中，诸葛亮曾经在此运筹帷幄。这首诗及众多道路遗迹似乎可以佐证当年的蜀汉大军正是沿着这条最容易识别的河谷通道，一次又一次开启北伐的征途。然而事实并非如此。一如秦岭中有多条道路一样，从汉中郡和武都郡进入成都平原的道路同样不止一条。但考虑到在这一地区修筑、维护道路的成本高昂，以及收缩防线的需要，一个历史时期一般会选择重点维护一条道路。

一言以蔽之，两汉三国时代的这段蜀道，与唐人使用的并不是同一条道路。前者从汉中盆地入川的确要通过一段嘉陵江河谷，但之后并没有一路向南。两汉三国时代的蜀道可能更接近当年秦人使用过的金牛道。从结构上看，金牛道可分为三段：第一段为汉中盆地进入嘉陵江河谷的道路，第二段为穿越秦巴山区的道路，第三段则为进入成都平原的道路。

先来看看第一段。汉水发源于汉中盆地的西端，分为南、中、北三源。这三个源头分别对应着三条连通嘉陵江河谷与汉中盆地的道路。其中北源沮水对应的这条道路，在上一部分已经解读过了，相当于连接略阳县与勉县两县县城的309省道。历史上，除了两汉建置于沮水河谷的沮县以外，围绕秦巴山区反复争夺的蜀、魏两国，也在此留下了极为丰富的历史遗存。

在汉中方向，盆地的最西端有一个以诸葛亮的封爵命名的古镇——勉县的武侯镇，三条东入汉中的道路皆交会于此。在镇子的周边，你能够找到阳平关（阳安关）、定军山、武侯墓和张鲁城等大家耳熟能详的三国地标。而在嘉陵江河谷方向，公元229年，蜀将陈式在攻克武都郡之后，在三岔口式的枢纽处构筑了名为“武兴”的城池，北魏时期则升格为武兴县，最终演化为现在的略阳县。有鉴于此，我们可以将这条连通汉中与武都两郡的通道命名为“武兴道”。

视线南移，再来看看汉水的中源又可以把我们带向何方。这条汉水中源古称“漾水”，被视为汉水的正源，其走势也的确比较“正”。由武侯镇出发，顺着这条汉水正源上溯，你会发现它大体沿着一条西南向横穿嘉陵江河谷的裂谷延伸。以位置来说，这条裂谷正是秦岭山脉与大巴山脉的地理分界线，更具体地说是西秦岭与米仓山。

虽然此类谷地并不总是有一整条河奔流其间，但可以帮助人类更方便地穿越山区。刚才说到的武兴道和上一节解读的巴山北道，以及在东部分割秦岭的武关道都是这种情况。同样地，这条部分有汉水正源流过的谷道，也没有被政治家和军事家所忽视，你会在沿途发现许多历史遗迹，其中尤为重要的是谷道与嘉陵江的交会点，一个与三国历史密切相关的地标——阳平关。

阳平关在三国时代被称为"阳安关"或"阳安口"，北宋时才改称"阳平关"，是蜀国非常重要的一个关口，曾多次出现在历史记载和演义故事中。刚才我们不是说阳平关位于汉中盆地西端的勉县武侯镇境内吗，怎么一下子又跑到60多千米外的嘉陵江河谷了？相信大家已经猜到了，此阳平关非彼阳平关，而是后世建造的关隘。在我们已经展开的解读中，类似的现象实在太多。位于一条通道两端的今阳平关镇和古阳平关，与函谷关的情况颇为类似。

尽管时下的阳平关镇并非三国的阳安关，但不在这样一个不仅能通向汉中，还能够继续向南进入四川盆地的交通要冲建座关城，实在有些对不起诸葛丞相的英名。历史并没有让大家失望，阳平关镇在三国时代的确建有一座关城，它的名字很朴实，就叫"关城"，偶尔也被当时的人称为"关头"。它所扼守的这条连通嘉陵江与汉中盆地的道路，可以被命名为"关城道"。

随着武兴、关城、阳平三关浮出水面，我们终于可以还原汉中与嘉陵道在三国时代的面貌了。连接三座关隘的道路排列成一个近乎完美的等边三角形，关隘之间的交通距离均为60千米出头。这样三条几近直线的路线显然是不会被浪费的。除沿武兴道修筑了309省道以外，位于武兴与关城两个关口之间的嘉陵道也成了宝鸡至成都的宝成铁路的一部分。至于关城道，它沿汉水延伸的部分则成了108国道的一段。

除上述道路之外，你还会在108国道之南发现一条编号为G5的高速公路（京昆高速），同样能够连接汉中盆地与嘉陵道。两条道路的交会点位于陕西省宁强县县城，而成就这座县城的是一条名为“玉带河”的河流。玉带河又名“南河”，正是还未露脸的汉水南源。G5高速公路在这片山地中亦有部分路段通过玉带河河谷。在与108国道交会之后，两条公路共同向西，从四川省广元市朝天区进入嘉陵江河谷。也就是说，从当下主要公路的走向及宁强县城的位置来看，这条南源显然也形成过一条连通汉中与嘉陵道的道路，而宁强县城就是这条路线的枢纽。

事实的确如此，不过这条由嘉陵江南源构成的通道及其支线（包括向北连接关城道的通道），一直到明代才开始取代由关城道转入嘉陵道的路线。与此同时，原名“宁羌”的宁强县开始出现在行政版图之上。与三国乃至先秦对比，明代汉中盆地与嘉陵江河谷间的交通路线并未改变，只不过原本由武兴、关城、阳平三关组成的三角形交通网，其主要节点变成了略阳、勉县、宁强三县县城。真正在地理位置上有所变化的，只有西南节点由阳平关镇转移到了宁强县城。

上述三个县时下归属于汉中市，并且是陕西省最西南角的行政单位，离开它们接下来就将进入四川境内了。而在东汉时期，凉、益两州的分界线则位于武兴道与关城道之间。其中，武兴位于武都郡的最南端，关城则是益州广汉郡北大门。法正在劝说刘璋投降刘备时，曾语：“鱼复与关头实为益州福祸之门，今二门悉开……”鱼复城位于重庆市奉节县境内，是四川盆地的东大门，还有一个名字叫白帝城。关于它的位置特点，后面会有专门的分析。

回到北大门属性的关城身上来。值得一提的是，由三国关城所在的阳平关镇起，沿嘉陵江上溯10千米，你会看到一条名为“黑水河”的嘉陵江左岸支流，它与汉水正源所处的谷地最近不过2000米。有研究者认为，当年西汉水正是通过黑水河与时下的汉水正源相连。如果一定要为东汉的凉、益两州在此划一条分界线的话，这条北望武兴、南临关城的黑水河倒是很好的选择，最起码能够对应《禹贡》一书中"华阳黑水惟梁州"的描述。

不管这条黑水河在2000多年前是否连通了西汉水与汉水，也不管它是否成为凉、益两州在此的分界线，关城北接武都、东通汉中的位置，已经足以让它成为益州的"福祸之门"。对于益州来说，失去关城即意味着切断了与汉中的直线联系。虽然理论上关城身后的崇山峻岭仍可以成为成都平原的屏障，但失去汉中可绝非什么小事。

第三节 | 蜀道与秦南谷地

上一节提到的关城位于西秦岭和米仓山之间的裂隙中，而关城以南的嘉陵江河谷在三国时代并没有成为北出四川的完整通道，那么站在关城南望的话，接下来的路到底要怎么走呢？答案还是在造就关城道的谷地身上。这条谷地并没有在横穿嘉陵江后戛然而止，而是继续向西南方向延伸，穿越了白龙江，直至嘉陵江的另一条支流——涪江河谷。如果在行政区图上观察的话，分布其上的阳平关镇、白龙湖、青溪古镇等地标，可以帮助大家更准确地锁定它的位置。现位于四川境内的青川、平武两县县城，亦都位于这条谷地之中，其中平武（三国时被称为广武）充当着谷地的西南终点。

整个谷地处于西秦岭山脉南麓，因此可以将之标注为“秦南谷道”。从汉中盆地向涪江河谷延伸的秦南谷道，总长约210千米。结合刚才列举的地名，大家可以很容易在地形图或者卫星图上将之识别出来。请大家务必把它给找出来，因为这条谷道不仅能够告诉我们当年诸葛亮与姜维的十几次北伐是如何出川的，还有助于解开阴平道位置的千古谜团。

在嘉陵江以西，与西秦岭共同成就秦南谷道的不是米仓山，而是一条叫作“龙门山”的山脉。龙门山脉在地理上一般被认定为岷山向东延伸的部分，平均海拔1000～1500米。岷山的平均海拔则为2500米，山脊更是超过4000米。二者虽然结合紧密，但还是很容易从海拔上加以区分：岷山属于青藏高原的一部分，龙门山脉则直接参与围就四川盆地，尤其是与之相接的成都平原。

龙门山脉和岷山山脉的西南端为岷江河谷。这里说的岷江并不是白龙江上游那条总长只有100千米的羌水，而是发源于岷山西北的四川省松潘地区，沿岷山西麓南行至四川省汶川县境内后，向东穿透山体进入成都平原的岷江。

比起位于宕昌的那条羌水，这条仅干流就超过700千米的岷江，地位可要高得多。《禹贡》的“岷山导江”说一直是主流观点，直到近代金沙江才被认定为长江源头。除了滋养成都平原之外，岷江还可以帮助我们确定龙门山脉的起点。中国境内以“龙门”为名的山体有很多，比如洛阳龙门石窟所在的龙门山。但凡以此为名的山脉，都与大禹“凿龙门”的传说有关。四川盆地西北侧的这座龙门山亦不例外。但大禹并没有涉足过四川，龙门山脉其实与一项古老的水利工程——都江堰有关。

都江堰位于岷江东出龙门山脉南沿的位置上。将龙门山脉视为一条独立山体的话，其范围自都江堰起向东北方向延伸约280千米至嘉陵江河谷。以位于山脉中的北川羌族自治县的老县城为界，还可以将之分为南北两段，其中较窄的南段与岷山走势一致，呈南北走向，直接造就了成都平原，较宽的北段则更接近于东西走向。

以北龙门山脉的位置来看，其实很难说它到底是岷山、秦岭还是大巴山脉的延伸。这一地理特点不由得让人联想到由兴都库什山脉、喀喇昆仑山脉及喜马拉雅山脉共同造就的克什米尔山地。如果说克什米尔的得失关乎着印度半岛的安危，那么关乎成都平原乃至整个四川盆地安危的北龙门山脉，可以算得上是四川的“克什米尔山地”了。

南出北龙门山脉的那些河流，包括嘉陵江、白龙江和涪江，提供了进出四川的通道。而以岷江为代表的东出南龙门山脉的河流，作用则是灌溉成都平原、打造天府之国。当然，流经成都平原的河流同样能够连接高大的岷山及青藏高原。只不过在三国时代，蜀汉政权并不需要过于担心来自这个方向的威胁。

除了“龙门山脉”这个地理名称以外，这个山体还有一个地质学名称——“龙门山断裂带”。虽然作为一条山脉，龙门山脉为川西的稳定繁荣做出了巨大贡献，但作为一条不那么稳定的断裂带，它与地震联系在一起。发生于2008年5月12日的汶川大地震，使得龙门山断裂带第一次出现在公众视线中。地震中受灾最严重的几个县市，如汶川县、北川羌族自治县、青川县、都江堰市和平武县等，都位于龙门山脉之上。

即便地震造成的损失很大，但毕竟是低概率事件，开发和利用那些山地通道还是得大于失。具体到金牛道的开拓，从武侯镇前行60千米到阳平关镇（阳平关—关城）之后，可以继续沿秦南谷地进至白龙江河谷。时下，这个位置已经因为水库的修筑而变为一个人工湖泊——白龙湖。巧合的是，白龙湖与阳平关镇之间的距离同样是60千米。

关于白龙江与洮河河谷的交会，之前已经分析过了。对于蜀汉来说，白龙江河谷意味着一条通向陇右高原西部，乃至河湟地区的通道。两汉时建置的羌道及后来姜维屯田驻军的沓中都位于白龙江的上游。单凭连接白龙江上游与秦南谷地的位置，白龙湖的位置也不应该被无视。在这个重要节点上，两汉三国建置有白水县，也就是《三国演义》中提到的白水关，具体位于青川县营盘乡五里垭。

白龙江和嘉陵江在穿透龙门山脉之后，汇流于四川省广元市西南的昭化古城。显然，位于两水交汇处的昭化古城也是重要的地缘节点。即便之后入蜀路线转向嘉陵道，也没有影响它的地缘政治地位。秦汉及三国时代，在昭化古城建置有葭萌县（或葭明县）。鉴于其交通要冲的作用，世人多称之为“葭萌关”。《三国演义》中，张飞与马超挑灯夜战之处便是葭萌关。

相比阳平关镇之南的嘉陵江河谷，白水关与葭萌关之间的白龙江下游河谷要更为开阔。对于金牛道的开拓者来说，这意味着更好的通行条件。正因为如此，先秦及秦汉时期的金牛道才没有在阳平关镇之南转向嘉陵道，而是向西延伸60千米后由白水关转入白龙江河谷再南入葭萌关。这条古道在三国时代有一个专属名称——“马鸣阁道”。

马鸣阁道虽然总体较嘉陵道更为开阔，但同样有部分路段需要架设栈道，这点从名字便可以看出。所谓阁，通俗点讲就是架设在空中的走道，指代的就是栈道。马鸣阁道上的栈道遗址又被后世称为“粗石栈”，位于昭化古城西北的宝轮镇境内。有趣的是，以白水关、葭萌关为端点，马鸣阁道同样长60千米。

离开葭萌关之后，面对的将是整条蜀道最南端的一段，也是最著名的一段——剑阁道。不过，葭萌城的战略位置虽然重要，但没有成为姜维抵御魏军南下的最后防线。这是因为沿马鸣阁道南行的魏军并不需要攻打葭萌城，便可以在距昭化古城约5000米的宝轮镇境内转向西南。在这个位置上，龙门山脉与它向南延伸的山地之间出现了西抵剑阁县城、东至宝轮镇，东西长约20千米的开阔谷地。

当然，开阔是相对而言。宽度仅1000米左右的河谷冲积平原，就足以让在蜀道上艰难跋涉的旅客感到惊喜了。造就这一小段河谷平原的是白龙江的一级支流——清江河。清江河又名“清水江”或“青竹江”，发源于白龙江水系与涪江水系的分水岭——摩天岭，向南从青川县青溪古镇穿越秦南谷道之后，纵贯龙门山脉，再转向东北方向汇入白龙江。

借助清水江河谷，剑阁县城至马鸣阁道的这段剑阁道通行起来非常方便。只是走完这20多千米的河谷之后，接下来的路程又将变得异常艰难。一条由南向北在剑阁县城汇入清水江的溪流——剑溪，以及沿峡谷修筑的栈道，将帮助秦国的石牛走完最后一段蜀道。这段峡谷通道，也是成都平原最后的防线，即狭义的剑阁道。

剑溪其实分为两条：小剑溪与大剑溪。前者发源于剑阁县汉阳镇，正北向流淌；后者发源于剑阁县剑门关镇，西北向流淌。两条溪流在县城之南2000米处的两河口（古称“水会渡”）汇流，共同注入清水江。公元217年，刘备在小剑溪源头建置了汉德县，以控制蜀道的起点，不过剑门关却位于剑门关镇。换句话说，成就剑阁道的是大剑溪峡谷。当下将汉阳镇、剑门关镇、剑阁县城、宝轮镇连接起来的108国道，可以让我们直观地认识剑溪—清水江河谷，以及剑阁道的位置。

如果说关城是蜀汉的北大门，那么剑阁就是蜀汉的“命门”。失了大门固然会让自己陷入危险中，但若是命门不保可就要命了。公元263年，司马昭遣钟会、邓艾等将领率五路大军伐蜀。在阳安关、关城、阴平和白水关等重要关口纷纷被攻破的情况下，姜维决定收缩防线并集结数万蜀军于剑阁道做最后的抵抗。久攻不下的钟会被迫后撤。如果不是邓艾出阴平道，绕过剑阁道直取成都，相信即使蜀汉难以逃脱覆灭的命运，也能抵抗相当一段时间。

现在我们已经厘清了由汉中盆地通往四川盆地的金牛道主线。用当下的行政区划来标识的话，自东往西的主要地标包括勉县武侯镇、宁强县阳平关镇、青川县营盘乡、广元市宝轮镇、剑阁县城及其下辖的剑门关镇。用其所途经的地理单元为标识的话，则涉及秦南谷地、白龙江下游河谷、清水江下游河谷，以及大剑溪峡谷。遗憾的是，由于整条金牛道的枢纽——白水关一带已成了名为“白龙湖”的水库，时下并没有一条高等级公路能够帮助我们重游金牛道。

之所以说白水关是整条金牛道的枢纽，是因为它不仅能够向东经秦南谷地连接汉中，向南经白龙江水系进入四川，还能够向北、向西连接两条重要的战略通道。其中，沿白龙江上溯的通道前面已经描述过了，它能够从两汉建置的羌道，到达姜维屯田的沓中，并经洮河河谷进入陇右。后来司马昭五路伐蜀之时，邓艾亦是借助这条通道攻入白龙江河谷。不过现在要说的并不是白龙江河谷，而是它南面的白水江河谷。

白水江是白龙江最重要的支流。时下沿白水江河谷建置有两个县，上游为隶属四川省的九寨沟县，中下游为甘肃省最南端的文县。前者因世外桃源般的景色而家喻户晓。只不过，世外桃源总是与世隔绝。处于岷山山脉中的九寨沟地区并不是开发与地缘博弈的重心。退回到三国时代，文县可比九寨沟要重要得多。

但凡对三国略感兴趣的人，都知道邓艾出阴平偷袭蜀汉的故事。在三国故事中，“阴平”一词有三重含义：阴平郡、阴平城或阴平道。阴平城的故址便位于今文县县城西北“五里”处。阴平城在两汉时称“阴平道”。经由之前的解读大家应该明白，这里说的“道”并不是指道路，而是在氐人聚居地建置的县级行政单位。曹操在占据白水江河谷之后，将之改为阴平县，使得我们在行文时不致与作为道路的阴平道相混淆。

曹操之所以做出这个改变，是因为他决定将两汉的广汉属国改制成以阴平城为郡治的阴平郡。在两汉的行政区划中，关城、白水关以南直至成都北部的区域为广汉郡，属于益州的核心板块。白水关以西地区，包括白水江河谷及与之隔分水岭相望的涪江上游河谷，则设立广汉属国。在这个属国中，除了位于文县的阴平道以外，还有位于九寨沟县（原名“南坪”）境内的甸氐道，以及坐落在涪江上游平武县城位置上的刚氐道。三地同属西汉“十三氐道”。

以阴平城的位置来说，一定会有一条沿白水江而下连接白水关的河谷。白水关所在的位置当时又被称为“景谷”，所以这条连接阴平城与白水关的河谷通道被称为“景谷道”。景谷道上还有一个重要节点，那就是白水江与白龙江的交汇处。公元247年，魏将郭淮曾在此筑城抵御蜀将廖化，史称“郭淮城”。后世在此还修筑过名为“玉垒关”的关隘。不过，此地广为人知的一次露面，是姜维从阴平退军，在此遭遇魏将诸葛绪的阻截，险些无法退守剑阁。这个两水交汇的位置在那一战中被称为“桥头”。基于其位于阴平郡东南角的位置，后世多称之为“阴平桥头”。

景谷道的存在让白水关进一步变成了一个三岔路口。这还不是它的最终定位。分析秦南谷地时笔者曾经提到，这条谷地向西一直延伸到涪江上游河谷。涪江上游河谷能够与白水江一同划入阴平郡，意味着二者之间同样有道路相连。更为重要的是，涪江河谷中还有一座决定蜀汉命运的关隘——江油关。其位置在今平武县南坝镇的位置上，距平武县城约50千米。这意味着我们要找的，应该是一条能够连接白水关与江油关的通道。

连接江油关与景谷（白水关）的这条道路，并不是一条正式的官道，在历史记载中多称其为“步道”（“自景谷有步道径江油”）。所谓步道，通俗点讲就是不能供车马通行的小道。考虑到这条小道原本归边缘板块属性的广汉属国管辖，所以不受重视也并不奇怪。鉴于其作用在于连接江油、白水两关，我们可以将之标注为“江白步道”。而江油关以南沿涪江而下的古道，在邓艾袭蜀的计划中被称为“左担道”（又名“左儋道”）。江白步道和左担道的价值在于，能够自白水关出发经由江油关斜插入成都平原。这条能绕过剑阁道的小道，战略意义到底有多么重要，自然毋庸多言。

对于这样一条小道的存在，蜀汉并非不清楚。事实上，江油关并不是一个在两汉时就存在的关隘。刘备在控制蜀地后，又夺取了曹魏控制的阴平、武都两郡，并在刚氐道南部建造了江油关，其作用就是为了封堵这条小道。江白步道的主体都位于秦南谷地中。需要注意的是秦南谷地与涪江河谷的连接问题。秦南谷地虽然能一路向西延伸至现在的平武县城，也就是西汉的刚氐道，但至青溪镇一带便已崎岖难行。之后江白步道开始拐向西南方向，最终指向涪江河谷的江油关。

通过剖析秦南谷地和江白步道，不仅能够让大家更直观地认知白水关的枢纽作用，还能帮助大家了解阴平郡的交通状况。那么这条路线是否就是邓艾“阴平奇谋”中利用的道路呢？事实并没有这么简单。受篇幅所限，在此不再详述，日后我会对这一历史事件做详尽分析。

第四节　|　成都平原与都江堰

走过剑阁道，还需要穿越一片丘陵地带才能够真正进入平原地带。这片位于北龙门山脉与成都平原之间的丘陵，主要分布在古称“涪水”的涪江沿岸。为了控制这片丘陵，两汉在涪江干流之侧设置了涪县，在涪江左岸支流梓潼水之侧设置了梓潼县。前者即号称“中国科技城”的绵阳市，而后者时下仍称梓潼县。

从位置上看，如果入川者走剑阁道，梓潼县将首当其冲。而江油关一旦失守，敌军便可以沿涪江而下直取绵阳。公元263年冬，在邓艾袭取江油关后，诸葛亮之子诸葛瞻受命率成都蜀军前往涪县御敌。对于防御者来说，绵阳一带的河谷平原还是太过开阔了。但如果蜀军动作够快，在敌人沿涪江顺流而下出龙门山脉之前封锁峡谷的话，局面会有利得多。只是诸葛瞻并没有接受这个建议，坚持在绵阳所在的河谷平原迎战魏军。

然而历史终究是不能假设的。诸葛瞻在绵阳败于邓艾，不得不向成都平原方向撤退。在距绵阳20千米处的绵竹关，诸葛瞻率领蜀军与魏军决战，最终兵败身死。身在成都的后主刘禅旋即开城投降。事实上绵竹距成都还有将近100千米的路程，而姜维率领的蜀军主力仍在邓艾的北面与钟会鏖战。那么，到底是什么击溃了刘禅的心理防线，让这位后主在尚有牌可打时就主动投降呢?

想要搞清其中的原委，必须先了解一下四川盆地的基本结构和成都平原的地形。整个四川盆地腹地依地形可以划分为川西平原、川中丘陵和川东平行岭谷三大地理单元。其中分隔川西平原与川中丘陵的，是一条叫作龙泉山的山体。由都江堰出发，东行80千米，你便会看到这条南北走向的山体。与周边那些高大的山脉相比，龙泉山平均10千米的宽度和700～800米的海拔并不突出。即使类似龙泉山这样南北走向的狭长山体在川东地区比比皆是，但放到盆地西部时则意义大不相同。

所谓成都平原或者说川西平原，本质就是由龙泉山从四川盆地中切割而成的。总长约220千米的山体从北川羌族自治县新县城，一路向南延伸至乐山市，山体两端与四川盆地的边缘山地相连。龙泉山不仅将成都平原与盆地中部的丘陵地带完全分隔开来，更将四川西部的这块平原包夹成一个类盆地结构。事实上，它在地质时期的确可能是一个湖盆。

俯看成都平原，最让人惊奇的有两点：一是整个平原西侧几乎看不到山地与平原间常见的丘陵地带，整个地形由海拔近千米的山地骤然转变为平原；二是整个平原为两大水系所覆盖——北部的沱江水系和中南部的岷江水系。然而无论沱江还是岷江，它们位于成都平原的部分都属于中上游。两条江都是在穿透龙泉山后再经川中丘陵地带汇入长江。正常情况下，遵循水往低处走的原则，一条上游位于高原的河流，总是先流经山麓的丘陵地带，然后在下游或者河口形成流域内面积最大的冲积平原。但沱江、岷江两大水系这种上游位于高原、中游位于平原、下游位于丘陵的结构，无疑颠覆了常识。

造就这一结构的关键就是龙泉山。简单来说，龙泉山的存在就好像一座天然大坝。在地质时代，从岷山奔涌而下的沱江与岷江，把裹挟的大量泥沙倾泻至成都平原所在的湖盆中。但受龙泉山的阻挡，这些泥沙更多沉积在龙泉山以西的地区。在河水年复一年的塑造下，成都平原原先呈现出的类似云梦泽的泽国景象逐渐干燥成陆地。这也是常见的平原形成过程。只不过由于龙泉山对泥沙的阻滞，龙门山东麓的丘陵逐渐消失于平原之下，川中丘陵地带成为大平原的机会也随之减少。

以龙泉山为分界线划定成都平原范围的话，这片平原当下主要被三个行政单位所瓜分，包括北部的德阳市、中部的成都市以及南部的眉山市。东北角的绵阳、西南角的雅安以及眉山南边的乐山，亦有小部分辖区可以归入这个范畴。回溯到两汉时期，你会发现当时分割成都平原的还是三个行政单位。由北向南分别是广汉郡、蜀郡以及犍为郡。仅以这三个郡所管辖的成都平原的份额来说，当下的行政划分几乎就是2000多年前的翻版。

如此稳定的行政结构，背后的原因必然包括相对稳定的地缘结构。先来说说广汉郡的情况，它在成都平原的辖区是沱江流域。不过两汉的广汉郡比现在的德阳市要大得多：其辖区向东横穿整个川中丘陵地带，几乎将整个涪江流域包含在内，甚至还向北扩展至嘉陵江河谷的关城。及至蜀汉建立之后，方以龙泉山为界，对这个地域过于广大的郡做了进一步的划分。

在龙泉山以北至关城的区域，蜀汉建置了以梓潼为郡治的梓潼郡，其地缘政治上的作用是保卫成都平原的北方，而金牛道成为这个行政区的主轴。龙泉山以东的沱江下游地区，则划分出了川中丘陵属性的东广汉郡。如果一定要将上述蜀汉建置的郡与现在的地级市相对应。那么蜀汉的梓潼郡相当于广元市与绵阳市，东广汉郡则对应遂宁市，而成都平原北部的广汉郡则对应现在的德阳市。

蜀汉的广汉郡所辖的这部分成都平原，水系上对应的是沱江，可将之单独称为“沱江平原”。这条长江支流并没有岷江那么长，南龙门山脉是它的集水区。由北向南呈扇形排列的绵远河、石亭江、湔江（鸭子河）、青白江、毗江等发源于川西北九顶山南麓的上游支流，在龙泉山西麓的金堂县境内汇流成沱江，然后向东穿越峡谷出龙泉山。正因为如此，穿越龙泉山的峡谷被称为“金堂峡”。

传说中，龙泉山西麓原本是一片水患频发的大泽。古蜀国的蜀王“鳖灵”率众开凿金堂峡，将沱江水顺利排出后，才让生活在沱江平原的民众得以安居乐业。这个传说有几分真实度很难考证，不过沱江平原作为古蜀文明的摇篮却是可以肯定的。相比德阳这个地级市，时下隶属德阳、继承了“广汉”之名的广汉市，知名度反而要高得多。这个知名度倒不是因为它继承了两汉三国的广汉郡的历史遗产，而是因为广汉市西出土了足以证明古蜀国辉煌的三星堆遗址。

广汉三星堆遗址的重要性自不必多言，其时间跨度长达2000余年，相当于从传说中的五帝时期一直延续到西周时期。值得玩味的是，东汉及三国时代的广汉郡郡治雒城，也在广汉市的位置上。而无论是三星堆、雒城还是广汉市，都位于湔江南岸。考虑到湔江正位于沱江五水的中心，相当于沱江平原的中心，只是从军事角度看，身处平原腹地的雒城无险可守，而依托绵远河的绵竹才更适合拱卫成都平原。

绵竹之名源自它所依托的绵远河。据说当年沿河一带长满了竹林，绵竹遂因此而得名。但这里说的绵竹城并不在绵竹市，因为现在的绵竹还是太靠近平原腹地。三国时代的绵远河是沱江上游五大支流中最北边的一条，东南向流出龙门山脉30千米后，贴龙泉山西麓南行，直至注入沱江。古绵竹县城便位于南行后的绵远河西岸（今德阳市旌阳区黄许镇），而现在的绵竹市则位于其西北方20千米处。

与古绵竹城隔绵远河相望的就是龙泉山。蜀汉时这段充当广汉郡与梓潼郡地理分界线的山体，也是庇护广汉郡和成都平原的天然屏障。结合地形可以看出，隶属梓潼郡的涪县（绵阳）处在龙泉山北麓，隶属广汉郡的绵竹则处于龙泉山南麓。如果魏军攻破绵竹，便等于进入了成都平原。有鉴于此，当年诸葛瞻兵败身死的地方可能并不在绵竹城，而是在穿越龙泉山、连接涪县和绵竹的峡谷中。这个可以被称为“绵竹关”的关隘，被后世称为“白马关”或“鹿头关”。

白马关之名与另一个更知名的三国人物庞统有关。按照《三国志》的记载，庞统是在围攻雒城时中箭身亡。《三国演义》中，这位与诸葛亮齐名的凤雏先生是由涪城前往雒城时，在落凤坡中伏身亡。由于演义中庞统的坐骑是刘备所赠的的卢马，后世遂称此孔道为白马关（今为德阳市白马关镇）。

其实演义中的的卢马只是额头上生有白点，并非白马。但不管卧龙之子和凤雏是否殒命于此，白马关的位置都可以算得上是成都平原的北大门。诸葛瞻在涪县失守后还有机会依托龙泉山据险以自守，但如果再丢失了白马关，魏军势必直扑成都平原。由此可以看出，诸葛瞻在绵竹之战的失败，对身在成都的刘禅心理冲击有多大。

再来说说天府之国的中心成都。造就成都城的从来不是险要的位置，而是由岷江水灌溉的大片良田。由广汉郡南入成都所在的蜀郡地界，就进入了岷江水系，因此这部分成都平原我们可以统称为“岷江平原”。与沱江平原不同的是，岷江平原上的水系有更多人工疏导的痕迹，再具体点说，是受都江堰工程的影响。想要了解这一切是怎么发生的，就要先看看岷江在这一地区的走势。

发源于岷山西北麓的岷江，南流至岷山南端时开始转向东方，由都江堰所在的位置注入成都平原。需要说明的是，作为一个地理分界点，都江堰以北对接的是龙门山脉，以南对接的则是邛崃山脉。所谓邛崃山脉，指的是从都江堰以南延伸至雅安市的山体。也就是说，成都平原的西侧，实际上是由龙门山脉与邛崃山脉共同围就的。

有了岷山和邛崃山两大山脉相助，岷江在东出成都平原时收集到了足量的淡水，而它的上游集水区与中游平原之间又几乎不存在台地、丘陵过渡。这种大径流量、大落差的特点，使得岷江平原遭遇水患的风险比百川归流式的沱江平原要更大。由此大家也应该能够理解，为什么古蜀文明最初发源于沱江平原。

在岷江之水的冲击下，岷江平原势必拥有许多泄洪通道，就像黄河流经华北平原那样。不过受地形的影响，岷江干流河道最终还是固定了下来。在这个过程中，位于邛崃山与龙泉山之间的邛崃山余脉总岗山成了重要的地理分界线。如果你看过地形图，应该注意到在成都、眉山和雅安三个地级市之间，还有一段插入成都平原南部的山体，这段山体就是总岗山（又名“长秋山”）。

总岗山在地理上一般被归类为邛崃山脉的支脉。向东南方向奔涌而出的岷江水，在总岗山和龙泉山的阻挡下，其干流最终从总岗山北端及龙泉山南端穿出，由四川省乐山市进入川中丘陵地带。你会发现，无论是当下的眉山市，还是两汉时犍为郡的郡治武阳县（今彭山区），都位于总岗山与龙泉山之间的岷江之畔，而充当整个地区中心的成都，反倒离岷江干流有一段距离，实际上处于岷江与沱江水系之间。

其实这也没什么好奇怪的。水固然是生命之源，但在不缺乏降水的地区，人类更多考虑的是防御水患的问题。都江堰工程的伟大之处在于通过引导与分流，将从高原倾泻而下的江水按照人类的需要引入沱江平原与岷江干流之间的三角地带用作灌溉，同时实现防洪排沙、水运和城市供水等目的。这些将岷江水引向成都方向的水渠被称为“内江”，包括蒲阳河、柏条河、走马河和府南河等河道，而原本的岷江干流则被称为“外江”。

通过开创性的“无坝引水”技术，都江堰工程可以做到在丰水期把四成江水引入内江，让六成江水流入外江，枯水期时则反过来。更让人惊艳的是，都江堰还能够利用岷江的高流速和工程设计，将容易堰塞沟渠的沙石导入外江。此外，在不断完善的过程中，内江水系最北端的蒲阳河、柏条河还连通了沱江水系最南端的青白江、毗河。这不仅打通了岷江与沱江，让人类在调控水量时有了更多选择，还进一步向北扩张了都江堰的灌区面积。

狭义的成都平原，指的正是这片受益于都江堰工程的平原，它的另一个名称是“都江堰老灌区”。之所以要加个“老”字，是因为在现代水利技术的加持下，都江堰之水已经能惠及更多区域。因此厘清老灌区的范围，有助于我们找到天府之国的最初所在。

整个都江堰老灌区西至岷江干流，北至青白江，东至龙泉山西麓。大家还可以把总岗山北端的新津区、都江堰所在的都江堰市以及金堂峡所在的金堂县作为顶点，画出一个边长约为70千米的等边三角形。这个三角形圈定的范围大致就是古都江堰工程惠及的范围了。而这部分核心平原再加上总岗山以北与外江以西的成都平原，基本就是三国时代蜀郡的范围了。

一般认为，都江堰是在秦国蜀郡太守李冰的主持之下修建完成的。正是在都江堰的加持之下，成都及其周边地区才有水利而无水患，维持了2000多年的繁荣。具体到三国时代，如果没有都江堰的贡献，蜀汉也不可能以一州之力与魏、吴两国鼎足而立。鉴于都江堰工程只惠及以成都为中心的这片三角地带，所以广义的成都平原改用川西平原来代指会更准确。

第五节 | 川中丘陵与米仓道

重庆与四川之间的地缘政治差异早在先秦时代就凸显出来了。当时在重庆地区兴起的是与古蜀国齐名的巴国。古蜀国和四川的核心区是盆地西部的成都平原，而巴国和重庆的核心则是盆地东部的川东平行岭谷地区。正因为如此，找一个古色古香的名称代指整个四川盆地的话，“巴蜀之地”会更为准确。

既然四川盆地三大地理单元的东、西两部分都成就了重要的古文明，那么居于其间的川中丘陵地带有没有什么突出表现呢？要知道在四川盆地腹地，川中丘陵的面积占比能够达到五成。只是这一地区在历史上并没有出现过独立的政治力量。基于巴、蜀之间东西相向而立的格局，川中丘陵更多成为这两股地缘力量博弈的战场。

在两汉的行政区划中，这种巴、蜀共治川中的格局得以延续。两汉时期的四川盆地总计建置有广汉郡、蜀郡、犍为郡和巴郡。前面的三个郡，对应的就是古蜀国故地，而它们各自的核心区又分别对应着成都平原的北、中、南三部分。这点从广汉郡的郡治雒县、蜀郡的郡治成都和犍为郡的郡治武阳都位于龙泉山以西便可看出来。至于巴郡对应先秦时代的巴国，其在两汉时的郡治江州就是重庆市的前身。

作为重点保护对象的蜀郡并没有向龙泉山以东延伸其辖区，所以直接参与分割川中丘陵的是广汉、犍为、巴郡三郡。其中，广汉郡得到了西北部，巴郡得到了东北部，犍为郡则独占南部。这样说似乎还是不能讲清川中到底是怎样充当巴、蜀连接部的。但不管多复杂的地形，河流总能帮我们找到解开问题的钥匙。当大家对四川盆地的水系结构有所了解后，一切问题便迎刃而解了。

整个四川盆地的河流都属于长江水系，而长江的干流则从盆地之南沿着山麓向东流淌。这导致长江在四川盆地的支流都位于左岸，且流程都不短。从川中丘陵穿过的支流包括岷江、沱江、涪江、嘉陵江、渠江等五大河流。以当时的条件，并无可能开发整个川中丘陵，所以控制与争夺川中的关键就是沿着这几条河建置的城邑。

厘清这五条河流，川中在两汉时代的行政区划就清晰了。其中，总岗山以南的岷江，与龙泉山以东的沱江都属于犍为郡，中部的涪江属于广汉郡，东侧的嘉陵江和渠江则属于巴郡。你会发现两汉在川中布设的县，都是沿上述河流的河谷分布的。开发这些河谷除了滋养人口之外，更重要的意义在于维持巴蜀之间以及巴蜀与外部交流的战略通道。

先来看看两汉广汉郡的情况。这个行政单位在川中丘陵的存在，是通过涪江体现出来的，在其沿岸建置有涪县、广汉、德阳等城邑。值得一提的是，涪江中游的绵阳市虽然在地形上整体属于丘陵地貌，但因为河谷平原较宽，且处于成都平原之北，因此在地理上并不被划入川中丘陵的范畴，在地缘上也更愿意进入成都的朋友圈。

向东南方向流淌的涪江，在水系上属于嘉陵江的右岸支流，与嘉陵江左岸支流渠江，在川东平行岭谷西麓汇流，然后横切岭谷，在重庆汇入长江，也由此形成一条蜀地通往巴地的战略通道。更值得关注的，是这个川中与川东交界处的三江汇流之地。这个地理枢纽有一个体现这一特点的地名——“合川”。如果你知道宋元战争中大名鼎鼎的钓鱼城就坐落于此，相信会对这个节点的地缘政治价值有更深的感悟。

作为重庆和川东的门户，合川在两汉建置有“垫江县”，并被划入巴郡，时下的行政身份亦是重庆市的合川区。虽然作为直辖市的重庆扼守着通向川中的交通要冲，但设立这个省级行政区的初衷是为了服务东边的三峡工程。这一地缘政治任务使重庆在分家之时注定不会在川中丘陵获得太多份额。整个巴郡在川中的辖区大体对应现在的巴中、南充、广安三个地级市，均属于四川省，成为蜀地的组成部分。

相比时下四川、重庆两地的地缘关系，我们在这里更关心的是川中地区在两汉时期的地缘格局。以巴郡的情况来说，依托嘉陵江河谷建置了阆中（今阆中市）、安汉（今南充市）等县，依托渠水河谷建置了汉昌（今巴中市）、宕渠（今渠县三汇镇）等县。对于文中出现的古地名，有兴趣的朋友可以对照地图逐一找到它们对应的位置，而觉得复杂的朋友可以只关注这些河流的通道价值。

嘉陵江河谷之于巴郡来说，提供了一条对接古金牛道的通道。然而基于距离的原因，以成都平原为后方的蜀地对金牛道的控制力显然更强。换句话说，巴国想要利用金牛道去争夺汉中会非常困难。不过利用嘉陵江河谷延伸控制力，巴国在川中的控制区已经位于汉中盆地之南了。那么这个以巴为名的板块，有没有一条不经金牛道，直接翻越米仓山进入汉中盆地的通道呢？答案是有的。一条被称为“米仓道”的古道能够帮助巴国实现这一战略目标。

米仓道在四川盆地依托的是古称“潜水”的渠江。渠江正源是发源于米仓山中部的西源——巴水，而因巴水兴起的城市中，最重要的就是米仓山之南的巴中市。从这两个地名也可以看出它们与巴国的地缘联系。如果观察汉中市与巴中市的地理关系，你会发现两汉时名为“汉昌”的巴中市，几乎位于汉中市的正南方。以汉中市南郑区为起点，与巴中市的交通距离仅为150余千米。这条近乎直线的路线就是米仓道的主体部分。

时下沿米仓古道有一条南北走向的公路。其中陕西境内的北段被标定为211省道，四川境内的南段为244国道。位于陕西、四川两省交界处的米仓山国家森林公园是两段道路的分界点，同时也是汉水水系与嘉陵江水系的分水岭。整个古道的大部分路段都是依托巴水河谷打通的。在流经巴中后，巴水开始转向东南方，于今渠县东北，也就是两汉的宕渠县汇入渠江的东源——州河（古称“不曹水”），然后以“渠江”之名在合川汇入嘉陵江。

虽然不能像金牛道那样直接指向成都平原，但米仓道在三国时期同样有所表现。公元215年，阳平关为曹军所破，暂时还没想好到底是降曹还是降刘的张鲁经米仓道避走巴中。在张鲁选择北上降曹之后，留守汉中的张郃曾顺势通过米仓道占领巴中，然后沿巴水而下，进攻宕渠。他在此地受到张飞的阻击，不得不退回汉中。至于说除连通川西的金牛道、连通川中的米仓道之外，历史上还有没有其他连接汉中与川东的战略通道，等到分析川东地缘结构的时候再来研究这一问题也不迟。

第六节 | 犍为郡与“南中”之地

总的来说，四川盆地之南的这片高地可以分为两大地理单元：西部的横断山区与东部的云贵高原。这意味着在这个方向，理论上至少有两条通道帮助四川盆地连接这两个地理单元。正所谓路是走出来的。只要有足够的政治动机和经济支撑，再崎岖的地形也能开辟道路。唯一的问题是汉朝有没有必要这么做。

动力自然是有的。最直接的动力源自张骞带回来的重要情报：在出使西域的过程中，张骞曾在大夏国境内发现产自蜀地的蜀布和邛竹杖，而这些蜀地特产又是由时称“身毒”的印度商人转售的。这意味着，除了饱受羌、胡困扰的河西走廊、青海高原之外，还有一条由四川出发，经南亚通往西域的西南战略通道存在。为了寻找这条“南方丝绸之路”，汉武帝多次派出使者深入西南地区，并最终借助强大的国力和武力，在崇山峻岭中开辟出一条被称为“蜀身毒道”的西南通道。正是由于汉朝打通了蜀身毒道，才有了后来诸葛亮七擒孟获的故事。基于这个思路，有三座隶属犍为郡、紧贴盆地边缘的城邑特别值得关注，分别是南安、僰道和江阳。以它们的位置来说，都有机会成为蜀身毒道的起点。

这三座汉代城邑的名字大家会有些陌生，不过要换成乐山、宜宾、泸州，是不是一下子熟悉了许多。历经两千多年的岁月洗礼，城市的名称虽然发生了变化，但其位置并没有出现变动。尤为引人关注的是，乐山、宜宾和泸州三市如今都是地级市。从这一点可以看出三者在区位上必有过人之处。仔细观察就会发现，上述城市都位于河口或两条甚至三条河流的交汇之处。这些河流不仅包括来自盆地北部的长江左岸支流，还包括那些从南部高地来的长江右岸支流。其中，后者能够帮助巴蜀之民向南走得更远。

先来看看乐山的情况。如果只看山势不看河流的走势，乐山的位置也挺重要的。这座城市位于龙泉山脉与南部山地之间，无论是岷江还是想南出成都平原的人，都需要经过这里。从水系上来说，乐山的位置有三条河流交汇，分别是岷江、青衣江以及大渡河。大渡河与青衣江属于岷江的支流，二者在乐山以西5000米处交汇，然后于乐山汇入岷江。

由于大渡河的流程更长，青衣江被认定为大渡河的支流，也就是岷江的二级支流。著名的乐山大佛便位于岷江与大渡河的交汇处，俯瞰着脚下繁忙的水道。其实要是从长度来说，大渡河才是岷江的正源。要是从这个角度说，青衣江的地位倒是能够提高一级。不过这种名分之争完全不重要，重要的是其位置和潜力。就像岷江虽然已经不再被认定为长江上游，但岷江地区无论在古代还是现代，都比作为地理正源的金沙江更为重要。

发源于横断山区的大渡河或许有可能指引我们找到一条通往横断山区的古道。由乐山沿大渡河向西上溯约200千米，在一个相对开阔的河谷盆地中，建置有一个名为汉源的县。尽管位置偏远，但汉源县的历史却可以追溯到两汉时的旄牛县（旄牛就是牦牛）。而汉朝之所以将行政触角延伸至此，正是因为这个位置是切入横断山区的古道节点。

从三国时代的地缘政治划分来看，四川盆地之南，包括横断山区在内的这片高地，整体属于一个因诸葛亮南征而闻名的板块——南中，对应现在的云南省、贵州省以及四川省西南部。秦朝就已尝试征服这片土地。只是秦朝存续的时间实在太短，无论南越还是南中都很快脱离了中原王朝的控制。直到汉武帝时期，中央之国重新在这些板块建立起统治，并建置了四个郡。

蜀汉建立之后，为了控制这片地缘结构复杂的土地，不仅进一步将之分拆为七个郡，还设立了庲（lái）降都督（全称“平夷庲降都督府”）一职，以加强对这个大后方的管理。只是这些行政措施未能阻止当地的反叛。公元223年，趁刘备兵败夷陵之机，南中诸郡皆叛。两年后，诸葛亮“五月渡泸，深入不毛”，平定了这场叛乱。这就是《三国演义》中极尽渲染的七擒孟获的故事，史称“南中之战”。

关于孟获这个人是否存在和他的族属问题，学界一直有争议。但七擒孟获的故事肯定有艺术加工的成分。这个故事其实呼应了当时“南中七郡”的行政设置。既然这片土地被蜀汉分割为了七块，又全都举起了反旗，那么从文学逻辑上来说，自然要通过七场胜利才能消弭当地人的反抗之心了。真实的历史中并不会出现这种情况。一般只需要通过一两场胜利击败叛乱者主力即可，其余的人自会望风而降。

想要解开笼罩在“南中之战”上的谜团，我们还是要从地理入手，对南中进行一个地理分区。这片被蜀汉视为大后方的高地，总体来说可分为两大块：横断山区和云贵高原。

先来看看横断山区的位置和结构。横断山区是青藏高原东南部一系列南北走向平行山脉的总称。地理上，横断山区西起西藏境内的伯舒拉岭及中缅边境的高黎贡山，东至四川盆地西南部的邛崃山及盆地之南的大凉山。

横断山区在行政上包括四川省的西南部、云南的西部和西藏的东部，属于中国地形的第一级阶梯与第二级阶梯的过渡区。它的北部属于青藏高原的一部分，东、南部则地势略低，与四川盆地、云贵高原一样属于第二级阶梯。两汉三国时代的益州主政者并没有尝试深入青藏高原。因此云南西部及四川南部的这部分横断山区才是当时需要关注的对象。

作为一片上能深入青藏高原、下能面对印度洋季风的山脉，在横断山区那些高山深谷中奔流的河流都拥有着巨大的径流量。厘清这些河流的位置及关系，比记忆那些山脉更有助于搞清横断山区的地理结构。由西向东，这些河流依次为独龙江、怒江、澜沧江、金沙江、雅砻江和大渡河。再进一步归类的话，又可以将之分为两大类——中南水系及金沙江水系。

所谓中南水系，包括独龙江、怒江、澜沧江三条河流。之所以用“中南”命名，是因为这三条河流均为跨境河流，都是发源于横断山区并向南流入中南半岛：独龙江和怒江流入缅甸境内后，更名为“伊洛瓦底江”和“萨尔温江”，流入印度洋；澜沧江下游则在流经中南半岛后注入太平洋，并以“湄公河”之名串联起了中南半岛全部五个国家（缅甸、老挝、泰国、柬埔寨和越南），成为中南半岛当之无愧的母亲河。

再来看看金沙江水系，这一水系主要包含金沙江、雅砻江和大渡河三大河流，后两者实际上是金沙江的左岸支流。从横断山区北部奔流而下的金沙江，先是和雅砻江、大渡河一样南流，行至云南大理东北60千米处时突然转向东，流入四川攀枝花，绕过大凉山后北行至宜宾。在这个“U”形转折中，金沙江先是在大凉山西南将雅砻江纳入干流，进入四川盆地后，又在宜宾与岷江汇流，接着便以“长江”之名向东横贯整个中国。

以中南、金沙江两大水系在横断山区的覆盖范围，我们可以对这片高山深谷做一次分类：将对应中南水系的部分命名为“西横断山区”，对应金沙江水系的部分命名为“东横断山区”。金沙江的长江正源身份告诉我们，东横断山区之水完全贡献给了中央之国。两大水系在流向上的不同，源自东、西横断山区地理结构上的差异。

先来看看西横断山区的结构。滋养了中南水系的这片山地总体呈现出两头宽、中间细的走势。其在西藏的部分与向云南西南部的延伸段，分别向西北和东南方向呈放射状分布，东西纵深均超过400千米。而在它的中部，即云南省最北部的行政区——迪庆藏族自治州一带，这部分横断山区的东西纵深骤然收窄，西侧的独龙江河谷到东侧的澜沧江河谷间最近距离只有五六十千米。一把蓬松的稻草中间用绳子骤然扎紧，就是西横断山区的形态了。

在横断山区有一处著名的自然景观——“三江并流”：流经云南省丽江市、迪庆藏族自治州和怒江傈僳族自治州的怒江、澜沧江和金沙江会在崇山峻岭间并肩向南奔流170多千米而不交汇。三江并流于2003年被列入《世界遗产名录》。也有人提出还应加上独龙江，称为“四江并流”。

西横断山区的中段收束，使得我们可以对横断山区做第二次分类，将西横断山区分为西藏境内的北段及云南境内的南段两部分。前者在地理上属于第一级阶梯的青藏高原范畴，海拔较低的后者则与云贵高原一样属于第二级阶梯。这意味着，对于横断山区这片复杂的山地，我们现在已经依照其地理形态分出了北、东、南三个亚板块。如果对照时下的行政区划，你会发现这一地理结构支撑的大体是西藏、四川、云南所辖的横断山区。其中西藏得到的是北横断山区，四川得到的是东横断山区，云南得到的则是南横断山区。

西横断山区呈现出典型的高山纵谷地貌。云南境内的南横断山区更是在地缘上成为中央之国与中南半岛、印度的天然屏障。横断山区之所以得名，是因为它在地缘上“横断东西交通”的作用。从这个角度来说，狭义的横断山区即指向南横断山区。而连通四川与印度的“蜀身毒道”或者说“西南丝绸之路”能否畅通，亦取决于这部分山地能否被纳入汉朝的统治范围，并找到一条横切它的通道。幸运的是，经过不懈努力，两汉终于完成了打通“蜀身毒道”的任务。南横断山区也成了蜀汉最南端的领土。

南横断山区全境位于云南省西南部，轮廓呈现为三角形。其最西侧的山脉为矗立于中缅边境的高黎贡山。南北走向的高黎贡山东侧是怒江河谷。这一山一江也是横断山区为西南丝绸之路设置的最后一道障碍。2000多年的岁月洗礼，并没有削弱它们的地缘价值。1944年，中国远征军在高黎贡山的南端发动“强渡怒江战役”，以巨大代价取得胜利。这场战役不仅为中国军队进入缅北扫清了障碍，更为亚洲反法西斯战争的胜利铺平了道路。

在南横断山区面对中国腹地的方向，是西北—东南走向的云岭山脉。这条宛如直角三角形斜边的山脉，主体位于云南北部，充当着金沙江与澜沧江的分水岭。金沙江先是在云岭东侧拐了一个“V”形的弯，然后又做了一个巨大的“U”形回转流入四川。这段位于东、西横断山区之间，上接青藏高原、下连云贵高原的“V”形金沙江河谷及其周边地区，对云南的旅游业贡献巨大：丽江和香格里拉两个旅游胜地，便位于这个“V”形河谷南北两端的高山谷地中。

这样一个地理上急剧变化的地段，交融性一定会在民族属性上有所体现。原名中甸的香格里拉市，目前是云南省迪庆藏族自治州州府所在地。反观丽江，人口最多的两个少数民族是语言上同属汉藏语系藏缅语族彝语支的纳西族和彝族。回到两千多年前，汉帝国已经在丽江建置了遂久县，而香格里拉还是化外之地。

云岭山脉之侧并非只成就了香格里拉和丽江。云岭主脉最南端的19座山峰中，有一个令武侠迷们不会感到陌生的名字——点苍山。在武侠世界里，点苍派虽然比不上少林、武当这些中原大派，却经常能够跻身名门正派之列。与之相依的还有一个云南省第二大淡水湖——洱海，以及同样在武侠世界里占据一席之地的大理。历史上的大理国能让你体会到大理的重要性。

点苍山和大理以南的云岭支脉，向东一直延伸到中越边境。这段支脉被单独称为“哀牢山”。为了更准确地描述整条山脉的地缘属性，我们可以把这条位于南横断山区边缘的山脉称为“云岭—哀牢山脉”。找到这条山脉便找到了横断山区与云贵高原的分界线。换句话说，位于云岭—哀牢山脉东北方的丽江、大理、楚雄、玉溪、红河等州市，在地理上都属于云贵高原的范畴。

搞清南横断山区的范围后，再来看看金沙江以北的东横断山区的结构。相比前者，这一地区高山纵谷和横断山区的特征就要弱一些。通过金沙江的走向也可以看出，这片山地并没有向南延伸至边境地带，而是止步于云南与四川交界处。金沙江河谷成为这部分横断山区的地理边界。整片山地位于青藏高原边缘，由西向东分布着沙鲁里山、大雪山、邛崃山等高大山脉。

这些平均海拔均4000米以上、大量山峰常年为冰雪所覆盖的山脉并不是汉朝的扩张方向。与西横断山区一样，真正有地缘政治价值的是这些山脉向第二级阶梯的延伸山地。这片西起云南、四川两省交界处，东至金沙江河口的山地，就是具有神秘色彩的大小凉山。说它神秘是因为直到20世纪中期，生活在这片山地深处的部分彝族还维持着奴隶制。抗日战争时期，甚至有跳伞逃生至此的美国飞行员被当地人掳为奴隶的事件发生。

“凉山”一名得自金沙江左岸的大凉山，这也是整个横断山区位置最东边的一条山脉。金沙江绕过大凉山后，就在宜宾与岷江汇流为长江。需要注意的是，作为一个地缘概念，大小凉山地区的范围要广得多。香格里拉—丽江以东那片被“U”形的金沙江河道包围的山地，便是其地理范围，主要归四川省凉山彝族自治州管辖。

说完了横断山区的结构，我们再来看看与之相接的云贵高原。云贵高原又可分为两部分：云南省境内的部分为云南高原，贵州省境内的部分为贵州高原。如此划分并不是因为这片高原分属两个省。恰恰相反，正是因为这两片高原地理上的差异，才导致了这种行政区划。帮助切割云南高原与贵州高原的地理分界线，主要是一条长约250千米的山体——乌蒙山。这是一条西南—东北走向的山体。这一走向与横断山区整体西北—东南的走向相对，意味着乌蒙山已经脱离了横断山区的范畴。

云南高原与贵州高原在地理学上最本质的区别正在于此。你会发现无论是在两千多年前成就过古滇国的昆明，还是在一千多年前诞生过大理国的大理，都处在大小凉山与南横断山区之间。云南高原上的其他城市也都与这两片山区有着紧密的地理联系。反观乌蒙山以东的贵州高原，在地理上则完全与横断山区无关。无论是贵州高原上隐约可见的那些山脉，还是纵横其间的河谷，都更多呈现出西南—东北向的走势。与之前在荆州部分分析过的武陵山区类似，这意味着从地理角度看，云南高原更像是横断山区的山势走弱之后，向东延伸出来的高地，而贵州高原则可被视为武陵山区向西的延伸。

第七节 | 南夷和朱提道

最起码在汉朝征服这片土地时，云南与贵州的区别就已经被世人认识到了。司马迁曾经专门为这些分布于四川盆地以西、以南的民族写过一篇《西南夷列传》，将他们统称为“西南夷”。需要注意的是，“西南”并不是一个方位词，而是指“西方”和“南方”。在汉朝的认知中，这些山地民族被分为西夷与南夷两支。至于谁是西夷、谁是南夷，有一个很简单的区分方法——分布于云南及四川西南山地中的就是西夷，而贵州境内的则是南夷。

西南夷进入中央之国的视线，最早可追溯到“庄蹻入滇”。公元前316年，秦将司马错率军利用金牛道攻占巴蜀。然而攻占巴蜀只是整个计划的第一步，秦国的真正目的是以位于长江上游的蜀地为基地，顺江而下直取楚国在江汉平原的核心之地。这一由司马错提出的战略可被概括为“得蜀即得楚”。在此之前，前线一直位于连接关中平原与南阳盆地的武关道。据蜀攻楚在战略上相当于开辟第二战场。

为了应对秦国通过长江传递过来的压力，楚国也试图征服一片新的土地，开辟对秦国的第二战场。基于云贵高原位于四川盆地之南，楚国将目标锁定在了这片高原之上，这就是“庄蹻入滇”的战略动机。当时贵州高原上最主要的政权，是成语“夜郎自大”中提到的夜郎国，及其东面的且兰国，而云南高原上的核心政权则是围绕滇池一带立国的古滇国。

庄蹻率领的楚军先是顺着沅江河谷穿越武陵山区进入贵州高原，在征服且兰和夜郎两国后，再翻越乌蒙山进入云南高原征服滇国。只是还没来得及开辟对秦第二战场，秦军就已攻占武陵山区，切断了这支远征军与楚国的联系。控制巴蜀的秦国，后来虽然尝试过向西南方向开拓，但是并没有深入。孤立无援的庄蹻只能在滇池一带称王，并因地理隔绝与当地部族融合。

中央之国在云贵高原的真正突破，与汉武帝对南越之地的征服有关。所谓南越，指的是两广及越南北部地区。关于其地缘结构我们会在交州部分具体分析。珠江和红河是纵贯南越之地的两大河流，前者的水系覆盖了中国境内的广西、广东，后者则覆盖了越南北部。比起云贵高原，这片在地缘上又被称为岭南的土地，更能吸引中央之国的关注。

岭南的吸引力在于珠江下游有一片大型冲积平原——珠江三角洲平原。这是一片面积与成都平原相当，超过1万平方千米的平原。岭南地区能够在两汉时单独建置交州，亦有赖于这片平原的存在。此外，红河在越南北部形成的红河三角洲平原，面积同样不输珠江三角洲平原，且进一步增强了岭南的吸引力。反观处在横断山区和武陵山区包夹下的云贵高原，并不存在大型冲积平原，只有一个个被称为“坝子”的小型山间盆地或河谷平原能够成为农业中心。

中原王朝对于南越之地的征服始于秦始皇时代。秦朝灭亡后，征服当地的秦军副统帅赵佗封闭了南下通道，建立起独立的南越国。至汉武帝时，中原王朝再次发兵征服了这片土地。前后相隔一个世纪的两次军事行动，最大的差别在于后者在进军路线上的选择更为丰富。秦朝的那次远征跨越的是横亘于两广北部的南岭，路线上相当于从湖南、江西攻入广西、广东。汉武帝决定分兵几路远征南越国的时候，除利用秦人当年在南岭开辟的那些道路之外，还尝试过从南岭东侧的浙江、福建沿海岸线而下的海路，以及由南岭西侧的巴蜀入云贵高原，然后顺珠江而下的水路。

正是后一条征伐南越通道的开辟，让云贵高原上那些原本游离于汉朝统治之外的西南夷变成了汉朝治下的臣民。就对接珠江这件事来说，云南和贵州各拥有一个进入珠江水系的入口。珠江由西江、北江、东江三条江在珠三角汇流而成，其中流程最长且能够连通云贵高原的是西江。横贯整个广西和半个广东的西江，在乌蒙山两侧各拥有一条上源，分别是位于贵州境内的北盘江和云南境内的南盘江。

北盘江发源于云南省曲靖市的马雄山，后向东流经贵州省西部，再转向东南，朝广西方向流淌。南盘江也发源于乌蒙山西南的云南省曲靖市，在西南方向接入隶属云南省玉溪市的抚仙湖水后（抚仙湖为云南第三大湖泊，面积仅次于洱海），继续南流，直至遇到哀牢山余脉的阻挡，再转向东北方向。两条西江上源在广西与贵州交界处汇流后进入广西境内。

准备沿西江水道讨伐南越的汉朝此时面临一个选择，到底是选择北盘江还是南盘江作为起点。前者当时在滇国的控制下，后者则是夜郎国的领地。历史上，汉武帝派出的使者对两个国家进行了考察，还为世人留下了“夜郎自大”的典故。其实当时质问汉使“汉孰与我大”的不仅有夜郎王，还有滇王。如果以先后顺序来说，滇王还要比夜郎王更早提出这个问题。

单从地缘潜力来说，汉朝似乎应该选择从滇国出发。这是因为云南高原的条件要优于贵州高原。借用云贵特色的语言，就是云南的坝子要比贵州更大。这个“大”不仅是说平原的总面积，更是指单个坝子的体量。你很容易在云南省的版图内找到滇池、洱海、抚仙湖这样的大型湖泊。这些大型高原湖泊之所以能够生成，正是因为它们所处的坝子面积够大，更接近盆地结构。

以云南面积最大的八个坝子来说，最小的是洱海东南部的祥云坝子（大理白族自治州祥云县），面积差不多有400平方千米。如果加上滇池的话，昆明坝子的面积更超过1000平方千米。比较之下，贵州地区的坝子就完全不是一个量级了：其面积最大的涟江坝子（惠水县），面积还不到80平方千米；全省上万个坝子，平均面积仅为0.5平方千米。

有了这些散布于高原上的大坝子，云南地区的地缘潜力一直要比贵州地区更大。这也是为什么当年庄蹻没有选择贵州，而是在昆明一带称王。同样因为拥有更大的单体平原，以昆明坝子为核心的滇国国王在提出“汉孰与我大”的问题时，才没有令汉使认为是狂妄自大。相反，汉使还报告汉武帝，滇国的确是个西南大国。而地无三尺平的夜郎国国王便只好独自背负世人的嘲弄了。

回到究竟选择沿南盘江还是北盘江进军南越的问题上来。虽然从自然条件论，滇国比夜郎国更值得征服，但眼下地理位置更被看重。以连通长江、珠江两大水系的要求来说，昆明坝子同样拥有优势：滇池位于金沙江右岸支流普渡河的上游，这意味着昆明坝子属于长江水系，且在理论上拥有一条向北连通大小凉山地区，乃至四川盆地的天然通道；此外昆明坝子的东、南两面都处在南盘江水系的包围之下。滇池东南20千米处，就是刚才提到的隶属南盘江水系的抚仙湖。这意味着汉朝在控制滇国之后，完全能够以之为基地，顺南盘江而下进入珠江中下游地区。

然而夜郎的中心位置，至今仍是一个谜。以汉朝后来在贵州的行政设置来看，且兰国应该在东部的沅江流域，而包括北盘江水系在内的贵州中西部地区，应是夜郎国的势力范围。这也是为什么由湖南方向来的楚人庄蹻最先击败的是且兰国，而由四川出发的汉朝使者出使的是夜郎国。

从地理位置上看，要控制云贵高原，四川盆地比两湖平原更具优势。

这一方面是因为前者在距离上更近，另一方面也是因为自宜宾南下就能进入这片高原，而从湖南西进的话还要穿越地缘结构复杂的武陵山区。基于这一地理关系，四川盆地成了西路汉军的大后方。这支准备沿西江而下的汉军，人员物资皆从巴蜀征调。

如果你对西南各省的方言有所了解的话，同样能够体会这种地理关系造成的深远影响。你会发现无论云南话还是贵州话，整体感觉都与四川话类似。再深究的话，它们都属于西南官话的范畴。所谓官话，指主要分布在北方地区、使用最广泛的汉语方言，随人口的南迁向江淮流域、西南地区扩散。这种语言关系的背后，体现了华夏文明经四川盆地向云贵高原扩散的大历史路径。

回到沿哪条江进军南越的问题上来。这场比试的最终胜利者是北盘江。原因有二。一是北盘江上游更接近四川盆地。要在这片复杂山地中维持一条补给线，借助水路会节约大量资源和时间。二是沿北盘江行军路途更短。整体位于乌蒙山以东的北盘江，与西江的连接更接近于一条直线，从源头到南盘江、北盘江相汇之地的长度为449千米。反观南盘江在乌蒙山以西蜿蜒400千米，再转向东北进入黔桂两省交界处与北盘江汇流。这使得南盘江的长度拉长到了914千米，超过北盘江一倍。

距四川盆地更近、路途又更短，这道选择题已经变成了送分题。不过汉朝的这种选择，对于夜郎、且兰两国来说可不是好事。因为汉朝要求的不仅仅是借道，还需要征调两国的人员和物资。虽说地处西南一隅的夜郎、且兰两国未必听过“假道伐虢”的典故，但不得不考虑汉军借道带来的巨大风险。为了维持原有的独立，且兰选择了武力对抗，而夜郎则选择倒向南越。在这种情况下，原本用来进攻南越的西路汉军先要进行一场“征南夷之战”。

战争的结果是且兰国被汉朝攻灭、夜郎国投降。胜利的汉军还没来得及顺江而下，南越国就已被其他几路大军攻灭。贵州高原顺势变成了汉朝直接统治的牂牁（zāng kē）郡。以此命名，是因为北盘江上游当时被称为“牂牁江”。至此，南夷被正式纳入中央之国的行政序列。了解过这段历史后，我们接下来要寻找一条道路，一条能够将四川盆地与北盘江连接起来的道路。鉴于夜郎、且兰均属南夷，这条能够帮助汉军进入贵州的道路，被称为“南夷道”。

南夷道大部分是依托一条更古老的官道——五尺道修筑的。公元前220年，统一六国的秦始皇下令修筑以咸阳为中心，连接全国各地的官道——驰道。五尺道就是蜀地驰道延伸至云贵高原的部分。从“驰道”之名也可以看出，其设计初衷是为了通行马车。只是受限于地形，并不是所有地区都能够做到这点。五尺道就属于这种情况。

为了在这片复杂的山地中开辟道路，秦人在一些路段采取了“积薪烧岩”的方法，即在岩石表面生火然后用水迅速冷却，使得岩石崩裂。如此费力开凿出来的道路自然不会太宽。秦汉时期的一尺在23厘米左右，以此计算的话，五尺还不足1米2。当然，这一宽度是在通行困难的路段采用的最低标准，并非整条五尺道都只有这么宽。只是对于一条道路来说，它的通过能力恰恰是由这种瓶颈路段决定的。

由于存续时间过短，秦朝并没有利用五尺道远征西南夷，且道路也修筑得比较简陋。汉朝在五尺道的基础上进行了维护和延伸。按照当下的行政区划，五尺道的起点是四川省宜宾市，然后经盐津县和昭通市延伸至曲靖市。值得一提的是，后三地当下均位于云南省境内。如果观察地图，会发现云南省在西北、东北两个方向分别延伸出两个触角：前者对接的是青藏高原，地理上则包含独龙江、怒江、澜沧江和金沙江“四江并流”途经的地区；后者之所以能够插入贵州、四川之间，便是源自五尺道的延伸。

为了控制五尺道，汉朝分别在宜宾、盐津、昭通、曲靖四个节点上设立了僰道县、南广县、朱提县和味县。将这几个点连接起来，你会看到一条总长约550千米的南北向通道。上述四个行政区，每一个都代表着对特定地理单元的控制。以汉称“僰道”的宜宾来说，它控制的是岷江与金沙江的交汇处。这意味着从成都平原出发的军队和商旅，可以顺岷江而下直抵宜宾，然后正式开启云贵高原之旅。

五尺道并没有通过水流湍急、峡谷深切的金沙江河谷。真正帮助五尺道向南延伸的，是金沙江右岸的支流横江。这条又名“关河”的河流，也是金沙江右岸的最后一条支流，其河口距宜宾仅30千米，建置有云南省位置最北的县级行政单位——水富市。更重要的是，发源于昭通西南的关河是一条南北走向的河流，溯江而上可以缩短差不多一半的路程，同时还可以依托关河水道提高运力。只不过由于地形复杂、水流湍急，很多河段要依靠纤夫拖曳船只前进。

由于沿线多处大坝的修建，关河水道在20世纪70年代末已经停航。在过去的两千多年时间里，这条河与沿河岸修筑的五尺道将四川盆地与云贵高原连接起来。汉朝在盐津设置南广县的目的，就是为了控制这条关河通道。由于关河通道的终点是汉代称“朱提”的昭通，这段五尺道也被称为“朱提道”。当下经过这一地区的213国道，大部分路段便是在这条古道的基础上修筑的。

第八节 | 南夷道与青衣江

对秦朝的五尺道、汉朝的南夷道以及通往印度的西南丝绸之路来说，昭通都称得上是枢纽。枢纽地位的形成除了地理位置以外，还因其自身优越的地理环境。在东亚季风区，平原面积是评判一片土地潜力大小的重要指标，而放在云贵地区就是坝子的大小。朱提城所处的昭鲁坝子，大部分归昭通市昭阳区管辖，其西南角则为昭通市鲁甸县县城。

在云南乃至整个云贵地区，面积超过500平方千米的昭鲁坝子能够跻身前五，仅此一点就足以让它成为整个朱提道的中心。顺便说一下，秦人修建的五尺道最初可能只抵达昭通。不管秦五尺道到底有没有继续向南延伸，汉朝在此基础上修筑的南夷道肯定这样做了。想在昭通以南开辟道路，自然最期待再找到一条南北走向的河流作为依托。在这个问题上，大自然没有让我们失望。

昭鲁坝子西南方的山体被称为朱提山（鲁甸县龙头山镇境内）。这座以“朱提”为名的山体早在汉代便以出产银、铜闻名于天下。由于出产的白银品质高，“朱提银”的价格较一般白银高出将近六成。毫无疑问，朱提银的存在能够进一步增强昭通乃至云贵高原的吸引力。不过在这里我们更关心的是朱提山的分水岭作用。

朱提山分隔的河流是关河与另一条金沙江支流——牛栏江。发源于昆明坝子北麓的牛栏江，古称“涂水”，向北流经昭通市东南后，再转向西北并注入金沙江。这意味着利用牛栏江河谷，可以在昭鲁坝子与昆明坝子之间开辟一条近乎直线的通道。关河、牛栏河的存在，能够将宜宾、昭通和昆明连接起来，构成一条沟通川滇的交通大动脉。

然而汉朝的南夷道并没有依托牛栏江河谷修筑，而昆明也没有成为这条川滇交通干道的终点，真正承担这一任务的是位于昆明东北120千米处的曲靖。曲靖地区拥有两个面积名列前茅的大坝子：一个是曲靖市区所在的曲靖坝子，面积为436平方千米；一个是位于曲靖市之南，大部分归属曲靖市陆良县的陆良坝子，面积772平方千米。如果不计入滇池的面积，昆明坝子的面积甚至比陆良坝子还要小一点。

曲靖在汉代的名称是“味县”。它之所以被选定为南夷道的终点，是因为南盘江发源于曲靖坝子北部的山地。这意味着将南夷道延伸至此，便可以接入南盘江水道。要知道南盘江在云贵高原南部蜿蜒900多千米，流域面积高达5.7万平方千米。相比之下，北盘江流域面积只有2.65万平方千米。无论是为了进一步延伸帝国的控制力，还是为了多一条连通岭南的水道，汉朝都有足够的动机将官道延伸至曲靖。

还有一个影响南夷道走向的因素。即便没有沟通南盘江的需求，为了完成打通珠江水系的战略任务，南夷道在到达昭通坝子之后，也必须修建一条东南走向连接北盘江水系的道路。将这条道路向南延伸至南盘江上游，可以兼顾云南、贵州两省。南夷道于是在昭通以南便没有再利用金沙江水系，而是转向东南方向的乌蒙山区，试图开辟一条能够连接南盘江和北盘江源头的道路。

先来看看南夷道是如何连通北盘江水系的。从昭通出发，沿贵州境内的102省道向东南方向行进100千米，是名为“草海”的高原湖泊。草海的东北方向，是贵州省最西端的行政单位——威宁彝族回族苗族自治县。草海的水体面积只有46.5平方千米，比滇池、洱海、抚仙湖等要小得多，却已经是贵州最大的湖泊了。

更值得关注的是草海盆地的地理位置。草海是关河（横江）的支流——洛泽河的上源湖泊，盆地的东北麓同时还是贵州北部的另一条大河——乌江的源头（位于威宁县城东北方15千米处的盐仓镇营洞村龙山梁子）。而盆地之南的这片山地，则是北盘江的北源——可渡河的集水区。只要打通昭通坝子与草海间那段100千米的山路，就可以东连乌江水系，南接北盘江水系，也为进入贵州北部、辐射贵州西南提供了可能。

由于乌江并不能帮助汉朝连通岭南，所以南夷道主线在穿越草海盆地后，接入的是可渡河河谷。这条充当云贵两省分界线的河流之所以得名“可渡”，正是因为当年古道并没有止步于此，而是渡河后进一步向南延伸。这个渡河之处被后世称为“可渡关”。位于威宁县城正南方30千米处的可渡关（杨柳镇可渡村），当下归属云南省宣威市，与宣威城相距约60千米。

不过盛产火腿（云腿）的宣威城并不属于可渡河流域。滋养这座古城的是北盘江的南源革香河。这使得由草海开始向南延伸的南夷道，不仅能够在可渡关打通一条经可渡河连通珠江水系的水道，也能够在宣威城找到一条经革香河连通南夷之地的水道。为了控制这两个连接北盘江的节点，汉武帝在宣威一带设立了郁鄢县。至于说为什么没有选择位置更北的可渡关，原因倒也简单，因为受革香河上游滋养的宣威拥有更多平原，换句话说就是坝子够大。

在地质运动的作用下，宣威以南的坝子在体量上出现了质的飞跃，分布着曲靖、昆明、陆良等一系列大型坝子。大型坝子相对集中，同时也大大降低了人类连接这些坝子的难度。从宣威城向南沿革香河上溯40余千米，有一座不起眼的小丘陵——马雄山，被管辖它的曲靖市认定为南盘江的源头，并据此设立了珠江源风景区。事实上，南盘江发源于马雄山东麓，而北盘江南源属性的革香河发源于它的北麓。地势开阔、河源相接的地理特点，使在宣威至曲靖间开辟道路的难度要远小于在昭通以北打通朱提道的难度。

既然为了连接北盘江已经费力地将南夷道延伸至了可渡河，眼前这两个既能连接珠江水道，平原条件又优越的坝子自然是没有理由放弃了。至此，这条由北向南经由四川境内的宜宾市，云南境内的水富市、盐津县、大关县、昭通市、宣威市、曲靖市，到达贵州境内的威宁县，从而串联起金沙江口、关河河谷、昭鲁坝子、草海盆地、可渡河、宣威坝子、曲靖坝子等地理单元，并连接起长江、珠江水系的南夷道，已经跃然于纸上。

地理上处于云贵川交界之地的南夷道，有力地支撑了汉朝对西南地区的统治。从开辟南夷道的初衷来说，主要是为了打通经由贵州进入岭南的西南通道，因此才被称为“南夷道”。为了控制这条通道，西汉最初将宣威，以及宣威以北的南夷道沿线地区尽数划入以岷江下游为核心的犍为郡，以便能够牢牢控制这条生命线。

虽然这种设置在地缘政治上很有道理，但控制一片土地并不是只靠行政区划或在沿线设置据点就能够做到的，更需要人口的支撑。这片中原王朝眼中的烟瘴之地对移民的吸引力明显不强。无大型冲积平原的现实，也使得中原王朝难以像在岭南那样，通过控制珠江三角洲打造出一个占据绝对优势的统治中心。于是进入东汉以后，盐津至宣威一线的南夷道沿线被迫从犍为郡划出，另设立犍为属国。

犍为属国的出现并非孤例。同一时期，管辖成都平原北部和西南安全的蜀郡、广汉郡，同样从中分拆出蜀郡属国和广汉属国。对于这种被纳入中央之国直接统治，但治下之民为其他民族的地区，汉朝会设置都尉一职进行军事化管理。然而此种变化已经说明中原王朝对这些地区的融合并不成功。及至蜀汉统治这片土地之时，情况同样没有得到好转，否则诸葛丞相也不必“五月渡泸，深入不毛”。

虽然早在两千多年前，中原王朝就已经在云贵高原设置郡县，但中央之国对于这片高原，尤其是对云南部分的控制长期以来都较为薄弱。从738年到1253年，在5个多世纪里，云南地区被南诏和大理两个地方政权牢牢控制。其时间跨度从唐朝中期一直延续到南宋末年。如果不是蒙古人与南宋的正面战场处于僵持状态，试图借道云贵开辟第二战场，云南地区被重新纳入中原王朝统治序列的时间还会更晚。

云南的地缘优势，不仅在于拥有更多大型坝子，还因为这部分高原能够连接南横断山区。这一区位优势使得云南可以成为四川盆地与中南半岛、印度之间的板块，并从中获取经济利益。经济基础决定上层建筑。这些经济上的优势毫无疑问将映射在地缘政治层面。后来除作为起点的宜宾，以及同时连接乌江河谷的威宁以外，南夷道沿线的大部分地区时下皆属于云南。

纵观南夷道，这条大动脉整体位于金沙江以东地区。如果从成都出发，需要先顺岷江而下至宜宾，才能南下。那么被金沙江包围的这片东横断山区中，就没有一条能够直接连接云南高原与成都平原的道路吗？答案是有的，它就是西夷道。想搞清楚这条道路的走向，要先把视线拉回到四川盆地。

西夷道的正式起点既不是大渡河与岷江的交汇处乐山，也不是金沙江与岷江的交汇处宜宾，而是汉代称“临邛”的邛崃市。在前面我们已经详尽分析过成都平原的地形地貌，但对总岗山以北、岷江以西的盆地西南角着墨不多。这块没有被都江堰工程惠及，同时又不像眉山那样直面川中的平原，其中心城市就是邛崃市，也是汉代才女卓文君的家乡。只不过那时此地还被称作“临邛”。这位写出“愿得一心人，白头不相离”佳句的才女，与才子司马相如私奔的故事，是中国历史上最著名的爱情故事之一。鲜为人知的是，作为成都人的司马相如，其实是西夷道的开拓者。

由临邛进入成都平原西南方的山地，首先要面对的是横亘其间的青衣江。青衣江的下游在乐山西南与大渡河相汇，共同注入岷江。虽然成就乐山和大佛的功劳都让大渡河抢了，但青衣江在东汉时也成就过一个郡级行政区——蜀郡属国，大致对应现在的雅安市。

位于青衣江中游的雅安市也是一个地级市。雅安市与乐山、宜宾以及泸州一样，都位于四川盆地的南缘。与另外三座城市相比，雅安为世人所知倒不是因为旅游和特产，而是发生于2013年的“4 · 20雅安地震”。处于邛崃山脉与总岗山相接处的雅安，在地质构造上属于龙门山断裂带的南段。由于周边的山体过于密集，整个青衣江总体都是在山地中蜿蜒前行。青衣江虽然在低山中冲积出属于自己的河谷平原，但并没有与成都平原连为一体。这意味着看起来与成都平原地理相接的青衣江河谷，与绵阳所在的涪江河谷一样，并非成都平原的一部分。

如果西夷道是以邛崃为起点直插横断山区，那么正处于邛崃山与总岗山包夹下的雅安，将是帮助西夷道进入这片山地的跳板。时下相距70千米的邛崃与雅安，通过318国道和成都至雅安的邛名高速相连接，其路线近乎直线。不过与同处四川盆地南缘的乐山、宜宾、泸州等城市两千多年来不曾变动过的位置相比，这座位于青衣江中游的城市位置还是发生了些许变动，毕竟汉代时当地的中心并不在雅安市雨城区，而是该市的天全县。

溯青衣江而上30千米，就能看到位于雅安市雨城区西北的芦山县，东汉在这个位置上建置了青衣县，青衣江即因此得名。一条发源于邛崃市西侧、邛崃山东坡的青衣江支流——沫河，向南流经古老的青衣县后注入青衣江干流。邛崃的母亲河是一条与沫河河源相邻的岷江支流——西河。两千多年前，从临邛出发的司马相如，先沿西河上溯至邛崃山麓，然后再通过沫河进入青衣江河谷，才能与卓文君相遇于雅安。

第九节　|　西夷道与永昌道

我们很难用现在的少数民族划分去对应两汉三国时期的各民族。不过如果一定要给孟获找一个民族的话，那么他最有可能是彝族。彝族的“彝”字本意是一种祭祀用的青铜酒器。更早的时候并没有用这个“彝”字为名的民族。真正用来称呼现代彝族的是西南夷的“夷”字。只是这个明显带有歧视色彩的称呼并不符合现代人的价值观，因此在20世纪中叶被同音但寓意更好的“彝”字所取代。

把“夷”与“彝”的关联理顺后，很自然会推测现在的彝族是当年的西夷或南夷某个部族的后代。那么，彝族先民在两汉时期到底是被归入西夷还是南夷呢？不妨先看看现下彝族的人口分布。在四川、云南两省，有三个涉及彝族的自治地方，分别是四川省凉山彝族自治州、云南楚雄彝族自治州以及云南省红河哈尼族彝族自治州。除此之外，还有多个名称中包含彝族的自治县。无论在四川还是云南，彝族都是人口最多的少数民族。

除贵州省威宁彝族回族苗族自治县之外，所有的彝族自治地方均位于云南和四川省南部。威宁作为贵州最西端的突出部，在地缘上与云南的联系非常密切。这意味着彝族主要分布在云南高原与横断山区这两大地理单元中。虽然各民族的世居之地并非一成不变，但在迁徙过程中一定会在沿途留下痕迹。这一分布特点意味着回溯到西南夷时代，彝族的祖先应该属于西夷系统。

如果再深入探究，你会发现彝族先民与中央之国的故事并不始于这片西南高原。在汉朝列出的西夷名单中，有很多以“羌”为名的部族。比如前面说到的青衣县，就是汉朝在征服青衣羌人之后设立的。另一项鲜为人知的研究指出，彝族在语言上与建立西夏的党项人（又称党项羌）存在密切的亲缘关系。

这一研究指出，那些被汉朝笼统归入西南夷或西夷范畴的部族，可能有相当一部分来自黄土高原。只是二者相隔如此遥远，令上述研究成果看起来有点不可思议。更何况在分析氐人时，作为南下的古西羌民族的代表，他们的分布范围看似止步于西秦岭与龙门山一带，并没有进入成都平原。倘若古蜀国阻断了他们南迁的路径，那这一切又是怎么发生的呢?

这条南迁云南的路线如果存在的话，必定会在沿途留下痕迹，并且被后世所使用。但这条通道并非位于岷山之东的四川盆地，而是位于岷山之西的青藏高原上。这部分青藏高原当下为四川所辖，统称“川西高原”。其内部又依方位和地理特点分为川西山地和川西北高原。前者对应的就是雅安以北的这部分东横断山区，主要为四川省甘孜藏族自治州所辖。后者则与西秦岭相接，是四川省阿坝藏族羌族自治州的核心地区。

羌族在川西高原的存在，补上了从黄土高原向云贵高原迁徙的这条南迁之路的中间环节。战国时期秦国在陇右高原的强势扩张，被认为是引发羌人南迁的重要因素。在此之前，羌人已经渗透到了青藏高原和西秦岭山地。进入青藏高原的羌人后来大部分融合为藏族，而进入西秦岭山地的羌人则在湿润的环境中表现出细微差异，并以“氐人”之名出现在商周的历史记录中。在秦人沿渭水上游向洮河扩张时，不愿意臣服于秦人的羌人部落除继续朝这两个方向迁徙外，也有部分转入川西高原并向南迁徙。

有两件影响中国历史的著名事件，能够帮助我们认识这条羌人南迁的道路：一次是公元1253年，在四川与南宋反复拉锯的蒙古大军，决定兵分三路取道川西高原攻取大理国；一次是1935—1936年，长征的工农红军溯青衣江而上，进入川西高原，沿着羌人南迁的道路北上，进入陇右高原，最终抵达陕北。

羌人可农可牧，使得他们能够在气候差异如此巨大的区域内进行迁徙。这些羌系部落在进入横断山区和云南高原，且与当地的部落融合之后，并没有停下迁徙的脚步。有一支羌系部落后来穿越南横断山区进入缅甸境内，并最终形成现在缅甸的主体民族——缅族。此外整个地区复杂的地形，还造就了众多同源民族，语言明确可归类于藏缅语族彝语支的民族就包括纳西族、哈尼族、傈僳族、基诺族、拉祜族和怒族等。

想要厘清西南众多民族的历史，是一件非常困难的事，也不是我们今天讨论这一问题的初衷。但羌人这段地缘脉络清楚的民族迁移史，最起码可以告诉我们两点：首先，西南地区融入中华文明是一个漫长的进程；其次，能够对接成都平原和川西高原的青衣江河谷，应该还能够开辟一条向南穿越大小凉山地区进入云南高原的通道。这条通道就是我们在寻找的西夷道。

路是人走出来的。只要有需要，再崎岖的地形也可以开辟出道路来。在一片绵延数百千米的山地中穿行，最能够影响道路走向的是山间平原的面积。山间平原的体量越大、自给能力越强，以之为基础建立的地缘中心的统治力就越强。这也是为什么历史上中央之国对岭南的统治力要强于云贵。当下各市热衷于在中心城区之外打造副中心，同样基于这个道理。试想一下，如果没有秦巴谷地中的汉中盆地作为中继，黄土高原与四川盆地间的地缘交流恐怕会变得更为困难。在南夷道上，担当这一承上启下任务的是昭通所在的昭鲁坝子。而在西夷道上，承担这一职责的则是大凉山西麓的安宁河谷。

南北走向的安宁河是一条全长337千米的金沙江左岸支流，与流向相同的金沙江最大支流——雅砻江汇流后，于四川省攀枝花市东注入金沙江。虽然在地理上安宁河被认定为雅砻江的支流。不过从地缘角度看，安宁河却在整片山地发挥着主导作用。造就这一江湖地位的是安宁河谷平原的面积。这段南北长约150千米的狭长河谷平原，面积近960平方千米，甚至比云南最大的坝子还要大。可以说，作为整个横断山区和云贵高原首屈一指的大坝子，安宁河谷平原凭此一项即可奠定它在金沙江左岸的地缘地位。

安宁河谷全境位于四川省凉山州境内，由北向南依次分布着冕宁县、西昌市、德昌县。其中以火箭发射中心闻名中国的西昌市是凉山州的首府。这座火箭之城在汉时的名称是“邛都”。回想一下成都平原西南那座原名临邛，现在叫作邛崃的城市，大家应该能够意识到二者之间的联系了。“邛都”原本是控制安宁河谷的一个小国，也是金沙江江左地区实力最强者。按照当年汉使的说法：“滇以北，君长以什数，邛都最大。”邛都后为汉朝所灭。从这个角度来说，临邛作为西夷道在成都平原的起点，其名字也可以被理解为“靠近一条通往邛都的道路”。

现在我们已经找到了西夷道在成都平原的起点临邛，进入横断山区的跳板青衣江，又找到了整条道路和整片山地的地缘核心——安宁河谷和邛都，接下来要弄清楚的就是如何将二者连接起来，并继续向云南高原乃至缅北、印度延伸。先来看看如何从青衣江上游进入安宁河谷。

从水系上看，横亘于青衣江与安宁河之间的河流是大渡河。这意味着当年的汉朝需要在雅安与西昌之间的大渡河谷，寻找一个相对开阔的坝子作为中继点。由雅安出发，经荥经县南行约100千米，便可以在大渡河畔找到这个关键节点——汉源县。当然，鉴于青衣江和大渡河会在乐山汇流，你也可以尝试从雅安顺流而下，去仰望一下乐山大佛，然后再溯大渡河而上到达汉源县。只不过这么走路程就要拉长太多。

帮助我们大大缩短路程的，是青衣江右岸的支流荥经河，以及大渡河北岸的支流流沙河。时下为雅安所辖的荥经、汉源两县，在两千年前分别称“严道”与“旄牛县”，建置它们的初衷便是控制这两条河谷以及沿河谷延伸的道路。前者以“道”为后缀，可以证明当时这里还是一片化外之地；后者则是汉朝在征服名为“旄牛羌”的羌人部落后建置的。

旄牛即牦牛。旄牛羌，顾名思义是一支以养殖牦牛闻名的羌人部落。这种原产于青藏高原的牲畜出现在此，进一步验证了羌人经川西高原南迁的路径。同时，这个大渡河畔的县也是西汉蜀郡最南端的城邑，由临邛经青衣江、严道至此的道路，亦因此被称为“旄牛道”。雅安与汉源间的108国道大致能反映其走向。

由于无力改变这一地区的人口结构，从青衣江至旄牛县的这部分山地在进入东汉后，还是“因俗而治”，被划入蜀郡属国。及至蜀汉，为了巩固作为成都平原大后方的此地，在行政管辖上进行了加强。此后青衣县更名为“汉嘉县”，蜀郡属国亦更名为“汉嘉郡”。作为与成都平原直接对接的西南夷地区，旄牛道与它所途经的雅安地区最早被四川盆地融合并不让人意外，汉嘉郡也因此不再被视为南中七郡之一。

从汉源再往南，有两条大渡河右岸支流可以帮助人们接近安宁河谷。一条位于汉源县西40千米处的石棉县，名为楠桠河，直指安宁河谷方向。108国道亦沿这条更短的路线向南延伸，进入凉山州境内的冕宁县。围绕这条路线，发生过两个著名历史事件。其一是太平天国的翼王石达开部曾在此寻路进入大渡河谷，企图横渡大渡河后沿牦牛道攻取成都，但终因未能渡过大渡河而在石棉县西的安顺场渡口全军覆没。其二是“彝海结盟”。

1935年5月，红军总参谋长兼先遣队司令员刘伯承，与彝族果基家支头人小叶丹结盟，地点便在石棉与冕宁之间的彝海（今冕宁县彝海乡）。

不过，汉时的西夷道在牦牛道之南并没有如此延伸，而是沿着汉源以东40千米的另一条大渡河右岸支流——越嶲（xī）河（今名“越西河”）到达安宁河谷的。之所以西夷道要稍微拐这么一下，是因为越西河上游有一个比汉源还大的坝子。这个今天划归凉山州越西县的坝子，在汉朝时设有阑县。时下将之与大渡河连接起来的是208省道。

理论上，南出安宁河谷之后，西夷道将沿着安宁河与雅砻江向南延伸，在四川省最南端的地级市——攀枝花境内穿越金沙江。不过，如果沿着刚才提到的108国道前行的话，你会发现当下的交通干道并没有沿江而下，而是从安宁河谷东南侧的会理市（汉名“会无县”）境内通过，然后穿过金沙江河谷。考虑到雅砻江河口以东的金沙江在两汉时名为“泸水”，而诸葛亮又有“五月渡泸”的功绩，相信大家会对其渡口的位置感兴趣，只是这一切要留到日后再展开讲述了。

不管具体选择从哪里渡过金沙江，安宁河谷的存在都让汉朝在大小凉山地区找到了统治的支点。为了控制这片至关重要的山地，中央之国以安宁河谷为核心设置了越嶲郡，并以西昌为郡治。这个2100年前诞生于邛都位置上的行政单位，演变为今四川省凉山彝族自治州。对比云南省通过昭通市向北的延伸，你会发现四川和云南两省在金沙江下游地区的犬牙交错，正是由于对西夷道与南夷道的争夺。换个角度你也可以认为，在中央之国以四川盆地为基地向西南地区扩张的过程中，金沙江客观上成了一道天然屏障与地缘分界线。

渡过金沙江，意味着穿越了横断山区，进入地形相对较平缓的云南高原。此后西夷道可以和南夷道一样，向昆明方向延伸支路（108国道亦如此延伸）。不过从地缘政治角度看，大家更关注的是这条古道是如何通过云南高原上的那些大坝子后，再次穿越横断山区进入缅甸境内的。唯有如此，才能还原出连接蜀地与印度的蜀身毒道，才会有西南丝绸之路概念的出现。

这段对接西、南夷道和缅北的道路被称为“永昌道”。大理所在的以洱海为中心的大理坝子，是其在云南高原的起点。两汉时建置于此的城邑名叫“叶榆”（一作“楪榆”）。选择大理作为起点，一是因为大理的位置更接近缅北与印度，二是因为由此向西约200千米，在澜沧江河谷与怒江河谷之间，有一个南横断山区最大的坝子——保山坝子。这个面积150余平方千米的坝子足够为中央之国控制这片纵谷提供有力的支撑。

为了打通蜀身毒道，汉武帝在保山坝子设立了不韦县（今云南省保山市），并将之与大理、昆明两个高原中心一起划归益州郡管辖。“不韦”这个名字很容易让人联想到吕不韦，甚至有人认为是汉武帝将吕不韦的子孙迁徙至此而得名。更有可能的情况是，汉朝攻灭南越国之后，将当时带领南越国抵抗汉朝的丞相吕嘉的族人迁移至此，并以“不韦”二字作为警示。

然而占据南横断山区最大的坝子，并不代表控制了这片山区。整个山区实际上还是被哀牢国所控制。这片与云南高原交界的山地被叫作“哀牢山”。哀牢国在东汉时归附汉朝，以保山为核心的整个南横断山区遂依据其地缘属性被划入汉朝西南端的永昌郡，连接云南高原与缅甸地区的道路因此被称为“永昌道”。

南夷道、西夷道和永昌道组成了中央之国西南地区交通网的主干。这些道路不仅能够帮助中原王朝对云贵高原实施统治，更打开了通往中南半岛乃至南亚的贸易通道。只不过修筑道路仅仅是地缘整合的第一步。就像大家看到的那样，以南诏、大理为代表的地缘政治割裂一直到元朝才得以消弭。

第十节　|　重庆、涪陵与荔枝道

现在终于能把视线转回到四川盆地了。在对川西、川中的地缘结构有所了解后，接下来要分析的是川东。从地缘上看，“巴国”“巴郡”“重庆”等名称指代的都是川东。川东平行岭谷这个地理概念，还有位于大巴山脉与武陵山区之间的三峡，都将在这部分重点解读。

川东平行岭谷（简称“川东岭谷”）是平行排列于四川盆地东部的30多条东北—西南走向的山脉（包括支脉）。其最西侧的山脉，就是通过小说《红岩》而为中国人所熟悉的华蓥山；最东侧的山脉为处于长江右岸，并将长江与武陵山区分隔开的方斗山。整片山地东西宽约140千米，南北长300余千米，总面积逾5万平方千米。

就川东岭谷的地貌来说，很容易让人联想到横断山区的那些纵谷。只不过横断山区更像是一捆从中间扎紧的稻草，稻草与稻草之间缺少空隙；反观川东岭谷却更像刚切好摊在面案上的手擀面，为避免黏在一起而保持着一定距离。

在横断山区中去找寻河谷要费一番力气，但在川东岭谷就完全没有这一烦恼。因为每一条山脉都很绅士地与其邻居保持着少则数千米，多则20

千米的距离。每一条岭谷中都存在与山岭走向大体一致的河流。只不过河流并没有把岭谷完全填充成大型河谷平原，因此川东岭谷低地整体呈现出丘陵、平原相间的地貌。

“坝子”一词并非只流传于云贵地区。这个词其实伴随着西南官话从四川盆地不断向外散播。就现在的重庆地区而言，最大的坝子是位于重庆主城区东北约200千米处的梁平坝子（重庆市梁平区），但其面积不过100平方千米，而整个重庆的平原面积亦不超过2000平方千米。由此可见有如天然大坝一般存在的龙泉山对成都平原有多么重要。如果不是它在地质时期拦截从青藏高原奔涌而下的河水，让泥沙得以在川西淤积，川西的地势并不会比川中、川东更为平坦。

虽然被山岭包夹的川东谷地并没有形成成都平原那样的千里沃野，但与川中地区一样，整个地区拥有大量丘陵以及介于丘陵与平原之间、坡度在15度以下的浅丘。此外川东山脉的平均海拔只有1000余米，使得川东岭谷较横断山区更容易开发，与外界的交通也方便得多。相比之下，海拔更高、河谷纵横交错的横断山区，因其复杂的地形与气候环境造成的路难行，以及由此带来的丰富物种与多样的风土人情而闻名于世。

虽然川东的地理条件还算不错，但平原稀少始终是个问题。这也让川东长期在地缘政治上接受成都的领导，并一度以“蜀”为名。然而在先秦时代，巴国可是与古蜀国并立于四川盆地。这意味着以山地为主的川东必有其过人之处。其优势首先体现在区位上。刚才提到，川东每一条岭谷间都有流向与岭谷走向大致相同的河流。那些发源于大巴山南坡的河流，在纵贯岭谷之后均在盆地东南缘汇入长江。这种梳齿状结构，让川东岭谷的诸地理单元间虽然有山岭阻隔，但能够借助河流增强彼此的联系。

更为重要的是，从蜀地方向流经此地的长江，必须通过川东才能进入长江中下游地区。这意味着川东的控制者可以从富庶的蜀地与同样物产丰富的长江中下游地区的经济交往中分一杯羹。利用这一区位优势的最好办法，是在长江上构筑一道关隘，而两水交汇之处是最佳选址。因此我们需要寻找的是一条能够最大限度辐射四川盆地腹地的河流。找到这样一条河流及其与长江的交汇处，也就找到了川东的地缘中心。

以辐射四川盆地的要求来说，没有比嘉陵江更为合适的了。这条纵贯整个盆地的河流还有涪江和渠江这一左一右两大支流，令嘉陵江水系覆盖了整个盆地的东北部。此三江在合川合流之后，并没有顺华蓥山西麓而下，而是与穿透华蓥山的三条支流汇流后，蜿蜒曲折90千米于重庆注入长江。嘉陵江与长江的汇流处就是重庆市的核心城区渝中区。嘉陵江在汇入长江之前，两江之间形成了一个长7千米、最宽处约2千米的半岛。这个半岛即为渝中区的所在，也因此被称为“渝中半岛”。

渝中半岛并不是由沙洲发育而成的。它本质上是川东那些山岭的一部分。尽管从城市建设的角度来说，山地总不如平原那样容易扩张，但比起那些因水患而频频迁址的平原城市，山城要稳定得多。更何况在千城一面的今天，谁又能够否认“5D”魔幻城市结构的独特魅力呢？

当然，从陆路交通的角度来说，完全处于川东岭谷中的山城重庆对外交流困难。以通过嘉陵江沟通川中的需求来说，横切三条山脉的特点，使得嘉陵江在合川以南形成了被称为“嘉陵江小三峡”（沥鼻峡、温塘峡和观音峡）的地貌。古人必须借助栈道方能通过这三道峡谷。至今你仍然能够在峡谷的崖壁上发现当年栈道的痕迹。由于“义释严颜”的故事发生在时名“江州”的重庆，张飞可能也使用过这些栈道。

不过在这片岭谷中，陆路交通终究只是辅助手段。重庆与外部交流主要是通过水路交通。一提到成都大家总会想到沃野千里的平原，以及成就“天府之国”美誉的都江堰工程，而一提到重庆，给人以深刻印象的多是两江交汇处的朝天门码头。水运和码头成就了重庆。早在巴蜀于四川盆地争霸时，渝中半岛便因其西连蜀地、东通荆楚、北入秦巴、南依云贵的位置，成为巴国都城所在地。

重庆前往成都平原乃至长江中下游的路线是十分清晰的，而长江充当着主干线。我们之前分析的那些蜀道，包括几条向云贵高原延伸的道路，都是从成都平原的视角出发。那么作为独立的地缘政治板块，川东有没有自己的道路来沟通南北呢？答案是有的。在解读川中时我们提到的，借助渠江的西源巴水，能够连接由汉中出发的米仓道。当年张郃就是沿着米仓道攻打川东然后被张飞击败的。

除了连接汉中与川中的米仓道之外，川东还有在唐朝声名大振的古道——荔枝道与秦巴谷地相连。杨贵妃与荔枝的故事称得上家喻户晓，加之苏东坡曾作“日啖荔枝三百颗，不辞长做岭南人”，所以提到荔枝，大家首先想到的是岭南。不过贵妃所食的荔枝可不是岭南所产。要知道从长安到岭南的直线距离超过1000千米，交通距离约为1500千米。荔枝在自然状态下，“一日而色变，二日而香变，三日而味变，四五日外色香味尽去矣”。身在长安的贵妃倘若一定要吃岭南荔枝的话，八百里加急也办不到。

杨贵妃所吃的荔枝其实产自四川。时下四川盆地南端的乐山、宜宾、泸州一线仍出产荔枝。从这些地区采摘新鲜荔枝送往长安，交通距离可以缩短到800余千米。以唐朝的驿马传输日行600里的最高要求（约合270千米），杨贵妃能够吃到采摘三天的荔枝，不算太新鲜。然而这位万千宠爱集于一身的美人，最终还是能比其他人吃到更新鲜一点的荔枝。这是因为盛唐时期的气候比现在要更为温暖。不仅四川盆地南沿有荔枝产出，川东岭谷亦能产荔枝。具体来说，就是重庆主城区东边的涪陵区一带。

荔枝道由涪陵向北延伸，比由泸州等地出发到达长安，可以再缩短大约半日路程。运送荔枝的人员由长江北岸出发，借助岭谷通道北上，在四川省达州市借助渠江的东源州河，进入大巴山与米仓山交界处，然后从隶属陕西省汉中市的镇巴县进入汉水水系。之后北上的荔枝会行经汉中盆地与安康盆地之间的西乡盆地（归汉中市西乡县管辖），并最终通过直指长安的子午道穿越秦岭。

广义的荔枝道包括从重庆至西安的整条路线；狭义地讲，仅指代穿越大巴山脉的这段古道。作为狭义的荔枝道，在大巴山脉南北麓的两个节点——西乡与达州，三国时分别设立有隶属汉中郡的南乡县，与隶属巴郡的宣汉县。作为渠江东源的州河，亦以“不曹水”之名被载入史册。这让人不由得猜测，荔枝道是否在两汉三国时期就已发挥过重要作用。

然而纵观历史，这条在唐朝声名大振的道路，并不受军事家的青睐。究其原因，还是因为道路的绝大部分都处于复杂的山地中，送急信或者荔枝固然可用，但供大军通行实在有些勉强。但是荔枝道还是成就了沿线城市，特别是名字即有通达之意的达州。虽然重庆被划出四川时，达州市与其境内的荔枝道沿线地区被留在四川，但地处川东岭谷北端和广义的荔枝道沿线，仍然能够让我们感受到达州身上川东板块的地缘属性。

既然重庆代表的川东岭谷拥有一条北上直通陕西的通道，那么是不是也有一条可以绕过蜀地控制的南夷道，南下直抵云贵高原的路线呢？答案是肯定的。刚才提到的位于重庆主城区东边的涪陵，并不是第一次出现在我们的视线中。在分析武陵山区的结构时，这座以盛产榨菜而闻名的城市就已经出现过了。它能够出现在地缘政治舞台上自然不是因为榨菜，而是因为其乌江、长江交汇处的地理位置。

两汉时，涪陵名为“枳县”。从此地溯江而上，两汉及蜀汉在乌江及其支流郁江河谷设置了涪陵、汉葭、丹兴、汉复等县，并将之划入益州范畴。需要注意的是，当时的涪陵并不位于乌江与长江的交汇处，而是位于乌江与郁江的交汇处，即今重庆市彭水苗族土家族自治县。以古涪陵为中心，蜀汉在乌江流域设置了涪陵郡，与今天的涪陵区大致重合。

渝中半岛控制的嘉陵江口与涪陵控制的乌江口，水路距离约为120千米。控制了这两个节点，再借助长江左岸的嘉陵江及右岸的乌江水系，便可以让当年的巴人和现在的重庆市向南、北两个方向辐射其地缘影响力。加之乌江下游可以被视为武陵山区与贵州高原的地理分界线，重庆通过乌江不仅可以向武陵山区，还可以向贵州高原扩展其影响力。

第十一节　|　巴盐与三峡

资源能拉升一片土地的地缘潜力。就像波斯湾周边的沙漠因为出产石油而不时牵动着世界的神经一样，当年的巴人也控制着一种战略资源——食盐。在中国很多地方，食盐被称为“盐巴”。而这个“巴”字指向的就是巴人。

盐之于人类及国家财政的重要性自不必多言。除了海盐以外，食盐还有岩盐、池盐、井盐等来源和品种，从而扩大了食盐资源的分布范围。然而并不是每个地方都产盐。在很长一段历史时期内，盐与铁一样，都是重要的战略物资。

岩盐就是海水或咸水湖干涸之后结晶成矿产生的矿盐。池盐、井盐和海盐都融于水中，需要通过曝晒或蒸煮结晶成盐。池盐产自天然咸水湖。这种生成于内陆并被用来提炼食盐的咸水湖，在古代中国被称为“盐池”。山西运城的“解池”是中国古代最著名的盐池，早在西周时期就已被大规模开采。春秋时晋国之所以能雄霸一方，甚至战国七雄中的魏、赵、韩三国都源自晋国，便有解池之功。井盐则是抽取地下的卤水熬制而成。四川中南部的自贡市是中国最重要的井盐产地，早在东汉时期就已经开始产盐。

甚至自贡这座城市都是为了控制这一重要资源而在1939年设置的（合“自流井”和“贡井”之名）。这种为了控制某一重要资源而新设一级行政单位的情况已是屡见不鲜。位于大小凉山之南的攀枝花市，就是一座因钢铁而兴的城市。

虽然资源型城市难免面临因资源枯竭而需要转型的问题，但坐拥某种资源已足以在一定历史时期内改变自身的地缘政治地位。2000多年前巴人控制的食盐资源，属于比较特别的“盐泉”。这些富含盐分的卤水既不像井盐一样需要钻井开采，也不像一般的盐池那样曝露于地表，而是如山泉一般从山间不断流出。

巴人控制的盐泉位于武陵山区和长江一线，主要包括清江下游的清江盐泉（长阳县），郁水上游的伏牛山盐泉，以及长江沿岸的涂井溪盐泉（忠县）、彭溪盐泉（彭水苗族土家族自治县）和宝源山盐泉（巫溪县）。这些盐泉中除了位于武陵山区东北部的清江盐泉属于湖北以外，余者皆位于现在的重庆市。不过在历史记录中，巴人的兴起之地，位于清江盐泉所在的湖北省长阳县，而巴国也一度成为足以和楚国、古蜀国对抗的地区大国。这意味着巴人很可能借助区域内的盐泉脱颖而出，并在追逐食盐之利的道路上越走越远。

除了盐以外，巴地还出产丹砂等重要的矿产。丹砂又名“朱砂”，在中国文化中具有重要地位。除加热后可以析出水银以外，丹砂还可用作红色颜料或入药炼丹。东汉末年，刘璋曾在郁水上游的重庆市黔江区建置丹兴县。再往前看，还有因开采丹砂而富甲一方并受到秦始皇亲自表彰的“巴寡妇清”。丹砂无疑进一步提升了这片山地的地缘价值。

不过相比区位来说，矿产资源之于一个地方的重要性还在其次。资源除了可能枯竭以外，还会面临其他地区的竞争。就像川中的自贡井盐出现后，巴盐再想向西扩展市场就有些困难了。相比之下，区位价值会更为恒定。以重庆的地缘价值来说，其西连蜀地、东通荆楚的地缘价值丝毫没有随着岁月的流逝而削弱。就其具体的地缘价值来说，涉及两个地理概念——三峡与巫山。

在中国，很多河流都会有“三峡”，比如“嘉陵江三峡”“黄河三峡”。现在我们说的自然是“长江三峡”。只是对于中国人来说，实是没有必要再标注“长江”，因为提到“三峡”，大家想到的自然是长江三峡。“三峡”自西向东依次为瞿塘峡、巫峡和西陵峡，西起重庆市奉节县城东的白帝城，东至湖北省宜昌市北的南津关，中间的行政归属还包括重庆的巫山县以及湖北的巴东县和秭归县。

这三段峡谷在排列时并非首尾相接。具体来说，从奉节县白帝城到巫山县大溪乡的部分为瞿塘峡，总长仅8000米；巫山县城至巴东县为巫峡，长度46千米；秭归县香溪村至南津关的76千米为西陵峡。而从白帝城到南津关，被统称为“三峡”的长江峡谷总长190多千米。

从三峡当下的行政区划可以看出，这条咽喉水道在地缘政治上为巴蜀和荆楚所共有。这也是历史的常态。毕竟从地缘政治的角度来说，任何一方完全控制三峡水道都将对另一方构成威胁。这一点在三国时代就得到了充分验证。刘备在痛失关羽和荆州之后，东出三峡发动了三国三大战役中的最后一战——“夷陵之战”（另两场为“官渡之战”和“赤壁之战”），战败之后两国的边界线维持在瞿塘峡以东。

三国时夷陵又名“西陵”，对应现在的宜昌，其具体位置是今宜昌市西陵区。三峡中最东边的西陵峡亦因此而得名。宜昌城最大的战略价值，便是扼守着近在咫尺的南津关和西陵峡。需要说明的是，在三国时代还没有“南津关”之称。它在那时有一个更能体现其地理属性的名字——“峡口”。传说，正是因为刘备当年驻军于峡口之南，后世才将这个三峡的东口命名为“南津关”。

与南津关相比，距之190多千米的白帝城，在历史上可谓赫赫有名。毕竟有李白的佳句“朝辞白帝彩云间，千里江陵一日还”传世，作为中国人想不知道它的存在都难。当然对于三国迷来说，刘备的“白帝城托孤”才是这个三峡西大门声名彰显的开始。当年由夷陵败走的刘备并没有退回江州或者成都，而是退守白帝城。因为他知道在兵败如山倒的情况下，如果白帝城和三峡被东吴控制的话，即便东吴没有侵入蜀地的计划，在接下来的谈判中也会有更多筹码。

那么，白帝城、三峡、夷陵在位置上究竟有什么特点，让它们能够在那场大战中发挥如此重要的作用呢？先来看看三峡的位置。这段水流湍急的峡谷总共涉及四个地理单元，分别是川东岭谷、两湖盆地、大巴山脉以及武陵山区。这四大地理单元对长江的影响，通过水道的宽窄变化便能看出来。在地势相对平缓的川东岭谷和非常平缓的江汉平原，长江水道的宽度分别能够超过500米和1000米，但在受大巴山脉和武陵山脉挤压的三峡水道，三峡大坝蓄水之前的江面往往只有百多米宽。

古人并没有能力去细究三峡南北两岸的山体归属。往来于这段水道的文人墨客为这段直接造就三峡的沿江山体专门取了一个名字——“巫山”。也就是说，无论是“三峡”还是“巫山”，指向的都是这段景色奇绝却又无比重要的峡谷。现在问题来了：理论上这段近200千米的长江上每个点都可以修筑关隘，那白帝城究竟有什么特别之处呢？

说白帝城特别，并不仅仅因为刘备在生命的最后时刻选择在此驻军威慑东吴。不知道大家是否还记得，在分析蜀道时，我们曾经提到过法正对刘备说过的一句话：“鱼复与关头，实为益州福祸之门。”关头的位置前面已经确定了，就是嘉陵江河谷与秦南谷地交界处的阳平关镇。虽然这个阳平关，并不是出现在三国历史中的阳平关（阳安关），但以“关城”或“关头”为名的它，的确当得起益州北大门的称号。至于“鱼复”，则是两汉依白帝城而建置的县。

“鱼复”之名最早指向的是先秦时代的鱼复国。当然，这种先秦小国实际上只是部落。它真正成为一个战略节点是在巴、楚两国对三峡展开争夺之时。当时的巴国为了防御楚国进攻，在此构筑关城，称“江关”，后世一般称“瞿塘关”。至于“白帝城”之名，则是因西汉末年天下大乱之时，益州曾被自称“白帝”的公孙述所割据。这座益州东大门性质的关隘遂被公孙述命名为“白帝城”。

公元222年，兵败夷陵后退守白帝城的刘备，将鱼复县更名为“永安县”，这也是为什么刘备的托孤之处被后世称为“永安宫”。从“永安”一名的寓意，也可体现白帝城之于巴蜀安危的重要性。这些历史都在告诉我们，白帝城所在的这个位置天然就是巴蜀的门户。以白帝城的位置来说，它所标定的是川东岭谷的尽头。此后，长江水道将处在大巴山脉与武陵山脉的挤压之下。这意味着白帝城正处在三峡的最西端，更具体地说，是处在瞿塘峡的最西端。

瞿塘峡是整个三峡中水道最窄的一段，而白帝城扼守的这个峡口被称为“夔门”。不管你把这个节点叫鱼复、白帝城、瞿塘关还是奉节，其基础都是夔门。作为三峡的最窄处，数百米宽的江面在夔门骤减至不到百米，而江水由两岸峡壁间奔涌而过的情景，更会让每一个途经此地者心生感叹。

不过三峡工程的修建让整个地区的水位上升不少，使得时下的景致已与当年大不相同。在一条“V”形峡谷中，水位上升意味着江面宽度增加。时下夔门的江面已拓宽到了两百余米。除此之外，白帝城所在的白帝山也变成了一座需要通过桥梁与江岸相连的岛屿，控制这个峡口的瞿塘关亦被淹没于水下。尽管如此，身临其境时还是能够感受到川东门户的气势。

如果说三峡西端的夔门充当的是巴蜀门户，那么东端的南津关，以及为控制这个门户而建置的夷陵城，充当的就是荆楚门户了。现名宜昌的古夷陵城，在地理上位于江汉平原与巫山间的过渡丘陵地带。三峡大坝问世之前，长江上最大的水利工程——葛洲坝便选址于宜昌之北。从地缘政治上看，倘若当年陆逊不能在这片丘陵地带阻挡刘备，任蜀军直扑江汉平原的话，那么就算刘备不能拿下南郡和江夏郡，也很有可能攻入荆南四郡与吴军隔江对峙，就像在赤壁之战结束之初的局面一样。

围绕三峡水道，历史上发生过无数战事。1937年末，南京国民政府决定迁都重庆。当时大量人员、设备聚集于宜昌。由于三峡江面狭窄，人员和货物需要在宜昌更换小型船只再溯江而上。这场时间紧迫的大转移行动，史称“宜昌大撤退”。在战略大转移的同时，中国军队在距南津关12千米处的石牌构筑要塞，作为抵御日军西进的第一道防线。选择石牌是因为这是长江入西陵峡后的第一个转折。

1943年，日军对石牌要塞发动进攻。双方共计投入20余万兵力。凭借有利地形和顽强的斗志，中国军队最终取得了石牌保卫战的胜利。从这个角度说，当时国民政府没有选择成都而是重庆作为陪都，与刘备在夷陵兵败后没有退回成都而是亲驻白帝城一样，是为了抵御来自长江中下游的威胁。

三峡工程选址时，石牌也是备选项之一。整个选址过程历经20余年，可供选择的河段多达15个，最终结合地质和水文情况，选定了东距石牌20千米处的三斗坪镇。这些备选地点有一个共同之处，那就是均位于湖北或者说宜昌地区境内的西陵峡。这点倒并不难理解，想要截断上游来水实现“高峡出平湖”的目标，自然要选择三峡中更下游的峡谷来拦截江水。

虽然三峡大坝的选址是在宜昌，但地缘政治上最大的受益者是重庆。这座川东重镇早已希望世人能够正视自己不同于成都的地缘属性。三峡工程带来的移民安置问题帮助重庆完成了这一愿望。鲜为人知的是，20世纪80年代讨论新的省级行政区划时，最早的方案是建置以宜昌为省会，向西延伸到涪陵的三峡省。后来落地的重庆市与这个初始方案相比，主要差别就在于以重庆替代了宜昌。

毕竟让楚地属性的宜昌去整合川东，在地缘上将面临很多问题。现在的重庆市大体相当于原来的四川省东部，而重庆在川东长久以来的地缘中心地位，使得这一行政重组要顺畅得多。由此形成的四川—重庆—湖北并立的格局，本质是恢复了先秦时蜀—巴—楚三大板块沿江分立的传统地缘格局。从这个角度看，三峡工程的修建只是一个契机罢了。

第十章

南岭之南

——交州

公元前111年，赵佗建立的南越国终为汉朝所兼并。五年之后，汉武帝将天下划分为十三刺史部，南越国故地被命名为“交趾刺史部”，东汉初被正式更名为“交州刺史部”。这个身处南岭之南的州部，虽远离三国主战场，在当时却依然是各方争夺的目标。曹操、刘表和孙权都曾经向交州派驻过官员。刘备在赤壁之战前还考虑过万一荆州有失，便前往交州安身。东吴控制交州之后还发生过很多故事。

对于很多人来说，最感兴趣的倒不是交州在三国时的表现，而是这片土地有三分之一位于今天的越南境内。无论是想地图开疆，还是了解这片土地为什么会从中央之国分离，交州的前世今生都足以引发大家的兴趣。东汉在交州分别设置了七个郡，分别是南海郡、苍梧郡、合浦郡、郁林郡、交趾郡、九真郡和日南郡。其中前四郡对应的是两广地区，后三郡对应的便是越南北部。为了便于识别，接下来我们可以把中国境内的四郡称为“北交州”，而把越南境内的三郡称为“南交州”。

第一节 | 烟瘴与岭南山水

交州并不属于九州之列。在《禹贡》提出九州概念时，中央之国的范围还没有扩展到这片岭南之地。从地理上看，它既可以被视为扬州的延伸，也可以被视为荆州的延伸。公元213年，曹操在晋位为魏公之时，曾经假天子之名将天下重新划分为九州。这样做的目的是将冀、并两州及司隶的河东、河内部分，按照“大河之北”的原始定义并入冀州，再以冀州牧的身份直接控制更多区域。

曹操的这波操作，令交州被并入了荆州。只是随着曹魏的控制力越来越强，以及三国鼎立格局的正式出现，曹操的九州划分很快便成为历史。对于远在曹操势力范围之外的交州来说，这次行政区划调整其实没有产生什么影响。在三国时代，交州在将近40年的时间里，都是由刺史士燮及其家族控制，即便后来士燮归附了东吴，其半独立的地位又维持了十余年。这些历史都在告诉我们，交州有自成一体的地缘基础。

“一岭两河”是交州的地缘核心。“一岭”指的是南岭，“两河”指的是北交州境内的珠江和南交州境内的红河。南岭的概念已经在荆州部分解读过了。这是一条横亘于江西、湖南、广东和广西四省区边境，分隔长江与珠江水系的分水岭。无论是两广地区还是越南北部地区，都处在这条分水岭以南，亦因此被称为“岭南”。随着历史变迁，岭南指代的范围也有变化。从军事角度看，你也可以将南岭看作一道天然长城。对南岭沿线各关口的控制力大小，将决定交州独立的程度。

如何安排岭南的行政地位，并不是九州概念落地时遇到的唯一问题。随着对河西、河套和两辽地区的征服，在西边和北边，中央之国都面临着如何给这些新板块定位的问题。只是以中原王朝对环境的适应性来说，在岭南遇到的困难要更大。因为在南岭之南，气候类型发生了变化。在治理过程中，中原王朝将面临许多新的挑战。

依各地区农业生产所需要的热量，地球可划分为三大温度带：寒带、温带、热带。纬度是划分气候带的最重要参照。目前中国的绝大部分领土都属于温带范围，并横跨温带的全部四种细分类型——由北至南包括寒温带、中温带、暖温带、亚热带。以古代中国的核心统治区来说，主要是长城至秦岭—淮河一线的暖温带，以及秦岭—淮河以南，以长江为核心的亚热带。换句话说，这两个气候带是最适宜华夏文明发展的舒适圈。

由温带向另外两个温度带扩张，面临的挑战是前所未有的。在岭南地区，中央之国派出的军队将面临热带季风气候。相比中原居民原本生活的环境，这一气候带来的最直观感受是湿热，最直接的影响是疫病横行。在古人的认知中，丛林中的湿气是有毒的，被称为“烟瘴”。人类适应新环境的能力很强，但在这个过程中不可避免会产生大量牺牲。

更值得关注的是，对于征服者来说，一片被征服的土地如果与自己的原生地缘环境差异过大，将很难阻止后者在政治上再次成为一个独立体。比如，历史上来自中亚干旱地带的游牧民族曾数次征服热带季风气候属性的印度，却始终无法建立一个横跨中亚、南亚的帝国。那些入主印度的游牧民族，最后的选择都是变成印度人，并建立一个南亚国家。在这种情况下，与其说是游牧民族征服了这片土地，倒不如说是被这片土地同化了。

仔细观察你会发现，北回归线从广州所在的珠三角平原北端穿过。时下作为两广省会的广州和南宁，都处在这条纬度线之南，更别说位置更偏南的越南北部了。不过受地势和气流、洋流等因素的影响，一个地区到底属于哪个温度带，并非严格依纬度来划分。仍以印度为例，由于青藏高原阻止了北方冷空气南下，加之影响南亚次大陆的西南季风会携带更多热量，于是喜马拉雅山脉南麓在这一地区成了热带气候的北界。热带地区在此能够扩张至北纬30°一带（南北回归线分别在南北纬23°26′附近）。

对位于亚欧大陆东端的中国来说，热带气候就远没有如此靠北了，无论广州还是南宁，都被归类为温带季风气候，更准确地说是亚热带季风气候。在中国，能够归入热带季风气候的板块主要有四部分，包括位于横断山区南麓的云南西双版纳地区、广东南部的雷州半岛、海南岛以及台湾岛南部。

不管怎么说，帝国在岭南的统治将面临适应全新环境的问题，尤其是完全属于热带环境的交趾郡。热带传染病带来的致命威胁，使得很长一段时间里，中原王朝只能用流放的方式向岭南派驻官员。韩愈、柳宗元和苏轼等大家耳熟能详的人物都有这样的经历。虽然被发配到西北边地同样会遇到诸如气候寒冷、游牧民族侵扰的问题，但还是有办法规避的。相较而言，烟瘴带来的疫病，更像是一种看不见、摸不着的诅咒，令南迁之人更想回归故土。除非你像苏东坡一样，每至一地都寻到美食安慰自己。然而真让苏东坡在“日啖荔枝三百颗”与返回中原之间做选择，估计他还是会放弃荔枝的。

总的来说，古代中国在热带地区的扩张并不算很成功。无论是越南北部地区，还是缅甸北部，最终还是没有融入中央之国。尽管如此，这些努力还是让华夏文明得以在热带地区获得几个桥头堡。值得玩味的是，中国历经数千年开拓发展形成的国土气候结构，与历经一百余年时间形成的美国颇为相似。后者也是一个温带性质的国家，只有迈阿密、夏威夷属于热带气候。

气候就像一只无形的手，影响着地缘属性。除了纬度以外，地形也会影响气候的归类。如果说参考纬度所做的分类是一种横向切割，那么海拔就是一种垂直影响了。这两种影响会同时存在并维持着某种张力。一如非洲东部的很多地带虽然在纬度上属于热带区间，但夏季时会因海拔较高不如中国南方那般闷热，以至每年三伏天都会有非洲留学生中暑或回非洲避暑的趣闻出现。又如青藏高原，这片世界屋脊的海拔实在太高，各地的高差也大，在气候分类时往往更侧重依海拔所做的垂直分类。

广东、广西整体属于东南丘陵的一部分，可被称为“两广丘陵”。在交州的那些核心低地，温度气候更多受纬度影响。这些低矮山地对气候的整体影响并不算大，尤其对那些核心低地。作为整片丘陵中最大的平原，珠江三角洲的存在是交州得以出现在地缘政治版图上的基础。今时今日，珠三角的影响力更是远甚于当年，能够与长三角、京津冀并列中国三大都市圈，还拥有广州、深圳、珠海、佛山、东莞和中山等知名城市。

作为广东省省会的广州，早在两千多年前就已经奠定了区域地缘政治中心的地位。南越国国都“番禺”，对应的就是后来的广州。今天你甚至能在繁华的广州街头找到昔日的南越国宫署遗址。追根溯源，这座城市的政治地位是拜珠江口所赐。然而，当下的广州市中心城区并不临海。其中心城区与珠江口通过一段80余千米的水道相连。这段水道也就是狭义的珠江，并依惯例成为整个水系的名称。

狭义的珠江水道在两汉时期并不存在。当年之所以选择在此筑城，便是因为当地面朝大海、背靠珠三角平原。广州城与珠江口位置关系的变化，同杭州与杭州湾的关系类似。杭州在两千多年前以“钱唐”之名立县时，也是因其连接钱塘江与杭州湾的位置。随着上游泥沙在江口沉积，钱塘江同样向杭州湾方向延伸了80余千米。

沧海桑田式的变迁，让这些拥有悠久历史的城市与海岸线渐行渐远。在中央之国闭关自守的时代，远离海岸线反而会成为一种优势：不仅让城市拥有了更多可供开发的土地，更在面临海上威胁时多了一重保护。问题是在海洋经济变得越发重要的今天，远离海岸线反而成了短板。那些原本位于各自三角洲平原边缘，且拥有海港之利的城市（比如宁波、深圳），在经济和政治上变得越发强势。有鉴于此，无论是杭州还是广州都热衷在更靠近海湾的地方设立新的城区（比如杭州市的萧山区和广州市的南沙区）。

珠江口位置的变化虽然对珠三角平原的面积及广州的地缘影响力造成了一定影响，但这片土地的地缘潜力始终还是由珠江水系决定的。了解珠江水系的结构，能够帮助我们了解中央之国是如何将影响力延伸至此的。

珠江的径流量仅次于长江，是中国的第二大河流，同时也是中国的第三长河流。与古时合称“四渎”的江、河、淮、济四水一样，珠江也是一条自西向东、独流入海的河流。串联起云贵高原与两广丘陵的珠江，将云南、贵州、广西、广东四省区置于自己的辐射范围内。这意味着，中央之国既可以在征服岭南时，借助云贵高原的上游之利，像西汉那样通过南夷道连通珠江水道，也可以在消化岭南之后，反过来向云贵渗透。可以说如果珠江流域在“四渎”之名出现时就并入中央之国，后人看到的很可能就是“五渎”之说了。

珠江虽说成了整个水系的代名词，但真正扩大了流域面积并为珠江三角洲成陆做出贡献的，是从三个方向分别汇入珠江三角洲的三条河流。这三条被归入珠江的河流，依方位被命名为“西江”“北江”以及“东江”。三水中最长者为西江，承担着连接云贵、两广的任务，而北江和东江则分别指向江西与福建方向。从这个角度说，北江和东江在地理上应该属于西江的支流。不过无论从最初的地理关系，还是彼此的地缘关系来看，三条同属珠江水系的河流都更应该被视为独立河流，并承担着不同的地缘角色。

第二节 | 南海郡与苍梧郡

两汉以珠三角为核心建置了南海郡。从拱卫南海郡的角度出发，汉称“溱水”的北江称得上是它的门户。这条在广州市北注入珠三角的河流，向北连接起清远、韶关两个地级市。由清远城沿江上溯60余千米，就会见到北江右岸最大的一条支流——连江。这条发源于广东、湖南交界处，古名“洭水”“湟水”的河流，与湘江上游的分水岭是“五岭”之一的骑田岭。此外，继续溯北江干流而上，经其东源浈水还可到达“五岭”中的大庾岭。

“五岭”之所以声名彰显，皆因为其指向一条连通长江与珠江两大水系的秦汉古道。具体来说，利用北江支流连江对接湘江支流舂陵水，可打通一条粤湘通道；利用北江东源浈水对接赣江西源章江，能打通一条粤赣通道。为了控制这两条“Y”形相接的通道，汉朝分别在三个节点上构筑了关口。其中位于连水上游（今阳山县西北）的关口名为“阳山关”；大庾岭之上的关口名为“横浦关”（后称“梅关”）；连水与浈水两江汇流之处的关口名为“洭浦关”（秦时名为“湟溪关”）。

上述被合称为“岭南三关”的关口，在荆州部分就已经出现了。尽管整个北江水系和岭南三关，当下都依流域属性而被划入广东省，但在汉代的行政区划中，连、浈二水交汇处的洭浦关才是交州和珠三角的北大门。洭浦关以北的整个北江上游地区，以及阳山关，都被划入了隶属荆州的桂阳郡。处在赣江与北江分水岭之上的横浦关，则为扬州治下的豫章郡所属。这使得扬州的辖区同样延伸到了北江水系。

依地理特点划定行政区是基本的地缘原则。这一被称为“山川形便”的划分原则，能够最大限度地体现各板块的地缘属性。只是大家不要忘记，基于地缘政治需要，“犬牙交错”也是常态。将荆、扬两州的辖区延伸到北江上游，透露出中原王朝对交州稳定的担忧。当年赵佗在秦末乱世中自立为王的过往，以及南越国抗拒汉朝统治的种种作为，让中央之国觉得有必要让荆州的控制线跨越分水岭，延伸到珠江流域。

从技术上看，这种做法可以保证一旦交州再次发生叛乱，南岭始终控制在中央政府手中，从而确保水路运输的畅通。可以这样说，三国时代的交州虽然事实上长期自成一体，但在政治上并没有谋求成为一方诸侯，很大程度上是因为当年汉武帝的设计使交州失去了南岭这条天然屏障。此后的历史中，两广地区逐渐融入华夏文明，并成为华夏文明向外传播的基地。广东与江西、湖南两省的行政区划，也因此逐渐恢复到了山川形便的状态。

将北江中上游划给荆州的做法，相当于让南海郡的北大门向荆州方向虚掩。清远市区以北，包括韶关在内的粤北地区，都成了荆州的组成部分。相较而言，南海郡在东江流域的辖区倒是与现下的广东无异，除东江源头外，基本归南海郡管辖。东江的源头指向闽粤赣三省交界处，具体来说源出江西东南端的寻乌县。向西南方向流经广东境内的河源、惠州、东莞等城市的东江，最后汇入珠江口。

东江的源头虽然与赣江东源属性的贡江隔分水岭相望，但没有成为中原王朝南下的干道。这倒也不难理解：就连通赣江的战略需求来说，沿赣江西源章江南下对接北江的路线，比经由贡江对接东江更接近直线。以赣南中心城市赣州与广州的距离来说，经大庾岭的路线交通距离约为420千米，但若绕道东江的话，路程会增加一半。

鉴于北江通道在距离上的显著优势，这一路线在两千多年的时间里一直是由赣入粤的官道。早期沿此路线进入珠三角的岭北移民，与当地居民融合后，演变为广东三大民系中的广府民系。基于广州及珠三角千年不变的核心地位，广府民系使用的方言成了粤语。然而，广东并不只有广府民系和一种粤语。三大民系中的潮汕民系与客家民系，在方言与源流上与广府民系存在显著差异。

先来说说客家民系。客家民系最早可追溯到西晋与东晋交替之际。“永嘉之乱”不仅让刚刚一统天下的西晋变成了偏安南方的东晋，更开启了中原人口大规模南迁的历史，史称“衣冠南渡”。此后，唐朝的“安史之乱”与北宋末年的“靖康之变”，又造成了两次大规模的“衣冠南渡”。这些南迁之民有部分直接迁入了岭南，有部分在江西、福建等省定居之后，又因为战乱再次南迁。

由于以珠江三角洲为代表的大平原经过长期开发，已然为早期移民所占据，那些后来南迁的中原人口只能在赣南、闽西南、粤东、粤北的山地中寻找较小的平原谷地定居，并逐渐融合形成客家民系。作为一条能够对接赣江上游的河谷通道，东江成为客家人南迁的路径之一。流域内除珠三角属性的东莞以外，河源、惠州两地都因此成为客家人的核心分布区。北江通道最北端的韶关一带，亦因地处南迁路线之上，又不属于核心平原区而成为客家民系的分布区。只不过粤北地区由于同时拥有两条通往湘、赣的官道，在语言构成上会更为复杂些，还存在与周边湘、赣、粤、桂方言乃至少数民族语言都有关联的粤北土话。

东江并不是广东省东部唯一的河流，亦不是唯一的客家走廊。东江以东还有一条源头与之相近，发源于福建西南端的长汀县且流向相同的韩江。

只是韩江并没有接入珠江水系，而是在今潮州市注入南海。由于长汀县古称“汀州”，因此韩江位于福建的上游部分被称为“汀江”。当年那些南迁之民，除沿东江、北江直接由赣南进入广东以外，还会向东经由武夷山脉与南岭的连接部，进入汀江流域，再沿韩江而下进入中游的广东梅州地区。

由于赣江上游的赣州、东江中游的惠州、汀江流域的汀州与韩江上游的梅州，在客家民系的形成过程中发挥着核心作用，上述四州被研究者合称为“客家四州”。唐宋之际，是客家地区的深入开发期，而宋元更迭之际则是客家民系的具体形成时期。回溯到两汉三国时期，虽已在东江流域建置了博罗、龙川两县（对应现在的广东省博罗县、龙川县），但这些后来的客家之地无论在扬州和交州内部，都还属于不能左右大局的边缘板块。

如果说广府民系和客家民系本质上是新老中原移民的区别，那么广东三大民系中的另一个成员——潮汕民系的来源就略有些不同了。潮汕民系在地理上依托的，是广东境内第二大沿海平原——潮汕平原。这片平原与珠三角一样属于沿海平原，面积为4000多平方千米，主要城市有潮州、揭阳、汕头和汕尾四个地级市。

与向内陆凹陷的珠江三角洲相比，潮汕平原向内陆延伸得不多，但海岸线更长。这使得潮汕地区显示出更多的海洋性和破碎性。在沿海丘陵分割之下，潮汕平原内部还可分为两个亚板块：由韩江、榕江、练江等共同造就的东潮汕平原，以及龙江、漯河、黄江等河流造就的西潮汕平原。整个区域内最大的河流是韩江，其中上游地区被客家民系所覆盖，下游即潮州市所在。揭阳与汕头两座城市，则位于与韩江相邻的榕江下游。

东潮汕平原的面积要更大，也更多受到山地的保护。相对优越的地理条件，使得东潮汕平原成为粤东沿海的中心。早在秦汉时期，便在此建置了揭阳县。至于面积更小、地位相对弱势的西潮汕平原，当下的中心城市——汕尾市，则是20世纪80年代末，在海丰、陆丰两县基础上新设的海港城市。正因为如此，西潮汕平原和汕尾市又常常被称为“海陆丰”，且与其他三座潮汕城市在地缘属性上有些许差异。

潮汕平原的这种破碎性，很容易让我们联想到相邻的福建地区。作为“八闽”之地的福建，沿海平原同样呈现出破碎性。即便一片看起来相对完整的小型沿海平原，仔细观察也会发现内部含有多条尚未汇流的河流。其实从浙江东南部的台州、温州两市，一直到珠三角平原东部的深圳市，这近1400千米的海岸线都呈现出类似的状况。

这部分东南沿海丘陵地带，生成了数十条独流入海的河流，却都没能向内陆延伸并连接其他重要地理单元。一直到上游直指云贵高原的西江出现，情况才有所改观。从这个角度说，将珠江三角洲纳入中央之国的范畴，其意义不仅仅在于岭南，还在于能够挟制地理相对独立的浙东南和福建。正因为如此，无论是秦朝还是汉朝，在远征南越时都会同时进军瓯越和闽越。

生成于东南沿海丘陵的这些独流之水，虽然将整个区域分割为一个个自成体系的小型地缘板块，但并不代表它们彼此相互独立。沿海岸线延伸的航道，能够将这些小型沿海平原串联起来。战国后期为楚国所灭的越国，其遗民便是由此向浙南、福建沿海平原迁徙，然后再沿着河谷向丘陵深处渗透。正因为有这样一条海上走廊的存在，当年活跃于整个东南沿海的各部族，才会被冠上“越”的名号。

潮汕民系的祖先同样属于这些以“越”为名的古代部族。其直接来源是福建东南地区。这点从潮汕话被归类为闽南语次方言便可看出。与客家地区一样，潮汕地区也是在唐宋之际开始得到深度开发，并在南宋之后出现人口大规模迁入。基于这些闽越之民在东南沿海地区的地缘优势，从内陆横穿丘陵的客家人，最终无法顺韩江而下入主潮汕平原。与此同时，沿东江或北江而下的客家人，同样受到早已在珠三角平原扎下根的广府民系的阻击。这使得客家民系与另两大沿海民系相比呈现出更多山地属性。

经过上述分析，广东三大民系及其所依托的核心地理单元已然清晰了。对照两汉三国时的行政区划，珠三角平原和潮汕平原，包括以东江为轴心的广东客家地区，都是当年南海郡的组成部分。韩江、东江以及北江中下游地区则成为该郡的核心水系。至于珠江的干流——西江，却并不包含在南海郡的范畴内。对于这条全长超过2000千米的河流，当年的秦朝和汉朝都另有安排。

西江在今广东肇庆东北部穿过一段名为“羚羊峡”的峡谷后，注入珠江三角洲平原。这段曾名“高要峡”的峡谷，在两汉时充当着南海郡与苍梧郡的分界线。倘若广东想要继承南海郡的地缘遗产，并不会有什么争议，但苍梧郡的情况就有点复杂了。从地缘政治上看，这是一个与桂阳郡情况类似的交通要冲。如果说桂阳郡是半属湖南、半属广东，那么苍梧郡则是广东、广西各占一半。

苍梧郡虽地处西江流域，但一个郡显然无法控制整个西江流域。需要说明的是，狭义的西江仅指梧州以东、广东境内的下游部分。梧州以西的西江各有其名。其中梧州市至桂平市的河段又被称为“浔江”。这倒也好理解，所谓西江之名，明显是以珠三角作为中心来定义的，广西自不会把一条横贯整个自治区的河流用这样一个方位来标注。

虽然西江各段名称不同，但这并不妨碍我们以“西江”之名来统称这条珠江干流。以西江沿线城市来划定范围，苍梧郡西起广西平南县、东至广东省肇庆市。其在两汉时的郡治梧州，正是狭义的西江与浔江的分界点。追根溯源的话，梧州这座城市因汉代的苍梧郡而得名。更值得关注的是，时名“广信”的梧州，在两汉时不仅是苍梧郡的郡治，同时还是交州的州治。直到公元217年，孙权才将州治迁至当年南越国的都城番禺。

在荆州部分，我们曾提到广信还是两广的分界点。广东的原义即为

“广信以东”，而广西为“广信以西”，当下的梧州也因此成了广西最东端的地级市。种种迹象表明，梧州的位置必有其过人之处。那么其过人之处究竟是什么呢？其实答案已经在荆州部分揭晓了。

梧州位于古称“漓水”的桂江与西江的交汇之地。这条发源于湘桂交界之地、向东南流淌的西江左岸支流，其流经桂林的上游部分当下仍然称作“漓江”。让梧州成为交州地缘政治中心的，当然不是甲天下的漓江山水，连通漓江与湘水的灵渠才是关键。当年在南越之地举步维艰的秦军，如果不是因为挖通了这条穿越五岭的运河，由此能源源不断地获得后勤补给，很有可能拿不下岭南。

表面看，横贯其境的西江应是苍梧郡的地缘轴心，并帮助梧州成为两广的枢纽。然而以设置广信的原始动机来说，漓水与西江的交汇处才是它的地缘价值所在。从这个角度说，由桂林延伸至此的桂江才是苍梧郡的地理轴心。在秦人征服这片土地时，其名字还不是“苍梧郡”，而是“桂林郡”。今名“兴安运河”的灵渠成了桂林郡与代表湖南的长沙郡的分界线。

应该说，秦朝的行政区划是符合地缘属性的。不过到了汉武帝划定十三刺史部时，漓江、灵渠和时名“兴安”的桂林却成了荆州零陵郡的一部分。这一犬牙交错的设置，无疑还是为了防止这片南越之地再度独立。由此带来的一个后果，就是荆州在跨越南岭、控制交州的问题上，较扬州要占据明显优势。因此荆州的得失，不仅仅关乎多一条北入中原的路线，同时还关乎谁能真正控制交州。结合史实，将会有很多故事来帮助大家理解这一点。

第三节　|　合浦郡与郁林郡

苍梧郡地跨广西的桂林、贺州、梧州与广东的肇庆、云浮，但在北交州四郡中它并非唯一横跨两广的行政单位，位于苍梧郡之南的合浦郡也属于这种情况，具体来说对应现在广东境内的茂名、阳江、湛江，以及广西的钦州、防城港、北海、玉林。整个板块的轮廓看起来像一只菌菇：菌柄为向海南岛方向延伸的雷州半岛；菌盖部分则是一条弧状丘陵带。这条弧状丘陵带包含数条东北—西南走向的山地，由西至东依次为十万大山、六万大山、勾漏山、云开大山和云雾山等。

与潮汕平原一样，合浦郡管辖的这片土地，其核心也是一个在地理上独立于珠江流域的板块。丘陵带的北坡属于西江流域，南坡则滋生出一系列南流入海的短促河流。在珠江三水交汇入海的情况下，珠江三角洲的西侧再次出现这样一个独立的地理单元实属正常。区别在于这片珠三角以西的海岸地区，向南海延伸出了雷州半岛。

雷州半岛为中国三大半岛之一，位列山东半岛和辽东半岛之后。不过与2.7万平方千米的山东半岛和3.7万平方千米的辽东半岛相比，7800平方千米的雷州半岛体量要小得多。比起那两个合围出渤海的北方半岛，雷州半岛的地势看起来有些奇怪。在大多数情况下，大型半岛都是山脉在海洋中的延伸。这些三面环海的山脉还会在海水的冲刷下，沿海岸线形成断断续续的环岛平原带。观察山东、辽宁两大半岛的地理结构，都会发现这一特征。

然而雷州半岛的地势要单一和低平得多，这里并不存在一条纵贯半岛的高大山脉。整个半岛地势呈现为台地、丘陵和平原结构，且有76座火山分布，其中海拔最高者不过200余米，大多数只有数十米。这样的面积和地势，让人不由得认为雷州半岛应该是堪比珠江三角洲的潜力股。然而事实却并非如此，这个身处东亚大陆最南端的半岛，其开发最大的瓶颈却是干旱。

这听起来是件很奇怪的事。无论从纬度还是与海洋的距离来说，雷州半岛都应该有充足的降水。事实也是如此：整个半岛的平均年降水量处于1400～1800毫米之间，比起西北地区着实要多出许多。只是雷州半岛已经位于热带，使得当地的降水主要集中于雨季。如果只追求一年一熟，自然不会受干旱的困扰，但要是想充分利用充足的积温一年三熟的话，必然会受一些月份降水不足的影响。这一困境其实在很多雨季、旱季分明的热带地区都会出现。

通过兴修水库等水利工程，可以有效改善这一状况。不过这类水利工程的实施大多与山地有关，要么直接依托山地地形（比如三峡）修筑，要么依赖天然水塔属性的山地补水。一条纵贯其间的山脉，不但能够拦截更多水汽形成地形雨，还能够在缺乏降水的季节为低地补水。有鉴于此，缺乏高大山脉成了雷州半岛最大的地理短板。更让人感到不乐观的是雷州半岛的整体地形向海洋倾斜，且地表渗透性强。这些因素都使得雷州半岛缺乏地表径流，且不具备大兴水利的条件。虽然很多时候山地会制约一片土地的农业和人口潜力，但也在潜移默化中改变着当地的环境。

当下雷州半岛的地缘中心是位于东北部的湛江市。但两汉时，雷州半岛只在最南端设有徐闻县（古今同名），并与海南岛隔琼州海峡相望。若从象征意义来说，徐闻县颇有点“天涯海角”的意味，成为汉朝疆域的最南端。然而琼州海峡的最窄处不到20千米，气象条件良好时甚至能够望见对面的海岸线。海峡不宽，再加上徐闻县的位置，不由得让人产生联想：两汉是不是已经将“天涯海角”定位在三亚了。

虽然三亚那块“天涯海角”石刻的历史只能追溯到清初，但汉武帝对南越国故地做行政规划时，的确已经考虑到海南岛和三亚了。征服南越国之后，西汉曾在海南岛设置儋耳郡和珠崖郡。其中儋耳郡的郡治儋耳县位于岛屿的西北部（今儋州市三都镇），管辖岛屿的西部沿海地带；珠崖郡的郡治位于岛屿的东北部（今海口市遵谭镇），管辖岛屿的东部沿海地带。位于岛屿最南端的三亚亦设置了临振县，为珠崖郡所辖。

尽管对海南岛的开发可以上溯到汉武帝时期，但这条狭窄的海峡还是对中央之国的扩张造成了很大阻碍。不考虑热带环境造成的适应问题，海洋带来的隔绝感也会让试图进入海南岛的内陆移民产生强烈的不安全感。换句话说，在包括岭南在内的诸多边地都需要人口填充的情况下，一片对国家安全既不造成威胁，又缺乏经济价值的土地，在地缘政治上很难享有优先级。而那些地缘属性迥异的原住民，也很难认同来自大陆的政权。在汉朝统治期间，海南岛每隔几年就会爆发一次大规模叛乱，让中央之国无法在此地得到足够利益，做到收支平衡。

置郡后的第30年（公元前82年），儋耳郡率先被撤并入珠崖郡。又过了30多年（公元前46年），珠崖郡亦被撤并入合浦郡。此时整个岛屿上只剩下位于海口市东南的朱卢县（今海口市琼山区旧州镇），宣示帝国的权威。此后在三国时期，东吴虽然再次将雷州半岛与海南岛整合为朱崖郡，但郡治设在了雷州半岛的徐闻县。即使曾对时称“朱崖洲”的海南岛派军征伐且有所斩获，但东吴并没有再次建立直接统治。

西汉撤销珠崖郡后，依托雷州半岛遥领海南岛便成为中原王朝统治的常态。直到唐宋时期，在两广地区从地缘上完全融入华夏文明的背景下，中央之国对海南岛的统治方趋于稳定。此后，随着移民大量涌入，海南岛彻底成了中央之国的一部分。值得一提的是，雷州半岛与海南岛强烈的海洋属性，使它们与潮汕地区一样，迎来了以闽南人为主的移民。现在的雷州话与海南话亦属于闽南语的范畴。

雷州半岛和海南岛的存在，还对相关海域造成了分割。二者与中南半岛之间的海域，被单独命名为“北部湾”。在三国时代，北部湾一如渤海，是中国的内海。

时下北部湾分属广东、广西、海南三省管辖。然而在历史上，北部湾长期归广东所辖。1988年，海南从广东分离出来独立建省，但在20世纪五六十年代，北部湾北部地区便从广东划入广西，大致对应现在的广西钦州、防城港、北海三市。因其原本为广东廉州府的钦县、合浦、灵山和防城四县，故被称为“钦廉四属”。

这段历史意味着广西在历史上实为一个内陆省份。将钦廉四属划入广西，显然是为了给广西带来一些海洋属性。从长远来看，此举必然会给广西的地缘属性带来深远的影响，只是需要一定的时间才会显现。

从地理层面来看，广西长期没有出海口的根源，在于西江是从珠三角而不是北部湾入海，这使得广西腹地经西江出海，必须借道广东。后者的海洋属性进一步加强，从而将整个岭南的海岸线置于其管辖下。细细观察合浦郡故地的语言构成，你会发现它俨然是广东三大民系的外延。

为广西境内的西江水系找到一条通往北部湾的出海通道，看起来能从根本上改变广西的地缘属性。从技术上看，可以修建一条跨越分水岭的运河，让流经钦州的钦江或连通玉林、北海的南流江成为西江在广西境内的出海通道。前一方案对接的是西江最大的支流，连接崇左、百色、南宁、贵港等主要城市的郁江，即“平陆运河”；后一方案对接的是西江的右岸支流北流河，即“南北运河”。上述两条路线受工程技术水平所限并没有真正打通过。时至今日，虽然技术上已无难度，但与铁路、公路相比，运河在大宗货物运输上已经不占优势，因此暂时还看不到计划落地。

抛开钦廉四属部分，广西基本被西江水系所覆盖，整个区域四周高、中间低，因此又被称为“广西盆地”。这样的地理结构，加之西江径流量在中国名列前茅，不由得让人推测广西腹地是不是也能形成类似关中平原、成都平原这样沃野千里的大平原。

不幸的是，密布于盆地腹地的山地、丘陵打破了这个幻想。这些山体的海拔都不过数百米，但想要用西江上游的泥沙将之一一覆盖，恐怕人类文明是等不到了。在河流与山地的角力之下，你会看到一座座相互独立的山丘，散布在河谷平原之上，就像刚刚破土而出的竹笋，又如一座座藏身于海底，只将顶部露出海面的冰山。

山地密布势必会造成内部地缘分割，这点从西江的干流在广西境内没有统一的名称便可看出：源出云贵高原的南盘江和北盘江汇合成干流之后，名为“红水河”；红水河在广西中部接入左岸支流柳江后，称为“黔江”；继续东流至桂平市并接入右岸支流郁江后，名为“浔江”；直至在梧州接入南流而至的桂江后，才称为“西江”。

一条河流在名称上呈现出如此之多的变化，除了意味着它流经的区域地形复杂多变、地缘分割力大以外，还意味着带来名称变化的节点及其对应的支流必定发挥了重要的地缘作用。沿岸城市的规模，能够帮助我们了解其依托的河流的地位。以桂江来说，其代表无疑是拥有通湘水路的桂林。柳江的代表则是广西最大的工业城市柳州。而广西首府南宁则位于郁江流域。上述广西主要城市依托的河谷平原，面积都不过数百平方千米，与其他城市相比并无优势可言。而缺乏核心大平原的另一个后果，是广西没有绝对的地缘政治中心。20世纪中叶，桂林、柳州、南宁，包括分割两广的梧州，都曾经是自治区首府的备选城市。

了解广西的基本地理结构后，让我们再次把视线拉回到两汉三国时代。北交州四郡中，剩下的郁林郡是一个完全位于广西境内的汉代行政单位，对应现在的柳州、来宾、贵港、河池、南宁、百色、崇左7市，一举囊括了广西14个地级行政单位的一半。刚才提到的4个首府候选城市中，柳州、南宁这一南一北两座城市亦归其管辖。

与身处南北交通要道上的苍梧郡，以及能够通过沿海地区接受珠三角乃至闽南渗透的合浦郡相比，身处广西西部的郁林郡与岭北地区的交通存在更多障碍。虽说可以对接云贵是其地缘优势，但历史上云贵高原融入华夏文明的时间要晚于岭南。基于这一地缘背景，你会发现广西的各少数民族主要分布在浔江以西地区，并且越往西人口比例越高。

从中原王朝的角度说，苍梧郡的设置是为了保障以桂江为核心的南北水上交通，而合浦郡的设置是为了管理以雷州半岛为代表的非西江流域的沿海地带，那么郁林郡的地缘政治价值又体现在哪里？不要忘了，当下我们解读的只是中国境内的北交州部分，在越南境内还有属于南交州范畴的四个郡。无论从岭北还是珠三角出发前往越南，郁林郡都是必经之路。而如果单从交州七郡的位置关系来说，左右各有三郡分布的郁林郡，甚至可以算得上是整个区域的地理枢纽。

一条源起于中越边境的西江右岸支流，构成了连通越南北部的战略走廊。郁江承担的正是这样一个角色，而郁林郡郡治布山县的位置就是佐证。关于布山县的位置当下还没有定论。一种观点认为布山县位于现在的贵港市境内，另一种观点认为在桂平市境内。但不论布山县位于贵港还是桂平境内，都是在郁江的下游。从这个角度说，源出中越边境、东北向汇入西江干流的郁江才是整个郁林郡的地理核心。

在20世纪50年代成为广西首府的南宁，同样位于郁江河谷。只不过南宁依托的这段郁江又被单独称为“邕江”。在广西省成为广西壮族自治区，南宁成为自治区首府之前，长期作为广西省会的是桂林。南宁之所以能够取而代之，一方面因为相比桂林，南宁的位置更趋向于广西的地理中心，尤其是在广西的行政边界向北部湾延伸的情况下；另一方面则是因为对于一个民族自治区来说，无论从政治稳定还是拉动落后地区发展考虑，地理上更贴近少数民族地区的城市更适合作为首府。

让人有些意外的是，一般认为完全处于中国境内的珠江水系，实际上延伸到了越南北部。作为珠江水系的一部分，郁江在中越边境地带有两条上源。遵从坐北朝南划分左右的原则，西北方向的上源名为“右江”，东南方向的上源名为“左江”。其中，源出广西、云南、越南交界之地，向西南流淌的右江，因长度优势被认定为郁江的地理正源。其地区中心是爆发过百色起义（又称“右江暴动”）的百色。

不过从地缘政治角度来说，左江在历史上发挥的作用却要更大些。这是因为由郁林郡通过左江南接交趾郡。左江的地区中心为汉代称作“临尘”的广西崇左市，而归属越南的这部分珠江流域便是左江的上游。位于越南境内的左江上游又可分为两支，包括指向越南高平省的平江河（中国称“水口河”），及指向越南谅山省的奇穷河（中国称“平而河”）。左江上游的流域面积约为1.15万平方千米，约占整个左江流域面积的36%。两国在左江上游的边境线，就是著名的镇南关（现名“友谊关”）。

中国经济崛起后，向周边的中南半岛辐射影响力是应有之义。这一趋势为能够经水路连接越南的南宁和郁江平添了一项优势，而当年的南越国与历代中原王朝在当地的历史教训仍然具有现实意义。

第四节　|　南交州与越南

由左江流域南下，便会进入红河三角洲。这片在汉代被称为“交趾郡”的土地，当下已是越南首都河内的所在。越南人把中国统治的那段历史时期，称为“北属时期”。除15世纪初曾被明朝短暂征服（1407—1427年）之外，越南的北属时期主要指西汉至五代初年。其间当地也曾几度谋求独立。

事实上，越南的北属时期最早可追溯到赵佗建立的南越国。在与中原王朝脱钩之后，南越国将其势力扩展至越南的中北部。日后设立交趾刺史部的汉武帝，方能在此基础上建置交趾、九真、日南三郡。当然，如果一定要将“北属”定义为归属中原王朝，或者最起码拥有半壁江山的南方政权，那么越南的北属时期也可以从公元前111年南越国完全被西汉吞并算起。

在越南试图将南越国的历史视为其国家起点之时，的确曾经这样计算过北属时期。公元1802年，刚刚取代西山朝的阮朝曾试图征得清王朝的同意，把使用了数百年的国号“安南”改为“南越”，但最终获准使用的是“越南”。这背后的地缘政治含义显而易见。鉴于赵佗的中原出身，加之越南完全没有实力觊觎两广，将北属时期回溯至南越国时代，实则对一直在警惕北方威胁的越南更为有利。

上述历史告诉我们，北属时期的越南并不包括当下的越南全境，而只包括以红河三角洲为核心的北部地区。那么到底是什么地理因素造成了越南北部拥有如此之长的“北属时期”？而越南又是如何一步步形成了今天的面貌呢？我们首先需要立足越南，了解一下其地理、地缘结构。

越南给人的第一印象，大概是其狭长的国土。越南南北两端的直线距离为1650千米，“S”形的海岸线更长达3260千米，而其国土最窄处只有50千米宽。能够在这一点上与越南竞争的，应该只有南美洲的智利了。罗马城不是一天建成的，越南当下的面貌也不是短期成形的。当下的越南包含南、北两大平原，除了北方的红河三角洲平原之外，还有南部的湄公河三角洲。前者的面积为1.5万平方千米，后者在越南境内的面积达到3.5万平方千米。连接二者的则是一条弧形山脉——长山山脉。

如此狭长的国土，以及一南一北两个地缘中心的地缘结构，很难让人不为越南的稳定担心。二战结束后，在世界被划分为两大阵营的大背景下，越南曾一度沿着北纬17度线被分割成南北两个部分：北越的政治中心是位于红河之畔的河内，南越的政治中心则是湄公河三角洲上的西贡。越南重新统一之后，河内成了统一后的越南的首都，而西贡则改称“胡志明市”。

尽管越南内部存在南、北两大地缘中心，但红河与湄公河两大三角洲并不是越南的全部。从走势上看，长山山脉颇像是横断山区在中南半岛的延伸。红河三角洲位于它的东北侧，而湄公河三角洲则位于它的西南方。问题是与南海相接的长山山脉中南部，其东坡成为众多独流入海的短促河流的发源地，仅被汉朝记录下来的就有将近70条。这些源出长山、注入南海的河流，沿山脉东麓形成了延绵上千千米的沿海平原带。为与南北两大平原相区别，可称之为“长山沿海平原”，水系则统称“长山水系”。

厘清越南三大水系的差别，南交州三郡的地理特点也就清楚了。三郡的核心是最北部的交趾郡，对应的正是红河三角洲平原及其边缘山地；九真、日南二郡对应的则是长山沿海平原。考虑到这条沿海平原带南北相距如此之远，内部亦因丘陵的分割而缺乏连续性，将之划分成两个甚至更多郡级行政区几乎是一种必然。至于在不熟悉越南行政区划的情况下，大略了解九真、日南二郡的位置，倒也不是难事。简单说，位于北部湾或者说与海南岛隔海相望的就是九真郡，其南边即为日南郡。

越南的三大水系及平原的地缘属性都拥有各自的特点：发源于中国且与珠江水系相邻的红河，与中央之国或者说东亚的地缘关系紧密；纵贯中南半岛国家的湄公河，则是越南与中南半岛其他国家的地缘纽带；至于位于长山山脉与南海之间的长山沿海平原，则显示出了更多的海洋属性，而海路是连接其他板块的重要途径。

长山山脉的存在，是造就上述地缘特点的根本原因。这条整体向东南方向延伸的山脉，将湄公河流域与红河、长山水系分隔开来。长山山脉1100千米的长度、1500米的平均海拔（最高峰将近2600米），使得无论以红河三角洲为起点，沿海岸线向湄公河三角洲方向扩张，还是翻越山脉向中南半岛腹地渗透，都变得异常困难。与之形成对比的是，以镇南关为中心分隔珠江、红河两大水系的这条山地平均海拔只有数百米，使得从珠江流域溯左江而上进入红河三角洲平原的地缘阻力要小得多。

尽管如此，包括南交州三郡及合浦郡在内的环北部湾地区不与珠江水系相连的问题，还是会制约中央之国在当地的统治，尤其是南交州三郡。在这种情况下，比照灵渠、邗沟、鸿沟等运河工程，经由左江打通一条连通红河三角洲水系的运河，看起来能够从根本上解决南交州，尤其是红河三角洲的地缘融入问题。不过历史上并没有出现一条能够连接红河、珠江两大水系的运河，原因也很简单：在环北部湾诸郡都拥有漫长海岸线，且城邑都拥有入海水道的情况下，打通由珠三角向西延伸的海上航道，即可达到向北部湾地区辐射影响力的目的。

历史上，汉朝使用的楼船虽不能跨洋远航，但可以在内河及沿海航行。在西汉远征闽越、朝鲜的战争中，都有沿海岸线航行的楼船参战的案例。公元40年，交趾郡的征侧与征贰姐妹举兵叛离，引交趾、九真、日南和合浦四郡在内的环北部湾地区脱离汉朝的管辖。两年后伏波将军马援领军平定叛乱。南征大军中就包括2000艘大小船只。

从战术角度看，乘船沿海岸挺进的这部分汉军，可在珠三角集结之后再沿海岸线西进，穿越琼州海峡抵达北部湾后，再从各条河的河口攻入内陆，策应由陆路南下的汉军。从这个角度说，将控制雷州半岛的城邑设在琼州海峡北岸的徐闻，并不仅仅是为了遥领海南岛，更多是为了扼守红河三角洲与北部湾地区的海上通道。

除上述海陆通道之外，两汉还开辟了由云南借红河水系进入交趾的水路通道。红河是一条发源于横断山区、连接中越两国的跨境河流，其在中国境内被称为“元江”。从地缘政治角度来说，一旦云南高原成为中央之国的一部分，元江及其支流势必能够帮助中原王朝顺江而下，对下游的红河三角洲施加影响。以汉朝的地缘政治格局来说，这相当于打通了一条连接益州与交州的战略走廊。

在东汉的益州方向，这条战略走廊的起点是位于益州郡东南端的贲古县。这个以“益州”为名、负责管辖云南高原主体的郡，治下除了昆明、曲靖、陆良等归属长江或珠江水系的大型坝子以外，还有一个位于元江干流左岸的大型坝子——蒙自坝子，其中心城市为云南红河哈尼族彝族自治州的首府——蒙自市，而蒙自市在两汉时对应的就是刚才提到的贲古县。

由于从云南沿西南夷道进入四川盆地，再沿蜀道进入长安的道路过于艰险，在两汉时期甚至出现过云南地区的官员借红河水道入交趾郡，然后沿海岸线向东进入广东境内的南海郡，再北上中原。这条看似绕路的路线，胜在可以全程坐船进入中原。历史上类似的案例还有很多。比如民国时期南京政府派往西藏的官员，很多时候便会乘坐海轮取道印度，再翻越喜马拉雅山口进入拉萨。由此也可看出，水路交通在历史上曾经发挥着多么重要的作用。

在三国时代，这样一条能够连通益州和交州的战略通道，显然不会被蜀汉无视。公元225年，诸葛亮在平定南中之后，在益州南部的这片高地重新设立"南中七郡"，其中就包括新设立的兴古郡。兴古郡主要包括益州郡东南部和牂牁郡南部，对应今云南省红河哈尼族彝族自治州和文山壮族苗族自治州。

如果以水系来看，兴古郡主要覆盖元江水系、右江上游以及南盘江水系。这意味着如果蜀汉决心夺取交州的话，能够通过水路直通交趾、郁林两郡的兴古郡将成为桥头堡。换句话说，这是一个专为经略交州而设置的行政单位。虽然蜀汉长期以来的策略都是北攻东守，避免与东吴交恶，且交州又在东吴的控制之下，但作为能够"未出茅庐，已知天下三分"的卧龙先生来说，如此未雨绸缪也并不让人意外。

行文至此，你会发现在经略红河三角洲的问题上，中央之国可以从云南、广西、广东三个方向施加影响力（三条战略通道可分别称为"红河道""左江道"及"沿海道"）。控制交趾郡覆盖的红河三角洲后，再沿长山山脉东麓继续南下亦属正常操作。只是鉴于长山沿海平原的海岸线太过漫长，又缺乏可供着力的核心平原，越往南中央的控制力将会越弱。

更重要的一点，沿长山山脉南下就会逐渐深入热带地区。对于被派驻于此的中原人士来说，无异于走上了一条不归路。至于后来中原王朝失去对越南北部的控制，除热带气候的影响以外，也与云南高原自公元8世纪中到公元13世纪中一直被南诏和大理国控制有直接关系。

分析过中央之国向越南北部扩张的优势与困难后，接下来要解决的问题是，既然一度北属中国的只是越南部分国土，那么脱离中央之国行政序列的越南，又经历了怎样的地缘政治整合，才形成现在的模样呢？依托三大地理单元，越南历史上曾经形成过三大地缘政治集团，由北至南依次为安南、占城以及高棉。这当中与中国关系最密切，并成为越南国家源头的是位于北部的安南。

“安南”之名源自唐朝在越南北部设置的安南都护府，相当于汉朝建置的交趾、九真两郡。从唐朝末年越南北部脱离中原王朝的控制，直到19世纪初获名“越南”，在将近900年的时间里，越南北部都是以“安南”为国号。若以族属来说，安南人的族源可追溯到百越中活动于红水河至红河三角洲流域的雒越。在漫长的北属时期，安南人不断吸收中原文化，最终演化成现在越南的主体民族——京族。

沿长山沿海平原北上的占人，则是一支来自马来群岛的南岛民族，在语言上与今天的印尼、马来西亚、菲律宾等国有着千丝万缕的联系。东汉后期，占人驱逐了日南郡南部的汉朝势力，建立了国号“林邑”的占族国家，并沿海岸线逐步扩张至汉日南郡全境，与占据汉交趾郡、九真郡故地的安南人相对抗。历史上，以林邑国为起点的历代占人政权，被中原王朝称为“占城”或者“占婆国”。

能够从海上丝绸之路获益，是占城得以立国的重要原因。在人类发现可以借助季风横穿大洋之前，沿海岸线航行是最稳妥的选择。虽然占城控制的越南中部地区平原面积狭小，但因其面向海洋和优良的港口条件，成为南海航线的重要中继点。受往来印度洋—南海航线的印度商人的影响，生活在南海周边地区的马来民族最初都选择了婆罗门教（印度教的前身）或佛教信仰。占人也不例外，以婆罗门教立国。在穆斯林商人取代印度商人成为海上丝绸之路的主角，并逐渐将马来群岛伊斯兰化的背景下，占人同样开始皈依伊斯兰教。

从上述历史可以看出，安南人与占人在地缘属性上有着明显的差异。从地缘政治角度来说，受益于红河平原的农业潜力，加之北属时期深受华夏文明的熏陶，安南国无论从人口和国家组织力来看都要占优。经过数百年时间，安南在16世纪末便已夺取了占城的绝大部分领土。占人不得不向湄公河下游迁徙。今天除了越南还有十几万占人外，地处湄公河下游平原的柬埔寨境内也生活着20余万占人。

随着占城的消亡，湄公河三角洲出现在安南人眼前。这片肥沃的土地原本属于高棉人。在中南半岛各民族中，高棉人是最早建立文明国家的民族。公元400年前后，高棉人在湄公河下游平原建立了真腊。由于主体民族为高棉人，真腊又被称为“高棉帝国”。存在于公元9世纪初至15世纪上半叶，为世人留下著名遗迹吴哥窟的吴哥王朝，以及现在的柬埔寨王国，都可以算作高棉帝国的直接继承者。值得一提的是，柬埔寨王室亦因此成为历史最悠久的王室之一：以母系来算的话，甚至可以上溯至近两千年前——当下的柬埔寨国王诺罗敦·西哈莫尼，被视为柬埔寨的第97代国王。

安南王国对湄公河三角洲的渗透始于17世纪初。在安南人控制占城、绕过长山山脉之后，已经衰败的高棉帝国再也无力阻止。至17世纪末，西贡和湄公河三角洲成为安南的领土。至此，越南也获得了地缘政治结构的最后一块拼图。时至今日，越南的主体民族京族已经占总人口的86%。无论是当年控制越南中南部的占人、高棉人，还是那些原本就被挤压到边缘山地的少数民族，都已不再具备改变这个国家地缘属性的能力。作为地理相邻的两个国家，无论从博弈还是合作的角度，这些已经化为地缘因素的历史，都会深深影响中越两国的关系。

第十一章

四夷之地

尽管三国鼎立本质上只是一场发生于中央之国核心区的内部博弈，但并不代表那些身处长城以外的边缘板块就应该被无视。事实上即便是在三国时代，这些地区的政权、部族同样没有缺席。“三家归晋”后不久，中国的历史即进入动荡的“五胡十六国”阶段，证明大动荡的导火索早在三国时代就已埋下。

依照区位和地理、地缘特点，能够向中央之国核心区施压的外围板块可以被分为四大部分：蒙古高原、东北亚、天山南北以及青藏高原。而作为主压力源的蒙古高原将分为漠南与漠北两大部分进行分析。

第一节 | 漠南与内蒙古

在中央之国的东南海疆被西方攻破之前，蒙古高原毫无疑问是最大的压力源。这里诞生了匈奴、鲜卑、突厥和蒙古等大家耳熟能详的草原游牧民族，其中不乏一度跨越长城入主中原者。然而真要让大家描绘这片土地的地缘结构，又存在诸多概念上的盲点。比如这些能够在中国历史上占据一席之地的马上民族，彼此间到底有什么关联。

一切的一切，还是要从地理上去找寻线索。以两汉的记载来说，经常会出现南匈奴与北匈奴的划分，加之如今中国的内蒙古自治区和蒙古国并立的事实，都显示蒙古高原最起码应该可以被划分为两部分。事实的确如此，历史上蒙古高原就有“漠南”与“漠北”之分。从字面上理解的话，分割蒙古高原的是一片大漠。只是这片“大漠”并不是大家印象中黄沙漫漫的沙漠，而是一片荒漠。

一切植被稀少的大型干旱区都可以被称为“荒漠”，从形态上可以划分为岩漠、砾漠、沙漠以及泥漠四种。简单理解的话，这四种荒漠形态彼此间的差异，就在于砾石颗粒的直径。细化成泥状并在水的作用下胶合在一起的就是泥漠。那些位于干旱地区的季节性河流、湖泊在干涸后，暴露于地表的河/湖床就成了泥漠。鉴于水在荒漠地带的珍贵性，泥漠在荒漠中的占比是最低的。

在地质学中，只有粒径小于2毫米的石粒才会被归类为砂，以砂物质为主的荒漠就是大家熟悉的沙漠了。粒径在2～64毫米的石粒则被归类为砾石，以砾石为主的荒漠被称为砾漠。如果还没有风化成石屑，主要是大块基岩暴露于地表的荒漠，便会被称为石漠，一般存在于山麓及地势较高处。

值得一提的是，石漠不仅仅存在于干旱地带，也会存在于一些降水很多的地区。比如中国西南的喀斯特地貌区，由于土壤形成不易，降水又极易将表层土壤冲刷掉，同样会出现石漠化现象。此外，风才是岩石碎化成粒的主要推手。从这个角度说，沙漠更应该写作“砂漠”。只是人们在长城以南看到的砂状石粒通常是河沙或者海沙，而且来自水陆交接之地，使得“沙漠”二字亦讽刺性地得到了水的加持。

“戈壁”一词描绘的形态更多与砾漠吻合。由于戈壁已然成为一种地理形态标签，被用来形容类似形态的荒漠，蒙古高原腹地的这块戈壁又被称为“大戈壁”。又由于戈壁与沙漠的关系是如此紧密，常常呈现相杂的状态，大戈壁也被称为“戈壁沙漠”。总面积约130万平方千米的大戈壁，大部分位于蒙古国境内。在这个总面积156.65万平方千米的国家里，至少有超过七成的国土属于荒漠地貌，而最悲观的统计甚至认为蒙古国已经有9成的土地属于荒漠或半荒漠。

位于蒙古国境内的这部分大戈壁可以被称为“蒙古戈壁”。其核心区位于蒙古国南部，这点从行政区划上便可以看出。打开一幅蒙古国地图，你能够在地图的南面找到戈壁阿尔泰省、南戈壁省、中戈壁省、东戈壁省、戈壁苏木贝尔省等名字中就带有“戈壁”二字的省份。这些行政单位及其管辖的戈壁，将蒙古高原上的草原地带分割成南北两大部分。

在内蒙古地区，最大的戈壁沙漠位于阿拉善高原。这片地处河套、河西走廊、外蒙古高原及西域盆地之间的高原，也因此被贴上了“阿拉善戈壁”的标签。由于地处蒙古高原的最南端，那些被西北季风搬运来的沙粒，多因贺兰山和祁连山的阻挡而沉积于阿拉善高原腹地，从而造就了巴丹吉林沙漠、腾格里沙漠和乌兰布和沙漠，并使得阿拉善戈壁的沙漠化程度较蒙古戈壁更高。质量更轻的粉尘会继续随西北季风向东南方向运动，最终受太行山脉、秦岭等高大山脉的阻挡沉积于黄土高原，并在雨水、生物等因素的作用下，形成厚厚的黄土。

虽然干旱如阿拉伯地区那样的荒漠地带同样能够滋养出游牧民族，而且蒙古国的那几个戈壁省，包括中国境内的阿拉善盟也绝非无人区，但在这样的荒漠地貌中繁衍生息是非常艰难的。正因为如此，历史上所谓的漠南、漠北，主要指的是大戈壁之外那些自然环境相对较好的草原地带。

受大戈壁的挤压，中国境内能够为游牧民族所利用的草原地带主要分布于阴山南北、燕山北麓、大兴安岭西麓及河套地区。根据其行政归属，可以被笼统地称为“内蒙古草原”。然而，所谓的内蒙古草原并不能和历史上的漠南草原画等号。这是因为漠南草原的概念止步于燕山北麓，且大兴安岭西麓的草原地带在地缘上归属漠北草原。

换句话说，当年外蒙古独立时，中央之国并没有失去所有的漠北部分。这点从内蒙古自治区向东北延伸至中国最北端的走势便可看出。尽管内蒙古给人的印象是整体位于蒙古国的南部，但内蒙古的最北端与贝加尔湖的中线齐平。反观蒙古国的最北端只能与贝加尔湖的南端齐平。接下来的内容将解释为什么会有这种情况发生。

从地缘位置上看，漠南草原指的是大戈壁之南与中央之国农耕区相接的这部分草原。事实上，位于阿拉善戈壁边缘的河西走廊也应是漠南草原的一部分。只不过河西走廊不仅拥有祁连山雪水的补给，纬度也更低（因此有更高的积温），所以在被中原王朝控制后，很快便成了绿洲农业区。即便河西走廊此后一度被游牧民族控制，其经济形态也未发生重大改变，毕竟相比游牧经济，农耕经济的产出要大得多。

阴山以南、贺兰山以东，包括三个河套平原和鄂尔多斯高原的这片河套之地，地理上是属于蒙古高原还是黄土高原没有定论，但从历史地缘属性来说，它们更应该被认定为漠南草原的组成部分，尤其是因缺乏黄河水补给而呈荒漠与草原相杂状态的鄂尔多斯高原。也正是因为这片位于河套平原后方的草原的存在，令中原王朝在控制河套平原的问题上举步维艰，即便这三片土地都具有农业开发的潜力。

对于从漠北南下的游牧民族来说，阴山草原是他们最神往的地方。即便中原王朝控制了河套地区，沿着阴山构筑长城，也往往会允许归附的草原部落在阴山北麓游牧，以分担来自漠北草原的压力。但不管中原王朝愿不愿意，这些归附的游牧民族往往会进入阴山以南地区活动，南匈奴在东汉时期被允许内迁河套便是典型案例。

鄂尔多斯高原无法进行农业开发，让中原王朝在阴山及河套平原的突出部长期处在不稳定状态。反观燕山方向倒是没有这种风险。燕山之南对应的是河北平原北部。由于有燕山山脉阻隔干冷的西北季风和温暖潮湿的东南季风，这一地区一直是稳定的农耕区。倘若燕山防线被突破，那中原王朝面临的可能就是改朝换代的危机了。

燕山之北并非蒙古高原。南北走向并与燕山呈“T”字排列的大兴安岭，将燕北草原割为了两部分：一部分直面蒙古高原，另一部分与大兴安岭和东北平原相对。结合近现代这一地区的行政结构，我们可以将燕北草原划分为三个亚板块，包括张北草原、科尔沁草原以及南锡林郭勒草原。

张北草原，简单说就是河北省管辖的这片燕北草原，包含隶属张家口市的张北、沽源和康保三县（狭义的张北草原，仅指张北县境内的草原）。

这部分划归河北的燕北草原面积虽然最小，但位于燕山山脉与阴山山脉相接处，故而成为草原民族南下的重要入口。每到秋高马肥之时，游牧民族就可以从张北草原进入张家口地区，然后或向南攻入大同盆地，或向东沿桑干河挺进，从燕山与太行山之间的连接部杀入华北平原。

在燕山正北方向，游牧民族对中原王朝的压力则来自科尔沁草原。从地形图上观察内蒙古自治区的轮廓，你会发现它覆盖的并不只是蒙古高原。在东南方向，存在一个插入河北、辽宁与吉林三省之间的突出部。这个行政上对应内蒙古赤峰、通辽两个地级市的突出部，就是由于科尔沁草原的存在而成为内蒙古一部分的。科尔沁草原的核心是西拉木伦河。这是一条横贯大兴安岭与燕山山脉之间的裂隙，东向流入东北平原的重要河流。西拉木伦河与自燕山北坡而下的老哈河汇流后，成为“西辽河”，最终在内蒙古与辽宁的交界处与东辽河汇流为辽河，并向南注入渤海。

有高大山脉的紧密保护，又离海洋较近，西拉木伦河河谷按理说不应该成为一片草原。可惜的是，这条河谷正处于燕山山脉的北部。这意味着那些来自东南方的暖湿气流，大部分会被拦截在燕山南麓。于是那些能够直面渤海湾的平原地带，能够承接更多水汽，即便它们距海洋更远。这使得西拉木伦河—西辽河河谷成了东北地区降水量最少的地区。以西辽河畔的通辽市为例，其年均降水量仅为380毫米左右，较燕山之南的北京要少约200毫米。而即使东北最北端的中心城市哈尔滨，近50年的年均降水量也能达到520毫米。

对于中原农耕民族来说，燕山之北的低降水量使得他们无法在此进行大规模农业开发，但这个降水量反而最适宜牧草生长。依托科尔沁草原，游牧势力得以沿着西拉木伦河—西辽河一路向东，形成一个突出部。控制这个突出部的游牧民族既可以向燕山防线全面施压，也可影响生活在白山黑水间的渔猎部族。

在科尔沁草原上显然崛起过无数游牧部落，而科尔沁不过是最后占据这片草原的游牧部落：在建州女真崛起于东北平原之时，科尔沁部因其独特的地缘位置成为最先臣服的蒙古部落，也因此最受清朝器重。在此之前，科尔沁草原上崛起的游牧民族中最有名的应数契丹人。在两汉之际，这片草原属于乌桓人。当东汉将乌桓部迁入塞内后，鲜卑部又与留在当地的乌桓余部融合，迅速填补了这一真空，并在三国时代成为能影响历史进程的闲棋冷子。

与乌桓同出东胡体系的鲜卑人，在进入科尔沁草原前一直在大兴安岭西麓的锡林郭勒草原生活。这片呈东北—西南走向的草原因为行政上为内蒙古锡林郭勒盟所辖而得名。其范围由大兴安岭西麓向东南不断延伸，直至燕山北麓。也正是因为其横跨漠南、漠北两大板块的特殊位置，才只是将南锡林郭勒草原划入漠南部分。其与北锡林郭勒草原的地理分界线，是一片被称为“浑善达克沙地”的荒漠。

浑善达克沙地是大戈壁最东端的延伸。大兴安岭与燕山之间的这条缝隙的存在，虽然成就了西拉木伦河和一条游牧走廊，但也成为西北季风进入东北平原的一条风谷。在西北季风和狭管效应的作用下，来自大戈壁的风沙得以在这个位置上不断向东侵蚀，并在今锡林郭勒盟首府锡林浩特之南形成了浑善达克沙地。不过由于与两大山脉相接，浑善达克沙地的自然条件比大戈壁腹地要好得多。沙地内分布着以查干淖尔、达里诺尔为代表的众多湖泊、泉水，使之呈现出沙地与草原相杂的景象。

鉴于阴山及其以西地区面对的都是水资源极度缺乏的大戈壁腹地，位于蒙古高原最东部的锡林郭勒草原虽有浑善达克沙地的存在，但仍可算得上是连接漠南、漠北的唯一草原通道。顺便说一下，来自大戈壁的风沙不仅会在锡林郭勒草原中侵蚀出浑善达克沙地，也会对处在风带中的科尔沁草原造成影响，尤其是在西拉木伦河谷的植被遭到破坏时。在人类活动的影响日益显著的今天，这种影响已经让科尔沁草原在地图上变成了科尔沁沙地。好在通过环境治理，无论是科尔沁沙地还是鄂尔多斯高原东南部的毛乌素沙漠，都有可能全面恢复成草原。

由于能够得到大兴安岭之水的补给，大兴安岭西麓的草原带几乎算得上是漠北草原中条件最好的区域。不过这片草原带并非全部属于锡林郭勒草原的范畴。整个山麓草原带的最北部，是由锡林郭勒盟以北的呼伦贝尔市管辖，因此被称为“呼伦贝尔草原”。想要在地图上找到呼伦贝尔草原的位置并不困难：中国常常被形象地描述为一只雄鸡，雄鸡鸡冠指向蒙古国方向的那一角，就是呼伦贝尔草原。

摆脱大戈壁影响的呼伦贝尔草原是蒙古高原上水草最丰美的草原之一，因大兴安岭之水在山麓形成的呼伦湖与贝尔湖而得名。由于中蒙两国在贝尔湖之南的边界向东延伸至大兴安岭，使得位于中国境内的呼伦贝尔草原与锡林郭勒草原间出现了一个缺口。也可以说，呼伦贝尔草原的南部被划归蒙古国（具体为东方省）。为了让这两片草原相接，呼伦贝尔与锡林郭勒之间的那段大兴安岭，及负责管辖这段山地的兴安盟被划给了内蒙古。

虽然沿大兴安岭西麓延伸的这片草原出现了一个缺口，但总体来说中国还是基本控制了这条连接大漠南北的草原走廊。这同时还意味着呼伦贝尔、锡林郭勒、科尔沁三大草原拱卫着大兴安岭和燕山。然而从位置来看，你又会意识到这片草原拱卫的并非中原之地，而是东北平原。换言之，如果中央之国的统治者只将长城以南地区视为核心之地，并不打算沿大兴安岭西麓扩展其势力直至漠北的呼伦贝尔草原，那么燕北草原的游牧部落即可为中原提供缓冲。

从地缘政治的角度看，只有在东北平原同样被视为核心之地的情况下，上述格局才会出现。考虑到中央之国最后一个王朝，正是崛起于东北平原并一直将之视作禁脔的清朝，这一行政结构形成的地缘背景，相信大家都已了然。可以说，清朝的出现造就了内、外蒙古并立的格局。

另一个地缘上的证据，是呼伦贝尔市、兴安盟与赤峰市、通辽市合称“东四盟”。之所以有这样一个称谓，并不仅仅因为四者都位于内蒙古的东部，更因为它们在20世纪上半叶曾经是东北的一部分。即便在今天，你仍然可以在东四盟感受到浓浓的东北味儿。

不过前面也说了，以大漠戈壁为界将草原切割为漠南、漠北两大板块才是历史的常态。从华夏文明的角度来说，在划定十三刺史部的两汉时期，也正是漠南与漠北这对概念的形成期。汉朝对漠北的一次次远征，让这处化外之地的轮廓逐渐清晰。只有补上漠北这块拼图，才能真正了解蒙古草原的前世今生。

第二节 ｜ 漠北与“林中百姓”

既然漠南草原可以依山形水势划分为几个亚板块，漠北草原自然也不会是一个整体。总的来说，位于漠北的蒙古高原可以划分为五大板块，包含整体位于贝加尔湖之南的大湖盆地、色楞格草原、黑龙江上游草原，以及位于贝加尔湖东西两翼的外贝加尔高原和乌梁海地区。至于蒙古高原的北部，则是令很多中国人心心念念的西伯利亚。

西伯利亚地区依方位和地势可分为三大地理单元，分别为西西伯利亚平原、中西伯利亚高原以及东西伯利亚山地。与蒙古高原相接的是西西伯利亚平原与中西伯利亚高原。理论上游牧民族向西伯利亚地区渗透是顺理成章的事。很多描绘蒙古帝国的地图，会想当然地把西伯利亚划入其领土。事实上这片土地大部为亚寒带针叶林气候，除西西伯利亚南部边缘因纬度和海拔相对较低，能够为游牧民族染指以外，绝大部分区域在自然经济时代只有小股渔猎民族活动。

既然西伯利亚是一片连游牧民族都不愿意染指的土地，在古代自然不会与中原王朝发生地缘纠葛。苏武曾经牧羊的贝加尔湖，是中央之国地缘概念中的最北方，也因此得到了一个“北海”的名号。从地理角度看，贝加尔湖的确位于蒙古高原的北部边缘，只不过这片高原在贝加尔湖两侧向更高纬度的方向延伸出外贝加尔高原和乌梁海两个板块。从这个角度说，我们并不能将贝加尔湖视为蒙古高原的最北端。

如将蒙古戈壁视为漠北一部分的话，这部分蒙古高原的轮廓有点像一颗心。只是如今蒙古国的轮廓让你完全不会想到心形，倒像被啃过的西瓜。这当中的差别，便因为苏联“帮助”外蒙古独立时，拿走了贝加尔湖、乌梁海及外贝加尔高原三地，当下则为隶属俄罗斯联邦的阿尔泰共和国、图瓦共和国、布里亚特共和国以及外贝加尔边疆区。我们可以将这部分位于俄罗斯境内的蒙古高原称为“俄属蒙古”。

贝加尔湖是俄属蒙古的分界线，其北边的蒙古高原主要为北贝加尔高原。向东延伸出外兴安岭的兴安山脉（俄语名“雅布洛诺夫山脉”），是外贝加尔高原与蒙古高原主体的地理分界线。同时兴安山脉也是太平洋水系与北冰洋水系的分水岭之一。流淌在外贝加尔高原的河流，皆向北汇入勒拿河后注入北冰洋。兴安山脉以南则为黑龙江上游地区，区域内河流皆汇入黑龙江、注入太平洋。尼布楚便位于兴安山南麓。

俄国人更愿意将境内的蒙古人按部落区分为不同的民族：生活在外贝加尔高原之上的蒙古人被单列为布里亚特人，并建置有布里亚特共和国。需要说明的是，在中俄双方签订《尼布楚条约》时，尼布楚便已归属俄国。这意味着俄国在贝加尔湖以东地区的统治范围，实际上已超越了布里亚特人的分布区。为此，后来的俄罗斯在此建置了“俄属蒙古”中唯一不是自治共和国的行政单位——外贝加尔边疆区。

俄属蒙古位于贝加尔湖以西的部分一般被称为“唐努乌梁海”。不过将之称为“乌梁海”会更准确一点。与“蒙古”一样，“乌梁海”既是部族名称又是地名。“乌梁海”又译“兀良哈”，后来归附明朝的“兀良哈三卫”即源出于乌梁海地区。整个地区的核心为由东、西萨彦岭以及唐努乌拉山合围而成的唐努乌梁海盆地，并向西延伸至阿尔泰山脉。

与外贝加尔高原一样，乌梁海地区也属于北冰洋水系，其收集的淡水皆由叶塞尼河、鄂毕河带入北冰洋。这一地区同样被苏联划分为两个行政区。其中，生活在唐努乌梁海地区的乌梁海人被命名为图瓦人，并建置有图瓦共和国。阿尔泰山脉西段的乌梁海人则进一步被细分为阿尔泰人，并建置有戈尔诺-阿尔泰自治州。苏联解体后这个自治州亦升格为“阿尔泰共和国”，以进一步凸显阿尔泰人的身份（除此之外，俄罗斯在伏尔加河流域还设有第四个蒙古民族自治共和国——卡尔梅克共和国）。

俄国拿走一块蒙古高原在地缘政治上并不难解释。首先，当年在西伯利亚沿北冰洋水系开拓的哥萨克，很自然会沿河流上溯至这些北冰洋水系河流的发源地。其次，从军事地理的角度看，西西伯利亚平原和中西伯利亚高原的海拔要低于蒙古高原，而蒙古高原整体又呈现北高南低的地势。对俄罗斯来说，将国境线推进至蒙古高原的北部，不仅能够让西伯利亚多一道地理屏障，更有利于向蒙古国施压，使之在制定外交政策时不得不更多考虑来自北方的影响。

在中国和蒙古国看来，上述四个在俄罗斯建立自治共和国的民族，无疑都是蒙古民族的一部分。比如生活在呼伦贝尔草原的巴尔虎蒙古人，就是18世纪迁徙至此的布里亚特人；卡尔梅克人则是土尔扈特部东归后留在伏尔加河畔的土尔扈特部蒙古人。

抛开俄国人的地缘政治操作不谈，俄属蒙古板块以及上述四个民族的原始地缘属性的确与大家通常的认知有些许不同。较高海拔带来较多的降水，使得俄属蒙古地区大部分脱离了干草原范畴，成为适宜乔木生长的区域（年均降水量最高能达到1000毫米）。较内、外蒙古地区高得多的森林覆盖率，使得渔猎而不是游牧，成为这一地区最主要的生产方式。

正因为如此，这些生活在贝加尔湖一线的部落被称为“林中百姓”。相应地，那些生活在草原地带的部落，自然被称为“草原百姓”。如果以这种划分方法来定义俄国和蒙古国控制的蒙古高原，俄属蒙古对应的基本是“林中百姓”分布区，而蒙古国则是“草原百姓”分布区。从这个角度说，狭义的漠北草原并不包括乌梁海和外贝加尔高原。

事实上，如果不是当年俄国人执意翻越兴安山脉，进入漠北草原，清朝并不会与之发生冲突。渔猎与游牧两种生产方式之间本来就没有难以逾越的鸿沟。渔猎者同样会饲养牲畜，而游牧民族亦会用渔猎的方式补充食物来源。一个部落到底是游牧还是渔猎，更多取决于其生活的环境。如果生活在森林之中，就会变成为渔猎者；如果生活在草原上，则很容易变成游牧者。

相比渔猎经济，游牧经济要显得更高级一些。林中百姓向来是草原百姓的重要来源。在成吉思汗时代，随着对林中百姓的征服与融合，他们中的大部被迁徙至草原，变成了真正的游牧民族，留在当地者亦蒙古化。虽然“蒙古”成了双方共同的标签，但二者间的原始地缘差异并没有随着这次大融合而消失，及至后来又演变成东、西蒙古。其中东蒙古指的是成吉思汗所属的黄金家族统辖的蒙古本部，对应当年的“草原百姓”；西蒙古则指生活在唐努乌梁海东南部的斡亦剌部（元朝之后又译“瓦剌”“卫拉特”），源出“林中百姓”。

对于二者间的差异，中原王朝同样认识到了。直接继承元朝世系的蒙古本部，被明朝称为“鞑靼”；“林中百姓”的部分，被称为“瓦剌”。由于蒙古本部的衰弱，西蒙古一度成为草原上的霸主。明朝中期攻至北京城下的瓦剌，以及清朝前期称霸中亚西域的准噶尔汗国，都是西蒙古的代表。

上述历史告诉我们，地缘融合始终是要以地理环境为基础的。在地理环境未出现明显改变的情况下，地缘差异在每个时代的表现形式虽有不同，但总能以不同的划分方式体现出来。按上述方式划分整个蒙古高原的地缘结构，整体呈现的是一个“三”字形结构。无论先将蒙古草原划分为漠南草原、漠北草原两部分，再将最北部的林中百姓从漠北草原中剥离出来，还是用内、外蒙古以及俄属蒙古加以区别，无不对应着这个“三”字形结构。

在这个“三”字形结构中，处在中心的无疑是被夹在中间的漠北草原。从大历史的范畴来看，漠北草原与中央之国的关系总是遵循着这样一种逻辑：富庶的农业区总是让漠北的游牧民族有动力向漠南迁徙，并与中原王朝发生密切的地缘联系，要么成功跨越长城，要么被击败远走他乡，而林中百姓会随后进入漠北草原填补真空，并在坐大之后再次南下；反过来，由于农牧分界线的存在，中原王朝至多能够羁縻漠南的游牧民族，再多的霍去病也不能彻底消除漠北草原的威胁。

蒙古高原的“三”字形结构，可以解释为什么中原王朝总是无法彻底消除来自草原的威胁。不过要是从蒙古草原内部的地缘竞争关系来说，它在大历史范畴内又呈现出东、西相争的局面。结合蒙古高原的地理环境，我们还可以将之由西至东划分为一个“川”字形结构。只有了解这个“川”字是怎么划分的，才能彻底了解这片草原的前世今生，以及三国时代的游牧民族到底处在什么样的发展阶段。

横向切割蒙古高原的关键在于漠北草原。阿尔泰山脉、杭爱山、肯特山，以及大兴安岭这四条山地，是分割漠北三大地理单元的主要参照物。其中东部位于大兴安岭与肯特山之间的区域，在水系上归属于黑龙江水系上游。黑龙江在此拥有两条上源——北源石勒喀河和南源额尔古纳河。这两条河流的源头都指向肯特山。二者在高原腹地的上游部分被分别称为“鄂嫩河”（斡难河）与“克鲁伦河”。熟悉蒙古历史的人会知道，这两条河都是蒙古的龙兴之地。

依据这一特点，我们将肯特山以东，包含呼伦贝尔草原在内的漠北草原统称为“黑龙江上游草原”。由于黑龙江最终注入太平洋，整个水系又隶属于太平洋水系。相比拥有出海口的东部地区，漠北西部就显得封闭了许多。由杭爱山与阿尔泰山合围而成的漠北西部，在水系上呈内流状态。从山地流下来的淡水，只能在板块内汇集成乌布苏湖、哈布斯湖和扎布尔汗湖等内陆咸水湖。基于这一特点，可将这一地理单元称为“大湖盆地”。

居于漠北中部的，是位于肯特山与杭爱山之间的区域。这一区域在水系上呈现半封闭状态。整个流域内的河流汇流为色楞格河后，注入有世界最深湖泊之称的贝加尔湖，再缓缓通过安加拉河、叶尼塞河等河流，向北穿越西伯利亚渗流入北冰洋。据此我们可将这一地理单元标注为“色楞格草原”。必须提醒大家的是，从地缘角度看，这一水系中最重要的河流并非色楞格河，而是源头分别指向杭爱山和肯特山南端的鄂尔浑河。

从匈奴起，历代草原政权的政治中心都建立在靠近鄂尔浑河两个源头的地方。比如位于肯特山西南麓、图拉河畔的匈奴单于庭及今天蒙古国的首都乌兰巴托，位于杭爱山东南麓、鄂尔浑河正源河谷处的突厥与回鹘牙帐（都城），以及蒙古帝国的都城哈拉和林。更温暖的气候，加之处在漠北三大板块与大戈壁相接之处，是鄂尔浑河源头处能够一直受到青睐的根本原因。

早在匈奴称霸草原时，漠北草原这种三分天下的格局就已然出现了。在匈奴的建置中，除了坐镇中央的单于庭之外，还按照坐北朝南、左东右西的原则，分设左贤王和右贤王。其中左贤王负责经略黑龙江上游草原，并沿锡林郭勒草原南下，从燕北草原对中原王朝的燕山防线施压；右贤王负责经略大湖盆地，而大漠之南的后套、西套、鄂尔多斯高原乃至河西走廊，都是匈奴右翼入寇长城的跳板。至于单于的匈奴王庭，则以色楞格草原作为在漠北的大本营，同时将前套平原及其以东的阴山草原作为在漠南的前哨基地，以向山西高原北部施压。

分别用“三”字和“川”字形象地解构蒙古高原的地缘结构后，很多历史事件就一目了然了。比如成吉思汗整合蒙古诸部时，整个漠北就是依此结构分裂为三股势力：其中蒙古诸部居于东部，中部则为克烈部的领地，西部则是乃蛮部的控制区。对成吉思汗崛起那段历史有所了解的朋友，相信对这些名称都不会感到陌生。

纵观从匈奴到蒙古的这段草原历史，有一个两分法能够帮助大家理解。本质上看，游牧只是一种生产方式，并不代表所有的游牧民族都拥有共同的种族和文化背景。在成吉思汗横空出世后，蒙古高原似乎已经蒙古化。但回望历史，这种蒙古化并不能被视为最终结果，整个草原其实一直都有两大游牧集团在博弈。

语言可以帮助大家厘清这两大集团。如果按照语言，对生活在蒙古高原、西伯利亚、东北平原等亚洲北部地区的游牧、渔猎民族进行分类，这些民族使用的语言都可以被归类为阿尔泰语系。这一语系下面又可分为突厥、蒙古、满-通古斯三大语族。其中满-通古斯语族部落分布于西伯利亚及中国东北地区。就蒙古高原的情况来说，东部属于蒙古语族部落，而突厥语族部落覆盖高原中、西部其实是历史常态。成吉思汗当年的对手克烈部和乃蛮部，其主体便属于突厥语族部落。

在蒙古崛起之后，这些突厥语族部落基本被移入中亚草原及其以西地区，而漠北草原整体被置于蒙古人的控制之下，以至今天你仍然能在哈萨克斯坦境内看到那些突厥语族部落名称的存在。不过在蒙古高原，依然可以找到这两大游牧集团碰撞的痕迹。比如前面提到的图瓦人，虽然已经蒙古化，但这些未进入大草原地带的林中百姓，其语言还是属于突厥语族。相比之下，外贝加尔地区的林中百姓——布里亚特人，因为生活在东部，所以语言更偏向于蒙古语族。

为叶塞尼河上游河流覆盖的乌梁海地区，在历史上向为突厥语族民族的龙兴之地。也可以说，如果长城南北的历史没有在19世纪末终止轮回的话，蒙古高原两大游牧集团的博弈仍将继续下去，若干年后很可能还会有一支突厥语族部落，再次向东横扫蒙古高原。这种局面最起码在匈奴崛起时就已经出现过。在匈奴崛起之时，“胡”这个字单指匈奴人。在匈奴统一草原之前，其东边还有一支被中原地区称为“东胡”的游牧势力。匈奴正是在战国后期击败东胡，才统一草原成为中央之国最强对手的。

东胡系民族在语言上属于蒙古语族，而匈奴则属于突厥语族。后世在蒙古草原登场的各个民族，都可以被归入这两大体系。对于匈奴来说略显遗憾的是，由于出场时间太早，令“匈奴”既没有成为所属语族的名称，亦没有成为这片高原乃至人种的名称。

就三国时代而言，草原霸权已经转入东胡系的鲜卑人手中。相关的内容，中央之国的史书有明确的记录。在东胡被匈奴击败之后，一部分以“鲜卑”为名的东胡部落退入大兴安岭北部，在生产方式上变得更像林中百姓；一部分以“乌桓”为名的部落退入了大兴安岭南部，以臣服匈奴为条件，获准在科尔沁草原游牧。此后当汉武帝向匈奴发起反击并占据优势后，身处燕北的乌桓很快倒向汉朝，并在东汉后期至三国时代不断内迁，最终消失于历史长河之中。

反观在漠北草原之侧养精蓄锐的鲜卑人，因位置原因并没有卷入汉匈之间的纷争。当南匈奴内迁、北匈奴西迁之后，鲜卑人得以占据呼伦贝尔草原并重拾自己的游牧身份。在吸引大量原以匈奴为名的游牧部落依附后，鲜卑在三国时代已然成为蒙古草原霸主。尽管此刻鲜卑人还未建立真正的草原帝国，但他们最终得以入主中原并成就北魏王朝。

第三节　|　天山南北

对于中原王朝来说，与北亚游牧民族在长城一线对抗，几乎成为一种摆脱不了的宿命。这可以被视为北亚板块与东亚板块的博弈。然而对于漠北的游牧民族来说，向东亚方向渗透并非唯一的选择。在阿尔泰山以南、以西，还有大片草原地带可供这些游牧民族繁衍生息。于是北亚与东亚的地缘政治博弈也沿着河西走廊向西延伸至西域。

汉朝对中国版图的最大贡献，便是首次将西域纳入其势力范围。此后直至清朝，河西走廊以西的这片土地都被称为“西域”。一直到19世纪末清朝收复这片土地后，才取“故土新归”之意，以“新疆”之名建省。

虽然西域被定位于河西走廊之西没有什么争议，但其范围并不能简单与现在的新疆对应。汉代、唐代与清代的西域，比现在的新疆还要向西延伸。比如诗仙李白出生的碎叶城，时下便不在中国境内，而是位于邻国吉尔吉斯斯坦。另一个广为人知的事实是沙俄曾通过《中俄伊犁条约》攫取了大片中国西北领土。

狭义的西域，可以定义为历代中原王朝势力能延伸到的地方；广义的西域亦可指向古丝绸之路途经之处。从地理角度看，西域这片位于亚洲中部的土地已属于中亚的范畴，只是中亚应该如何来定义，同样众说纷纭。自苏联于20世纪90年代解体之后，哈萨克斯坦、吉尔吉斯斯坦、塔吉克斯坦、乌兹别克斯坦和土库曼斯坦这五个位于中亚的苏联前加盟共和国，渐渐以“中亚五国”为标签登上国际舞台，并成为狭义的中亚的代名词。

之所以要提中亚的概念，是因为地缘角度的西域实则与中亚存在很大程度的重叠。前者是从东亚或者说中央之国的视角做的定义，而后者则是从整个亚洲的角度做的划定。以当下的边界来说，中亚主要包括中亚五国及中国的新疆地区，阿富汗及伊朗北部亦属于中亚的地理延伸范畴。也就是说，无论我们讨论的是西域还是中亚，都不能被现有的国境线所局束。为了不造成行文上的混乱，后面所称的中亚仅指中国境外部分，在包含新疆时会使用“大中亚”的表述。

很多地区和城市都会有一个广为人知的代称。提到新疆大家常常会想到“天山南北”。天山山脉其实是一条西起塔吉克斯坦、乌兹别克斯坦交界之地，向东偏北方向延绵2500千米至甘肃、新疆交界处，将中亚五国及中国的新疆串联起来的跨境山脉。其最西端是横穿乌兹别克斯坦、塔吉克斯坦、吉尔吉斯斯坦的阿赖山，最东端则是地处甘肃与新疆的交界处，又名“马鬃山”的北山。作为整个西域的地理核心，天山及其延伸出的诸多支脉是分割地缘板块的重要支撑。

先把视线放在中国境内。你会很容易发现在北部的蒙古高原及南部的青藏高原配合下，居中的天山山脉在中国西北分割出了两大盆地——准噶尔盆地和塔里木盆地。其中北疆主要由蒙古高原边缘的阿尔泰山脉与天山山脉，以及两者之间的准噶尔盆地西部的山地合围而成；南疆由青藏高原边缘的昆仑山脉、阿尔金山脉与天山山脉，包括最西端的帕米尔高原合围而成。

进一步细分的话，新疆还可以分成东疆和西疆。所谓东疆指的是位于天山东南的吐鲁番盆地和哈密盆地（合称为“吐鲁番-哈密盆地”）；西疆指的是位于天山主脉之北，准噶尔盆地和塔里木盆地之间的伊犁河谷。前者的地缘政治任务是连接河西走廊、准噶尔盆地、塔里木盆地三大板块，而面对中亚方向的伊犁河谷则是新疆，尤其是北疆连接中亚的枢纽板块。

提出东疆和西疆的概念，更多是为了让大家注意到上述三个河谷盆地的存在。从地缘角度来说，将伊犁河谷与准噶尔盆地放在一起统称为北疆；吐鲁番-哈密盆地与塔里木盆地放在一起统称为南疆，也是最常用的分类方法。这一划分表面是基于天山主分水岭，进一步探究你会发现气候以及受其影响形成的不同经济模式，才是造成这种划分的直接原因。

在远离海洋的大中亚地区，缺乏降水是其内部诸板块的共同特点。整个地区生态系统极度依赖从天山等高地消融而下的冰川雪水。受此影响，无论是南、北疆还是中亚地区，低地的基础地貌都为荒漠。比如总面积为30余万平方千米的准噶尔盆地，呈现出的便是戈壁地貌，并分布有面积近5万平方千米的古尔班通古特沙漠；而面积超过40万平方千米的塔里木盆地，除少量山麓绿洲以外几乎全部为塔克拉玛干沙漠所覆盖。

然而在干旱背后，各板块具有不同的地缘属性。由于纬度和位置的不同，南北疆在自然经济时代的经济模式有着很大的差异。简单来说，纬度更低，且在北部更多一道山脉保护的南疆地区，受益于更高的积温而发展出以绿洲农业为核心的经济模式。库尔勒香梨、阿克苏苹果、和田大枣……几乎每一座南疆城市都拥有自己的拳头农产品。反观荒漠化程度略低的北疆山麓地带，由于积温不够而成了草原经济区。

找到新疆的农牧分界线以后，当年中原王朝在西域的经营重心也就呼之欲出了。南疆绿洲拥有稳定的水源和农产品供应，早在中央之国扩张至此之前，就是东西方商路上的重要节点。塔里木河流域将盆地南北边缘的绿洲串联起来，再通过盆地东端的罗布泊与河西走廊对接。

西汉将匈奴人逐出河西走廊后，首先将与塔里木盆地处在同一纬度区间的祁连山麓绿洲打造为帝国在西北的支撑点，再顺势进入塔里木盆地，顺着边缘绿洲将其统治延伸至帕米尔高原的绿洲农业带。沿这些盆地边缘绿洲延伸的两条汉代丝绸之路，依方位分别被命名为“北道”和“南道”。楼兰、龟兹、于阗和莎车等西域古国，都是汉代丝绸之路的重要节点。

这些散布于天山南麓、昆仑山北麓的绿洲小国，并不是中原王朝征服这一地区的主要障碍。受制于自身的地缘潜力以及地理分散性，历史上南疆诸绿洲几乎没有产生过强大的政治体。依附于板块之外的强大势力，并从东西方商路贸易中获取额外的通路利益，是南疆地区的常态。

在历代中原王朝将势力扩展至南疆之时，与之竞争的通常是控制北疆的游牧民族，如两汉面对的匈奴、隋唐面对的突厥以及清前期的准噶尔汗国。那些立足北疆与中原王朝争夺西域控制权的游牧民族，最初的来源地都是蒙古高原。一直到19世纪后期，来自东欧的沙皇俄国渗透至中亚，压力源才开始转向。

分隔准噶尔盆地与蒙古高原的阿尔泰山脉，既是北亚与大中亚地区的地理分界线，也是联结二者的纽带。对于农耕民族来说，这种高大山脉几乎没有开发的价值，但对于欧亚大陆腹地的游牧民族来说，阿尔泰山这一类高大山脉弥足珍贵。复杂地形和高海拔所带来的降水，能够为游牧民族提供横跨全年的四季牧场。来自蒙古高原的游牧民族，即便未能深入大中亚地区开辟一片新天地，通常也能渗透至阿尔泰山南麓，成为准噶尔盆地北部山地和山麓牧场的主人。

无论是成吉思汗控制下的位于蒙古高原西部的乃蛮部领地，还是清朝治下的外蒙古，都能够看到横跨阿尔泰山的地缘政治格局。西汉制订“断匈奴右臂”的战略计划，同样是因为匈奴的势力横跨阿尔泰山。然而来自蒙古高原的游牧民族一旦在中亚地区站稳脚跟后，又往往会受到新的地缘环境的影响而自成一体。历史上最典型的例子，就是以阿尔泰山为界分裂为东、西两部分的突厥汗国。

早于突厥兴起的匈奴，在汉朝发起反击时只渗透至准噶尔盆地北部，这使得吐鲁番-哈密盆地成了汉、匈争夺的焦点。当年的两汉在东疆及其对应的天山一带，控制了以车师为代表的十几个小国。从这个角度来说，两汉控制的只是狭义的南疆（塔里木盆地），其地缘政治上的功用在于维持商路畅通以及为西域驻军提供补给；而控制东疆及其北部，则更多是出于防御匈奴的目的。至此两汉在西域的控制范围也就明晰了。

既然南疆是丝绸之路主线所在，北疆是游牧民族的舒适区，而东疆是汉朝抵御匈奴的主战场，那么作为西疆的伊犁河谷，在战略上又扮演什么角色呢？中国今天控制的其实只是半个伊犁河谷。另外半个伊犁河谷在现时的地缘政治语境中属于中亚范畴。这说明，想要了解这条河谷的前世今生，只把目光局限在新疆地区是远远不够的。

在中亚地区，刚才提到的那条分割新疆的农牧分界线同样起着非常重要的作用。在沙皇俄国统治这片土地时，俄国人据此一度将中亚分割为北部的草原总督区和南部的突厥斯坦总督区。北部的草原地区，依地形地貌，主要分为七河地区和哈萨克丘陵两部分；南部绿洲农业区的核心则是依托阿姆河和锡尔河的河中地区。

游牧属性的草原总督区后来衍化为哈萨克斯坦和吉尔吉斯斯坦两国。海拔是这两个游牧民族分化的主要原因。吉尔吉斯草原大部处于以伊塞克湖为核心的天山山地，而哈萨克草原主要分布在低地属性的七河地区与哈萨克丘陵。一直到十月革命前，今天的哈萨克人还被称为“吉尔吉斯人”，在高地游牧的吉尔吉斯人则被称为“卡拉吉尔吉斯人”。只不过后来苏联进行民族身份识别时，在中亚低地的游牧民族变成了“哈萨克人”，而高地的游牧民族则垄断了“吉尔吉斯人”这个标签。

以农业绿洲为核心的突厥斯坦总督区，及俄国在农牧分界线以南征服的其他土地，演变为中亚五国的另外三个成员。位于锡尔河上游费尔干纳盆地中的大宛国，河中地区的撒马尔罕、布哈拉等城，都是这片绿洲农业区的知名历史地标。

需要注意的是，由于中亚民族结构的复杂性影响了苏联时期的行政区划，哈萨克斯坦和吉尔吉斯斯坦两国有部分领土亦延伸至农牧分界线以南。而这部分农业区与类似属性的土地一样，一般出现在绿洲边缘和山地，并兼营畜牧业。找到这条隐秘的农牧分界线，可以帮助解释很多历史谜团。其中最重要的一点，就是找到历史上中央之国在中亚地区的势力边界。

在中国出版的历史地图中，汉、唐、清三代在西域的势力边界都指向同一个湖泊——巴尔喀什湖。如果中原王朝能够稳稳控制这个位于哈萨克斯坦境内的新月形湖泊，估计“西海”之名很有可能会落在它的头上。只不过与曾经的“北海”（贝加尔湖）一样，这个“西海”的最佳选择最终没有成为中国的一部分。

单纯讨论巴尔喀什湖的历史归属并没有意义。这个东西长度超过600千米的湖泊，显然是一些河流的终端湖。由于巴尔喀什湖的北面为海拔仅数百米的哈萨克丘陵，成就这一湖泊的，主要是来自东、南山地的五条河流，由南向北依次为发源于天山山脉的伊犁河、卡拉塔尔河、阿克苏河和列普瑟河，以及源出准噶尔西部山地的阿亚古兹河。除了这五条西北向注入巴尔喀什湖的河流以外，在伊犁河之南还有两条消失于沙漠的河流：楚河和塔拉瑟河。这些受益于天山及其附属山地的河流，覆盖的区域便是刚才提到的七河地区。

由于天山以西一直到大西洋沿岸都没有高大山脉阻隔，而向东朝着太平洋的方向则横亘着青藏高原、黄土高原，相较来自太平洋方向的暖湿气流，来自大西洋的暖湿气流要更容易到达中亚地区。在这些来自西方的水汽的帮助下，七河草原成为整个中亚草原的精华所在。尤其是上游深深插入天山腹地，拥有更多集水区的伊犁河。这条径流量在中亚排名第三的河流，不仅比七河中另外六条的径流量总和还要高，更是凭一己之力将西巴尔喀什湖变成了淡水湖。

既然七河草原面向欧洲方向是一路坦途，那么历史上有没有可能是来自欧洲的高加索人种更早进入这片土地呢？答案是肯定的。在匈奴崛起之前，控制七河及整个中亚草原的原本是被中国史书称为“塞人”的欧洲游牧民族（在欧洲有“斯基泰”“西徐亚”等族名）。在农牧分界线以南的大中亚地区，最早的农业开发者也都是这些来自欧洲的游牧民族。

欧洲游牧民族能够占得先机的根本原因，倒不是因为他们的东征之路更为平坦，而在于他们更早驯服了马这一古代社会最重要的骑乘工具，以及更早掌握了金属冶炼技术。随着历史的推进，当以匈奴为起始点的北亚蒙古人种游牧民族开始熟练掌握这两项技术，并通过与中央之国的战争在政治上成熟起来后，欧亚草原上开始呈现“东风压倒西风”的态势。亚洲游牧民族一轮又一轮的西迁成了欧洲人挥之不去的噩梦。

尽管欧洲的游牧势力逐渐势衰，但他们的基因并没有消逝。欧亚两大游牧民族在中亚地区的博弈造成的一个重要地缘后果，是形成了黄白混血的突厥语族民族。换句话说，最初的突厥语族民族是黄种人，但在一次次迁入中亚后，与原本世居于此的高加索人种形成混血民族。鉴于突厥语族民族是由北向南完成渗透的，所以越靠近蒙古高原的中亚民族，在种族上便会呈现越多的黄种人特征，反之，则呈现出越多的白种人特征。将中亚最北部的哈萨克民族与南部的塔吉克民族放在一起对比，就能明显感觉到这一差别。

张骞出使西域时，正是欧亚游牧民族在中亚冲突与融合的开始。这位汉朝使者最初得到的信息是原本定居于河西走廊的月氏人，在被匈奴驱赶至中亚后，击败塞人成为七河草原的主人。而当他历尽千辛万苦抵达七河草原后，却又发现曾在河西走廊败于月氏的乌孙人，又联合匈奴击败月氏人成为七河之主。

在七河草原坐大的乌孙，后来成为汉朝对抗匈奴的重要盟友。只是这个强大的游牧国家，并不像南疆、东疆那些绿洲小国一样，可以被视为汉朝帝国的附庸。这意味着，无论西汉设立的西域都护府，还是东汉建置的西域长史府，都不能说将帝国的边界扩展到了七河地区。

毕竟只有适宜耕作的土地才能让华夏文明感到心安。基于这一地缘特点，在中原王朝庇护下的丝绸之路，主线还是跨越天山，将中亚—西域的绿洲农业区连接了起来。那些丝路名城，也基本都是依托某个农业绿洲。然而这并不代表中原王朝没有在中亚草原上扩张其势力，毕竟最好的防守就是进攻。

中央之国对七河地区及天山北麓的控制，始于击败了东突厥和西突厥的唐朝。做到这点之后，唐朝在西域设置的安西都护府得以将其影响力延伸到天山北麓，由此李白才会出生于吉尔吉斯斯坦境内。由于“北道”之名已被天山南麓的汉丝路北道所专美，随之诞生的沿天山北麓横穿伊犁河谷一路向西的丝绸之路，被后世称为“新北道”。

客观地讲，控制北疆和七河地区这些草原地带，对于中央之国来说并非历史常态。控制这一地区后，唐朝曾为管理这片中亚草原设置过名为“北庭都护府”的行政机构（702—790年）。但唐朝的势力并没有维持太久。直到清朝重新控制蒙古高原之后，中央之国才再次将其势力延伸至巴尔喀什湖。

当俄国向中亚地区扩张之时，七河及其以西的中亚草原地带，如轮回一般又一次为西来的势力所控制。值得庆幸的是，准噶尔盆地、塔里木盆地和深深插入南北疆之间的那半个伊犁河谷，在那个全球地缘政治大重组的阶段，得以留在中国版图内。当中国开始重视自己的亚欧大陆边缘属性，努力成为一个陆海兼备的“大陆边缘国家”时，也重新意识到自己兼具东亚和中亚属性，拥有能够在欧亚大陆中心地带称雄的地缘政治资本。

第四节 | 东北亚

历史上能够突破长城甚至入主中原的，并不只有来自蒙古高原的游牧民族。来自东北地区的马上民族同样对中原王朝的安危造成过巨大挑战。由于建置有黑龙江、吉林、辽宁三省，这片位于燕山以北、大兴安岭以东的土地通常被冠以“东三省”之名。

“关外”是东北地区在近现代时期的另一个广为人知的称谓。这里说的“关”，指的是地处燕山东麓毗邻大海的山海关。其扼守的沿海通道，在地缘政治上又被称为“辽西走廊”，很长一段时间内都是华北通往东北的主要通道。曹操在北征乌桓时曾经尝试打通辽西走廊，只不过受制于天气而未能如愿。

有人的地方就会有路，辽西走廊并非唯一连接华北与东北的通道。早在战国后期，燕国就已翻越燕山击败东胡，将势力延伸至东北地区。只是纵观历史，中央之国对东北地区的控制一如在河套地区，总是呈现时进时退的拉锯状态。想彻底了解这一切是怎么发生的，单单将视线局限在中国境内是不够的，我们需要的是能够跨越国境的东北亚概念。

在当下的地缘政治语境下，东北亚国家的概念一般包括亚洲东北部的中国、朝鲜、韩国、日本和俄罗斯五国。然而从地缘本质来说，除了东三省以外，大陆视角下的东北亚概念，最起码还应该包括地缘命运维系于中央之国长达三千多年的朝鲜半岛，以及因清末失于俄国而为世人所关注的外东北地区。

需要特别说明的是蒙古与日本的地缘定义。蒙古高原在地缘板块的划分中，更应该与西伯利亚一起被归入北亚的概念。至于与朝鲜半岛隔海峡相望，又与中国一衣带水的日本，倒是可以被归入东北亚。只不过除全球地缘政治格局发生急剧变化的近现代以外，日本之于东北亚的地缘影响仅限于朝鲜半岛。立足中央之国的古代史，来探究东北亚与中原王朝的地缘关系时，离岛性质的日本并不在考虑范围内。

锁定研究对象后，我们先来看看中国东北地区的地理结构。“白山黑水”是这片土地的另一个地缘标签。所谓“白山”指的是长白山。作为一条山脉，长白山从中国的东北端，向西南方向一路延伸入海。其最南段被单独称为“辽东丘陵”，成就了归属于东北板块的辽东半岛。此外沿长白山东麓延伸的鸭绿江与图们江，则充当着朝鲜半岛与东亚大陆的地理分界线，以及中国与朝鲜的国境线。“黑水”指的是黑龙江。这条发源于蒙古高原东部的东北亚第一大河，不仅有长达3000千米的干流充当着中国与俄国的界河，其流域更覆盖了东北及外东北地区的大部。

纵横交错的白山黑水，加上大兴安岭和燕山山脉，勾勒出东北地区的大致轮廓，其中就包括面积位列中国三大平原之首的东北平原。这片原本为原始森林覆盖的黑土地，还可以再细分为三部分，包括位于小兴安岭以北，由黑龙江及其右岸支流松花江、乌苏里江共同造就的三江平原；位于大小兴安岭、长白山脉之间，由松花江水系覆盖的松嫩平原；以及南部的辽河平原。以东三省的行政区划来说，三江平原及松花江—嫩江以北的松嫩平原属于黑龙江省；松嫩平原的南部属于吉林；至于辽河平原和辽东半岛则是辽宁的基本盘。

冲积平原对于人类文明的重要性自不必多言。东三省当下近1亿的人口规模，也佐证了东北平原的地缘潜力。然而这一潜力的爆发其实始于19世纪中叶，距今不过一个半世纪的时间。在古代绝大部分时间，东北平原对于中央之国来说，更多是一片位于长城以北的化外之地。真正受到中原王朝青睐并能够建立直接统治的区域，只局限于辽河平原及向南延伸的辽东半岛。

把400毫米年等降水量线作为唯一的农牧分界线，是无法解释这一局面的。整个东北亚地区，除了西拉木伦河谷和大兴安岭东侧的小部分地区以外，年均降水量都能够超过400毫米，是适宜乔木生长的地区。这也是为什么大家脑海中对东北的印象总少不了大片的原始森林。能够解开这一谜团的是等温线。除了朝鲜半岛最南端的沿海地带以外，东北亚可以被归入中温带和暖温带的范畴。前者的年平均气温在2～8摄氏度，冬季较长；后者的年平均气温介于8～13摄氏度之间，四季分布更为平衡。

在自然经济时代，暖温带及其更南的区域会更有利于大规模农业开发。这意味着开垦松嫩平原和三江平原（包括排出沼泽地带的积水）可以获得大量平整的良田，但寒冷的气候迫使拓荒者们识趣地止步。以三江平原为例，其大规模开发甚至要等到20世纪50年代。在未开发之前，这片土地一直被称为“北大荒”。

当然，农业技术也在与时俱进，让人类在中温带同样能开垦出大片农田。曾经的北大荒已经变成东北乃至中国最重要的商品粮基地。促进技术进步的因素有很多，人口压力是其中重要的一项。总的来说，中央之国核心区的人地矛盾在大部分历史时期并不突出。战争与天灾、疫病周期性地频繁肆虐，让中央之国的人口长期稳定在数千万的规模。这使得人口而不是土地，成为历代王朝争夺的重心。

直到引进美洲的高产作物，导致中央之国核心区的人口急剧增加后，以东北平原为代表的中温带区域才成为人口迁徙的主要方向。大豆、高粱等中国传统农作物，在适应新的气候条件后，与越洋而来的玉米、土豆等高产作物一起，帮助东北在短短一个多世纪的时间里，成为中央之国核心区的一部分。

在大部分历史时期，或者说中央之国人口维持在千万量级的时期，能够帮助中原王朝在燕山以北发挥影响力的，还是那些属于暖温带的东北亚区域。比照现在的行政区划，大体对应着辽宁与朝鲜半岛。一定要在大兴安岭以东寻找一条易于理解的直线充当地缘分界线的话，北纬42度线是一个不错的选择。曾充当后金（清朝的前身）都城的辽宁省会沈阳，正处在这条分界线之南。其8.4摄氏度的年平均气温，以及可以上溯至两汉的历史，能为刚才的地缘分析提供佐证。

在古代，这条横贯东北亚的等温线区分的不仅仅是农耕与渔猎两种生产方式。在蒙古高原部分曾提到，内蒙古之所以能够从大兴安岭与燕山山脉之间的缺口，向东北地区延伸一个突出部，是因为西拉木伦河—西辽河河谷的降水不足而形成了科尔沁草原。这片草原的位置正好位于北纬42度线之北。这片游牧之地的存在，使得东北地区呈现出农耕、渔猎、游牧三股地缘力量互相牵制的局面。

需要指出的是，这条农业文明的北部边界并非一成不变。在人类文明的初始时期，发祥于燕山北麓和西拉木伦河两岸的早期农业文化——红山文化（公元前4000—前3000年），其活动区域便是在北纬41～44度之间。而被形容为“小冰河期”的全球气温下降现象，又经常让中原王朝对两辽、河套等农业突出部的控制力遭到削弱。

值得一提的是，基于科尔沁草原特殊的地缘属性，以及插入华北与东北之间的位置，民国时期曾在此建置过以西拉木伦—西辽河河谷为轴心，包含燕山、大兴安岭部分土地的热河省，以控制这个三方交会之地，其范围大体对应现在的内蒙古通辽和赤峰两市、河北的承德市，以及辽宁省西部。这也是为什么大家在研究那段历史时会看到“东四省”的说法。

找到北纬42度线后，东北亚各地区的原始地缘属性也就明晰了。总的来说，吉林、黑龙江两省及俄国控制的外东北地区，虽然亦有少量农耕和游牧经济作为补充，但整体应归类为渔猎经济区。在清朝将山海关以北视为祖地时，负责治理这片森林渔猎区的是军府性质的宁古塔将军。历史和清宫剧爱好者们，应该能够从“发配宁古塔，与披甲人为奴”的判决中，体会到当地环境的恶劣。由于地域过于辽阔及俄国的渗透，这片森林渔猎区后来进一步分割为吉林、黑龙江及俄属外东北三部分。

依托境内的冲积平原和较高的积温，辽宁以及与之纬度相当的朝鲜半岛，则演化为东北亚的农耕区。假如没有蒙古高原和华北平原的影响，兼具农、渔、牧三种自然经济属性的东北亚地区，同样有机会形成自成一体的地缘政治体系，甚至可将红山文化一类的文明作为这个体系的源头。只不过就东北亚两大农业板块的实际地缘处境来说，必然无法摆脱来自中原王朝的影响。

中原王朝若想向东北亚地区渗透，首先要控制隔燕山相望的辽河平原，然后再顺势控制其背后的辽东半岛。想要做到这点，除了与通过科尔沁草原渗透的游牧民族博弈以外，还要承受来自中北部渔猎区的压力。就两汉三国时期的情况来说，游牧地区的压力具体表现为乌桓与鲜卑这两支东胡部落的崛起；至于来自中北部渔猎区的民族，则被冠以“夫余”“肃慎”“沃沮”或“高句丽”等名号。

从语言学角度来说，东北地区的渔猎民族使用的语言通常被归类为阿尔泰语系满-通古斯语族，在阿尔泰语系中与蒙古语族、突厥语族三分天下。想要厘清历史记载中那些东北渔猎民族间的亲缘关系，是一件非常困难的事情，尤其这种研究中往往还夹杂着现实的地缘政治需求（典型的如高句丽的族属问题）。不过这并不妨碍我们探究这片森林渔猎区的地缘特点。

相比游牧和农耕经济，渔猎经济要显得更为原始些。本质上游牧和农耕都是由渔猎发展而来的。在很多农耕区、游牧区的边缘，都会有森林渔猎民族的存在。大多数情况下，这些森林渔猎民族要么被边缘化，要么被同化。林中百姓在蒙古高原的历史就是典型的案例。这些优秀的战士都是在走出森林、成为游牧民族之后，才出现在中央之国的视野中。然而无论游牧还是渔猎，这些民族一旦入主中原又都不能避免被同化的命运（清朝虽然鼓励八旗子弟练习弓马，但徒劳无功）。

受渔猎经济的制约，东北地区的森林渔猎民族在人口潜力上并不及蒙古高原的游牧民族，更无法与长城以南的农耕民族相比。如果说匈奴已经能集结数十万控弦之士，那么渔猎民族政权的军力往往只能以数万计。然而在复杂的森林环境中成长起来的渔猎民族，其个体的军事能力却要超过游牧民族，只要能够整合在一起，就会爆发出更强的攻击性。比如史书中就曾经记载，游牧属性的契丹人在与女真人的战争中，感叹“女直（真）兵若满万，则不可敌”。

东北地区能够孕育出保有浓厚渔猎色彩的政权，本质在于森林地带幅员辽阔，无论是游牧民族还是中原王朝都无法彻底同化那些渔猎部落。反之，那些生活在东北亚渔猎区的民族想要摆脱部落联盟状态进入更先进的国家形态，单凭自身的力量也是不够的。他们必须跨过北纬42度线，在适宜大规模农作的地带立足，才能养活足以发展文明所需要的人口。在这一需求下，长白山以西的辽河平原与长白山以东的朝鲜半岛，成为东北亚渔猎民族渗透的两大方向。

如果能够控制辽河平原，那么这些渔猎民族甚至有机会在中原王朝衰落时，越过长城逐鹿中原，就像北亚游牧民族经常做的那样。历史上经由这一路径蜕变成功的，有建立金、清两朝的女真人。而如果将扩张方向放在朝鲜半岛方向，那么凭借朝鲜半岛半独立的地理结构，亦有机会依托半岛上的沿海平原成就一番霸业。沿这一路径发展的典型代表，是崛起于公元前1世纪的高句丽王国。

然而无论东北亚的渔猎民族向哪个方向发力，都难以摆脱中央之国的影响。从中原王朝的角度来说，一旦在辽河平原成功立足，又没有动力和能力越过北纬42度线，势必会尝试东入朝鲜半岛获得新的农业支撑点。汉武帝于公元前108年建置的“汉四郡”（包含乐浪郡、玄菟郡、真番郡和临屯郡），便遵循了这一逻辑。

汉四郡是中央之国在朝鲜半岛确立直接统治的起点。但在汉四郡建立之前，兴起于商周交替之际的“箕子朝鲜”，以及燕人卫满在西汉初年建立的“卫氏朝鲜”，已让华夏文明的触角延伸到了这片半岛之地。无论如何定义这两个朝鲜政权的性质，它们客观上为朝鲜半岛带来了更为先进的组织模式与技术。只不过朝鲜半岛纵然无法摆脱中央之国的影响，但还是凭借长白山脉的保护及半独立的地理结构自成一体。

与隔海相望的辽东半岛、山东半岛类似，朝鲜半岛本质上也是一段东亚大陆延伸入海的山地。这条成就朝鲜半岛的山地，其北部为盖马高原（包括向东北方向延伸的咸镜山脉），南部主体为太白山脉，合计1100千米，约合3000朝鲜里。朝鲜的平原地带，都是围绕着这条核心山地冲积而成，因此有“三千里锦绣江山”之说。简单概括朝鲜半岛的南北分野，可以认为半岛北部是围绕着盖马高原周边沿海平原而兴，而南部平原则是太白山脉及其附属山地之水造就的。

不过无论半岛南北，那些沿山麓分布的平原面积都不大（占整个朝鲜半岛面积的20%不到），并被丘陵和海岸线分割，显得支离破碎。受东南季风的影响，半岛西、南海岸的降水更多，冲积平原面积也较东海岸更大。

平壤、首尔、光州、釜山等半岛著名城市，都集中于这两个方向。相比之下，东海岸的平原基本只是沿山麓分布的狭长地带。唯一勉强算得上“原”的，就是东海岸面积最大的一块平原，即位于盖马高原与太白山脉之间的咸兴平原。

在半岛西海岸，海岸线在造就朝鲜首都平壤的大同江下游，与造就韩国首都首尔的汉江之间，出现了一个90度的大拐弯，把整个西海岸平原带分割为南、北两部分。这部分以平壤为中心的朝鲜西海岸平原带，便是乐浪郡的核心区所在。而东海岸的咸境平原充当了玄菟郡的核心，其辖区向北延伸至中国境内的长白山脉。至于真番及临屯两郡，则在乐浪与玄菟之南的朝韩交界地带，并向南延伸到韩国境内。

真番及临屯两郡的实际控制范围，究竟能沿海岸线向南延伸多远并不确定。不过有两点倒是十分明确的。首先，无论箕子朝鲜、卫满朝鲜还是汉四郡，都未能囊括整个朝鲜半岛。依托半岛南部丘陵平原地带出现了合称“三韩”的马韩、辰韩和弁韩三部。当朝鲜半岛北部因东北渔猎民族和中央之国的渗透而成为博弈焦点时，半岛南部更专注于一场小型“三国演义”。其次，中央之国要想维持在辽河平原的存在，始终要承受北部渔猎民族和西部游牧势力的双重压力。在这种情况下，再以之为基地向朝鲜半岛扩张是十分勉强的。有鉴于此，在汉四郡出现在地缘政治舞台的第26年（公元前82年），真番和临屯这两个位置靠南的郡首先被撤销，并入北部的乐浪、玄菟。此后在两汉交替之际，玄菟郡的郡治被迁至今中国境内，而乐浪郡成为东汉在朝鲜半岛上唯一的行政单位。

在三国时代，以平壤及朝鲜西海岸平原为核心的乐浪郡处在中央之国的控制下。代表中央之国镇守此地的辽东太守公孙康，及后来的曹魏、西晋政权，在乐浪郡的南部又设立了带方郡。至于以咸兴平原为代表的玄菟郡故地则被高句丽占据，为其提供崛起的农业基础。公元4世纪初，随着西晋的瓦解，高句丽的势力进一步扩张到朝鲜西海岸，后将都城迁至乐浪郡的郡治平壤。

随着高句丽在东北亚的崛起，朝鲜半岛及东北亚的地缘政治格局亦为之一变，而这一过程就发生在三国时代。在对整个东北亚的地缘结构有了基本了解之后，更多历史谜团将会被一一解开。

第五节 ｜ 雪域高原

除了蒙古高原、东北亚、西域三大边缘板块以外，历史上青藏高原同样是中央之国的压力来源之一。这片形似芒果的雪域高原，面积一般被认定为250万平方千米。如果考虑到地理上可以被归入其范畴的克什米尔部分地区以及喜马拉雅山南麓的话，总面积将近300万平方千米。受篇幅所限，那些位于青藏高原边缘的世界屋脊之地，暂时不在解读范围内。

众多海拔越过4000米的高大山脉将青藏高原与周边板块分隔开来：祁连山脉的山脊将青藏高原与河西走廊分隔开来；阿尔金山及部分昆仑山脉以北是塔里木盆地；岷山山脉就是四川盆地与青藏高原的分界线；至于大家熟悉的喜马拉雅山脉，则俯瞰着整个南亚次大陆。比较特别的是横断山区。这片由青藏高原向中南半岛方向延伸的纵谷，属于青藏高原的部分是海拔较高的北部。益州部分提到的“四江并流”地区，即青藏高原在这个方向上的地理分界点。

在大的板块划分上，这片被称为“世界屋脊”的土地并不是东亚板块的一部分，而是与蒙古高原和大中亚地区一样，属于欧亚大陆中心地带的一部分。就地理而言，河西走廊其实也是这片中心地带的一部分。汉武帝时代的开疆拓土，标志着中央之国开始脱离自己在东亚的舒适圈，深入这片大陆的腹地。单就青藏高原的情况而言，与羌人的战争让汉朝得以将凉州和益州的边界推进至青藏高原边缘。尤其是对河湟谷地的控制与开发，不仅让中原王朝拥有了对抗青藏高原压力的桥头堡，更与河西走廊互为支撑，成为中央之国通往欧亚大陆中心地带的两条走廊。

想要进入这片高原，首先要面对的是高海拔对人类造成的生理影响。这当中影响最大的还不是高海拔造成的温度变化，而是高海拔带来的缺氧。人类终于体会到空气的珍贵了。骤然进入海拔超过3000米的高原山地，会因低压低氧环境影响而产生高原反应。头痛、失眠、食欲减退、疲倦和呼吸困难等都是高原反应的典型症状。殊不知久居高原之人进入低海拔地区时，也会因为氧气含量骤然升高而产生低原反应。低原反应的主要症状为疲乏无力、困倦、嗜睡、食欲亢进、体重增加、下肢浮肿，与醉酒后的人体感受类似，所以又被称为“醉氧”。

不管哪一种反应所带来的不适感都是明显的。虽然这种不适并非无法克服，但在进出高原都会对人的生理造成挑战的情况下，青藏高原与其他地区的地缘融合便会更困难。在海拔断崖式变化的喜马拉雅山南北，这一点显得尤为明显。在喜马拉雅山之南，是由印度河、恒河两大河流哺育的大平原地带。以印度首都新德里为例，其海拔仅为216米。相比之下，位于山脉之北的拉萨海拔达到了3650米。

受海拔差的影响，尽管青藏高原在宗教上受印度影响至深，但双方在地缘政治上几乎没有交集。除了后来的大英帝国以外，那些在自然经济时代统治印度的政权，并没有尝试过征服这片高原，而扎根高原之上的民族对入主南亚次大陆同样缺乏兴趣。相比之下，青藏高原面向内地的方向海拔变化倒不那么剧烈。这一方面是因为青藏高原整体呈现的是南高北低、西高东低的走势。你甚至能够在青海方向找到海拔仅2000多米的河湟谷地，而整个青海地区的平均海拔为3000米出头，比西藏地区要低1000米左右。另一方面，青藏高原与第二级阶梯地区接壤，由于后者也有一定海拔，比如黄土高原西部的海拔就在1500～2000米之间，所以青藏高原与河湟谷地的对接基本不存在海拔上的剧烈变化。

青藏高原在对接中央之国核心区时呈现出的阶梯状、渐进式的海拔变化，使得二者地缘交融起来的难度相对较低，地缘政治上的结合也更为紧密。试想一下，假如亿万年前的地质运动让青藏高原的地理格局出现倒转，拥有了第三级阶梯的地势，那地缘政治结构更完整的可能就是印度了。受环境影响，这片高原在历史上发展出了一套植根于高原气候的地缘认知，并在民族、宗教等诸多方面显现出自己的独特气质。

这种既受客观环境影响又受意识形态影响的地缘认知，尤其事关身份认同，往往需要政治上的统一作为契机。公元7—9世纪是青藏板块独特地缘属性的形成期。当时，崛起于青藏高原的吐蕃不仅在西域、河西走廊等地区与唐朝展开争夺，甚至还攻入过长安。有一种说法认为“吐蕃”二字中的“吐”是粟特语“大”的转音，“蕃”也是藏族先民的自称被转译成粟特语的结果。

时下藏族的人口约为700余万，在地缘交融难度大大降低的今天，依然在青海高原地区占据着绝对优势。高原民族对这片土地所做的划分，能够帮助我们一探这片土地的原始地缘属性。整个藏文化区可以分为卫藏、安多、康巴三部分。20世纪中叶建置的西康省（1939—1955年）如果还留在行政版图中的话，这三个地缘板块的核心部分，大体能够用西藏、青海和西康三个省级行政单位来代表。

“法域卫藏、人域康巴、马域安多”是对藏文化区三大板块特点的总结。所谓“法域卫藏”，指卫藏是整个地区的宗教中心。在政教合一的体制下，以拉萨为中心的卫藏同时充当着整个藏区的政治大脑。“人域康巴”还有一个更通俗的说法——康巴汉子。来自康巴地区的汉子不仅长相英武，更擅长经商以及用积累的财富打扮自己。“马域安多”则是说青海地区以游牧经济见长。

从地缘位置上说，历史上与中央之国发生地缘政治互动最多的是安多地区。安多对应的是青藏高原北部的柴达木盆地、青海湖地区、黄河上游地区、四川境内的川西北高原以及甘肃南部的甘南高原。在这个范围内，当下共建置有7个与藏族有关的自治州，包括四川阿坝藏族羌族自治州（西部）、甘肃甘南藏族自治州，以及隶属青海的海南藏族自治州、黄南藏族自治州、海北藏族自治州、果洛藏族自治州和海西蒙古族藏族自治州。

青海有两个地区未被安多藏区所涵盖，一个是被上述藏族自治州“C”形包围的河湟谷地，另一个是位于青海省南部，覆盖黄河、长江、澜沧江三江源头的玉树藏族自治州。河湟谷地的得失对于安多藏区的地缘价值影响至深。从地理上看，河湟谷地无疑是青藏高原的一部分，但其与黄土高原相近的地理环境，以及面向东南方的位置，使之早在两汉时期就已经成为中央之国的一部分。当下青海的人口近600万，生活在河湟谷地的人口就达近400万，而西藏的人口也不过360余万。除河湟谷地以外的青海高原，或因降水或因积温问题，都不适合大规模农业开发，畜牧业成了利用高原植被的主要手段。这也是为什么“马域”成了安多藏区的标签。从安多的角度来说，未能涵盖河湟谷地令安多失去了与卫藏地区竞争的资本。反之，正是因为能够较早将河湟谷地融入核心区，中央之国才拥有了进一步向青海地区，乃至整个青藏高原渗透的跳板。由于这条纵贯青海、连接西藏的战略通道出现于唐朝与吐蕃并立时期，因此被称为“唐蕃古道”。

经由唐蕃古道进入西藏，必须穿越昆仑山脉与唐古拉山脉之间的青海省玉树州。玉树并不属于安多，而是康巴的一部分。水系归属可以解释这一切。安多藏区在水系上包括黄河上游及位于其西北部的青海湖、柴达木两个内流区，区位上就是藏区的北方。而康巴藏区的地理属性，本质为横断山区在青藏高原的部分。

玉树州境内分布着长江、黄河和澜沧江三大河流的源头，因此又被称为“三江源地区”。其中长江与澜沧江这两条南方大河占据了主导地位，比如位于玉树州东南角的州政府所在地玉树市，便位于长江源头性质的通天河河谷之侧。换句话说，玉树州亦可算横断山区的北部延伸。

长江、澜沧江、怒江等向东南方向流淌的河流及横断山区的纵谷特征，使得康巴地区受到西南季风的影响，并由此获得更多降水。抛开西藏地区不谈，单看安多与康巴的位置关系，康巴地区无论位置还是气候，都可以被认定为藏区的南方。在这一环境特性的影响下，康巴地区拥有更多农业成分。当然，这片高原之地并不存在纯粹的农业区：当地人在河谷低地开垦农田的同时，也利用纵谷中那些海拔较高的草场放牧。从这个角度说，康巴地区的地缘属性更应该被定义为半农半牧，就像当年在河湟谷地及黄土高原活动的西羌诸部一样。

除了半农半牧的属性，横断山区还赋予了康巴地区另外两个地缘特点。首先，共同的环境属性虽然造就了康巴地区的共同地缘属性，但由于山脉的分割以及河谷的不断延伸，康巴地区内部很难出现统一且强大的地方政权。其次横断山区北连青藏、南通川滇的地理属性，使得上述河流所在的河谷成为连接上述地区的天然贸易通道。这些贸易通道就是著名的茶马古道。依走向不同，茶马古道可具体分为川藏与滇藏两条路线。而康巴地区的农牧属性，既可为茶马古道提供稳定的补给与消费市场，又可以为商旅提供马匹。能够从茶马贸易中获取额外的商业利益，也让康巴的历史地缘属性呈现出更多的商业色彩。

与青藏高原接壤的甘肃、云南和四川三省中，拥有河西走廊的甘肃省，负责对安多地区施加影响力，而控制横断山区南部的四川、云南两省，面对的则是康巴地区。然而在整个青藏高原居于中心地位的卫藏或者说西藏，并不与任何一个内地省份接壤，倒是与南亚次大陆全面对接。

这一板块结构不由得让人联想到蒙古高原。参考内、外蒙古地区在近代历史上的得失，与内地联系密切的安多、康巴地区与内蒙古地区的地缘政治定位类似，而西藏所代表的卫藏地区，无论从它与内地的位置关系来看，还是从它在高原内部的地位来看，都与外蒙古地区相近。但要对那些相关历史事件有更深刻的理解，还需要了解更多关于西藏的地缘信息。

总的来说，西藏地区在地理上可由北向南划分为三大部分，包括最北部的藏北高原、藏南谷地，以及藏东高山峡谷。如果以环境和经济成分来划分的话，由北向南横向排列的这三大板块的地缘属性分别是无人区、游牧区以及农业区。这当中，以雅鲁藏布江河谷为主的喜马拉雅山脉北麓地区是整个地区的核心区，也是狭义的卫藏所在。

狭义的卫藏同样可以分为三部分，不过这三部分并不是由南向北排列而是由西向东划分的，包括阿里、后藏、前藏三个板块。其中前藏地区对应现在的拉萨市和山南市，后藏地区对应的是日喀则市。这两个板块的共同之处是皆位于雅鲁藏布江河谷。至于位于整个板块西端的阿里地区，其核心区位于狮泉河两岸（阿里地区行政公署的驻地为狮泉河镇）。狮泉河是印度河的上源，也是西藏西部的大河之一。

印度河与雅鲁藏布江都发源于喜马拉雅山北麓，然后绕过这条世界最高的山脉注入南亚次大陆和印度洋。雅鲁藏布江的下游位于印度，被称为“布拉马普特拉河”，覆盖了大部分喜马拉雅山脉南麓地带。受益于从河谷中北上的印度洋暖湿气流带来的较多降水和相对较低的纬度与海拔，喜马拉雅山北麓尤其是雅鲁藏布江河谷，成为整个西藏的农业中心。这让卫藏地区在历史上有足够的人口和经济优势，向安多和康巴地区辐射其影响力。

这条能够接收印度洋水汽的农业带，在地理上是由北部的冈底斯山脉和念青唐古拉山脉，与南部的喜马拉雅山脉包夹而成的。而冈底斯山脉、念青唐古拉山脉与更北部的羌塘高原（又名藏北高原）包夹的谷地，大部为内陆湖所覆盖，只有东端因怒江源头的存在，属于外流区。基于这一特点，我们可将之称为青藏高原的“大湖盆地带”。

受降水和温度影响，当下为那曲市和阿里地区所辖的大湖盆地带，在经济上主要以畜牧业为主。就其自身情况而言，东部怒江外流区的降水和草原条件，较中西部内流区要好得多。由于行政上归属于那曲市，这片位于怒江源头的草原亦被单独称为“那曲草原”。事实上，在喜马拉雅山北部的农业带，同样存在东部环境优于西部的情况。这一特点也帮助以拉萨为中心的前藏地区成为整个高原的政教中心。

与拉萨地区隔分水岭相望的那曲草原，同内蒙古的呼伦贝尔草原、锡林郭勒草原，以及新疆的伊犁草原，合称为中国四大草原。除相对优质的草场外，那曲草原的区位优势更加重要。在大湖盆地带之北分布着无人区性质的羌塘高原。这片面积近60万平方千米的高地，是青藏高原海拔最高的地理单元，可谓是屋脊上的屋脊。昆仑山脉、唐古拉山脉和喀喇昆仑山脉等著名的高大山脉，都是其边缘山脉。

如此高的海拔，使羌塘高原成为人类生存的禁区，而以藏羚羊为代表的野生动物才是这片高原的主人。整个羌塘高原南邻大湖盆地带的内流区，但那曲草原所处的外流区，正好不受羌塘高原的影响，并与唐蕃古道、茶马古道相对接。这意味着与拉萨近在咫尺的那曲草原，不仅能够为卫藏地区的扩张提供马匹，还可以成为通往安多和康巴地区的走廊。

归纳下来，卫藏地区兼具农牧优势，加之喜马拉雅山脉和羌塘高原在南北两侧作为天然屏障，因此有机会在外部压力较少的情况下，发展出独特的地缘属性：它可以通过唐蕃古道、茶马古道向安多、康巴地区扩张。

同时这种面向东南的地势，亦拉近了整个西藏与内地的空间距离，为二者政治上的融合奠定了基础。

只是由于青藏高原那令人望而生畏的海拔，这个融合过程注定是十分漫长的。至于三国时代的那些英雄豪杰对这片土地究竟有多少了解，就要等到日后结合史实再做进一步分析了。

目录

地形

关隘

水系

交通要道

语言

一般图例

古内容		今内容	
洛阳	都城	北京	首都
幽州	州级驻所	沈阳	省级行政中心
上郡	郡级驻所	未定	国界
临河	县级驻所		地区界
桥门	聚邑		军事分界线
太山	山峰		水系
	政权部族界		长城
	郡级政区界		
	古代水系		

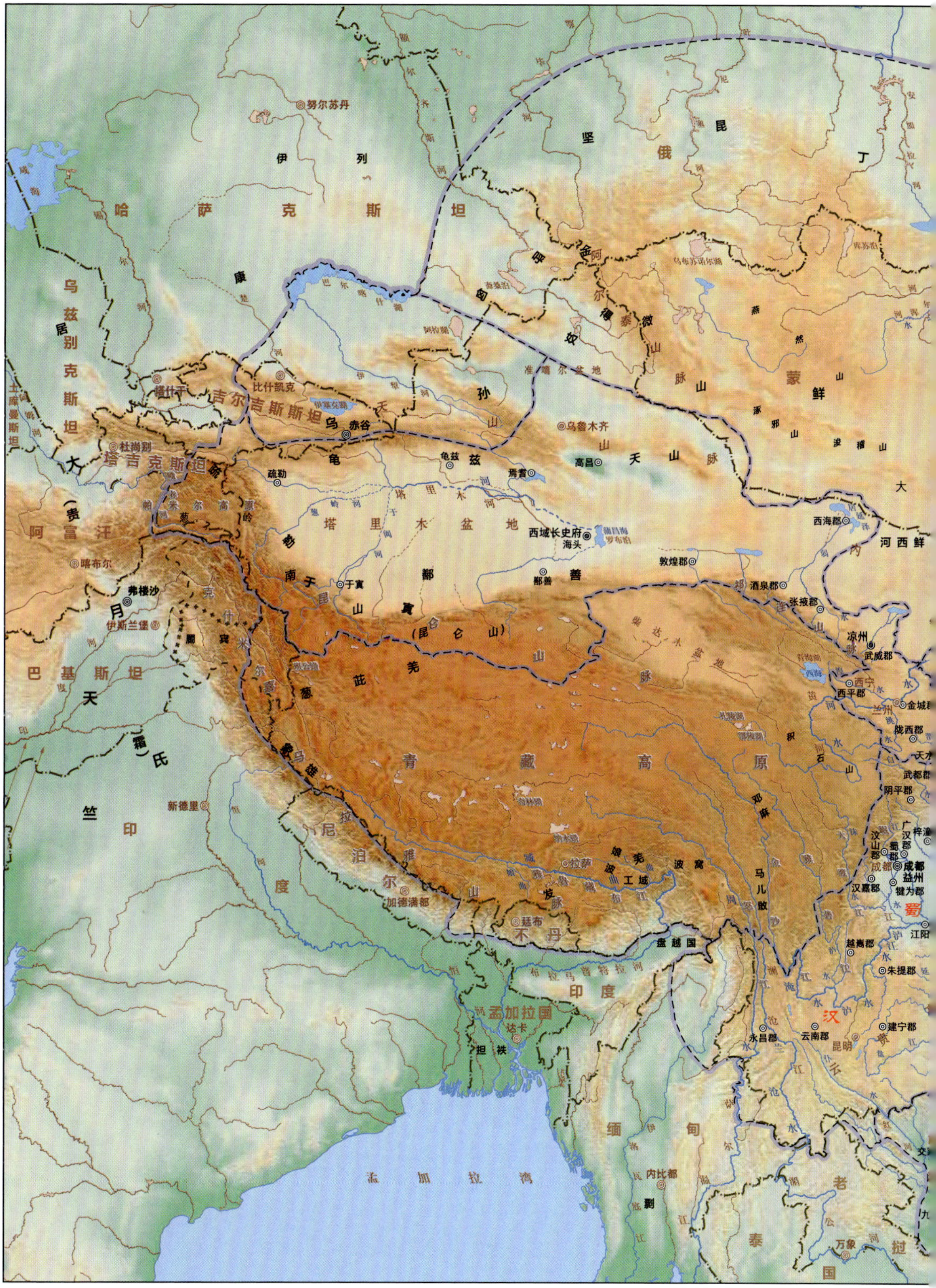

努尔苏丹
伊
列
哈
萨
克
斯
坦
坚
昆
丁
俄
乌
兹
别
克
斯
坦
居
康
比什凯克
吉尔吉斯斯坦
乌
孙
赤谷
塔吉克斯坦
杜尚别
大
(贵)
阿
富
汗
喀布尔
弗楼沙
月
伊斯兰堡
巴
基
斯
坦
天
竺
印
新德里
氏
龟
兹
龟兹
疏勒
焉耆
乌鲁木齐
高昌
天
山
塔
里
木
盆
地
西域长史府
海头
于阗
鄯善
敦煌郡
酒泉郡
张掖郡
凉州
武威郡
西海郡
河
西
鲜
南
山
昆仑山
羌
青
藏
高
原
西宁
西平郡
金城
陇西郡
天水
武都
阴平郡
广汉
梓潼
汶山郡
蜀郡
成都
益州
犍为郡
汉嘉郡
蜀
江阳
越嶲郡
朱提郡
建宁郡
昆明
云南郡
永昌郡
汉
盘越国
尼
泊
尔
加德满都
拉萨
不
丹
廷布
印
度
孟加拉国
达卡
孟
加
拉
湾
缅
甸
内比都
泰
国
老
挝
万象
蒙
鲜
卑
大

萨哈林岛
（库页岛）
鄂霍次克海
北海道岛
日
本
州
东京
日本海
四国岛
九州岛
倭
太
平
洋
琉球群岛
钓鱼岛
赤尾屿
台北
台湾岛
东海
黄海
渤海
菲律宾
南海
（涨海）
东沙群岛
西沙群岛
海南岛
朱崖洲
海口
朱崖郡
合浦郡
高凉郡
南宁
郁林郡
苍梧郡
交州
南海郡
广州
香港
澳门
临贺郡
桂阳郡
零陵郡
湘东郡
衡阳郡
长沙郡
长沙
武陵郡
宜都郡
南郡
荆州
江夏郡
武汉
庐江郡
豫章郡
南昌
鄱阳郡
新都郡
会稽郡
临海郡
杭州
吴郡
上海
建业
南京
丹阳郡
扬州
毗陵典农校尉
合肥
临川郡
建安郡
庐陵郡
福州
东
吴
魏
洛阳
司州
郑州
河南尹
颍川郡
陈郡
汝南郡
弋阳郡
南阳郡
襄阳郡
上庸郡
魏兴郡
巴东郡
京兆郡
雍州
西安
冯翊郡
弘农郡
河东郡
平阳郡
西河郡
太原郡
太原
并州
上党郡
河内郡
广平郡
魏郡
东郡
兖州
陈留国
彭城国
谯郡
豫州
徐州
下邳郡
广陵郡
东海国
琅邪国
鲁郡
泰山郡
齐国
济南
青州
北海国
东莱郡
渤海郡
冀州
安平郡
石家庄
中山国
范阳郡
天津
燕国
幽州
北京
上谷郡
代郡
雁门郡
盛乐
呼和浩特
渔阳郡
右北平郡
辽西郡
昌黎郡
辽东郡
玄菟郡
沈阳
丸都
高句丽
夫余
长春
哈尔滨
乐浪郡
平壤
带方郡
首尔
马韩
辰韩
弁韩
韩国
朝鲜
东部鲜卑
鲜卑
挹娄
贝尔湖
呼伦湖
羌
胡
蜀汉
东吴
交趾郡
九真郡
日南郡
中沙群岛
黄岩岛
南沙群岛
曾母暗沙
斯里巴加湾市
文莱

蒙
古
鲜
卑
原
高
锡林郭勒
古
阴
蒙
内
受降城
中
华
人
民
高阙
河套平原
鸡鹿塞
巴彦淖尔
朔方郡
库布齐沙漠
阴
山
五原郡
包头
大
青
山
山
云中郡
呼和浩特
乌兰察布
白
山
燕
张家口
代郡
上谷
乌海
河
鄂尔多斯高原
鄂尔多斯
定襄郡
大同
洪
涛
山
黄
贺
兰
山
石嘴山
银川
水
朔州
雁门郡
太
五阮关
广阳
北
涿郡
鄂尔多斯沙地
并州刺史部
五
台
山
常山关
吕
芦
芽
山
保定
阳城
中山国
吴忠
北地郡
黄
大
罗
山
榆林
上郡
汾阳
忻州
虖沱
河
河间
秦
延
水
土
高
原
河
梁
太原郡
太原
晋中
行
阳泉
石家庄
石邑
常山国
州
水
衡水
凉
州
刺
史
部
桥门
吕梁
西河郡
箕城
巨鹿国
安平国
刺
河
平原
分
水
岭
太
岳
山
邢台
史
清河国
延安
绵上聚
赵国
邯郸
固原
六
盘
山
郁郅
子
午
岭
直路
洛
山
汾
山
临汾
余吾
长治
上党郡
黎亭
长平亭
部
魏郡
聊城
安定郡
泾
泾
水
水
河
山
安阳
濮阳
东郡
黄
刺
州
陇关
水
王
屋
山
晋城
新乡
河内郡
河
兖
菏泽
济阴郡
山阳
司
隶
校
尉
部
左冯翊
河
水
河东郡
条
中
三门峡
开封
宝鸡
渭
散关
右扶风
咸阳
京兆尹
渭南
弘农郡
河南尹
雒阳
郑州
陈留郡
汳
商丘
渭
水
西安
山
崤
山
水
熊
耳
山
洛阳
雒
颍川郡
浪
汤
梁国
睢
凉州刺史部
秦
岭
南
益州刺史部
伏
荆州刺史部
牛
山
汝
颍
渠
过
亳州
河
水
荆州刺史部
水
濦河
水
陈国
豫州刺

夫余
辽东鲜卑
科尔沁沙地
西鲜卑
七老图山
努鲁儿虎山
大兴安岭
长白山
高句丽
朝鲜
幽州刺史部
青州刺史部
徐州刺史部
渤海
辽东湾
莱州湾
海州湾
黄海
东海
辽东半岛
山东半岛
盖马大山
单单大岭
韩国
长春
吉林
通辽
辽源
铁岭
抚顺
沈阳
玄菟郡
本溪
辽阳
辽东郡
鞍山
阜新
朝阳
柳城
辽西郡
辽东属国
锦州
葫芦岛
盘锦
营口
丹东
通化
纥升骨城
国内城
乐浪郡
平壤
赤峰
承德
渔阳郡
右北平郡
唐山
秦皇岛
天津
大连
沧州
渤海郡
东营
东莱郡
烟台
威海
乐安国
淄博
齐国
济南
济南国
北海国
潍坊
青岛
北国
泰山郡
鲁国
城国
琅邪郡
临沂
枣庄
东海郡
连云港
彭城国
下邳国
徐州
宿迁
沛国
辽河
大辽水
鸭绿江
西辽河
榆水
濡水
漳水
泗水
淮水
蒙山
尼山
医巫闾山
千山
燕山山脉
松花江
大凌河

蒙　古
鲜
原
高
兴
安
锡林郭勒
古
卑
岭
蒙
内
作
七
赤峰
秦
水
老
图
鲁
努
山
中　华　人　民　共　和　国
乌兰察布
包头
呼和浩特
白
山
燕
滦
承德
张家口
上谷郡
山
山
脉
黄
渔阳郡
大同
濡
水
水
代郡
鄂尔多斯
燕国
北京
幽州
右北平郡
辽西郡
河
羌
朔州
涿郡
廊坊
唐山
幽
雁门郡
太
天津
河
华
保定
渤
吕
呼
章武郡
新兴郡
中山郡
忻州
沱
河
博陵郡
胡
并
常山郡
河间郡
沧州
太原
北
渤海郡
海
太原郡
石家庄
阳泉
水
并州
漳
清
吕梁
梁
乐平郡
衡水
巨鹿郡
赵郡
冀州
州
西河郡
汾
行
安平郡
德州
乐陵郡
东营
冀
平
水
滨州
莱州湾
黄
土
高
原
邢台
河
平原国
山
广平国
清河郡
水
青州
齐国
州
济南郡
潍坊
邯郸
水
阳平郡
聊城
济南
青
平阳郡
水
长治
临汾
魏郡
原
雍州
上党郡
安阳
泰山郡
徐
济
司
河
州
山
王
濮阳
晋城
鹤壁
东郡
兖州
城阳郡
屋
运城
河东郡
豫
大野泽
济宁
新乡
山
州
州
州
河内郡
兖
菏泽
任城郡

嫩江
松原
夫余
牡丹江
挹娄
俄罗斯
松花江
长春
吉林
东辽河
通辽
水
沁沙地
四平
辽源
吉林哈达岭
长白山
图们江
清津
高句丽
白山
鸭绿江
盖马大山
丸都
江界
朝
丽
阜新
医巫闾山
沈阳
抚顺
玄菟郡
朝阳
昌黎郡
本溪
辽东郡
辽阳
辽水
千山
锦州
葫芦岛
营口
辽东湾
丹东
辽东半岛
大连
西朝鲜湾
东朝鲜湾
单单大岭
州
乐浪郡
平壤
沙里院
带方郡
朝鲜
日本海
首尔
江华湾
半岛
韩国
大丘
全州
光州
釜山
东莱郡
烟台
威海
州
东半岛
青岛
黄海

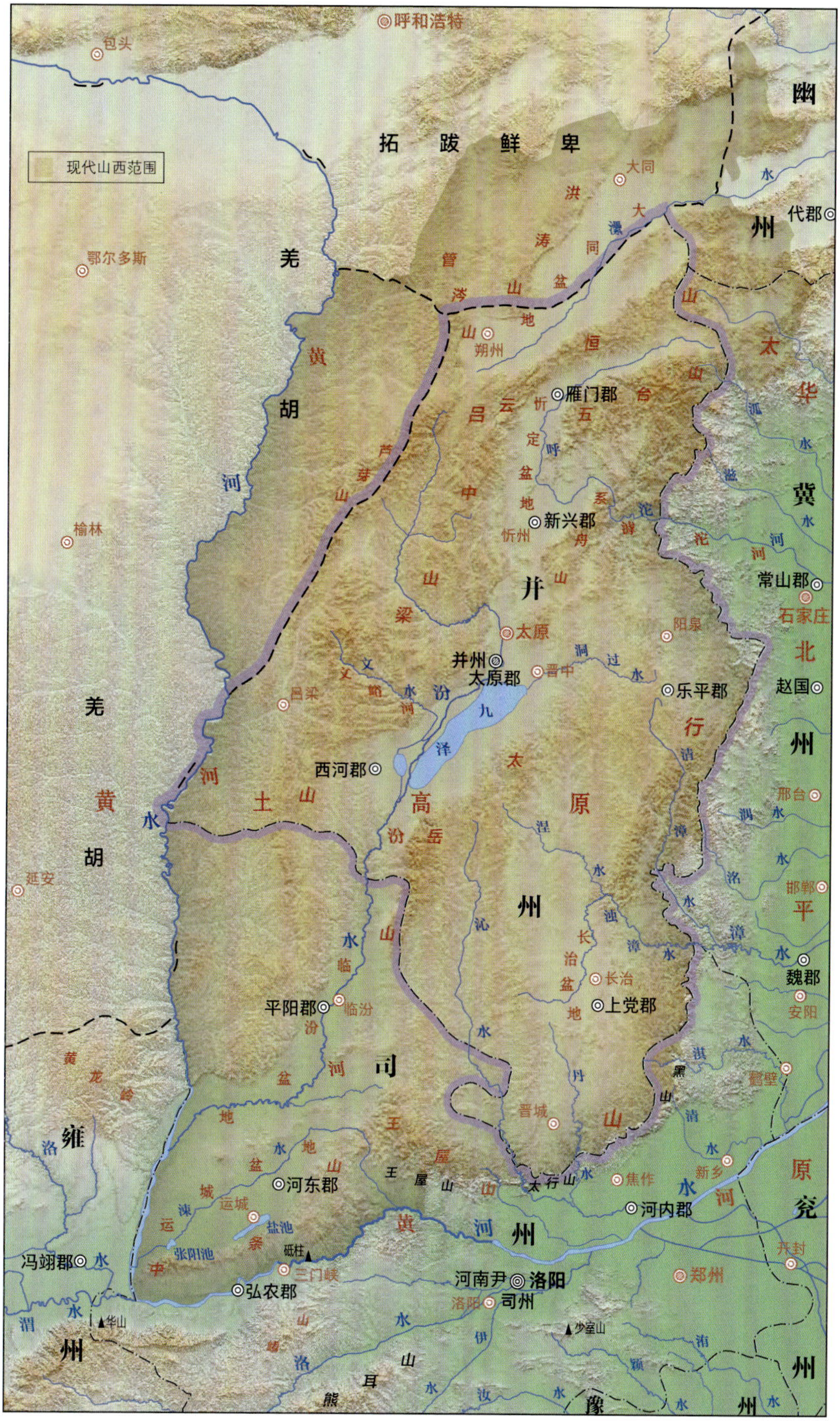

三国时期的并州及周边地区

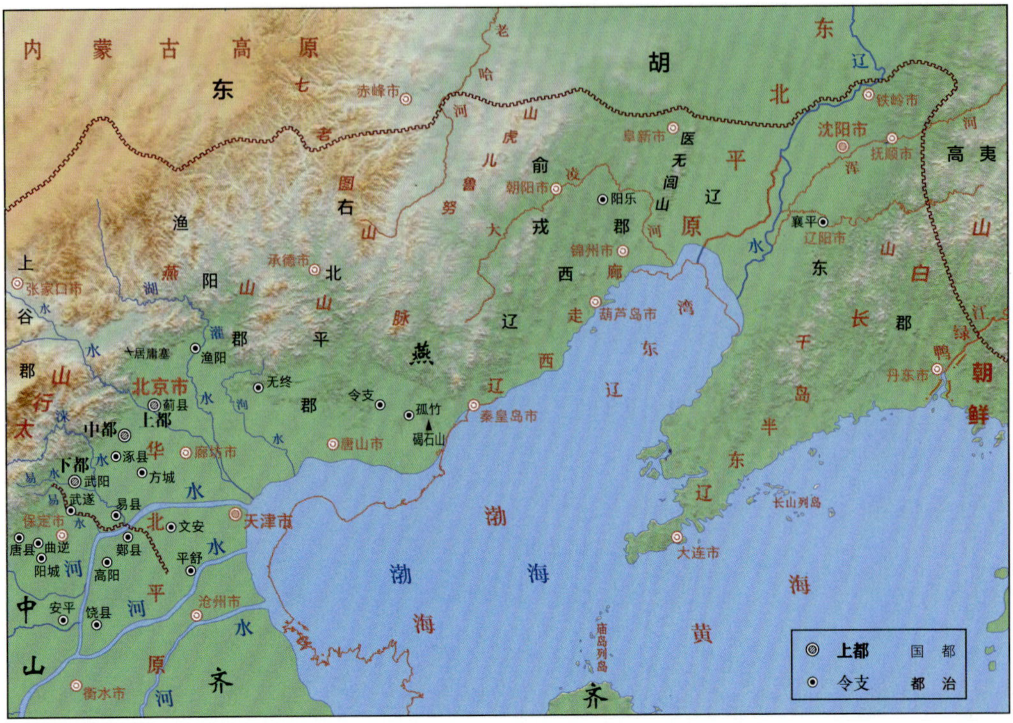

战国时期的燕国

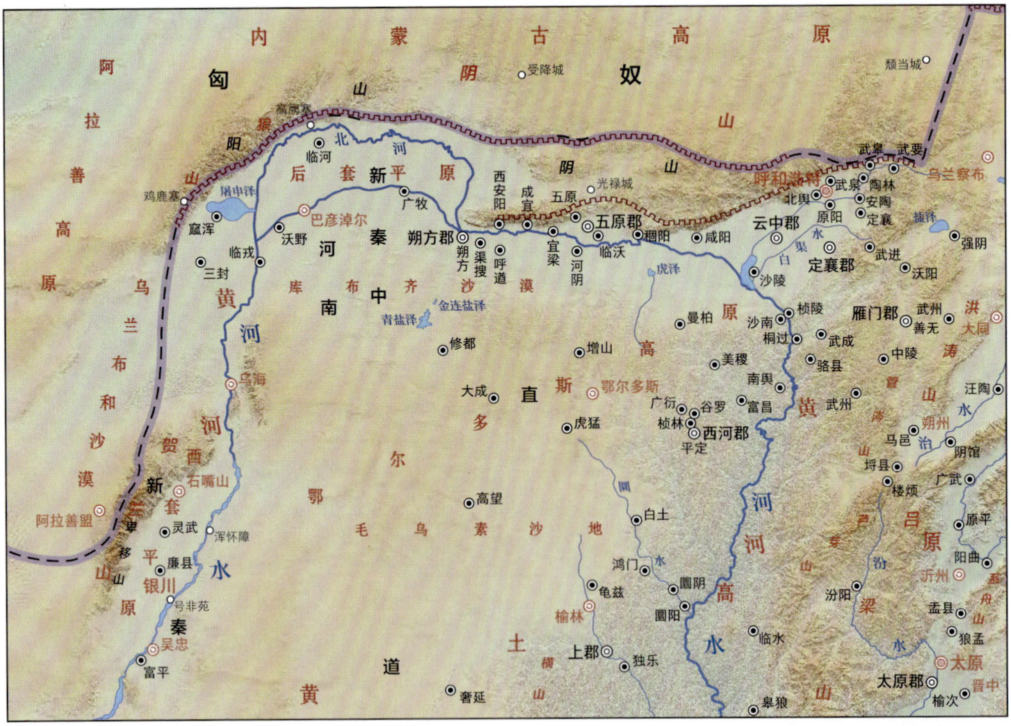

西汉时期的河套地区

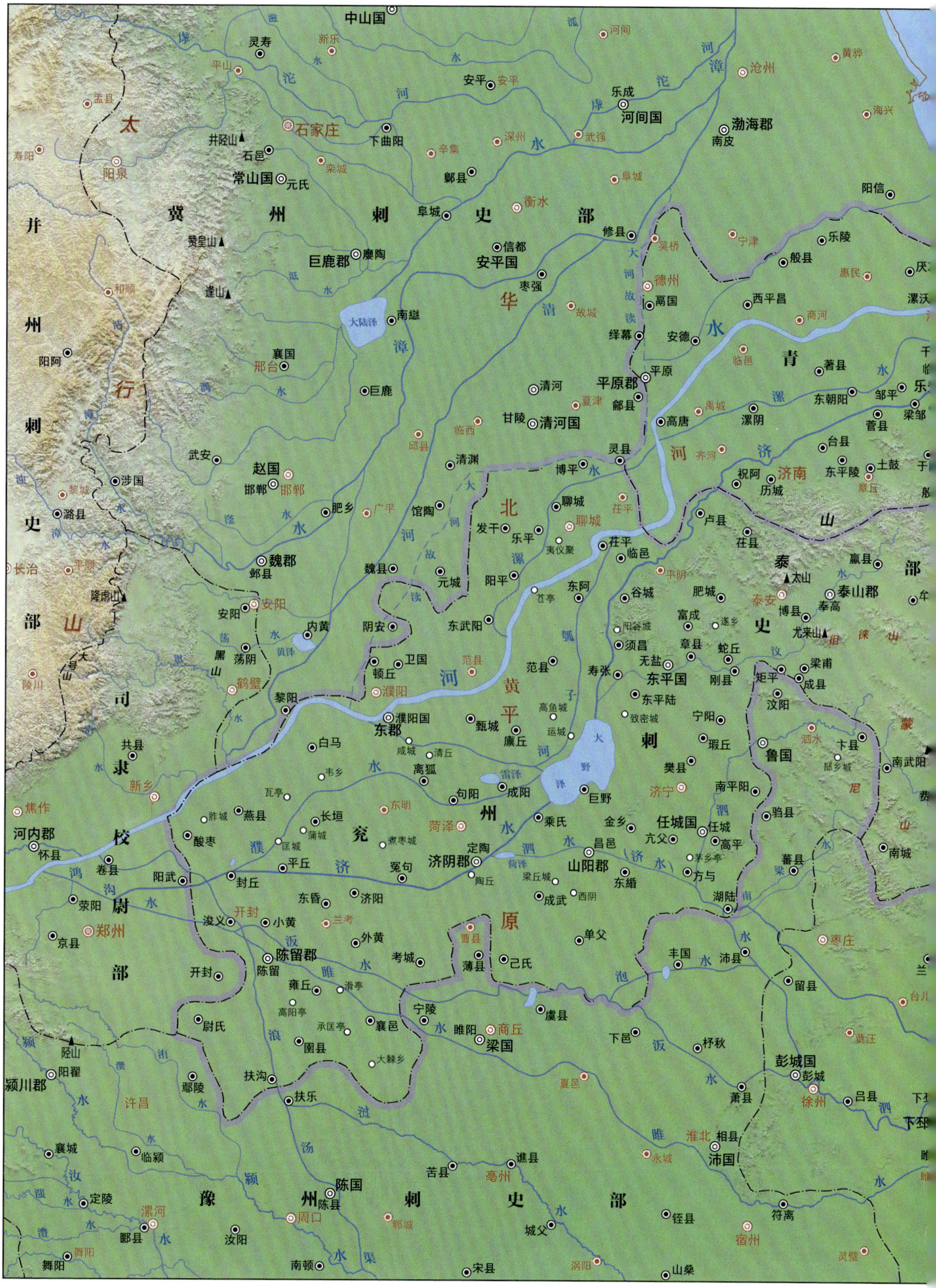

中山国
灵寿
新乐
平山
安平
河间
沧州
黄骅
海兴
盂县
太
石家庄
下曲阳
井陉山
石邑
乐成
河间国
渤海郡
南皮
寿阳
阳泉
常山国
元氏
深州
辛集
武强
栾城
鄡县
阜城
阳信
并
冀
州
刺
史
部
阜城
衡水
修县
宁津
乐陵
般县
惠民
赞皇山
巨鹿郡
廮陶
信都
安平国
枣强
吴桥
德州
鬲国
西平昌
商河
和顺
蓬山
华
故城
州
大陆泽
南䜌
绎幕
安德
水
阳阿
襄国
邢台
巨鹿
清河
平原郡
平原
临邑
青
著县
东朝阳
邹平
行
清河国
甘陵
夏津
鄃县
高唐
禹城
漯阴
梁邹
营县
刺
临西
邱县
清渊
灵县
齐河
台县
东平陵
土鼓
武安
赵国
邯郸
博平
祝阿
济南
历城
章丘
黎城
涉国
广平
馆陶
北
聊城
茌平
卢县
山
潞县
肥乡
发干
乐平
史
荏平
荏县
长治
平顺
魏郡
邺县
夷仪聚
临邑
泰
魏县
元城
阳平
平阴
太山
嬴县
部
隆虑山
东阿
谷城
肥城
泰山郡
奉高
安阳
卫国
东武阳
富成
遂乡
博县
山
阳谷城
须昌
章县
蛇丘
史
尤来山
黄泽
内黄
阴安
荡阴
顿丘
范县
黑山
濮阳
范县
寿张
无盐
东平国
刚县
梁甫
成县
黎阳
鹤壁
河
黄
东平陆
矩平
汶阳
濮阳国
东郡
甄城
高鱼城
致密城
宁阳
平
刺
瑕丘
泗水
卞县
鲁国
共县
白马
咸城
廪丘
运城
大
司
隶
新乡
清丘
离狐
雷泽
樊县
野
南武阳
韦乡
句阳
成阳
泽
济宁
南平阳
驺县
焦作
东明
瓦亭
巨野
长垣
燕县
胙城
乘氏
金乡
任城国
河内郡
怀县
校
酸枣
蒲城
兖
菏泽
亢父
任城
濮
匡城
煮枣城
定陶
济阴郡
昌邑
山阳郡
高平
蕃县
南城
卷县
平丘
济
冤句
梁丘城
东缗
方与
阳武
封丘
东昏
陶丘
成武
西阴
湖陆
济阳
尉
荥阳
开封
兰考
小黄
外黄
原
单父
丰国
沛县
枣庄
浚义
曹县
郑州
京县
陈留郡
陈留
考城
薄县
己氏
留县
部
开封
雍丘
济亭
圉县
宁陵
虞县
承匡亭
高阳亭
睢阳
商丘
梁国
下邑
杼秋
尉氏
襄邑
大棘乡
陉山
阳翟
颍川郡
扶沟
扶乐
鄢陵
许昌
夏邑
萧县
彭城国
彭城
徐州
吕县
襄城
临颍
淮北
相县
沛国
苦县
谯县
亳州
永城
定陵
漯河
豫
州
陈国
陈县
刺
史
部
铚县
符离
宿州
郾县
汝阳
周口
郸城
城父
舞阳
南顿
宋县
涡阳
山桑
灵璧

勃
渤
海
庙岛列岛
长岛
蓬莱
海
河口
垦利
东营
莱州湾
黄县
东莱郡
牟平
威海
烟台
牟平
东牟
曲城
招远
栖霞
过乡
掖国
当利
卢乡
利县
乐安
广饶
博昌
南丰
寿光
临菑
东安平
益国
齐国
剧县
北海国
都昌
下密
潍城
潍坊
刺
胶东
即墨
挺县
长广
观阳
昌阳
文登
荣成
乳山
海阳
莱西
半
部
岛
东
史
山
陵
丘
广县
高山
平寿
营陵
淳于
临朐
安丘
三亭
朱虚
安丘
昌安
夷安
高密
胶州
介亭
壮武
即墨
不其
青岛
平昌
姑幕
箕屋山
东武
诸县
黔陬
琅邪
东莞
东安
五莲
莒县
徐
沂南
阳都
海曲
日照
临沂
莒南
岚山
即丘
开阳
赣榆
海州湾
临沭
州
刺
羽山
东海郡
郯国
连云港
朐县
东海
新沂
史
灌云
海西
沭阳
曲阳
宿迁
下相
部
滨海
射阳
凌县
泗阳
涟水
淮浦
淮阴
淮安
泗洪
建湖
黄
东
海
海

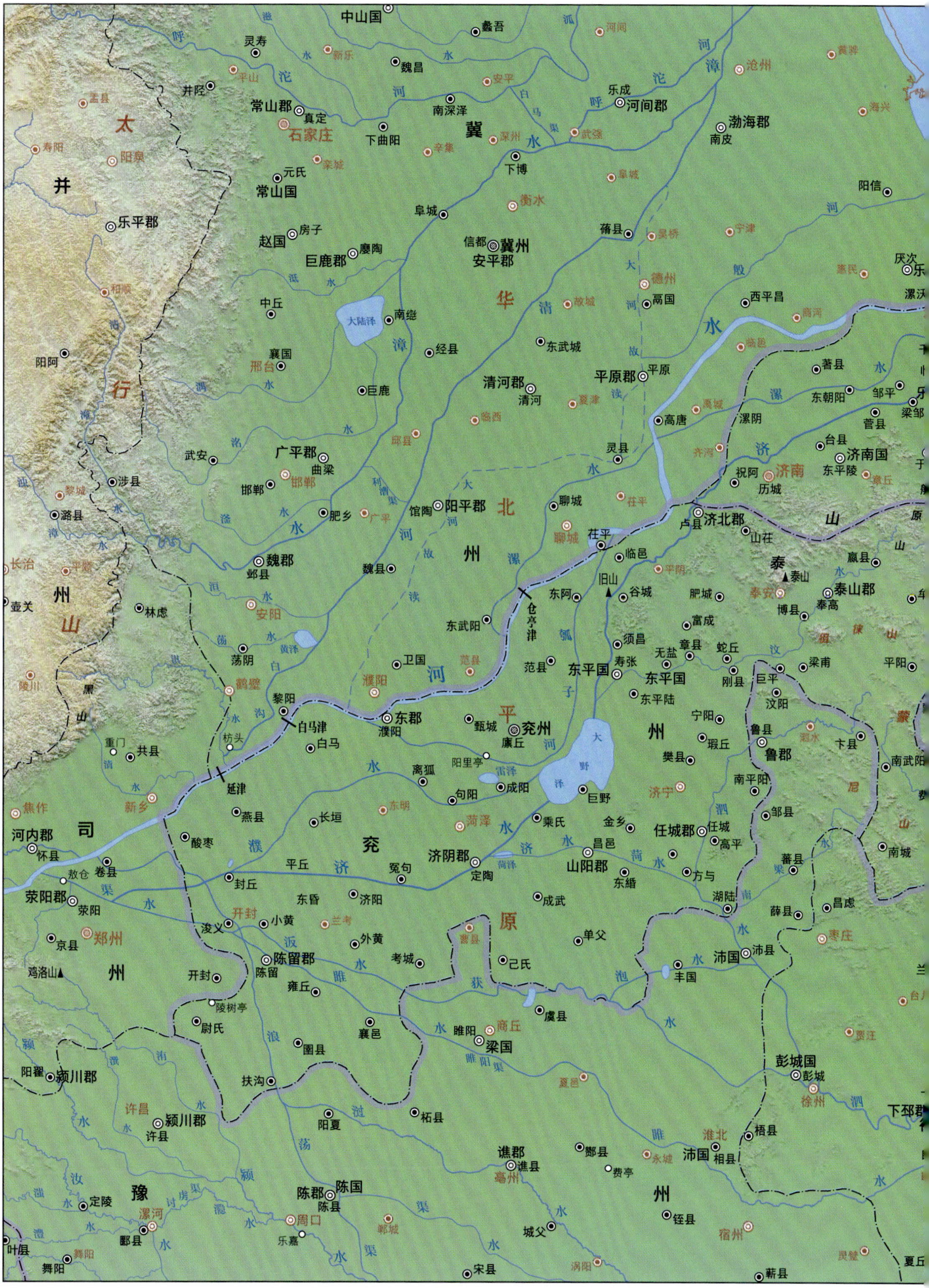
中山国
蠡吾
灵寿
魏昌
井陉
常山郡
真定
石家庄
南深泽
下曲阳
冀
乐成
河间郡
渤海郡
南皮
太
并
乐平郡
元氏
常山国
下博
阜城
衡水
阳信
赵国
房子
巨鹿郡
廮陶
信都
冀州
安平郡
蓨县
中丘
南䜌
华
东武城
西平昌
大陆泽
经县
襄国
邢台
巨鹿
清河郡
清河
平原郡
平原
著县
东朝阳
邹平
梁邹
阳阿
行
高唐
漯阴
菅县
台县
济南国
东平陵
广平郡
曲梁
灵丘
祝阿
济南
历城
武安
邯郸
涉县
路县
肥乡
馆陶
阳平郡
北
聊城
茌平
卢县
济北郡
山茌
泰
泰山
嬴县
魏郡
邺县
魏县
州
临邑
泰山郡
博县
奉高
长治
壶关
林虑
东阿
谷城
旧山
肥城
富成
东武阳
仓亭津
安阳
荡阴
卫国
须昌
章县
蛇丘
范县
东平国
寿张
无盐
刚县
巨平
汶阳
梁甫
平阳
黎阳
白马津
白马
东郡
濮阳
甄城
兖州
廪丘
东平陆
宁阳
鲁县
鲁郡
卞县
南武阳
重门
共县
杨头
阳里亭
大野泽
瑕丘
樊县
延津
离狐
句阳
成阳
巨野
济宁
南平阳
邹县
焦作
新乡
燕县
长垣
乘氏
金乡
任城郡
任城
高平
河内郡
司
怀县
酸枣
兖
济阴郡
定陶
昌邑
山阳郡
东缗
方与
蕃县
南城
敖仓
卷县
平丘
冤句
封丘
荥阳郡
荥阳
东昏
济阳
成武
湖陆
薛县
昌虑
郑州
浚仪
小黄
外黄
原
单父
枣庄
京县
考城
己氏
沛国
沛县
丰国
鸡洛山
陈留郡
陈留
开封
雍丘
虞县
陵树亭
尉氏
襄邑
睢阳
商丘
梁国
圉县
彭城国
彭城
阳翟
颍川郡
扶沟
徐州
许昌
颍川郡
许县
阳夏
柘县
谯郡
谯县
亳州
鄼县
费亭
沛国
相县
梧县
下邳
豫
陈郡
陈国
陈县
定陵
漯河
周口
乐嘉
郾县
舞阳
叶县
城父
铚县
宿州
宋县
蕲县
夏丘

勃
渤
海
庙
岛
列
岛
长岛
蓬莱
海
河口
垦利
东营
莱
州
湾
东莱郡
黄县
掖县
牟平
烟台
威海
成山
东牟
曲城
招远
栖霞
文登
荣成
昌阳
掖国
当利
卢乡
观阳
挺县
莱西
乳山
海阳
胶东
即墨
东
半
岛
州
利县
乐安
广饶
博昌
南丰
寿光
临淄
青州
齐国
益都
巨
都昌
下密
剧县
潍坊
潍城
广县
平寿
营陵
淳于
临朐
朱虚
安丘
昌安
夷安
高密
壮武
不其
胶州
青岛
青
山
陵
丘
泰
山
平昌
姑幕
黔陬
胶山
城阳郡
东武
诸县
东莞郡
盖县
徐
东莞
东安
莒县
日照
五莲
岚山
莒南
阳都
临沂
开阳
邪郡
祝其
临沭
赣榆
海州湾
连云港
朐县
东海郡
郯国
郯城
东海
新沂
灌云
海西
州
沭阳
宿迁
下相
凌县
泗阳
淮浦
涟水
淮阴
广陵郡
淮安
泗洪
滨海
射阳
建湖
黄
东
海
海

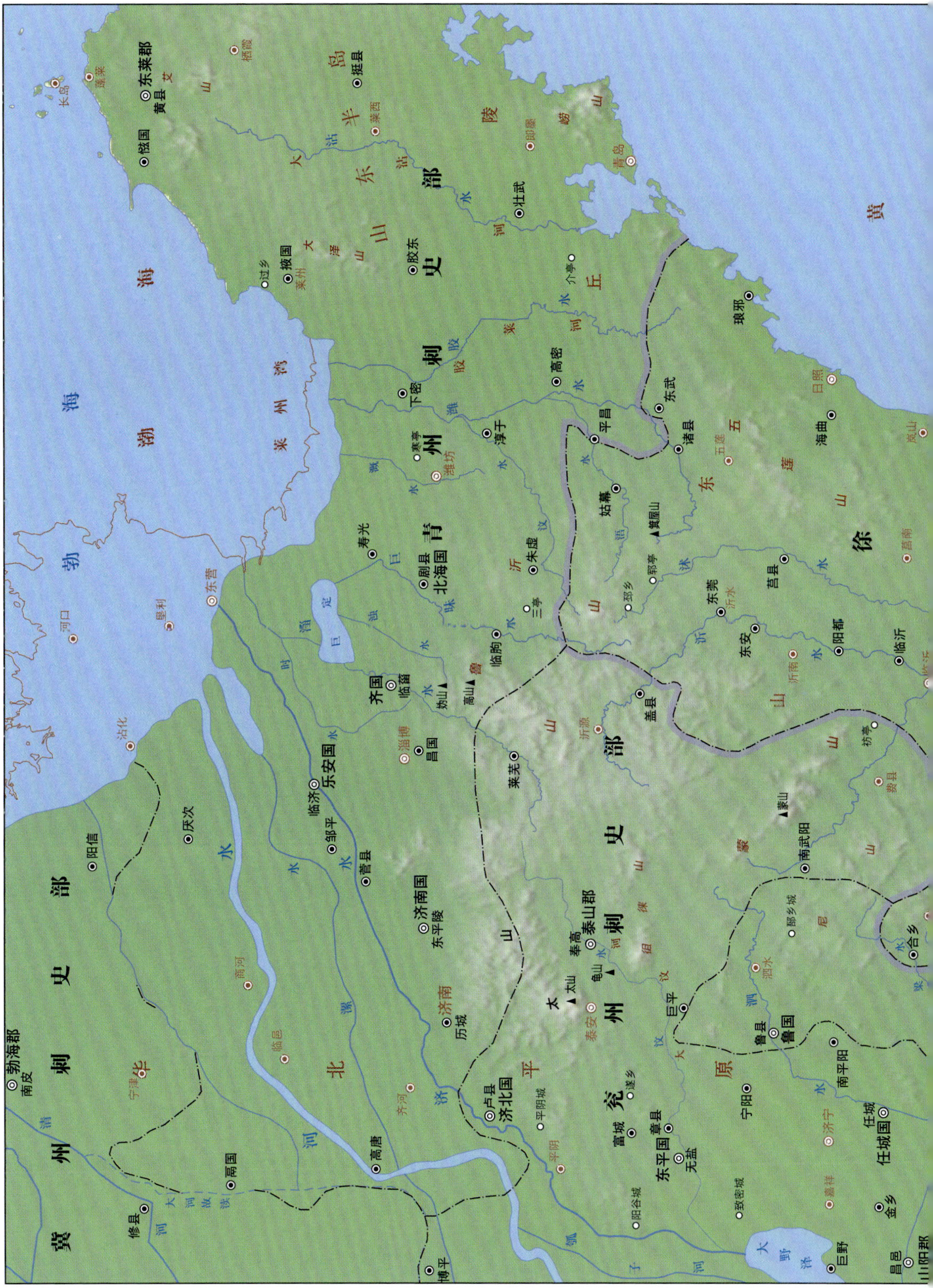
青州刺史部
冀州刺史部
兖州刺史部
徐
渤海
莱州湾
黄
东莱郡
黄县
惤国
长岛
蓬莱
栖霞
挺县
莱西
即墨
青岛
壮武
胶东
掖国
过乡
莱州
介亭
琅邪
高密
下密
东武
日照
平昌
淳于
诸县
潍坊
海曲
寿光
姑幕
莒县
剧县
北海国
朱虚
东莞
三亭
东安
阳都
临沂
临朐
东营
垦利
河口
沾化
齐国
临淄
盖县
坊亭
费县
淄博
昌国
乐安国
临济
莱芜
南武阳
邹平
庆次
阳信
济南国
东平陵
奉高
泰山郡
泰安
合乡
历城
巨平
鲁县
鲁国
南平阳
宁阳
勃海郡
南皮
宁津
卢县
济北国
平阴城
富城
章县
东平国
无盐
高唐
鬲国
修县
博平
阳谷城
嘉祥
济宁
任城国
金乡
巨野
昌邑
山阳郡

东海
海州湾
徐州刺史部
扬州刺史部
豫州刺史部
东海郡
下邳国
彭城国
广陵郡
九江郡
沛国
淮水
长江

东莱郡
黄县
长岛
蓬莱
栖霞
莱西
即墨
青岛
崂山
胶东半岛
东
大
沽
河
山
莱州
掖县
大泽山
胶东
即墨
壮武
胶州
丘
胶山
胶莱河
下密
高密
城阳郡
东武
日照
五莲
五莲山
东莞郡
东莞
沂水
莒县
莒南
岚山
渤海
莱州湾
潍坊
安丘
营陵
青州
朱虚
寿光
广饶
东营
垦利
河口
沾化
巨淀
广县
临朐
齐国
临菑
博昌
淄博
沂源
盖县
东安
沂南
阳都
临沂
乐安郡
高苑
滨州
乐陵郡
厌次
邹平
东朝阳
济南国
东平陵
济南
历城
莱芜
蒙阴
费县
南武阳
平阳
泰山郡
奉高
泰山
泰安
梁父
卞县
泗水
汶阳
鲁郡
鲁
邹县
合乡
济北郡
卢县
山茌
肥城
平原
兖州
东平国
寿张
济宁
任城
任城郡
嘉祥
金乡
巨野
大野泽
山阳郡
平原郡
高唐
平阴
临邑
谷城
博平
观津
德州
渤海郡
南皮
高城
乐陵
商河
西平昌
宁津
临邑
华
冀州
济北
齐河
济水
漯水

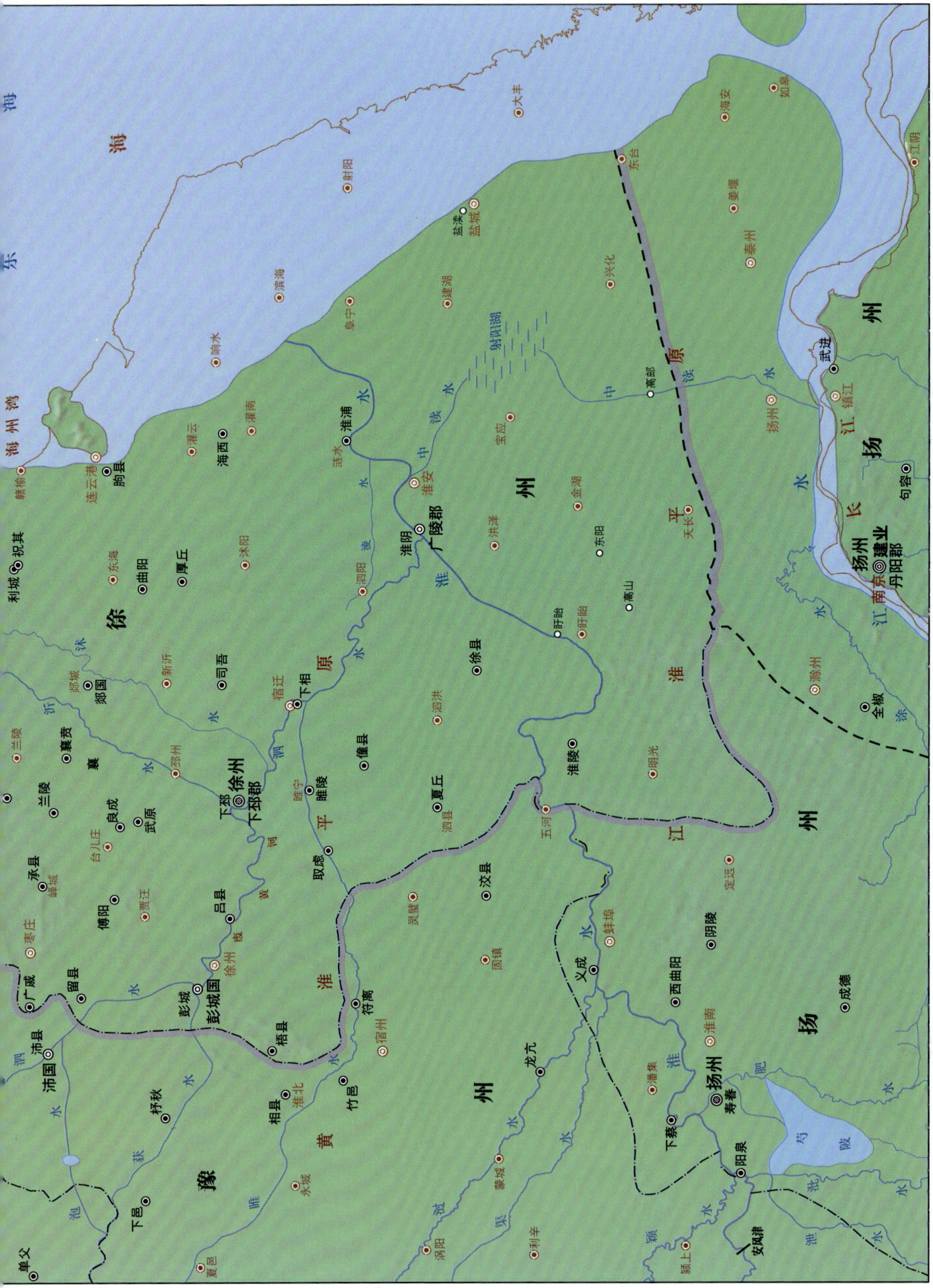
东海
海州湾
徐州
扬州
豫州
淮水
泗水
沂水
沭水
长江
芍陂
射阳湖
中渎水
连云港
朐县
赣榆
利城
祝其
东海
曲阳
厚丘
沭阳
灌云
海西
灌南
响水
滨海
射阳
阜宁
建湖
淮浦
涟水
淮安
淮阴
广陵郡
泗阳
宝应
盐渎
盐城
大丰
兴化
东台
海安
如皋
姜堰
泰州
高邮
扬州
镇江
武进
江阴
句容
建业
南京
丹阳郡
金湖
洪泽
东阳
天长
高山
盱眙
滁州
全椒
徐县
泗洪
僮县
夏丘
泗县
淮陵
明光
五河
定远
司吾
新沂
郯城
郯国
宿迁
下相
兰陵
襄贲
下邳
下邳郡
良成
武原
台儿庄
承县
峄城
睢宁
睢陵
取虑
傅阳
贾汪
吕县
彭城
彭城国
广戚
留县
枣庄
沛县
沛国
梧县
符离
宿州
灵璧
洨县
固镇
蚌埠
义成
西曲阳
阴陵
成德
淮南
寿春
下蔡
阳泉
安风津
颍上
利辛
涡阳
蒙城
龙亢
杼秋
相县
淮北
竹邑
永城
下邑
单父
夏邑

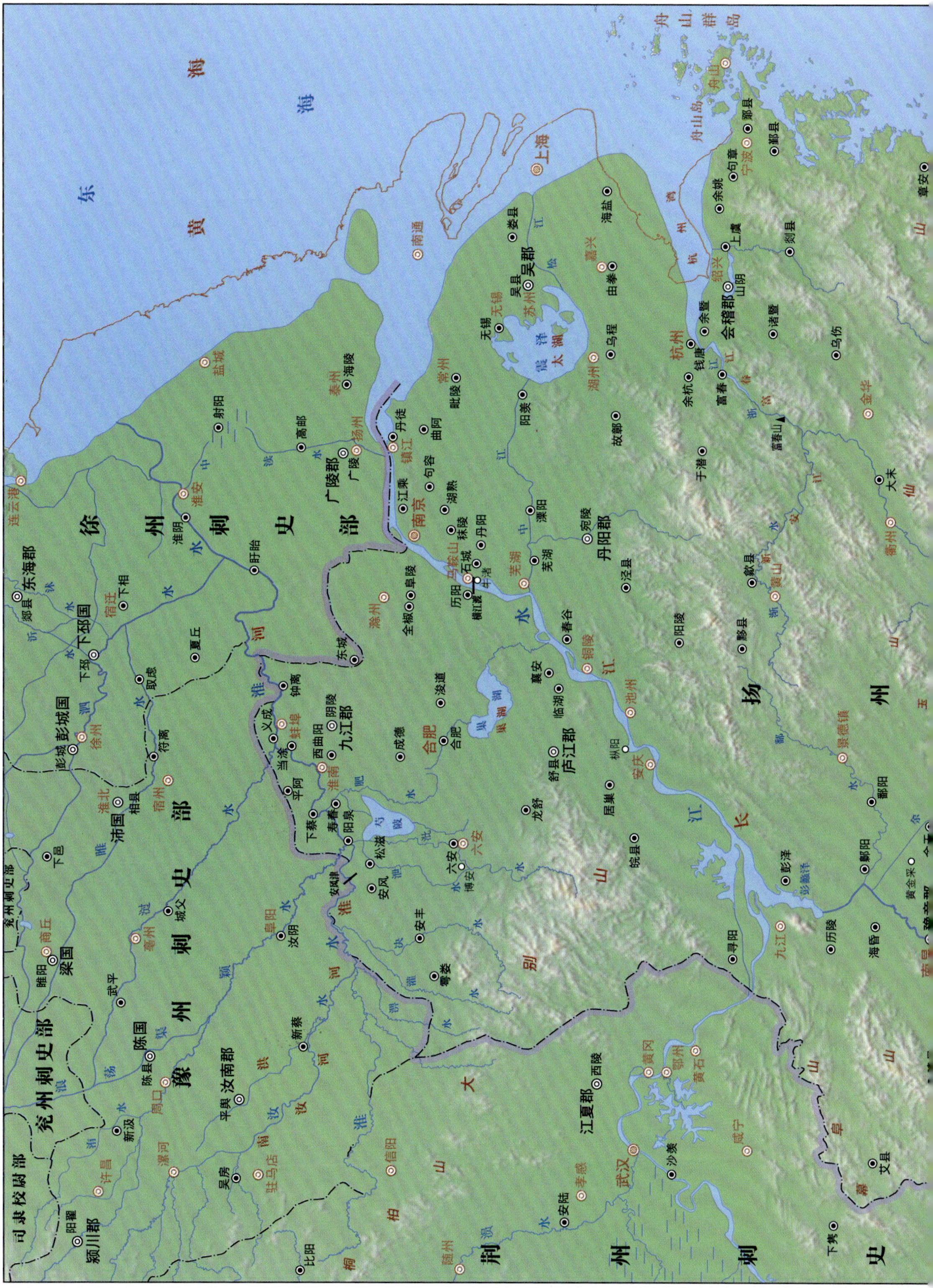
东
黄
海
徐
州
刺
史
部
扬
州
豫
州
刺
史
部
荆
州
刺
史
兖州刺史部
司隶校尉部
广陵郡
吴郡
会稽郡
丹阳郡
九江郡
庐江郡
江夏郡
汝南郡
颍川郡
陈国
梁国
沛国
彭城国
下邳国
东海郡
舟山群岛
太湖
巢湖
长江
淮水

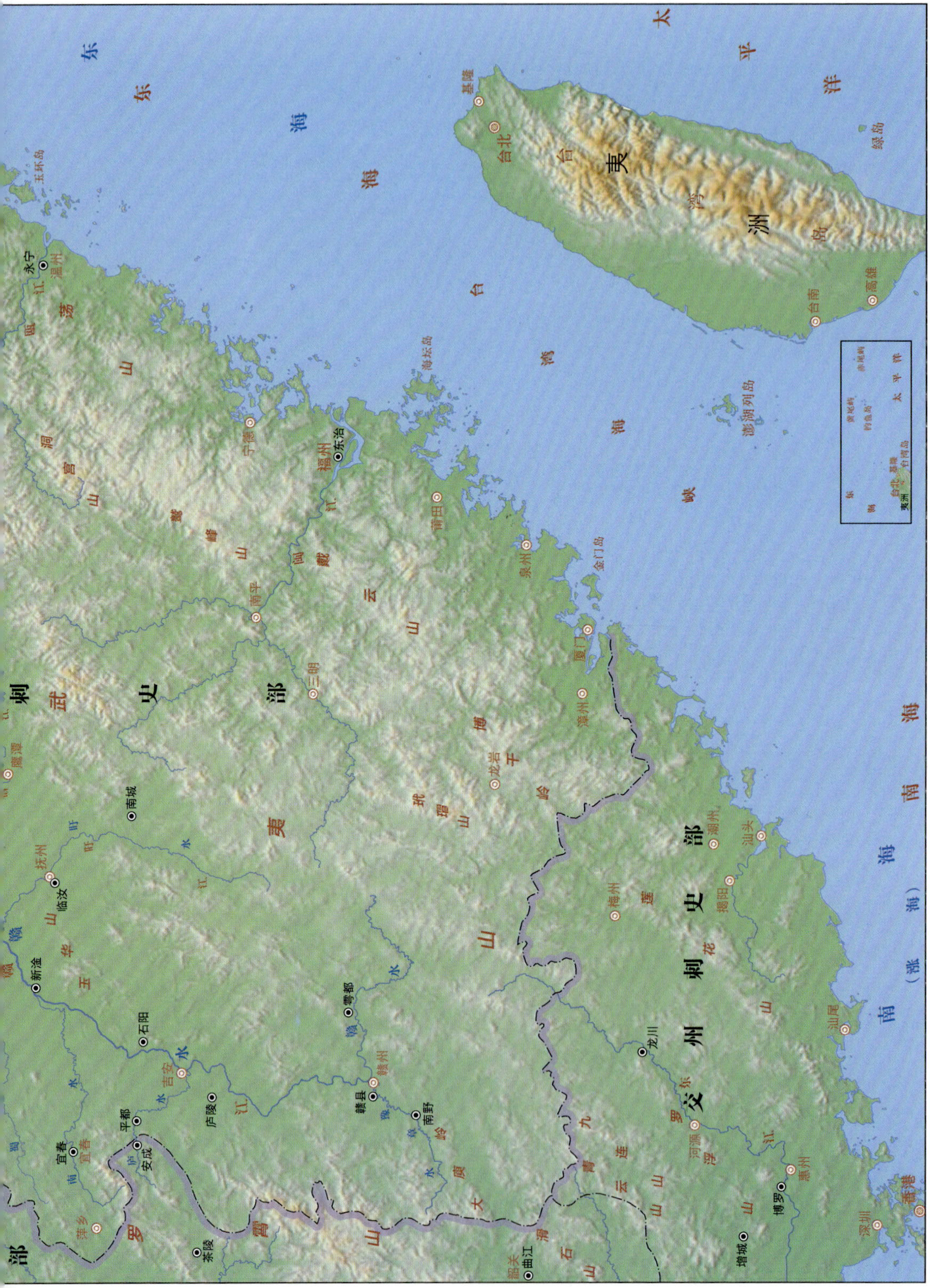
东海
太平洋
台湾海峡
夷洲
基隆
台北
台南
高雄
绿岛
澎湖列岛
金门岛
海坛岛
厦门
漳州
泉州
莆田
福州
东冶
宁德
南平
三明
龙岩
汕头
潮州
揭阳
梅州
汕尾
惠州
博罗
增城
深圳
香港
龙川
河源
韶关
曲江
赣州
赣县
南野
雩都
石阳
吉安
庐陵
新淦
临汝
抚州
南城
鹰潭
永宁
温州
平都
安成
宜春
萍乡
茶陵
扬州刺史部
交州刺史部
南海（涨海）

东海
黄海
舟山群岛
上海
南通
盐城
徐州
扬州
豫州
兖州
荆州
建业
丹阳郡
吴郡
会稽郡
毗陵典农校尉
广陵郡
下邳郡
东海郡
彭城国
淮南郡
庐江郡
安丰郡
汝阴郡
谯郡
陈郡
颍川郡
汝南郡
弋阳郡
江夏郡
蕲春郡
鄱阳郡
新都郡
临海郡
合肥
寿春
太湖
巢湖
长江
大别山

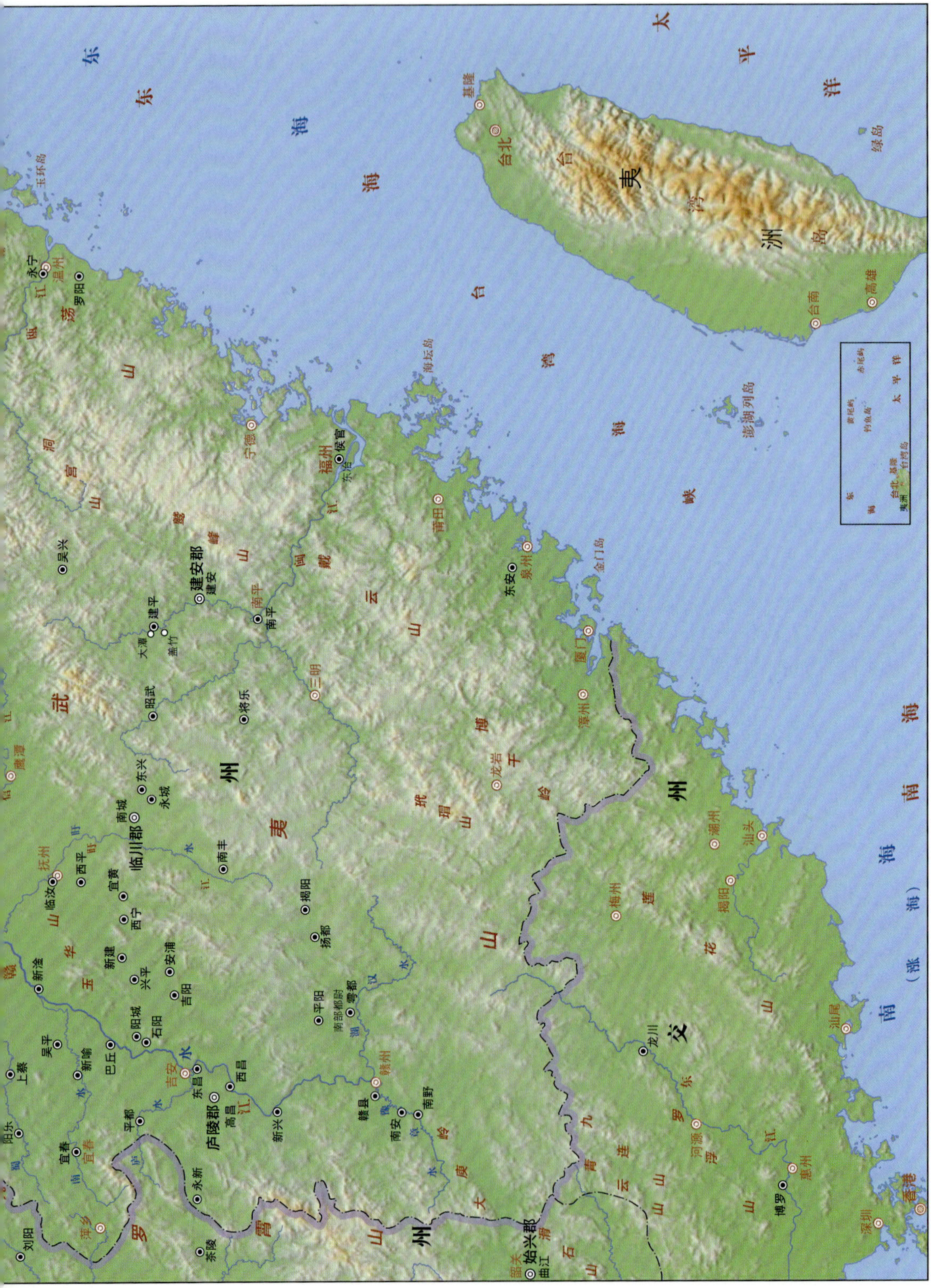

东海
台湾海峡
太平洋
夷洲岛
台北
基隆
台南
高雄
绿岛
澎湖列岛
金门岛
海坛岛
玉环岛
南海（涨海）
扬州
交州
建安郡
临川郡
庐陵郡
始兴郡
永宁
罗阳
宁德
侯官
福州
莆田
泉州
东安
厦门
漳州
龙岩
三明
南平
建平
建安
大潭
盖竹
昭武
将乐
吴兴
东兴
永城
南城
南丰
西平
临汝
抚州
宜黄
西宁
新建
兴平
安浦
吉阳
新淦
揭阳
平阳
南部都尉
雩都
赣州
赣县
南安
南野
新兴
西昌
东昌
高昌
吉安
石阳
阳城
巴丘
新喻
吴平
上蔡
宜春
萍乡
永新
茶陵
平都
曲江
潮州
汕头
梅州
汕尾
龙川
河源
惠州
博罗
深圳
香港

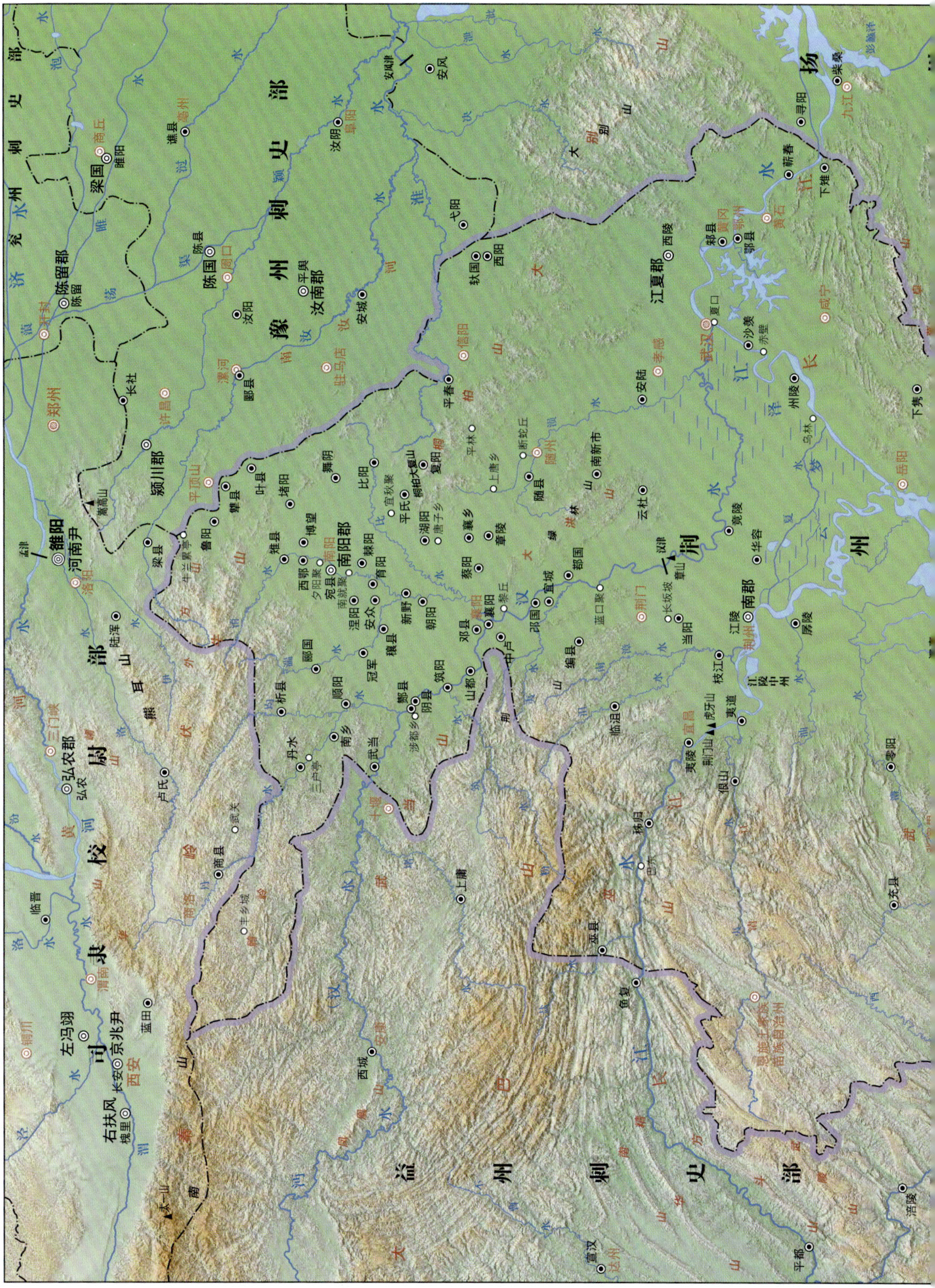
豫州刺史部
荆州
益州刺史部
司隶校尉部
南阳郡
汝南郡
陈国
梁国
颍川郡
陈留郡
江夏郡
南郡
河南尹
雒阳
弘农郡
京兆尹
左冯翊
右扶风

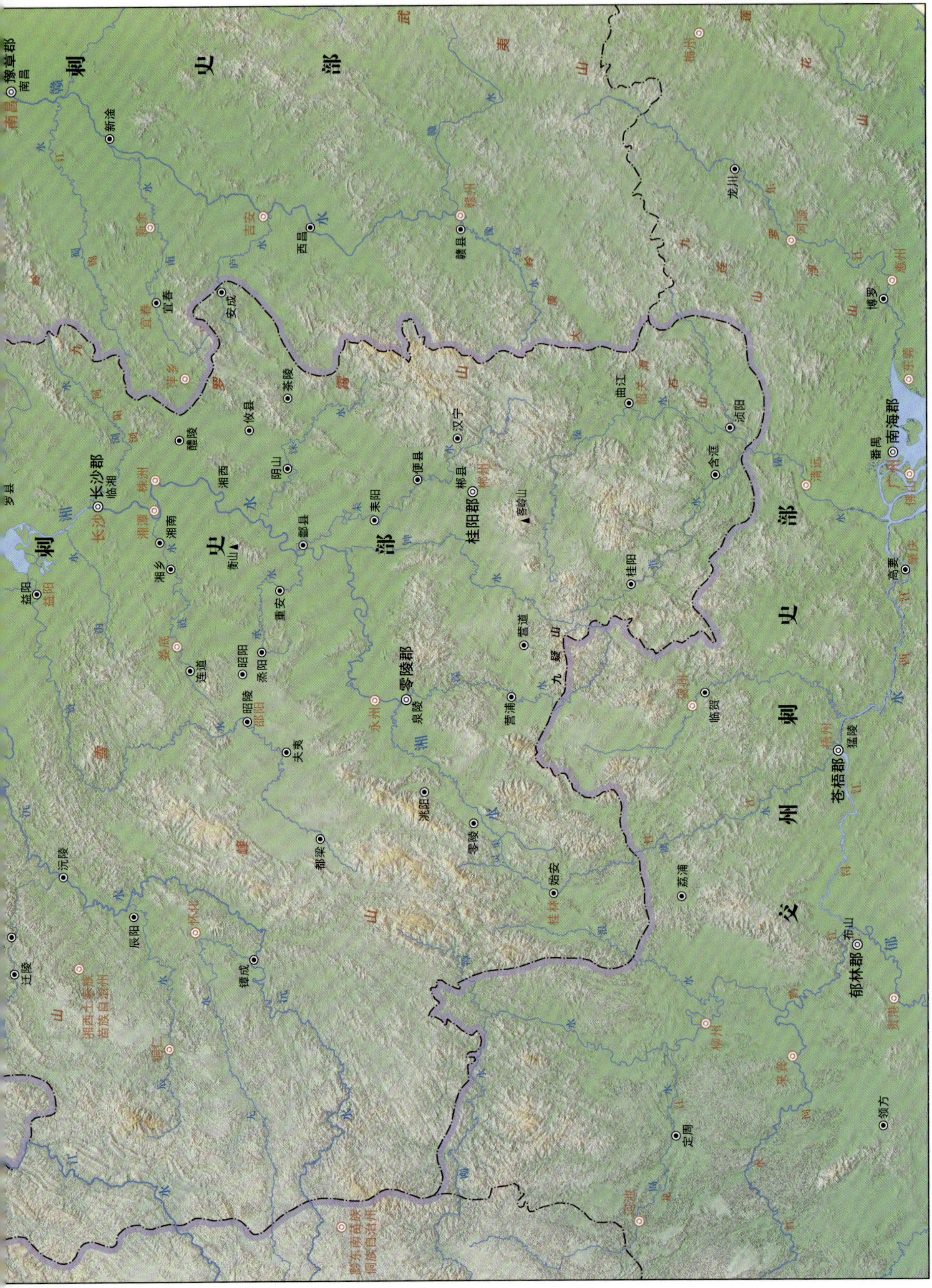
豫章郡
南昌
新淦
西昌
赣县
龙川
博罗
南海郡
番禺
长沙郡
临湘
零陵郡
泉陵
桂阳郡
郴县
苍梧郡
猛陵
郁林郡
布山
曲江
浈阳
含洭
桂阳
汉宁
便县
耒阳
阴山
酃县
湘南
湘乡
益阳
重安
营道
营浦
临贺
荔浦
始安
洮阳
零陵
都梁
夫夷
昭陵
连道
昭阳
烝阳
沅陵
辰阳
镡成
迁陵
定周
领方
高要
安成
宜春
茶陵
攸县
醴陵
罗县
衡山
骑田岭
交州刺史部
刺史部

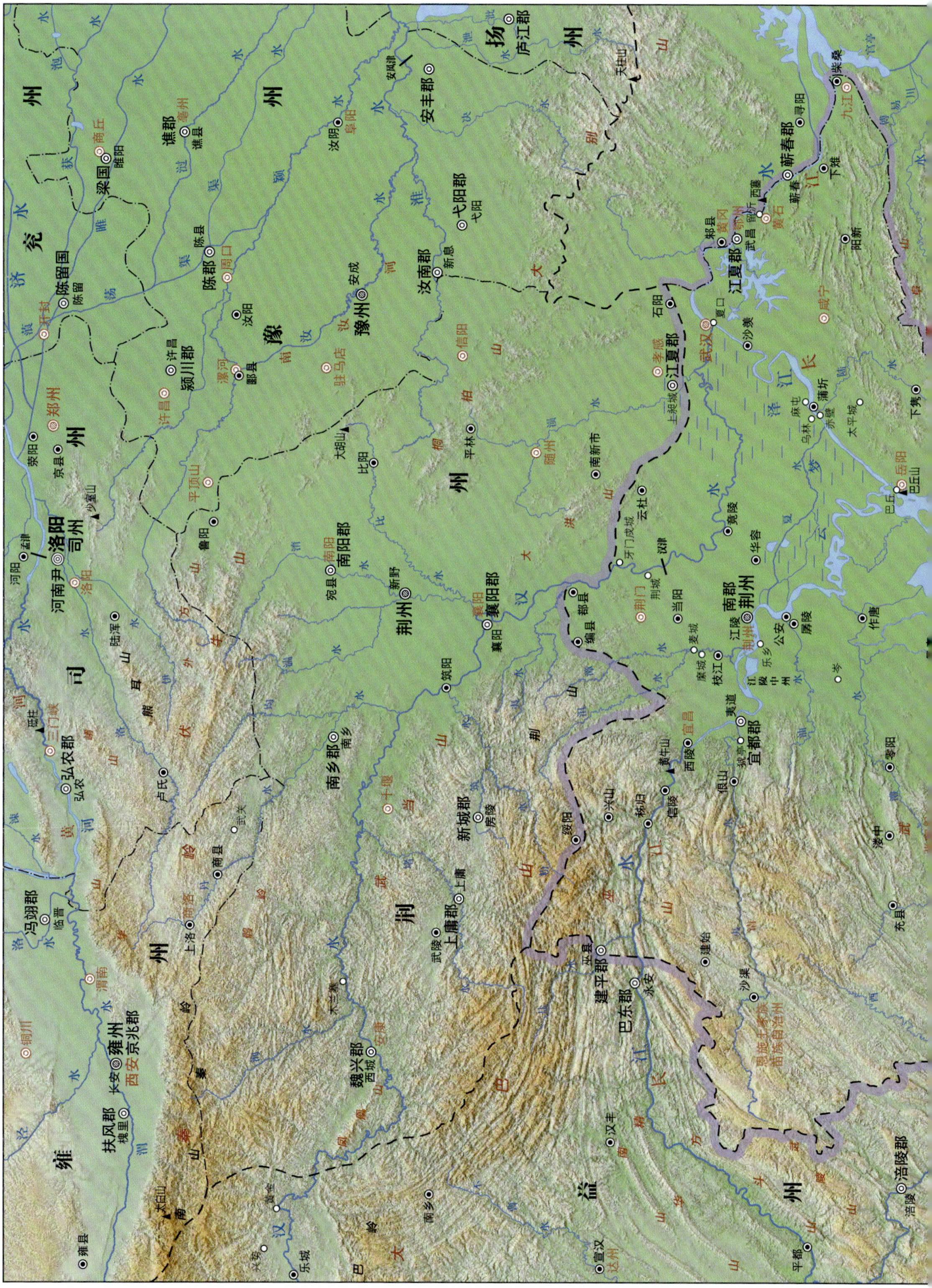

兖州
豫州
司州
荆州
扬州
益州
雍州
陈留国
梁国
谯郡
陈郡
颍川郡
汝南郡
弋阳郡
安丰郡
庐江郡
蕲春郡
江夏郡
南阳郡
襄阳郡
河南尹
洛阳
弘农郡
冯翊郡
扶风郡
雍州 京兆郡
西安
南乡郡
新城郡
上庸郡
魏兴郡
建平郡
巴东郡
宜都郡
南郡
荆州
涪陵郡
长江
汉水
武汉

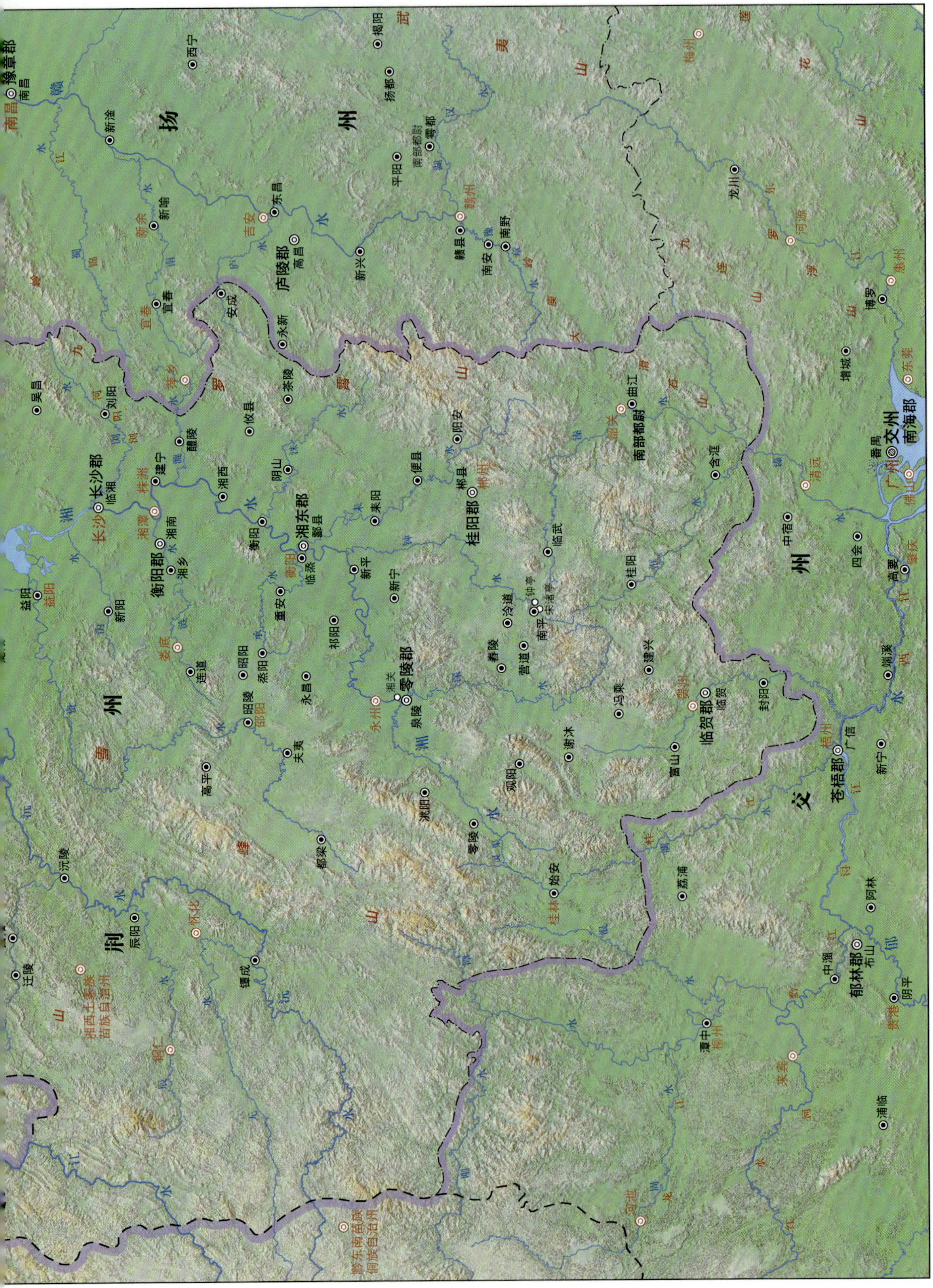

豫章郡
南昌
西宁
揭阳
扬都
新涂
扬
州
平阳
南部都尉
雩都
东昌
吉安
新喻
庐陵郡
高昌
赣县
南安
南野
新兴
宜春
安成
永新
茶陵
攸县
醴陵
刘阳
吴昌
长沙郡
临湘
建宁
湘西
阴山
湘东郡
酃县
衡阳
湘南
湘乡
衡阳郡
益阳
新阳
重安
临烝
新平
新宁
耒阳
便县
阳安
郴县
桂阳郡
临武
曲江
南部都尉
含洭
中宿
四会
高要
番禺
交州
南海郡
博罗
增城
龙川
桂阳
冷道
钟亭
舂陵
营道
南平
建兴
冯乘
临贺郡
临贺
封阳
端溪
广信
苍梧郡
新宁
富山
谢沭
观阳
洮阳
零陵
始安
荔浦
阿林
布山
郁林郡
中溜
阴平
潭中
浦临
零陵郡
泉陵
永昌
祁阳
昭阳
烝阳
连道
昭陵
夫夷
高平
都梁
沅陵
辰阳
镡成
迁陵
交
州
荆

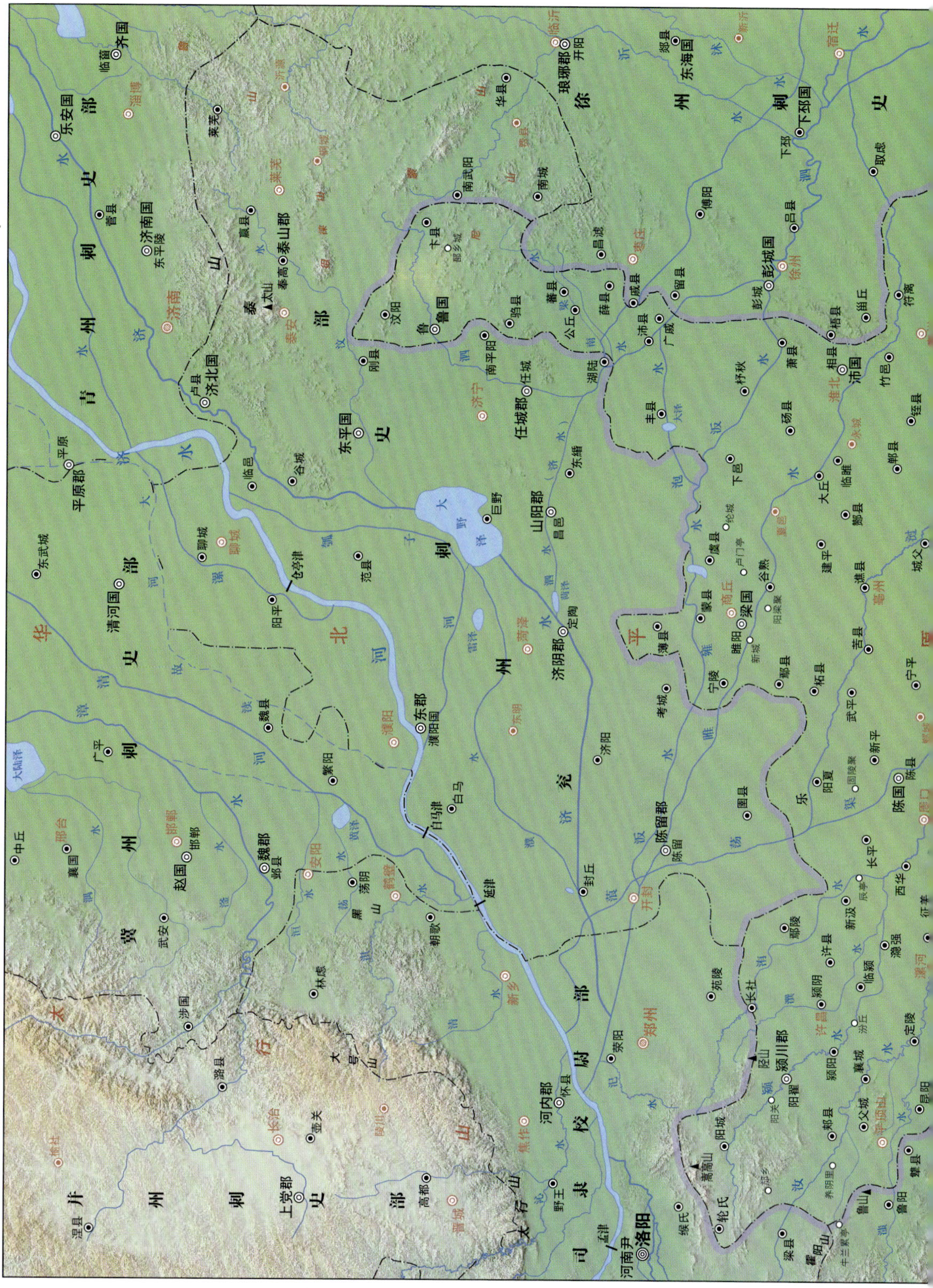

青州刺史部
徐州刺史
兖州刺史
冀州刺史部
并州刺史
司隶校尉部
齐国
临菑
乐安国
淄博
莱芜
济南国
东平陵
济南
济北国
卢县
泰山郡
奉高
嬴县
泰山
泰安
琅琊郡
开阳
临沂
东海国
郯县
下邳国
下邳
宿迁
取虑
华县
南武阳
南城
费县
卞县
鲁国
鲁
汶阳
刚县
东平国
临邑
谷城
巨野
山阳郡
昌邑
任城郡
任城
南平阳
济宁
驺县
蕃县
薛县
公丘
戚县
沛县
湖陆
丰县
彭城国
彭城
留县
吕县
傅阳
昌虑
枣庄
徐州
梧县
符离
相县
沛国
淮北
萧县
杼秋
砀县
竹邑
铚县
永城
临睢
大丘
下邑
虞县
梁国
睢阳
商丘
蒙县
谷熟
宁陵
考城
济阴郡
定陶
东缗
济阳
平原郡
平原
东武城
清河国
聊城
阳平
仓亭津
范县
东郡
濮阳国
濮阳
魏县
白马
白马津
延津
封丘
陈留郡
陈留
开封
圉县
阳夏
陈国
陈县
武平
新平
长平
西华
广平
魏郡
邺县
邯郸
赵国
襄国
邢台
中丘
大陆泽
安阳
汤阴
朝歌
鹤壁
林虑
武安
涉国
潞县
壶关
长治
上党郡
涅县
晋城
高都
陵川
焦作
太行山
河内郡
怀县
野王
孟津
河南尹
洛阳
荥阳
郑州
新乡
苑陵
长社
颍川郡
阳翟
许昌
颍阴
临颍
鄢陵
新汲
襄城
父城
郏县
平顶山
阳城
嵩高山
轮氏
缑氏
梁县
鲁阳
鲁山
定陵

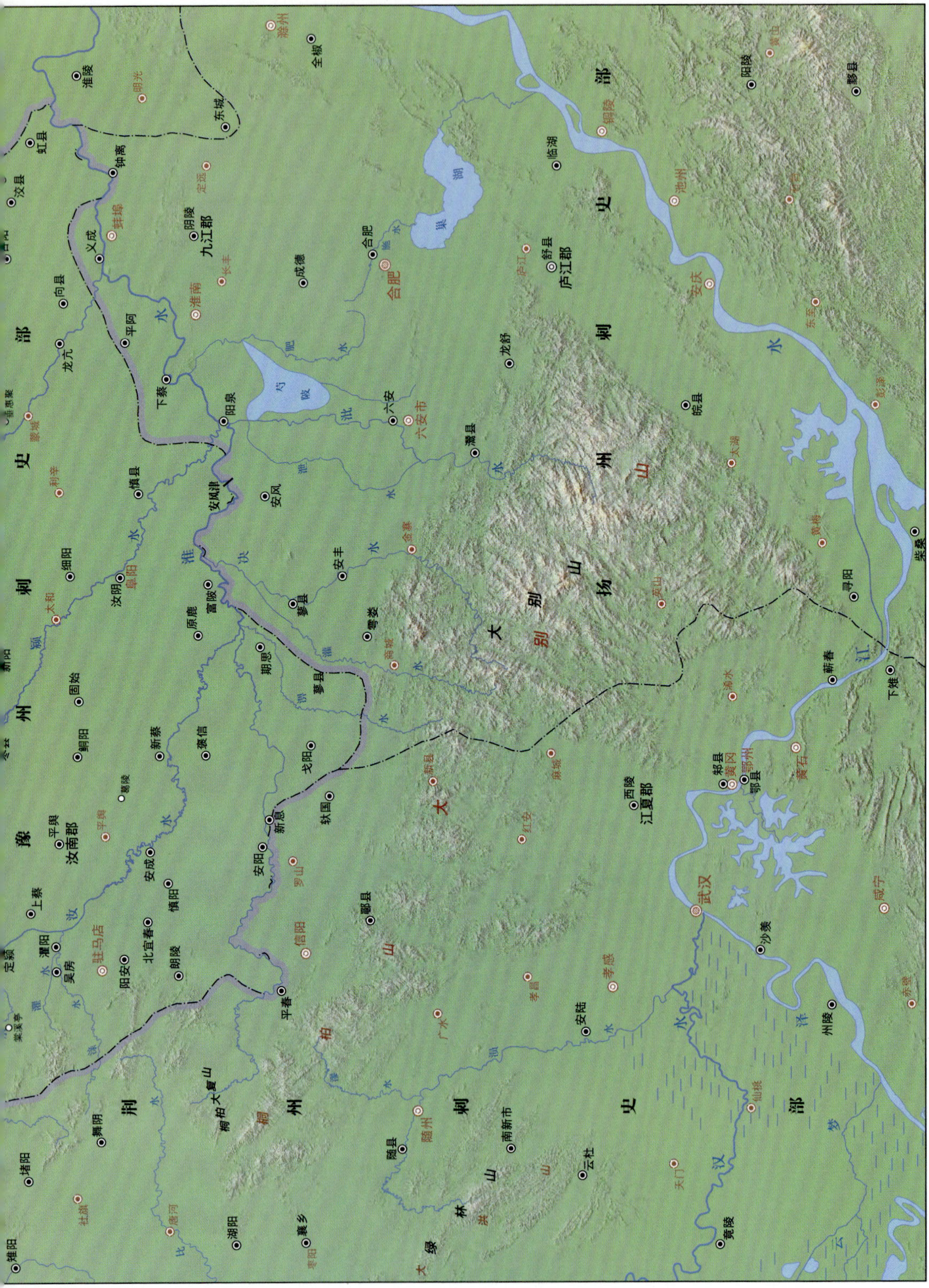
豫州刺史部
扬州刺史部
荆州刺史部
九江郡
庐江郡
汝南郡
江夏郡
大别山
桐柏山
大洪山
淮陵
明光
滁州
全椒
东城
虹县
钟离
定远
蚌埠
义成
阴陵
合肥
巢湖
成德
长丰
淮南
向县
平阿
下蔡
龙亢
阳泉
芍陂
六安
六安市
舒县
龙舒
临湖
池州
安庆
皖县
灊县
安风
安风津
安丰
慎县
细阳
阜阳
汝阴
富陂
原鹿
蓼县
雩娄
金寨
期思
弋阳
轪国
新息
安阳
信阳
罗山
鄳县
平舆
上蔡
新蔡
褒信
鲖阳
固始
驻马店
阳安
北宜春
朗陵
慎阳
安成
灈阳
吴房
舞阴
堵阳
湖阳
襄乡
枣阳
随县
随州
南新市
云杜
安陆
孝感
孝昌
广水
天门
仙桃
竟陵
州陵
赤壁
咸宁
西陵
鄂县
鄂州
邾县
黄冈
黄石
武汉
沙羡
蕲春
下雉
寻阳
柴桑
黄梅
太湖
浠水
英山
麻城
红安
新县
商城
平春
彭泽
东至
陵阳
黟县
铜陵
淮水
汝水
汉水
江

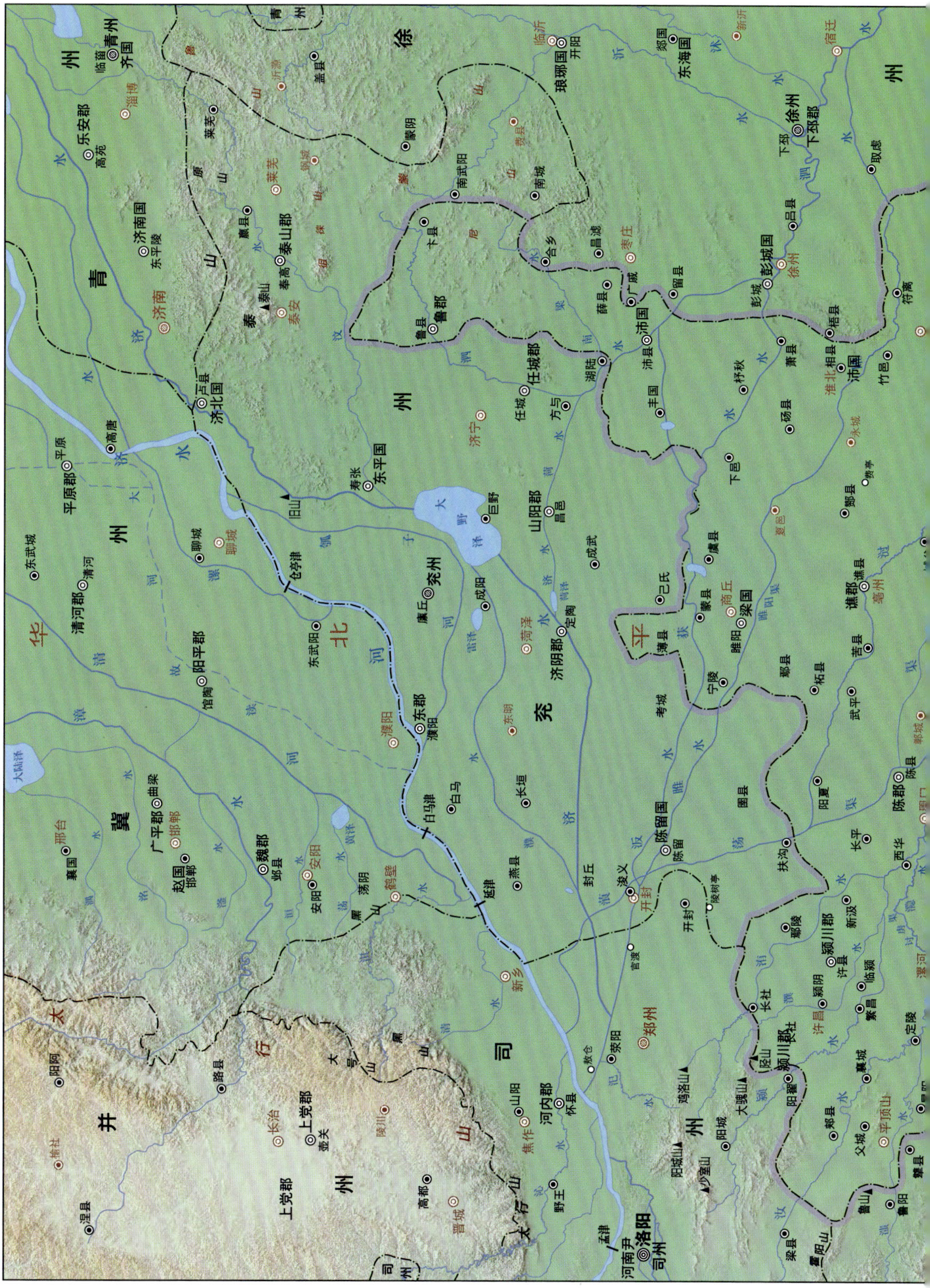
青州
徐州
兖州
冀州
并州
司州
豫州
济南国
乐安郡
齐国
泰山郡
泰山
琅琊国
东海国
下邳郡
彭城国
鲁郡
任城国
山阳郡
东平国
济北国
平原郡
清河郡
阳平郡
东郡
济阴郡
陈留国
梁国
沛国
谯郡
颍川郡
魏郡
广平郡
赵国
河内郡
河南尹
洛阳
上党郡
大野泽
大陆泽
开封
郑州
济南
济宁
菏泽
聊城
濮阳
安阳
邯郸
邢台
长治
焦作

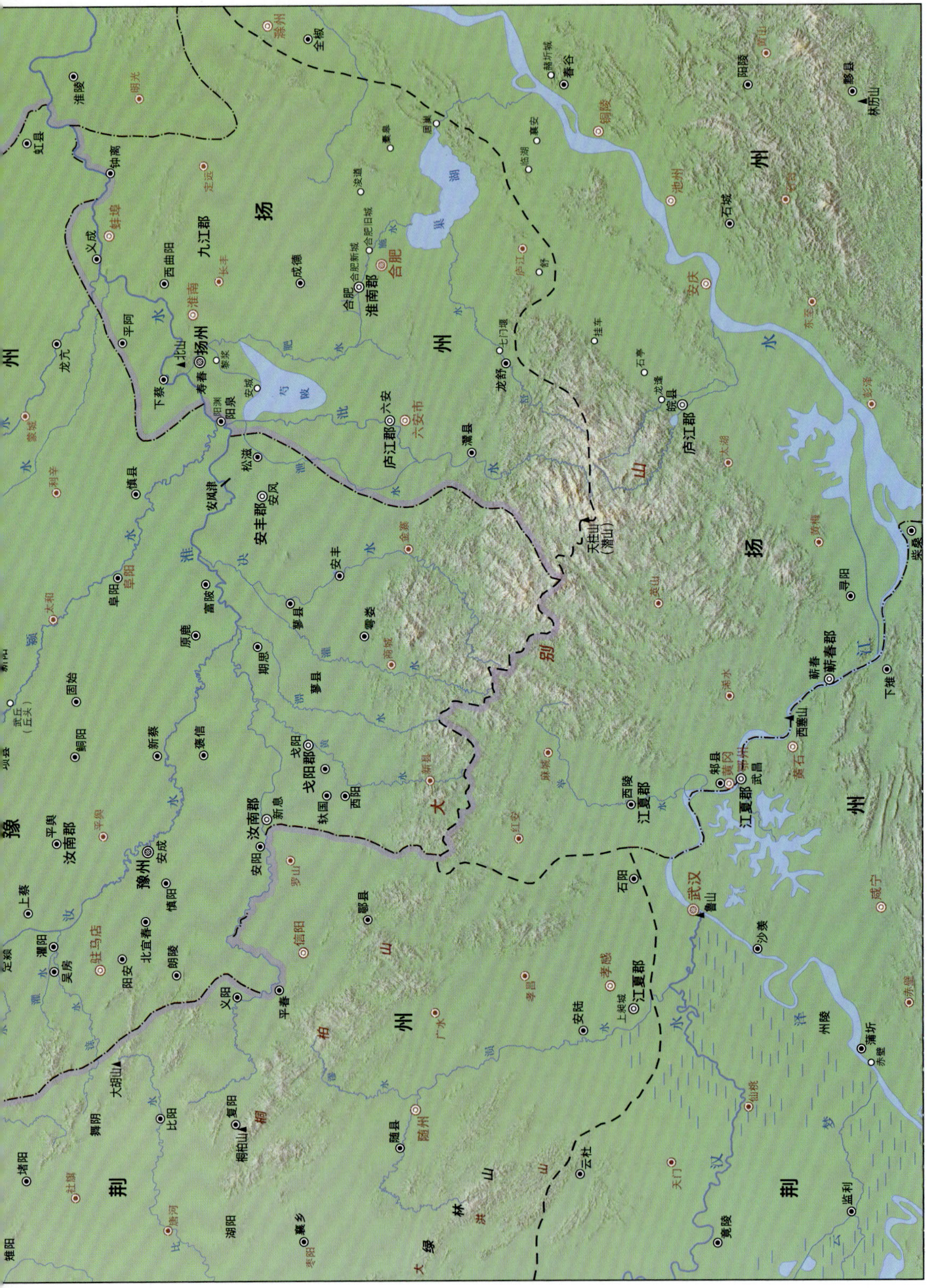
滁州
全椒
淮陵
明光
虹县
钟离
定远
蚌埠
义成
西曲阳
九江郡
长丰
成德
淮南
平阿
扬州
寿春
下蔡
北山
黎浆
芍陂
安城
阳渠
阳泉
合肥
淮南郡
合肥新城
合肥旧城
逡遒
橐皋
居巢
巢湖
临湖
襄安
铜陵
春谷
陵阳
黟县
林历山
池州
石城
安庆
舒
庐江
七门堰
龙舒
石亭
皖县
庐江郡
六安
六安市
灊县
安丰郡
安风
松滋
安风津
龙亢
蒙城
利辛
慎县
阜阳
太和
富陂
原鹿
期思
蓼县
雩娄
安丰
金寨
商城
天柱山（潜山）
大别山
太湖
宿松
柴桑
寻阳
蕲春郡
蕲春
下雉
浠水
西塞山
黄石
鄂县
黄冈
武昌
江夏郡
西陵
麻城
红安
新县
弋阳郡
弋阳
轪国
西阳
汝南郡
新息
安阳
罗山
信阳
鄳县
石阳
武汉
鲁山
沙羡
咸宁
赤壁
蒲圻
州陵
孝感
上昶城
安陆
孝昌
广水
随州
随县
平春
义阳
桐柏山
复阳
大胡山
比阳
舞阴
堵阳
社旗
湖阳
襄乡
枣阳
唐河
大洪山
云杜
天门
仙桃
竟陵
监利
豫州
安成
慎阳
北宜春
朗陵
阳安
吴房
驻马店
上蔡
平舆
新蔡
褒信
鲖阳
固始
武丘（丘头）
灈阳
扬州
豫州
荆州

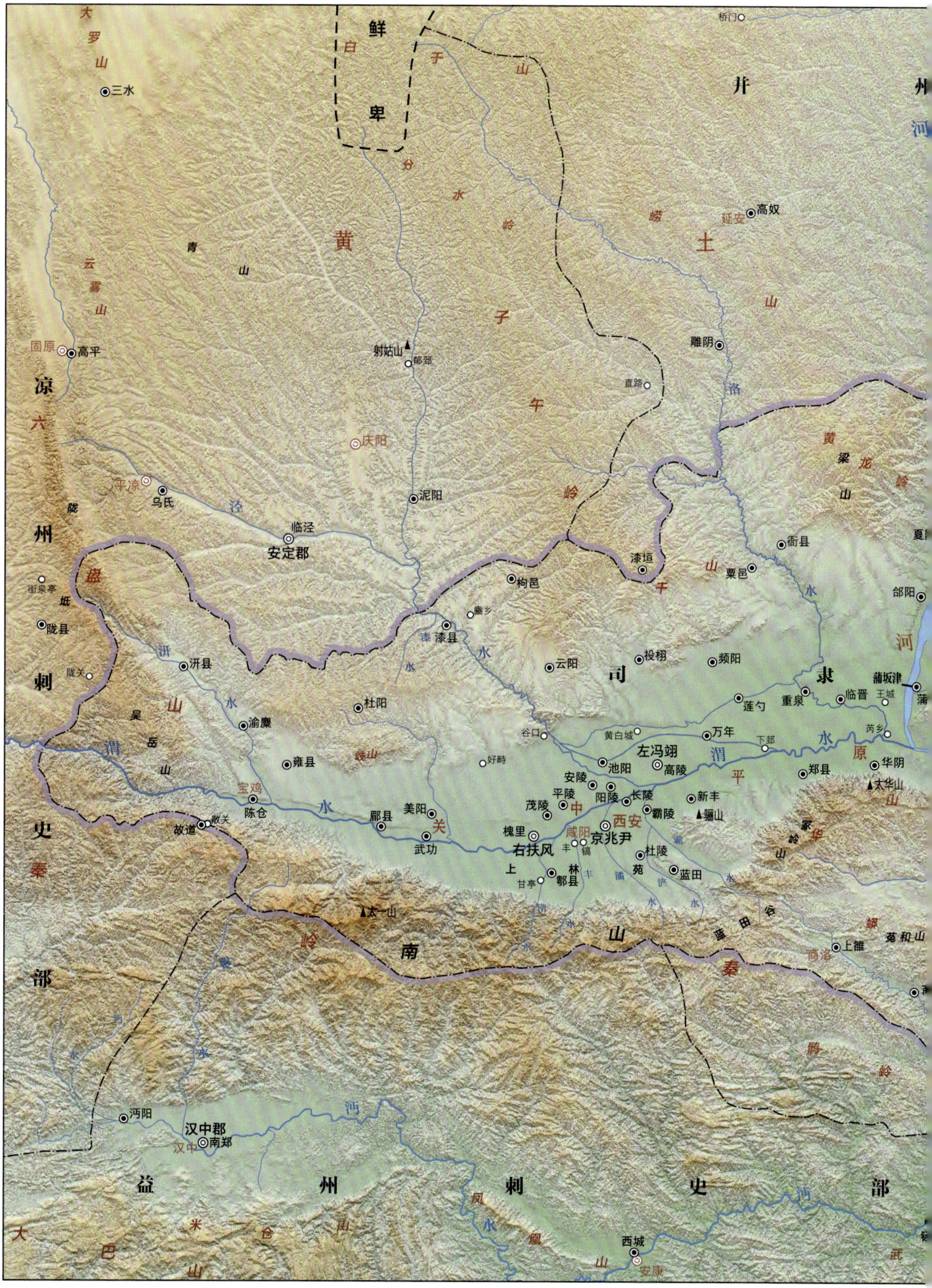
鲜卑
白于山
并州
大罗山
三水
分水岭
青山
云雾山
固原
高平
凉州刺史部
六盘山
陇山
子午岭
射姑山
郁郅
庆阳
平凉
乌氏
泾
临泾
安定郡
泥阳
延安
高奴
雕阴
直路
洛
黄梁龙山
漆垣
栒邑
衙县
粟邑
邠阳
甘泉亭
陇县
陇关
汧县
汧水
吴岳山
渝麋
漆县
漆水
杜阳
云阳
祋祤
频阳
司隶
蒲坂津
莲勺
重泉
临晋
王城
谷口
黄白城
万年
下邽
芮乡
左冯翊
高陵
池阳
雍县
岐山
好畤
安陵
平陵
阳陵
长陵
新丰
骊山
郑县
华阴
太华山
宝鸡
陈仓
渭水
郿县
美阳
关中
茂陵
西安
霸陵
散关
故道
槐里
右扶风
咸阳
京兆尹
武功
丰
镐
杜陵
上林苑
甘亭
鄠县
蓝田
太一山
秦岭
南山
蓝田谷
上雒
商洛
冢岭山
华山
蒐和山
褒水
沔水
沔阳
汉中郡
南郑
汉中
益州刺史部
大巴山
米仓山
凤水
凤凰山
西城
安康
汉水
武当

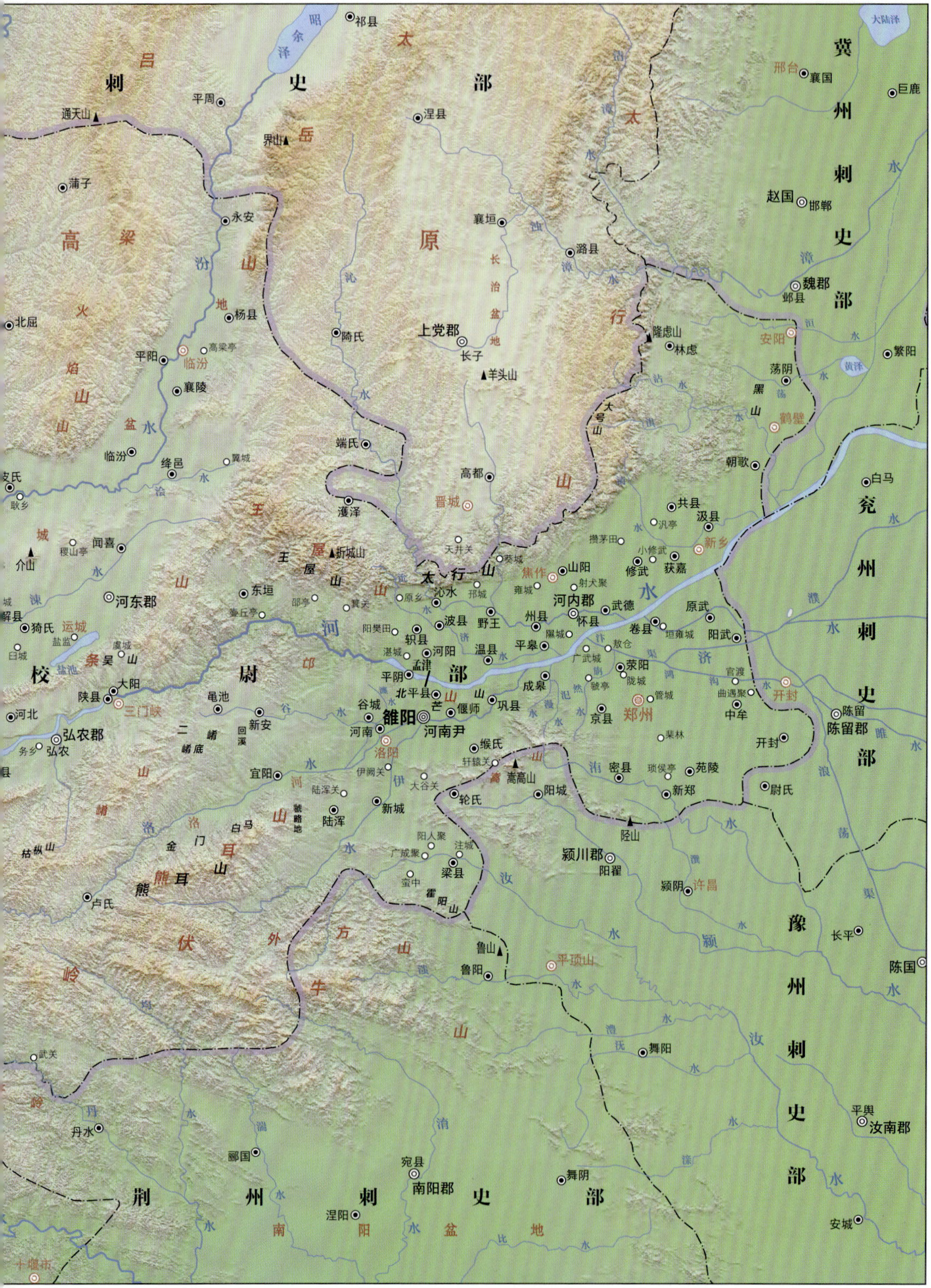

祁县
大陆泽
冀州刺史部
邢台
襄国
巨鹿
吕
刺史部
平周
昭余泽
太
部
涅县
通天山
界山
岳
太
蒲子
赵国
邯郸
永安
高
梁
原
襄垣
潞县
长治盆地
漳水
沁
魏郡
邺县
火焰山
北屈
杨县
汾
山
地
陭氏
上党郡
长子
羊头山
行
隆虑山
林虑
安阳
洹水
繁阳
黄泽
平阳
临汾
高粱亭
襄陵
荡阴
黑山
大号山
鹤壁
盆
水
临汾
绛邑
翼城
端氏
高都
朝歌
山
白马
汾水
濩泽
晋城
共县
汲县
兖州刺史部
城
闻喜
稷山亭
王屋
王
屋
析城山
天井关
汎亭
撒茅田
新乡
小修武
介山
山
太行山
蔡城
焦作
山阳
射犬聚
修武
获嘉
河东郡
东垣
沁水
雍城
邵亭
原乡
邘城
河内郡
武德
原武
猗氏
运城
盐监
虞城
解县
垣曲
轵关
轵县
波县
野王
州县
怀县
卷县
垣雍城
阳武
河
阳樊田
济
温县
平皋
敖仓
湛城
河阳
广武城
荥阳
条
吴山
盐池
臼城
校
尉
邙
孟津
平阴
部
成皋
陇城
官渡
开封
大阳
陕县
渑池
北平县
芒
虢亭
管城
曲遇聚
中牟
陈留
陈留郡
三门峡
谷城
雒阳
偃师
巩县
京县
郑州
河北
弘农郡
二
崤
新安
河南
河南尹
缑氏
洛阳
崤底
轩辕关
嵩山
嵩高山
开封
弘农
务乡
宜阳
伊阙关
大谷关
密县
琐侯亭
苑陵
新郑
尉氏
阳城
陆浑关
轮氏
新城
陆浑
陉山
洛
白马
金门
耳
阳人聚
注城
梁县
颍川郡
阳翟
广成聚
蛮中
霍阳山
熊耳
卢氏
颍阴
许昌
伏
外方山
长平
鲁山
鲁阳
平顶山
岭
牛
陈国
豫州刺史部
山
武关
舞阳
汝
丹水
平舆
汝南郡
郦国
宛县
南阳郡
舞阴
荆州刺史部
涅阳
南阳盆地
安城
十堰市

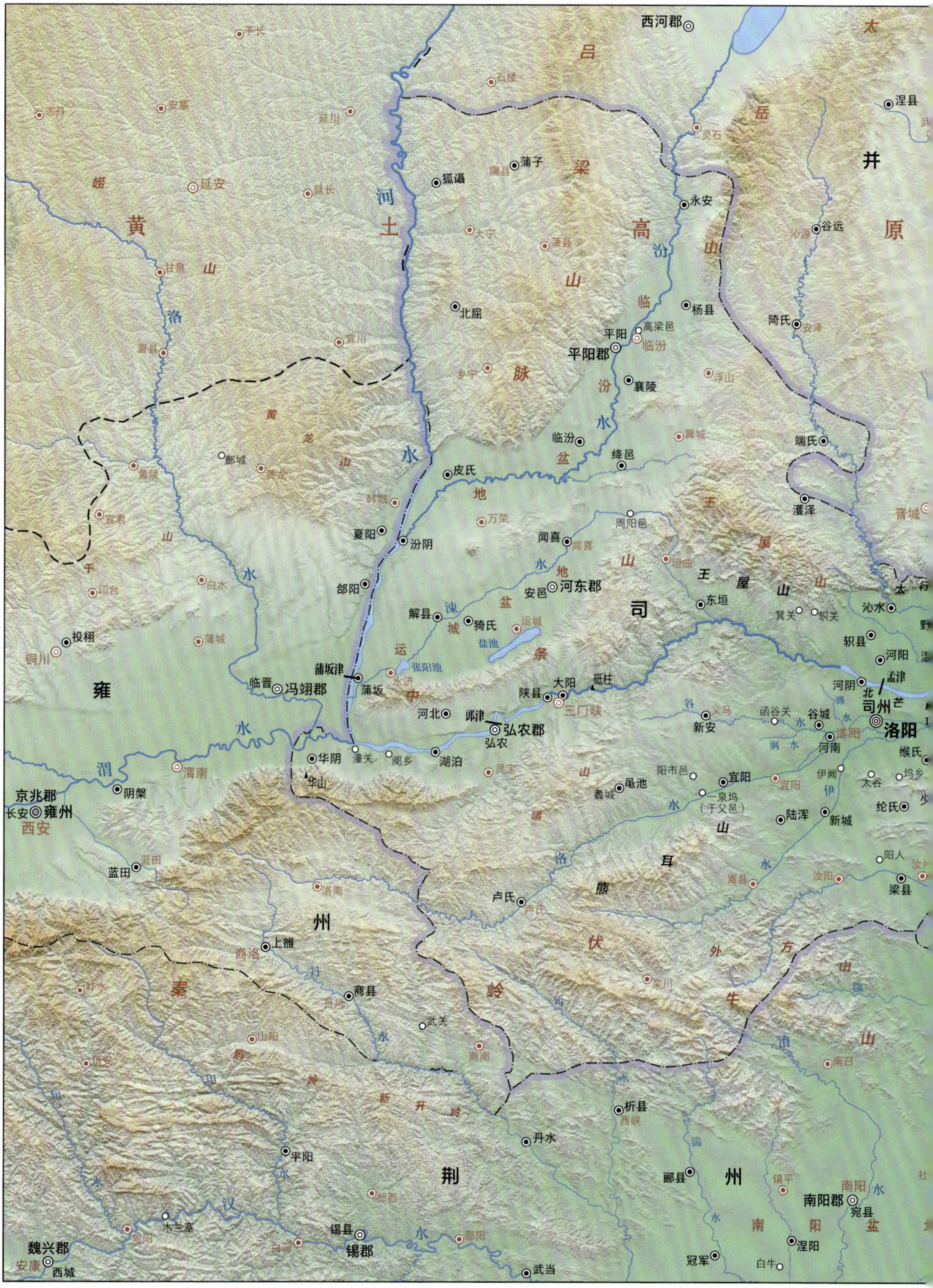
西河郡
吕梁山脉
太岳山
并
原
涅县
蒲子
狐谲
永安
谷远
河
土
高
汾
临
北屈
杨县
猗氏
平阳
高梁邑
临汾
平阳郡
襄陵
临汾
绛邑
端氏
皮氏
濩泽
盆地
王屋山
夏阳
汾阴
闻喜
周阳邑
郃阳
安邑
河东郡
东垣
司
解县
猗氏
涑水
运城
盐池
张阳池
中条山
运城盆地
沁水
轵县
河阳
孟津
河阴
北芒
司州
洛阳
蒲坂津
蒲坂
大阳
砥柱
陕县
三门峡
河北
邳津
弘农郡
弘农
新安
函谷关
谷城
河南
缑氏
临晋
冯翊郡
雍
祋祤
铜川
渭
水
华阴
华山
潼关
阌乡
湖泊
宜阳
一泉坞
（于父邑）
渑池
阳市邑
伊阙
陆浑
新城
纶氏
京兆郡
长安
雍州
西安
阴槃
蓝田
洛水
熊耳山
卢氏
上雒
州
商县
武关
秦岭
伏牛山
外方山
阳人
梁县
析县
丹水
平阳
荆
州
南阳郡
宛县
南阳盆地
涅阳
郦县
冠军
白牛
锡县
锡郡
木兰塞
魏兴郡
安康
西城
武当
汉水
黄
山
洛
延安
甘泉
黄龙山
鄜城
蒲城
白水
宫君
印台

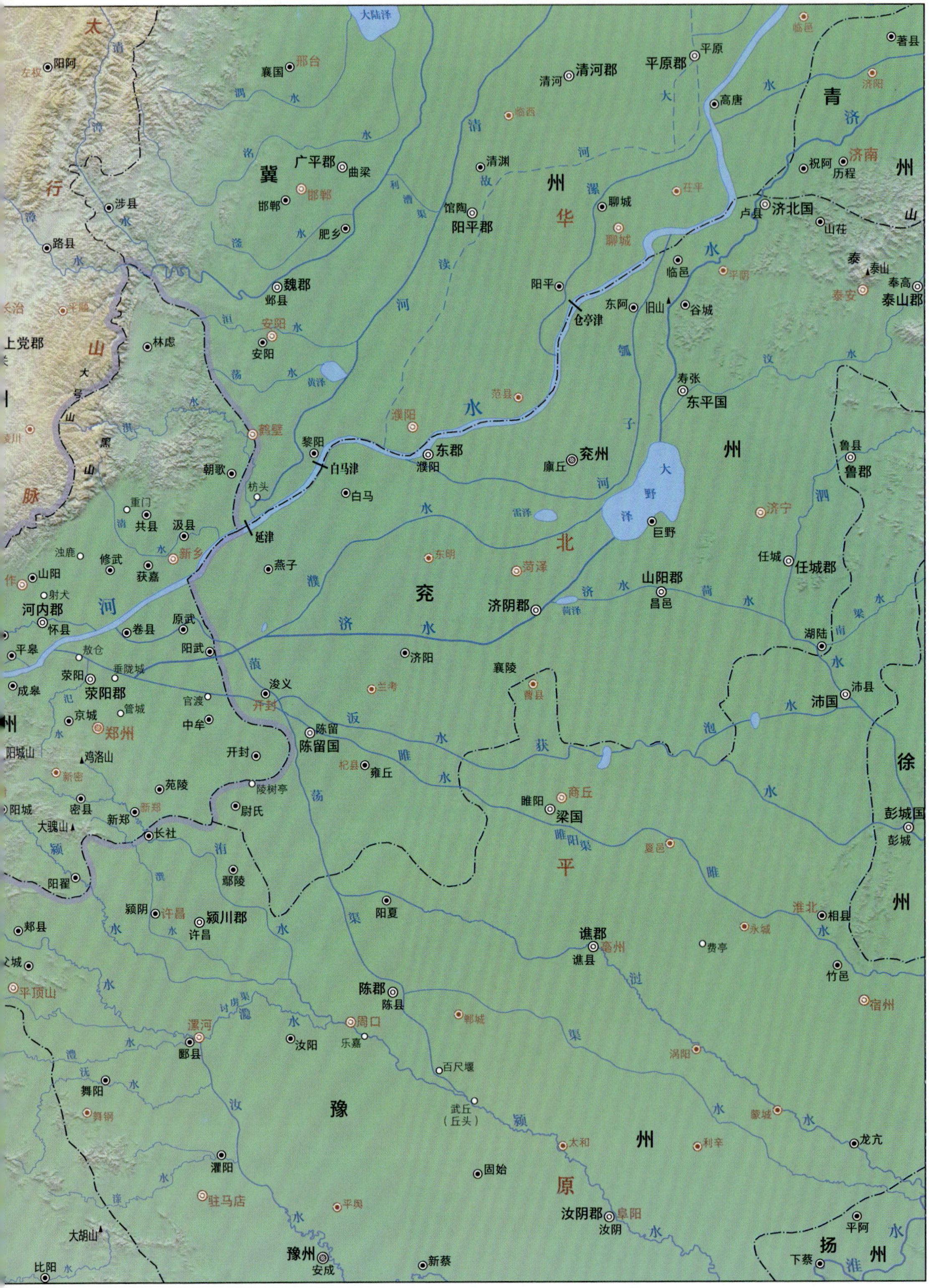

冀州
兖州
豫州
青州
徐州
扬州
华北平原
太行山脉
魏郡
广平郡
清河郡
平原郡
阳平郡
济北国
泰山郡
东平国
东郡
山阳郡
任城郡
鲁郡
济阴郡
陈留国
梁国
沛国
彭城国
谯郡
陈郡
颍川郡
荥阳郡
河内郡
上党郡
汝阴郡
邺县
安阳
林虑
朝歌
黎阳
白马津
延津
濮阳
鄄城
廪丘
兖州
巨野
昌邑
定陶
济阳
浚仪
陈留
开封
雍丘
睢阳
谯县
陈县
许昌
汝阳
豫州
安成
新蔡
固始
汝阴
白马
燕子
卷县
原武
阳武
怀县
平皋
成皋
京城
管城
官渡
中牟
密县
新郑
长社
鄢陵
阳夏
郾县
舞阳
灌阳
比阳
大胡山
鸡洛山
大騩山
阳翟
颍阴
襄陵
湖陆
相县
竹邑
龙亢
平阿
下蔡
寿张
东阿
谷城
临邑
阳平
聊城
馆陶
清渊
肥乡
邯郸
曲梁
襄国
清河
平原
高唐
历城
祝阿
卢县
山茌
奉高
泰山
旧山
涉县
路县
阳阿
黄河
济水
漯水
清河
洹水
淇水
汶水
泗水
睢水
涡水
颍水
汝水
濄水
鸿沟
大陆泽
大野泽
雷泽
荷泽
仓亭津
乐嘉
百尺堰
武丘
（丘头）
郑州
开封
商丘
周口
漯河
驻马店
新乡
鹤壁
菏泽
济宁
聊城
邯郸
邢台
济南
泰安
亳州
宿州
阜阳
永城
夏邑
太和

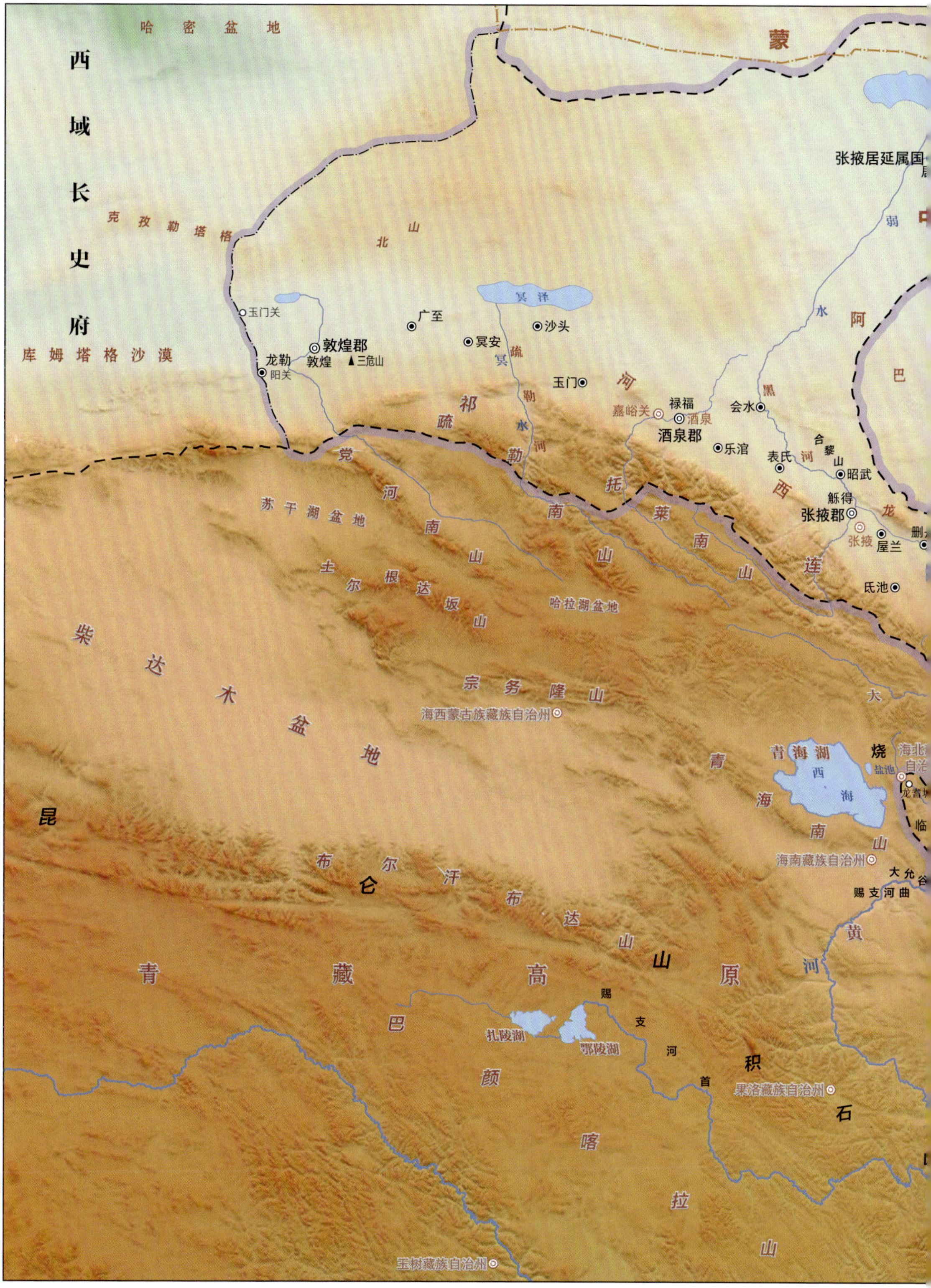
哈密盆地
西域长史府
蒙
张掖居延属国
克孜勒塔格
北山
弱
水
阿
巴
冥泽
玉门关
广至
沙头
冥安
敦煌郡
敦煌
三危山
龙勒
阳关
库姆塔格沙漠
冥
疏
勒
水
河
玉门
嘉峪关
禄福
酒泉
酒泉郡
会水
黑
河
乐涫
合黎山
表氏
昭武
觻得
张掖郡
张掖
屋兰
氐池
祁连山
党河南山
疏勒南山
托莱南山
西
龙
苏干湖盆地
土尔根达坂山
哈拉湖盆地
柴达木盆地
宗务隆山
海西蒙古族藏族自治州
青海湖
西海
盐池
烧
海南藏族自治州
青海南山
大允谷
赐支河曲
大
昆仑山
布尔汗布达山
青藏高原
黄河
巴颜喀拉山
扎陵湖
鄂陵湖
赐支河首
积石
果洛藏族自治州
玉树藏族自治州

鲜卑
古
受降城
原
高
人民共和国
古
蒙
高阙
河套平原
阴
山
五原郡
包头
云中郡
内
鸡鹿塞
巴彦淖尔
善
高
原
朔方郡
黄
林沙漠
并
大城塞
鄂尔多斯
乌海
雅
布
赖
山
鄂尔多斯高原
贺
州
石嘴山
都野（休屠泽）
阿拉善盟
兰
武威
卢
康县
金昌
腾格里沙漠
山
银川
榆林
宣威
番和
休屠
水
河
吴忠
刺
上郡
奢
无
横
山
定
延
河
鞮
武威
北地郡
姑臧
武威郡
凉州刺史部
富平
吕梁
西河郡
鸾鸟
苍松
水
中卫
河
史
张掖
祁
乌
鞘
岭
水
大
罗
山
河
原
三水
山
西宁
黄
鹑阴
黄
土
高
分
水
岭
延安
令居
部
山
河
湟
海东
浩亹
允街
白银
屈
吴
山
青
山
子
破羌
安夷
逢义山
射姑山
中
水
枝阳
祖厉
午
直路
司
脊
金城郡
高平
郁郅
山
允吾
金城
兰州
榆中
勇士
固原
庆阳
黄
龙
岭
汾
水
水
隶
石城
河关
朝那
瓦亭
彭阳
岭
临夏回族自治州
定西
平凉
六
乌氏
临泾
泥阳
山
校
枹罕
狄道
阿阳
泾
阴槃
安定郡
鹑觚
大夏
洮
陇西郡
成纪
陇
泾
水
铜川
弘农郡
白石
平襄
街泉亭
盘
安故
略阳
陇
秦亭
甘南藏族自治州
鸟鼠同穴山
首阳
襄武
显亲
陇县
汧
左冯翊
水
原
太华山
水
獂道
山
河
西
龙桑城
郿县
冀县
陇关
吴
岳
山
尉
渭南
倾
望垣
天水
咸阳
平
骊山
落门聚
汉阳郡
水
索西城
关
右扶风
中
京兆尹
临洮
上邽
散关
宝鸡
渭
洛
山
西安
望曲谷
西县
故道
河
商洛
部
参
南
太一山
赤亭
秦
岷
山
岭
白
羌道
上禄
下辨
河池
狼
武都道
武都郡
荆州刺史部
西
岷
汉
马
山
羌
陇南
山
汉中
沮县
汉
益州刺史部
水
汉中郡
羌
广汉属国
江
水

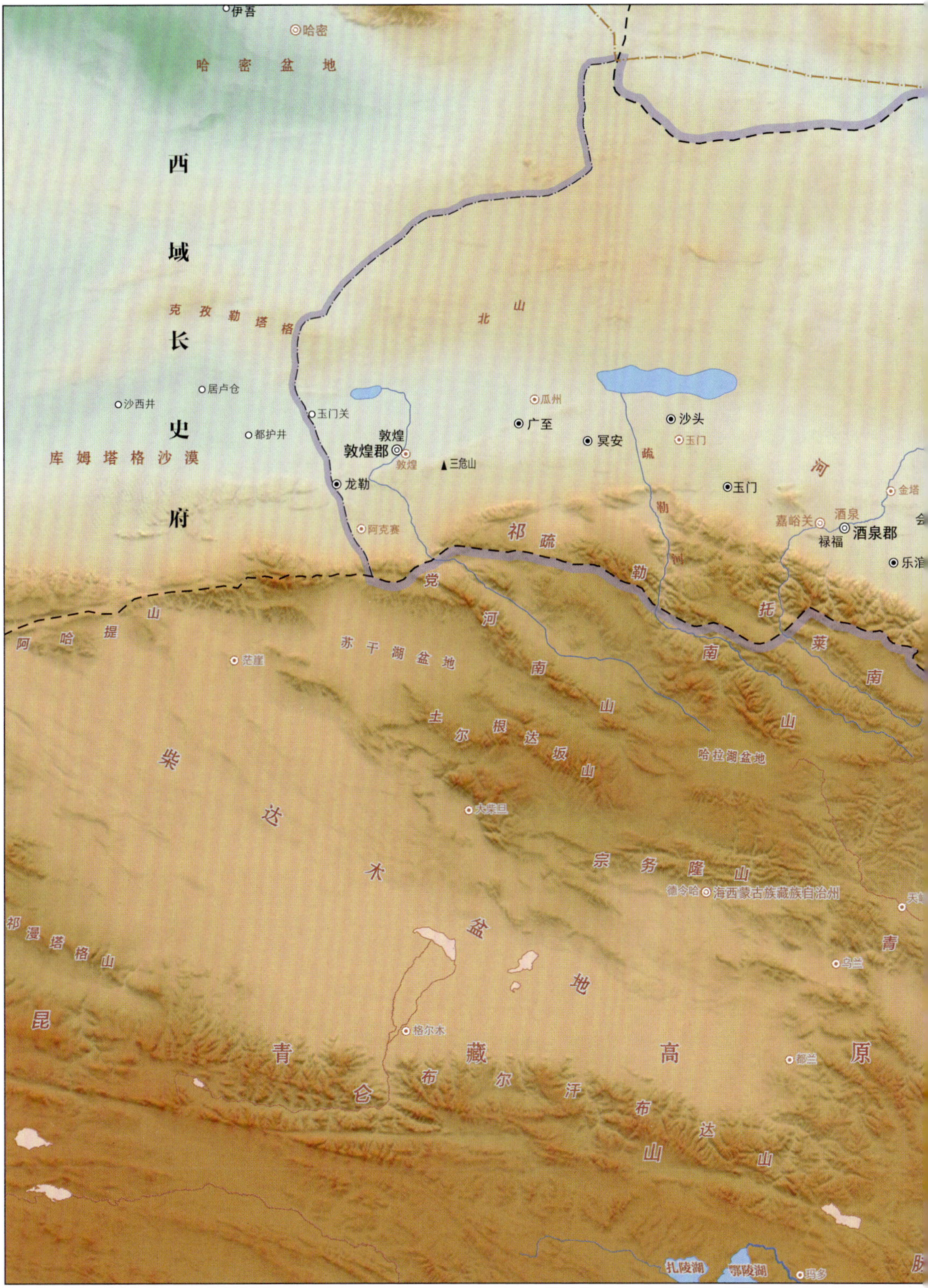
伊吾
哈密
哈密盆地
西域长史府
克孜勒塔格
北山
居卢仓
沙西井
玉门关
都护井
库姆塔格沙漠
敦煌
敦煌郡
敦煌
龙勒
三危山
瓜州
广至
冥安
沙头
玉门
玉门
疏勒河
河
金塔
嘉峪关
酒泉
禄福
酒泉郡
阿克赛
祁
疏勒南山
党河南山
托莱南山
阿哈提山
苏干湖盆地
茫崖
土尔根达坂山
哈拉湖盆地
柴达木盆地
大柴旦
宗务隆山
德令哈
海西蒙古族藏族自治州
祁漫塔格山
乌兰
青
青藏高原
格尔木
都兰
昆仑
布尔汗布达山
扎陵湖
鄂陵湖
玛多

蒙
古
居延泽
额济纳旗
居延
西海郡
弱水
河西鲜卑
阿拉善高原
巴丹吉林沙漠
雅布赖山
合黎山
高台
昭武
凉
觻得
张掖郡
张掖
龙首山
屋兰
删丹
山丹
金昌
民勤
武威
都野泽
氐池
民乐
日勒
永昌
番和
骊靬
宣威
谷水
廊
武威
姑臧
凉州
武威郡
苍松
古浪
祁连
州
乌鞘岭
景泰
腾格里沙漠
阿拉善右旗
乌拉特后旗
巴彦淖尔
黄河
磴口
乌海
惠农
贺兰山
石嘴山
阿拉善盟
银川
青铜峡
吴忠
盐池
羌
胡
中卫
中宁
大罗山
同心
黄土高原
环县
海原
固原
第一城
高平
朝那
西吉
六盘山
泾水
隆德
平凉
乌氏
华亭
泾河
阿阳
陇县
汧县
陇山
陇县
略阳
显亲
冀县
天水郡
洛门
平襄
成纪
襄武
南安郡
陇西郡
首阳
獂道
中陶
渭水
狄道
安故
洮水
临夏回族自治州
枹罕
和政
定西
会宁
榆中
沃干坂
金城郡
兰州
金城
枝阳
允街
皋兰
白银
靖远
鹯阴
祖厉
屈吴山
令居
天祝
浩亹
破羌
湟水
安夷
海东
西都
西宁
西平郡
临羌
湟源
互助
门源
达坂山
烧当
青海湖
西海
盐池
海北藏族自治州
龙夷
刚察
南山
海南藏族自治州
共和
拉脊山
化隆
贵德
尖扎
白土
循化
黄河
兴海
贵南
黄南藏族自治州
同仁
同德
羌
夏河
泽库
甘南藏族自治州
合作

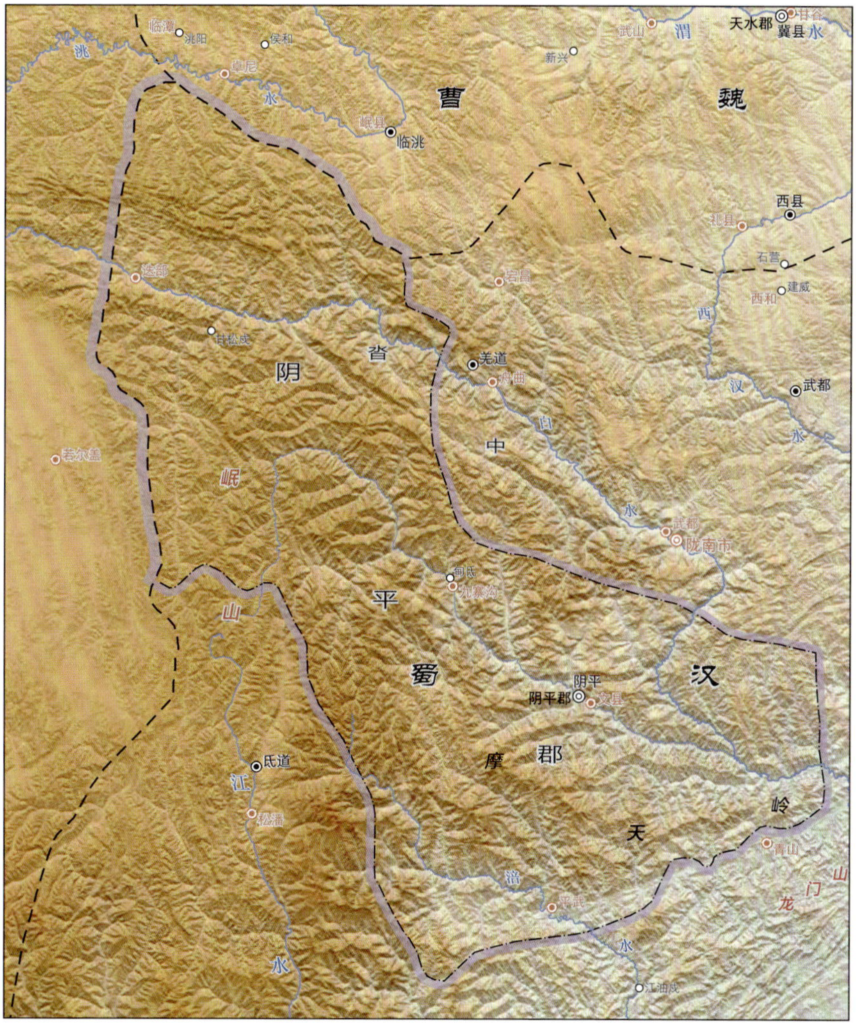

临潭
洮阳
侯和
洮
卓尼
水
岷县
临洮
曹
魏
武山
渭
天水郡
甘谷
冀县
水
新兴
西县
礼县
石营
建威
西和
宕昌
西
迭部
甘松戍
阴
省
羌道
舟曲
汉
武都
白
中
水
若尔盖
岷
水
武都
陇南市
甸氐
九寨沟
平
山
蜀
汉
阴平
阴平郡
文县
氐道
摩
郡
江
松潘
岭
天
青山
涪
山
门
龙
平武
水
水
江油戍

三国时期的阴平郡

陇西郡
狄道
阿阳
六
临泾
天水郡
黄
土
成纪
高
原
首阳
平襄
略阳道
盘
洮
襄武
汧县
獂道
渭
望垣
隃麋
冀县
绵诸道
山
水
上邽
天水
雍县
宝鸡
临洮
水
虢县
氐道
西县
故道
秦
桓
羌道
河池
岭
武都道
下辨道
嘉陵道
岷
水
平乐道
修成道
陇南
山
甸氐道
沮道
褒中
沔阳
沔
南郑
水
阴平道
汉中
西
(白
米
仓
山
湔氐道
水)
大
白水
巴
龙
门
山
汉
广元
山
刚氐道
广武
潜
蚕陵
水
巴中
四
川
盆
地
汶江
广汉郡
梓潼
水

西汉时期的十三氐道

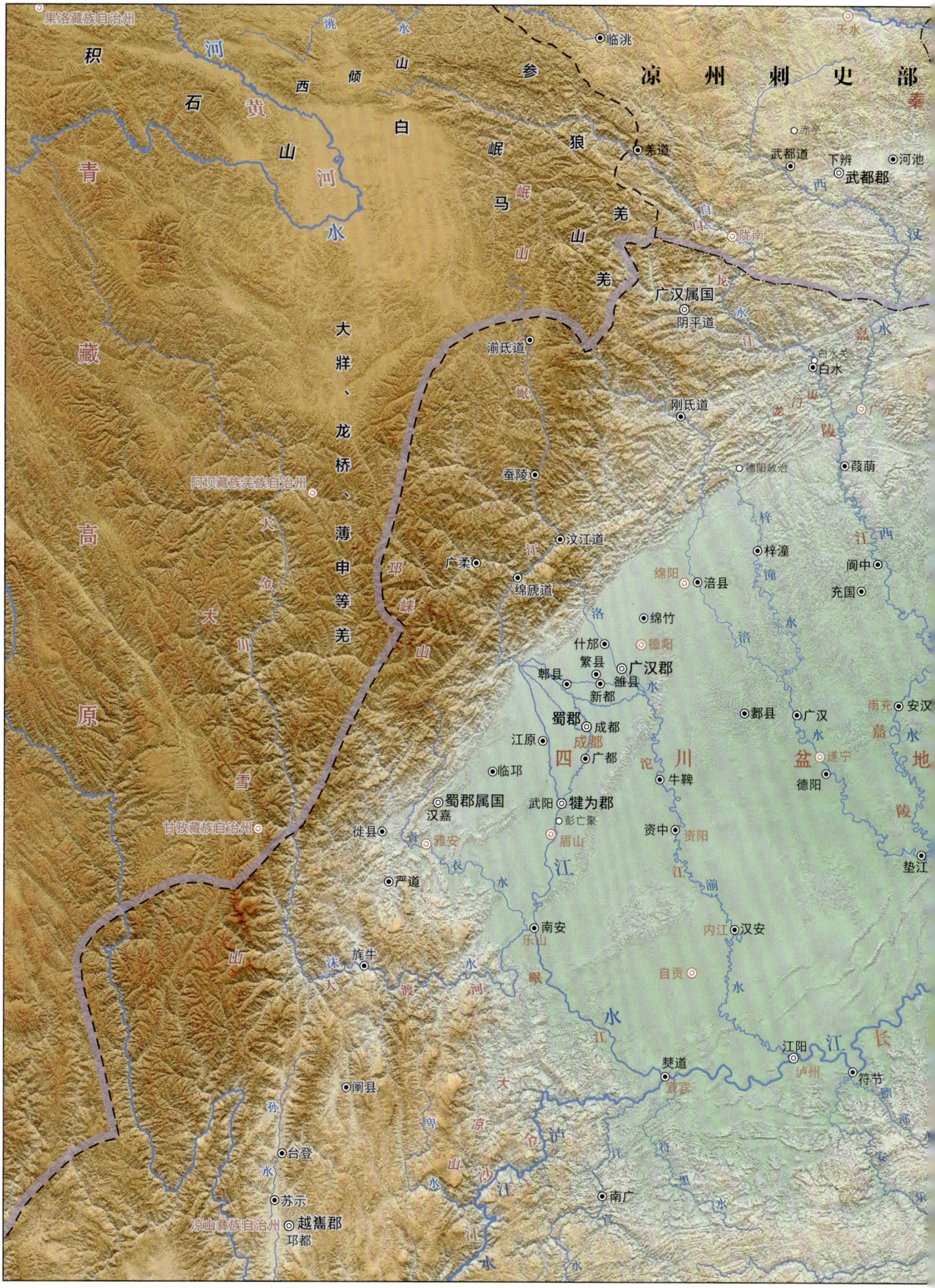
果洛藏族自治州
临洮
积石山
西倾山
凉州刺史部
天水
秦
赤亭
武都道
下辨
河池
武都郡
羌道
陇南
黄河
青藏高原
广汉属国
阴平道
白水关
白水
湔氐道
刚氐道
葭萌
广元
大牂、龙桥、薄申等羌
阿坝藏族羌族自治州
蚕陵
汶江道
广柔
绵虒道
梓潼
阆中
充国
绵阳
涪县
绵竹
什邡
德阳
繁县
广汉郡
雒县
郫县
新都
蜀郡
成都
郪县
广汉
南充
安汉
江原
广都
四川盆地
遂宁
德阳
临邛
牛鞞
蜀郡属国
汉嘉
武阳
犍为郡
彭亡聚
眉山
资中
资阳
徙县
雅安
严道
甘孜藏族自治州
邛崃山
南安
乐山
内江
汉安
自贡
旄牛
大渡河
岷江
沱江
嘉陵江
江阳
泸州
长江
符节
僰道
宜宾
垫江
阑县
台登
苏示
凉山彝族自治州
越嶲郡
邛都
南广
金沙江

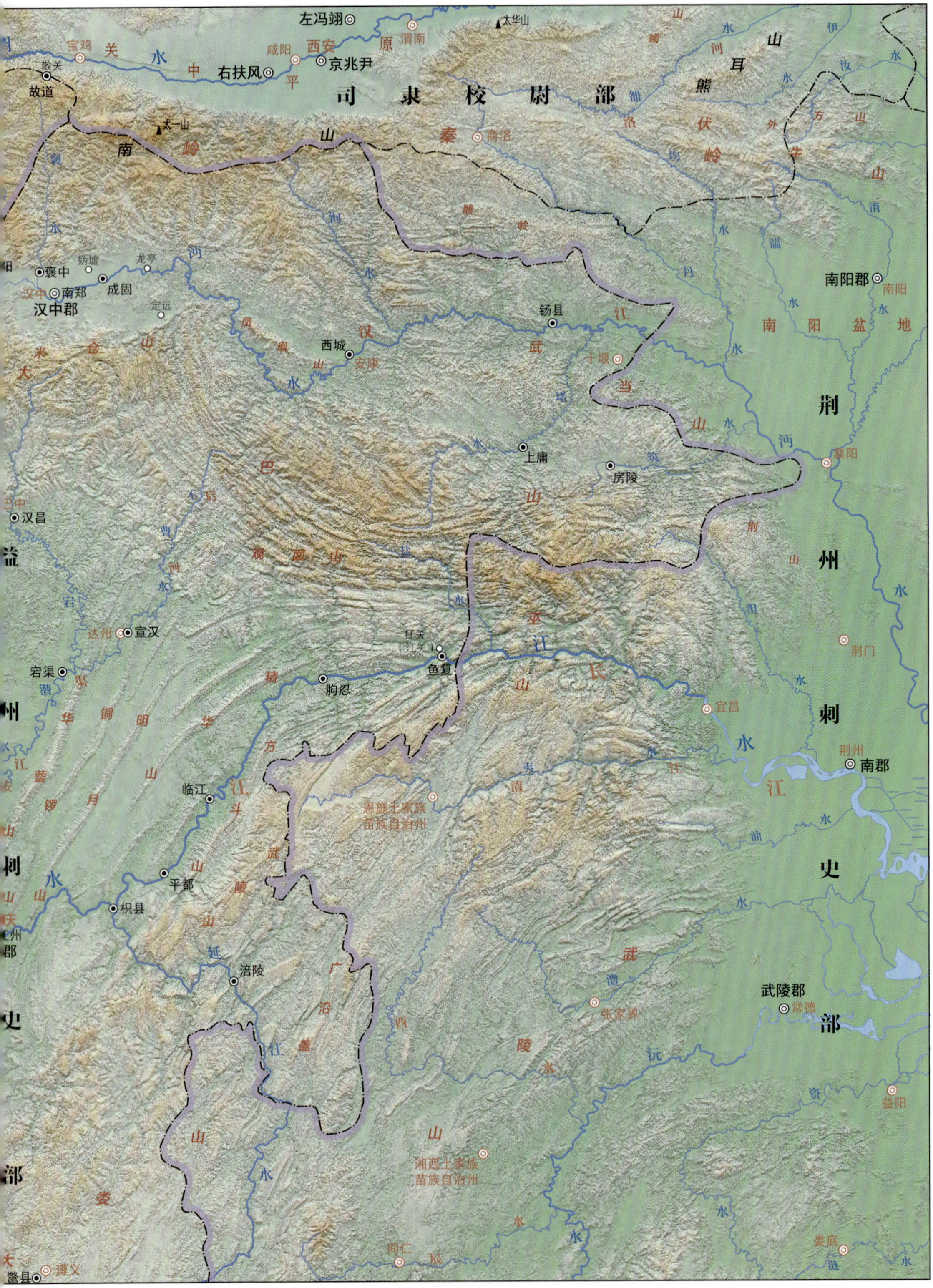

左冯翊
太华山
散关
故道
宝鸡
咸阳
西安
渭南
右扶风
京兆尹
司隶校尉部
太一山
南山
秦岭
熊耳山
伏牛山
商洛
褒中
南郑
汉中
汉中郡
成固
龙亭
定远
西城
安康
钖县
十堰
南阳郡
南阳
南阳盆地
上庸
房陵
襄阳
荆州刺史部
巴山
汉昌
益州刺史部
宣汉
达州
宕渠
扞关
（江关）
鱼复
朐忍
荆门
宜昌
荆州
南郡
临江
平都
枳县
涪陵
恩施土家族
苗族自治州
张家界
武陵郡
常德
益阳
湘西土家族
苗族自治州
铜仁
娄底
遵义
鄨县

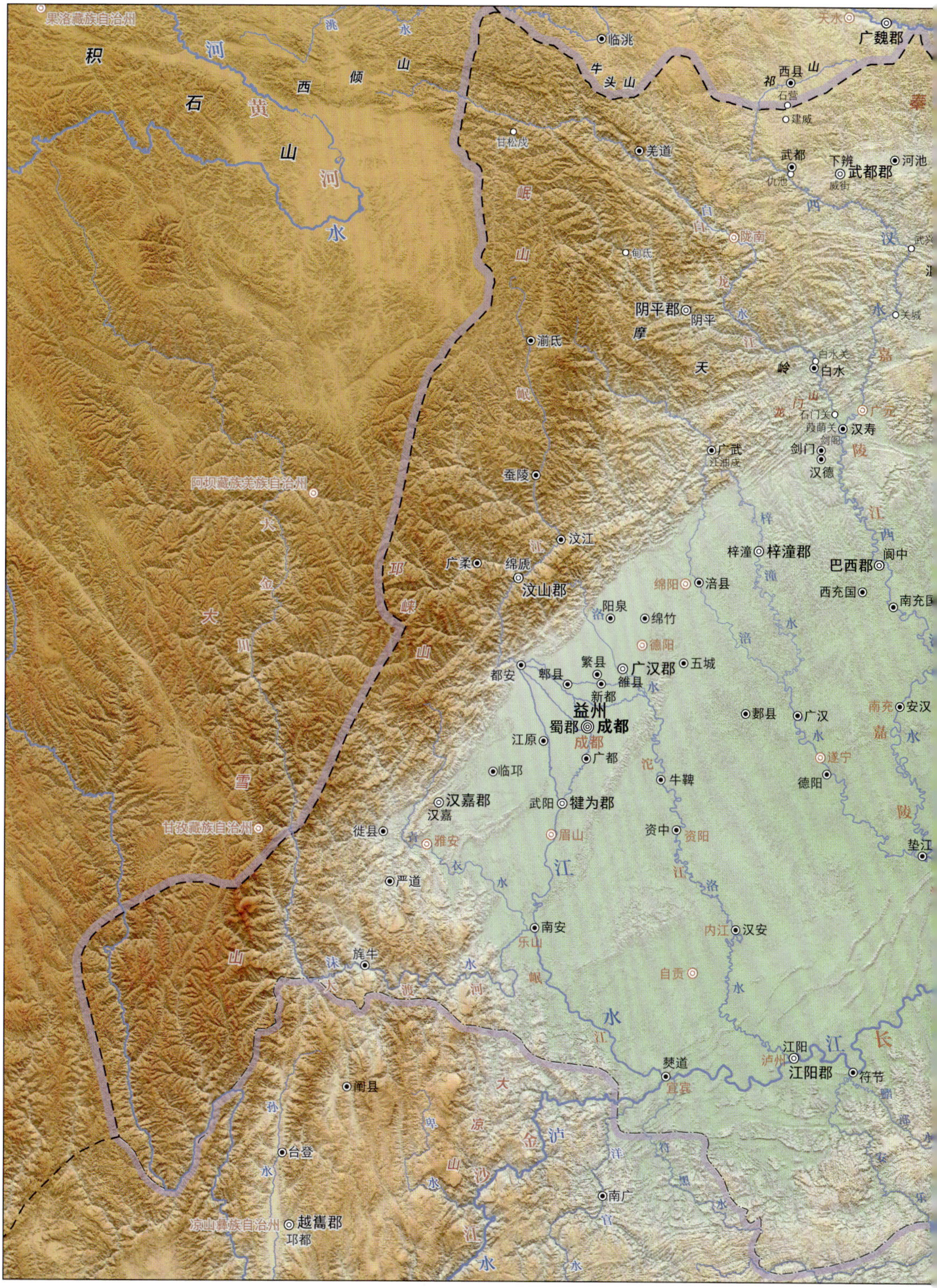
果洛藏族自治州
积石山
黄河
西倾山
洮水
临洮
牛头山
天水
广魏郡
西县
祁山
石营
建威
秦
甘松戍
羌道
武都
下辨
武都郡
河池
仇池
威街
岷山
白水
陇南
甸氐
龙水
西汉水
武兴
阴平郡
阴平
摩天岭
关城
湔氐
白水关
白水
嘉陵江
龙门山
石门关
葭萌关
汉寿
广元
剑阁
剑门
汉德
广武
江油戍
阿坝藏族羌族自治州
蚕陵
汶江
梓潼
梓潼郡
巴西郡
阆中
西充国
南充国
涪水
广柔
绵虒
汶山郡
绵阳
涪县
阳泉
绵竹
德阳
五城
邛峡山
大金川
大雪山
都安
郫县
繁县
广汉郡
雒县
新都
益州
蜀郡
成都
郪县
广汉
南充
安汉
江原
广都
遂宁
德阳
临邛
牛鞞
汉嘉郡
汉嘉
武阳
犍为郡
甘孜藏族自治州
徙县
雅安
眉山
资中
资阳
沱江
垫江
青衣水
严道
南安
乐山
内江
汉安
岷江
旄牛
沫水
大渡河
自贡
长江
江阳
江阳郡
符节
泸州
僰道
宜宾
阑县
孙水
台登
越巂郡
邛都
凉山彝族自治州
南广
金沙江
大凉山

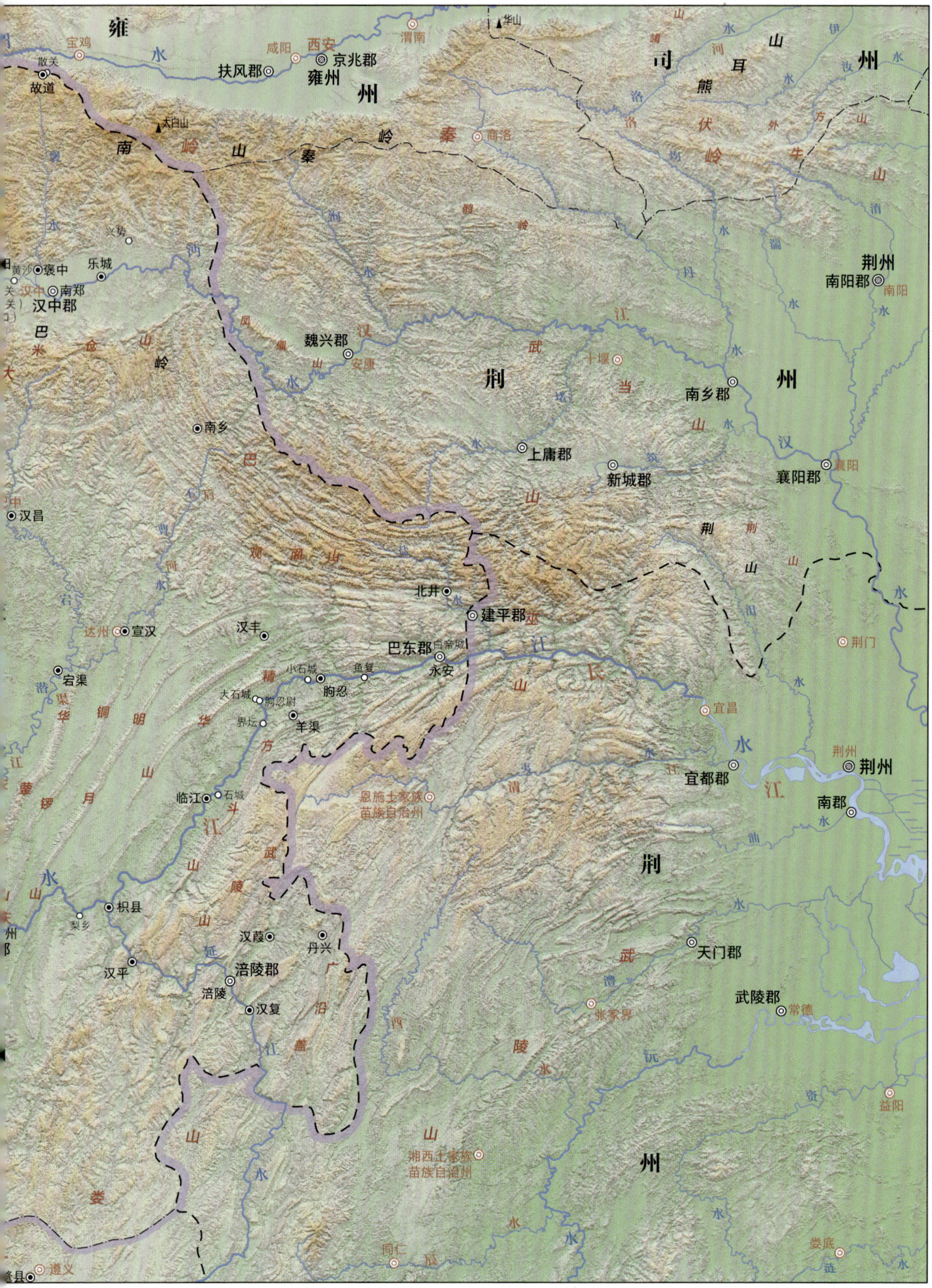
雍
宝鸡
散关
故道
咸阳
西安
京兆郡
扶风郡
雍州
州
渭南
华山
司
州
熊
耳
山
伏
牛
山
太白山
南
岭
山
秦
岭
秦
商洛
兴势
黄沙
褒中
乐城
汉中
南郑
汉中郡
巴
米
仓
山
岭
魏兴郡
安康
汉
武
十堰
当
荆
南乡郡
州
荆州
南阳郡
南阳
南乡
上庸郡
新城郡
襄阳郡
襄阳
汉
巴
山
大
巴
山
汉昌
荆
山
北井
建平郡
巫
江
长
达州
宣汉
汉丰
巴东郡
白帝城
永安
小石城
鱼复
宕渠
朐忍
大石城
朐忍尉
界坛
羊渠
荆门
宜昌
宜都郡
水
江
荆州
荆州
南郡
临江
石城
恩施土家族
苗族自治州
荆
枳县
梨乡
汉葭
丹兴
汉平
涪陵郡
涪陵
汉复
天门郡
武
武陵郡
常德
张家界
陵
益阳
湘西土家族
苗族自治州
州
铜仁
娄底
遵义

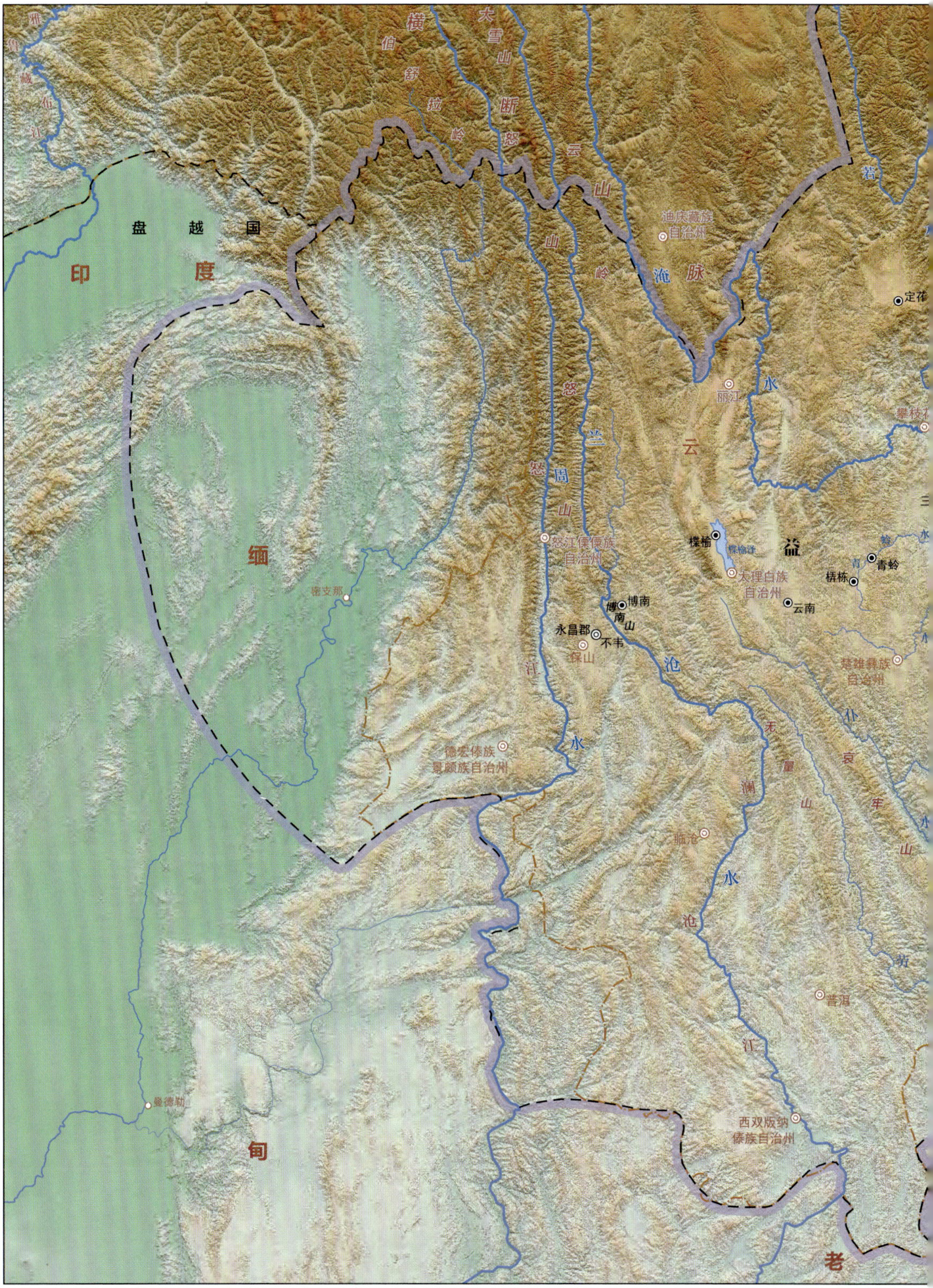
雅鲁藏布江
横断山
伯舒拉岭
大雪山
怒山
云岭
山脉
澜沧江
若水
迪庆藏族自治州
定莋
丽江
盘越国
印度
缅甸
老
怒江
兰
周
云
益
攀枝花
三
掸支部
怒江傈僳族自治州
楪榆
楪榆泽
大理白族自治州
青蛉
青蛉水
梇栋
云南
博南
博南山
永昌郡
不韦
保山
沧
楚雄彝族自治州
仆
哀
牢
山
无量山
水
德宏傣族景颇族自治州
临沧
普洱
西双版纳傣族自治州
曼德勒

旄牛
自贡
江
水
泸州
江阳
符节
僰道
宜宾
阑县
大
凉
泸
山
水
江
南广
越嶲郡
凉山彝族自治州
水
朱提
昭通
犍为属国
遵义
不狼山
鳖县
大
娄
山
江
水
毕节
延
江
水
六盘水
汉
水
贵阳
安顺
高
原
黔东南苗族侗族自治州
黔南布依族苗族自治州
荆
州
刺
史
部
刺
史
部
谈虏山
曲靖
味县
黔西南布依族苗族自治州
昆明
谷昌
滇池
滇池
益州郡
连然
玉溪
温
水
豚
水
牂
柯
江
河池
水
文
百色
郁
水
红河哈尼族彝族自治州
文山壮族苗族自治州
贲古
西
随
水
南宁
郁
水
崇左
交
州
刺
史
部
钦州
防城港
十
万
大
山
越
南
龙编
交趾郡
河内
北
部
湾

横断山脉
伯舒拉岭
大雪山
怒山
云岭
迪庆藏族自治州
盘越国
印度
缅甸
密支那
怒江傈僳族自治州
丽江
益
定莋
攀枝花
楪榆
大理白族自治州
青蛉
云南郡
梇栋
云南
博南
永昌郡
不韦
楚雄彝族自治州
德宏傣族景颇族自治州
临沧
普洱
无量山
哀牢山
西双版纳傣族自治州
曼德勒
老

旄牛
自贡
洛
乐城
汉复
广
毛
坝
沿
盖
江
水
江阳
泸州
江阳郡
符节
僰道
宜宾
四
面
山
阑县
大
凉
山
南广
安
乐
娄
荆
越巂郡
遵义
鳛县
大
水
朱提
昭通
朱提郡
毕节
延
江
水
堂琅
沅
水
贵阳
黔东南苗族
侗族自治州
六盘水
汉
高
原
州
安顺
黔南布依族
苗族自治州
州
曲靖
建宁郡
味县
黔西南布依族
苗族自治州
昆明
谷昌
滇池
益州郡
温
江
盘
水
玉溪
百色
郁
红河哈尼族
彝族自治州
文山壮族
苗族自治州
州
浦临
南宁
郁
水
水
崇左
交
山
大
钦州
万
十
防城港
越
南
河内
龙编
交趾郡
羸泠
北
部
湾

云
贵
高
原
益州刺史部
益州郡
滇池
昆明
玉溪
通海
石林
曲靖
普安
紫云
黔西南布依族
苗族自治州
安龙
丘北
广南
乐业
南丹
荔波
百色
红河哈尼族
彝族自治州
元阳
文山壮族
苗族自治州
靖西
河口
老街
河江
高平
凭祥
崇左
临尘
平果
南宁
中华人民共和国
郁林郡
布山
阿林
领方
中溜
贵港
玉林
博白
钦州
合浦郡
合浦
北海
防城港
十万大山
湛江
雷州半岛
徐闻
琼州海峡
海口
朱崖洲
海南岛
五指山
儋州
东方
万宁
三亚
荆
始安
桂林
荔浦
平乐
从江
融水
环江
河池
宜州
定周
柳州
潭中
来宾
都安
交州刺史部
越
交
太原
封溪
望海
龙编
港泠
西于
交趾郡
苟漏
羸陵
河内
朱鸢
海防
北部湾
居风
胥浦
清化
九真郡
无编
咸懽
荣市
比景
朱吾
西卷
日南郡
顺化
卢容
岘港
长山山脉
南
挝
老
泰国
万象
桑怒
川圹
黎逸
山萝
莱州
宋早再山
红河
明江
沱江
马江
右江
左江
郁江
邕江
南盘江
北盘江
红水河
柳江

零陵郡
泉陵
便县
桂阳郡
汉宁
郴县
郴州
新田
刺
史
部
营浦
泠道
营道
南平
客岭山
宜章
九疑山
临武
射沐
泉陵
桂阳
富川
贺州
临贺
阳山
含洭
曲江
韶关
浈阳
封阳
怀集
中宿
清远
四会
增城
博罗
南海郡
番禺
广州
佛山
东莞
惠州
端溪
高要
肇庆
云浮
江门
中山
深圳
珠海
香港
澳门
临允
高凉
阳江
万山群岛
赣州
会昌
台领山
龙南
和平
龙川
兴宁
河源
龙门
梅州
揭阳
潮州
汕头
陆丰
汕尾
扬
州
刺
史
部
连城
永泰
莆田
漳平
龙岩
泉州
漳州
厦门
漳浦
台湾海峡
澎湖列岛
东沙群岛
南海
（涨海）
三沙
西沙群岛
中沙群岛
中华人民共和国
郁林郡
苍梧郡
南海郡
合浦郡
交趾郡
九真郡
日南郡
朱崖洲
海南岛
海口
三亚
北部湾
台湾岛
东沙群岛
西沙群岛
中沙群岛
黄岩岛
南沙群岛
曾母暗沙
斯里巴加湾市
文莱
马来西亚
印度尼西亚
越南
老挝
泰国
柬埔寨
菲律宾

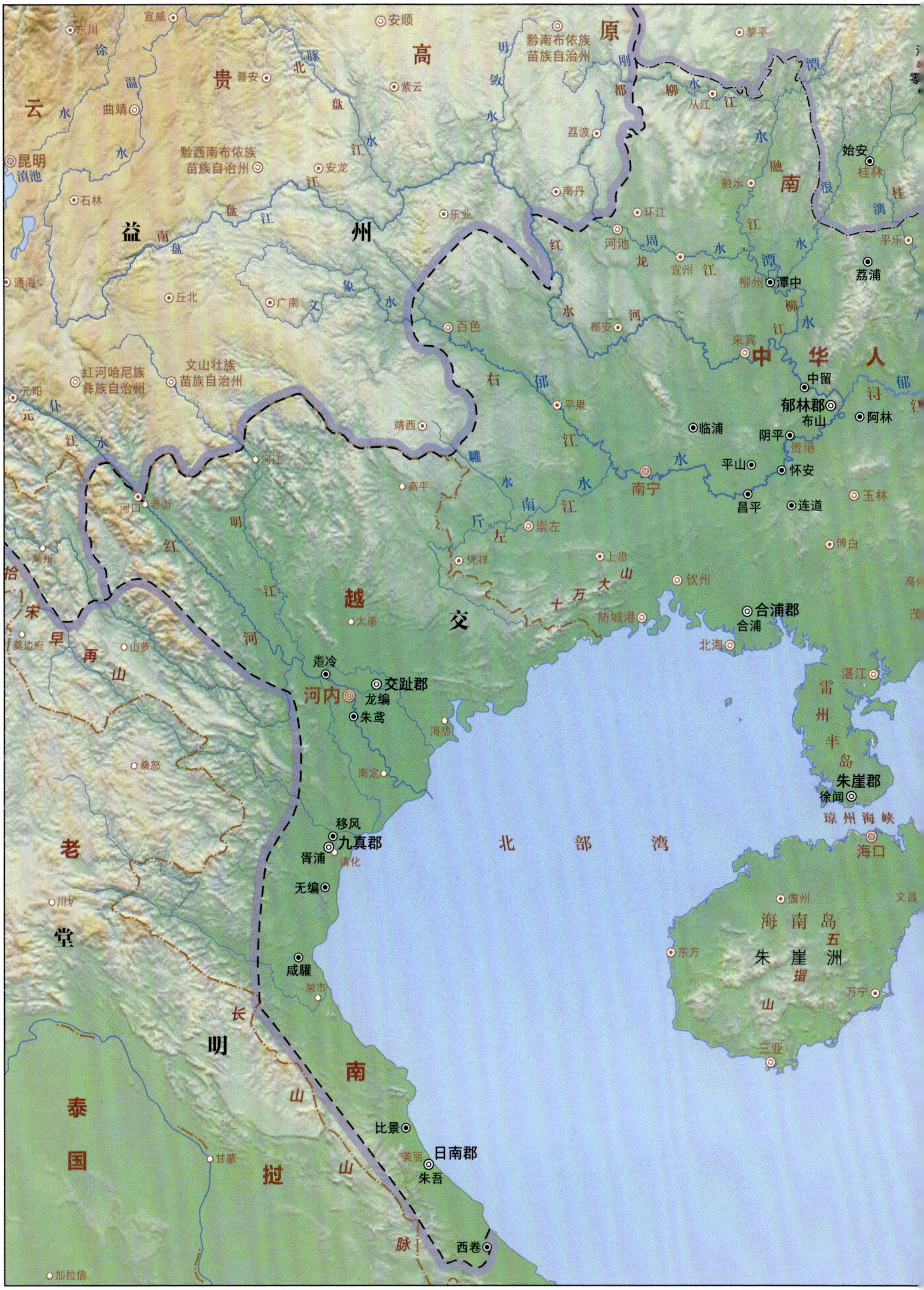

益州
交
越
南
贵
云
高
原
南
中华人
老
堂
明
长
山
泰
国
挝
山
脉
北部湾
雷州半岛
海南岛
朱崖洲
五指山
琼州海峡
十万大山
郁林郡
布山
中留
阿林
临浦
阴平
平山
怀安
昌平
连道
潭中
荔浦
始安
合浦郡
合浦
交趾郡
龙编
朱鸢
羸𨻻
九真郡
移风
胥浦
无编
咸驩
日南郡
朱吾
比景
西卷
朱崖郡
徐闻
河内
南宁
海口
昆明
滇池
石林
通海
曲靖
东川
宣威
普安
安顺
紫云
安龙
黔西南布依族苗族自治州
黔南布依族苗族自治州
荔波
南丹
乐业
环江
河池
宜州
柳州
融水
从江
黎平
桂林
平乐
都安
来宾
百色
平果
贵港
玉林
博白
钦州
北海
湛江
防城港
上思
凭祥
崇左
高平
靖西
广南
丘北
文山壮族苗族自治州
红河哈尼族彝族自治州
元阳
河口
老街
河江
莱州
太原
海防
南定
清化
荣市
美丽
甘蒙
加拉信
川圹
桑怒
山萝
奠边府
儋州
东方
文昌
万宁
三亚
北盘江
南盘江
红水河
右江
郁江
左江
南江
柳江
龙江
融江
漓江
浔江
红河
明江
沱江
元江
马江

永州
耒阳
揭阳
三明
侯官
福州
零陵郡
新宁
泉陵
便县
平阳
扬都
尤溪
武
戴
云
永泰
赣
雩都
遂川
水
夷
郴县
阳安
南安
连城
新田
桂阳郡
郴州
赣州
汉
水
莆田
春陵
冷道
南野
会昌
营道
宜章
扬
山
漳平
南平
临武
州
荆
州
岭
龙岩
东安
泉州
大
脉
冯乘
龙南
韶关
桂阳
曲江
建兴
富山
贺州
和平
厦门
漳州
梅州
贺郡
临贺
连阳
含洭
漳浦
龙川
兴宁
莲
封阳
怀集
河源
潮州
共
和
国
中宿
清远
揭阳
花
苍梧郡
增城
汕头
四会
交州
南海郡
博罗
惠州
新宁
端溪
肇庆
广州
番禺
东莞
陆丰
西
云浮
高要
佛山
汕尾
州
江门
深圳
平夷
中山
临允
珠海
高凉郡
香港
思平
澳门
高凉
安宁
阳江
万山群岛
东沙群岛
南
海
（涨
海）
三沙
西沙群岛
郁林郡
苍梧郡
交州
南海郡
中
华
人
民
共
和
国
合浦郡
高凉郡
香港
澳门
台湾岛
交
交趾郡
河内
越
北部湾
朱崖郡
海口
九真郡
东沙群岛
朱崖洲
海南岛
三亚
日南郡
西沙群岛
中沙群岛
老
黄岩岛
菲
律
宾
泰
挝
国
南
南
海
柬埔寨
（涨
海）
南沙群岛
斯里巴加湾市
亚
文莱
西
曾母暗沙
来
马
印度尼西亚

哈萨克斯坦
额尔齐斯河
鄂毕河
新西伯利亚
比斯克
坚昆
叶尼塞河
俄
东萨彦岭
西萨彦岭
唐努乌拉山
乌布苏湖
库苏古尔湖
乌列盖
金
阿
尔
呼揭
额尔齐斯河
斋桑湖
匈奴
巴尔喀什湖
塔尔迪库尔干
阿拉套山
克拉玛依
准噶尔盆地
古尔班通古特沙漠
吉尔吉斯斯坦
伊宁
博罗科努山
天
北
山
山
乌鲁木齐
戊部侯城
天
蒲类海
天
山
山
吐鲁番
戊己校尉城
宜禾都尉城
哈密
温宿
阿克苏
它乾城
延城
西域都护府
危须
秦海
巴音郭楞蒙古自治州
库鲁克塔格
塔里木河
西域长史府
塔里木盆地
塔克拉玛干沙漠
蒲昌海
精绝
宁弥
且末
驩泥
阿尔金山
祁漫塔格山
柴达木盆地
昆仑
可可西里山
青藏高原
玉门关
敦煌郡
冥泽
冥水
祁连山
酒泉郡
张掖郡
居延泽
张掖居延属国
弱水
凉
内
巴丹吉
海西蒙古族藏族自治州
青海湖
西海
烧
微
泰
西海
大湖盆地
甘微河
燕
杭
蒙
然
爱
古
鲜
蒙
卑
匈奴河
山
山
私渠北鞮海
山
山
涿
邪
戈
山
壁
阿
浚
稽

罗
斯
北
海
贝加尔湖
零
赤塔
呼伦贝尔
呼伦湖
乔巴山
温都尔汗
西乌尔特
乌兰巴托
狼居胥山
大
鲜
卑
山
安
兴
大兴安岭
齐齐哈尔
夫
余
长春
通辽
锡林郭勒
赛音山达
达兰扎达加德
赤峰
沈阳
玄菟郡
辽东郡
辽东属国
辽西郡
葫芦岛
丹东
国内城
高
句
丽
朝
鲜
受降城
呼和浩特
包头
五原郡
云中郡
代郡
上谷郡
广阳郡
北京
天津
幽
州
鸡鹿塞
高阙
朔方郡
中
华
人
民
共
和
国
鄂尔多斯
乌海
银川
鄂尔多斯高原
雁门郡
中山国
沧州
冀
常山国
太原郡
并
州
榆林
上郡
北地郡
吕梁
邢台
济南
青
齐国
东莱郡
威海
青岛
大连
渤
海
魏郡
泰山郡
上党郡
东郡
兖
州
徐
琅邪国
陈留郡
豫
梁国
下邳国
雒阳
河东郡
弘农郡
司
隶
安宁郡
陇西郡
金城郡
凉
州
黄
土
高
原
东
黄
海
布拉戈维申斯克（海兰泡）
黑
龙
江
嫩
江
松
花
江
阿
穆
尔
额
尔
古
纳
河
色
楞
格
河
鄂
尔
浑
河
克
鲁
伦
河
饶
乐
水
辽
水
濡
水
燕
山
阴
山
太
行
山
吕
梁
山
贺
兰
山
都野
老哈河
努鲁儿虎山
汾
水
雅
布
洛
诺
夫
山
蒙
古
高
原
漠
北
漠
南

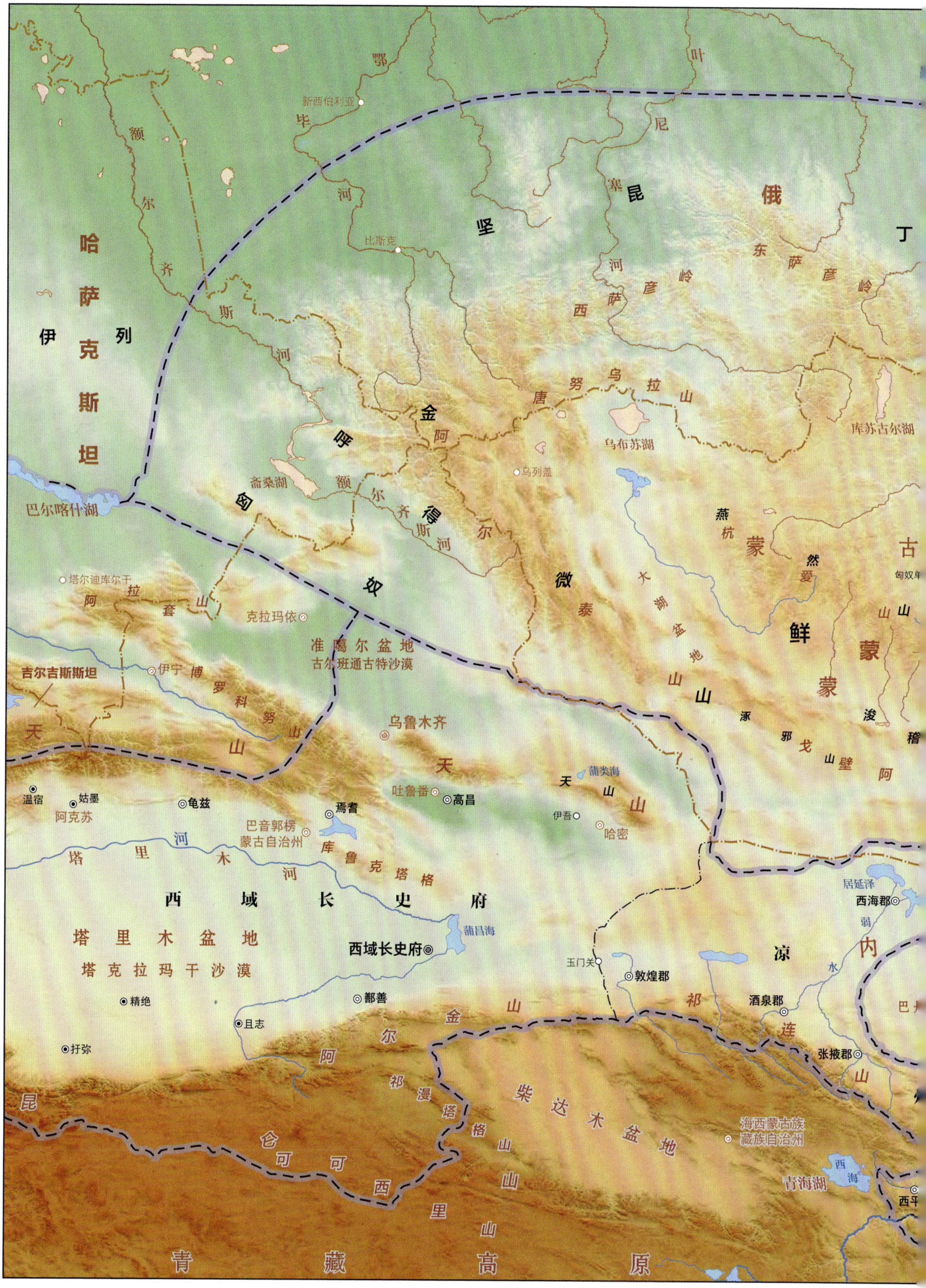

鄂毕河
叶尼塞河
新西伯利亚
比斯克
额尔齐斯河
坚昆
俄
丁
东萨彦岭
西萨彦岭
唐努乌拉山
乌布苏湖
库苏古尔湖
乌列盖
哈萨克斯坦
伊列
巴尔喀什湖
斋桑湖
呼得
匈奴
金微
阿尔泰山
大湖盆地
杭爱山
燕然
蒙古
鲜卑
涿邪山
戈壁
塔尔迪库尔干
阿拉套山
克拉玛依
准噶尔盆地
古尔班通古特沙漠
吉尔吉斯斯坦
伊宁
博罗科努山
天山
乌鲁木齐
吐鲁番
高昌
蒲类海
伊吾
哈密
温宿
姑墨
阿克苏
龟兹
焉耆
巴音郭楞蒙古自治州
塔里木河
库鲁克塔格
西域长史府
塔里木盆地
塔克拉玛干沙漠
蒲昌海
精绝
鄯善
且志
扜弥
阿尔金山
祁漫塔格山
昆仑山
可可西里山
柴达木盆地
海西蒙古族藏族自治州
青海湖
西海
西平
青藏高原
玉门关
敦煌郡
酒泉郡
张掖郡
祁连山
凉
内
居延泽
西海郡
弱水

贝加尔湖
赤塔
呼伦贝尔
呼伦湖
布拉戈维申斯克（海兰泡）
齐齐哈尔
乔巴山
乌兰巴托
温都尔汗
西乌尔特
长春
赛音山达
锡林郭勒
通辽
沈阳
玄菟郡
辽东郡
丸都
达兰扎加德
赤峰
丹东
葫芦岛
呼和浩特
上谷郡
辽西郡
包头
盛乐
北京
幽州
燕国
代郡
大连
天津
鄂尔多斯
乌海
章武郡
沧州
威海
雁门郡
常山郡
东莱郡
鄂尔多斯高原
榆林
冀州
银川
太原郡
安平郡
并州
齐国
青州
济南
吕梁
邢台
泰山郡
城阳郡
青岛
魏郡
平阳郡
上党郡
东郡
兖州
琅邪郡
金城郡
河东郡
陈留国
安定郡
梁国
徐州
陇西郡
新平郡
冯翊郡
弘农郡
洛阳
广陵郡
河西鲜卑
中华人民共和国
拓跋鲜卑
东部鲜卑
高句丽
朝鲜
夫余
俄罗斯
蒙古高原
大兴安岭
努鲁儿虎山
燕山
阴山
太行山
吕梁山
贺兰山
黄河
渤海
黄海
东海

康居
巴尔喀什湖
阿亚古兹
马泰
阿拉湖
塔尔迪库尔干
阿拉山口
温泉
博尔塔拉蒙古自治州
莫因库姆沙漠
卡拉套山
楚河
哈萨克斯坦
奥塔尔
阿拉木图
伊犁河
伊犁哈萨克自治州
巩留
昭苏
比什凯克
塔拉斯
吉尔吉斯山
吉尔吉斯斯坦
伊塞克湖
卡拉科尔
乌兹别克斯坦
贵山城
塔什库尔干
安集延
费尔干纳盆地
大宛
纳伦
赤谷城
天山
乌什
温宿
石城
姑墨
阿克苏
它乾城
西域都护府
龟兹
阿瓦提
尉头
柯坪
阿拉尔
阿赖山
克孜勒苏柯尔克孜自治州
喀什
图木舒克
乌即城
疏勒
伽师
西域
塔吉克斯坦
葱岭
帕米尔高原
英吉沙
麦盖提
莎车
叶尔羌河
塔里木河
和田河
塔克拉玛干沙漠
塔什库尔干塔吉克自治县
蒲犁
德若
呼犍谷
子合
西夜
皮山
喷赤河
瓦罕山脉
喀喇昆仑山
大月氏
阿富汗
兴都库什山
巴基斯坦
卡拉姆
印度河
于阗
和田
西城
拘弥
宁弥
于田
精绝
渠勒
昆仑山
罽宾
斯利那加
列城
克什米尔
伊斯兰堡

匈奴
鲜卑
蒙古
中华人民共和国
凉州刺史部
长史府
准噶尔盆地
古尔班通古特沙漠
吐鲁番盆地
柴达木盆地
库木库勒盆地
青藏高原
阿尔泰山
大湖盆地
天山
博格达山
乌鲁木齐
吐鲁番
交河城
车师前部
高昌壁
柳中
戊己校尉城
车师后部
卑陆
戊部侯城
金满城
务涂谷
疏勒城
东且弥
达坂城区
危须
焉耆
南河城
尉黎
山国
巴音郭楞蒙古自治州
库鲁克塔格
蒲类海
巴里坤
蒲类
移支
宜禾都尉城
伊吾
哈密
木垒
伊吾
乌苏
克拉玛依
乌尔禾
托里
哈巴河
阿勒泰
吉木乃
福海
富蕴
青河
西海
甘微河
蒲昌海
库姆塔格沙漠
克孜勒塔格
玉门关
敦煌郡
敦煌
龙勒
广至
瓜州
冥安
沙头
冥泽
冥水
祁连山
北山
党河南山
阿尔金山
阿尔金山
哈提山
冷湖
芒崖
大柴旦
格尔木
布尔汗布达山
阿尔祁曼塔格山脉
可可西里山
冬布勒山
曲麻莱
治多
鄯善
扜泥
若羌
且末
小宛
车尔臣河
木河
轮台
乌垒
额尔宾山
霍拉山
萨吾尔山
额尔齐斯河
斋桑
山脉

康居
哈萨克斯坦
乌孙
莫因库姆沙漠
卡拉套山
楚河
巴尔喀什湖
阿亚古兹
阿拉湖
马泰
塔尔迪库尔干
阿拉套山
温泉
阿拉山口
伊犁河
伊犁哈萨克自治州
奥塔尔
阿拉木图
巩留
昭苏
比什凯克
塔拉斯
吉尔吉斯山
塔拉斯山
伊塞克湖
卡拉科尔
吉尔吉斯斯坦
乌兹别克斯坦
大宛
塔什库梅尔
安集延
费尔干纳盆地
纳伦
天山
赤谷
乌什
温宿
姑墨
阿克苏
阿哈奇
尉头
柯坪
阿拉尔
龟兹
西域
捐毒
休循
克孜勒苏柯尔克孜自治州
喀什
疏勒
伽师
图木舒克
英吉沙
麦盖提
莎车
塔克拉玛干
塔里木
和田河
塔吉克斯坦
帕米尔高原
葱岭
塔什库尔干塔吉克自治县
瓦罕山
喷赤河
西夜
皮山
于阗
和田
于田
扜弥
昆仑山
南山
渠勒山
喀喇昆仑山
大月氏
阿富汗
巴基斯坦
伊斯兰堡
罽宾
斯利那加
印度河
克什米尔
列城

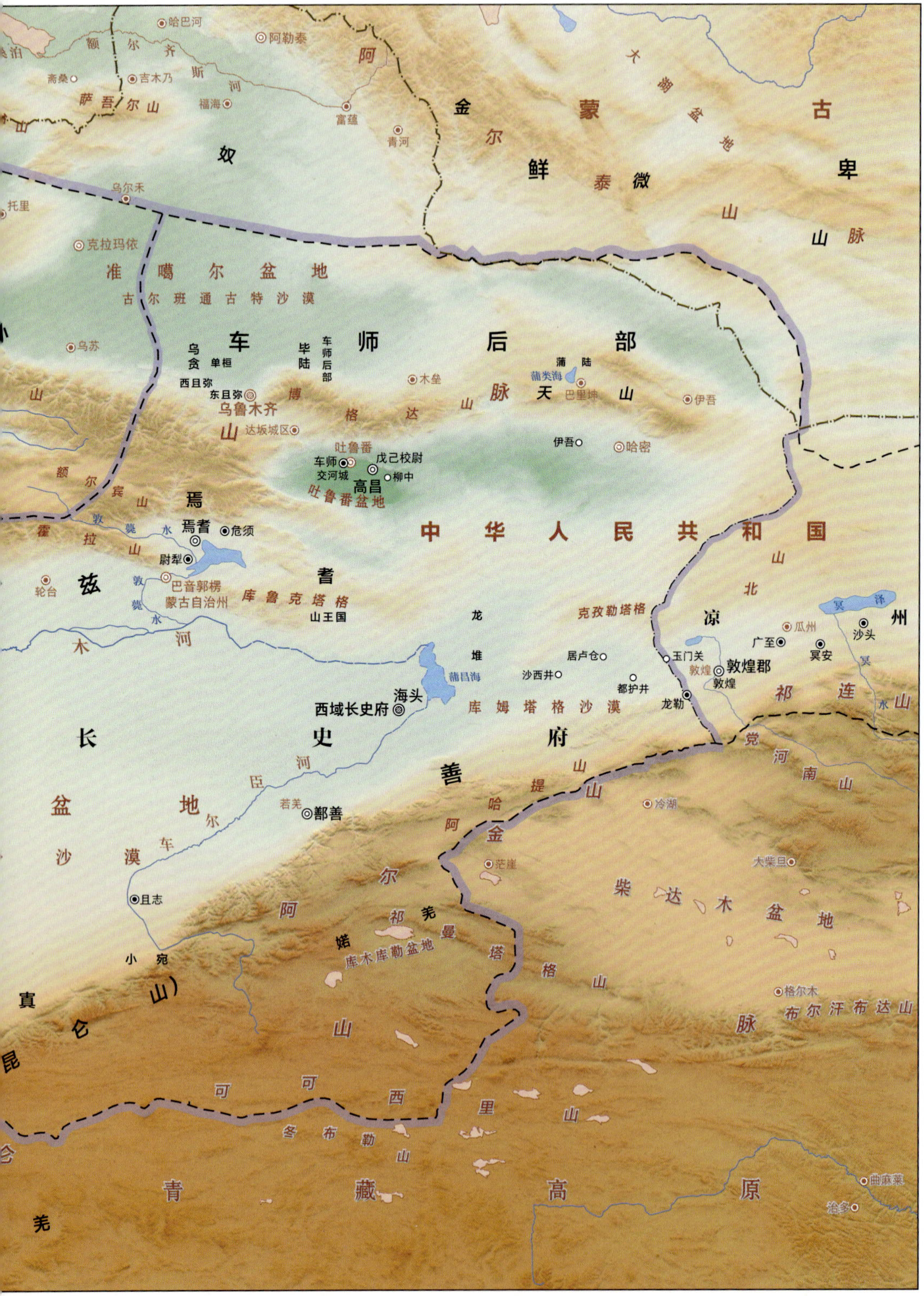

哈巴河
阿勒泰
额尔齐斯河
斋桑
吉木乃
福海
萨吾尔山
富蕴
青河
阿尔泰山
金
蒙古
大湖盆地
鲜卑
奴
乌尔禾
托里
克拉玛依
准噶尔盆地
古尔班通古特沙漠
车师后部
乌贪
单桓
毕陆
车师后部
蒲陆
蒲类海
乌苏
西且弥
东且弥
乌鲁木齐
博格达山脉
天山
巴里坤
伊吾
木垒
达坂城区
吐鲁番
车师
交河城
戊己校尉
柳中
高昌
吐鲁番盆地
伊吾
哈密
额尔宾山
焉耆
危须
尉犁
敦薨水
霍拉山
巴音郭楞蒙古自治州
库鲁克塔格
山王国
轮台
兹
中华人民共和国
山北
凉州
冥泽
瓜州
广至
冥安
沙头
克孜勒塔格
龙堆
居卢仓
玉门关
敦煌
敦煌郡
敦煌
沙西井
都护井
龙勒
蒲昌海
海头
西域长史府
库姆塔格沙漠
祁连山
冥水
塔里木河
长史府
善
党河南山
阿尔金山
若羌
鄯善
冷湖
车尔臣河
盆地
沙漠
且志
茫崖
大柴旦
柴达木盆地
阿尔金山
祁曼塔格山
阿尔祁羌
婼
库木库勒盆地
小宛
格尔木
布尔汗布达山脉
昆仑山
可可西里山
冬布勒山
青藏高原
曲麻莱
治多
羌

丁零
贝加尔湖
北海
俄罗
库苏古尔湖
色楞格河
安
乌兰巴托
狼居胥山
温都尔汗
克鲁伦河
乔巴山
呼伦湖
呼伦贝尔
额尔古纳河
石勒喀河
鄂嫩河
大兴安岭
大鲜卑山
蒙古高原
鲜卑
蒙古
漠
大
高
原
赛因山达
锡林郭勒
内蒙古
巴彦淖尔
朔方郡
五原郡
包头
呼和浩特
云中郡
乌海
银川
鄂尔多斯
北地郡
黄土高原
榆林
上郡
吕梁
太原
太原郡
忻州
雁门郡
定襄郡
大同
代郡
张家口
上谷郡
渔阳郡
北京
涿郡
右北平郡
承德
赤峰
七老图山
燕山
辽西鲜卑
辽东鲜卑
科尔沁沙地
努鲁儿虎山
通辽
辽河
辽河平原
沈阳
玄菟郡
辽东郡
辽西郡
葫芦岛
营口
秦皇岛
天津
保定
中山国
河间国
石家庄
安平国
太行山
渤海
大连
东莱郡
威海
东营
乐安国
济北国
北海国
泰山郡
鲁国
青岛
日照
琅邪国
平原郡
赵国
邢台
魏郡
上党郡
临汾
河东郡
河内郡
东郡
雒阳
河南尹
弘农郡
京兆尹
西安
宝鸡
秦岭
汉中
汉中郡
商洛
开封
郑州
陈留郡
山阳郡
颍川郡
梁国
彭城国
徐州
下邳国
连云港
沛国
陈国
漯河
南阳郡
南阳
驻马店
宿州
十堰
安康
大巴山
达州
襄阳
随州
九江郡
广陵郡
合肥
南京
盐城
东海
黄海
济州岛
固原
平凉
安宁郡
延安
齐齐哈尔
大庆
白城
松原
长春
辽源
夫余
嫩江
松嫩平原
哈尔滨
高句丽
国内城
白山
丹东
平壤
乐浪郡
鲜
长江
黄河
渭水

鄂霍次克海
萨哈林岛
（库页岛）
鞑靼海峡
千岛群岛
锡霍特山脉
水
河
哈巴罗夫斯克（伯力）
挹
三江平原
乌苏里江
尔
伊春
鹤岗
双鸭山
七台河
鸡西
兴凯湖
长
娄
沃
符拉迪沃斯托克（海参崴）
清津
北海道岛
北海道
札幌
青森
日本海
太平洋
日
本州岛
东京
本
名古屋
京都
大阪
广岛
四国岛
福冈
倭
长崎
九州岛
辰
韩
朝鲜海
对马岛
釜山
穆
江
岭
白

丁
贝加尔湖
令
俄
罗
库苏古尔湖
色
楞
格
河
鄂
尔
浑
河
安
习
水
匈奴单于庭
乌兰巴托
石
勒
喀
河
额
尔
古
纳
河
黑
大
鄂嫩河
呼伦贝尔
兴
呼伦湖
温都尔汗
克鲁伦河
乔巴山
蒙
古
高
原
鲜
卑
蒙
古
夫
齐齐哈尔
松
大庆
嫩
赛因山达
原
安
白城
哈尔滨
松原
高
漠
锡林郭勒
岭
大
拓
跋
古
余
长春
河西鲜卑
蒙
鲜
卑
通辽
作乐水
科尔沁沙地
辽
河
内
辽源
巴彦淖尔
包头
呼和浩特
七老图山
赤峰
东部鲜卑
努鲁儿虎山
高
白山
乌海
黄
盛乐
大同
白山
张家口
燕山
承德
沈阳
玄菟郡
昌黎郡
羌
鄂尔多斯
上谷郡
辽东郡
丸都
银川
河
代郡
北京
渔阳郡
幽州
燕国
葫芦岛
营口
右北平郡
辽西郡
秦皇岛
丹东
吕
雁门郡
太
忻州
保定
天津
水
胡
榆林
新兴郡
中山国
黄
土
高
原
太原
常山郡
渤
海
平壤
梁
并州
乐平郡
石家庄
河间郡
渤海
大连
乐浪郡
吕梁
太原郡
汾
西河郡
带方郡
鲜
固原
延安
冀州
乐陵国
平凉
行
安平郡
东营
邢台
平原郡
东莱郡
威海
安定郡
山
广平郡
乐安郡
临汾
水
济北国
青州
平阳郡
上党郡
魏郡
阳平郡
齐国
宝鸡
新平郡
冯翊郡
山
河
泰山郡
河东郡
京兆郡
西安
黄
河内郡
河
兖州
鲁郡
青岛
秦
雍州
弘农郡
洛阳
司州
开封
山阳郡
城阳郡
汉中
商洛
郑州
陈留国
日照
东
韩
汉中郡
岭
颍川郡
沛国
琅邪国
大
魏兴郡
梁国
徐州
连云港
黄
海
安康
汉
南阳郡
漯河
谯郡
徐州
十堰
南阳
驻马店
陈郡
下邳郡
南乡郡
宿州
巴
上庸郡
荆州
豫州
水
广陵郡
盐城
海
达州
江
襄阳
淮
济州岛
巴东郡
襄阳郡
汝南郡
扬州
山
随州
弋阳郡
安丰郡
合肥
南京
长江
建业

鄂霍次克海
鞑靼海峡
萨哈林岛（库页岛）
千岛群岛
锡
霍
挹
特
山
脉
水
河
穆
江
尔
三江平原
乌
苏
里
江
兴
凯
湖
长
白
娄
沃
哈巴罗夫斯克（伯力）
伊春
鹤岗
双鸭山
七台河
鸡西
符拉迪沃斯托克（海参崴）
清津
北海道岛
北海道
札幌
青森
日本海
日
本州岛
东京
本
名古屋
京都
大阪
广岛
四国岛
福冈
倭
九州岛
长崎
辰
韩
朝
鲜
海
对马岛
太
平
洋

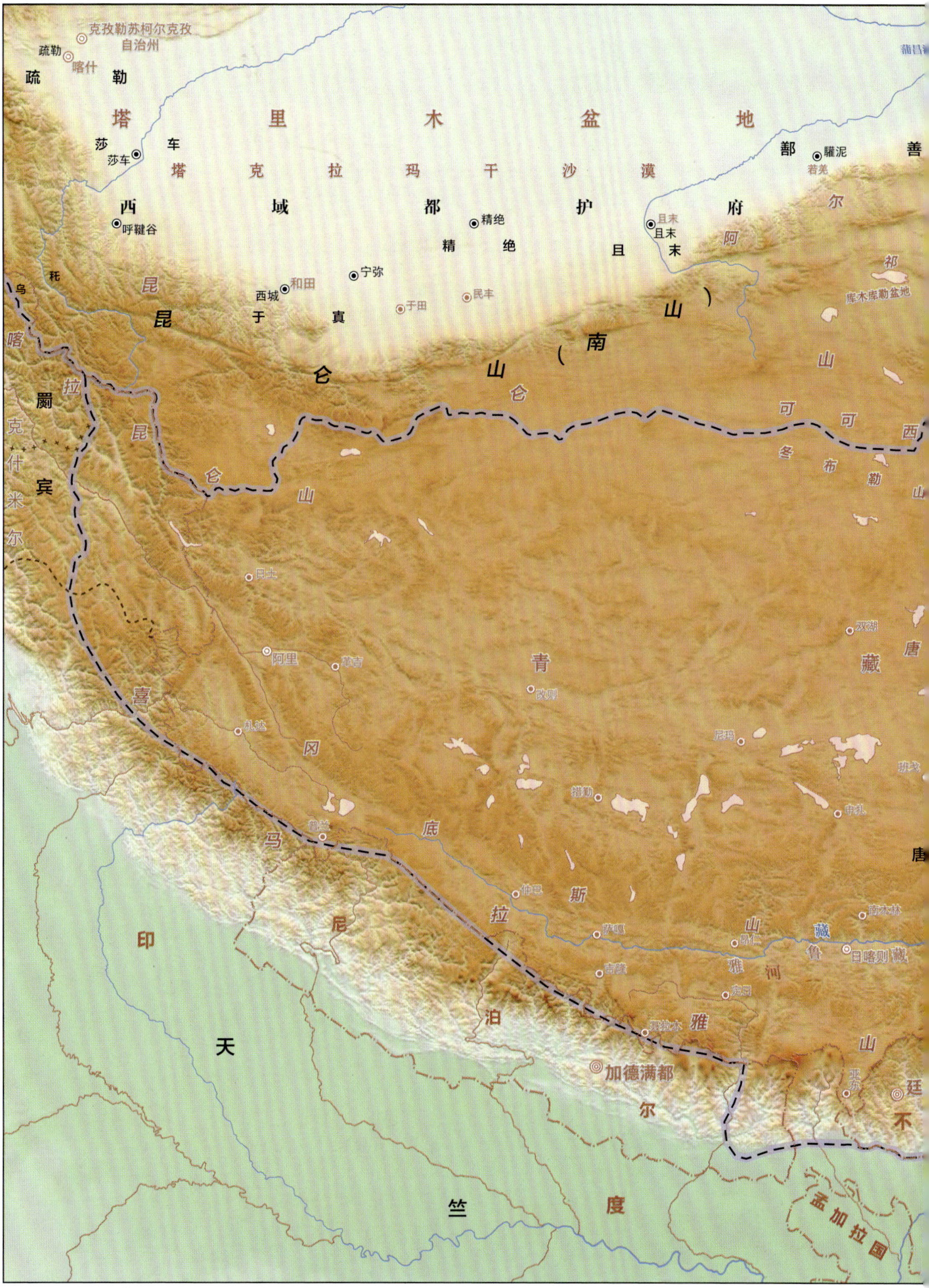
克孜勒苏柯尔克孜自治州
疏勒
喀什
疏勒
塔里木盆地
莎车
莎车
塔克拉玛干沙漠
西域都护府
鄯善
若羌
呼犍谷
精绝
精绝
且末
且末
和田
西城
宁弥
于田
民丰
于真
昆仑山
南山
库木库勒盆地
罽宾
克什米尔
可可西里山
日土
阿里
革吉
青藏
改则
双湖
尼玛
措勤
申扎
札达
喜马拉雅山
冈底斯山
普兰
仲巴
萨嘎
吉隆
定日
南木林
日喀则
尼泊尔
加德满都
印度
天竺
亚东
不丹
孟加拉国

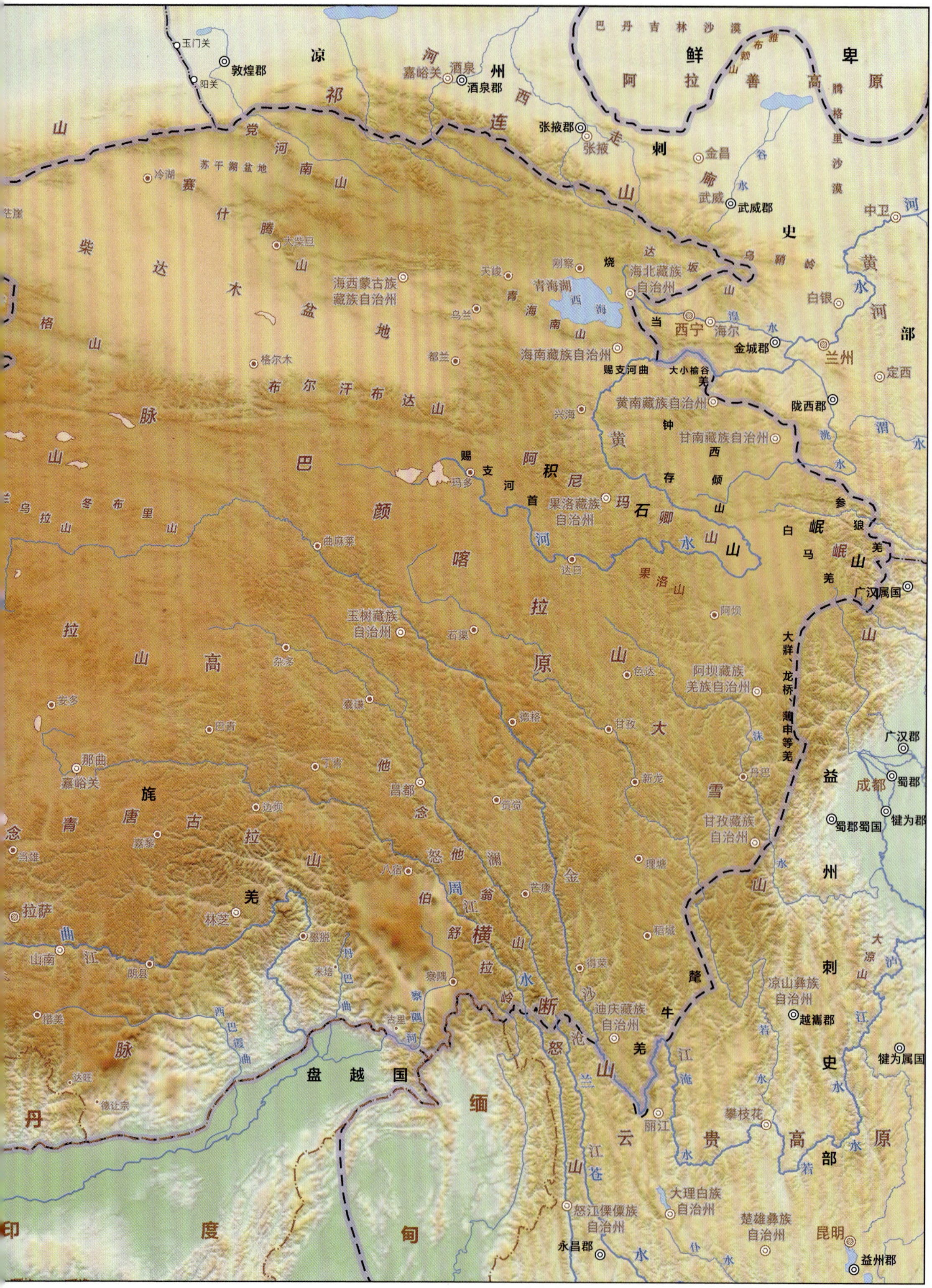

玉门关
敦煌郡
阳关
凉州
酒泉
嘉峪关
酒泉郡
祁连山
巴丹吉林沙漠
鲜卑
阿拉善高原
雅布赖山
腾格里沙漠
张掖郡
张掖
河西走廊
金昌
谷水
武威
武威郡
中卫
刺史
党河南山
苏干湖盆地
冷湖
赛什腾山
大柴旦
茫崖
柴达木盆地
海西蒙古族藏族自治州
天峻
刚察
青海湖
西海
青海南山
烧当
达坂山
乌鞘岭
海北藏族自治州
白银
黄河
格尔木
乌兰
都兰
海南藏族自治州
西宁
海东
湟水
金城郡
兰州
赐支河曲
大小榆谷
定西
布尔汗布达山
兴海
黄南藏族自治州
陇西郡
钟存
甘南藏族自治州
西倾山
洮水
渭水
巴颜喀拉山
赐支河首
玛多
阿尼玛卿山
积石山
果洛藏族自治州
参狼羌
白马羌
岷山
乌拉山
冬布里山
曲麻莱
达日
果洛山
广汉属国
阿坝
玉树藏族自治州
石渠
色达
阿坝藏族羌族自治州
大牂、龙桥、薄申等羌
杂多
安多
囊谦
巴青
德格
甘孜
大雪山
广汉郡
成都
蜀郡
益州刺史部
那曲
丁青
昌都
新龙
丹巴
边坝
贡觉
甘孜藏族自治州
犍为郡
蜀郡属国
念青唐古拉山
嘉黎
当雄
怒江
他念他翁山
澜沧江
金沙江
理塘
八宿
芒康
拉萨
林芝
伯舒拉岭
横断山
稻城
墨脱
米林
山南
朗县
得荣
察隅
凉山彝族自治州
越嶲郡
大凉山
错那
西巴霞曲
古里
迪庆藏族自治州
旄牛羌
怒山
达旺
盘越国
缅甸
丽江
攀枝花
云贵高原
犍为属国
大理白族自治州
怒江傈僳族自治州
楚雄彝族自治州
昆明
益州郡
永昌郡
印度

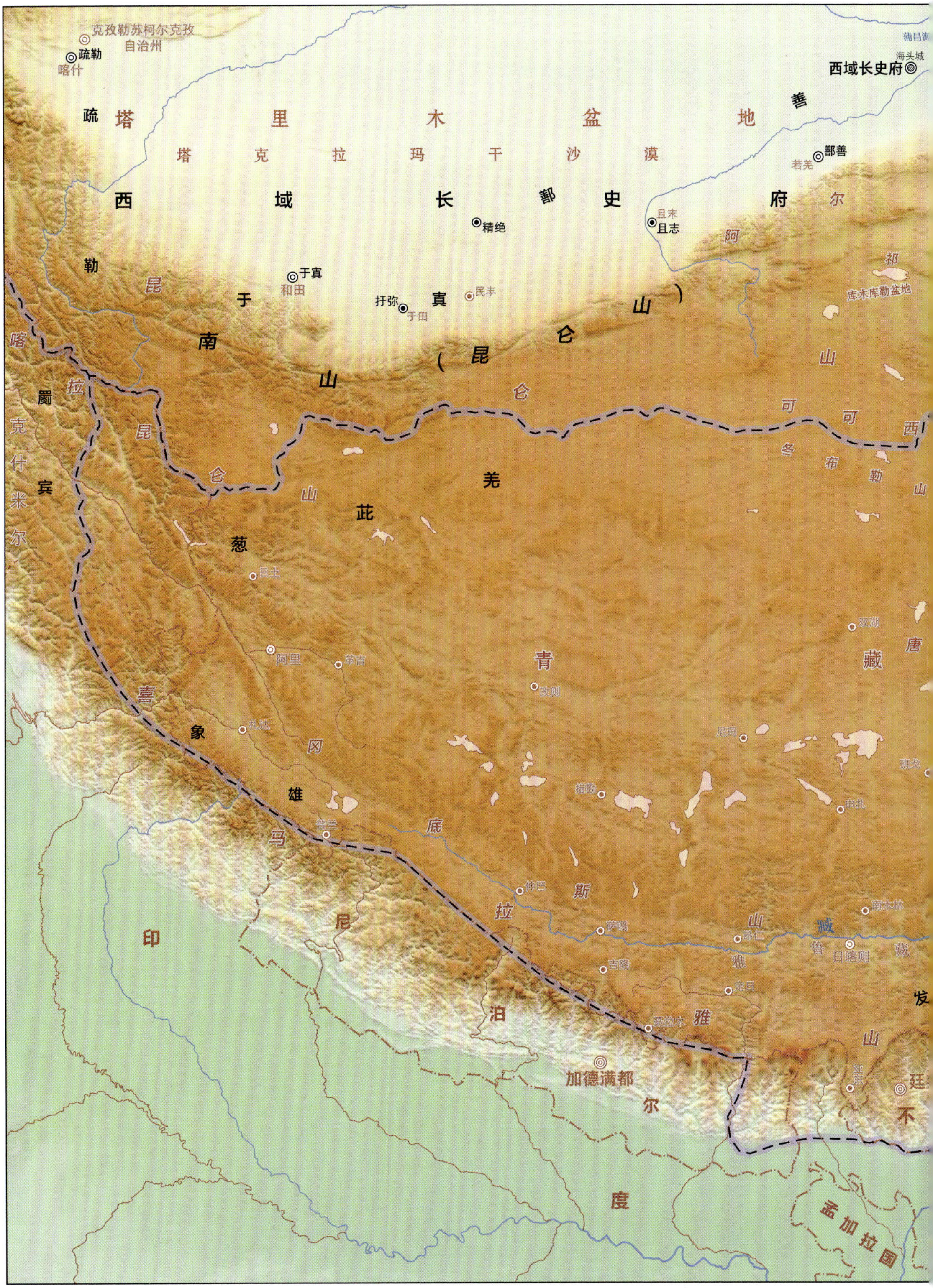

克孜勒苏柯尔克孜
自治州
疏勒
喀什
海头城
西域长史府
塔里木盆地
塔克拉玛干沙漠
鄯善
若羌
西域长史府
疏勒
精绝
且末
于阗
和田
扜弥
于田
民丰
于阗
昆仑山
南山
库木库勒盆地
罽宾
喀拉昆仑山
克什米尔
葱茈羌
可可西里山
阿里
革吉
青藏
改则
日土
象雄
冈底斯山
喜马拉雅山
尼玛
措勤
申扎
仲巴
雅鲁藏布
日喀则
南木林
尼泊尔
加德满都
印度
孟加拉国

玉门关
敦煌郡
河
凉
嘉峪关
酒泉郡
酒泉
巴丹吉林沙漠
雅布赖山
阿拉善
河
西
鲜
卑
高
原
腾格里沙漠
祁
连
西
张掖郡
张掖
走
廊
山
金昌
谷
水
武威
凉州
武威郡
州
羌
河
中卫
胡
党河南山
苏干湖盆地
冷湖
赛
什
腾
山
大柴旦
柴
达
木
盆
地
西域长史府
烧
刚察
天峻
海西蒙古族藏族自治州
青海湖
西
海
青
海
南
山
达
坂
山
海北藏族自治州
当
西宁
西平郡
海尔
湟
水
白银
水
兰州
河
乌兰
都兰
格尔木
格
山
海南藏族自治州
羌
金城郡
雍
临夏回族自治州
定西
布
尔
汗
布
达
山
兴海
黄
黄南藏族自治州
陇西郡
脉
渭
水
洮
水
州
甘南藏族自治州
山
巴
玛多
阿
积
尼
果洛藏族自治州
玛
石
卿
河
水
山
山
兰
乌
拉
山
冬
布
里
山
颜
曲麻莱
喀
达日
果
洛
山
岷
阿坝
阴平郡
拉
玉树藏族自治州
石渠
拉
邓
麻
原
山
高
山
山
杂多
色达
阿坝藏族羌族自治州
安多
囊谦
德格
甘孜
大
汶山郡
沫
那曲
嘉峪关
丁青
他
昌都
新龙
雪
丹巴
广汉郡
成都
蜀郡
益州
边坝
贡觉
念
青
唐
古
拉
山
念
甘孜藏族自治州
汉嘉郡
犍为郡
八宿
怒
他
澜
马
芒康
理塘
益
羌
波
窝
娘
林芝
伯
周
翁
江
金
山
拉萨
工域
曲
波
舒
横
山
儿
稻城
大
山南
江
米林
拉
水
敢
沙
泸
凉
江
察隅
岭
断
乡城
凉山彝族自治州
越嶲郡
邛都
山
措美
西
巴
霞
曲
迪庆藏族自治州
怒
沧
江
脉
察
隅
河
盘
越
国
山
朱提郡
错那
德让宗
缅
兰
丽江
沧
攀枝花
丹
云
贵
高
原
江
水
泸
水
州
建宁郡
印
度
甸
怒江傈僳族自治州
大理白族自治州
楚雄彝族自治州
昆明
永昌郡
水
水

中央戈壁
阿拉善高原
巴丹吉林沙漠
乌兰布和沙漠
腾格里沙漠
内
巴彦淖尔市
乌海市
石嘴山市
阿拉善左旗
银川市
吴忠市
中卫市
张掖市
金昌市
武威市
河西走廊
青海湖
海晏市
西宁市
海东市
共和市
白银市
兰州市
固原市
庆阳市
平凉市
定西市
同仁市
临夏市
合作市
天水市
宝鸡市
陇南市
汉中市
广元市
巴中市
青藏高原
四川盆地

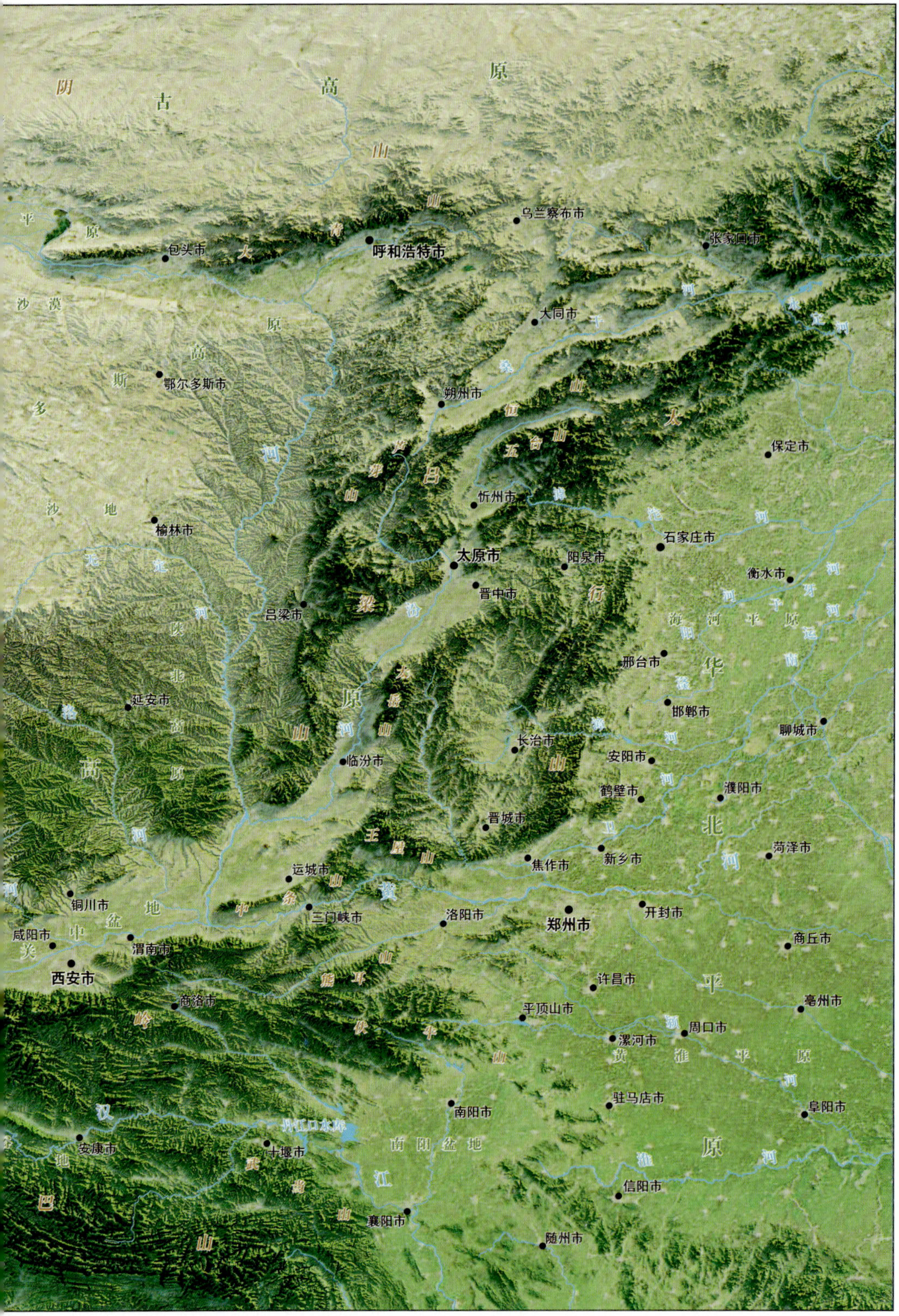
乌兰察布市
张家口市
包头市
呼和浩特市
大同市
鄂尔多斯市
朔州市
保定市
忻州市
榆林市
石家庄市
太原市
阳泉市
衡水市
晋中市
吕梁市
邢台市
延安市
邯郸市
聊城市
长治市
临汾市
安阳市
鹤壁市
濮阳市
晋城市
菏泽市
运城市
焦作市
新乡市
铜川市
三门峡市
洛阳市
郑州市
开封市
咸阳市
渭南市
商丘市
西安市
许昌市
商洛市
亳州市
平顶山市
周口市
漯河市
南阳市
驻马店市
阜阳市
丹江口水库
安康市
十堰市
南阳盆地
信阳市
襄阳市
随州市

乌兰察布市
张家口市
承德市
官厅水库
潘家口水库
大同市
北京市
秦皇岛市
唐山市
廊坊市
天津市
保定市
渤海湾
忻州市
沧州市
石家庄市
阳泉市
晋中市
衡水市
德州市
滨州市
东营市
莱州湾
邢台市
淄博市
济南市
潍坊市
邯郸市
聊城市
长治市
安阳市
莱芜市
泰安市
鹤壁市
濮阳市
晋城市
济宁市
日照市
新乡市
焦作市
菏泽市
临沂市
枣庄市
郑州市
开封市
连云港市
商丘市
徐州市
宿迁市
许昌市
淮北市
平顶山市
亳州市
宿州市
周口市
漯河市
淮安市
驻马店市
阜阳市
蚌埠市
淮南市
泰州
信阳市
滁州市
扬州市
南京市
镇江市
合肥市
六安市
随州市
马鞍山市
常州
芜湖市
华北平原
黄淮平原
太行山
五台山
恒山
燕山
泰山
沂蒙山
大别山
嵩山

锦州市
鞍山市
盘锦市
营口市
葫芦岛市
辽东湾
丹东市
新义州
辽东半岛
长山群岛
大连市
西朝鲜湾
平壤
朝鲜半岛
海州
首尔
江华湾
渤海海峡
长岛
烟台市
威海市
山东半岛
青岛市
胶州湾
黄海
光州
济州海峡
济州岛
南通市
崇明岛
长江口
无锡市
苏州市
上海市

荆门市
孝感市
宜昌市
武汉市
黄冈市
鄂州市
黄石市
恩施市
荆州市
咸宁市
九江市
岳阳市
张家界市
常德市
洞庭湖
南昌市
益阳市
吉首市
长沙市
湘潭市
株洲市
宜春市
新余市
抚州市
铜仁市
怀化市
娄底市
萍乡市
邵阳市
吉安市
衡阳市
永州市
郴州市
赣州市
桂林市
韶关市
贺州市
柳州市
来宾市
清远市
河源市
揭阳市
梧州市
广西盆地
广州市
贵港市
惠州市
肇庆市
佛山市
东莞市
云浮市
玉林市
汕尾市
江门市
中山市
深圳市
珠海市
香港
澳门
万山群岛
钦州市
阳江市
茂名市
北海市
海陵岛
川山群岛
湛江市
南三岛
涠洲岛
东海岛
硇洲岛
雷州半岛

芜湖市
苏州市
上海市
太湖
京杭运河
铜陵市
宣城市
湖州市
池州市
嘉兴市
安庆市
杭州湾
嵊泗列岛
舟山群岛
杭州市
绍兴市
舟山市
宁波市
黄山市
千岛湖
会稽山
浙
韭山列岛
景德镇市
金华市
衢州市
东
台州市
东矶列岛
台州列岛
上饶市
丽水市
武夷山
仙霞岭
雁荡山
鹰潭市
温州市
洞头列岛
海
宁德市
南平市
三明市
福州市
闽江
马祖列岛
赤尾屿
钓鱼岛
彭佳屿
莆田市
海坛岛
南日群岛
台湾海峡
湄洲岛
台北市
龙岩市
泉州市
九龙江
漳州市
厦门市
金门岛
东山岛
南澳岛
澎湖列岛
台湾岛
中央山
浊水溪
台南市
高雄市
绿岛
（火烧岛）
兰屿
南海

成都市
四川
雅安市
眉山市
资阳市
康定市
青藏高原
乐山市
自贡市
宜宾市
西昌市
香格里拉市
昭通市
丽江市
攀枝花市
六盘水市
大理市
曲靖市
楚雄市
昆明市
兴义市
玉溪市
临沧市
蒙自市
文山市

遂宁市
广安市
重庆市
恩施市
张家界市
吉首市
遵义市
铜仁市
怀化市
贵阳市
凯里市
安顺市
都匀市
桂林市
河池市
柳州市
百色市
来宾市
贵港市

巴尔喀什湖
塔城市
克拉玛依市
塔勒得库尔干
博乐市
伊宁市
博罗科努山
伊犁河
阿拉木图
塔拉兹
比什凯克
伊塞克湖
天山
纳伦
阿克苏市
库尔勒市
塔里木河
塔里木盆地
塔克拉玛干沙
喀什市
叶尔羌河
和田河
帕米尔高原
和田市
昆仑山
喀喇昆仑山
印度河
白沙瓦
伊斯兰堡
斯利那加
查谟
噶尔市
阿姆利则
拉合尔
木尔坦
昌迪加尔
萨哈兰普尔
亚穆纳河
恒河
新德里
密拉特
莫拉达巴德
阿里格尔
喜马拉雅山
博克拉

科布多城
阿勒泰市
阿尔泰山
噶尔盆地
尔班通古特沙漠
昌吉市
乌鲁木齐市
吐鲁番市
哈密市
吐鲁番盆地
孔雀河
疏勒河(昌马河)
敦煌
鸣沙山
库姆塔格沙漠
嘉峪关市
酒泉市
巴丹吉林沙漠
弱水
张掖市
金昌市
阿尔金山
党河南山
祁连山
柴达木盆地
大通山
德令哈市
青海湖
海晏市
西宁市
海东市
共和市
同仁市
黄河
鄂拉山
柴达木河
布尔汗布达山
可可西里山
乌兰乌拉山
通天河
巴颜喀拉山
阿尼玛卿山
玛沁市
沱沱河
唐古拉山
玉树市
金沙江
马尔康市
色林错
那曲市
昌都市
澜沧江
怒江
纳木错
拉萨市
雅鲁藏布江
林芝市
日喀则市
山南市
横断山
康定市
大渡河
雅砻江
喜马拉雅山
延布
香格里拉市
西昌市

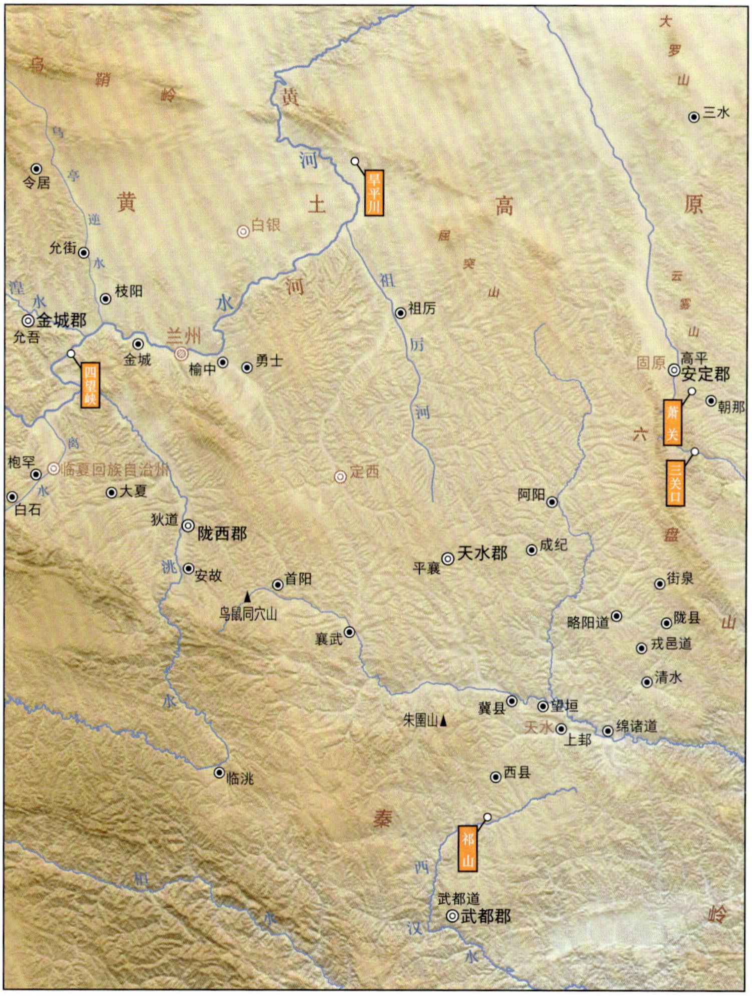
乌鞘岭
乌亭逆水
黄土高原
黄河
旱平川
白银
屈吴山
祖厉河
祖厉
大罗山
三水
云雾山
令居
允街
枝阳
湟水
金城郡
允吾
金城
兰州
榆中
勇士
四望峡
固原
高平
安定郡
萧关
朝那
六盘山
三关口
枹罕
离水
临夏回族自治州
大夏
白石
狄道
陇西郡
定西
阿阳
成纪
平襄
天水郡
洮水
安故
首阳
鸟鼠同穴山
襄武
街泉
略阳道
陇县
戎邑道
清水
冀县
望垣
朱圉山
天水
上邽
绵诸道
临洮
西县
秦岭
祁山
西汉水
武都道
武都郡

西汉时期的“陇右四塞”

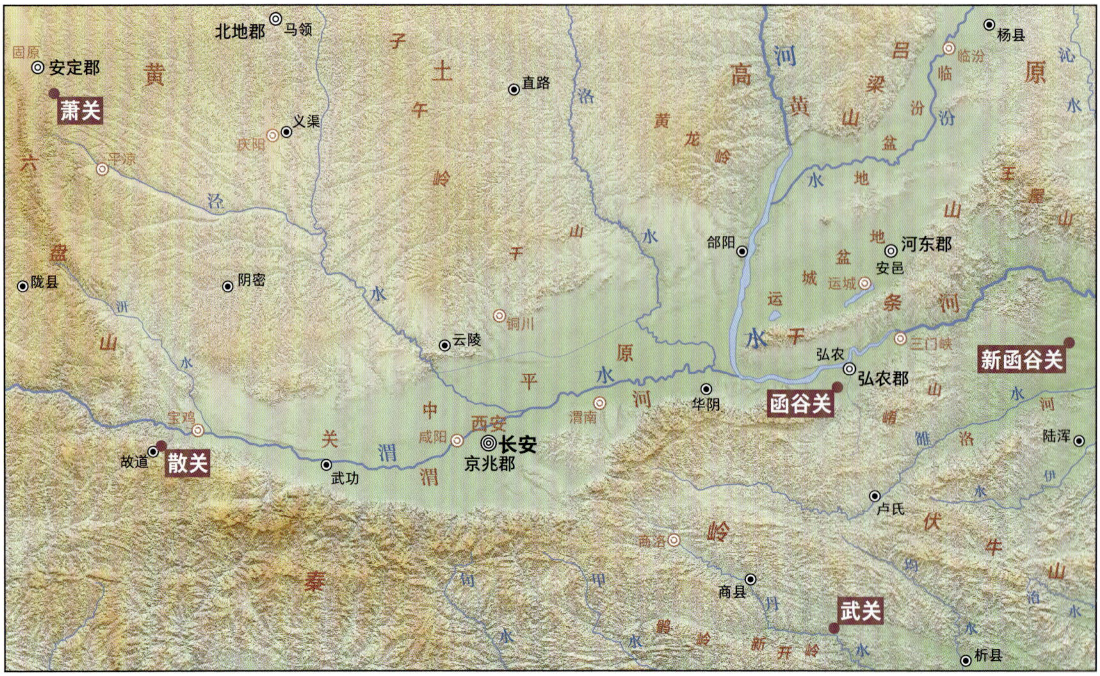

西汉时期的“关中四塞”

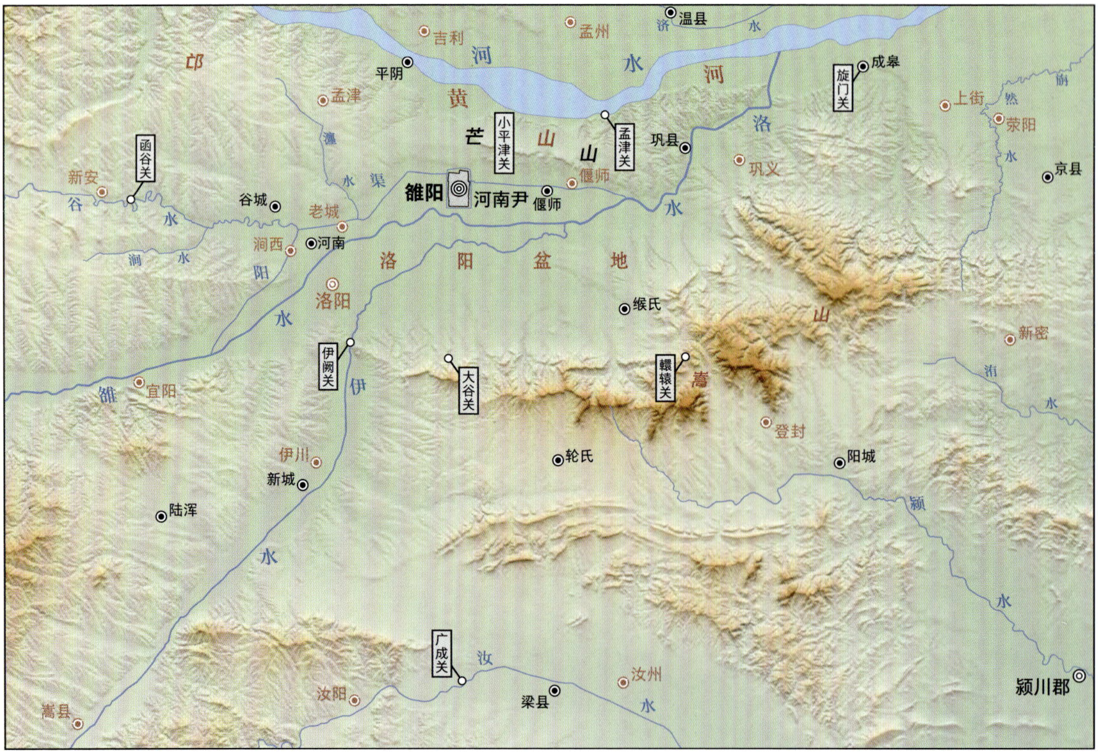

东汉时期的“洛阳八关”

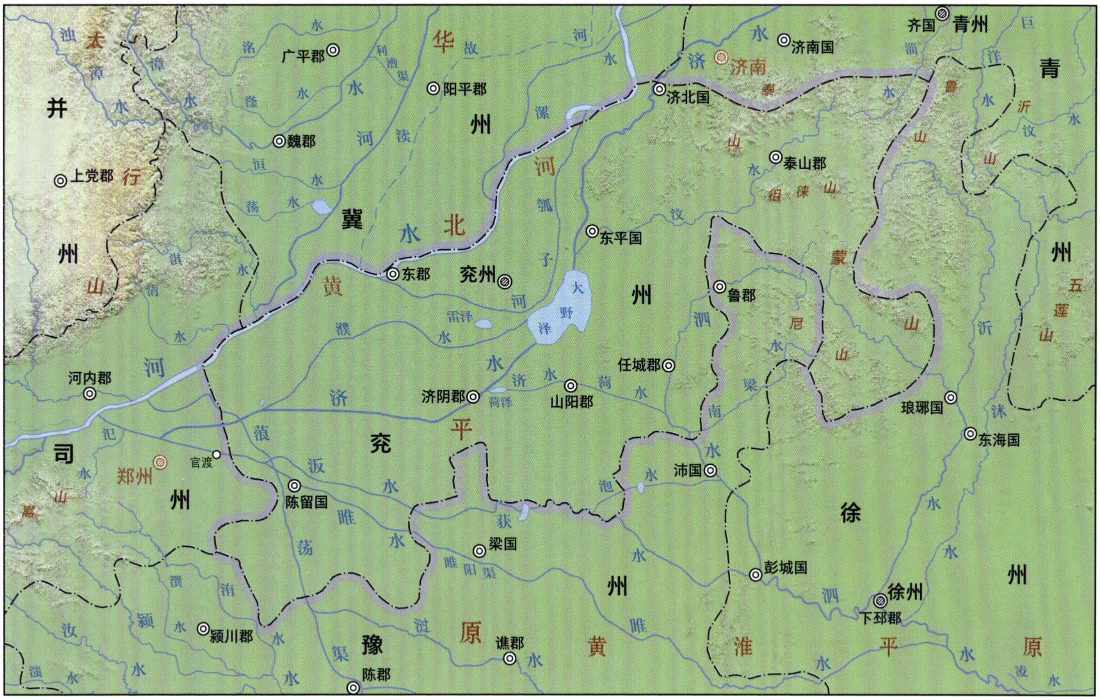

三国时期兖州境内的主要水系

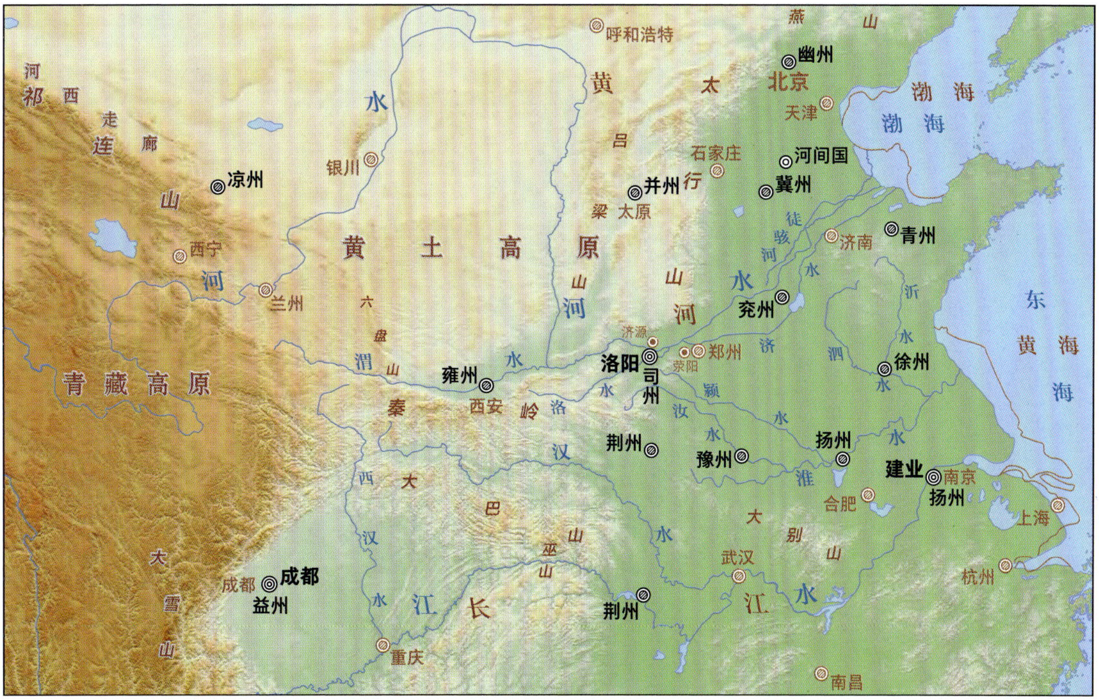

三国时期的“四渎八流”

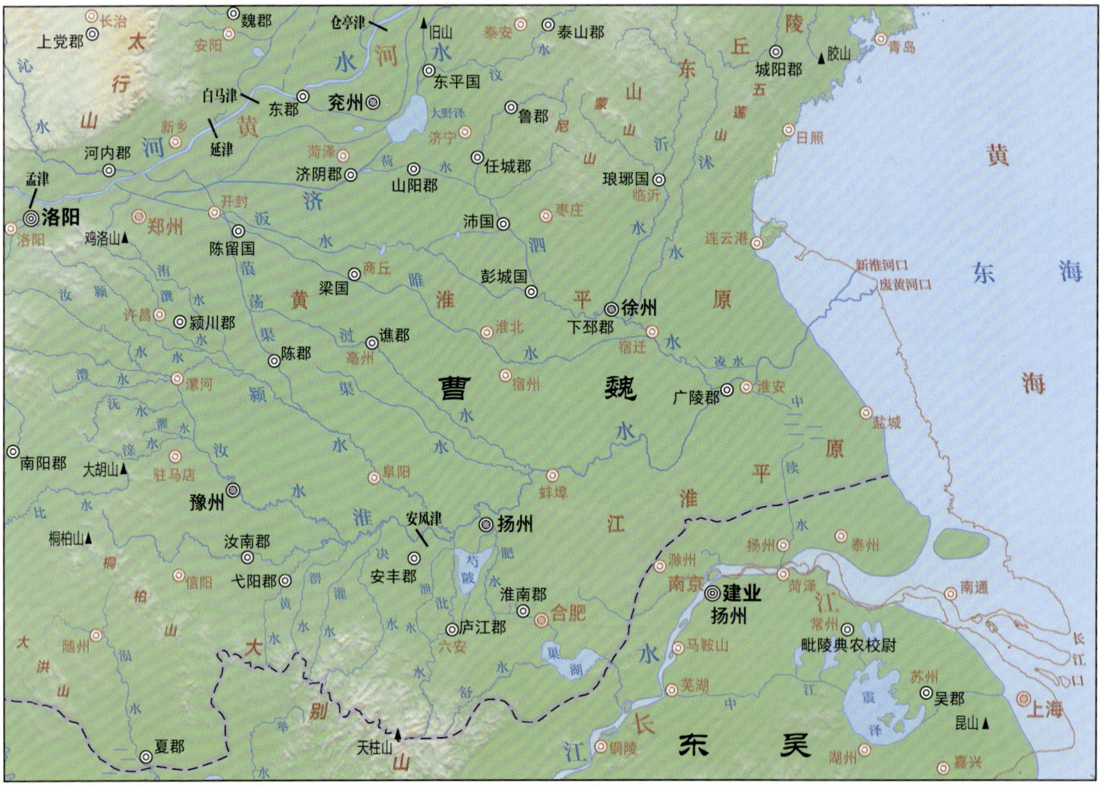

三国时期的泗淮水系与长江口

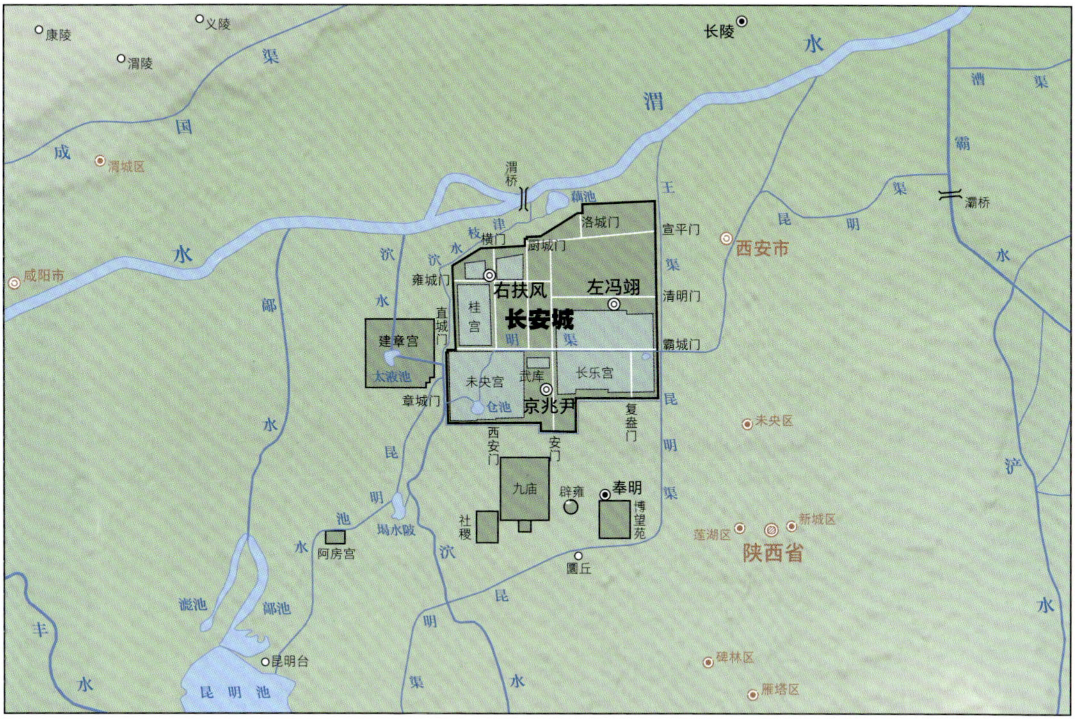

汉代长安周边的运河

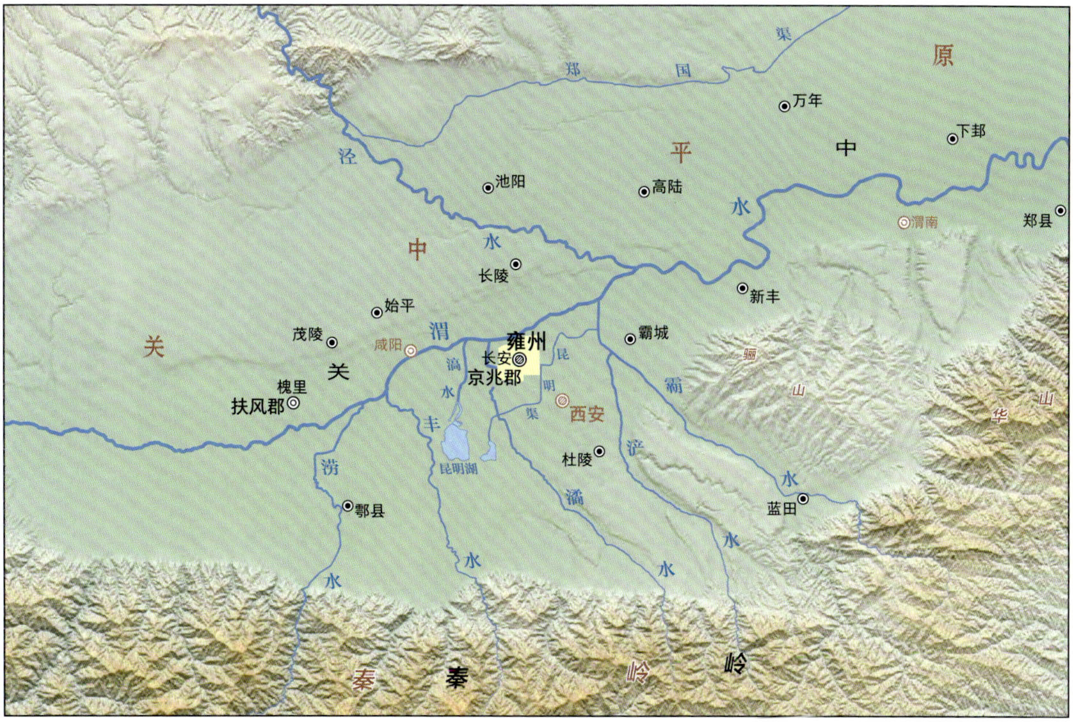

八水绕长安

宜城
随州
郡国
编县
临沮
荆门
南新市
云杜
京山市
安陆
孝感
江夏郡
西陵
当阳
武汉
枝江
鄂县
黄冈
邾县
夷道
宜都市
南郡
江陵
荆州
竟陵
华容
黄石
孱陵
咸宁
岳阳
下隽
常德
艾县
沅南
罗县
益阳
东洞庭湖
南洞庭湖
云梦泽
长江
汉水
夏水
澧水
沅水
资水
湘水
大洪山
大别山
荆山
幕阜山
九岭山

东汉时期的云梦泽

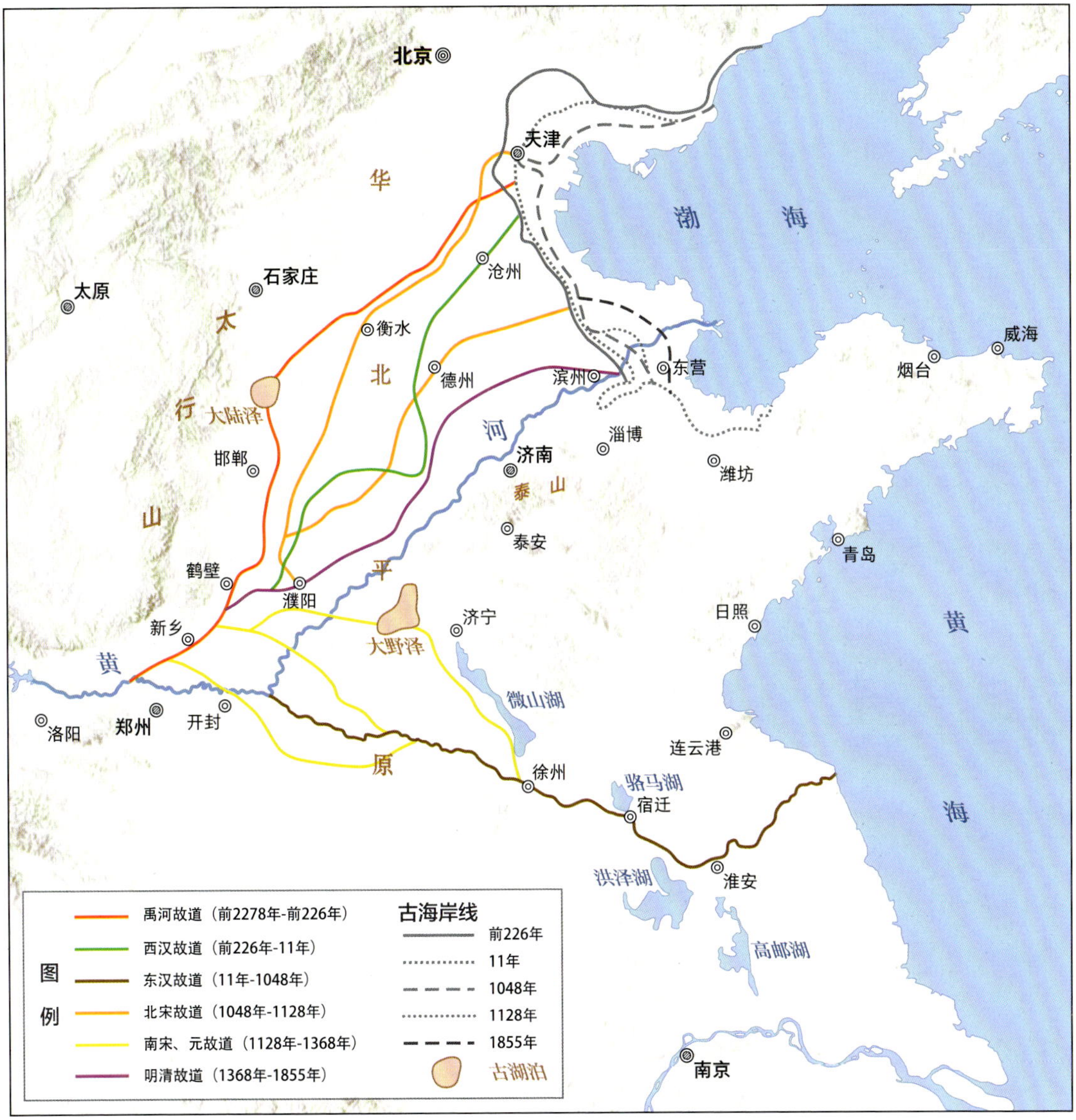

北京
天津
华
渤
海
沧州
石家庄
太原
太
衡水
北
德州
东营
滨州
威海
烟台
行
大陆泽
河
淄博
济南
潍坊
邯郸
泰
山
山
泰安
青岛
鹤壁
平
濮阳
济宁
日照
黄
新乡
大野泽
黄
微山湖
洛阳
郑州
开封
连云港
原
徐州
骆马湖
宿迁
海
洪泽湖
淮安
高邮湖
南京
图例
禹河故道（前2278年-前226年）
西汉故道（前226年-11年）
东汉故道（11年-1048年）
北宋故道（1048年-1128年）
南宋、元故道（1128年-1368年）
明清故道（1368年-1855年）
古海岸线
前226年
11年
1048年
1128年
1855年
古湖泊

黄河故道分布图

唐山
廊坊
朔州
太
行
山
天津
保定
勃
渤
海
海
忻州
华
沧州
石家庄
太原
阳泉
西
晋中
衡水
太
东营
滨州
德州
大陆泽
汉
河
邢台
北
行
水
黄
济
淄博
潍坊
济南
邯郸
黄
泰
山
聊城
水
河
临汾
长治
山
济
泰安
安阳
鹤壁
濮阳
平
晋城
日照
濮
渠
水
王
屋
山
新乡
济宁
黄
菏泽
大野泽
临沂
沇
水
焦作
黄
河
东
海
水
枣庄
济
开封
洛阳
郑州
微山湖
连云港
海
商丘
原
徐州
骆马湖
许昌
淮北
宿迁
平顶山
亳州
宿州
淮安
漯河
周口
洪泽湖
高邮湖

济水位置示意图

天津
雁门郡
五台山
新兴郡
中山国
渤海
常山郡
石家庄
太原
并州
太原郡
河间郡
渤海郡
西河郡
乐平郡
赵国
冀州
东莱郡
乐陵国
吕梁山
大陆泽
平原郡
乐安郡
青州
齐国
广平郡
清河郡
济南国
阳平郡
济南
上党郡
魏郡
济北国
北海国
平阳郡
太行山
泰山郡
东平国
城阳郡
兖州
东莞郡
东郡
大野泽
济宁
鲁郡
河东郡
河内郡
山阳郡
菏泽
任城郡
琅琊国
临沂
中条山
济阴郡
洛阳
司州
河南尹
弘农郡
郑州
开封
陈留国
枣庄
沛国
东海国
商丘
连云港
梁国
彭城国
徐州
许昌
颍川郡
下邳郡
宿迁
平顶山
谯郡
淮北
陈郡
周口
亳州
广陵郡
淮安
漯河
宿州
南阳郡
洪泽湖
盐城
驻马店
阜阳
蚌埠
豫州
扬州
荆州
淮南
汝南郡
安丰郡
新城郡
信阳
弋阳郡
建业
扬州
丹阳郡
南京
襄阳郡
庐江郡
淮南郡
合肥
毗陵典农校尉
崇明岛
六安
巢湖
大别山
震泽（太湖）
吴郡
上海
江夏郡
庐江郡
荆州
南郡
宜都郡
武汉
蕲春郡
杭州
会稽郡
舟山岛
舟山群岛
新都郡
洞庭湖
鄱阳湖
武陵郡
鄱阳郡
临海郡
南昌
豫章郡
长沙
长沙郡
东海
黄海

三国时期的淮河水系

江夏郡
西陵
居巢
皖县
潜山
安庆
池州
鄂县
黄冈
邾县
鄂州
黄石
保安湖
寻阳
下雉
彭
蠡
泽
柴桑
九江
彭泽
庐
山
幕
阜
山
历陵
柘林水库
鄱
阳
湖
景德镇
海昏
鄡阳
鄱阳
九
岭
山
豫章郡
南昌
南昌
余汗
建昌
建城
高安市
军山湖
大
别
山
长
江
水
修
水
赣
水

东汉时期的彭蠡泽

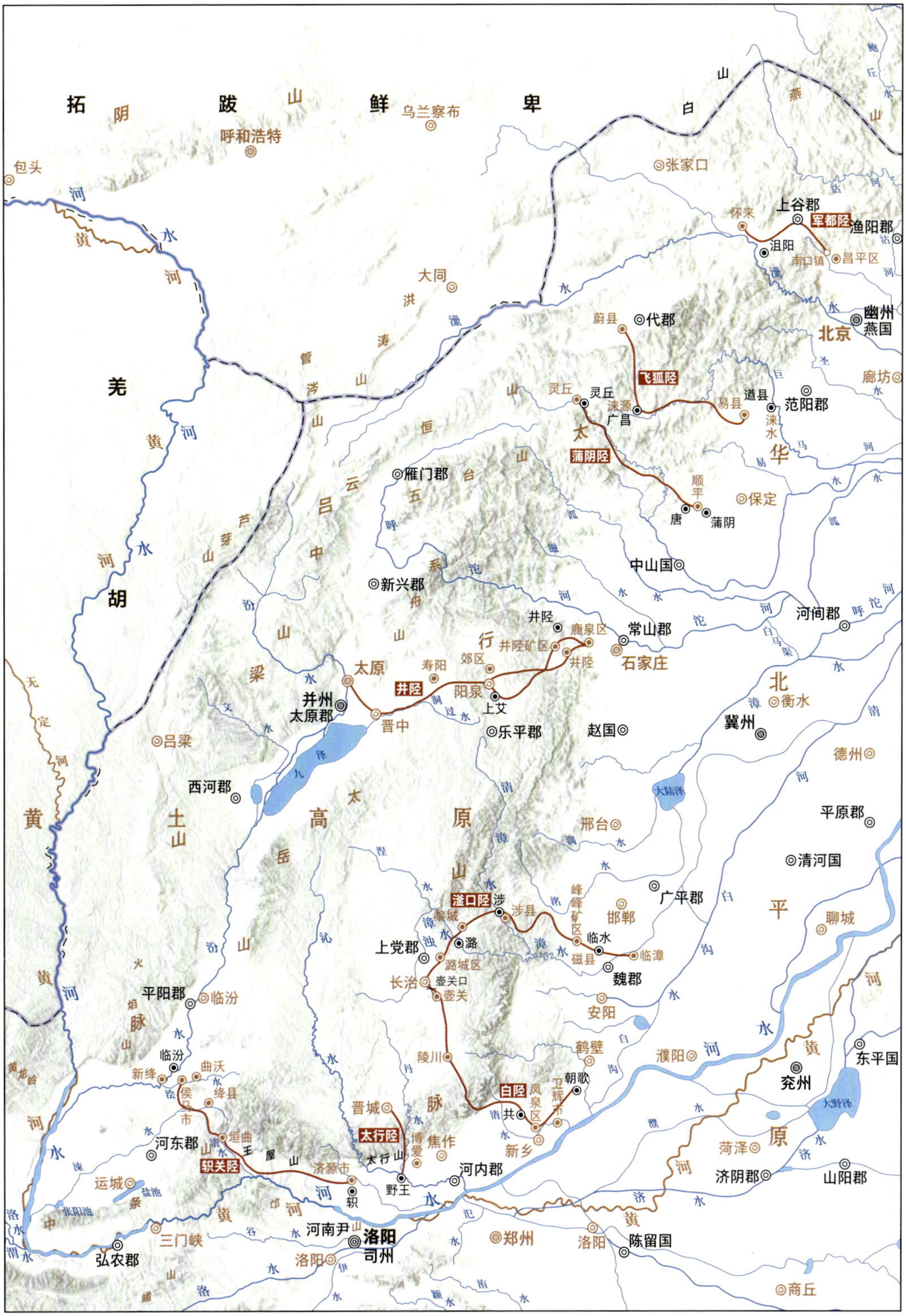
拓
阴
跋
山
鲜
卑
乌兰察布
呼和浩特
包头
张家口
白
山
燕
山
上谷郡
怀来
军都陉
渔阳郡
沮阳
南口镇
昌平区
大同
洪
涛
管
涔
山
恒
山
蔚县
代郡
飞狐陉
幽州
燕国
北京
灵丘
灵丘
涞源
广昌
易县
道县
范阳郡
廊坊
太
蒲阴陉
华
顺平
保定
唐
蒲阴
羌
雁门郡
五
台
吕
云
中
芦
芽
山
系
舟
新兴郡
中山国
黄
河
水
胡
河
井陉
鹿泉区
井陉矿区
井陉
常山郡
石家庄
河间郡
行
梁
太原
寿阳
郊区
井陉
阳泉
上艾
并州
太原郡
晋中
北
衡水
冀州
吕梁
乐平郡
赵国
西河郡
九泽
太
高
原
大陆泽
德州
土
山
黄
邢台
平原郡
岳
清河国
山
滏口陉
涉
涉县
峰峰矿区
广平郡
邯郸
黎城
平
聊城
上党郡
路
路城区
临水
磁县
临漳
魏郡
长治
壶关口
壶关
平阳郡
临汾
安阳
鹤壁
濮阳
河
东平国
兖州
大野泽
临汾
新绛
曲沃
侯马市
绛县
陵川
白陉
凤泉区
卫辉市
朝歌
共
晋城
太行陉
博爱
焦作
脉
新乡
菏泽
原
河东郡
垣曲
王
屋
山
太行山
河内郡
济阴郡
山阳郡
轵关陉
济源市
野王
运城
盐池
轵
张翔池
三门峡
河南尹
洛阳
司州
郑州
洛阳
陈留国
弘农郡
洛阳
商丘

太行八陉

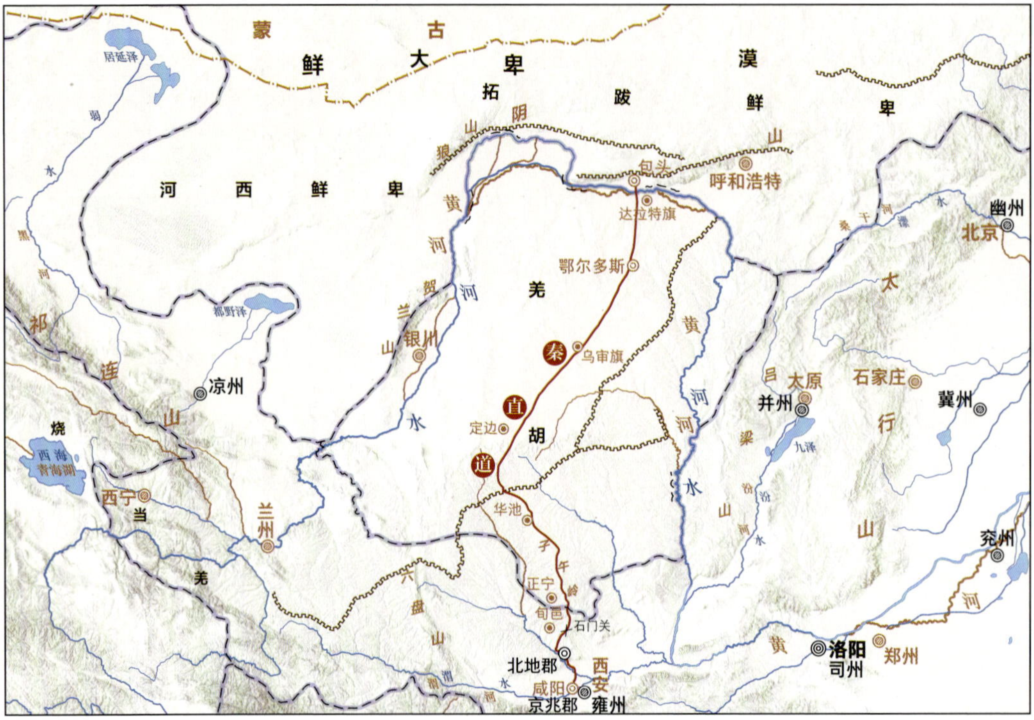

蒙古
鲜卑大漠
拓跋鲜卑
阴山
居延泽
弱水
河西鲜卑
包头
呼和浩特
达拉特旗
鄂尔多斯
黄河
贺兰山
银州
羌胡
秦直道
乌审旗
定边
都野泽
祁连山
凉州
烧当羌
西海 青海湖
西宁
兰州
六盘山
华池
子午岭
正宁
旬邑
石门关
北地郡
西安
咸阳
京兆郡
雍州
渭水
黄河
吕梁山
太原
并州
九泽
汾河
石家庄
冀州
太行山
桑干河
幽州
北京
兖州
洛阳
司州
郑州

秦直道

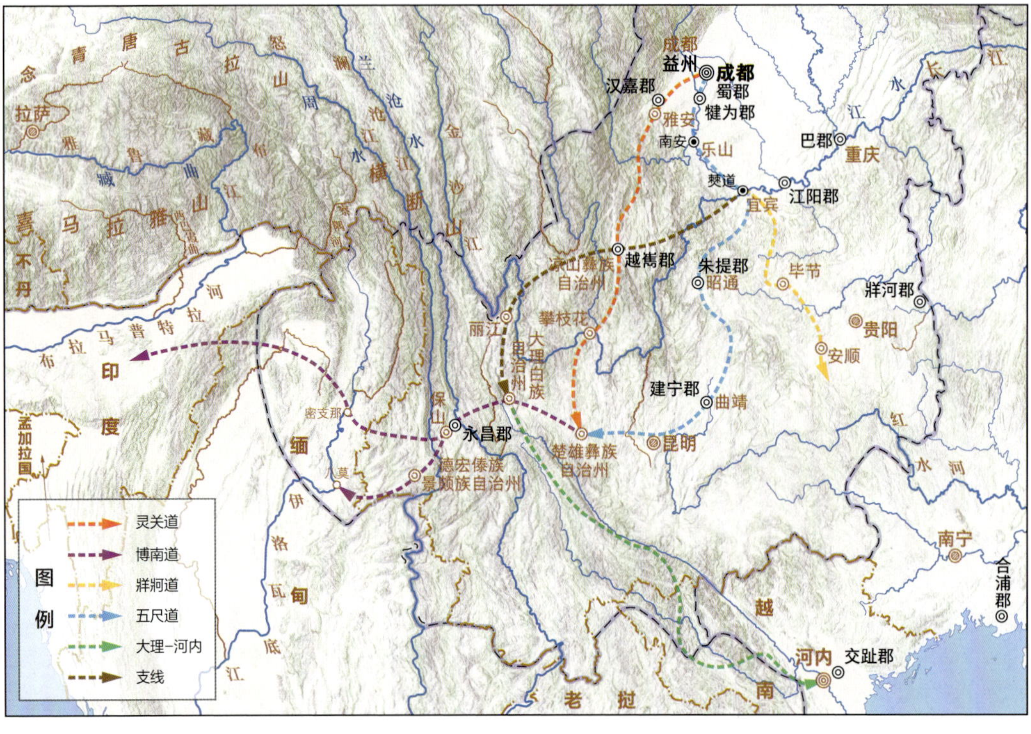

念青唐古拉山
拉萨
雅鲁藏布江
喜马拉雅山
不丹
布拉马普特拉河
印度
孟加拉国
缅甸
伊洛瓦底江
怒江
澜沧江
金沙江
横断山
成都
益州
成都
汉嘉郡
蜀郡
雅安
犍为郡
南安
乐山
巴郡
重庆
僰道
江阳郡
宜宾
越嶲郡
凉山彝族自治州
朱提郡
昭通
毕节
牂牁郡
贵阳
安顺
丽江
攀枝花
大理白族自治州
建宁郡
曲靖
昆明
楚雄彝族自治州
永昌郡
保山
密支那
八莫
德宏傣族景颇族自治州
红水河
南宁
合浦郡
越南
河内
交趾郡
老挝
长江
图例
灵关道
博南道
牂牁道
五尺道
大理−河内
支线

南方丝绸之路

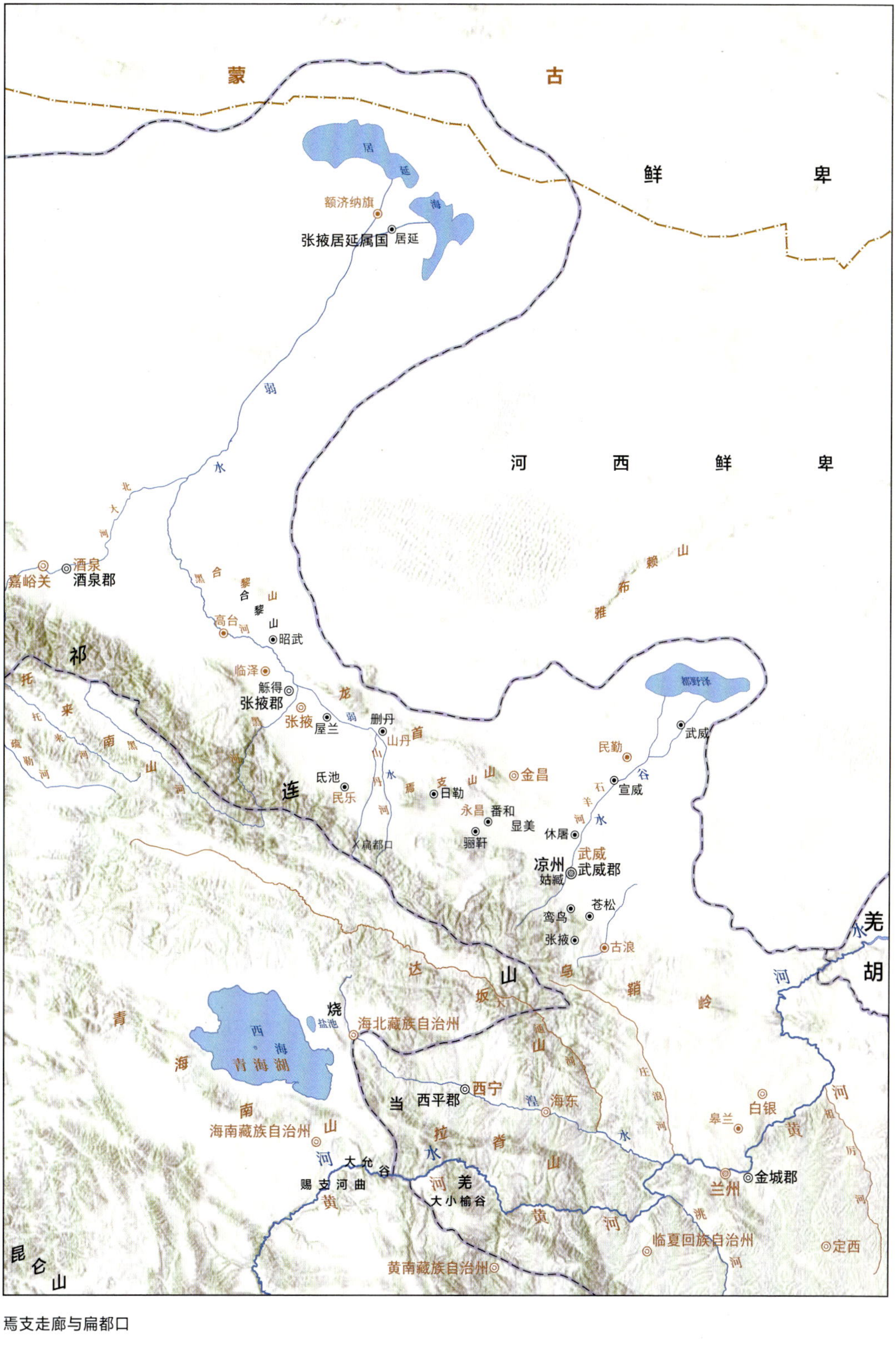

蒙
古
鲜
卑
居延海
额济纳旗
张掖居延属国
居延
弱水
大北河
河西鲜卑
雅布赖山
酒泉
嘉峪关
酒泉郡
黑河
合黎山
高台
昭武
祁连山
托来南山
托来河
疏勒河
黑河
临泽
觻得
张掖郡
张掖
屋兰
龙首山
删丹
山丹
山丹河
氐池
民乐
焉支山
日勒
金昌
永昌
番和
显美
骊靬
休屠
扁都口
都野泽
武威
民勤
宣威
石羊河
谷水
凉州
姑臧
武威
武威郡
鸾鸟
苍松
张掖
古浪
羌
胡
达坂山
乌鞘岭
大通河
庄浪河
青海
西海
盐池
青海湖
烧当
海北藏族自治州
西平郡
西宁
湟水
海东
青海南山
海南藏族自治州
拉脊山
大允谷
赐支河曲
河羌
大小榆谷
黄河
白银
皋兰
兰州
金城郡
祖厉河
洮河
临夏回族自治州
定西
黄南藏族自治州
昆仑山

焉支走廊与扁都口

甘洛
沐川
马边彝族自治县
龙马潭区
泸州
江阳郡
江阳
南溪区
屏山
安上
宜宾
僰道
叙州区
新道
江安
纳溪区
阑
越西
大
凉
山
绥江
水富市
长宁
高县
珙县
美姑
马湖
雷波
潜街
永善
卑水
南广
筠连
兴文
叙永
豆沙关
盐津
昭觉
威信
大关
布拖
金阳
彝良
南
昭通
朱提郡
朱提
昭阳区
镇雄
七星关区
毕节
平夷
普格
鲁甸
云
贵
高
原
夷
宁南
巧家
堂琅
威宁彝族回族苗族自治县
汉阳
纳雍
道
会东
可渡关
六盘水
钟山区
水城区
会泽
存邬
宣威市
东川区
晴隆
普安
嵩明
盘州市
沾益区
寻甸
曲靖
麒麟区
建宁郡
味
马龙区
兴仁市
嵩明

南夷道

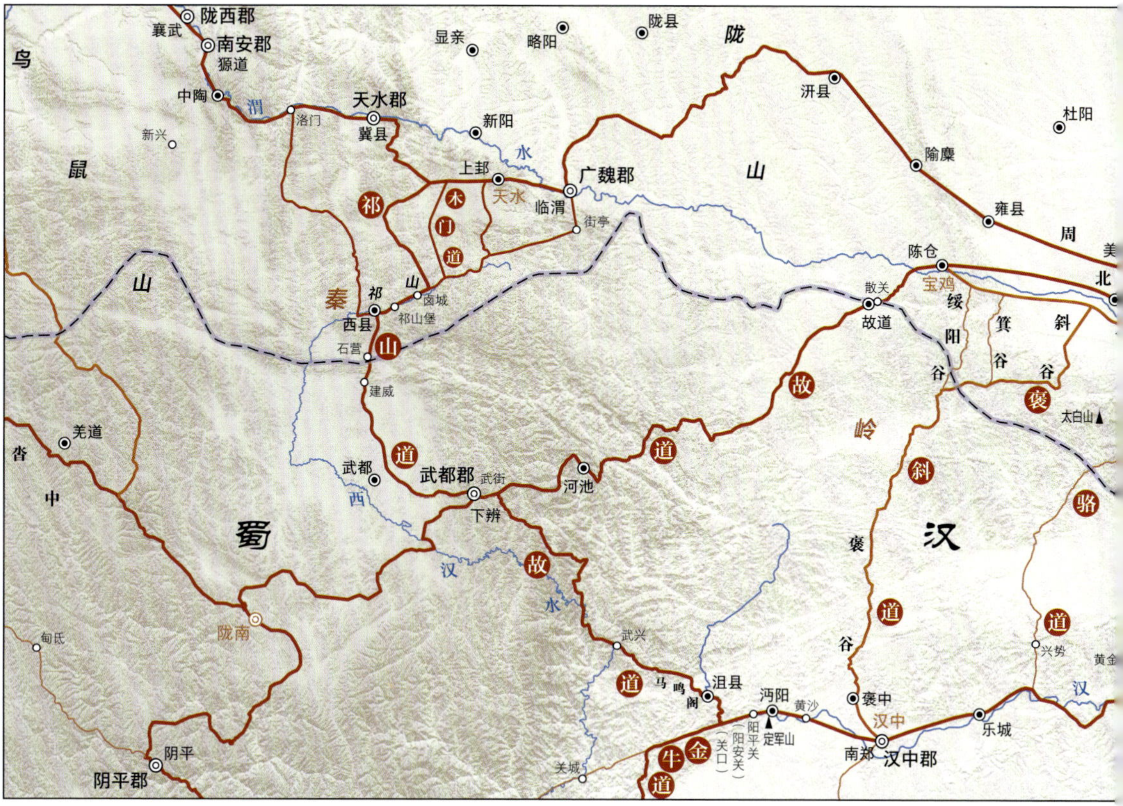
陇西郡
襄武
南安郡
獂道
中陶
渭
水
洛门
天水郡
冀县
新兴
显亲
略阳
陇县
陇
汧县
杜阳
隃麋
雍县
周
美
新阳
上邽
广魏郡
临渭
街亭
天水
山
乌
鼠
山
祁
木
门
道
秦
祁
山
卤城
祁山堡
西县
石营
山
建威
道
武都
武都郡
武街
下辨
河池
西
汉
水
故
道
蜀
陇南
羌道
沓
中
甸氐
阴平
阴平郡
武兴
道
马
鸣
阁
沮县
沔阳
黄沙
阳平关
（阳安关）
（关口）
定军山
牛
金
道
关城
陈仓
宝鸡
北
散关
故道
故
道
岭
褒
斜
绥
阳
谷
箕
谷
斜
谷
太白山
骆
道
兴势
黄金
汉
汉
褒
谷
褒中
汉中
南郑
汉中郡
乐城

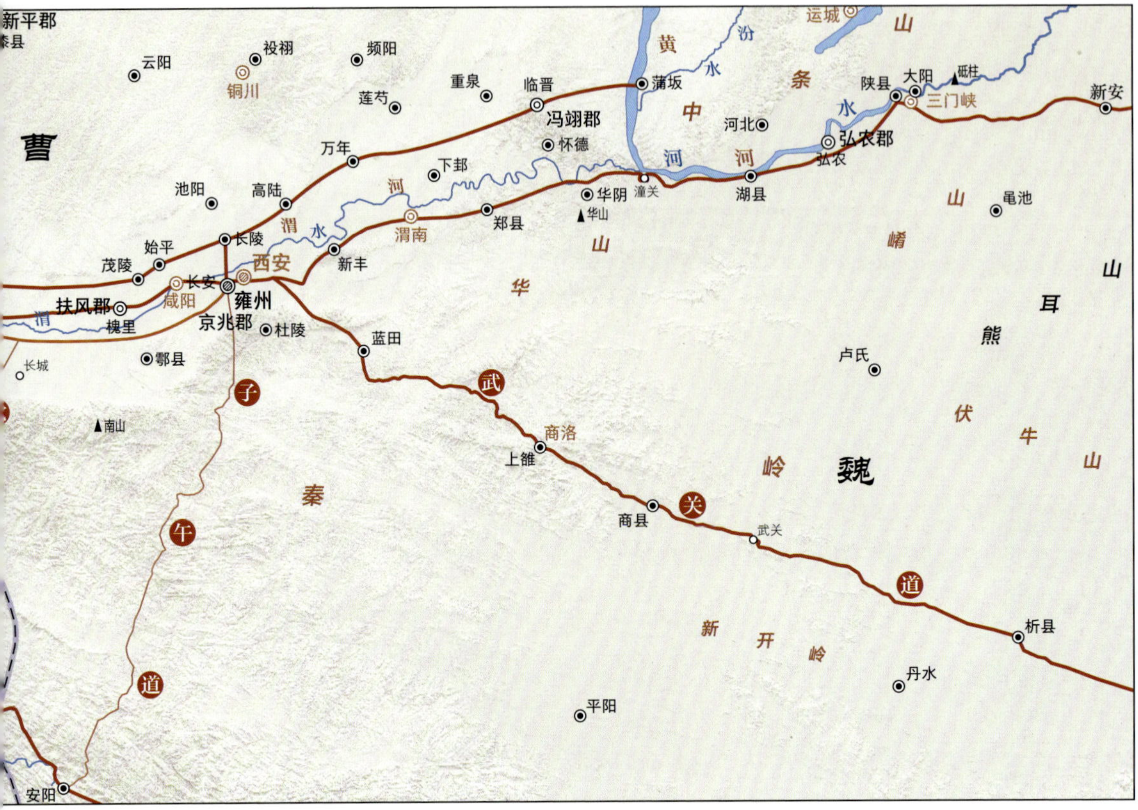

三国时期穿越秦岭的主要道路

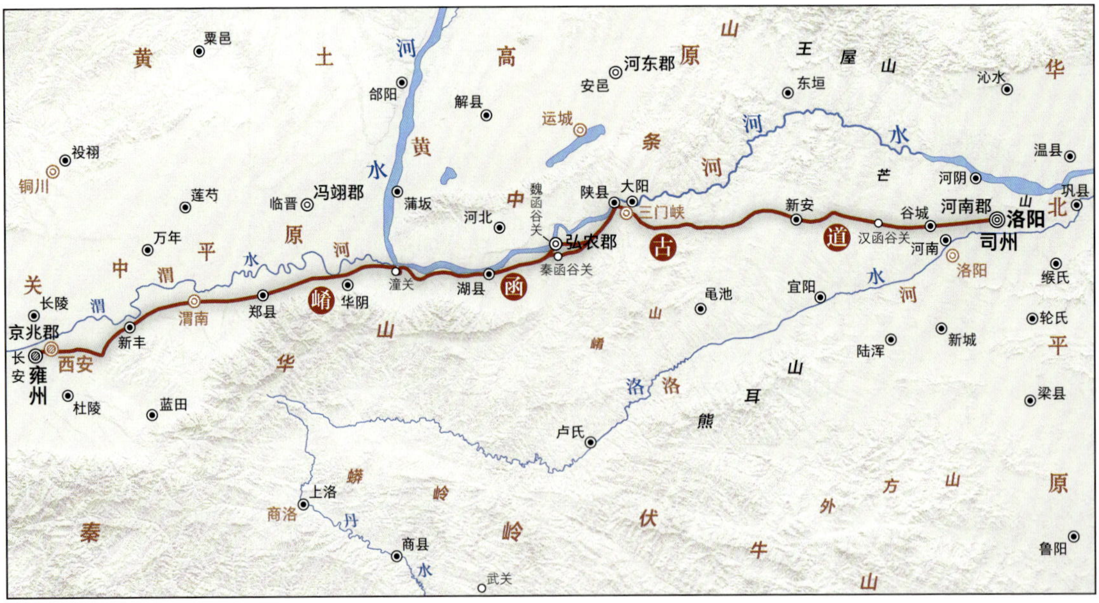

崤函古道

沮县
勉县
沔阳
阳平关
定军山
黄沙
汉
中
盆
地
南郑
汉中
汉中郡
城固
乐城
西乡
南郑
宁强
米
仓
山
大
南
山
巴
米
山
南江
旺苍
仓
通江
巴中
汉昌
巴州
恩阳
平昌
道
宣汉
仪陇
宣汉
达州
通川
营山
蓬安
宕渠
宕渠郡
华
蓥
山
铜
锣
山
明
月
山
渠县

三国时期的米仓道

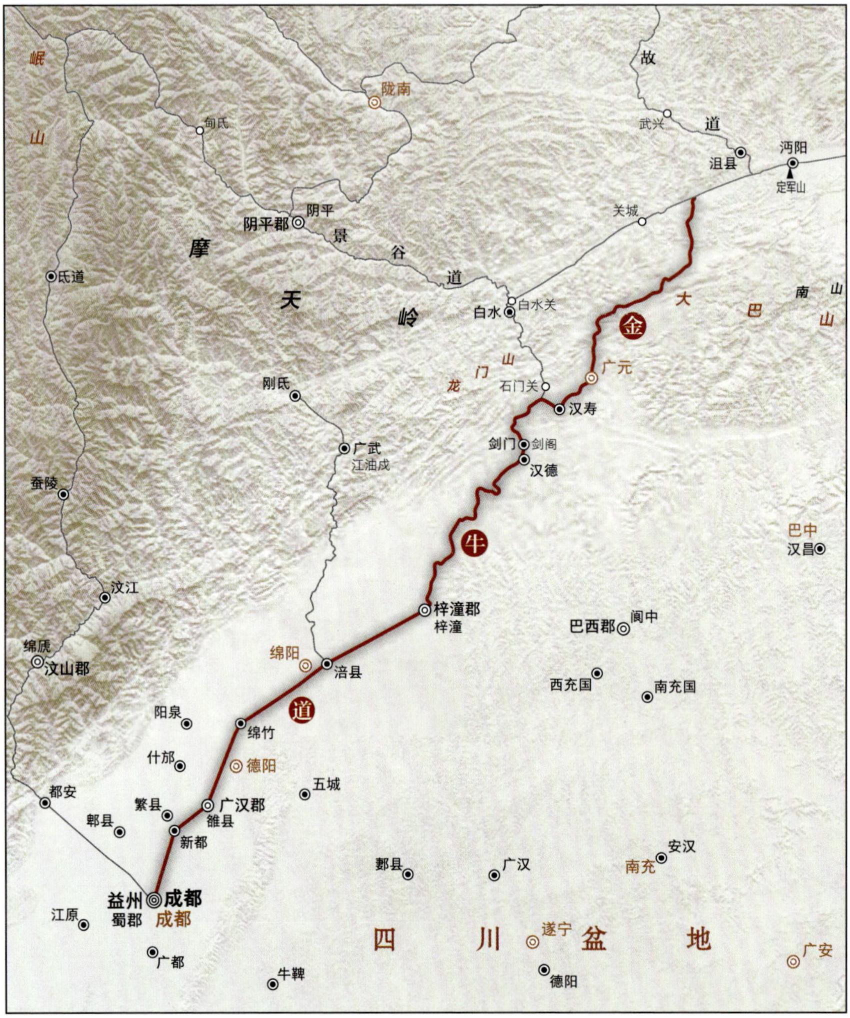

岷
山
陇南
故
道
武兴
沮县
沔阳
定军山
甸氏
阴平
阴平郡
景
谷
道
关城
摩
天
岭
氐道
白水
白水关
大
巴
南
山
山
金
山
门
龙
广元
石门关
汉寿
刚氏
剑门
剑阁
汉德
广武
江油戍
葭陵
牛
巴中
汉昌
汶江
梓潼郡
梓潼
巴西郡
阆中
绵虒
汶山郡
绵阳
涪县
西充国
南充国
道
阳泉
绵竹
什邡
德阳
五城
都安
繁县
广汉郡
雒县
郫县
新都
安汉
郪县
广汉
南充
益州
蜀郡
成都
成都
江原
遂宁
四
川
盆
地
广安
广都
牛鞞
德阳

三国时期的金牛道

吴语
浙江 上海 苏南
区界
片界
小片界
太湖片
片名
苏沪嘉片
小片名
吴语区
太湖片
毗陵小片
苏沪嘉小片
苕溪小片
杭州小片
临绍小片
甬江小片
台州片
瓯江片
婺州片
处衢片
处州小片
龙衢小片
宣州片太高小片
徽语区
绩歙片
严州片
江淮官话洪巢片
江淮官话方言点
河南、湖北移民官话
闽东话区
闽南话区
闽南话方言点
畲话方言点
客家话
瓯江片
台州片
其他语言和方言
扬州
泰州
江
滁州
南京
镇江
扬中市
洪巢片
雨花台区
句容市
丹阳市
靖江市
洪巢片
南通
通州区
苏沪嘉小片
毗陵小片
海门市
苏沪嘉小片
启东市
江阴市
张家港市
常州
苏
太湖片
金坛区
马鞍山
溧水区
崇明区
常熟市
安
太高小片
苏沪嘉小片
太仓市
崇明岛
溧阳市
毗陵小片
无锡
芜湖
高淳区
宜兴市
昆山市
嘉定区
宝山区
长兴岛
横沙岛
苏州
上海
浦东新区
太湖
徽
河南移民官话
长兴县
吴江区
青浦区
上
海
铜陵
宣城
松江区
湖州
河南移民官话
嘉善县
奉贤区
马鞍列岛
湖北移民官话
嘉兴
金山区
嵊泗县
瓯江片
台州片
平湖市
嵊 泗 列 岛
安吉县
苏沪嘉小片
桐乡市
崎岖列岛
德清县
苕溪小片
海宁市
海盐县
舟
洪巢片
余杭区
杭州湾
杭州小片
杭州
岱山县
大长涂山
临安区
萧山区
慈溪市
山
秀山岛
舟山岛
富阳区
绍兴
上虞区
余姚市
舟山
普陀区
镇海区
列
绩歙片
宁波
瓯江片
台州片
黄山
临绍小片
桐庐县
桃花岛
太湖片
虾峙岛
诸暨市
六横岛
奉化区
梅散列岛
岛
淳安县
新安江水库
嵊州市
浦江县
新昌县
严州片
建德市
浙
江
甬江小片
象山县
韭山列岛
义乌市
东阳市
宁海县
兰溪市
开化县
婺州片
天台县
半招列岛
江
金华
磐安县
三门县
南田岛
龙游县
衢州
东
常山县
武义县
永康市
仙居县
临海市
江山市
台州片
玉山县
东矶列岛
遂昌县
黄岩区
台州
西
龙衢小片
丽水
上饶
广丰区
松阳县
台州片
瓯江片
台州列岛
温岭市
处衢片
处州小片
永嘉县
乐清市
玉环市
披山岛
瓯江片
台州片
龙泉市
云和县
海
青田县
瓯江片
温州
洞头列岛
洞头区
浦城县
霓屿山
文成县
瑞安市
瓯江片
庆元县
平阳县
大北列岛
瓯江片
北麂列岛
泰顺县
苍南县
太湖片
南平
南麂列岛
福
建
瓯江片

吴语分布图

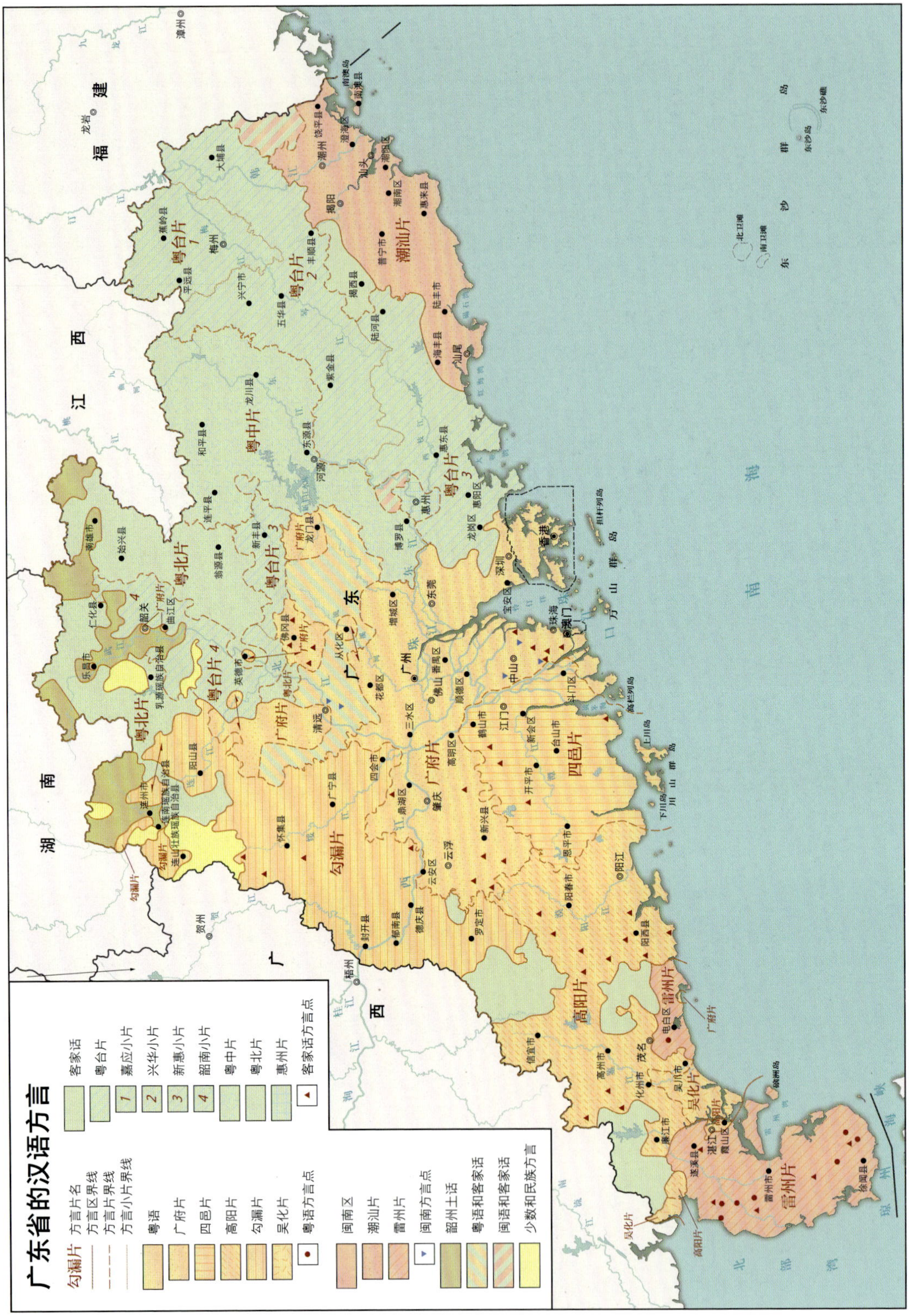
广东省的汉语方言
勾漏片 方言片名
方言区界线
方言片界线
方言小片界线
粤语
广府片
四邑片
高阳片
勾漏片
吴化片
粤语方言点
闽南区
潮汕片
雷州片
闽南方言点
韶州土话
粤语和客家话
闽语和客家话
少数和民族方言
客家话
粤台片
嘉应小片
兴华小片
新惠小片
韶南小片
粤中片
粤北片
惠州片
客家话方言点